COLECCIÓN
GRANDES CLASICOS

El Corán

TRADUCCIÓN: YUSEF OMAR

Plutón
Ediciones

© Plutón Ediciones X, s. l., 2021

Cuarta Edición: 2026

Diseño de cubierta: Alejandro Díaz
Maquetación: Saul Rojas Blonval

Edita: Plutón Ediciones X, s. l.,

            E-mail: contacto@plutonediciones.com
            http://www.plutonediciones.com

Impreso en España / Printed in Spain

I.S.B.N anterior: 978-84-18211-77-5

I.S.B.N: 979-13-87952-41-9
Depósito Legal: B-3125-2026

ESTUDIO PRELIMINAR

El Sagrado Corán (del árabe *al-Qur'ān*, القرآن, "la recitación") es el compendio de la palabra de Dios (del árabe *Allāh*, الله) revelada al Santo Profeta Muhammad (محمد) a través del arcángel Gabriel (Ǧibrīl, جبريل) durante un período de veintitrés años. El Corán es el Libro Sagrado o las Escrituras de los musulmanes y establece para todos ellos la ley, los mandamientos y códigos para su comportamiento social y moral, además de una amplia filosofía religiosa.

Además de su nombre propio, el Corán también es conocido por una serie de nombres que representan el espíritu de las palabras sagradas encontradas en sus páginas. Entre los nombres más emblemáticos tenemos: *al Kitab* (El Libro), *al Furqan* (La Discriminación), *al Dhikr* (La Exposición), *al Bayan* (La Explicación), *al Burhan* (El Argumento), *al Haqq* (La Verdad), *al Tanzil* (La Revelación), *al Hikmat* (La Sabiduría), *al Huda* (La Guía), *al Hukm* (El Juicio), *al Mau'izah* (La Admonición), *al Rahmat* (La Misericordia), *al-Noor* (La Luz) y *al-Rooh* (La Palabra). Además, el Corán se divide en 114 *Suras* o capítulos y cada capítulo consiste en versos individuales. Hay un total de 6.348 versos en el Corán y las *Suras* son de longitudes variables, algunas consisten en unas pocas líneas, mientras que otras tienen muchas páginas.

Para los musulmanes, el Corán es la palabra de Dios y contiene una guía completa para la humanidad. Gran parte del Corán trata de Dios, sus atributos y la relación del hombre con Él. Pero también contiene directrices para sus seguidores, relatos históricos de ciertos profetas y pueblos, argumentos para aceptar a Muhammad como un auténtico Profeta y buenas noticias para los creyentes y advertencias para los incrédulos. En términos generales, el contenido del Corán se divide en cinco categorías principales: Naturaleza del mundo espiritual, la ley y los mandamientos, cuentos históricos, la sabiduría y las profecías.

El texto presentado en este volumen se basa en la edición árabe oficial de El Corán, patrocinada por el rey Fuad I de Egipto y publicada en El Cairo en el año 1923, que contiene el texto canónico de Hafs ibn Sulaiman al-Asadi (m.805), según su maestro Asim ibn Abi I-Nachud (m.744). De esa misma edición es, también, la numeración que aparece en las *Suras* y los versos.

EL CORÁN[1]

SURA I[2]

DADO EN LA MECA.– 7 VERSÍCULOS
EN NOMBRE DEL DIOS CLEMENTE Y MISERICORDIOSO[3]

1.—Loa a Dios, el dueño del universo[4],

2.—El Clemente, el Misericordioso,

---

1   La voz *Corán* o *Kur'an* quiere decir lectura. Con el artículo *al*, la lectura: libro, libro por excelencia. El Corán se llama también: *el kitab*, el libro; *kitab-ullah*, libro de Dios; *kelimet-ullah*, palabra de Dios; *el tensil*, libro descendido de lo alto; *el dhikr*, amonestación; *al-forkan*, distinción entre lo lícito y lo ilícito, lo bueno y lo malo; *el mos'haf*, el volumen (*código* por excelencia).

2   El primer capítulo o *sura* se llama *fatihat el kitab*, capítulo que abre el libro, o simplemente *el fatihat*; se le llama también: *el surat el uafiye*, el capítulo que completa todos los demás; *el surat el kafiye*, el capítulo suficiente, es decir, que substituye a los otros; *el surat ek hamd*, o *el chukr*, o *el dua*, el capítulo de la alabanza y de las acciones de gracias y de la oración, *el surat el chafiye*, el capítulo que cura; *el chefa*, el remedio; *asas*, la base; *surat el kenz*, capítulo del tesoro. Se le llama también *sab'ol mesani*, los siete (versículos) repetidos; pues los musulmanes los recitan con más frecuencia que los demás y hacen de él una oración a la que atribuyen virtudes beneficiosas. Se le llama, por último, *omm'ol Kur'an*, madre del Corán; *omm'ol kitab*, madre del libro; conviene no confundir la acepción que este nombre tiene aquí con los de los demás pasajes del Corán que advertiremos en su lugar. Véase, entre otros, *suras* III, 5, y XLIII, 3.

3   En árabe *bismillahi'rrahmani'rrahim*. Esta invocación se lee al frente de todos los *suras* del Corán, excepto en el IX. La voz *rahman* se aplica a Dios como abrazando en su misericordia a todos los seres, sin distinción ninguna; al contrario, *rahim* quiere decir misericordioso en un sentido más restringido, hacia los buenos, los fieles, los que merecen su gracia. Aunque la traducción hecha aquí no exprese la diferencia que existe entre estas dos voces árabes, la damos por ser generalmente adoptada.

4   La voz *alemin* que se halla en el texto ha sido traducida de diferente modo. La comparación de diferentes pasajes en que se halla esta voz, nos permite traducirla ora por universo, ora por todos, todo el mundo, los hermanos.

3.—Soberano en el día de la retribución[5].

4.—A ti es a quien adoramos, de ti es de quien imploramos socorro.

5.—Dirígenos por el camino recto[6].

6.—Por el sendero de aquellos a quienes has colmado[7] con tus beneficios;

7.—No por el de aquellos que han incurrido en tus iras[8], ni por el de los que se extravían.

---

5 Árbitro supremo y absoluto en el día del juicio final, porque ese día dará por mansión eterna, a los unos el paraíso y a los otros el infierno.

6 El sendero recto es el *Islam*, el islamismo.

7 Por las palabras: *aquellos a quienes has colmado*, etc., se entiende a los profetas y a los enviados de Dios.

8 Los comentadores aplican las voces: *que han incurrido en tus iras*, a los judíos, y las palabras: *que se extravían*, a los cristianos. En general, Muhammad, trata con mucha más dulzura a los cristianos que a los judíos. Después del último versículo de este *sura*, es necesario decir *amin* (amén); tal es la *sonna* (costumbre) fundada en estas palabras de Muhammad: "Gabriel me enseñó a decir amén cada vez que acabase de recitar la fatiha."

SURA II
LA VACA[9]

DADO EN MEDINA.—286 VERSÍCULOS
EN NOMBRE DEL DIOS CLEMENTE Y MISERICORDIOSO

1.—A.L.M[10]. He aquí el libro que no ofrece duda; él es la dirección de los que temen al Señor;

2.—De los que creen en las cosas ocultas[11] y de los que observan puntualmente la oración y hacen larguezas con los bienes que nosotros les dispensamos;

3.—De los que creen en las revelaciones enviadas de lo alto a ti y ante ti[12]; de los que creen con certeza en la vida futura.

4.—Ellos solos serán conducidos por su Señor; ellos solos serán bienaventurados.

5.—En cuanto a los infieles, les es igual que les hagas o no advertencias: no creerán.

6.—Dios ha puesto un sello en sus corazones y en sus oídos; sus ojos están cubiertos por una venda, y les espera el castigo cruel.

7.—Hay hombres que dicen: Creemos en Dios y en el día final; y, sin embargo, no son del número de los creyentes.

8.—Procuran engañar a Dios y a los que creen; pero solo se engañarán a sí mismos, y no lo comprenden.

---

9 Este capítulo lleva el título *La vaca*, porque, entre otras cosas, se ocupa de la vaca que Moisés mandó inmolar a los israelitas. Véase el versículo 63.

10 Un gran número de capítulos del Corán llevan, ora como título, ora como primer versículo, letras aisladas, cuya significación y valor son desconocidos.

11 Entiéndase por *cosas ocultas*, el cielo y el infierno, las recompensas y las penas del otro mundo, la resurrección y todo lo que escapa a la evidencia de los sentidos en materia de religión. La voz árabe del texto *el ghaib* se toma frecuentemente en el sentido de *mundo invisible*, opuesto a *el chehadet, mundo visible*.

12 Antes de Muhammad, otros profetas habían recibido la revelación, independientemente de un gran número de profetas encargados de una misión especial. A quien alude especialmente Muhammad, es a Moisés, a David y a Jesucristo.

9.—Un achaque tiene asiento en sus corazones[13] y Dios no hará más que acrecentarlo; les está reservado un doloroso castigo, porque han tratado de embusteros a los profetas[14].

10.—Cuando se les dice: No cometáis desórdenes en la tierra[15], ellos responden: Lejos de eso, introducimos en ella el buen orden.

11.—¡Ay! Cometen desórdenes; pero no lo comprenden.

12.—Cuando se les dice: Creed, creed como creen tantos otros, responden: ¿Hemos de creer como creen los necios? ¡Ay! ¡Ellos mismos son los necios; pero no lo comprenden!

13.—Si hallan creyentes, dicen: Somos creyentes; pero desde el momento en que se han unido en secreto a sus tentadores[16], dicen: Estamos con vosotros y nos reímos de aquellos.

14.—Dios se reirá de ellos; les hará persistir largo tiempo en su rebelión yendo errantes e inseguros de aquí a allá.

15.—Ellos son los que han comprado el error con la *moneda* de la verdad; pero su comercio no les ha aprovechado; ya no se dirigen por la *senda recta*.

16.—Se semejan al que ha encendido el fuego: cuando el fuego ha difundido su claridad sobre los objetos que le rodean y cuando Dios lo quita de pronto, dejándolos en las tinieblas, no pueden ver.

17.—Sordos, mudos y ciegos, no pueden ya volverse a atrás[17].

---

13 Siempre que el Corán cita a los hombres cuyo corazón padece algún achaque, Muhammad se refiere a los hipócritas, a los hombres de una fe dudosa y vacilante.

14 La voz árabe *resoul*, mensajero, la traducimos indistintamente por *profeta*, *enviado* o *mensajero*. La distinción que se establece a veces respecto a este punto se explica en el *sura* XIX, 42, nota.

15 Literalmente: *No corrompáis en la tierra*; voces con que se da a entender los crímenes, tales como los salteamientos, las violencias, la crápula y la idolatría. Para hacer resaltar mejor el contraste entre esta frase y la que termina el versículo, seria preciso traducir esta última: Lejos de esto, nosotros corregimos.

16 El texto dice: *cuando están separados con sus Satanes*. La voz *cheitan*, Satán, no se dice únicamente en árabe de Satán, el diablo, si no de todo hombre o ser que convida al mal. En este versículo, debe entenderse que los tentadores son los cristianos y los judíos, hostiles a la misión de Muhammad y que procuran apartar de él a los árabes idólatras y a los nuevos convertidos.

17 Los comentaristas dan a estas voces el sentido de: *no se convertirán*.

18.—Se parecen a los que, cuando cae de lo alto de los cielos una nube cargada de tinieblas, de truenos y de rayos, se tapan los oídos con los dedos a causa del estrépito del trueno y por temor a la muerte, en tanto que el Señor envuelve por todas partes a los infieles.

19.—Poco falta para que el rayo los prive de vista; cuando el rayo brilla, caminan a favor de su claridad, y cuando los sume en las tinieblas, se detienen. Si Dios quisiese, les quitaría la vista y el oído, pues es omnipotente. ¡Oh, hombres![18], adorad a vuestro Señor, al que os ha creado, a vosotros y a los que os han antecedido. Temedme.

20.—Dios es el que os ha dado la tierra por lecho y el que ha construido los cielos como un edificio *sobre vuestras cabezas*; él es el que hace descender el agua de los cielos y el que hace germinar con ella los frutos destinados a alimentaros. No atribuyáis socios a Dios. Ya lo sabéis.

21.—Si tenéis dudas sobre el libro que hemos enviado a nuestro servidor, producid un capítulo que sea al menos semejante a los que contiene este, y si sois sinceros, llamad vuestros testigos a *aquellos* a quienes invocáis al lado de Dios[19].

22.—Más si no lo hacéis, y *seguramente* no lo haréis, temed el fuego preparado para los infieles, el fuego cuyo alimento serán los hombres y las piedras[20].

23.—Anuncia a los que creen y practican las buenas obras que tendrán por morada jardines regados por corrientes de agua. Cada vez que tomen algún alimento de los frutos de estos jardines, exclamarán: He

---

18   Cuando un predicador o un orador árabe se dirigen al pueblo, se sirven de las voces: ¡Oh, hombres!; es decir: ¡Oh, vosotros que me escucháis! Asimismo, en este libro, estas voces no se dirigen a todos los hombres o mortales, sino a los naturales de la Meca o de Medina, que es a los que dirigía Muhammad sus predicaciones.

19   Las voces *min duni-llahi* se traducen generalmente por: con *exclusión de Dios*. Sin embargo, *min-duni* es una locución adverbial que expresa que antes de llegar a tal objeto se halla otro. Así, en este pasaje y en otros análogos del Corán, quiere decir que en el culto idólatra habrá, entre los hombres y el Dios único, seres, divinidades intermediarias. Muhammad no acusa a los árabes de adorar exclusiva y absolutamente divinidades, sino de mezclar el culto de Dios con el de otras divinidades.

20   Las piedras, o sea las estatuas de piedra de las falsas divinidades.

aquí los frutos con que nos alimentábamos en otro tiempo[21]; pero solo tendrán apariencia[22]. Allí hallarán mujeres exentas de toda mancha, y allí permanecerán eternamente.

24.—Dios no se avergüenza de ofrecer como parábola, ora un mosquito, ora algún otro objeto más elevado. Los creyentes saben que la verdad les proviene de su Señor[23]; pero los infieles dicen: ¿Qué es lo que ha querido decirnos Dios al ofrecernos eso como objeto de comparación? Con tales palabras extravía a los unos y dirige a los otros. No, los únicos extraviados serán los perversos.

25.—*Los perversos* que rompen el pacto del Señor concluido anteriormente, que separan lo que Dios había ordenado que se mantuviese unido, que cometen desórdenes en la tierra: estos son desventurados[24].

26.—¿Cómo podéis ser ingratos para con Dios, vosotros que estabais muertos y que recibisteis de él la vida, *para con Dios* que os hará morir, que luego os hará revivir de nuevo y junto al cual volveréis algún día?

27.—Él es el que ha creado para vosotros todo lo que existe en la tierra; *terminada esta obra*, se dirigió con gran firmeza hacia el cielo y formó con toda perfección siete cielos, él que entiende de estas cosas[25].

28.—Cuando Dios dijo a los ángeles: Voy a establecer un vicario en la tierra, los ángeles respondieron: ¿Vas a colocar en la tierra un ser que cometerá desórdenes y derramará la sangre, mientras que nosotros celebramos tus alabanzas, te glorificamos y proclamamos sin cesar tu santidad?—Yo sé, respondió el Señor, lo que vosotros no sabéis.

29.—Dios enseñó a Adán los nombres de todos los seres, y luego,

21   Esto es: en el otro mundo, en la tierra.

22   Es decir, que estos frutos serán de un gusto mucho más exquisito que los de la tierra, aunque semejantes en apariencia a estos últimos, a fin de causar a los bienaventurados una agradable sorpresa.

23   Los árabes reprochaban a Muhammad que en las enseñanzas graves y serias usase parábolas sacadas de cosas viles como insectos, hablar de la abeja, la araña, la hormiga. Muhammad responde aquí a este reproche.

24   La voz del texto el *khasiran* quiere decir propiamente los que pierden en algún trato, en alguna especulación; caídos, fracasados en sus proyectos.

25   En un principio el cielo formaba solamente un todo; Dios lo ha dividido en siete cielos colocados unos sobre otros como las telas o películas de la cebolla.

llevándolos a la presencia de los ángeles, les dijo: Nombrádmelos, si sois sinceros.

30.—¡Alabado sea tu nombre! Respondieron los ángeles, nosotros no poseemos más ciencia que la que tú nos has enseñado; tú eres el sabio, el Prudente.

31.—Dios dijo a Adán: Enséñales los nombres de todos los seres; y cuando él (Adán) lo hubo hecho, el Señor dijo: ¿No os he dicho que conozco el secreto de los cielos y de la tierra, lo que hacéis a la luz del día y lo que ocultáis?

32.—Cuando ordenamos a los ángeles adorar a Adán, todos lo adoraron, excepto Eblís; este se negó y se hinchó de orgullo, y fue del número de los ingratos[26].

33.—Nosotros[27] dijimos a Adán: Habita el jardín con tu esposa; alimentaos abundantemente con sus frutos, sea cual fuere el fruto del jardín en que se hallen; pero no os acerquéis a este árbol, por temor a que os convirtáis en culpables.

34.—Satán hizo resbalar su pie y los hizo desterrar del lugar en que se hallaban. Entonces nosotros les dijimos: Descended de ese lugar, enemigos los unos de los otros[28]; la tierra os servirá de morada y de usufructo temporales.

35.—Adán aprendió de su Señor palabras *de oración*; Dios volvió a él porque gusta de volver *al hombre que se arrepiente*; es misericordioso.

36.—Nosotros les dijimos: Salid del paraíso todos cuantos estáis; recibiréis de mi parte un libro destinado a dirigiros; el temor no alcanzará jamás a los que lo sigan, y estos no serán afligidos.

---

26 Se puede traducir también: *del número de los infieles*; pues en árabe la voz *kafir* significa propiamente el que unta y recubre con algo la superficie de un objeto para hacer desaparecer un escrito, etc.; de aquí el ingrato y el infiel, el hombre que borra de su recuerdo los beneficios de Dios.

27 En el versículo anterior, es el mismo Muhammad el que cuenta o repite las palabras del ángel Gabriel; en este es el mismo Dios el que se supone que habla. Este cambio repentino de narrador se ve a cada paso en el Corán, no solo en los diferentes versículos, sino en el mismo período, causando a veces una gran confusión, como se podrá observar.

28 Es decir: hombres y demonios.

37.—Pero los que no creen, los que traten de mentira nuestros signos[29], serán entregados al fuego eterno.

38.—¡Oh, hijos de Israel! Acordaos de los beneficios con que os he colmado; sed fieles a mi alianza, y yo seré fiel a la vuestra; reverenciadme y creed en el libro que os he enviado para corroborar vuestras escrituras; no seáis los primeros en negarles vuestra creencia; no vayáis a comprar con mis signos un objeto de ningún valor. Temedme.

39.—No vistáis la verdad con el ropaje de la mentira; no ocultéis la verdad[30] cuando la conocéis.

40.—Cumplid puntualmente la oración, haced limosnas e inclinaos con los que se inclinan *ante mí*[31].

41.—¿Mandaréis hacer buenas acciones a los demás en tanto que vosotros os olvidaréis de hacerlas? Y, sin embargo, vosotros leéis el libro[32]; ¿es que no comprenderéis jamás?

42.—Llamad en vuestro auxilio la paciencia y la oración; la oración es una carga, pero no para los humildes.

43.—Que piensen que algún día volverán a ver al Señor y que tornarán a su vera.

44.—¡Oh, hijos de Israel! Acordaos de los beneficios con que os he colmado; acordaos de que os he levantado por encima de todos los humanos.

---

29 La voz árabe *aie* significa *signo*, pero especialmente signo de advertencia del cielo, y, por consiguiente, *milagro, prodigio*; también significa *versículo del Corán*, pues cada versículo es considerado la palabra de Dios, o sea un *milagro*, una *advertencia*.

30 Muhammad reprocha a los judíos, y a veces a los cristianos, el alterar el sentido de las escrituras para quitar o eludir los pasajes en que, según Muhammad, se predice su venida.

31 Los comentadores añaden: plegaria musulmana, limosna musulmana; y para evitar todo equívoco, se dice: inclinaos, etc.; pues las genuflexiones *(rik'at)* son muy propias de los musulmanes.

32 El libro, tomado en absoluto, quiere decir: todo libro revelado, las escrituras: el Pentateuco, hablando de los judíos; el evangelio, hablando de los cristianos; se aplica también al Corán. Respecto a este punto, advertimos que Muhammad en sus predicaciones distingue a los idólatras o a los ignorantes, de los que en cualquier época hayan recibido libros sagrados; estos reciben la denominación de *familia del libro, gentes de las Escrituras*.

45.—Temed el día en que una alma no satisfaga en nada absolutamente a otra alma, en que ninguna intercesión sea aceptada de su parte, en que ninguna compensación sea recibida de ella, en que los perversos no sean socorridos.

46.—*Acordaos del día* en que libramos de la familia de Faraón, la cual os aplicaba crueles suplicios; se inmolaba a vuestros hijos y solo perdonaba a vuestras hijas[33]. Esta era una ruda prueba de parte de vuestro Señor.

47.—*Acordaos del día* en que hendimos la mar por vosotros, en que os salvamos y ahogamos a Faraón en presencia vuestra.

48.—*Del día* en que formábamos nuestra alianza con Moisés durante cuarenta noches; durante su ausencia, tomasteis un becerro como objeto de vuestra adoración y obrasteis inicuamente.

49.—Os perdonamos en seguida, a fin de que nos estéis agradecidos.

50.—Dimos a Moisés el libro y la distinción[34], a fin de que seáis dirigidos por la senda recta.

51.—Moisés dijo a su pueblo: Habéis obrado inicuamente para con vosotros mismos adorando el becerro. Volved a vuestro creador, o bien daos la muerte: esto os servirá mejor cerca de él. Él volverá a vosotros (*os perdonará*), pues gusta de volver al lado *del que se arrepiente*: es misericordioso.

52.—*Acordaos del día* en que dijisteis a Moisés: ¡Oh, Moisés! No te prestaremos crédito alguno mientras no hayamos visto claramente a Dios. El fuego del cielo os llenó de espanto cuando fijabais en él vuestras miradas.

33 Esta frase se vuelve a hallar textualmente siempre que se trata de las persecuciones que los israelitas sufrían en Egipto; parece que Muhammad trata de ponerla de relieve. Si se recuerda que los árabes idólatras consideraban una calamidad el nacimiento de una hija, habrá que convenir en que no se podía hacer mayor disfavor a un príncipe idólatra e impío, cuyo tipo es Faraón, que insistiendo sobre esta especie de preferencia dada a las hijas sobre los hijos.

34 La distinción, *al-forkan*, se aplica aquí lo mismo al Pentateuco que, en otros pasajes, al Corán. Esta voz designa todo libro de revelación divina en tanto que distingue lo lícito de lo ilícito. Se puede decir que, en cada libro divino, la parte que trata de los usos, de los alimentos, etc., se llama *al-forkan* (distinción), así como la parte dogmática *al-huda* (dirección).

53.—Nosotros os resucitamos después de vuestra muerte, a fin de que seáis agradecidos[35].

54.—Hicimos que se cerniese una nube sobre vuestras cabezas, y os enviamos el maná y las codornices, diciéndoos: Comed manjares deliciosos que nosotros os hemos concedido. No es a nosotros a quien habían hecho daño, sino a sí mismos.

55.—Acordaos del día en que dijimos *a los israelitas*: Entrad en esta ciudad, gozad de los bienes que halléis en ella, a gusto de vuestros antojos; pero, al entrar en la ciudad, prosternaos y decid: ¡Indulgencia, oh Señor!, y os perdonará vuestros pecados. Ciertamente que colmaremos a los buenos con nuestros favores.

56.—Pero de entre ellos los perversos substituyeron la palabra que les había sido indicada, por otra[36] palabra, e hicimos descender del cielo un castigo como retribución divina de su perfidia.

57.—Moisés pidió a Dios agua para apagar la sed de su pueblo, y nosotros le dijimos: Golpea la roca con tu varita. De pronto brotaron doce fuentes y cada tribu conoció al punto el lugar en que debía apagar su sed. Dijimos *a los hijos de Israel*: Comed y bebed de los bienes que Dios os dispensa y no obréis con violencia entregándoos a toda serie de desórdenes en este país.

58.—Y entonces fue cuando vosotros dijisteis: ¡Oh, Moisés! No podemos soportar por más tiempo un mismo y único alimento; ruega a tu Señor que haga brotar para nosotros de esos productos de la tierra, legumbres, cohombros, lentejas, ajos y cebollas. Moisés nos respondió: ¿Queréis cambiar lo bueno por lo malo? Pues bien, volved a Egipto y

35 Según los comentadores, debe tratarse aquí de setenta hombres de entre los israelitas que, no contentos con oír a Moisés hablar con Dios, deseaban verlo con sus propios ojos. Primero fueron muertos por el rayo, y luego resucitados a instancia de Moisés.

36 Se cree que en este versículo se trata de la entrada de los israelitas en la ciudad de Jericó. En lugar de pronunciar la palabra *hetat*, absolución, indulgencia, como les había sido recomendado, los judíos la habían substituido por la voz *habat*, grano (de cebada) y habían procedido indecorosamente. Creemos inútil poner de manifiesto el anacronismo que comete el autor del Corán, o mejor dicho sus comentadores, mezclando el nombre de Moisés con los acontecimientos ocurridos después de su muerte, tales como la toma de Jericó.

allí hallaréis lo que pedís. Y el envilecimiento y la pobreza se extendieron sobre ellos y se atrajeron la cólera de Dios, porque no creían en sus signos y condenaban injustamente a muerte a sus profetas[37]. He aquí cuál fue la retribución de su sublevación y de sus violencias.

59.—Ciertamente, los que creen, y los que siguen la religión judía, y los cristianos, y los sabeos, *en una palabra*, todo el que cree en Dios y en el día final y que haya obrado el bien: todos estos recibirán una recompensa de su Señor, el temor no les alcanzará y no estarán afligidos[38].

60.—*Acordaos del día* en que aceptamos vuestra alianza y en que elevamos por encima de vuestras cabezas el monte Sinaí[39]; entonces dijimos: Recibid con firmeza *las leyes* que os damos y acordaos de lo que contienen. Tal vez temeréis a Dios.

61.—Pero después os alejasteis de esto, y, a no ser por la gracia de Dios y su misericordia, habríais sido del número de los desgraciados.

---

37   Este pasaje, así como el versículo 59 del *sura* XXVI, donde se dice que los israelitas volvieron a Egipto, es uno de los tantos anacronismos que se advierten en el Corán y que prueban la gran ignorancia del profeta árabe.

38   Se ha querido deducir de las palabras de este versículo que los hombres de cualquier religión que contenga las tres cosas de unidad de Dios, vida futura y buenas obras, pueden ser salvos, según el Corán. Algunos comentadores, no conformes con esta latitud de sentido, han sostenido que Muhammad quería decir con esto que todo hombre que se hace creyente (musulmán) y que practica la virtud será salvo, sea cual fuere la religión a que haya pertenecido. Esta interpretación es viciosa, en primer lugar en cuanto a la letra, porque las palabras: *los que creen*, van seguidas de la conjunción y, lo cual da a entender que hay disyunción entre creyentes (musulmanes) y judíos, cristianos y sabeos; y es viciosa también en cuanto al sentido, porque era superfluo, sobre todo al principio de la misión, decir que la religión en que se había nacido no era obstáculo para la salvación. Por lo demás, sea el que fuere el verdadero sentido del versículo que nos ocupa, el sentir general de los doctores musulmanes es que ha sido derogado por el versículo 79 del *sura* III y por otros pasajes del Corán, donde la creencia en Dios, en la vida futura y en la misión de Muhammad se considera indispensable para la salvación.

39   Evidentemente esta frase no es más que una metáfora que no chocaría en una lengua europea; sin embargo, los comentadores toman estas palabras al pie de la letra y dicen que, al negarse obstinadamente los israelitas a recibir la ley, Dios, para asustarles, arrancó el monte Sinaí de raíz y lo tuvo suspendido sobre sus cabezas.

Ya habéis sabido quiénes eran aquellos que habían violado el sábado y a quienes dijimos: *¡Sed convertidos en monos rechazados hacia la orilla del mar!*[40]

62.—Y les hicimos servir de terribles ejemplos a sus contemporáneos y a sus descendientes, y de advertencia a todos los que temen.

63.—*Acordaos del día* en que Moisés dijo a su pueblo: Dios ordena inmolar una VACA; los israelitas exclamaron: ¿Acaso te burlas de nosotros?[41]—¡Presérveme Dios de ser del número de los insensatos! Dijo.—Suplica a tu Dios que nos explique claramente qué vaca ha de ser esa, respondieron los israelitas.—Dios quiere que no sea una vaca vieja ni una ternera, dijo, sino que sea de edad media. Haced, pues, lo que se os ordena.

64.—Los israelitas añadieron: Ruega a tu Señor que nos explique claramente cuál debe ser su color.—Dios quiere, les dijo Moisés, que sea de un amarillo muy pronunciado, de un color que alegre la mirada de todo el que la vea.

65.—Suplica a tu Señor que nos explique claramente cuál debe ser esa vaca, pues nosotros vemos muchas vacas que se semejan, y nosotros no seremos bien dirigidos *en nuestra elección*, a no ser que Dios lo quiera.

66.—Dios os dice, *repuso Moisés*, que no sea una vaca cansada por la labranza o el riego de los campos, sino una vaca a la que no se haya acercado macho; que sea sin ninguna tacha.—Ahora, dijo el pueblo, tú nos has dicho la verdad. Inmolaron la vaca y, sin embargo, faltó poco para que no lo hubiesen hecho.

---

40 Esto debería referirse a la trasgresión del sábado, cometida por los judíos de la villa Aila, a orillas del mar Rojo, bajo el reinado de David. Dicen los comentadores que se acercaban a la orilla una cantidad infinita de peces y permanecían allí todo el día del sábado, como para tentar a los habitantes. No pudiendo estos resistir la tentación, pescaban los peces, a pesar de las advertencias de los hombres piadosos, rígidos observadores del sábado o descanso. Añádase que David maldijo a los transgresores y los metamorfoseó en monos.

41 Los judíos pedían a Moisés que descubriese a un asesino (véase el versículo 67). Como medio de lograrlo, Moisés ordenó que se inmolase una vaca, lo cual no tenía, al parecer, ninguna relación con el asesinato.

67.—Acordaos de aquel asesinato que fue cometido en un hombre de los vuestros; este asesinato era objeto de vuestras disputas. Dios hizo ver a la luz del día lo que vosotros ocultabais[42].

68.—Ordenamos que se golpease al muerto con uno de los miembros de la vaca; así es como Dios resucita a los muertos y hace brillar a vuestros ojos sus milagros; tal vez acabaréis por comprender.

69.—Vuestros corazones se han endurecido después; son como rocas y más duros todavía, pues de las rocas salen torrentes; las rocas se hienden y hacen brotar agua; hay quien se humilla por temor a Dios, y ciertamente que Dios no desatiende vuestras acciones.

---

42 Moisés había establecido el sacrificio de la vaca y el empleo de sus cenizas como expiación y purificación de un hombre que hubiese tocado el cadáver. Véase *Números*, capítulo IX. Bebiendo el autor del Corán en fuentes desconocidas, rehace a su modo la historia de esta disposición de Moisés. Según los comentadores del Corán, he aquí el relato que sirve de base a los versículos 63–69: Un hombre piadoso entre los israelitas tenía una ternera y un hijo varón; condujo la ternera al desierto y la abandonó a la salvaguardia de Dios hasta la época en que su hijo fuese mayor de edad. Al tiempo, murió el hombre piadoso, dejando al hijo con la madre. Hallándose algunos años después la madre del joven en situación precaria, le envió a buscar la vaca, único bien que les quedaba. La vaca, montaraz hasta entonces y sin dejarse coger de nadie, siguió sin resistencia al joven. Conformándose a los deseos de su madre, este condujo la vaca al mercado para venderla y sacar de ella algún dinero. Un desconocido, que era un ángel, ofreció primero seis y luego doce dineros al joven, a condición que no consultase a su madre sobre el precio de la venta. Sin embargo, el joven se lo contó a su madre, la cual, creyendo ver en la insistencia del desconocido una intervención del cielo, recomendó a su hijo que volviese al mercado y consultase al desconocido, que no dejaría de presentarse otra vez para hacer el mejor empleo de la vaca. Entonces, el ángel reveló al joven que debía conservar su vaca, porque no tardaría mucho en acaecer entre los judíos un acontecimiento que le daría ocasión de venderla por una cantidad de oro tal como podría contener su piel. En efecto, algún tiempo después, un israelita rico llamado Hamiel fue muerto por uno de sus parientes, que codiciaba sus riquezas. El autor del crimen era desconocido, y hombres inocentes eran acusados injustamente. Para resolver la duda y sacar a los judíos de la incertidumbre en que se hallaban, Dios ordenó a Moisés que buscase una vaca que tuviese todos los signos indicados por la revelación, que la degollase y que golpease el cadáver de Hamiel con uno de sus miembros. Al ser golpeado el cadáver, se levantó, reveló el nombre del matador y volvió a morir. Para obtener la vaca en cuestión, los judíos tuvieron que dar al joven la suma que pedía.

70.—Ahora *¡oh, musulmanes!* ¿Deseáis que ellos (*los israelitas de aquel tiempo*) lleguen a ser creyentes por vosotros (*por daros gusto*)? Sin embargo, algunos de ellos obedecían a la palabra de Dios; pero en lo sucesivo la alteraron después de haberla comprendido, y lo sabían muy bien.

71.—Si hallan a los fieles, dicen: Nosotros creemos; pero inmediatamente que se ven solos entre ellos, dicen: ¿Contaréis a los musulmanes lo que Dios os ha revelado, a fin de que lo conviertan en argumento contra vosotros ante vuestro Señor? ¿No comprendéis *adónde conduce eso?*

72.—¿Ignoran acaso que el Altísimo sabe lo mismo lo que ocultan que lo que exponen a la luz del día?

73.—Entre ellos la generalidad de los hombres no conocen el libro (el Pentateuco), sino solamente los cuentos engañosos, y no tienen más que ideas vagas. ¡Desgraciados de los que, al escribir el libro con sus manos *corruptoras*, dicen: He aquí lo que proviene de Dios, para sacar de ello un beneficio ínfimo! ¡Desgraciados de ellos, a causa de lo que han escrito sus manos y a causa de la ganancia que de ello sacan![43]

74.—Dicen: Si el fuego nos alcanza, no será más que por un corto número de días[44]. Diles: ¿Habéis recibido de Dios un compromiso que él no revocará jamás, o bien decís *sencillamente* respecto de Dios lo que no sabéis?

75.—Bien lejos de esto: los que no tienen por toda ganancia más que sus malas acciones, aquellos a quienes sus pecados envuelven por todas partes, esos serán entregados al fuego y permanecerán en él eternamente.

76.—Pero los que han creído y practicado el bien, esos estarán en posesión del paraíso y permanecerán en él eternamente.

77.—Cuando nosotros recibimos la alianza de los hijos de Israel, les

43 Muhammad reprocha aquí a los judíos el que alterasen las copias de las escrituras con objeto de substraer todos los pasajes en que ha sido predicha la misión del profeta árabe.

44 Según los comentadores, los judíos pensaban que no estarían en el infierno más que cuarenta días, o sea un tiempo igual a aquel durante el cual fue adorado el becerro de oro.

dijimos: No adoréis más que a un solo Dios; observad buena conducta respecto de vuestros padres y madres, respecto de vuestros allegados, respecto de los huérfanos y los pobres; no tengáis más que palabras de bondad para todos los hombres; haced puntualmente las oraciones; dad limosna. Excepto un pequeño número, os habéis mostrado recalcitrantes y os habéis apartado de nuestros mandatos.

78.—Cuando estipulamos con vosotros que no derramaríais la sangre de vuestros hermanos y que no os desterraríais recíprocamente de vuestro país, disteis vuestro asentimiento y vosotros mismos fuisteis testigos de él.

79.—A pesar de esto, cometíais asesinatos entre vosotros, expulsabais de vuestro país a algunos de vosotros y os prestabais asistencia mutua para agobiarlos de injurias y de opresión; pero si os llegan cautivos (*vuestros compatriotas*), los rescatáis[45]. Ahora bien, en un principio os estaba prohibido expulsarlos de su país. ¿Creeríais acaso en una parte de vuestro libro y rechazaréis otra? Y ¿cuál será la recompensa de los que obran de ese modo? La ignominia en este mundo, y en el día de la resurrección serán empujados hacia el más cruel castigo. Y ciertamente Dios no desatiende vuestras acciones.

80.—Los que compran la vida de este mundo a costa de la vida futura, no sentirán ningún alivio en el castigo *que les espera* y no serán socorridos.

81.—Hemos dado el libro de la ley a Moisés y le hemos hecho seguir de otros enviados; hemos concedido a Jesús, hijo de María, signos manifiestos (*de su misión*) y le hemos fortificado con el espíritu de la santidad[46]. Siempre que un enviado (del Señor) os ha traído una reve-

---

45   Así obedecían a la ley en este punto, violándola en otros. Esto se aplica a los judíos contemporáneos de Muhammad. Véase cómo explican los comentadores estas palabras: La tribu judía de Koreidha estaba aliada con la tribu árabe de Aus, y la tribu judía de Nachia estaba aliada con la tribu árabe de Kasredj. Habiéndose declarado la guerra estas dos tribus árabes, las tribus judías corrieron cada una en auxilio de su aliada. Cuando dos judíos pasaban a ser cautivos de sus enemigos, los otros judíos se ofrecían para rescatarlos.

46   Por el espíritu de la santidad, el espíritu santo, Muhammad entiende siempre el ángel Gabriel, que, según él, acompañaba constantemente a Jesús, hijo de María, del

lación que no halagaba vuestras pasiones, os habéis hinchado de orgullo; habéis tratado a los unos de embusteros y habéis asesinado a otros.

82.—Pero dicen: Nuestros corazones son incircuncisos[47]. Sí, en verdad, Dios le ha maldecido a causa de su incredulidad. ¡Oh! ¡cuán pequeño es el número de los creyentes!

83.—Cuando recibieron de parte de Dios un libro confirmando sus escrituras —antes rogaban a Dios que les concediese la victoria sobre los infieles—, este libro que les había sido predicho, se negaron a prestarle fe. ¡Que la maldición de Dios alcance a los infieles!

84.—Es un precio vil aquel por el cual se vendieron a sí mismos. No creen en lo que les es enviado de arriba, por envidia, porque Dios, por efecto de su gracia, ha enviado un libro a aquel de sus servidores a quien ha querido. Se atraen de parte de Dios ira sobre ira. Un castigo ignominioso está preparado para los infieles.

85.—Cuando se les dice: Creed en lo que Dios envió de arriba, responden: Nosotros creemos en lo que nos ha sido enviado de arriba a nosotros; y ellos no creen en lo que ha venido después; y, sin embargo, este libro confirma sus escrituras. Diles: ¿Por qué habéis matado, pues, a los enviados del Señor, si teníais fe?

86.—Moisés había llegado a en medio de vosotros con señales manifiestas, y en su ausencia habéis tomado el becerro *de oro* como objeto de vuestra adoración. ¿No habéis obrado con iniquidad?

87.—Cuando hubimos aceptado vuestra alianza y elevado por encima de vuestras cabezas el monte Sinaí, hicimos oír estas palabras: Recibid nuestras leyes con firme resolución *de observarlas*: escuchadlas. Ellos respondieron: Hemos oído, pero no obedeceremos; y sus corazones estaban aún empapados en el culto del becerro; tan ingratos eran. Diles: ¡Detestables sugestiones las que os inspira vuestra creencia, si es que tenéis alguna!

88.—Diles: Si es cierto que os está reservada cerca de Dios una mansión eterna, *como pretendéis vosotros, judíos*, atreveos a desear la muerte si sois sinceros en lo que decís.

---

mismo modo que después le llevaba la revelación a Muhammad.

47 Es casi superfluo advertir que esta expresión usada en la Biblia significa: nuestros corazones están endurecidos, son inaccesibles a la razón.

89.—Pero no. Ellos no la pedirán jamás, a causa de las obras de sus manos, y Dios conoce a los perversos.

90.—Tú los hallarás más ávidos de vivir que a todos los demás hombres y hasta que a los idólatras; no falta entre ellos quien desea vivir mil años; pero no podrá cambiar nada al suplicio, por la razón de que haya vivido largos años, pues Dios ve sus acciones.

91.—Di: ¿Quién se declarará enemigo de Gabriel?[48] Él es quien, con el permiso de Dios, depositó en tu corazón el libro destinado a confirmar los libros sagrados antes de él para servir de dirección y anunciar felices nuevas a los creyentes.

92.—El que sea enemigo del Señor, de sus ángeles, de sus enviados, de Gabriel y de Miguel, *tendrá a Dios por enemigo*; porque Dios odia a los infieles.

93.—Pues nosotros te hemos enviado signos manifiestos; solo los perversos se negarán a prestarles crédito.

94.—Siempre que adquieran un compromiso, ¿habrá entre ellos quien lo eche a un lado? Sí, la mayoría de ellos no creen.

95.—Cuando el apóstol fue a su lado de parte de Dios, confirmando sus libros sagrados, una parte de los que han recibido las escrituras se echaron a la espalda el libro de Dios, como si no lo conociesen.

96.—Siguen lo que los demonios habían imaginado sobre el poder de Salomón[49]; pero ni fue Salomón el infiel, sino los demonios. Enseñan a los hombres la magia y la ciencia que había descendido de lo alto sobre los dos ángeles de Babel, Harut y Marut[50]. Estos no instruían a nadie

48   Esto se dirigió a los judíos que consideraban al ángel Gabriel como enemigo suyo, porque por mediación de él les anunciaba Dios las calamidades todas y ejecutaba sus sentencias.

49   Dicen los comentadores que los demonios habían escondido debajo del trono de Salomón libros de magia y difundieron después de su muerte el rumor de que no había más que buscar debajo del trono los libros que contenían la ciencia con que Salomón había sometido a los hombres, los genios y los vientos. Véase, sobre Salomón, *suras* XXVII, XXXIV y XXXVIII.

50   La historia de estos dos ángeles parece estar tomada de las tradiciones talmúdicas. Véase lo que dicen los comentadores: Los ángeles deploraban en presencia de Dios la maldad de los hombres, a pesar del envío reiterado de los profetas. Dios les ordenó que escogiesen dos de ellos para juzgar a los hombres. Estos dos jueces fueron Harut

en su arte sin decir: Somos la tentación, cuida de llegar a ser infiel. Los hombres aprendían de ellos los medios de sembrar la discordia entre el hombre y su mujer; pero los ángeles no hacían daño a nadie sin el permiso de Dios; sin embargo, los hombres aprendían lo que les era dañoso y no lo que podía serles útil, y sabían que el que había comprado este arte estaba desheredado de toda parte en la vida futura. Vil precio aquel por el cual se entregaron ellos mismos. ¡Ah! ¡Si hubiesen sabido!

97.—¡Ah! ¡Si hubiesen creído, si hubiesen temido a Dios! La recompensa de la parte de Dios hubiese sido preferible. ¡Ah! ¡Si hubiesen sabido!

98.—¡Oh, vosotros, los que creéis! No os sirváis de la palabra *raina* (observadnos), decid *ondhorna* (miradnos)[51]. Obedeced a esta orden. Espera a los infieles un doloroso castigo.

99.—Los que poseen las escrituras, así como los idólatras, no quieren que un favor cualquiera descienda sobre vosotros de parte de vuestro Señor; pero Dios honra particularmente con gracias a aquel a quien quiere, pues es dueño de grandes favores.

100.—Nosotros no abrogamos ningún versículo de este libro ni haremos borrar uno solo de tu memoria, sin reemplazarlo por otro mejor o igual[52]. ¿No sabes que Dios es omnipotente?

y Marut, y desempeñaron escrupulosamente su misión hasta el momento en que una mujer de rara belleza (se la llama Zohra, palabra que se traduce comúnmente por Venus) se les apareció, invocando su autoridad contra su marido. Los dos ángeles, enamorados de sus encantos, quisieron seducirla; pero ella desapareció en un abrir de ojos; y volviendo al cielo los ángeles, vieron que les estaba prohibida la entrada. Gracias a la intervención de un bienaventurado, Dios les dio a elegir entre las penas de este mundo y las del infierno que sabían ser eternas. Escogieron, pues, los tormentos de este mundo, y por eso permanecen en Babilonia, suspendidos entre el cielo y la tierra. Tal es el resumen más acreditado de los comentadores de este pasaje, aunque sirva de poco para explicarlo. Otros doctores creen que Harut y Marut no eran más que mágicos que enseñaban la magia a los hombres. Hay comentadores que añaden que eran dos hombres a quienes se llamaba ángeles a causa de su seductora apariencia exterior.

51   En la salutación, Muhammad quiere reemplazar la palabra *ondhor* por la de *rai*, que los judíos empleaban de intento por tener las mismas radicales que el verbo *rua*, expresión de mal augurio que quiere decir: *ser desgraciado*.

52   Sobre las derogaciones del Corán, véase la biografía de Muhammad de la presente edición.

101.—¿No sabes que el imperio del cielo y de la tierra pertenece a Dios y que no tenéis más protector ni defensor que él?

102.—¿Querríais pedir a vuestro profeta (a Muhammad) lo que se le pedía a Moisés en otro tiempo? Sabed, pues, que el que cambia la fe por la incredulidad, ese deja lo bello en medio del camino.

103.—Muchos de los que poseen las escrituras desearían llevaros a la incredulidad después que vosotros habéis creído ya (es por pura envidia) y después que la verdad se ha mostrado claramente a sus ojos. Perdonadles; seguid adelante hasta que Dios haga surgir una de sus obras[53].

104.—Haced puntualmente las oraciones, dad limosna; el bien que hayáis hecho lo hallaréis de nuevo cerca de Dios, que ve vuestras acciones.

105.—Dicen: Solo los judíos o los cristianos entrarán en el paraíso. Pero no es otra cosa que sus deseos. Decidles: ¿Dónde están las pruebas? Mostradlas, si sois sinceros.

106.—*No*; el que se haya entregado por completo[54] a Dios y el que haya practicado el bien, ese será más bien el que hallará su recompensa cerca del Señor; el temor no le alcanzará y no se verá afligido.

107.—Los judíos dicen: Los cristianos no se apoyan en nada; los cristianos, *por su parte*, dicen: Los judíos no se apoyan en nada; y sin embargo, *unos y otros* leen las escrituras; los que no conocen nada[55]

---

53 Literalmente: hasta que Dios venga con su orden o con su asunto; pues la voz *amr*, que significa *orden, sentencia, mandato*, se emplea también a menudo en el sentido de cosa, asunto, acontecimiento: la cosa o el asunto de Dios es algún acontecimiento notable, un hecho providencial que cambia la faz de las cosas.

54 El texto dice: el que se haga *muslim* (musulmán). Esta palabra quiere decir: resignado a la voluntad de Dios, que se ha entregado enteramente a Dios. Advertiremos de paso que los mahometanos establecen una distinción entre *muslim*, musulmán, y *mumin*, creyente. El primero se refiere al culto exterior, a las prácticas religiosas establecidas por Muhammad; el último implica la fe viva y sincera. Para citar un ejemplo, los persas (chiítas) en su odio contra los turcos (sunnitas) quieren reconocer gustosos que son muslimin (musulmanes); pero no les concederían el nombre de muminin (verdaderos creyentes).

55 Con estas palabras: *los que no conocen, los que no saben nada*, Muhammad entiende los árabes idólatras, que no han recibido hasta entonces ninguna revela-

emplean lenguaje semejante. El día de la resurrección, Dios decidirá entre ellos acerca del objeto de la disputa.

108.—¿Quién es más injusto que los que impiden que el nombre de Dios resuene en los templos y los que trabajan para su ruina? No deberían entrar allí más que temblando. La ignominia será su reparto en este mundo, y en el otro les está preparado un cruel castigo.

109.—Pertenecen a Dios el Levante y el Poniente; hacia cualquier lado que os volváis hallaréis su faz[56]. Dios es inmenso y lo sabe todo.

110.—Dicen: Dios tiene un hijo. Por su gloria, no[57]; decid más bien que todo lo que está en los cielos y en la tierra le pertenece y todo le obedece.

111.—Único en los cielos y en la tierra, cuando ha resuelto alguna cosa, dice: Sea, y es.

112.—Los que no conocen nada, dicen: ¿Por qué, pues, Dios no nos dirige al menos la palabra, y por qué no se nos aparece un signo del cielo? Así hablaban sus padres; su lenguaje y sus corazones se semejan. Hemos hecho brillar bastantes signos para los que tienen fe.

113.—Te hemos enviado con la verdad y te hemos encargado que anuncies y que adviertas. No te pedirán cuenta ninguna de aquellos que sean precipitados en el infierno.

114.—Los judíos y los cristianos no te aprobarán hasta tanto que hayas abrazado su religión. Diles: La dirección que proviene de Dios es la única verdadera; si tú te avinieses a sus deseos, después de haber recibido la ciencia[58], no hallarías en Dios protección ni auxilio.

115.—Aquellos a quienes hemos dado el libro (*las Escrituras*) y que lo leen como conviene leerlo, esos creen en él; pero los que no le pres-

---

ción, ningún libro sagrado, por oposición a los judíos y cristianos, que poseían las escrituras.

56 Este versículo está derogado por el versículo 139 de este mismo *sura*. El templo de la Caaba, en la Meca, ha sido designado definitivamente como el punto hacia el cual deben volverse, al orar, los musulmanes.

57 Siempre que Muhammad cita estas palabras: *Dios tiene un hijo, hijos, hijas, etc., que expresan a su juicio la creencia de los cristianos y de los árabes idólatras*, se apresura a añadir *sobhanahu*, por su gloria.

58 O sea, después de la revelación del Corán.

tan fe serán entregados a la perdición.

116.—¡Oh, hijos de Israel! Acordaos de los beneficios con que os he colmado; acordaos de que os he elevado por encima de todos los humanos.

117.—Temed el día en que una alma no satisfaga a otra alma, en que ningún equivalente será aceptado de ella, en que ninguna intercesión servirá de nada, en que ellos (*los infieles*) no serán socorridos.

118.—Cuando Dios probaba a Abrahán con ciertas palabras y este cumplió sus órdenes, Dios le dijo: Te estableceré imán de los pueblos[59].— Escógelo también en mi familia, dijo Abrahán.—Mi alianza no comprenderá a los malvados, contestó el Señor.

119.—Establecimos la casa santa[60] para ser el retiro y el asilo de los hombres, y dijimos: Tomad la morada de Abrahán por oratorio. Recomendamos a Abrahán y a Ismael esto: Haced pura mi casa para los que vengan a darle la vuelta, para los que vengan a hacer la oración, genuflexiones y postraciones[61].

120.—Entonces Abrahán dijo a Dios: Señor, concede la seguridad a esta comarca y el sustento de tus frutos a los que creen en Dios y en el día final. Yo la concederé a los infieles también; pero solo gozarán de ella un espacio de tiempo limitado; después los empujaré hacia el castigo del fuego. ¡Qué horrible camino el suyo!

121.—Cuando Abrahán e Ismael hubieron levantado los cimientos de la casa, exclamaron: Dignaos recibirla, ¡oh, Señor nuestro!, pues tú

---

59   Es decir, jefe espiritual, encargado de dirigir a los hombres en la realización de las obras de devoción, de presidir las plegarias, etc.

60   Es el templo de la Caaba, en la Meca, cuya fundación se atribuye a Abrahán ayudado de su hijo Isaac. Este templo ha sufrido numerosos cambios; pero todavía hoy se enseña el lugar que ocupaba Abrahán cuando trabajaba la madera para la construcción del templo; este lugar se llama *sitio* o *estación de Abrahán*. Entre el número de las ceremonias religiosas practicadas durante la peregrinación a la Meca, figuraba la de dar siete veces la vuelta a la Caaba; esta práctica se había conservado entre los árabes idólatras. Muhammad la ha conservado como una ceremonia religiosa que data de la época del establecimiento del culto unitario por Abrahán.

61   Por estas palabras debe entenderse aquí un acto determinado de devoción que consiste en mantenerse sentado o de rodillas en una mezquita durante horas o durante días enteros. Esto se llama *itikaf.*

lo entiendes y lo conoces todo.

122.—¡Oh, Señor nuestro! Haz que nos resignemos a tu voluntad (musulmanes), que nuestra posteridad sea un pueblo resignado a tu voluntad (musulmán)[62]; enséñanos los ritos sagrados y dígnate fijar tus miradas en nosotros, pues tú gustas de la penitencia y eres misericordioso.

123.—Suscita en medio de ellos un enviado tomado entre ellos a fin de que les lea el relato de tus milagros[63] y les enseñe el libro[64] y la sabiduría, y les haga puros.

124.—¿Y quién tendrá aversión a la religión de Abrahán, a no ser el que se degrada a sí mismo? Lo hemos elegido en este mundo y estará en el otro entre el número de los justos.

125.—Cuando Dios dijo a Abrahán: Abandónate a mí, él respondió: Me abandono al Dios dueño del universo.

126.—Abrahán recomendó esta creencia a sus hijos, y Jacob hizo lo propio; *les dijo*: ¡Oh, hijos míos! Dios os ha escogido una religión; no muráis hasta que no seáis musulmanes (resignados a Dios).

127.—¿Estabais vosotros presentes cuando Jacob estuvo a punto de morir y cuando les preguntó a sus hijos?: ¿Qué adoraréis después de mi muerte? Ellos respondieron: Adoraremos a tu Dios, al Dios de tus padres, Abrahán, Ismael e Isaac, el Dios único, y nosotros nos estregábamos a él (somos musulmanes).

128.—Esta generación ha pasado, ha llevado consigo el precio de sus obras; recibiréis también el de las vuestras y no se os pedirá cuenta de lo que los demás han hecho.

129.—Se os dice: Sed judíos o cristianos y estaréis en el buen camino. Respondedles: somos más bien de la religión de Abrahán, verda-

---

62   Véase anteriormente la nota del versículo 106. Al poner en boca de Abrahán la voz *muslim* (musulmán), que literalmente quiere decir: *entregado a Dios, resignado a la voluntad de Dios*, Muhammad trata de enlazar su religión con el culto primitivo, con el culto de Abrahán. Según él, es al mismo tiempo la religión natural del hombre. La tradición atribuye a Muhammad estas palabras: "Todo hombre nace musulmán, y son sus padres los que lo hacen judío, cristiano o mago (adorador del fuego)."
63   Literalmente: que les lea tus signos. Siendo la palabra *signo* aplicable a los versículos de un libro divino, se le puede unir la palabra leer.
64   O sea, el código sagrado.

dero creyente, y que no era del número de los idólatras.

130.—Decid: Creemos en Dios y en lo que nos ha sido enviado de lo alto a nosotros, a Abrahán y a Ismael, a Isaac, a Jacob, a las doce tribus; creemos en los libros que han sido dados a Moisés y a Jesús, en los libros concedidos a los profetas por el Señor; nosotros no establecimos diferencia entre ellos y nos abandonamos a Dios.

131.—Si ellos (*los judíos y los cristianos*) adoptan vuestra creencia, están en el camino recto; si se alejan de él, hacen una escisión con nosotros; pero Dios os basta, lo entiende y lo sabe todo.

132.—Allí está el bautismo de Dios, y ¿quién puede dar el bautismo mejor que Dios?[65] A él es a quien adoramos.

133.—Diles: ¿Disfrutaréis con nosotros respecto de ese Dios que es nuestro Señor y el vuestro? Nosotros tenemos nuestras acciones, y vosotros tenéis las vuestras. Nosotros somos sinceros para con Dios.

134.—¿Diréis que Abrahán, Ismael, Isaac, Jacob y las doce tribus eran judíos o cristianos? Diles: ¿Quién es más sabio, Dios o vosotros? ¿Y quién es más culpable que el que oculta el testimonio de que Dios le hizo depositario? Pero Dios no desatiende lo que vosotros hacéis.

135.—Estas generaciones han desaparecido. Han llevado el precio de sus obras, como lleváis vosotros el precio de las vuestras. No se os pedirá cuenta de lo que ellas han hecho.

136.—Los hombres insensatos preguntarán: ¿Qué es lo que les ha apartado de su *kebla*[66] de la que habían adoptado en un principio? Respóndeles: el Oriente y el Occidente pertenecen al Señor, que conduce a los que quiere por el camino recto.

65 Por bautismo, los comentadores entienden la religión que Dios estableció para los hombres al crearlos y cuyas marcas subsisten en el hombre, al igual que las huellas del agua en las ropas del bautizado. Esta interpretación está lejos de ser satisfactoria. ¿no ha empleado Muhammad más bien esta palabra refiriéndose a los cristianos, para decir que su religión era un verdadero renacimiento que debían adoptar? De paso advertiremos que la voz de que se sirve aquí Muhammad, *sebgha*, significa literalmente lo mismo que bautismo, propiamente inmersión; pero que los cristianos se sirven hoy de la palabra *taˀmid* (confirmación).

66 En este versículo, Muhammad alude a los no musulmanes que, de ver a los musulmanes volverse, ora hacia un lado del cielo, ora hacia el otro para hacer su oración, no podían explicarse este cambio.

137.—Así es como hemos hecho de vosotros ¡oh, árabes! Una nación intermediaria, a fin de que seáis testigos frente a frente de todos los hombres y de que el apóstol sea testigo respecto de vosotros.

138.—Nosotros no hemos establecido la precedente *kebla* más que para distinguir aquel de vosotros que haya seguido al profeta del que se aparte de él[67]. Este cambio es una molestia, más no para aquellos a quienes Dios dirige. No es Dios el que dejará el *fruto* de vuestra ley[68], pues está lleno de bondad y de misericordia para los hombres.

139.—Te hemos visto volver el rostro a todos los lados del cielo; queremos que *en lo sucesivo* lo vuelvas hacia una región en la cual tú te complacerás. Vuélvelo, pues, hacia la playa del oratorio sagrado[69]. En cualquier lugar que estéis, volveos hacia esa playa. Los que han recibido las escrituras saben que es la verdad que proviene del Señor, y Dios no desatiende sus acciones.

140.—Aun cuando hicieses en presencia de los que han recibido las escrituras toda clase de milagros, no adoptarían tu *kebla* (dirección en la plegaria). Tú no adoptarás tampoco la suya. Entre ellos mismos, los unos no siguen la *kebla* de los otros[70]. Si, después de la ciencia que tú has recibido, siguieses sus deseos, serías del número de los impíos.

141.—Los que han recibido las escrituras conocen al apóstol, como a sus propios hijos[71]; pero la mayor parte ocultan la verdad que conocen.

142.—La verdad proviene de tu Señor. No seas, pues, de los que dudan.

143.—Cada uno tiene una playa del cielo hacia la cual se vuelve al orar. Vosotros obrad el bien a porfía dondequiera que estéis. Dios os

---

67   Según los comentadores, esto quiere decir que los árabes no incurren en ningún exceso, y que, entre ellos, los vicios de los demás pueblos son mitigados por una moderación innata. Esta explicación está lejos de ser satisfactoria.

68   Es decir, los que, antes del establecimiento definitivo de la *kebla* de la Meca, se volvían para orar del lado de Jerusalén, no se verán por ello privados de su recompensa en el cielo.

69   El oratorio sagrado es la traducción literal de *mesdjid el haram*, que es el recinto del templo de la Caaba, en la Meca.

70   Los judíos y los cristianos, que no siguen la *kebla* los unos de los otros.

71   Es decir, que en el fondo están convencidos de la verdad de su misión.

reunirá a todos algún día, pues omnipotente.

144.—De cualquier lugar que salgas, vuelve tu rostro hacia el oratorio sagrado. Es la verdad que proviene de tu Señor, y Dios no desatiende vuestras acciones.

145.—De cualquier lugar que salgas, vuelve tu rostro hacia el oratorio sagrado. En cualquier lugar que estéis, volved vuestro rostro hacia ese lado, a fin de que los hombres no tengan pretexto alguno de disputa contra vosotros. Respecto a los impíos, no los temáis; pero temedme, a fin de que yo realice mis beneficios para vosotros y que estéis en la senda derecha.

146.—Así es como hemos enviado hacia vosotros un apóstol tomado de entre vosotros, que os leerá nuestras enseñanzas, que os hará puros y os enseñará el libro (el Corán) y la sabiduría, que os enseñará lo que ignoráis.

147.—Acordaos de mí y yo me acordaré de vosotros; dadme acciones de gracias y no seáis infieles[72].

148.—¡Oh, vosotros, los que habéis creído! Buscad el socorro en la paciencia y en la oración. Dios está con los pacientes.

149.—No digas que los que están muertos en la senda de Dios están muertos[73]. No, están vivos; pero vosotros no los comprendéis.

150.—Os pondremos a prueba por el terror y por el hambre, por las pérdidas en vuestros bienes y en vuestros hombres, en vuestras cosechas. *Mas tú, oh Muhammad*, anuncia felices nuevas a los que sufren con paciencia.

151.—A los que cuando les ocurre una desgracia, exclaman: Somos de Dios y a él volveremos[74].

152.—Las bendiciones del Señor y su misericordia se extenderán sobre ellos. Serán dirigidos por la senda recta.

---

72   O sea, *no seáis ingratos*, pues la palabra traducida generalmente por *infiel* significa *ingrato*, propiamente el que borra *el recuerdo de los beneficios recibidos.*

73   Es la expresión consagrada para decir: por la causa de Dios.

74   Los mahometanos se atienen escrupulosamente a esta recomendación. Siempre que les ocurre alguna desgracia, exclaman con calma: "somos de Dios y a él volveremos." Asimismo los judíos acostumbran decir como Job, cuando tienen alguna pérdida: "Dios la ha dado, Dios la ha quitado; alabado sea el nombre de Dios."

153.—Safa y Merwa[75] son monumentos de Dios; el que hace la peregrinación a la Meca o visita *parcialmente* los lugares santos, no comete ningún pecado, si da la vuelta a estas dos colinas. El que haya hecho una buena obra por impulso propio, recibirá una recompensa, pues Dios es agradecido y lo sabe todo.

154.—Los que ocultan al conocimiento de los demás los signos evidentes y la verdadera dirección, desde que los hemos dado a conocer a los hombres en el libro (el Pentateuco), serán malditos por Dios y por todos los que saben maldecir.

155.—Los que vuelven a mí, se corrigen y hacen conocer la verdad a los demás; a esos volveré yo también, pues gusto de volver hacia el *pecador convertido*, y soy misericordioso.

156.—Los que mueran infieles, sobre esos, la maldición de Dios, de los ángeles y de todos los hombres.

157.—Serán cubiertos eternamente con ella; sus tormentos no se suavizarán y Dios no volverá hacia ellos sus miradas.

158.—Vuestro Dios es el Dios único; no hay otro y es el Clemente y el Misericordioso.

159.—En verdad, en la creación de los cielos y de la tierra, en la sucesión alternativa de los días y de las noches, en los buques que bogan a través del mar para llevar a los hombres cosas útiles, en esa agua que Dios hace descender del cielo y con la cual da la vida a la tierra muerta poco antes, y donde ha diseminado animales de todas las especies, en las variaciones de los vientos y en las nubes dedicadas al servicio entre el cielo y la tierra, en todo esto hay advertencias para todos los que tienen inteligencia.

160.—Hay hombres que colocan al lado de Dios asociados a quienes aman al igual que a Dios; pero los que creen aman a Dios por encima de todo. ¡Oh! Los impíos reconocerán, en el momento del castigo, que no hay más poder que el de Dios, y que Dios es terrible en sus castigos.

75   *Safa y Merwa*, colinas del territorio de la Meca. Como los árabes idólatras practicaban allí ciertas ceremonias de su culto, los musulmanes titubeaban en ir. Muhammad desvaneció sus escrúpulos diciendo que aquellas colinas son monumentos de Dios. La palabra que traducimos por monumentos se aplica ordinariamente en el Corán a todo lugar o signo natural o artificial que sea objeto de ciertos ritos.

161.—Cuando los jefes[76] estén separados de los que les seguían, cuando vean el castigo y cuando estén rotos todos los lazos que les unían,

162.—Los que seguían a *sus jefes* exclamarán: ¡Ah! Si pudiéramos *volver a la tierra*, huiríamos de ellos como huyen ellos ahora[77]. Así es como les hará ver Dios sus obras. Lanzarán suspiros de pesar, pero no saldrán del fuego.

163.—¡Oh, hombres![78], alimentaos con todos los frutos lícitos y buenos. No sigáis las huellas de Satán, porque es vuestro enemigo declarado.

164.—Os ordena el mal y las torpezas; os enseña a decir de Dios lo que vosotros no sabéis.

165.—Cuando se les dice: Seguid la ley que Dios os ha enviado, responden: Nosotros seguimos las costumbres de nuestros padres. Pero ¿es acaso que sus padres no eran gentes que no entendían nada y que no estaban en la senda recta?

166.—Los infieles se semejan al que le grita a un hombre que no oye más que el sonido de la voz y el grito (sin distinguir las palabras). Sordos, mudos, ciegos, no comprenden nada.

167.—¡Oh, creyentes! Nutríos con los deliciosos manjares que os concedemos y dad gracias a Dios, si sois sus adoradores.

168.—Os está prohibido comer los animales muertos, la sangre, la carne de cerdo, y todo animal sobre el cual se haya invocado otro nombre distinto del de Dios. El que lo hiciese, movido por la necesidad, y no como rebelde y trasgresor, no será culpable. Dios es indulgente y misericordioso.

169.—Los que ocultan a los hombres parte del libro enviado de arriba, y compran así un objeto de un valor ínfimo, llenan sus entrañas de fuego. Dios no les dirigirá la palabra el día de la resurrección y no les absolverá. Les espera un doloroso suplicio.

170.—Estos son hombres que cambian la *verdadera* dirección por

---

76 Literalmente: los que han sido seguidos.
77 Literalmente: estaríamos libres de ellos, romperíamos con ellos como, etc.
78 Acerca del valor de esta alocución, véase la nota II del versículo 19.

el extravío, y el perdón de Dios por sus castigos; ¿cómo soportarán el fuego?

171—Serán condenados, porque Dios ha enviado un libro verdadero, y los que disputan respecto a él, producen una escisión que los pone muy lejos de la verdad.

172.—La piedad no consiste en volver vuestras caras hacia Levante o Poniente. Piadoso es el que cree en Dios y en el día final, en los ángeles y en el libro, en los profetas; el que, por el amor de Dios, da de su haber a sus semejantes, a los huérfanos, a los pobres, a los viajeros y a los que piden; el que rescata los cautivos, el que hace la oración, el que da limosna y cumple los compromisos contraídos, y el que es paciente en la adversidad, en los tiempos duros y en los tiempos de violencias. Estos son justos y temen al Señor.

173.—¡Oh, creyentes! Os está prescrita la pena del talión por el asesinato. Un hombre libre por un hombre libre, un esclavo por un esclavo, una mujer por una mujer[79]. Aquel a quien le sea aplazada esta pena (del talión) por su hermano[80], debe ser tratado con humanidad, y se debe a su vez obrar generosamente respecto de aquel que le haya hecho el aplazamiento[81].

174.—Es una suavización[82] de parte de vuestro Señor y un favor de misericordia; pero todo el que se haga culpable una vez más de un crimen semejante, será entregado a un doloroso castigo.

175.—En la ley del talión está vuestra vida[83]. ¡Oh, hombres dotados de inteligencia! Tal vez acabaréis por temer a Dios.

---

79 Por lo general, el Corán es muy breve en sus disposiciones legislativas, lo mismo civiles que penales. La *sonna* o tradición ha debido suplir esta deficiencia desde muy antiguo. Así es como, desarrollando el sentido de este versículo, se aplica la ley del talión al hombre que mata a una mujer. En la aplicación de la pena se tiene en cuenta también la religión del culpable: un esclavo creyente no es condenado a muerte por el asesinato de un hombre libre que sea infiel.

80 Por hermano debe entenderse aquí otro hombre, un árabe, sobre todo un creyente.

81 Según los comentadores, tal es el sentido de este conciso pasaje.

82 En el rigor de la ley del talión.

83 Esto quiere decir que el temor a las represalias contiene a los hombres y los aleja del asesinato.

176.—Os está prescrito que cuando uno de vosotros está próximo a morir, debe dejar por testamento algún bien a su padre, a su madre y a sus allegados de una manera generosa. Este es un deber para los que temen a Dios.

177.—El que, después de haber oído las disposiciones del testador en el momento de su muerte, las altere, comete un crimen[84]. Dios lo ve y lo oye todo.

178.—El que, temiendo un error o una injusticia de parte del testador, haya regulado *cual conviene los derechos de los herederos*, no es culpable. Dios es indulgente y misericordioso.

179.—¡Oh, creyentes! Os está prescrito el ayuno, del mismo modo que ha sido prescrito a los que os han precedido. Temed al Señor.

180.—El ayuno no durará más que unos cuantos días. Pero el que esté enfermo o de viaje (*y que no haya podido cumplir el ayuno en el tiempo prescrito*) ayunará después un número igual de días. Los que, pudiendo soportar el ayuno, lo rompan, darán a título de expiación el alimento de un pobre. Todo el que realiza voluntariamente una obra de devoción obtiene más. Ante todo, es bueno que observéis el ayuno, si conocéis la ley.

181.—La luna del Ramadán, durante la cual descendió el Corán de lo alto para servir de dirección a los hombres, de explicación clara de los preceptos, y de distinción *entre el bien y el mal*, es el tiempo en que hay que ayunar. Todo el que vea esta luna debe disponerse en el acto a ayunar. El que esté enfermo o de viaje ayunará después un número igual de días. Dios quiere vuestro bienestar y no quiere vuestra molestia. Quiere únicamente que cumpláis el número exigido y que lo glorifiquéis, porque os dirige por la senda derecha; quiere que seáis agradecidos.

182.—Cuando mis servidores te hablen de mí, yo estaré cerca de ellos, escucharé la oración del suplicante que me implora; pero que me escuchen, que crean en mí, a fin de que caminen derechos.

---

84   El texto dice: *su crimen recae sobre los que los desnaturalizan*; es decir, que no se puede reprochar al testador las disposiciones desfavorables que se le atribuyen, sino a aquel que las haya alterado al referirlas.

183.—Os está permitido acercaros a vuestras mujeres en esa noche del ayuno. Ellas son vuestro vestido y vosotros sois el suyo[85]. Dios sabe bien que os engañáis a vosotros mismos[86]. Ha vuelto a vosotros y os ha perdonado. Ved a vuestras mujeres en el deseo de recoger los frutos que os están reservados. Os está permitido comer y beber hasta el momento en que podáis distinguir un hilo blanco de un hilo negro. A partir de este momento, observad estrictamente el ayuno hasta la noche. Durante este tiempo, no tengáis comercio alguno con vuestras mujeres; pasadlo más bien en actos de devoción en las mezquitas. Tales son los límites de Dios[87]. No os acerquéis a ellos por temor a trasponerlos. Así es como desenvuelve Dios sus signos[88] ante los hombres, a fin de que le teman.

184.—No devoréis entre vosotros vuestras riquezas *gastándolas* en cosas vanas[89]; no las llevéis tampoco ante los jueces con objeto de consumir injustamente el bien ajeno. Ya lo sabéis.

185.—Ellos te interrogarán acerca de las lunas nuevas. Diles: Son las épocas fijadas para la *utilidad* de todos los hombres y para señalar la peregrinación a la Meca. La piedad no consiste en que entréis en vuestras casas por una abertura practicada por detrás[90]; consiste en el temor de Dios. Entrad, pues, en vuestras casas por las puertas de entrada, y temed a Dios. Seréis felices.

---

85   Según los comentadores, esta expresión significa: *os prestáis servicios mutuos*; o bien: *ocultáis los secretos unos de otros;* o bien: *al abrazaros sois uno para otro como un vestido.*

86   Literalmente: que obráis como traidores con vosotros mismos; es decir: que acabáis siempre por eludir los preceptos.

87   Límites de Dios, es decir, límites, barreras que Dios ha puesto en torno de sí: de aquí que la voz límite, en árabe *hadd*, plural *hodud*, se toma por prescripción de la ley; esta expresión recuerda la de *sepes legis*, aplicada a las leyes de Moisés.

88   O versículos del Corán.

89   Esto se refiere a los juegos de azar, a las apuestas, a los regalos con que se corrompe a los jueces.

90   Cuando los árabes volvían de la peregrinación a la Meca, se creían sacrificados, y, considerando como profana la puerta por donde entraban de ordinario en sus casas, hacían abrir una del lado opuesto. Muhammad condena esta costumbre.

186.—Combatid en la senda del Dios[91] contra los que os hagan la guerra. Pero no cometáis injusticia atacándolos primero, pues Dios no ama a los injustos.

187.—Matadles doquiera que los halléis y expulsadles de donde ellos os hallan expulsado. La tentación de la idolatría es peor que la carnicería de la guerra. No les libréis combate junto al oratorio sagrado, a no ser que ellos os ataquen. Si lo hacen, matadlos. Tal es la recompensa de los infieles.

188.—Si ponen término a lo que hacen, en verdad Dios es indulgente y misericordioso.

189.—Combatidles hasta tanto que no tengáis que temer la tentación y hasta que todo culto sea el del Dios único. Si ponen término a sus acciones, entonces no más hostilidades, a no ser contra los perversos.

190.—El mes sagrado para el mes sagrado, y los lugares sagrados bajo *la salvaguardia* de las represalias[92]. Si alguien os oprime, oprimidle como os oprimió él. Temed al Señor y sabed que está con los que le temen.

191.—Gastad vuestro haber en la senda de Dios y no os precipitéis con vuestras propias manos en el abismo. Haced el bien, pues Dios ama a los que hacen el bien.

91   *Combatid en la senda, en la vía de Dios*, es una expresión consagrada para decir: haced la guerra santa por la causa de Dios. Los mandatos que encierran los versículos 186–190 son disposiciones circunstanciales; se refieren a los idólatras de la Meca, como lo hacen ver las voces oratorio sagrado, tentación de la idolatría. En esta época, Muhammad no era todavía dueño de la Meca, y su posición le prescribía mantenerse a la defensiva: la guerra de agresión está, pues, condenada aquí, de un modo formal. Sin embargo, no conviene deducir que estos mandatos son capaces de encadenar la fe, la fidelidad de los musulmanes. Las palabras: *Matadles dondequiera que los halléis y expulsadles de donde ellos os hayan expulsado,* así como estas otras: *hasta que todo culto sea el del Dios único,* dejan tal latitud, que no es asombroso que el islamismo se haya creído siempre libre de todo compromiso para con los pueblos de otra religión, cuando sus fuerzas o las circunstancias favorables le han permitido recobrar países escapados a su dominación.

92   Es decir, que, si sois atacados en uno de los meses sagrados o en los lugares consagrados, os está permitido usar de represalias en estos meses y en estos mismos lugares.

192.—Haced la peregrinación a la Meca y la visita a los lugares santos[93]; y si no pudieseis por estar cercados por los enemigos, enviad alguna ofrenda. No afeitéis vuestras cabezas hasta que la ofrenda haya llegado al lugar en que debe ser inmolada. El que esté enfermo o que tenga que afeitarse a causa de alguna indisposición, estará obligado a dar satisfacción de esto mediante el ayuno, la limosna o alguna ofrenda. Cuando no tenéis nada que temer de vuestros enemigos, el que se contente con hacer la visita a los lugares santos y aplace la peregrinación para otra época, debe hacer una ofrenda; si no tiene medios, tres días de ayuno serán una expiación durante la peregrinación misma, y siete después de su vuelta; diez días en total. Esta expiación es impuesta a aquel cuya familia no se halla presente en el oratorio sagrado. Rogad a Dios y sabed que es terrible en sus castigos.

193.—La peregrinación se hará en los meses que conocéis ya[94]. El que la emprenda debe abstenerse de mujeres, de las transgresiones de los preceptos y de las riñas. El bien que hagáis será conocido por Dios. Tomad provisiones para el viaje. Sin embargo, la mejor provisión es la piedad. Temedme, pues, ¡Oh, hombres dotados de sentido!

194.—No es un crimen pedir favores a vuestro Señor[95]. Cuando volvéis en tropel del monte Arafat, acordaos del Señor junto al monumento sagrado[96]; acordaos de él, porque os ha dirigido por la senda recta a vosotros que estabais poco antes extraviados.

---

93   La peregrinación, el *hadjdj*, debe hacerse en los tres meses *chewal, Dhul-kadeh* y *dhulhidjdjhe*, y para ello debe vestirse el manto de peregrino, abstenerse de la caza y de las mujeres y no afeitarse la cabeza. La visita al templo, el *omra*, no implica estas prácticas.

94   Son las palabras *chewal, Dhul-kadeh* y *Dhul-hidjdjhe*.

95   Según los comentadores, estas palabras, de un sentido tan general, quieren decir: os está permitido pedir el aumento de vuestro haber, incluso mediante el comercio, mientras que vais en peregrinación a la Meca. Los árabes idólatras, que hacían así la peregrinación a la Meca, ejercían el tráfico en los mercados inmediatos a Okadh, Medjiona, etc. Después de la venida de Muhammad, los musulmanes se abstenían del comercio durante la peregrinación, temiendo que fuese pecado. Muhammad se lo permitió para no privar a muchos de ellos del único medio que tenían de vida.

96   Es el nombre de una montaña adonde Muhammad se retiró un día a orar, poniéndosele el rostro radiante.

195.—Haced además procesiones a los lugares en que las hacen los otros. Implorad el perdón de Dios, pues es indulgente y misericordioso.

196.—Cuando hayáis terminado vuestras ceremonias, conservad el recuerdo de Dios como conserváis el de vuestros padres, y hasta más vivo todavía. Hay hombres que dicen: Señor, danos nuestra porción de bienes en este mundo. Estos no tendrán parte en la vida futura.

197.—Hay otros que dicen: Señor, asígnanos una buena parte de este mundo y una buena parte en el otro, y presérvanos del castigo del fuego.

198.—Estos tendrán la parte que hayan merecido. Dios es rápido en sus cuentas.

199.—Recordad el nombre de Dios durante estos días contados[97]. El que haya apresurado la marcha del valle de Mina no será culpable; el que lo haya retardado no lo será tampoco, siempre que tema a Dios. Temed, pues, a Dios, y sabed que algún día seréis congregados ante él.

200.—Hay hombre que te agradará por la manera con que te habla de la vida en este mundo; tomará a Dios por testigo de los pensamientos de su corazón. Él es el más encarnizado adversario tuyo.

201.—No bien te ha dejado, recorre el país, propaga el desorden, causa estragos en los campos y entre el ganado. A Dios no le gusta el desorden.

202.—Si le dicen: Teme a Dios, el orgullo del crimen se apodera de él[98]; pero llegará día en que le bastará la gehena. ¡Qué horrible lugar de reposo!

203.—Otro se ha vendido a sí mismo para hacer una acción agradable a Dios[99]. Dios está lleno de bondad para sus servidores.

204.—¡Oh, creyentes! Entrad todos en la verdadera religión; no sigáis las huellas de Satán; él es vuestro enemigo declarado.

---

97   Las palabras del texto son: *Acordaos de Dios*; estas palabras pueden tomarse, ora en un sentido muy general, ora en el sentido de: recordad el nombre de Dios, rogad a Dios, haced actos de devoción; es el contexto que sirve para precisar el sentido.

98   El personaje a quien se alude aquí se llamaba *Akhnas ben Choraik*.

99   Es un tal *Sohaib*, que, perseguido por los idólatras, huyó para ir al lado de Muhammad, dejando todo su haber en manos de los infieles.

205.—Si caéis en el pecado después de haber recibido los signos evidentes[100], sabed que Dios es poderoso y sabio.

206.—¿Esperan los infieles que Dios vaya a ellos en medio de las tinieblas de espesas nubes, acompañado de sus ángeles, y que todo sea consumado? En verdad, todas las cosas vuelven a Dios.

207.—Pregunta a los hijos de Israel cuántos signos evidentes hemos hecho brillar a sus ojos. El que haga cambiar los favores que Dios le había concedido, *aprenderá* que Dios es terrible en sus castigos[101].

208.—La vida de este mundo es para los que no creen y se burlan de los creyentes. Los que temen a Dios estarán por encima de ellos en el día de la resurrección. Dios sustenta a los que quiere, sin contarles sus beneficios.

209.—En otro tiempo los hombres formaban una sola nación. Dios envió a los profetas encargados de anunciar y de advertir. Les dio el libro (*el Pentateuco o el Evangelio*) que contiene la verdad, para decidir entre los hombres acerca del objeto de sus disputas. Ahora bien, los hombres no se pusieron a disputar más que por envidia de unos hacia otros y después que los signos evidentes les fueron dados a todos. Dios fue el guía de los hombres que creyeron hacia el verdadero *sentido* de lo que había llegado a ser objeto de disputas con el permiso de Dios, pues él dirige a los que quiere hacia el camino recto.

210.—¿Creéis entrar en el paraíso sin haber sentido los males que sintieron los que os han precedido? Las desgracias y las calamidades les alcanzaron; fueron sacudidos por la adversidad hasta el punto que el profeta y los que creían en él exclamaron: ¿Cuándo llegará, pues, el auxilio de Dios? ¿No está cercano el auxilio de Dios?

211.—Te preguntarán cómo es preciso hacer limosna. Diles: Es preciso socorrer a los padres, a los allegados, a los huérfanos, a los pobres y a los viajeros. El bien que hagáis será conocido por Dios.

212.—Se os ha prescrito la guerra, y vosotros le habéis tomado aversión.

---

100 Los versículos del Corán.

101 Por los favores de Dios, hay que entender aquí los versículos del Corán. Muhammad anuncia el castigo eterno a los que desnaturalizan o alteran sus versículos.

213.—Es posible que tengáis aversión a lo que os es ventajoso y que os guste lo que os es dañoso. Dios lo sabe, pero vosotros no lo sabéis.

214.—Te interrogarán sobre el mes sagrado, sobre la guerra en este mes. Diles: La guerra en este mes es un grave pecado; pero apartarse de la senda de Dios[102], no creer en él y en el oratorio sagrado, expulsar de su recinto a los que lo habitan, es *un pecado* más grave todavía. La tentación de *la idolatría* es peor que la carnicería[103]. Los infieles no cesarán de haceros la guerra mientras no os hayan hecho renunciar a vuestra religión, si pueden. Pero aquellos de vosotros que renunciéis a vuestra religión y muráis en estado de infidelidad, esos son los hombres cuyas obras se perderán inútilmente en esta vida y en la otra: son los hombres destinados al fuego y allí permanecerán eternamente.

215.—Los que abandonan su país y combaten en el sendero de Dios, pueden esperar su misericordia, pues es indulgente y misericordioso.

216.—Te interrogarán sobre el vino y el juego. Diles: Lo mismo en el uno que en el otro hay mal y ventajas para los hombres; pero el mal supera a las ventajas *que procuran*. Te interrogarán también acerca de lo que deben gastar en larguezas.

217.—Respóndeles: Dad lo superfluo. Así es como os explica Dios sus signos, a fin de que meditéis.

218.—Sobre este mundo y sobre el otro. Te interrogarán acerca de los huérfanos. Diles: Hacerles bien es una acción hermosa.

219.—Tan pronto como os mezcléis con ellos, son vuestros hermanos. Dios sabe distinguir al que hace el mal del que hace el bien[104]. Puede afligiros si quiere, pues es omnipotente y sabio.

220.—No os caséis con las mujeres idólatras hasta que no hayan creído. Una esclava creyente vale más que una mujer libre idólatra, aun cuando esta os guste más. No deis vuestras hijas a los idólatras, mien-

---

102   Es decir, que se evite combatir por la causa de Dios.

103   La palabra *tentación* significa también desorden, anarquía, y aquí puede bien tomarse en este último sentido; pero adoptando con los comentadores el sentido de tentación, conviene añadir de la idolatría.

104   Literalmente: el que corrompe del que mejora.

tras no hayan creído. Un esclavo creyente vale más que un incrédulo libre, aun cuando os guste más.

221.—Los infieles os llaman al fuego, y Dios os invita al paraíso y al perdón si lo quiere; explica sus enseñanzas a los hombres, a fin de que las mediten.

222.—Te interrogarán sobre las reglas de las mujeres. Diles: Es un inconveniente. Separaos de vuestras esposas durante este tiempo y no os acerquéis a ellas hasta que estén purificadas. Cuando estén purificadas, vedlas, como Dios os lo ha ordenado. Él ama a los que se arrepienten, ama a los que procuran conservarse puros.

223.—Vuestras mujeres son vuestro campo. Id a vuestro campo cuando queráis[105]; pero haced antes algo a favor de vuestras almas[106]. Temed a Dios y sabed que algún día estaréis en su presencia. *Y tú, ¡Oh, Muhammad!* Anuncia a los creyentes felices nuevas.

224.—No toméis a Dios como punto de mira cuando juráis virtuosos, temer a Dios y establecer la concordia entre los hombres[107]. Él lo sabe y lo oye todo.

225.—Dios no os castigará por un error en vuestros juramentos; os castigará por las obras de vuestros corazones. Es Clemente y misericordioso.

226.—Los que se abstienen de sus mujeres tendrán un plazo de cuatros meses *para reflexionar* y no separarse a la ligera de sus mujeres. Si durante este tiempo vuelven a ellas, Dios es indulgente y misericordioso.

227.—Si el divorcio es firmemente resuelto, Dios lo sabe y lo entiende todo.

---

105 Véase como entienden este pasaje los comentadores: «Venite ad agrum vestrum quomo docunque volueritis, id est stando, sedendo, jacendo a parte anteriori seu posteriori. Judaei enim dicebant: Qui coierit cum uxore sua in vase quidem anteriori, sed a parte postica, procreabit filium sagaciorem et ingeniosiorem.»

106 Con estas palabras, Muhammad recomienda a los creyentes que hagan algún acto de devoción o de caridad antes de ver a sus mujeres.

107 Tomar a Dios por punto de mira, quiere decir invocarlo y servirse de su nombre. Sin embargo, los comentadores creen que es preciso leer: *cuando juráis no ser justos, virtuosos*, etc.; pues —dicen— los árabes idólatras acostumbraban jurar que no harán tal buena acción. Por lo demás, Muhammad ha recomendado que se retracte de su juramento, siempre que se crea obrar mejor no cumpliéndolo.

228.—Las mujeres repudiadas dejarán transcurrir el tiempo de tres menstruaciones antes de volver a casarse. No deben ocultar lo que Dios ha criado en su seno, si creen en Dios y en el día final. Es más equitativo que los maridos las vuelvan a tomar cuando estén en este estado, si desean el bien. Las mujeres respecto de sus maridos y estos respecto de sus mujeres deben conducirse honestamente. Los maridos son primero que sus mujeres[108]. Dios es poderoso y sabio.

229.—La repudiación puede hacerse dos veces[109]. Guardad vuestra mujer, tratadla honestamente, y si la despedís, despedidla con generosidad. No os está permitido apropiaros de lo que les habéis dado, a no ser que temáis no observar los límites de Dios (*viviendo con ellas*)[110]. Si teméis no observarlos, no resultará ningún pecado para ninguno de vosotros de todo cuanto haga la mujer para rescatarse. Tales son los límites impuestos por Dios. No los traspongáis, porque el que traspone los límites de Dios es injusto.

230.—Si un marido repudia a su mujer tres veces, no le está permitido tomarla hasta tanto que ella se haya casado con otro marido y este la haya a su vez repudiado. No resultará ningún pecado para ninguno de los dos, si se reconcilian creyendo poder observar los límites de Dios[111]. Tales son los límites que Dios pone claramente a los hombres que entienden.

231.—Cuando repudiéis a una mujer y sea llegado el momento de despedirla, guardadla tratándola honradamente, o despedidla con generosidad. No la retengáis por fuerza para ejercer alguna injusticia con ella; el que obra así, obra contra sí mismo. No os burléis de las enseñanzas de Dios, del libro y de la sabiduría que ha hecho descender sobre vosotros, por medio de lo cual os hace advertencias. Temedle y sabed que lo conoce todo.

---

108 Literalmente: tienen un grado por encima; es decir, les son superiores. Véase *sura* IV, 38.

109 Sin producir más consecuencia que la de recobrar sencillamente a su mujer.

110 Es decir: si sentís aversión manifiesta hacia vuestra mujer, es preferible separarse de ella a ofender a Dios con los malos tratos y la injusticia.

111 Respecto a la expresión *límites de Dios*, véase anteriormente el versículo 183, nota tercera.

232.—Cuando repudiéis a vuestras mujeres y estas hayan esperado el tiempo fijado, no les impidáis reanudar los lazos del matrimonio con sus maridos, si ambos esposos convienen en lo que creen honrado. Este consejo se da a aquellos de vosotros que creen en Dios y en el día final: esto es más digno y más decente[112]. Dios lo sabe todo y vosotros no lo sabéis.

233.—Las madres repudiadas amamantarán a sus hijos dos años completos, si el padre quiere que el tiempo sea completo. El padre del niño está obligado a procurar alimento y vestidos a la mujer de una manera decente. Que nadie adquiera más obligaciones de lo que sus facultades se lo permitan: que la madre no sea lesionada en sus intereses a causa de su hijo, ni el padre tampoco. El heredero del padre está obligado a los mismos deberes. Si los esposos quieren destetar al niño (antes del plazo) de voluntario acuerdo y después de mutua consulta, esto no implica ningún pecado. Si preferís poner a vuestros hijos no-driza, no hay ningún mal en ello, con tal que paguéis lo que hayáis prometido. Temed a Dios y sabed que lo ve todo.

234.—Si los que mueren dejan mujeres, estas deben esperar cuatro meses y diez días. Pasado este término, no seréis responsables de la manera con que ellas dispongan honradamente de sí mismas. Dios está instruido de lo que hacéis.

235.—No habrá ningún mal en que hagáis francas proposiciones de matrimonio a esas mujeres[113], o que tengáis la intención secreta en vuestros corazones. Dios sabe bien que vosotros lo pensaríais; mas no les hagáis promesas en secreto ni les dirijáis más que un lenguaje honesto.

236.—No decidáis lazos matrimoniales hasta que no haya prescrito el tiempo; sabed que Dios conoce lo que hay en vuestros corazones; sabed que es indulgente y misericordioso.

237.—No hay ningún pecado en repudiar a una mujer con la cual no hayáis cohabitado[114] o a la que no hayáis asignado dote. Dadles

112 Los adjetivos empleados aquí por *digno* y *decente* significan propiamente puro y limpio.

113 Durante esos cuatro meses y diez días.

114 Literalmente: que no habréis tocado.

lo necesario (el hombre acomodado según sus facultades, el hombre pobre según las suyas) de una manera honrada cual conviene a los que practican el bien.

238.—Si repudiáis a una mujer antes de la cohabitación y después de la fijación de la dote, se reservará la mitad, a no ser que la mujer no desista (de su mitad), o bien el que con su mano ató el nudo del matrimonio no desista de todo. Desistir es más propio de la piedad. No olvidéis la generosidad en vuestras relaciones entre vosotros. Dios ve lo que hacéis.

239.—Observad *con cuidado* las horas de las plegarias y la plegaria del medio[115], y elevaos a *la plegaria* penetrados de devoción.

240.—Si teméis algún peligro, podéis orar a pie o a caballo. Cuando estáis en toda seguridad, pensad de nuevo en Dios, pues os ha enseñado lo que no sabíais.

241.—Aquellos de vosotros que muráis dejando a vuestras mujeres detrás, asignadles a estas un legado destinado a su sustento durante un año y sin que se vean obligadas a dejar la casa. Si la dejasen ellas mismas, no podría resultar ningún pecado de la manera con que dispongan honradamente de sí mismas. Dios es poderoso y sabio.

242.—Un pasar decoroso es debido a las mujeres repudiadas; este es un deber a cargo de los que temen a Dios.

243.—Así es como os explica Dios sus signos, a fin de que reflexionéis.

244.—¿No has observado a los que, en número de muchos miles, salieron de su país por temor a la muerte? Dios les ha dicho: Morid. Luego les ha vuelto a la vida, pues Dios está lleno de bondad por los hombres; pero la mayor parte no le dan gracias por sus beneficios[116].

---

115   No se sabe lo que era la *plegaria del medio*. Algunos comentadores creen que es la oración del mediodía.

116   Según los comentadores, se alude aquí a algunos miles de judíos que, oran para huir de la peste, ora para librarse del servicio militar, abandonaron su país. Dios les hizo morir para castigarlos, y luego les volvió la vida a instancias de Ezequiel. Sin embargo, los resucitados conservaron una tez lívida y cadavérica, y sus ropas se pusieron negras como la pez, signos que, se dice, se perpetuaron en su posteridad. En esta versión se reconoce una huella del pasaje de Ezequiel, capítulo XXXVII.

245.—Combatid en el sendero de Dios y sabed que Dios lo oye y lo sabe todo.

246.—¿Quién quiere hacer un magnífico préstamo a Dios? Dios lo multiplicará hasta lo infinito, pues Dios restringe o extiende sus favores a *su antojo*, y vosotros todos volveréis a él.

247.—Recuerda la asamblea de los hijos de Israel después de la muerte de Moisés, cuando dijeron a uno de sus profetas: Créanos un rey y combatiremos en el sendero de Dios.—Y cuando os lo manden, les respondió, ¿no os negaréis a ello?—¿Y por qué no combatiríamos en el sendero de Dios, dijeron, nosotros que hemos sido expulsados de nuestro país y separados de nuestros hijos? Sin embargo, cuando se les ordenó que caminasen, cambiaron de opinión, excepto un pequeño número. Pero Dios conoce a los malos.

248.—El profeta les dijo: Dios ha escogido a Talut (*Saúl*) para ser vuestro rey.—¿Cómo, respondieron los israelitas, tendría poder sobre nosotros? Nosotros somos más dignos de ello que él; él no tiene siquiera la ventaja de las riquezas. El profeta repuso: Dios lo ha escogido para mandaros y le ha concedido mucha ciencia y una gran fuerza física. Dios da el poder a quien quiere. Es inmenso y sabio.

249.—El profeta les dijo: En señal de su poder vendrá el arca de alianza. En ella tendréis una prueba de seguridad de vuestro Señor; encerrará algunas reliquias de la familia de Moisés y de Aarón[117]; los ángeles la llevarán. Eso os servirá de signo, si sois creyentes.

250.—Cuando Talut partió con sus soldados, les dijo: Dios va a probaros por medio de un río. El que apague con él su sed no será de los míos; el que se abstenga (salvo que beba en el hueco de la mano) se contará entre los míos. Excepto un pequeño número, todos los demás bebieron allí *a su sed*. Cuando el rey y los creyentes que le seguían hubieron atravesado el río, los demás exclamaron: Hoy no tenemos fuerza contra Djalut (*Goliat*) y sus soldados; pero los que creyeron que en el día final verían la faz de Dios, dijeron entonces: ¡Oh! ¡Cuántas

---

117   Según los doctores musulmanes, el arca contenía los zapatos y la varilla de Moisés, la mitra de Aarón, un vaso lleno de maná, y los restos de las dos tablas de la ley.

veces, con el permiso de Dios, una tropa numerosa fue vencida por una tropa pequeña! Dios está con los perseverantes.

251.—Y cuando avanzaron *en el campo de batalla* contra Djalut y su ejército, exclamaron: ¡Señor! Concédenos constancia, da firmeza a nuestros pasos, y a la victoria sobre ese pueblo infiel.

252.—Y lo pusieron en fuga con el permiso de Dios. David mató a Djalut y Dios le dio el libro[118] y la sabiduría y le enseñó lo que quiso. Si Dios no contuviese a las naciones las unas por las otras, en verdad la tierra estaría corrompida. Pero Dios es bienhechor para con el universo.

253.—Tales son las enseñanzas de Dios. Nosotros te las revelamos porque tú eres del número de los enviados.

254.—Nosotros elevamos a los profetas a los unos por encima de los otros. Los más elevados son aquellos a quienes Dios ha hablado. Hemos enviado a Jesús, hijo de María, acompañado de signos evidentes, y lo hemos fortificado con el espíritu de la santidad[119]. Si Dios hubiese querido, los que han venido después de ellos y después de la aparición de los milagros, no se habrían matado entre sí. Pero se pusieron a disputar; los unos creyeron, los otros fueron incrédulos. Si Dios hubiese querido no se habrían matado entre sí; pero Dios hace lo que quiere.

255.—¡Oh, creyentes! Dad limosna de los bienes que hemos repartido, antes de que llegue el día en que no habrá ya contratos, ni amistad, ni intercesión. Los infieles son los malos.

256.—Dios es el Dios único; no hay más Dios que él, el Vivo, el Inmutable. Ni el letargo ni el sueño le rinden. Todo lo que hay en los cielos y en la tierra le pertenece. ¿Quién puede interceder cerca de él sin su permiso? Él conoce lo que está delante de ellos y lo que está detrás de ellos, y los hombres no abarcan de su ciencia más que lo que él quiso enseñarles. Su trono se extiende sobre los cielos y sobre la

---

118   Es el libro de los Salmos. Conviene notar que Muhammad no reconoce más que cuatro libros divinos: *el Pentateuco, los Salmos, el Evangelio y el Corán;* según él, los demás libros enviados a los profetas se han perdido.

119   Por el espíritu de la santidad, Muhammad entiende el ángel Gabriel.

tierra y su custodia no le cuesta ningún trabajo[120]. Él es el Altísimo, el Grande[121].

257.—Nada de violencia en religión. El camino verdadero se distingue bastante del error[122]. El que no crea en Thagut[123] y crea en Dios, habrá asido un asa sólida y libre de toda rotura. Dios lo oye y lo conoce todo.

258.—Dios es el patrono de los que creen, y los hará pasar de las tinieblas a la luz.

259.—En cuanto a los infieles, no tienen más patrono que Thagut. Él los conducirá de la luz a las tinieblas; serán entregados a las llamas, donde permanecerán eternamente.

260.—¿No has oído decir nada de aquel[124] que disputó con Abrahán respecto del Dios que le dio el reino? Abrahán había dicho: Mi Señor es el que da la vida y la muerte.—Yo soy, respondió el otro, el que doy la vida y la muerte.— Puesto que Dios, repuso Abrahán, trae el sol de Oriente, hazle venir de Occidente. El infiel quedó confundido. Dios no dirige a los perversos.

261.—O bien ¿no has oído hablar de aquel que, pasando cierto día junto a una villa arruinada y derruida, exclamó?: ¿Cómo hará Dios revivir esta ciudad muerta? Dios hizo morir a aquel hombre y quedó así durante cien años; luego lo resucitó y le preguntó: ¿Cuánto tiempo has permanecido aquí?—Un día o algunas horas solamente, respondió el viajero.—No, respondió Dios; has estado aquí cien años. Mira tu alimento y tu bebida; todavía no se han corrompido, y luego mira tu asno, *no quedan de él más que los huesos*. Hemos querido hacer de él un signo para los hombres. Mira cómo recogemos la osamenta y la

---

120 El trono, *korsi*, que hay encima del cielo y de la tierra, es el trono de justicia, el tribunal de Dios; el que se designa con el nombre de *arch*, es el trono de la majestad divina, que está muy por encima de los cielos.

121 Todo este versículo es recitado como oración, y hasta lo llevan en el brazo a guisa de amuleto. Se llama *versículo del trono*.

122 Este pasaje se dirigía a aquellos musulmanes que querían obligar a sus hijos, que permanecían idólatras, a abrazar el islamismo.

123 *Thagut* es el nombre de un ídolo.

124 Debe ser *Nemrod*.

cubrimos de carne. Al ver este *prodigio*, aquel hombre exclamó: Reconozco que Dios es omnipotente[125].

262.—Cuando Abrahán dijo a Dios: ¡Señor, hazme ver cómo resucitas a los muertos!, Dios le dijo: ¿No crees todavía?—Creo, respondió Abrahán; pero quisiera que mi corazón estuviese perfectamente tranquilo. Entonces Dios le dijo: Toma cuatro pájaros y córtalos en pedazos; dispersa sus miembros por la cima de las montañas y llámalos luego; vendrán a ti, y sabe que Dios es poderoso y prudente.

263.—Los que gastan sus riquezas en el sendero de Dios son como el grano que produce siete espigas, cada una de las cuales da cien granos. Dios dará el doble a aquel a quien quiere. Es inmenso y sabio.

264.—Los que gastan sus riquezas en el sendero de Dios y que no acompañan sus larguezas de reproches ni de malos procederes, tendrán una recompensa cerca del Señor; el temor no descenderá sobre ellos y no serán afligidos.

265.—Una palabra honrada, *el perdón de las ofensas*, vale más que una limosna que siga la pena causada *a aquel que la recibe*. Dios es rico y Clemente.

266.—¡Oh, creyentes! No hagáis vanas vuestras limosnas con los reproches o los malos procederes, como obra el que hace larguezas por ostentación y que no cree en Dios y en el día último. Se semeja a una colina pedregosa cubierta de un poco de tierra; que caiga un torrente sobre esta colina y no dejará más que la roca. Semejantes hombres no sacarán ningún provecho de sus obras, pues Dios no dirige a los infieles.

267.—Los que gastan su haber en el deseo de agradar a Dios y para dar firmeza a sus almas, se semejan a un jardín plantado en una ribera regada por abundante lluvia y cuyos frutos han sido elevados al doble. Si no cae lluvia, caerá rocío. Dios ve lo que hacéis.

268.—¿Quisiera alguno de vosotros tener un jardín plantado de palmeras y de viñas, regado por corrientes de agua, rico en toda clase

---

125   El hombre para cuya enseñanza hizo Dios este milagro, es, según los musulmanes, *Ozair o Esdras*, que, pasando junto las ruinas de Jerusalén, destruida por *Nabucodonosor*, dudaba que fuese posible reedificar esta ciudad.

de frutos, y que le sorprenda la vejez en medio de estos goces, con hijos de corta edad, y que un torbellino de llamas consuma este jardín? Así es como os explica Dios sus enseñanzas; tal vez las meditaréis.

269.—¡Oh, creyentes! Haced limosnas con lo mejor que hayáis adquirido de los frutos que hemos hecho salir de la tierra para vosotros. No distribuyáis en larguezas la parte más vil de vuestros bienes;

270.—Tal como la recibiríais vosotros mismos, a menos de una connivencia con el que os la ofreciese. Sabed que Dios es rico y está colmado de gloria.

271.—Satán os amenaza con la pobreza[126] y os manda hacer maldades; Dios os promete su perdón y sus beneficios, y en verdad, Dios es inmenso y sabio;

272.—Da la sabiduría a quien quiere, y todo el que ha obtenido la sabiduría ha obtenido un bien inmenso; pero solo los hombres dotados de sentido piensan en ello.

273.—Cualquiera que sea la limosna que hagáis, sea cual fuere el voto que forméis, Dios los conocerá. Los malvados no tendrán ninguna asistencia. ¿Hacéis la limosna a la luz del día? Es laudable; ¿la hacéis en secreto y socorréis a los pobres? Esto os aprovechará todavía más. Tal conducta hará borrar vuestros pecados. Dios sabe todo lo que hacéis.

274.—Tú no estás encargado ¡oh, Muhammad! de dirigir a los infieles. Dios es el que dirige a los que quiere. Cuando hayáis distribuido en generosidades, redundará en provecho vuestro; cuando hayáis distribuido con el deseo de contemplar la faz de Dios[127], os será pagado, y no seréis tratados injustamente. Hay entre vosotros pobres que, ocupados únicamente en luchar en el sendero de Dios, no tienen los medios de correr el país, *para enriquecerse con el comercio*; el que no lo sabe, los cree ricos a causa de su actitud reservada[128]: tú los reconocerás por sus

---

126 Es decir: Satán os disuade de que seáis generosos, haciéndoos temer la pobreza, que sería la consecuencia de vuestras larguezas.

127 Es decir, no en vista de este mundo, sino de la recompensa del otro.

128 Se les creería ricos, o al menos acomodados, porque no son importunos e insolentes como los mendigos.

marcas[129]; ellos no importunan a los hombres con sus peticiones. Todo lo que hayáis dado a esos hombres lo sabrá Dios.

275.—Los que den limosna de día o de noche, en secreto o en público, recibirán la recompensa de Dios. El temor no descenderá sobre ellos y no serán afligidos.

276.—Los que tragan el producto de la usura se levantarán el día de la resurrección como aquel a quien Satán ha mancillado con su contacto. Y esto porque dicen: La usura es lo mismo que la venta. Dios ha permitido la venta y prohibido la usura. Aquel a quien llegue esta advertencia del Señor y que ponga término a esta iniquidad, obtendrá el perdón del pasado; su suerte dependerá entonces de Dios. Los que vuelvan a la usura serán entregados al fuego, donde permanecerán eternamente.

277.—Dios aniquila la usura y multiplica con usura *el premio de las limosnas*. Dios odia al hombre incrédulo y criminal. Los que creen y practican las buenas obras, que hacen la oración y dan limosna, recibirán una recompensa de su Señor y el temor no descenderá sobre ellos y no serán afligidos.

278.—¡Oh, creyentes! Temed a Dios y abandonad lo que os queda todavía de la usura[130], si sois fieles.

279.—Si no lo hacéis, esperad la guerra de parte de Dios y su enviado. Si os arrepentís, os queda aún vuestro capital. No lesionéis a nadie y no seréis lesionados.

280.—Si vuestro deudor pasa apuros, aguardad a que salga de ellos. Si le aplazáis la deuda, será más meritorio para vosotros, si lo sabéis.

281.—Temed el día en que volváis a Dios y en que toda alma sea retribuida según sus obras; ninguno será allí lesionado.

282.—¡Oh, vosotros, los que creéis! Cuando contraigáis una deuda pagadera en una época fija, ponedla por escrito. Que un escribano la ponga fielmente por escrito; que el escribano no se niegue a escribir, según la ciencia que Dios le ha enseñado; que escriba y que el deudor

---

129　Por su porte humilde y sus ropas estropeadas.
130　Es decir: perdonad por entero lo que vuestros deudores os deban a título de interés.

dicte; que tema a su Señor y no quite la menor cosa de aquello. Si el deudor no goza de sus facultades, si es de los débiles *de este mundo* o si no está en estado de dictar por sí mismo, que su patrón (*o su amigo*) dicte fielmente por él. Llamad dos testigos escogidos entre vosotros; si no halláis dos hombres, llamad a uno solo y dos mujeres entre las personas hábiles para testimoniar, a fin de que, si una se olvida, pueda la otra recordar el hecho. Los testigos no deben negarse a hacer declaraciones siempre que a ello sean requeridos. No desdeñéis poner por escrito una deuda, sea pequeña o grande, indicando el plazo del pago. Este procedimiento es más justo ante Dios, más acomodado al testimonio y más propio para desvanecer toda clase de dudas, a menos que la mercancía no esté allí en vuestra presencia y que no la paséis de mano en mano; entonces no podría haber pecado si no ponéis la transacción por escrito. Llamad testigos en vuestras transacciones y no violentéis ni al escribano ni al testigo; si lo hacéis, cometéis un crimen. Temed a Dios: él es el que os instruye y el que está instruido de todo.

283.—Si estáis de viaje y no halláis escribano, hay lugar a una fianza. Mas si el uno confía al otro un objeto, que aquel a quien fue confiada la prenda la restituya intacta; que tema a Dios, su Señor. No os neguéis a prestar testimonio; todo el que se niega tiene el corazón corrompido. Pero Dios conoce vuestras acciones.

284.—Todo lo que está en los cielos y en la tierra pertenece a Dios; que hagáis vuestras acciones a la luz del día o que la ocultéis, él os pedirá cuentas de ellas; perdonará a quien quiera y castigará a quien quiera. Dios es omnipotente.

285.—El profeta cree en lo que el Señor le ha enviado. Los fieles creen en Dios, en los ángeles, en sus libros y en sus enviados. Dicen: No establecemos diferencia entre los enviados de Dios[131]. Hemos oído y obedecemos. ¡Perdónanos nuestros pecados, Oh, Señor, todos volveremos a ti!

286.—Dios no impondrá a ninguna alma un peso que sea superior a sus fuerzas. Lo que haya hecho será alegado por ella o en contra de

---

131   Este pasaje está en contradicción con el versículo 254 del mismo *sura*, así como con el sentido de varios versículos del *sura* XIX. Véase la nota del versículo 42, *sura* XIX.

ella. Señor, no nos castigues por faltas cometidas por olvido o por error. Señor, no nos impongas el fardo que habías impuesto a los que han vivido antes de nosotros. Señor, no nos cargues con lo que no podemos soportar. Borra nuestros pecados, perdónanoslos, ten piedad de nosotros; tú eres nuestro Señor. Danos la victoria sobre los infieles.

SURA III
LA FAMILIA DE IMRÁN[132]

DADO EN MEDINA.—200 VERSÍCULOS
EN NOMBRE DEL DIOS CLEMENTE Y MISERICORDIOSO

1.—ELIF. LAM. MIM[133]. Dios. No hay más Dios que él, el Vivo, el inmutable.

2.—Te ha enviado en toda verdad el libro que confirma lo que le ha precedido; ha hecho descender de lo alto el Pentateuco y el evangelio para servir de dirección a los hombres. Ha hecho descender la distinción[134].

3.—Los que no crean en los signos de Dios, sufrirán un castigo terrible. Dios es poderoso, vengativo.

4.—Nada de lo que hay en los cielos y en la tierra le permanece oculto. Él es el Poderoso, el sabio.

5.—Él es el que te ha enviado el libro de su parte. Se hallan en él versículos inmutables que son *como* la madre del libro, y otros que son metafóricos[135]. Aquellos a quienes su corazón desvía de la verdadera senda, corren detrás de las metáforas, por afán de desorden y por deseo de la interpretación. Los hombres de una ciencia sólida dirán: Nosotros creemos en este libro; todo lo que encierra proviene de nuestro Señor. Sí, solo reflexionan los hombres dotados de inteligencia.

6.—¡Señor! No permitáis a nuestros corazones desviarse de la senda recta, una vez que tú nos has dirigido a ella. Concédenos tu misericordia, pues tú eres el dispensador supremo.

---

132   Véase, sobre este nombre, el versículo 30, nota.

133   Respecto de estas letras, véase sura II, 1, nota.

134   La *distinción* es uno de los títulos del Corán, en el sentido de que sirve para distinguir el bien del mal, lo lícito de lo ilícito.

135   Conviene no confundir la acepción de las palabras *madre* del libro empleadas aquí en el sentido de *base, fundamento,* con las otras dos, la una aplicada al *sura* primero del Corán, y la otra al prototipo del Corán conservado en el cielo y llamado también *libro evidente.*

7.—¡Señor! Tú reunirás al género humano en el día respecto del cual no hay duda. En verdad, Dios no falta a sus promesas.

8.—En cuanto a los infieles, sus riquezas ni sus hijos podrían servirles en modo alguno como equivalente de Dios; serán alimento del fuego.

9.—Tal fue la suerte de las gentes del Faraón[136] y de aquellos que le han precedido. Han tratado nuestros signos de mentiras. Dios les ha cogido por sus pecados y es terrible en sus castigos.

10.—Di a los incrédulos: En breve seréis vencidos y reunidos en la gehena. ¡Qué horrible mansión!

11.—En aquellas dos tropas que vinieron a las manos, la una que combatía en la senda de Dios, la otra infiel, había un signo para vosotros. Los infieles creían ver con sus ojos dos veces más enemigos[137]; pero es Dios el que apoyaba con su auxilio a aquel a quien quería. En verdad había en esto una advertencia para los hombres clarividentes.

12.—El amor a los placeres, tales como las mujeres, los niños, los tesoros de montones de oro y plata, los caballos con marcas impresas, los rebaños, los campos, todo esto parece hermoso a los hombres; pero no son más que goces pasajeros de este mundo; el retiro hermoso está junto a Dios.

13.—Di: ¿Puedo anunciar, a los que temen, algo mejor? En su Señor hallarán jardines regados por corrientes de agua, donde permanecerán eternamente; mujeres exentas de toda mancha, y la satisfacción de Dios. Dios mira a sus servidores.

14.—Tal será la suerte de los que dicen: Señor, hemos creído; perdónanos nuestros pecados y presérvanos de la pena del fuego;

136   La voz *ahl* que se traduce ordinariamente por *familia*, se toma en el sentido más general de *pueblo*, de *partidarios* de..., *gentes* de...

137   Se trata del combate de *Bedr*, primer encuentro que tuvo Muhammad con los idólatras, en el año II de la *hégira*, o sea después de su huida de la Meca. Las fuerzas de Muhammad se elevaban a 390 hombres; las de los idólatras a 1.000 aproximadamente. El primer combate fue francamente ventajoso para el profeta. El milagro de que se habla en este versículo, consiste en que Muhammad cogió un puñado de polvo y lo lanzó a los ojos de los enemigos, que fueron derrotados vergonzosamente, y en que los musulmanes parecieron a los idólatras en número dos veces mayor que ellos, porque Dios había enviado mil y luego tres mil ángeles guiados por el ángel Gabriel montado en su caballo Hiazun.

15.—De los que han sido pacientes, verídicos, sumisos, caritativos, e imploran el perdón de Dios a cada salida de la aurora.

16.—Dios mismo es testigo de que no hay más Dios que él; los ángeles y los hombres dotados de ciencia y de rectitud repiten: No hay más Dios que él, el Poderoso, el sabio.

17.—La religión de Dios es el Islam[138]. Los que siguen las escrituras ni están divididos entre sí hasta tanto que han recibido la ciencia[139] y por envidia. El que se niegue a creer en los signos de Dios sentirá cuán pronto es en pedir cuenta de las acciones humanas.

18.—Di a los que discutan contigo: Yo me he entregado por entero a Dios, así como los que me siguen.

19.—Di a los que han recibido las escrituras y a los ignorantes[140]: ¿Os entregáis a Dios?[141] Si lo hacen, estarán en la senda recta; si tergiversan, tú solo estás encargado de la predicación. Dios ve a sus servidores.

20.—Anuncia a los que no creen en los signos de Dios, a los que matan a sus profetas contra toda justicia, y a todos los que les predican justicia, a esos anúnciales un doloroso castigo.

21.—A aquellos cuyas obras en este mundo y en el otro no sirvieron de nada y que no tendrán defensores.

22.—¿No has visto a los que han recibido una porción de las escrituras (los judíos) recurrir al libro de Dios, para que decida sus diferencias, y luego a una parte de ellos tergiversar y alejarse?

23.—Es que se han dicho: El fuego no nos alcanzará más que por espacio de unos pocos días. Sus mentiras les hacen ciegos acerca de sus creencias[142].

---

138   *Islam*, de donde se ha formado erróneamente islamismo, significa la resignación a la voluntad de Dios.

139   Es decir, que *la ciencia* o *la revelación* ha hecho surgir disputas entre ellos.

140   Cuando dice ignorantes, Muhammad se refiere a los árabes idólatras. Sin embargo, la voz árabe no es aquí la que emplea ordinariamente el Corán hablando de los idólatras; es la voz *ommiin*, las gentes del pueblo. Ahora bien, *ommi* (iletrado) se aplica sin desfavor al propio Muhammad.

141   Ya hemos dicho antes que esta expresión es idéntica a la de ser o hacerse musulmán.

142   Véase *sura* II, versículo 74 y la nota.

24.—¿Qué será cuando nos reunamos en ese día respecto al cual no hay duda, el día en que toda alma reciba el precio de sus obras y en que nadie será lesionado?

25.—Di: Señor, el poder está entre tus manos; tú lo das a quien quieres y se lo quitas a quien te place; tú elevas a quien quieres y humillas a quien se te antoja. El bien está en tus manos porque eres omnipotente.

26.—Tú haces entrar la noche en el día y el día en la noche; tú haces salir la vida de la muerte y la muerte de la vida. Tú concedes el sustento a quien quieres sin cuenta ni medida.

27.—Que los creyentes no tomen por amigos (o aliados o patronos) a infieles más bien que a creyentes. Los que lo hiciesen no deben esperar nada de parte de Dios, a menos que no tengáis que temer algo de su parte. Dios os advierte que le temáis, pues volveréis a su lado. Diles: Ora que escondáis lo que hay en vuestros corazones, ora que lo expongáis a la luz del día, Dios lo sabrá. Conoce lo que hay en los cielos y en la tierra, es omnipotente.

28.—El día en que toda alma halle ante sí el bien que ha hecho y el mal que ha cometido, ese día deseará que un espacio inmenso la separe de sus malas acciones. Dios os advierte que es preciso temerlo, pues es benévolo para sus seguidores.

29.—Diles: Si amáis a Dios, seguidme; os amará y os perdonará vuestros pecados; es indulgente y misericordioso. Obedeced a Dios y al profeta; pero si tergiversáis, sabed que Dios no ama a los infieles.

30.—Dios ha escogido con preferencia a todos los humanos, a Adán y a Noé, a la familia de Abrahán y a la de Imrán[143]. Estas familias han salido unas de otras. Dios lo sabe y lo entiende todo.

31.—*Acuérdate del día* en que la esposa de Imrán dirigió esta plegaria a Dios: Señor, yo te he consagrado lo que hay en mi seno y te pertenece por entero[144]; dígnate recibirlo, pues lo oyes y lo conoces

143 La familia de *Imrán* puede entenderse, según los comentadores, ora la familia de *Moisés* y de *Aarón*, hijo de *Imrán*, de la tribu de *Leví*, ora la familia de *Jesús*, hijo de *María*, hijo de *Imrán*, hijo de *Matan*, hijo de *Eleazar*, etc., descendiente de la tribu de *Judá*. La mujer de *Imrán* es *Hana* (Ana).

144 Literalmente: escrito por ti, como en virtud de un compromiso por escrito, en

todo. Cuando ella hubo engendrado, dijo: Señor, he echado al mundo una hija (Dios sabía bien lo que había echado al mundo: el hijo no es como la hija)[145], y la he nombrado Mariam (María); la pongo bajo tu protección, a ella y a su posteridad, a fin de que los preserves de las astucias de Satán el apedreado[146].

32.—El Señor hizo la mejor acogida a *la mujer de Imrán*; ahora bien, él le había hecho producir una hermosa criatura[147]. Zacarías cuidó al niño; siempre que iba a visitar a María a su celda, hallaba alimento cerca de ella[148]. ¡Oh, María! ¿De dónde os proviene este alimento?— Me proviene de Dios, respondió ella, pues Dios sustenta abundantemente a los que quiere y no les cuenta los bocados.

33.—Y en esto, Zacarías empezó a orar a Dios: Señor, concédeme una posteridad bendita; tú gustas de escuchar las plegarias de los suplicantes. Sus ángeles le llamaron mientras que oraba en el santuario.

34.—Dios te anuncia el nacimiento de Yahía (san Juan) que confirmará la verdad del Verbo de Dios; será grande[149], casto, un profeta del número de los justos.

35.—Señor, ¿de dónde vendrá ese hijo? Preguntó Zacarías; la vejez me ha alcanzado, y mi mujer es estéril. El ángel le respondió: Así es como Dios hace lo que quiere.

36.—Zacarías dijo: Señor, dame un signo como prenda de tu promesa. Él dijo: He aquí el signo: durante tres días, tú no hablarás a los hombres más que por signos. Pronuncia sin cesar el nombre de Dios y celebra sus alabanzas noche y día.

---

el sentido de: libro de todo, preocupación mundana perteneciente exclusivamente a Dios.

145 Es decir, que el varón podía librarse de las ceremonias religiosas, como sacerdote.

146 Tal es el epíteto dado constantemente a Satán, porque —dice la tradición— Abrahán atacó un día a pedradas al diablo, que quería tentarlo.

147 El texto es demasiado vago para que se pueda precisar a quién se refiere el pronombre él; es más sencillo referirlo a la madre de María.

148 Al retirarse, Zacarías había cuidado de cerrar las siete puertas del templo; esto no obstante, siempre que lo visitaba hallaba frutos de verano en invierno y frutos de invierno en verano, según dicen los comentadores.

149 La voz de que se sirve aquí el Corán es *seiid*, Señor, príncipe, *cid, sidi*.

37.—Los ángeles dijeron a María: Dios te ha escogido, te ha dejado exenta de toda mancha, te ha elegido entre todas las mujeres del universo.

38.—¡Oh, María! Sé piadosa para con tu Señor, prostérnate y dobla la rodilla ante él con los que doblan la rodilla[150].

39.—Tales son los relatos desconocidos hasta aquí por ti *¡oh, Muhammad!* A quien los revelamos. Tú no estabas entre ellos cuando tocaban sus zampoñas al que cuidase a María; tú no estabas entre ellos cuando disputaban[151].

40.—Un día, los ángeles dijeron a María: Dios te anuncia su Verbo. Se llamará el Mesías, Jesús, hijo de María, ilustre en este mundo y en el otro y uno de los familiares de Dios;

41.—Pues hablará a los humanos, niño en la cuna y hombre hecho, y será del número de los justos.

42.—Señor, respondió María, ¿cómo he de tener un hijo? Ningún hombre me ha tocado.—Así es, respondió el ángel, como crea Dios lo que quiere. Dice: Sea, y es.

43.—Le enseñará el libro y la sabiduría, el Pentateuco y el Evangelio. Jesús será su enviado cerca de los hijos de Israel. Les dirá: Vengo hacia vosotros, acompañado de los signos del Señor, formaré de barro la figura de un pájaro, soplaré en él y, con el permiso de Dios, el pájaro será vivo; curaré al ciego de nacimiento y al leproso; resucitaré a los muertos con el permiso de Dios; os diré lo que hayáis comido y lo que hayáis escondido en vuestras casas. Todos estos hechos serán otros tantos signos para vosotros, si sois creyentes.

44.—Vengo para confirmaros el Pentateuco, que habéis recibido antes que yo; os permitiré el uso de ciertas cosas que os habían sido prohibidas. Vengo con signos de parte de vuestro Señor. Temedle

---

150 Prosternarse la faz contra tierra e hincar la rodilla son actos que forman parte del modo de orar de los musulmanes. Para enlazar su culto al de los justos del *Antiguo Testamento*, Muhammad emplea expresamente estos términos.

151 Los sacerdotes disputaban sobre quién cuidaría de María, y se acabó por atenerse a lo que decidiese la suerte. Los veinticinco sacerdotes que había, echaron en las aguas del Jordán cañas con inscripciones sacadas de la ley. Habiendo sido la caña de Zacarías la única que flotó, a él le cupo el cuidado de María.

y obedecedme. Él es mi Señor y el vuestro. Adoradle: es el sendero recto.

45.— Pero tan pronto como Jesús advirtió su infidelidad, exclamó: ¿Quién será mi auxiliar para *conducir los hombres* hacia Dios?—Nosotros, respondieron los discípulos *de Jesús*, seremos los auxiliares de Dios. Creemos en Dios y tú testimoniarás que nosotros nos abandonamos a su voluntad.

46.—Señor, nosotros creemos en lo que tú nos envías, y seguimos al apóstol. Inscríbenos entre el número de los que dan testimonio.

47.—Los judíos imaginaron artificios contra Jesús. Dios los imaginó contra ellos; y, en verdad, Dios es el más hábil.

48.—En verdad soy yo quien te hago sufrir la muerte[152] y soy yo quien te eleva a mí, quien te libra de los infieles, quien coloca a los que te siguen por encima de los que no creen, hasta el día de la resurrección. Todos volveréis a mí y yo juzgaré entre vosotros respecto a vuestras diferencias.

49.—Yo castigaré a los infieles con un castigo cruel en este mundo y en el otro. En ninguna parte hallarán auxilio.

50.—A los que creen y obran bien les dará Dios la recompensa, pues no ama a los injustos.

51.—He aquí la enseñanza y las sabias advertencias que te recitamos.

52.—Jesús es a los ojos de Dios lo que es Adán. Dios lo formó del polvo y luego dijo: Sea, y fue.

53.—Estas palabras son la verdad que proviene de tu Señor. Guárdate de dudarlo.

54.—A los que disputen contigo respecto de este punto, desde que has tenido conocimiento perfecto de él, respóndeles: Venid, llamemos a nuestros hijos y a los vuestros, a nuestras mujeres y a las vuestras, vengamos nosotros y vosotros, y luego conjuremos al Señor cada uno de nuestra parte y llamemos su maldición sobre los embusteros[153].

152   El texto dice: *inni motewafflka*. Esta palabra se emplea en el sentido de: hacer sufrir la muerte, hablando de Dios que llama y recibe a su lado a los hombres al expirar el término de su vida.

153   Este pasaje alude a la disputa que habían tenido con Muhammad respecto a la

55.—Lo que yo os predico es la verdad misma. No hay más dioses que Dios, que es poderoso y sabio.

56.—Si tergiversan, ciertamente Dios conoce a los malos.

57.—Di *a los judíos y a los cristianos*: ¡Oh, gentes de las escrituras! Venid a oír una sola palabra; que todo sea igual entre nosotros y vosotros; *convengamos* que nosotros no adoraremos más que al Dios único y que no le asociaremos a nada, y que no buscaremos los unos entre los otros señores al lado de Dios. Si se niegan a ello, decidles: Vosotros mismos sois testigos de que nos resignamos por entero a la voluntad de Dios.

58.—¡Oh, vosotros, que habéis recibido las escrituras! ¿Por qué disputáis respecto de Abrahán? El Pentateuco y el Evangelio no han sido enviados de lo alto hasta mucho tiempo después de él. ¿No lo comprenderéis, pues, jamás?

59.—Vosotros, que disputáis acerca de las cosas de que estáis instruidos, ¿por qué intentáis disputar acerca de las cosas que no tenéis conocimiento? Dios sabe; pero vosotros, vosotros no sabéis.

60.—Abrahán no era ni judío ni cristiano; era piadoso y resignado a la voluntad de Dios y no era del número de los idólatras.

61.— Los que más se atienen a la creencia de Abrahán son los que le siguen. Tal es el profeta (*Muhammad*) y los creyentes. Dios es el protector de los fieles.

62.—Una parte de los que han seguido las escrituras desearían extraviaros; pero no hacen más que extraviarse a sí mismos y no lo sienten.

pasión de Jesucristo los cristianos de *Nedjran* (país de la Arabia) acaudillados por su obispo *Abu-Hareth*. Se dieron cita para el día siguiente. Muhammad llevó a su hija Fátima y a su yerno *Alí* con sus dos hijos *Hasán* y *Huseín*. Los comentadores dicen que cuando al llegar al lugar convenido vieron los cristianos a Muhammad de rodillas rezando con fervor, perdieron la serenidad, renunciaron a la discusión en que iban a ser derrotados y se retiraron, comprometiéndose a ser tributarios de Muhammad. El pasaje en cuestión, conocido con el nombre de *mobaheleh*, de gran importancia entre todos los musulmanes, la tiene aún mayor entre los chiítas (partidarios de Alí), porque habiendo llevado Muhammad a *Fátima, Alí, Hasán y Huseín*, emplea las palabras: nuestras almas y las vuestras, lo cual sirve para establecer la íntima unión y la inseparabilidad de Muhammad y de su familia.

63.—¡Oh, vosotros, que habéis recibido las escrituras! ¿Por qué no creéis en los signos del Señor, cuando habéis sido testigos de ellos?

64.—¡Oh, vosotros, que habéis recibido las escrituras! ¿Por qué revestís la verdad con el manto de la mentira? ¿Por qué la ocultáis, vosotros que la conocéis?

65.—Una parte de los que han recibido las escrituras han dicho: Creed en el libro enviado a los creyentes (mahometanos) por la mañana y rechazad su creencia por la tarde; de este modo abandonarán su religión.

66.—No prestéis fe a los que siguen vuestra religión. Diles: La verdadera dirección es la que viene de Dios; consiste en que los demás participen de la revelación que os ha sido dada en un principio. ¿Disputarán con vosotros ante el Señor? Diles: Los favores están en las manos de Dios y los concede a quien quiere. Es inmenso y sabio.

67.—Concederá su misericordia a quien quiera. Es dueño de inmensos favores.

68.—Entre los que han recibido las escrituras los hay a quienes puedes confiar un talento[154] y que te lo devolverán intacto; hay otros que no te restituirán el depósito de un dinero, si tú no les obligas a ello.

69.—Obran así porque dicen: Nosotros no estamos obligados a nada respecto de los ignorantes[155]. Atribuyen, a sabiendas, una mentira a Dios.

70.—El que cumple sus compromisos y teme a Dios, sabrá que Dios ama a los que le temen.

71.—Los que por el pacto con Dios y por sus juramentos compran *un objeto* de valor ínfimo, no tendrán ninguna parte en la vida futura. Dios no les dirigirá ni una sola palabra, no dirigirá una sola mirada sobre ellos en el día de la resurrección, no les absolverá; un castigo doloroso les está destinado.

72.—Algunos de ellos torturan las palabras de las escrituras con sus lenguas, para haceros creer que lo que dicen se halla allí realmente.

154 Traducimos talento la voz árabe *kintar*, que valía mil dineros o piezas de oro.

155 Por los ignorantes se entiende los árabes idólatras. El versículo se dirige a los judíos que pasaban por obrar de mala fe en sus relaciones con los hombres de otra religión.

No, esto no forma parte de las escrituras. Ellos dicen: Esto proviene de Dios. No, esto no proviene de Dios. Ellos dicen mentiras sobre Dios, y lo saben.

73.—¿Conviene que el hombre a quien Dios ha dado el libro y la sabiduría y el don de la profecía, diga a los hombres: Sed mis adoradores al mismo tiempo que lo sois de Dios?[156] No, sed adoradores de Dios, puesto que conocéis el libro y lo estudiáis.

74.—Dios no os manda tomar por maestros[157] a los ángeles ni a los profetas. ¿Iba a ordenaros que os hicieseis incrédulos, después que vosotros habéis resuelto resignaros a la voluntad de Dios (*musulmanes*)?

75.—Cuando Dios recibió el pacto de los profetas, les dijo: He aquí el libro y la sabiduría que yo os doy. Un día vendrá un profeta a confirmar lo que recibís. Creed en él y ayudadle con todo vuestro poder. ¿Consentís en ello y aceptáis el pacto con esta condición? Ellos respondieron: Consentimos.—Sed, pues, testigos, repuso el Señor, y yo también soy uno de los testigos, como vosotros.

76.—Después de este compromiso, todo el que intentase substraerse de él sería del número de los perversos.

77.—¿Desean otra religión que no sea la de Dios, mientras que todo lo que hay en los cielos y en la tierra se somete a sus órdenes, de grado o por fuerza, y que todo debe volver a él algún día?

78.—Di: Creemos en Dios, en lo que él nos ha enviado, en lo que ha revelado a Abrahán, a Ismael, a Jacob y a las doce tribus; creemos en los libros santos que Moisés, Jesús y los profetas han recibido del cielo; no establecemos ninguna diferencia entre ellos; estamos resignados a la voluntad de Dios (*somos musulmanes*).

79.—Todo el que desee otro culto que no sea la resignación a la voluntad de Dios (*Islam*), ese culto no será recibido de él, y él será en el otro mundo del número de los desgraciados.

80.—¿Cómo dirigía Dios por el sendero recto a los que, después de haber creído y prestado testimonio de la verdad del apóstol, después

156 Muhammad habla aquí de los cristianos que, según él, atribuyen a Jesús, hijo de María, siempre mortal, un lenguaje que no habría podido usar como profeta y sincero adorador de Dios.

157 Es decir, adorarles y llamarles *rabb*, maestro, Señor, lo cual solo se debe a Dios.

de haber sido testigo de los signos, vuelven a la infidelidad? Dios no conduce a los perversos.

81.—Su recompensa será la maldición de Dios, de los ángeles y de todos los hombres.

82.—Serán cubiertos eternamente con ella. Su suplicio no se suavizará, y Dios no les dirigirá ni una sola mirada.

83.—No ocurrirá lo mismo con los que vuelvan al Señor, por su arrepentimiento, y los que hagan el bien, pues Dios es indulgente y misericordioso.

84.—Los que vuelven a ser infieles después de haber creído, y que no hacen después más que acrecentar su infidelidad, el arrepentimiento de esos no será acogido, y permanecerán en el extravío.

85.—En cuanto a los que son infieles y mueren infieles, todo el oro que puede contener la tierra no bastará para librarlos del castigo cruel. No tendrán defensor.

86.—No alcanzaréis la piedad perfecta hasta que hayáis hecho limosna de lo que más apreciáis. Todo lo que deis, lo sabrá Dios.

87.—A los hijos de Israel les estaba permitido todo alimento, excepto el que Israel mismo (Jacob) se había prohibido[158], antes de que hubiese venido el Pentateuco y leed, si sois sinceros.

88.—Todo el que forja mentiras por cuenta de Dios es del número de los injustos.

89.—Diles: Dios no dice más que la verdad. Seguid, pues, la religión de Abrahán, que era piadoso y no asociaba otros seres a Dios.

90.—El primer templo que fue fundado entre los hombres es el de Becca[159]. Ha sido fundado para ser *bendito* y para servir de *dirección* a los humanos.

91.—Veréis en él huellas de milagros evidentes. Allí está la estación de Abrahán[160]. Todo el que entra en su recinto está al abrigo de todo peligro. Hacer la peregrinación a él es un deber para con Dios por parte de todo el que está en estado de hacerlo.

---

158   Jacob se había prohibido la carne de camello, sin embargo de gustarle.
159   *Becca* es el nombre de la Meca.
160   Sobre la estación de Abrahán, véase *sura* II, 119, nota primera.

92.—En cuanto a los infieles, *¿qué importa?* Dios puede pasar sin el universo entero.

93.—Di a los que han recibido las escrituras: ¿Por qué os negáis a creer en los signos de Dios? Él es testigo de vuestras acciones.

94.—Diles: ¡Oh, vosotros, que habéis recibido las escrituras! ¿Por qué rechazáis a los creyentes del sendero de Dios? Vosotros querríais hacerle tortuoso y, sin embargo, lo conocéis. Pero Dios no está desatento a lo que hacéis.

95.—¡Oh, creyentes! Si escucháis a algunos de aquellos que han recibido las escrituras os harán llegar a infieles.

96.—Pero ¿cómo podríais volver a ser infieles, cuando se os recitan los signos de Dios y cuando su enviado está en medio de vosotros? El que se une fuertemente a Dios será dirigido por la senda recta.

97.—¡Oh, creyentes! Temed a Dios cual merece ser temido y no muráis sin haberos resignado a la voluntad de Dios (*sin pasar a ser musulmanes*).

98.—Uníos todos fuertemente a Dios y no os separéis jamás de él, y acordaos de sus beneficios cuando, siendo enemigos como erais, reunió vuestros corazones, y por los efectos de su gloria habéis llegado a ser todos un pueblo de hermanos.

99.—Estabais al borde del abismo del fuego y él os ha retirado. Así es como os hace ver sus signos, a fin de que tengáis un guía;

100.—A fin de que lleguéis a ser un pueblo que llama a los otros al bien, que ordena las buenas acciones y que prohíbe las malas. Los hombres que obren así serán bienaventurados.

101.—No seáis como los que, después de haber sido testigos de signos evidentes, se han dividido y se han entregado a las disputas, pues estos sufrirán un castigo cruel.

102.—En el día de la resurrección habrá rostros blancos y rostros negros. Dios les dirá a estos últimos: ¿No sois vosotros los que, después de haber creído, pasasteis a ser infieles? Id a probar el castigo, como premio de vuestra infidelidad.

103.—Aquellos cuyos rostros sean blancos sentirán la misericordia de Dios y gozarán de ella eternamente.

104.—Estos son los signos de Dios que nosotros te recitamos con toda verdad, pues Dios no quiere el mal de los humanos.

105.—A él le pertenece todo lo que está en los cielos y en la tierra y todo volverá a él.

106.—Sois el pueblo más excelente que ha surgido jamás entre los hombres; ordenáis lo que es bueno y prohibís lo que es malo, y creéis en Dios. Si los hombres que han recibido las escrituras quisiesen creer, eso redundaría en provecho suyo; pero algunos de ellos creen, mientras que la mayor parte son perversos.

107.—No podrían causaros más que daños insignificantes. Si se les ocurre haceros la guerra, pronto volverán la espalda y no serán socorridos.

108.—Dondequiera que se detengan, el oprobio se extenderá como una tienda sobre sus cabezas, si no buscan una alianza con Dios o con los hombres. Se atraerán la ira de Dios y la miseria se extenderá *aún* como una tienda por encima de sus cabezas. Esto tendrá lugar porque se han negado a creer en los signos de Dios y porque mataban injustamente a los profetas: este será el premio de su rebelión y de sus iniquidades.

109.—Todos los que han recibido las escrituras no se parecen. Los hay cuyo corazón es recto; pasan noches enteras recitando las enseñanzas de Dios y adorándole.

110.—Creen en Dios y en el día final; ordenan el bien y prohíben el mal; corren hacia las buenas obras, a porfía de unos de otros, y son virtuosos.

111.—Por mucho bien que hagáis, no seréis frustrados en la recompensa. Dios conoce a los que le temen.

112.—En cuanto a los infieles, sus riquezas y sus hijos no les servirán en modo alguno como un equivalente de Dios; serán entregados al fuego y permanecerán en él eternamente.

113.—Las limosnas que hacen en este mundo serán como un viento glacial que sopla sobre los campos de los injustos y los destruye. No es Dios quien los tratará inicuamente; ellos han sido inicuos consigo mismos.

114.—¡Oh, creyentes! No forméis uniones íntimas más que entre vosotros; los infieles no dejarían de corromperos: desean vuestra pérdida. Su odio se deja ver en sus palabras; pero lo que sus corazones ocultan todavía es peor. Ya os hemos hecho ver pruebas evidentes de ello, si es que sabéis comprender.

115.—Vosotros les amáis y ellos no os aman; vosotros creéis en el libro entero; cuando os encuentran dicen: Hemos creído; pero no bien os han abandonado, cuando, inflamados de ira, se muerden los dedos. Diles: Morid en medio de vuestra ira; Dios conoce el fondo de vuestros corazones.

116.—El bien que os ocurre les aflige; que os ocurra una desgracia, y están llenos de alegría. Pero si tenéis paciencia y temor de Dios, sus artificios no podrán dañaros, pues Dios abarca con *su ciencia* todas sus acciones.

117.—*Acuérdate* de que dejaste tu casa por la mañana, a fin de preparar a los fieles un campo para combatir, y Dios lo escuchaba y lo sabía todo.

118.—*Acuérdate* del día en que dos tropas de vuestro ejército perdían denuedo y que Dios fue su protector. Que los creyentes pongan, pues, su confianza en Dios.

119.—Dios os ha socorrido en la jornada de Bedr, en que estabais bien débiles. Temed, pues, a Dios, y dadle acciones de gracias.

120.—Entonces tú, ¡Oh, Muhammad! Decías a los infieles: ¿No os basta que Dios os socorra con tres mil ángeles bajados del cielo?

121.—Ciertamente, *este número basta*; pero si tenéis perseverancia, si teméis a Dios y los enemigos llegan de pronto a caer sobre vosotros, os prestará auxilio con cinco mil hombres completamente equipados[161].

122.—Dios os lo comunica como una nueva feliz, a fin de que se tranquilicen vuestros corazones, y la victoria no proviene más que del Dios poderoso y sabio. Dios os enseña que despedazará a los infieles,

161 La voz árabe de que se sirve aquí el Corán hablando de los ángeles, es la misma de que se ha servido antes hablando de los caballos marcados, que llevan un sello. Los comentadores dicen que esta caballería celestial llevó, como los caballos, marcas de filiación.

a quienes traqueteará, y los cuales serán trastornados, *derrotados* sin remisión.

123.—No es a ti a quien importa esto, perdóneles o castígueles Dios; son malvados.

124.—A Dios pertenece cuanto hay en los cielos y en la tierra: él perdona a quien quiere y castiga a quien quiere. Es indulgente y misericordioso.

125.—¡Oh, creyentes! No os entreguéis a la usura elevando la suma al doble y siempre al doble. Temed al Señor y seréis felices.

126.—Temed el fuego preparado para los infieles; obedeced a Dios y al profeta, a fin de obtener la misericordia de Dios.

127.—Esforzaos por merecer la indulgencia del Señor y la posesión del paraíso, vasto como los cielos y la tierra[162] y destinado a los que temen a Dios.

128.—A los que hacen limosna lo mismo en el bienestar que en situación apurada, que saben dominar su ira y que perdonan a los *hombres que les ofenden*. En verdad, Dios ama a los que obran con bondad.

129.—Los que, después de haber cometido alguna acción deshonesta o una iniquidad, se acuerdan inmediatamente del Señor, le piden perdón por sus pecados (pues ¿qué otro Dios tiene derecho a perdonar?) y no perseveran en los pecados que reconocen,

130.—Todos estos sentirán la indulgencia del Señor y habitarán eternamente jardines regados por cursos de agua. ¡Qué hermosa es la recompensa de los que tienen *buenas* obras!

131.—Antes de vosotros hubo castigos aplicados a los malos. Recorred la tierra y ved cuál fue el fin de los que trataban de impostores a los enviados de Dios.

132.—Este libro es una declaración dirigida a los hombres; sirve de guía y de advertencia a los que temen.

133.—No perdáis valor, no os aflijáis, que seréis victoriosos sois creyentes.

134.—Si las heridas os alcanzan, ¡oh! ¿No han alcanzado a muchos otros? Alternamos los reveses y los éxitos entre los hombres, a fin de

---

162 El paraíso reservado a los creyentes es vasto como el cielo y la tierra.

que Dios conozca a los creyentes y que escoja entre vosotros sus testigos[163] (él odia a los malos);

135.—A fin de probar a los creyentes y de destruir a los infieles.

136.—¿Creéis entrar en el paraíso antes que Dios sepa quiénes de vosotros son los que han combatido y perseverado?

137.—Deseabais la muerte antes que se hubiese presentado[164], la habéis visto, la habéis considerado y os habéis humillado.

138.—Muhammad no es más que un enviado. Otros enviados le han precedido. Si muriese o si fuese matado, ¿os volveríais atrás?[165] El que se volviese atrás no podría dañar a Dios, y Dios recompensa a los que le dan acciones de gracias.

139.—El alma viva no muere más que con el permiso de Dios, según el Libro[166], que fija el término de la vida. Al que desea la recompensa de este mundo, nosotros se la concederemos; nosotros concederemos también la de la vida futura al que la desee y recompensaremos a los que son agradecidos.

140.—Más de un profeta ha tenido que combatir a un enemigo seguido de innumerables tropas, y, sin embargo, estos profetas no se han dejado abatir por los reveses sufridos en la senda de Dios; no han vacilado *en su fe* y no se han sometido cobardemente *al enemigo*. En verdad, Dios ama a los que perseveran.

141.—Se limitaban a decir: Señor, perdónanos nuestras faltas, los extravíos de que nos hemos hecho culpables en nuestra misión; da firmeza a nuestros pasos y préstanos tu asistencia contra los infieles. Dios les concedió la recompensa de este mundo y una hermosa parte en el otro, pues él ama a los que obran el bien.

---

163 Testigos se emplea aquí en el sentido de *mártires*.

164 Al ver la victoria de *Bedr*, muchos musulmanes lamentaban no haber sido del número de los combatientes; se desalentaron al ver las fuerzas superiores de los idólatras en el combate de *Ohod*, y esta es la cobardía que Muhammad les echa en cara.

165 Es decir: ¿Seréis apóstatas? Había corrido el rumor de la muerte de Muhammad en el combate de *Ohod*. Los idólatras invitaban a los musulmanes a volver a su culto, puesto que el profeta había muerto.

166 El libro evidente, el libro eterno de las sentencias de Dios, donde está señalado de antemano el destino de cada ser.

142.—¡Oh, creyentes! Si escucháis a los infieles os harán volver a vuestros errores y volveréis a caer en la perdición.

143.—Dios es vuestro protector. ¿Quién puede socorreros mejor que él?

144.—Sembraremos el espanto en el corazón de los idólatras, porque han asociado a Dios divinidades, sin que Dios les haya dado ningún poder respecto a este punto; el fuego será su morada. ¡Qué horrible es la mansión de los impíos!

145.—Dios ha realizado ya sus promesas, cuando, con su permiso, vosotros habéis aniquilado a vuestros enemigos; pero vuestro valor ha vacilado y *habéis disputado* en el asunto que sabéis[167]: *habéis desobedecido* después que el profeta os hubo hecho entrever lo que deseabais[168].

146.—Una parte de vosotros deseaba los bienes de este mundo; los demás deseaban la vida futura. Dios os ha hecho emprender la huida delante de vuestros enemigos para poneros a prueba; pero os perdonó en seguida, porque está lleno de generosidad para los creyentes.

147.—*Acordaos* de que entonces huíais en desorden y no os esperabais unos a otros, mientras que el profeta iba detrás de vosotros para llamaros *al combate*. Dios os ha hecho sentir aflicción, a fin de que no sintieseis ya pena a causa del botín que se os escapó y de la desgracia que os alcanzó. Dios tiene noticia de todas vuestras acciones.

148.—En seguida Dios hizo descender la seguridad y el sueño sobre una parte de los vuestros. En cuanto a la otra parte, sus pasiones les llevaron a pensamientos injustos contra Dios, a pensamientos de ignorancia[169]. Estos decían: ¿Qué ganamos en todo este negocio? Respóndeles: Todo negocio depende de Dios. Ocultaban en el fondo de sus almas lo que no te manifestaban. Decían: Si hubiésemos tenido que obtener alguna ventaja de todo este asunto, ciertamente no habríamos sido derro-

---

167 Se trata aquí del combate de *Ohod*, donde los musulmanes fueron abatidos por los idólatras. Por los bienes de este mundo debe entenderse aquí botín. Habiendo rechazado a los idólatras, una parte de los musulmanes se lanzaron con avidez, contraviniendo las órdenes de Muhammad, sobre el botín, lo cual comprometió el éxito de la acción.

168 Es decir, la victoria y el botín.

169 Esto es, pensamientos tal como germinan naturalmente entre los idólatras.

tados aquí. Diles: Aun cuando hubieseis permanecido en vuestras casas, aquellos cuya muerte estaba escrita en lo alto habrían ido a sucumbir en este mismo lugar, a fin de que el Señor probara lo que ocultabais en vuestros senos y desembrollase lo que estaba en el fondo de vuestros corazones. Dios conoce lo que esconden los corazones.

149.—Los que se retiraron el día del encuentro de los dos ejércitos fueron seducidos por Satán, en castigo de alguna falta que habían cometido. Dios les ha perdonado, porque es indulgente y Clemente.

150.—¡Oh, creyentes! No os parezcáis a los infieles que dicen a sus hermanos, cuando estos viajan por el país o cuando van a la guerra: si hubiesen permanecido con nosotros, no habrían muerto, no habrían sido matados. Dios ha querido que lo que ha ocurrido sembrase en los corazones amargos pesares. Dios da la vida y la muerte y ve vuestras acciones.

151.—Si morís o si sois matados luchando en la senda de Dios, os alcanza la indulgencia y la misericordia de Dios. Esto vale más que las riquezas que amontonáis.

152.—Que muráis de *muerte natural* o que seáis matados, Dios os reunirá en el día final.

153.—Tú les has descrito la misericordia de Dios, dulce y fácil, ¡oh, Muhammad! Si hubieses sido más severo y más duro, se habrían separado de ti. Ten, pues, indulgencia con ellos, ruega a Dios que les perdone, aconséjales en sus negocios, y, cuando emprendas algo, pon tu confianza en Dios, pues él ama a los que han puesto en él su confianza.

154.—Si Dios viene en vuestro auxilio, ¿quién podrá socorreros? Solo en Dios ponen los creyentes su confianza.

155.—No es el profeta quien os engañaría. El que engaña, aparecerá con su engaño el día de la resurrección[170]. Entonces toda alma recibirá el premio de sus obras y nadie será tratado con injusticia.

156.—¿Creéis que el que haya seguido la voluntad de Dios será tra-

---

170 Después del combate de *Bedr*, o, como otros creen, del de *Ohod*, una parte de los musulmanes temían que, apoderándose Muhammad de la mejor parte del botín, dejase una pequeña porción a sus soldados; con este motivo se murmuraba, y Muhammad responde a estas acusaciones. Según la tradición, todo hombre que haya engañado en este mundo a sus semejantes, aparecerá el día de la resurrección llevando a cuestas los objetos que haya obtenido por fraude, y será cubierto de vergüenza.

tado como el que ha merecido su cólera y cuya morada será el fuego? ¡Qué detestable senda la tal senda!

157.—Ocuparán grados diferentes cerca de Dios. Él ve vuestras acciones.

158.—Dios ha hecho brillar su beneficencia para los fieles, enviándoles un apóstol de entre ellos para recitarles sus enseñanzas, hacerles puros e instruirles en el libro (*el Corán*) y en la sabiduría, a ellos que estaban poco antes en un manifiesto extravío.

159.—Cuando os ha alcanzado un revés por primera vez (y vosotros habéis hecho sentir a vuestros enemigos el doble de vuestras desgracias) habéis dicho: ¿De dónde nos proviene esa desgracia? Respóndeles: De vosotros mismos. Dios es todopoderoso.

160.—El revés que sufristeis el día en que se encontraron los dos ejércitos, tuvo lugar por voluntad de Dios, a fin de que distinguiese a los infieles de los hipócritas. Cuando se les gritó: Avanzad, luchad en la senda de Dios, rechazad al enemigo, respondieron ellos: Si supiésemos combatir, os seguiríamos. Aquel día estaban más cerca de la infidelidad que de la fe.

161.—Pronunciaban con sus labios lo que no estaba en sus corazones; pero Dios conoce lo que ocultan.

162.—A los que, al quedar en sus hogares, dicen: Si nuestros hermanos nos hubiesen escuchado, no habrían sido muertos, responde: Poneos, pues, al abrigo de la muerte, si sois verídicos.

163.—No creáis que los que han sucumbido combatiendo en esa senda de Dios hayan muerto; viven cerca de Dios y reciben de él su alimento.

164.—Llenos de goce a causa de los beneficios con que Dios les ha colmado, se regocijan porque los que siguen sus huellas y no les han aún alcanzado, estarán al abrigo de los espantos y de las penas.

165.—Se regocijan a causa de los beneficios de Dios y de su generosidad y de que no deja perecer la recompensa de los fieles.

166.—Los que, después del revés (*sufrido en Ohod*), obedecen a Dios y al profeta, obran el bien y temen al Señor, esos recibirán una magnífica recompensa.

167.—Los que cuando se les anuncia que los enemigos se reúnen y que son de temer, no hacen más que acrecentar su fe y dicen: Dios nos basta, es un excelente protector,

168.—Los que vuelven colmados de gracias de Dios, ninguna desgracia les alcanza; han seguido la voluntad de Dios, cuya liberalidad es infinita.

169.—Con frecuencia Satán intimida a sus adherentes; no le temáis; pero temedme, si sois creyentes.

170.—Que los que corren a pasos precipitados hacia la incredulidad no te causen aflicción; no sabrían causar la menor lástima a Dios. Dios les negará toda parte en la vida futura; solo les está reservado un terrible castigo.

171.—Los que compran la infidelidad a costa de su fe, no podrían causar ninguna lástima a Dios. Les espera un castigo doloroso.

172.—Que los infieles no se imaginen que, si les concedemos una larga vida, es un bien. Nosotros se la concedemos larga para que multipliquen sus iniquidades. Les espera un castigo envilecedor.

173.—Dios no podría dejar a los creyentes en el estado en que estáis; separará al malo del bueno.

174.—Dios no podría descubriros las cosas ocultas[171]. Escoge a los enviados que le place para confiárselos. Creed, pues, en Dios y en sus enviados; si creéis y si teméis, recibiréis una recompensa generosa.

175.—Que los hombres avaros de los bienes que Dios les dispensa en su generosidad no se imaginen que esto les aprovechará; lejos de aquí, eso les acarreará desgracia.

176.—Los bienes que ambicionan les serán enganchados al cuello a modo de collar en el día de la resurrección[172]. La herencia de los cielos y de la tierra pertenece a Dios, que tiene noticia de todas vuestras acciones.

177.—Ha oído las palabras de los que decían: Dios es pobre y noso-

171 Algunos hombres invitaban a Muhammad a distinguir los verdaderos creyentes de los hipócritas.

172 Muhammad reprocha aquí a algunos árabes la poca prisa que se dan a pagar las contribuciones. «Los avaros —declaró— llevarán una serpiente, a guisa de collar, en el día del juicio.»

tros somos ricos[173]. Tendremos en cuenta sus palabras y la sangre de los profetas muertos injustamente, y les diremos: Sufrid el castigo del fuego,

178.—Como premio de las obras de vuestras manos, pues Dios no es injusto con sus servidores.

179.—A los que dicen: Dios nos ha prometido que no estaremos obligados a creer en un profeta, a no ser cuando este profeta presente una ofrenda que el fuego del cielo consumirá en seguida,

180.—Responde: Os han llegado antes que yo profetas que han hecho milagros, incluso el mismo que citáis; ¿por qué los habéis, pues, matado? *Decidlo*, si sois veraces[174].

181.—Si te tratan de impostor ¡oh, *Muhammad!* Los apóstoles enviados antes que tú fueron tratados lo mismo, aunque hubiesen operado milagros y aportado el libro de los salmos y el libro que ilumina[175].

182.—Toda alma probará *el brebaje* de la muerte[176]. Recibiréis vuestras recompensas el día de la resurrección. El que haya evitado el fuego y entre en el paraíso, este será bienaventurado, pues la vida de aquí abajo no es más que un goce engañoso.

183.—Seréis puestos a prueba en vuestros bienes y en vuestras personas. Oiréis de parte de los que han recibido las escrituras y de parte de los idólatras cosas duras; pero tened paciencia y temed a Dios: esto está en el orden de las cosas[177].

---

173 En una carta, Muhammad invitaba a los judíos de *Kainoba* a abrazar el islamismo; entre otras, se había servido de esta expresión metafórica: Haced a Dios un préstamo generoso. Los judíos, prontos siempre a ridiculizar las palabras del profeta árabe, exclamaban: «Muy pobre Es Dios, cuando necesita que le presten.» en esta ocasión fue revelado el versículo 177.

174 A los judíos va dirigido este versículo: creían —dicen los comentadores— que la prueba más evidente de la misión profética era traer del cielo el fuego que consuma los sacrificios. Jesucristo y Muhammad serían los únicos que no hubiesen hecho el milagro en cuestión. En cuanto a los profetas que lo hubieran hecho, y de los cuales habla el versículo 180, no se sabe con qué fundamento citan los comentadores a Zacarías y a san Juan Bautista.

175 Por el libro que ilumina, Muhammad entiende el evangelio.

176 Literalmente: Toda alma probará la muerte.

177 Estas últimas palabras son susceptibles de otro sentido; pueden ser traducidas de este modo: esto, tal conducta, es firmeza necesaria en las cosas de este mundo.

184.—Dios ha estipulado con los judíos que tendrán que explicar el Pentateuco a los hombres, y que no lo ocultarán. Se lo han echado a la espalda y lo han vendido por un precio vil. ¡Triste mercancía la que han recibido en cambio!

185.—No penséis que los que se regocijan de sus obras o los que quieren ser alabados de lo que no han hecho estén al abrigo de los castigos. Les espera un castigo doloroso.

186.—El reino de los cielos y la tierra es de Dios; Dios tiene poder sobre todas las cosas.

187.—En la creación de los cielos y de la tierra, en la alternativa de los días y de las noches, hay indudablemente signos para los hombres de inteligencia.

188.—Que, de pie, sentados, acostados, piensen en Dios y mediten sobre la creación de los cielos y de la tierra. Señor, dicen, tú no has creado en vano todo esto. Para tu gloria, no[178]. Presérvanos de la pena del fuego.

189.—Señor, aquel a quien lances al fuego será cubierto de ignominia. Los perversos no obtendrán ningún socorro.

190.—Señor, hemos oído al hombre que llamaba; nos llamaba a la fe, nos gritaba: Creed en Dios, y hemos creído.

191.—Señor, perdónanos nuestras faltas, borra nuestros pecados, y haz que muramos en la senda de los justos.

192.—Señor, concédenos lo que nos has prometido por medio de tus apóstoles y no nos aflijas en el día de la resurrección; en verdad, tú no faltas a tus promesas.

193.—Dios los escucha y les dice: No se perderá ninguna obra de ninguno de vosotros, ni hombre ni mujer. Las mujeres han salido de los hombres.

194.—Yo borraré los pecados de los que hayan emigrado o hayan sido expulsados de su país, de los que hayan sufrido en mi senda (por mi causa), de los que hayan combatido y sucumbido. Los introduciré en los jardines regados por corrientes de agua.

178 Para tu gloria, *sobhanaka*. Esta expresión sigue ordinariamente las opiniones erróneas o una blasfemia proferida contra Dios. Véase, por comparación, *sura* II, 110, nota.

195.—Esta es la recompensa de Dios, y, en verdad, Dios dispone de magníficas recompensas.

196.—Que la posteridad de los infieles (que están en la Meca) no te deslumbre[179]. Es un goce de corta duración. Su morada será el fuego. ¡Qué horrible lugar de reposo!

197.—Mas los que temen al Señor habitarán los jardines regados por corrientes de agua, y allí permanecerán eternamente. Tal será el recibimiento que hallarán en casa de Dios, y, en verdad, todo lo que viene de Dios vale más para los justos.

198.—Entre los judíos y los cristianos, los hay que creen en Dios y en los libros enviados a vosotros y a ellos, que se humillan ante Dios y no venden sus enseñanzas por un precio vil.

199.—Ellos hallarán su recompensa cerca de Dios, que está pronto a arreglar las cuentas[180].

200.—¡Oh, creyentes! Sed pacientes; luchad en paciencia los unos con los otros; sed firmes y temed a Dios. Seréis felices.

---

179 Literalmente: sus movimientos en todos sentidos, sus idas y venidas. Véase *sura* XL, 4.

180 Esta expresión, que no es más que una metáfora, la interpretan de un modo ridículo los comentadores. Dios arreglará pronto la cuenta de los hombres —dicen—, pues en medio día habrá juzgado a todo el género humano.

SURA IV
LAS MUJERES

DADO EN MEDINA.—175 VERSÍCULOS
EN NOMBRE DEL DIOS CLEMENTE Y MISERICORDIOSO

1.—¡Oh, hombres! Temed a vuestro Señor que os ha creado a todos de un solo individuo; creó de él a su compañera, y luego, de estos dos seres, hizo salir tantos hombres y mujeres. Temed al Señor, en cuyo nombre os hacéis mutuas demandas[181], y *respetad las entrañas que os han llevado*; en verdad, Dios os observa.

2.—Restituid a los huérfanos sus bienes, *cuando lleguen a la mayor edad*; no substituyáis lo malo (*de vuestros bienes*) por lo bueno (*que les pertenece*). No consumáis su herencia *confundiéndola* con lo vuestro: esto es un crimen enorme.

3.—Si teméis no ser equitativos respecto de los huérfanos, no os caséis, entre las mujeres que os gusten, más que con dos, tres o cuatro. Si teméis aún ser injustos, no os caséis más que con una sola o con una esclava[182]. Esta conducta os ayudará a no ser injustos. Asignad libremente a vuestras mujeres sus dotes[183], y, si les place entregaros algo de grado, gozad de ello cómodamente y a vuestro antojo.

4.—No confiéis a los ineptos[184] los bienes que Dios ha confiado a vuestro cuidado como un fondo; pero, *administrándolos vosotros mis-*

---

181 Pues los árabes acostumbraban a decir, cuando pedían algo: «En nombre de Dios, hacedme o decidme esto.»

182 Dice el texto: *lo que vuestras manos diestras han adquirido;* expresión consagrada para designar una esclava comprada a costa de dinero o una cautiva cogida en la guerra.

183 Es necesario advertir aquí (y esta advertencia puede aplicarse a todos los pasajes análogos) que la voz *saduka*, traducida generalmente por dote, es el dinero o los objetos de valor que el hombre da a los padres de la mujer con quien se casa. No es, pues, la mujer la que aporta cosa alguna a su marido sino el marido el que aporta la dote.

184 La voz ineptos se aplica a los menores capaces de hacer mal uso de su herencia y de derrocharla a causa de la ligereza propia de los pocos años.

mos, suministradles de ese fondo alimento y ropas, y emplead con ellos un lenguaje dulce y honesto.

5.—Poned a prueba las facultades intelectuales de los huérfanos hasta la edad en que puedan casarse, y si veis que tienen juicio sano, entonces entregadles su fortuna. Guardaos de consumirla en prodigalidades y *no os deis prisa a confiársela*.

6.—Solamente porque han crecido; que el tutor rico se abstenga de tocar los bienes de sus pupilos. El que es pobre no debe usar de él a no ser con discreción.

7.—En el momento en que les entreguéis los bienes, hacedlo asistidos por testigos. Dios os tendrá en cuenta vuestras acciones, y esto os basta.

8.—Los hombres deben tener una porción de los bienes que dejen sus padres y madres y sus allegados; las mujeres deben tener también una porción de lo que le dejen sus padres y madres y sus allegados. Que la herencia sea considerable o de poco valor, débeseles una porción determinada de ella.

9.—Cuando los parientes, los huérfanos y los pobres están presentes en el reparto, hacedles obtener algo y emplead con ellos un lenguaje cariñoso y honesto.

10.—Que los que temen dejar tras sí hijos débiles por sus pocos años, *piensen en lo que ellos mismos hacen*; que teman a Dios y usen de palabra correcta[185].

11.—Los que devoran inicuamente la herencia de los huérfanos introducen el fuego en sus entrañas, y llegará el día en que serán consumidos por las ardientes llamas.

12.—En el reparto de los bienes entre vuestros hijos, Dios os manda dar al varón la porción de dos hijas; si no hay más que hijas, y son más de dos, obtendrán los dos tercios de lo que el *padre* deje; si no hay más que una, recibirá la mitad. El padre y la madre del *difunto* obtendrán cada uno el sexto de lo que el *hombre* deje, si ha dejado un hijo; si no

---

185   Esta frase elíptica significa: Al ocuparos de los niños que dejan otros, tened siempre presente en vuestra mente la suerte de vuestros propios hijos, y obrad como desearíais que obrasen respecto de los vuestros.

deja ninguno y le heredan sus descendientes, la madre obtendrá un tercio; si deja hermanos, la madre obtendrá un sexto, después de pagados los legados y deudas del testador. Vosotros no sabéis quién de vuestros parientes o de vuestros hijos os es más útil. Tal es la ley de Dios, que es sabio y prudente.

13.—A vosotros, *hombres*, la mitad de lo que dejan vuestras esposas, si no tienen hijos, y si los tienen, os tocará el cuarto, después de hechos los legados y pagadas las deudas.

14.—Ellas (*las mujeres vuestras esposas*) tendrán la cuarta parte de lo que vosotros (*sus maridos*) dejéis, después de los legados que hayáis hecho y de pagadas las deudas, si no tenéis hijos, y si los tenéis, tendrán el octavo de la *herencia*, después de los legados hechos y las deudas pagadas.

15.—Si un hombre hereda de un pariente lejano o de una parienta lejana y tiene un hermano o una hermana, debe a cada uno de los dos un sexto de la herencia; si son varios, concurrirán al tercio de la herencia, excluidos los legados y las deudas,

16.—Sin causar perjuicio a nadie. Esto es lo que Dios os recomienda. Él es sabio y Clemente.

17.—Tales son los mandatos de Dios. Los que escuchen a Dios y a su enviado serán introducidos en los jardines regados por corrientes de agua y permanecerán eternamente en ellos. Es esta una dicha inmensa.

18.—El que desobedezca a Dios y a su enviado y que cometa alguna trasgresión de los mandatos[186] de Dios, será precipitado en el fuego, donde permanecerá eternamente, entregado a un castigo ignominioso.

19.—Si vuestras mujeres cometen la acción infame[187], llamad a cuatro testigos. Si sus testimonios concurren contra ellas, encerradlas en

---

186 Propiamente, los límites que Dios ha establecido.

187 Se trata de la fornicación lo mismo que del adulterio; pues la palabra mujeres (*nisa*) no tiene aquí seguramente el sentido de esposa; la palabra aplicada particularmente a la adúltera, es *zina*. En los comienzos del islamismo, se emparedaba a la mujer culpable, pena que no resulta, sin embargo, del texto del Corán. Posteriormente fue substituido, para una persona libre (no casada), por el látigo, el destierro. En cuanto al adulterio, la tradición, que prescribe la lapidación, ha encarecido las disposiciones del Corán contenidas en el *sura* XXIV.

casa hasta que la muerte las lleve o hasta que Dios les procure algún medio de salvación.

20.—Si dos individuos de entre vosotros cometen una acción infame, hacedles daño a ambos[188]; pero si se arrepienten y se corrigen, dejadles tranquilos, pues a Dios gusta perdonar y es misericordioso.

21.—Dios mismo se encarga de volver (*de perdonar*) a los que han pecado por ignorancia y que se arrepienten luego. Dios les perdona, porque es sabio y prudente.

22.—El arrepentimiento no le sirve de nada al que hace constantemente malas acciones y al que, al acercarse la muerte, exclama: Me arrepiento. No les sirve de nada a los que mueren infieles. Para estos hemos preparado un castigo doloroso.

23.—¡Oh, creyentes! No os está permitido constituiros en herederos de vuestras mujeres contra su gusto, ni impedirles que se casen (una vez que las hayáis repudiado), a fin de arrebatarles una porción de lo que les habéis dado, a menos que no sean culpables de una manifiesta acción infame. Sed buenos en vuestro proceder respecto de ellas. Si entre vuestras mujeres hay alguna hacia la cual sintáis desafecto, os podría ocurrir que sintieseis desafecto por una cosa en la que Dios haya depositado un bien inmenso.

24.—Si deseáis cambiar una mujer por otra[189], y le habéis dado a alguna de ellas cien dineros, no le quitéis nada. ¿Desearíais arrancárselos cometiendo una injusticia y una iniquidad evidentes?

25.—¿Y cómo querríais quitárselos, cuando uno y otro habéis estado íntimamente unidos y cuando vuestras mujeres han recibido vuestros juramentos solemnes?

26.—No os caséis con las mujeres que han sido esposas de vuestros padres; es una indecencia, una abominación y una mala costumbre: de todos modos, dejad subsistir lo que está ya realizado.

---

188 En este pasaje, se cree que se trata del crimen de sodomía; y las palabras: hacedles daño son interpretadas por los comentadores por: reprendedles públicamente o abofeteadles con sus zapatillas.

189 Es decir: si repudiáis a una mujer para casaros con otra, no quitéis a la mujer a quien repudiéis los cien dineros de dote que de vosotros recibió.

27.—Os está prohibido casaros con vuestras madres, con vuestras hijas, con vuestras hermanas, con vuestras tías paternas y maternas, con vuestras sobrinas (hijas de vuestros hermanos o de vuestras hermanas), con vuestras nodrizas[190], con vuestras hermanas de leche, con las madres de vuestras mujeres, con las hijas confiadas a vuestra tutela y descendientes de mujeres con las cuales hayáis cohabitado. Mas si no habéis cohabitado con ellas, no hay ningún crimen en casarse. No os caséis tampoco con las hijas de vuestros hijos a quienes habéis engendrado, ni con dos hermanas. Si el hecho está realizado[191], Dios será indulgente y misericordioso.

28.—Os está prohibido casaros con mujeres casadas, excepto con las que hayan caído en vuestras manos como esclavas: es la ley de Dios respecto de vosotros. Por lo demás, os está permitido ir más allá si deseáis emplear en ello vuestros bienes; pero viviendo siempre con reserva y sin entregaros a excesos. Dad a aquella con la cual hayáis cohabitado la dote prometida; esto es obligatorio. No hay ningún crimen en hacer convenciones, además de lo que prescribe la ley. Dios es sabio y prudente.

29.—El que no sea bastante rico para casarse con mujeres honradas[192] y creyentes, tomará esclavas creyentes. Dios conoce vuestra fe[193]. Todos venís unos de otros (y de Adán, el padre común). No os caséis con las esclavas, más que con el permiso de sus amos. Dotadlas equitativamente. Que sean castas, que eviten los excesos y que no tengan amantes[194].

30.—Si después del matrimonio cometen adulterio, que se les apli-

190 Literalmente: vuestras madres que os han amamantado. Y en esta ocasión dice el comentador: Dios ha asimilado el acto de amamantar con el parentesco, hasta el punto de llamar madre a la nodriza.

191 No se debía tocar a lo que era un hecho consumado y dar a la ley una fuerza retroactiva.

192 La voz árabe *moh sanat* significa propiamente mujeres guardadas, es decir, las que están bajo la autoridad de un marido y son muy reservadas en sus maneras; mujeres de buena casa, de condición libre.

193 Es decir: contentaos con la profesión de fe de aquellas con quienes os casáis, sin penetrar sus conciencias.

194 Véase *sura* V, 7.

que la mitad de la pena pronunciada contra las mujeres libres[195]. Esta ley es establecida a favor del que teme pecar permaneciendo célibe. Mas si os abstenéis, esto sería más meritorio. Dios es indulgente y misericordioso.

31.—Dios quiere explicaros claramente sus voluntades y guiaros por el camino de los que os han precedido. Agradecerá vuestro arrepentimiento, porque es sabio y prudente.

32.—Dios quiere dignarse recibir vuestro arrepentimiento; pero los que siguen sus pasiones quieren arrastraros por una pendiente rápida. Dios quiere hacer que su yugo os sea leve, pues el hombre ha sido creado débil.

33.—¡Oh, creyentes! No consumáis vuestros bienes entre vosotros en cosas vanas, a menos que no sea un mercado concluido amistosamente[196]; no os matéis entre vosotros[197]. Ciertamente Dios es misericordioso para con vosotros.

34.—Todo el que obre así por iniquidad y maldad, haremos que se consuma en el fuego. En verdad, eso le será fácil a Dios.

---

195   Este pasaje prueba que la pena de la adúltera no era la pena de muerte, porque si no, no se hablaría aquí de la mitad de la pena.

196   Es decir: no os quitéis unos a otros lo que cada cual posee mediante los juegos de azar, la usura u otros medios ilícitos; sabed que podéis lograr el bien ajeno legítimamente, o sea a favor del tráfico y del comercio.

197   El sentido de este pasaje es incierto, y la vaguedad resulta del diferente empleo que puede tener la voz *nafs* (persona, individuo, alma, uno mismo); de modo que también se puede traducir: no os matéis a vosotros mismos, a vuestras personas; no os matéis unos a otros, o bien, no os suicidéis. Ni los comentadores mismos saben en qué sentido es preciso tomar estas palabras; esto puede significar—dicen:—No os echéis vosotros mismos a la muerte como los indus idólatras, o bien no os matéis entre vosotros, musulmanes, porque no sois más que uno solo, y, por decirlo así, una sola alma (*nafs*). Cierto que se encuentra a menudo en árabe la expresión la *taktol nafsak*, no mates tu alma, es decir, no te mates (a fuerza de entregarte al dolor, etc.); pero la palabra *nafs* en plural resulta vaga; lo propio ocurriría en español, si lo contentase uno con decir: no os matéis. El principio del versículo va dirigido contra la codicia y el robo ilícito del bien ajeno, y el legislador ha podido añadir de paso la prohibición del asesinato. De una parte, las palabras al final del versículo: Dios es misericordioso para con vosotros, parecerían indicar que se trata de la prohibición del suicidio. Compárese el versículo 69, donde se sirve de esta expresión.

35.—Si sabéis evitar los grandes pecados que se os ha prohibido cometer, borraremos vuestras faltas, y os procuraremos una entrada honrosa (en el paraíso).

36.—No codiciéis los bienes con que Dios os ha elevado los unos por encima de los otros. Los hombres tendrán cada uno la parte que haya ganado, y las mujeres la porción que hayan ganado. A Dios es a quien pediréis sus dones. Él tiene conocimiento de todo.

37.—Hemos designado a cada uno de los herederos que deben recoger la herencia dejada por el padre y la madre, por los parientes y por aquellos con quienes habéis hecho pacto. Dad a cada cual la porción debida, pues Dios es testigo de todos vuestros actos.

38.—Los hombres son superiores a las mujeres, a causa de las cualidades por medio de las cuales Dios ha elevado a estos por encima de aquellas, y porque los hombres emplean sus bienes en dotar a las mujeres. Las mujeres virtuosas son obedientes y sumisas: conservan cuidadosamente, durante la ausencia de sus maridos, lo que Dios ha ordenado que conserve intacto[198]. Reprenderéis a aquella cuya desobediencia temáis; las relegaréis en lechos aparte, las azotaréis; pero, tan pronto como ellas os obedezcan, no les busquéis camorra. Dios es elevado y grande.

39.—Si teméis una escisión entre los dos esposos, llamad a un árbitro de la familia del marido y a otro escogido de la mujer. Si los dos esposos desean la reconciliación, Dios los hará vivir en buena inteligencia, pues es sabio y lo conoce todo.

40.—Adorad a Dios y no le asociéis a nada[199]. Mostrad bondad a vuestros padres y madres, a vuestros parientes, a los huérfanos, a los pobres, a los clientes que os están unidos por la sangre y a los clientes extranjeros, a vuestros compañeros, a los viajeros y a vuestros esclavos. Dios no ama al hombre presuntuoso y vanidoso.

41.—*No ama* a los que son avaros y recomiendan la avaricia a los demás y ocultan cuidadosamente lo que Dios les ha dado por efecto de su favor. Hemos preparado a los infieles una pena ignominiosa.

198 Es decir, sus personas y el haber de sus maridos.
199 Otros dioses u objetos de adoración.

42.—*No ama* a los que dan limosna por ostentación y que no creen en Dios y en el día final. Todo el que tiene a Satán por compañero, ese tiene un mal compañero.

43.—¿Qué habrían perdido con creer en Dios y en el día final, en hacer limosna de los bienes que Dios les ha concedido, cuando Dios conoce las acciones del hombre?

44.—Dios no hará daño a nadie, ni siquiera del peso de un átomo; una buena acción la pagará doble y concederá una recompensa generosa.

45.—¿Qué harán los malvados cuando reunamos contra ellos los testigos de todas las naciones y cuando invoquemos contra ellos tu propio testimonio ¡oh, Muhammad!? En este día terrible los infieles y los que han sido rebeldes al profeta preferirían que la tierra estuviese a su nivel y *los ocultase a la vista de todos*. Mas no podrán ocultar el hecho a Dios.

46.—¡Oh, creyentes! No oréis cuando estáis ebrios; esperad a que podáis comprender *las palabras* que pronunciáis. No oréis cuando estáis sucios; esperad a que hayáis hecho vuestras abluciones, a no ser que estéis de viaje. Si estáis enfermos o de viaje, si acabáis de satisfacer vuestras necesidades naturales o si habéis tenido comercio con una mujer, frotaos el rostro y las manos con polvo a falta de agua[200]. Dios es indulgente y misericordioso.

47.—¿No habéis fijado vuestra atención en los que han recibido una parte de las escrituras? Venden el error y quisieran haceros abandonar el camino recto; pero el Señor conoce a vuestros enemigos. Os basta tener a Dios por patrono, os basta tener a Dios por ayuda.

48.—Entre los judíos los hay que desnaturalizan las palabras de sus escrituras y que dicen: Hemos oído, pero no queremos obedecer. Escucha lo que no has oído jamás hasta aquí y examínanos (*ra 'ina*)[201]. Embrollan sus palabras con sus lenguas y calumnian la verdadera religión.

49.—¿Por qué no dicen más bien: Hemos oído y obedeceremos? Escúchanos y fija una mirada en nosotros. Este lenguaje les sería más provechoso y sería más leal. Pero Dios les ha maldecido a causa de su

---

200 Esta especie de purificación se llama *teicmmoun*.
201 Respecto de esta palabra, véase *sura* II, 98.

infidelidad, y no hay entre ellos más que un escaso número de creyentes[202].

50.—Vosotros que habéis recibido las escrituras, creed en lo que Dios ha hecho descender del cielo para confirmar nuestros libros sagrados, antes de que nosotros borremos las facciones de vuestros rostros y las volvamos del lado opuesto[203]. Creed antes de que os maldigamos como hemos maldecido a los que violaban el sábado[204]; la orden de Dios fue inmediatamente cumplida.

51.—Dios no perdonará que se le asocien *otros dioses*; perdonará los otros pecados[205] a quien quiera, pues el que asocia a Dios otras criaturas comete un pecado enorme.

52.—Habéis visto a esos hombres cómo procuraban justificarse. Pero Dios no justificará más que a los que quiera, y *los hombres* no serán lesionados ni en una brizna[206].

53.—¿No ves cómo forjan mentiras respecto a Dios? Esto basta para cometer un crimen manifiesto.

54.—¿No has observado a los que, después de haber recibido una parte de las escrituras, creen en el Djibt y en el Thagut[207], y que dicen a los infieles que siguen una ruta más verdadera que los creyentes?

55.—A ellos a quienes Dios cubrió con su maldición. Y aquel a quien ha maldecido Dios no hallará protector.

56.—¿Tendrán alguna parte en el imperio del mundo, ellos que no darían ni una brizna del hueco del hueso de dátiles?[208]

---

202   Es decir, que solo hay un escaso número de hombres en la raza judía que hayan abrazado la religión de Muhammad.

203   Esta es la traducción literal del texto. Se explica este pasaje de dos maneras: a los réprobos se les retorcerá el cuello de modo que lo que estaba delante quede detrás; o bien las facciones, la boca, la nariz, serán borradas, achatadas y allanadas como la parte posterior de la cabeza.

204   Véase *sura* II, 61.

205   Literalmente: perdonará lo que está del lado de acá, o sea, el pecado de la idolatría es el mayor de los pecados capitales.

206   La palabra que traducimos por brizna significa propiamente la brizna de mugre apelotonada que coge entre los dedos o en el hueco de un hueso dátil.

207   Nombres de divinidades o de los templos de los árabes idólatras.

208   Este versículo se aplica a los judíos que esperan tener algún día el imperio del

57.—¿Envidiarán los beneficios que Dios ha concedido a otros? Sin embargo, hemos dado a la descendencia de Abrahán las escrituras, la sabiduría y un gran reino.

58.—Entre ellos, los unos creen en el profeta y los otros se alejan de él. Pero el fuego de la gehena *basta para su castigo*.

59.—Aquellos que se nieguen a creer en nuestros signos, los acercaremos al fuego ardiente. Tan pronto como su piel sea consumida por el fuego, los revestiremos con otra para hacerles probar el suplicio. Dios es poderoso y prudente.

60.—Los que crean y obren el bien serán introducidos en los jardines regados por corrientes de agua; permanecerán allí eternamente; hallarán allí mujeres exentas de toda mancha y deliciosas sombras.

61.—Dios os manda dar el depósito a quien le pertenece y juzgar con equidad vuestros semejantes. Es una acción hermosa que Dios os recomienda. Él lo oye y lo ve todo.

62.—¡Oh, creyentes! Obedeced a Dios, obedeced al apóstol y a aquellos de vosotros que ejercen autoridad. Llevad vuestras diferencias ante Dios[209] y ante el apóstol, si creéis en Dios y en el día final. Esto es lo mejor, es la mejor solución *del debate*.

63.—¿No has visto a los que pretenden creer en los libros enviados a ti y ante ti, pedir ser jueces ante Tagut, a pesar de estarles prohibido creer en él?[210]. Pero Satán quiere desviarles muy lejos de la verdad.

64.—Si se les dice: Volved al libro descendido de lo alto y al apóstol, hipócritas como son les verás volverse y alejarse.

65.—¿Qué harán cuando, como premio de las obras de sus propias manos, pese sobre ellos una gran calamidad? Vendrán hacia ti y jurarán por Dios que solo deseaban en bien y la concordia.

66.—Dios sabe bien lo que hay en el fondo de sus corazones.

mundo a la llegada del Mesías.

209 Es decir: consultad el Corán, que es la palabra de Dios.

210 Este pasaje debe referirse a una decisión de Muhammad pronunciada en un pleito entre un judío y un musulmán. Creyéndose este lesionado, se negó a someterse a ella y quiso llevar el asunto ante otro tribunal. *Omar*, que fue luego califa, le cortó la cabeza y puso así término a la cuestión.

Rompe con ellos; hazles oír severas amonestaciones y palabras que penetren sus almas.

67.—Hemos enviado apóstoles, a fin de que les obedezcan. Si los que han cometido iniquidades vuelven a ti, si piden a Dios la remisión de sus pecados y el profeta intercede por ellos, hallarán a Dios Clemente, dispuesto a acoger su arrepentimiento.

68.—Juro por tu Dios que no serán creyentes hasta que no hayan establecido juez de sus diferencias. Luego, no hallando ellos mismos nada que decir a lo que tú hayas decidido, se someterán perfectamente a ello.

69.—Si les hubiésemos prescrito que se diesen la muerte a sí mismos, o que abandonasen su país, pocos de ellos lo habrían hecho. Sin embargo, si hubiesen ejecutado las órdenes de Dios, esto habría sido más provechoso para ellos y más propio para prestar firmeza a su fe.

70.—Les habríamos recompensado magníficamente y les habríamos guiado hacia un camino recto.

71.—Los que obedezcan a Dios y al apóstol entrarán en la sociedad de los profetas, de los justos, de los mártires, de los hombres virtuosos a quienes Dios ha colmado con sus beneficios. ¡Qué hermosa asociación la suya!

72.—Tal es la liberalidad de Dios. Su ciencia basta a todo.

73.—¡Oh, creyentes! Tomad vuestras precauciones en la guerra, y avanzad, ora en destacamentos, ora en masa.

74.—Habrá entre vosotros alguno que se arrastrará lentamente en pos de vosotros. Si sufrís reveses, dirá: Dios me ha demostrado una gracia particular, puesto que no he asistido al combate.

75.—Si os llega un favor de Dios, que os da la victoria, dirá (cual si no existiese ninguna amistad entre vosotros y él): ¡Ojalá hubiese combatido con ellos! Habría obtenido un rico botín.

76.—Que los que sacrifican la vida de aquí abajo por la vida futura combatan en la senda de Dios; que sucumban o sean vencedores, les daremos una generosa recompensa.

77.—¿Y por qué no habéis de combatir en el sendero del Señor, cuando los débiles, las mujeres y los niños exclaman: Señor, sácanos de esta villa de habitantes opresores, envíanos un defensor de tu parte, danos un protector?

78.—Los creyentes combaten en el sendero de Dios, y los infieles en el camino de Tagut. Combatid, pues, contra los fautores de Satán, y, en verdad, las estrategias de Satán serán impotentes.

79.—Habéis observado a aquellos a quienes se ha dicho: Descansad de los combates durante algún tiempo[211], cumplid la oración y dad limosna: luego, cuando se les ordenó combatir, la mayor parte de ellos, temiendo a los hombres tanto o más que a Dios mismo, han exclamado: Señor, ¿por qué nos ordenas la guerra? ¿Por qué no nos das algún descanso hasta un tiempo próximo?[212] Respóndeles: El goce de la vida de aquí abajo es poca cosa; la vida futura es el verdadero bien para los que temen a Dios. Aquí no os engañarán ni en una sola brizna.

80.—En cualquier lugar que estéis, os alcanzaría la muerte, os alcanzaría en elevadas torres. Si les ocurre alguna dicha, dicen: Esto proviene de Dios. Si sufren alguna desgracia, exclaman: Esto proviene de ti ¡oh, Muhammad![213] Diles: Todo proviene de Dios. ¿Qué tiene, pues, este pueblo, que está tan lejos de comprender?

81.—Si te ocurre algún bien, te viene de Dios. El mal proviene de ti[214]. Y a ti, Muhammad, te hemos enviado hacia los hombres con la misión de profeta. El testimonio de Dios es suficiente.

82.—El que obedece al profeta obedece a Dios. Nosotros no te hemos enviado para ser el guardián de los que se apartan de ti.

83.—Dicen ante ti: Nosotros obedecemos. Al salir de tu presencia, la mayor parte de nosotros acariciamos, durante la noche, designios contrarios a sus palabras; pero Dios pone por escrito sus maquinaciones. Aléjate de ellos y pon tu confianza en Dios. Te bastará tenerlo por defensor.

---

211 Literalmente: Retirad vuestras manos; es decir: no hagáis ningún trabajo.

212 Es decir: ¿Por qué no prolongas la tregua que nos permite vivir?

213 Así atribuían los judíos a Muhammad la carestía de los víveres, cuando este fue a Medina, lo cual se explica naturalmente por la afluencia de gente que llegó en pos de él.

214 Para conciliar estas palabras con las del versículo anterior, los comentadores advierten que todo mal proviene de los hombres a causa de sus pecados.

84.—¿No examinan atentamente el Corán? Si fuese su autor otro que Dios, ¿no hallarían en él una multitud de contradicciones?

85.—Si reciben una noticia que les inspira seguridad u otra que les alarma, la divulgan inmediatamente. Si la anunciasen al profeta o a sus jefes, los que deseasen saberla aprenderían por boca de estos últimos. Si la gracia de Dios y su misericordia no velasen por vosotros, seguiríais a Satán, *todos*, a excepción de un pequeño número.

86.—Combate en la senda de Dios y no impongas cargas difíciles a nadie más que a ti mismo. Excita a los creyentes al combate. Dios puede contener la violencia de los infieles y es más fuerte que ellos, y sus castigos son más terribles.

87.—Aquel cuya intercesión tenga un objeto laudable recogerá el fruto; el que interceda con un objeto malo recibirá su parte. Dios lo observa todo.

88.—Si alguien os saluda, devolvedle el saludo, más atento aun, o, al menos, devolvedle el saludo. Dios lo comprende todo.

89.—Dios es el solo Dios. Os congregará en el día de la resurrección. No hay duda sobre este punto. ¿Y quién es más verdadero que Dios en sus palabras?

90.—¿Por qué estáis divididos en dos partes respecto de los hipócritas?[215] Dios les ha rechazado entre los infieles como premio de su acción. ¿Queréis guiar a los que Dios ha extraviado? Tú no hallarás sendero para aquel a quien Dios extravía.

91.—Han querido haceros infieles como a ellos, a fin de que seáis todos iguales. No forméis uniones con ellos hasta que hayan dejado su país por la causa del Señor. Si vuelven, realmente, *de una manera manifiesta*, a la infidelidad, cogedles y condenadles a muerte dondequiera que les halléis. No busquéis entre ellos protector ni amigo;

92.—Excepto a los que buscasen asilo entre vuestros aliados y a los que se ven obligados a haceros la guerra o a hacérsela a su propia tribu.

215   Esto se refiere a los que pidieron a Muhammad ser despedidos antes de llegar a Medina y que siguieron caminando por jornadas hasta que hallaron idólatras. Los musulmanes estaban divididos y sin opinión, y no sabían si aquellos hombres debían ser considerados como hipócritas e infieles o como fieles a quienes la casualidad había llevado a en medio de los infieles.

Si Dios hubiese querido, les habría dado la ventaja sobre vosotros, y os combatirían sin cesar. Si cesan de llevar las armas contra vosotros y si os ofrecen la paz, Dios os prohíbe atacarles.

93.—Hallaréis otros que procurarán ganar también vuestra confianza y la de su nación. Cada vez que vuelvan al desorden serán derrotados. Si no se echan a un lado, si no os ofrecen la paz y se abstienen de combatiros, cogedles y condenadles a muerte dondequiera que les halléis. Os damos sobre ellos un poder absoluto.

94.—¿Por qué ha de matar un creyente a otro creyente a no ser sin querer? El que mate a uno involuntariamente, estará obligado a emancipar a un esclavo creyente y a pagar a la familia del muerto el importe de la sangre, fijado por la ley, a menos que la familia no haga convertir esa suma en limosna. Por la muerte de un creyente de una nación enemiga se dará la libertad a un esclavo creyente. Por la muerte de un individuo de una nación aliada se libertará a un esclavo creyente y se pagará a la familia del muerto la suma prescrita. El que no halle esclavo que libertar, ayunará dos meses seguidos. He aquí las expiaciones establecidas por Dios, el sabio, el Prudente.

95.—El que mate a un creyente voluntariamente, tendrá el infierno por recompensa, y en él permanecerá eternamente. Dios, irritado contra él, le maldecirá y le condenará a un suplicio terrible.

96.—¡Oh, creyentes! Cuando entréis en campaña para la guerra santa informaos con exactitud; no digáis al que habléis y que os dirija el saludo: Tú no eres creyente; *no lo digáis* por codicia de los bienes accidentales de este mundo[216]. Dios posee infinitas riquezas. Tal ha sido vuestra conducta pasada. El cielo os la ha perdonado. Informaos, pues, con exactitud antes de obrar. Dios tiene conocimiento de todos vuestros actos.

97.—Los fieles que permanezcan en sus hogares sin verse obligados a ello por la necesidad, no serán tratados como los que luchan en la senda de Dios, sacrificando sus bienes y sus personas. Dios les ha asig-

---

216 A menudo ocurría que los mahometanos hallaban en sus correrías hombres a quienes no conocían, y los mataban. Para disculparse, los agresores decían que eran infieles: en realidad, era para robarles para lo que los trataban de infieles.

nado a estos un lugar más elevado que a aquellos; hace hermosas promesas a todos; pero ha destinado a los combatientes una recompensa mayor que a los que quedan en sus hogares;

98.—Grados más elevados a su vera, la indulgencia y la misericordia. En verdad, Dios es indulgente y misericordioso.

99.—Quitando los ángeles la vida a aquellos que habían obrado inicuamente consigo mismos, les preguntaron: ¿Qué habéis hecho? Ellos respondieron: Éramos los débiles de la tierra[217]. Los ángeles les dirán: ¿No es bastante vasta la tierra de Dios? Abandonando vuestro país ¿no podíais buscar un asilo en alguna parte? Esta es la razón por la cual el infierno será su morada. ¡Qué detestable ruta la suya!

100.—Los débiles de entre los hombres, y la mujeres, y los niños, incapaces de imaginar una astucia *para sustraerse a la infidelidad*, ni de dirigirse en su camino, esos obtendrán tal vez el perdón de Dios, que es indulgente y misericordioso.

101.—El que abandona su país por la causa de Dios hallará en la tierra otros hombres obligados a hacer lo propio, y recursos abundantes. En cuanto al que haya dejado su país para abrazar la causa de Dios y llegue la muerte a sorprenderle, su salario estará a cargo de Dios, y Dios es indulgente y misericordioso.

102.—Cuando entréis en campaña, no habrá ningún pecado en abreviar vuestras oraciones, si teméis que los infieles os sorprendan: los infieles son vuestros enemigos declarados.

103.—Cuando estés en medio de tus tropas y hagas cumplir la oración, que una parte tome las armas y rece; cuando haya hecho las adoraciones[218], que se retire, y que otra parte del ejército que ni haya hecho todavía la oración le substituya. Que tomen sus medidas y estén sobre las armas. Bien quisieran los infieles que no pensaseis más que en vuestras armas y en vuestros bagajes, a fin de caer pronto sobre

217 Este versículo se aplica a aquellos árabes que, después de haber abrazado el islamismo en la Meca, no emigraron hasta que era preciso emigrar para romper con los idólatras, y que conservaron relaciones con ellos. Los ángeles de que se habla aquí son los dos ángeles que examinan a los muertos en sus tumbas.
218 La oración mahometana se compone de genuflexiones, *rik'a*, y de adoraciones, *sudjud*, que consisten en prosternarse de cara al suelo.

vosotros. Si la lluvia os incomoda, o si estáis enfermos, no será un pecado deponer las armas; sin embargo, tomad vuestras medidas. Dios prepara a los infieles un suplicio ignominioso.

104.—Terminada la oración, pensad todavía en Dios, de pie, sentados o acostados. Tan pronto como estéis en seguridad, haced vuestras oraciones. La oración es para los creyentes una obligación de ciertas horas fijas.

105.—No os deis tregua en la persecución de vuestros enemigos. Si vosotros sufrís, ellos sufrirán como vosotros; pero vosotros debéis esperar de Dios lo que ellos no pueden esperar. Dios es prudente y sabio.

106.—*¡Oh, Muhammad!* Te hemos enviado el libro que contiene la verdad, a fin de que juzgues entre los hombres según lo que Dios te ha dado a conocer. No entres en discusión con los pérfidos e implora el perdón de Dios. Es indulgente y misericordioso.

107.—No disputes con nosotros a favor de aquellos que han obrado pérfidamente consigo mismos. Dios no ama al hombre pérfido y criminal.

108.—Pueden ocultar sus planes a las miradas de los hombres; pero no las ocultarán a las de Dios. Él está presente a su lado, cuando por la noche sostienen conversaciones que le disgustan. Abraza con su ciencia todo lo que hacen.

109.—¡Ah! Disputáis conmigo en su favor en este mundo. ¿Quién disputará con Dios en su favor el día de la resurrección?, ¿quién será su patrono?

110.—Todo el que haya cometido una mala acción habrá obrado inicuamente con su propia alma; pero luego implorará el perdón de Dios, lo hallará indulgente y misericordioso.

111.—El que comete un pecado, lo comete en detrimento suyo. Dios es sabio y prudente.

112.—El que comete una falta (involuntaria) o un pecado y luego se lo achaca a un hombre inocente, se carga con una calumnia y con un pecado manifiesto.

113.—Si no fuese la gracia de Dios y su misericordia para contigo, una parte de aquellos que habían resuelto extraviarte lo habrían logrado; pero solo se han extraviado a sí mismos y no han podido dañarte[219]. Dios ha hecho descender sobre ti el libro y la sabiduría; te ha prometido lo que tú no sabías. La gracia de Dios ha sido grande para contigo.

114.—Nada bueno entra en la mayor parte de sus conversaciones secretas. Pero el que recomienda la limosna o una buena acción o la armonía entre los hombres, si lo hace por el deseo de agradar a Dios recibirá ciertamente de nosotros una magnífica recompensa.

115.—El que haga escisión con el profeta después de haber aparecido la verdadera dirección, el que siga otra ruta diferente de la de los creyentes, a ese le volveremos la espalda, lo mismo que él nos la ha vuelto a nosotros, y lo acercaremos al fuego de la gehena. ¡Qué horrible desenlace!

116.—Lo que Dios no perdonará es el que le asocien otras divinidades; perdonará todo lo demás a quien quiera, pues todo lo que le asocia a otros dioses está en una falsa senda, muy distante *de la verdadera.*

117.—Invocan las divinidades hembras más bien que a Dios; más bien que a Dios[220], invocan a Satán el rebelde.

118.—Que la maldición de Dios caiga sobre él. Él ha dicho: Me apodero de una porción de tus servidores; los extraviaré, les inspiraré deseos, les ordenaré que corten las orejas de ciertos animales, les ordenaré que alteren la creación de Dios[221]. Todo el que toma a Satán por patrono más bien que a Dios, ese está perdido con pérdida evidente.

119.—Les hace promesas y les inspira deseos; pero Satán solo promete para cegar.

---

219 Esto debe referirse a un robo cometido por uno de los hijos de un compañero de Muhammad, robo cuya culpa quiso echar el profeta a un judío. Muhammad estaba ya a punto de dar la razón a su correligionario, cuando le fueron revelados los versículos 112 y 113.

220 Los árabes adoraban a *Lat, Ozza* y *Menat,* a quienes creían hijas de Dios.

221 Muhammad se levanta aquí contra ciertas costumbres de los árabes idólatras. Los comentadores creen que por las palabras: les ordenaré cambiar, alterar la creación de Dios, Muhammad ha querido condenar la castración de los esclavos, las marcas impresas en sus rostros y en sus cuerpos, la costumbre de afilar los dientes, y los crímenes contra natura, lo mismo entre los hombres que entre las mujeres.

120.—Esos tendrán la gehena por morada y no le hallarán salida.

121.—En cuanto a los que creen y practican las buenas obras, los introduciremos en los jardines regados por corrientes de agua; permanecerán allí eternamente en virtud de una promesa verdadera de Dios. ¿Y quién es más verdadero que Dios en sus palabras?

122.—Esto no podría ser según vuestro capricho ni según el capricho de los hombres de las escrituras. Todo el que haya hecho mal será retribuido por el mal y no hallará ningún patrono ni ninguna asistencia contra Dios.

123.—Hombres y mujeres, los que practiquen las buenas obras y sean al mismo tiempo creyentes, entrarán en el paraíso y no serán defraudados en la más pequeña brizna de recompensa.

124.—¿Quién profesa religión más hermosa que el que se ha entregado por entero a Dios, obra el bien y sigue la creencia de Abrahán con toda seguridad? Dios ha tomado a Abrahán por amigo.

125.—A Dios pertenece todo lo que hay en los cielos y en la tierra. Lo rodea todo.

126.—Te consultarán respecto de las mujeres. Diles: Dios os ha instruido respecto a este punto; se os lee en el libro (el Corán) preceptos relativos a los huérfanos, a quienes no dais lo que se ha prescrito y con quienes os negáis a casaros[222]. Os instruye respecto a los niños débiles[223]; os prescribe que obréis con toda equidad con los huérfanos. No haréis ninguna buena acción que sea desconocida de Dios.

127.—Si una mujer teme la violencia de su marido o su aversión por ella, no hay mal en arreglarse[224]; la paz es un gran bien. Las almas de los hombres están entregadas a la avaricia; si sois benévolos, si teméis a Dios, él tendrá noticia de vuestras acciones.

128.—Jamás podréis tratar igualmente a todas vuestras mujeres,

---

222 El sentido del texto es aquí muy dudoso, a causa de la partícula an que, especialmente en el Corán, se emplea lo mismo para afirmativa que para la negativa. Se puede, por consiguiente, traducir: a quien no dais... y con quien os negáis a casaros, o bien: a quien no dais... y con quien queréis casaros.

223 A los niños sin protección o de muy pocos años.

224 Es decir, la mujer puede abandonar a su marido la dote entera o una de ella para captarse su simpatía.

aunque lo deseareis ardientemente. Guardaos, pues, de seguir entera-mente la pendiente y de dejar alguna como en suspenso[225]; pero si sois generosos y teméis a Dios, Dios es indulgente y misericordioso.

129.—Si los dos esposos se separan, Dios es bastante rico para com-pensar al uno y al otro su separación[226]. Es inmenso y prudente.

130.—A él pertenece lo que hay en los cielos y en la tierra. Ya hemos recomendado a los que han recibido las escrituras antes que nosotros, así como a vosotros mismos, que teman a Dios y no sean incrédulos. Si lo sois, sabed que todo lo que hay en los cielos y en la tierra le per-tenece. Es rico y está lleno de gloria.

131.—A él le pertenece todo lo que hay en los cielos y en la tierra. El patronato de Dios basta.

132.—¡Oh, hombres! Si quiere, puede haceros desaparecer y crear otros hombres en vuestro lugar. En verdad, Dios es bastante poderoso para hacerlo.

133.—¿Desea alguien la recompensa de este mundo? La recom-pensa de este mundo, como la del otro, está junto a Dios. Lo oye y lo ve todo.

134.—¡Oh, creyentes! Sed estrictos observadores de la justicia cuando deis testimonio ante Dios, aunque hubieseis de hacerlo contra vosotros mismos, contra vuestros parientes, contra vuestros allegados, lo mismo contra el rico que contra el pobre. Dios está más cerca que vosotros del rico y del pobre. No sigáis vuestras pasiones, por temor a desviaros. Si os negáis a dar testimonio, si os abstenéis, sabed que Dios tiene noticia de lo que hacéis.

135.—¡Oh, creyentes! Creed en Dios, en su Apóstol, en el Libro que le ha enviado, en las escrituras descendidas antes de él. El que no cree en Dios, en sus ángeles, en sus libros, en sus apóstoles y en el día final, está en un extravío lejano.

---

225 El hombre que tiene más de una mujer no debe dejarse arrastrar de su amor por una hasta el punto de no hacer caso ninguno de la otra. Respecto a este punto, Muhammad dijo: «El que tiene dos mujeres y se inclina por completo a una de ellas, aparecerá el día de la resurrección con nalgas desiguales.»

226 Es decir, hará hallar al marido una mujer que le gustará más, y a la mujer otro marido que reemplazará al que la ha repudiado.

136.—Los que creyeron y volvieron a la infidelidad, y luego creyeron de nuevo y después volvieron a ser infieles, y más tarde acrecentaron su infidelidad, Dios no les perdonará y no los conducirá por el camino recto.

137.—Anuncia a los hipócritas un doloroso suplicio;

138.—A esos hipócritas que buscan sus amigos entre los infieles, más bien que entre los creyentes: ¿Lo hacen para adquirir honor? El honor entero pertenece a Dios.

139.—Se os ha revelado en el Corán, que, cuando estáis aquí para escuchar los signos de Dios, no se cree en ellos y se le toma a irrisión. Guardaos, pues, de sentaros con los infieles, hasta que hablen de otro asunto; de otro modo pasaréis a ser sus semejantes. Dios reunirá juntos a los hipócritas y a los infieles en la gehena.

140.—Estos son los que esperan los acontecimientos. Si Dios os concede la victoria, dicen: ¿No estamos con vosotros? Si son los infieles los que salen victoriosos, les dicen a estos: ¿No somos los que superamos, y no os hemos protegido contra los creyentes? Dios juzgará entre vosotros en el día de la resurrección. No dará a los infieles la ventaja sobre los creyentes.

141.—Los hipócritas procuran engañar a Dios; Dios es el que les engañará a ellos primero. Cuando se disponen a hacer la oración, lo hacen con negligencia; hacen ostentación ante los hombres, pero piensan muy poco en Dios,

142.—Flotando entre uno y otro, no perteneciendo ni a estos ni a aquellos. Pero aquel a quien Dios extravía no hallará el camino.

143.—¡Oh, creyentes! No toméis amigos entre los infieles más bien que entre los creyentes. ¿Queréis suministrar a Dios un argumento contra vosotros, un argumento irrefragable?

144.—Los hipócritas estarán en el grado más inferior del fuego y tú no les verás protector.

145.—Pero los que se hayan convertido y corregido, los que se hayan unido firmemente a Dios y mostrado sinceros en su fe, estarán de nuevo con los creyentes. Dios otorgará a los creyentes una magnífica recompensa.

146.—¿Por qué os ha de aplicar Dios el castigo si sois agradecidos y habéis creído? Dios es agradecido y lo sabe todo.

147.—Dios no gusta de que se divulgue el mal, a menos que sea víctima de la opresión. Dios lo oye y lo sabe todo.

148.—Ora divulguéis el bien u ocultéis el mal, ora perdonéis el mal, Dios es indulgente y poderoso.

149.—Los que no creen en Dios y en sus apóstoles, los que quieren separar a Dios de sus apóstoles, que digan: Creemos en los unos, pero no creemos en los otros (procuran tomar un término medio),

150.—Aquellos son verdaderamente infieles. Hemos preparado para los infieles un suplicio ignominioso.

151.—Los que creen en Dios y en sus apóstoles y no establecen distinción entre cada uno de ellos, obtendrán su recompensa. Dios es indulgente y misericordioso.

152.—Los hombres de las escrituras te pedirán que les hagas descender un libro del cielo. Habían pedido a Moisés algo más, y le decían: Haznos ver a Dios distintamente; pero cayó sobre ellos una tempestad terrible en castigo de su maldad. Después tomaron como objeto de su adoración el becerro, a pesar de que hubiesen venido ya signos evidentes. Pero nosotros les perdonamos y hemos dado a Moisés pruebas evidentes.

153.—Elevamos por encima de sus cabezas el monte Sinaí como prenda de nuestra alianza, y les dijimos: Entrad en la puerta de la villa prosternándoos *ante el Señor*; no hagáis trasgresión al sábado. Hemos concluido con ellos un pacto solemne.

154.—Pero ellos han violado su pacto, han negado los signos de Dios, han condenado injustamente a muerte a los profetas, han dicho: Nuestros corazones son incircuncisos. Sí, Dios ha puesto el sello en sus corazones. Son infieles; solo creen un pequeño número.

155.—No han creído en *Jesús*; han inventado contra María una mentira atroz.

156.—Dicen: Hemos condenado a muerte al Mesías, a Jesús, hijo de María, al enviado de Dios. No, no lo han matado, no lo han crucificado; un hombre que se le parecía fue puesto en su lugar, y los que disputaban sobre esto han estado ellos mismos en la duda. No lo sabían de ciencia cierta, no hacían más que seguir una opinión. No lo han matado realmente. Dios lo ha elevado a él, y Dios es poderoso y prudente.

157.—No habrá un solo hombre, entre los que han tenido fe en las escrituras, que no crea en él antes de su muerte[227]. En el día de la resurrección, él (Jesús) dará testimonio contra ellos.

158.—Como premio a su maldad y porque alejan a los otros del sendero de Dios, les hemos prohibido alimentos deliciosos que les habían sido permitidos en un principio.

159.—Porque ejercen la usura que les ha sido prohibida, porque devoran los bienes de los demás con cosas vanas[228], hemos preparado a los infieles un doloroso castigo.

160.—Pero los hombres de ciencia sólida entre ellos[229], así como los creyentes que creen en lo que ha sido revelado a ti y ante ti, a los que observan la oración, a los que hacen limosna, a los que creen en Dios y en el día final, a todos estos les concederemos una magnífica recompensa.

161.—Te hemos dado la revelación, como se la habíamos dado a Noé y a los profetas que han vivido después de él. La hemos dado a Abrahán, a Ismael, a Isaac y a Jacob, a las doce tribus, a Jesús, a Job, a Jonás, a Aarón, a Salomón, y hemos dado los salmos a David.

162.—Hubo enviados a quienes te hemos dado ya a conocer precedentemente; los hubo acerca de los cuales no te hablaremos. Dios ha dirigido realmente la palabra a Moisés.

163.—Hubo enviados encargados de anunciar y de advertir, a fin de que los hombres no tengan ninguna excusa ante Dios después de la misión de los apóstoles Dios es poderoso y prudente.

227   Hay en el texto una vaguedad ocasionada por el empleo del pronombre relativo *antes de su muerte*. Los unos creen que Muhammad ha querido decir que todo cristiano o judío interrogado en su agonía por el ángel confesara que cree en Jesús. Otros piensan que el pronombre se refiere a Jesús, que debe aún volver a la tierra para matar al anticristo y morir. Entonces todo el universo creerá en él.

228   En regalos destinados a corromper a los jueces, o a otros usos.

229   Esto se refiere a algunos judíos versados en las escrituras y amigos de Muhammad, aunque no abrazaron su nueva religión.

164.—Dios mismo es testigo de lo que te ha enviado en su ciencia; los ángeles son testigos de ello. Pero Dios es un testigo suficiente.

165.—Los que no creen, los que apartan a los demás del sendero de Dios, están en un camino falso muy distante *de la verdad*.

166.—A los que no creen y obran con iniquidad, Dios no les perdonará, no les mostrará el camino;

167.—A no ser el camino de la gehena, donde permanecerán eternamente; lo cual es fácil a Dios.

168.—¡Oh, hombres! Un apóstol os trae la verdad de parte de vuestro Señor. Creed, pues; esto os será más ventajoso; pero si permanecéis incrédulos, todo lo que hay en los cielos y en la tierra le pertenece, *y él puede pasar sin vosotros*. Es sabio y prudente.

169.—¡Oh, vosotros, los que habéis recibido las escrituras! En vuestra religión, no paséis la medida justa[230], no digáis de Dios más que lo que es verdad. El Mesías, Jesús, hijo de María, es el apóstol de Dios, y su Verbo, que echó en María, es un espíritu que proviene de Dios. Creed, pues, en Dios y en sus apóstoles y no digáis: Hay trinidad. Cesad de hacerlo. Esto os será más ventajoso, pues Dios es único. Gloria a él; ¿cómo tendría un hijo? A él pertenece todo lo que hay en los cielos y en la tierra. Su patronato basta; basta tener a Dios por patrono.

170.—El Mesías no desdeña ser el servidor de Dios, como tampoco los ángeles que se acercan a Dios.

171.—En cuanto a los que desdeñan adorar a Dios, que se hinchan de orgullo, Dios los congregará ante él.

172.—A los que creen y practican las buenas obras, Dios les pagará exactamente su salario: lo acrecentará hasta con el tesoro de su gracia; pero hará sufrir un terrible castigo a los desdeñosos y a los orgullosos.

173.—No hallarán patrono ni protector, contra Dios.

174.—¡Oh, hombres! Os ha venido una prueba de vuestro Señor. Hemos hecho descender para vosotros una luz evidente. Dios hará entrar en el regazo de su misericordia y de su gracia a los que creen en él y se unen firmemente a él; los dirigirá por el sendero recto.

---

230 Esto quiere decir: Vosotros, judíos, no os neguéis a creer en la misión de Jesús, y vosotros, cristianos, no le miréis como Dios; encerraos en lo verdadero.

175.—Te consultarán. Diles: Dios os instruye respecto de los parientes lejanos. Si un hombre muere sin hijos y si tiene una hermana, esta tendrá la mitad de lo que deje. También él será su heredero, si ella no tiene ningún hijo. Si hay dos hermanas, tendrán dos tercios de lo que haya dejado el hombre; si deja hermanos y hermanas, el hijo tendrá la porción de dos hijas. Dios lo explica claramente, por temor a que os extraviéis. Dios lo sabe todo.

SURA V
LA MESA[231]

DADO EN MEDINA.—*120 VERSÍCULOS*
EN NOMBRE DEL DIOS CLEMENTE Y MISERICORDIOSO

1.—¡Oh, creyentes! Sed fieles a vuestros compromisos. Os está permitido alimentaros de la carne de los animales *que componen* vuestros rebaños[232]; pero no comáis de las cosas respecto de las cuales se ha hecho *una prohibición en los versículos del Corán*, ni piezas que no os está permitido matar en la caza, mientras que estáis vestidos con el traje de la peregrinación[233]. Dios decide a su antojo.

2.—¡Oh, creyentes! Guardaos de barrenar el mes sagrado; *respetad* las ofrendas[234] y los ornamentos que *se les cuelga a las víctimas*. Respetad a los que corren presurosos a la casa de Dios para buscar la gracia y la satisfacción de su Señor.

3.—Cuando hayáis vuelto al estado profano[235] podéis entregaros a la caza. Que el resentimiento contra los que procuraban rechazaros del oratorio sagrado no os lleve a acciones injustas. Ayudaos *más bien mutuamente* a practicar el bien y la piedad; pero no os ayudéis en el mal y en la injusticia, y temed a Dios, pues sus castigos son terribles.

4.—Los animales muertos, la sangre, la carne de cerdo, todo lo que ha sido matado bajo la invocación de otro hombre distinto del de

---

231 El título de este *sura* proviene del milagro operado por Jesucristo, que en la oración de los apóstoles hizo descender del cielo una mesa cubierta de manjares. Versículos 112 y siguientes. Se le llama además *okud*, compromisos, palabra que se halla en el primer versículo.

232 Como los animales de raza bovina, los camellos y los carneros.

233 Es decir: no os dediquéis a la caza estando revestidos del *ihram*.

234 Por ofrenda se entiende aquí la oveja que se conduce al sacrificio en la Meca, y de cuyo cuello se suspenden guirnaldas de flores.

235 Es decir: cuando no estéis revestidos del *ihram*, traje de peregrinación, y con la indumentaria de la peregrinación a la Meca.

Dios[236]; los animales asfixiados, acogotados, muertos de una caída o de alguna cornada; los que han sido mordidos por un animal feroz, a menos que no los hayáis purificado *con una sangría*; lo que ha sido inmolado en los altares de los ídolos; todo esto os está prohibido. No os lo repartáis consultando las flechas, pues esto es una impiedad hoy[237]. La desesperación espera a los que han renegado de vuestra religión; no los temáis; temedme.

5.—Hoy[238] he perfeccionado vuestra religión y he llevado al colmo mis beneficios para vosotros. Me ha complacido daros el islamismo por religión. El que cediendo a la necesidad del hambre y sin designio de obrar mal haya faltado a nuestras disposiciones[239], ese será absuelto, pues Dios es indulgente y misericordioso.

6.—Te preguntarán lo que les está permitido. Respóndeles: Las cosas buenas os están permitidas. La presa de los animales de caza que hayáis amaestrado a la manera de los perros, según la ciencia que habéis recibido de Dios, os está permitida. Comed lo que os hayan procurado invocando el nombre de Dios. Temedle, pues está pronto en hacer rendir cuenta.

7.—Hoy se os ha permitido todo lo que es bueno[240]; el alimento de los que han recibido las escrituras es lícito para vosotros, y el vuestro

---

236 Al matar la pieza en la caza, los árabes invocaban los nombres de sus divinidades. En este caso, Muhammad ordena que se invoque el nombre de Dios mediante la fórmula *bismillah* (en nombre de Dios).

237 Los árabes idólatras acostumbraban a repartirse un camello degollado, sorteando para decidir acerca de a quién pertenecería tal o cual parte del animal; esto se hacía por medio de flechas sin punta y sin penacho, conservadas en número de siete en el templo de la Caaba.

238 Según los comentadores *sonitas*, la palabra *hoy*, empleada en estos versículos, se aplica no a tal o cual día preciso, sino a todo el tiempo de la misión de Muhammad. No así según los chiítas, partidarios de *Alí*, yerno de Muhammad. Sostienen que estos versículos han sido revelados el día en que Muhammad dio la última mano a su apostolado y a la legislación de su pueblo, invistiendo a su yerno *Alí* de las funciones de *imán* junto el estanque de *Khom* y nombrándole su sucesor.

239 Relativa a los alimentos prohibidos.

240 La palabra del texto *taiibat* tiene un sentido general como la palabra *bueno*; hay que entender aquí por bueno lo que es puro y no perjudicial para la salud.

lo es igualmente para ellos[241]. Os está permitido casaros con las hijas honestas de los creyentes y de los que han recibido las escrituras antes de vosotros[242], con tal que les deis su recompensa. Vivid castamente con ellas, guardándoos de la crápula y sin tomar concubinas[243]. El que traicione su fe perderá el fruto de sus buenas obras y estará en el otro mundo entre el número de los desgraciados.

8.—¡Oh, creyentes! Cuando os disponéis a hacer la oración, lavaos el rostro y las manos hasta el codo; enjugaos la cabeza y los pies hasta los talones.

9.—Purificaos después de la cohabitación con vuestras esposas; pero cuando estéis enfermos o de viaje, cuando acabáis de satisfacer vuestras necesidades naturales y cuando hayáis tenido comercio con una mujer, si no halláis agua, frotaos el rostro y las manos con arena fina y pura[244]. Dios no quiere imponeros ninguna carga; pero quiere haceros puros y llevar al colmo sus beneficios, a fin de que le estéis agradecidos.

10.—Acordaos, pues, de sus beneficios y del pacto que ha celebrado con vosotros, cuando pronunciasteis *estas palabras*: Hemos entendido y obedeceremos. Temed a Dios, pues conoce el interior de vuestros corazones.

11.—¡Oh, vosotros, los que creéis! Sed testigos firmes y justos ante Dios; que el odio no os lleve a apartaros de la línea recta. Sed justos: la justicia linda con la piedad. Temed a Dios, pues conoce vuestras acciones.

12.—Dios ha hecho promesas a los que creen y practican las buenas obras; el perdón y una recompensa magnífica son de ellos.

---

241 Se podría decir que Muhammad no tenía ningún derecho a fallar acerca de lo que está permitido comer a los no musulmanes; de modo que hay que entender estas palabras en el sentido siguiente: vosotros y los judíos y los cristianos tenéis preceptos comunes respecto del alimento.

242 Tales son los matrimonios mixtos entre los musulmanes y las mujeres cristianas y judías; las mujeres idólatras están excluidas de este permiso.

243 Estos preceptos dados a los hombres están concebidos poco más o menos en los mismos términos que los que conciernen a las mujeres. Véase *sura* IV, 29. La palabra *khiden*, plural *akhdan*, empleada en el texto, significa *amante y querida*.

244 Esta ablución con arena fina a falta de agua se llama *teiemum*.

13.—Los que no creen y los que tratan nuestros signos de mentiras, esos serán encomendados al fuego.

14.—¡Oh, creyentes! Acordaos de los beneficios del Señor. Cuando algunos hombres habían resuelto llevar sus brazos hacia vosotros, fue Dios el que rechazó sus brazos[245]. Temed a Dios; que los verdaderos creyentes no cifren sus esperanzas más que en él.

15.—Dios aceptó la alianza de los hijos de Israel. Nosotros suscitamos de en medio de ellos doce jefes, y Dios dijo[246]: Estaré con vosotros. Si cumplís puntualmente la oración, si hacéis limosna, si prestáis fe a mis enviados, si les ayudáis y si hacéis a Dios un préstamo generoso, expiaré vuestras ofensas y os introduciré en los jardines regados por corrientes de agua. El que se niegue a creer después de estas advertencias, ese abandona el medio más hermoso de la senda.

16.—Pero como ellos han barrenado el pacto concluido, les hemos maldecido. Hemos endurecido sus corazones. Desvían las palabras de las escrituras y olvidan una parte de lo que les fue enseñado. No cesarás de descubrir alguna perfidia de su parte; salvo un pequeño número, *todos son culpables*; pero perdónales y pasa adelante, pues Dios ama a los que obran noblemente.

17.—También hemos aceptado la alianza de los que dicen: somos cristianos; pero estos han olvidado también una parte de lo que les fue enseñado[247]. Hemos suscitado en medio de ellos la enemistad y el odio, que deben durar hasta el día de la resurrección. Dios les enseñará lo que han hecho.

245   Este pasaje debe referirse a una tentativa de asesinato en la persona de Muhammad. Sobre esto hay diferentes versiones. Según una, habiéndose quitado cierto día Muhammad sus armas, y habiéndolas suspendido de un árbol mientras que su comitiva estaba a alguna distancia, un árabe del desierto se precipitó sobre él y, manteniendo el sable desnudo sobre su cabeza, le dijo: «¿Quién me impide matarte?» «Dios», respondió Muhammad. En esto el ángel Gabriel quitó el sable de las manos del árabe. Muhammad lo cogió y le preguntó a su vez al árabe: «¿Quién me impide matarte?» «nadie», respondió el árabe, y abrazó el islamismo.

246   Dios es quien habla. El cambio de los pronombres *nosotros* y *él* es demasiado frecuente en el Corán, para que estemos obligados a advertirlo cada vez que se presente.

247   La censura más grave que dirige Muhammad a los cristianos, es el haber interpretado o alterado las escrituras, con objeto de quitar toda alusión a su llegada.

18.—¡Oh, vosotros, los que habéis recibido las escrituras! Nuestro enviado os ha indicado muchos pasajes que ocultabais y ha pasado por encima de muchos otros. La luz os ha venido de Dios, así como este libro evidente por medio del cual guiará Dios a los que siguen su voluntad en la senda de la salvación. Les hará pasar de las tinieblas a la luz por su voluntad, y les dirigirá por la senda recta.

19.—Los que dicen que Dios es el Mesías, hijo de María, son infieles. Respóndeles: ¿Quién podría, de cualquier manera que esto sea, impedir a Dios si quisiese aniquilar al Mesías, hijo de María, y a su madre y a todos los seres de la tierra?

20.—A Dios pertenece la soberanía de los cielos y de la tierra y del espacio que los separa. Él crea lo que quiere y lo puede todo.

21.—Somos los hijos de Dios y sus amigos queridos, dicen los judíos y los cristianos. Respóndeles: ¿Por qué os castiga, pues, por vuestros pecados? Vosotros no sois más que una porción de los hombres que ha creado; él perdona o castiga a su gusto. A él pertenece la soberanía de los cielos y de la tierra y todo lo que hay entre ellos. Él es el término adonde todo irá a parar algún día.

22.—¡Oh, vosotros, los que habéis recibido las escrituras! Nuestro enviado va a instruiros acerca de la oración de los profetas, a fin de que no digáis: No nos viene ya anunciador, amonestador ninguno. Hele en medio de vosotros a ese anunciador, a ese amonestador, y Dios es poderoso sobre todas las cosas.

23.—Cuando Moisés dijo a los israelitas: Acordaos de los beneficios que habéis recibido de Dios; ha suscitado profetas en vuestro seno, os ha dado reyes, os ha concedido favores que no había concedido jamás a nación ninguna.

24.—¡Entra, oh, pueblo mío, en la tierra santa que Dios te ha destinado; no os volváis atrás, por temor a que os encaminéis a vuestra perdición!

25.—Este país, respondieron los israelitas, está habitado por hombres poderosos. Mientras que lo ocupen, nosotros no entraremos en él. Si salen, nosotros tomaremos posesión de él.

26.—Presentaos a la puerta de la villa, dijeron dos hombres que temían al Señor y que estaban favorecidos por su gracia: No bien hayáis entrado, seréis vencedores. Poned vuestra confianza en Dios, si sois fieles.

27.—¡Oh, Moisés!, dijo el pueblo: No entraremos mientras no haya salido el pueblo que lo habita. Ve con tu Dios y combatid ambos. Nosotros permaneceremos aquí.

28.—Señor, exclamó Moisés, solo tengo poder sobre mí y sobre mi hermano; pronuncia entre nosotros y este pueblo de impíos.

29.—Entonces el Señor dijo: Esta tierra les estará prohibida durante cuarenta años. Andarán errantes por el desierto; y tú cesa de atormentarte a causa de este pueblo de impíos.

30.—Cuéntales la historia, tal cual es, de aquellos dos hijos de Adán que presentaron sus ofrendas[248]. La ofrenda del uno fue aceptada, la del otro fue rechazada. Este le dijo a su hermano: Voy a matarte. —Dios, respondió el otro, no recibe ofrendas sino de los hombres que le temen.

31.—Aun cuando tú extendieses sobre mí tu mano para matarme, yo no extendería la mía para quitarte la vida, pues temo a Dios, el dueño del universo.

32.—Prefiero que tú solo salgas cargado con mis pecados y con los tuyos y que seas encomendado al fuego, recompensa de los perversos.

33.—Y su alma (*su pasión*) lo arrastró al asesinato de su hermano; lo mató y fue del número de los perdidos.

34.—Dios envió un cuervo que arañaba la tierra para mostrarle cómo debía ocultar el crimen cometido en su hermano. ¡Desgraciado de mí! *Exclamó el asesino*, ¿he pasado a ser débil hasta el punto de no poder, como ese cuervo, ocultar el crimen cometido en mi hermano?[249] Caín era ya del número de los arrepentidos.

35.—Por lo cual hemos escrito esta ley para los hijos de Israel: el que haya matado a un hombre sin que este haya matado a otro hombre

248   Es la historia de Caín y Abel. Los mahometanos llaman al primero *Kabil* y al segundo *Habil*; pero estos nombres no se hallan en parte alguna del Corán: la tradición lo ha suplido.

249   Dicen los comentadores que un cuervo mató a otro y lo enterró arañando la tierra.

o sembrado el desorden en el país[250], será considerado como el asesino del género humano; y el que haya devuelto la vida a un hombre será considerado como si hubiese devuelto la vida a todo el género humano.

36.—Nuestros enviados han aparecido en medio de ellos acompañados de signos evidentes; pero aún después de la aparición de estos signos, la mayor parte de los hombres cometían excesos.

37.—He aquí cuál será la recompensa de los que hacen la guerra a Dios y a su enviado, y que emplean todas sus fuerzas en cometer desórdenes en la tierra; les condenaréis a muerte o les haréis sufrir el suplicio de la cruz; les cortaréis las manos y los pies, alternados; serán expulsados de su país[251]. La ignominia les cubrirá en este mundo, y un castigo cruel les espera en el otro;

38.—Salvo los que se hayan arrepentido antes de que los tengáis en vuestro poder, pues sabed que Dios es indulgente y misericordioso.

39.—¡Oh, creyentes! Temed a Dios; esforzaos por tener acceso cerca de él; combatid por su religión y seréis felices.

40.—Aunque los infieles poseyesen dos veces más riquezas que contiene la tierra y las ofreciesen para librarse del suplicio el día de la resurrección, sus ofertas no serían aceptadas. Un castigo cruel les espera.

41.—Desearían salir del fuego; pero no saldrán jamás. El castigo que les está reservado es eterno.

42.—En cuanto al ladrón y a la ladrona, les cortaréis las manos como retribución a la obra de sus manos; como castigo proveniente de Dios; Dios es poderoso y prudente.

---

250 La voz *fesad* del texto, que nosotros traducimos por *desorden*, significa propiamente corrupción; se aplica a las violencias, a los bandidajes cometidos en las carreteras y a la propagación de la idolatría, que es la corrupción del simple culto de un solo Dios; por consiguiente, el versículo en cuestión prescribe la muerte del idólatra.
251 La *sonna* o tradición suple la vaguedad y la enunciación demasiado general de las penas. Así, se castiga el asesinato con la pena de muerte. Si el asesino ha cometido además un robo o asaltado en camino, será crucificado. Al que roba sin matar se le corta la mano derecha y el pie izquierdo; los ataques contra los viajeros deben ser castigados con el destierro. En cuanto al robo, no se debe cortar la mano (por el puño) más que cuando el valor del objeto robado pase de cuatro dineros (*0,03 euros*).

43.—Todo el que esté arrepentido de sus iniquidades y se haya corregido, Dios se acogerá su arrepentimiento, pues es indulgente y misericordioso.

44.—¿Ignoráis que Dios es el soberano de los cielos y de la tierra? Castiga a quien quiere y perdona a quien quiere; es omnipotente.

45.—¡Oh, profeta! No te aflijas a causa de los que corren a porfía unos de otros hacia la infidelidad, ni a causa de aquellos cuyas voces dicen: nosotros creemos mientras que sus corazones no creen; ni a causa de los judíos que, prestando ávidamente oídos a las mentiras y a las palabras de los otros, no vienen nunca a oír las tuyas. Desvían las palabras *de la Escritura* y dicen luego: si os los dan así, tomadlos; si no, tened cuidado[252]. ¿Quién es el que podrá preservar del error a aquel a quien Dios quiera extraviar? Aquellos cuyo corazón no haya purificado Dios serán cubiertos de oprobio en este mundo y sufrirán en el otro un castigo terrible.

46.—Prestan ávidamente oído a las mentiras y devoran con avidez lo que es ilícito[253]. Si recurren a tu juicio, pronuncia entre ellos o abstente. Si te abstienes, no podrán dañarte; pero si tú te encargas de juzgar, júzgalos con equidad, pues Dios ama a los que juzgan con equidad.

47.—Mas ¿cómo te habían de tomar por árbitro? Sin embargo, tienen el Pentateuco, donde están encerrados los preceptos del Señor; pero se ha alejado de ellos y no creen.

48.—Hemos hecho descender el Pentateuco; contiene la dirección *de la buena senda* y la luz. Los profetas, verdaderos creyentes resignados a la voluntad de Dios, debían juzgar a los judíos según este libro; los doctores y los sacerdotes debían juzgar según las partes del libro de Dios cuya custodia tenían a su cargo; eran *como testigos de la ley respecto de los judíos*. ¡Oh, judíos! No temáis a los hombres; temedme y no deis mis signos a cambio de un precio ínfimo. Los que no juzguen conforme a la verdad que Dios ha hecho descender de lo alto, son infieles.

---

252   Es decir: si Muhammad os da el texto de la escritura tal como lo damos, adoptadlo; si no, no.

253   Se dedican a ganancias ilícitas, a la corrupción, a la malversación.

49.—Es este código hemos prescrito a los judíos: Alma por alma, ojo por ojo, nariz por nariz, oreja por oreja, diente por diente. Las heridas serán castigadas por la ley del talión. El que al recibir el precio de la pena lo convierta en limosna, hará bien; esto le servirá de expiación de sus pecados[254]. Los que no juzguen según los libros que hemos hecho descender de lo alto, son infieles.

50.—Detrás de los demás profetas hemos enviado a Jesús, hijo de María, para confirmar el Pentateuco; el evangelio contiene también la dirección y la advertencia para los que temen a Dios.

51.—Las gentes del evangelio juzgarán según el evangelio. Los que no juzgan por un libro de Dios son infieles.

52.—Te hemos enviado el libro que contiene la verdad, el cual confirma las escrituras que le han precedido y las pone al abrigo de toda alteración. Juzga entre ellos a todos según los mandatos de Dios, y guárdate de alejarte de lo que te ha sido dado especialmente. Hemos asignado a cada uno de vosotros un sendero, un camino trillado[255].

53.—Si Dios hubiese querido, hubiese hecho de todos vosotros un solo pueblo; pero ha querido poner a prueba vuestra fidelidad en observar lo que os ha dado. Corred a porfía unos de otros hacia las buenas acciones; todos volveréis a Dios; él mismo os esclarecerá la materia de vuestras disputas.

54.—Pronuncia entre ellos según los mandatos descendidos de lo alto, no escuches sus votos y mantente en guardia, no sea que te alejen de ciertos mandatos que fueron dados de lo alto. Si ellos se alejan, sabe que es por algunos pecados que Dios quiere castigar en ellos; y en verdad el número de los perversos es considerable.

55.—¿Es el juicio de la ignorancia lo que desean?[256] Sin embargo, ¿qué mejor juez que Dios pueden hallar los que creen firmemente?

254 Este pasaje es susceptible de otra interpretación, a saber: el que da limosnas después de haber herido a alguno, obtendrá la expiación de sus pecados. La traducción expresa más bien el sentido que las palabras del texto árabe.

255 La palabra que traducimos por sendero es propiamente el sendero que conduce a un abrevadero; en sentido figurado esta palabra se dice de la regla de conducta de la ley.

256 La ignorancia, *eldjahiliieh*, se aplica siempre a la época de la idolatría entre los árabes. El pasaje significa: ¿Prefieren ser juzgados según las leyes salvajes de los idólatras, que por la ley divina?

56.—¡Oh, creyentes! No toméis por amigos a los judíos y a los cristianos que son amigos unos de otros. El que los tome por amigos acabará por semejárseles, y Dios no será la guía de los perversos.

57.—Verás a aquellos cuyo corazón está atacado de algún achaque correr a cuál más al lado de los infieles y decirles: Tememos que nos alcancen las vicisitudes de la suerte. *¿Qué saben ellos?* Tal vez vendrá Dios con la victoria o hará acaecer algún acontecimiento y es posible que entonces estos hombres se arrepientan de sus pensamientos secretos.

58.—Entonces dirán los fieles: ¿Son esos los que juraban con juramentos solemnes que no eran de nuestro partido? Sus esfuerzos no habrán dado ningún resultado, y perecerán.

59.—¡Oh, vosotros, los que creéis! Si hay entre vosotros quien reniega de su religión, en verdad Dios suscitará otros hombres a quienes amará y que le amarán. Humildes para con los creyentes y altivos para con los infieles, combatirán por la fe y no temerán el vituperio de nadie[257]. Este es el favor de Dios, que lo concede a quien quiere. Es inmenso y sabio.

60.—Vuestros amigos son Dios y su apóstol y los que creen, los que cumplen puntualmente la oración, los que dan limosna y se inclinan ante Dios.

61.—Los que toman por amigo[258] a Dios, a su apóstol y a los creyentes, forman el partido de Dios. Ellos son los que serán los más fuertes.

62.—¡Oh, creyentes! No busquéis apoyo en los hombres que han recibido la escritura, ni en los infieles que hacen de vuestro culto un objeto de mofa. Temed a Dios, si sois fieles.

63.—*No busquéis tampoco cerca de los que,* cuando os oyen hacer la llamada para la oración, hacen de ella un objeto de burla y de irrisión. Están desprovistos de juicio.

64.—Di a los que han recibido la escritura: ¿Vais a desautorizarnos porque creemos en Dios, en lo que nos fue dado de lo alto y en lo que

---

257 Literalmente: *el vituperio del vituperador.* Es un idiotismo árabe.
258 La palabra árabe *weli,* significa amigo, patrón, protector, aliado, santo (amigo de Dios).

ha sido enviado anteriormente y porque la mayor parte de vosotros sois impíos?

65.—Diles además: ¿Os anunciaré yo alguna retribución más terrible que la que Dios les reserva? Aquellos a quien Dios ha maldecido, aquellos contra los cuales está irritado, a quienes ha transformado en monos y cerdos; los que adoran a Thagut, esos tendrán un lugar detestable y estarán muy lejos del camino recto.

66.—Cuando se han presentado ante vosotros, han dicho: creemos. Han entrado con la infidelidad y han salido con ella. Pero Dios conoce lo que ocultaban.

67.—Entre ellos verás a un gran número correr presurosamente hacia la iniquidad, hacia la injusticia, hacia el ávido goce de las cosas ilícitas. ¡Qué abominables son sus acciones!

68.—Si no fuesen los doctores y los sacerdotes que les impiden entregarse a la impiedad en sus discursos y a las cosas ilícitas, ¿qué horrores no cometerían?

69.—Los judíos dicen: La mano de Dios está encadenada. Qué sus manos sean encadenadas *a su cuello*[259]; que sean malditos como premios de sus blasfemias. Lejos de esto, las dos manos de Dios están abiertas; distribuye sus dones como quiere, y el don que Dios ha hecho descender para ti de lo alto no hará más que aumentar la rebelión y la infidelidad de un gran número de ellos. Pero nosotros hemos sumido en medio de ellos la enemistad y el odio, que durarán hasta el día de la resurrección. Siempre que enciendan el fuego de la guerra, Dios lo extinguirá. Recorren el país para devastarlo y para cometer en él desórdenes. Pero Dios no ama a los que cometen desórdenes.

70.—¡Oh! Si los hombres de las escrituras tuviesen fe y temor de Dios, borraríamos sus pecados, los introduciríamos en los jardines de delicias. Si observasen el Pentateuco y el evangelio y los libros que el Señor les ha enviado, gozarían de los bienes que se hallan por encima de sus cabezas y bajo sus pasos. Hay algunos de ellos que obran con rectitud; pero la mayor parte ¡oh! ¡cuán detestables son sus acciones!

---

259   Los musulmanes creen que los judíos se presentarán en el día del juicio final con la mano derecha atada al cuello.

71.—¡Oh, profeta! Da a conocer todo lo que ha descendido sobre ti de parte de tu Señor, porque, si no lo haces, no habrás cumplido tu mensaje. Dios te pondrá al abrigo de las violencias de los hombres; él no es el guía de los infieles.

72.—Di a los hombres de las escrituras: Vosotros no os apoyaréis en nada *sólido*, mientras no observéis el Pentateuco, el evangelio y lo que Dios ha hecho descender de lo alto. El libro que has recibido del cielo. *¡Oh, Muhammad!,* no hará más que aumentar la rebelión y la infidelidad de un gran número de ellos; pero no te preocupes de la suerte de los infieles.

73.—Los que creen[260] y los judíos, los sabeos, los cristianos, en una palabra, todo el que cree en Dios y en el día final y haya obrado el bien, esos estarán exentos de todo temor y no serán afligidos.

74.—Hemos aceptado la alianza de los hijos de Israel y les hemos enviado profetas; siempre que los profetas les anunciaban las verdades que se oponían a sus inclinaciones, acusaban a los unos de impostura y asesinaban a los otros.

75.—Han pensado que no surgirá de aquí ningún mal[261]; han pasado, pues a ser ciegos y sordos. El Señor les ha perdonado; un gran número de ellos pasaron a ser de nuevo sordos y ciegos; pero Dios ve bien lo que hacen.

76.—Infiel es el que dice: Dios es el Mesías, hijo de María. ¿No dijo el mismo Mesías de sí mismo?: ¡Oh, hijos de Israel! Adorad a Dios, que es mi Señor y el vuestro. A todo el que asocia a Dios otros dioses, Dios le prohibirá la entrada en el jardín, y su mansión será el fuego. Los perversos no tendrán ya socorro que esperar.

77.—Infiel es el que dice: Dios es el tercero de la trinidad, en tanto que no hay más Dios que el Dios único. Si no cesan... en verdad, un castigo doloroso alcanzará a los infieles.

78.—¿No volverán al Señor, no implorarán su perdón? Él es indulgente y misericordioso.

---

260   Véase *sura* II, 59, nota.

261   Es decir, que sus crímenes no les ocasionarán ninguna calamidad, ningún castigo.

79.—El Mesías, hijo de María, no es más que un apóstol; otros apóstoles le han precedido. Su madre era justa. Se alimentaban de manjares[262]. Ya veis cómo les explicamos nosotros estos signos de Dios, y ya veis también cómo se apartan de ellos.

80.—Diles: ¿Adoraréis al lado de Dios lo que no es capaz ni de dañaros ni de seros útil, mientras que Dios lo oye y lo sabe todo?

81.—Di a los hombres de las escrituras: no paséis la medida en vuestra religión contra la verdad[263] y no sigáis las inclinaciones de los hombres que estaban extraviados antes de vosotros, que han arrastrado al error a la mayor parte de los hombres y que han abandonado el hermoso medio de la senda.

82.—Aquellos hijos de Israel que han sido infieles están malditos[264] por boca de David y de Jesús, hijo de María, porque han sido rebeldes, transgresores, y no procuraban apartarse mutuamente de las malas acciones que cometían. ¡Cuán detestables son sus acciones!

83.—Verás a gran número de ellos trabar amistad con los infieles. ¡Qué detestables son esas acciones que les han sido sugeridas por sus pasiones y que les han valido la ira de Dios mientras que permanecerán eternamente en el suplicio *del infierno!*

84.—Si hubiesen creído en Dios, en el apóstol y en el Corán, no habrían buscado jamás la alianza de los infieles; pero la mayor parte de ellos no son más que perversos.

85.—Reconocerás que los que alimentan el odio más violento contra los fieles son los judíos y los idólatras, y que los que están más dispuestos a amar a los fieles son los hombres que se dicen cristianos; esto es porque tienen sacerdotes y monjes y porque carecen de orgullo.

86.—Cuando oyen los versículos del Corán, verás que brotan de sus ojos abundantes lágrimas, pues han reconocido la verdad. Exclaman: ¡Oh, Señor! Nosotros creemos. Inscríbenos en el número de los que dan testimonio de *la verdad del Corán.*

87.—¿Por qué no habíamos de creer en Dios y en las verdades que

262   Es decir, que Jesús y María eran humanos que no podían pasar sin alimento.

263   Acerca del valor de esta expresión, véase *sura* IV, 169 y la nota.

264   David había convertido en monos a los violadores del sábado (véase *sura* II, 61), y Jesús en cerdos a los israelitas malvados.

nos declara? ¿Por qué no habíamos de desear que nos diese un lugar entre los justos?

88.—Como recompensa de sus palabras, Dios les ha concedido los jardines regados por corrientes de agua, donde permanecerán eternamente; tal es la recompensa de los que obran el bien. Pero los que no creen, los que tratan de mentira nuestros signos, están encomendados al infierno.

89.—¡Oh, creyentes! No prohibáis las cosas buenas cuyo uso os ha permitido Dios, y no vayáis más allá, pues Dios no ama a los que pasan el límite.

90.—Alimentaos con los alimentos que Dios os concede, con los alimentos lícitos y buenos, y temed a ese mismo Dios que es objeto de vuestra creencia.

91.—No os castigará por un error en vuestros juramentos, pero os castigará a causa de los compromisos serios *que violéis*, y la expiación de *tal violación* será el alimento de diez pobres, alimento de calidad media y tal como lo dais a vuestras familias, o bien sus ropas, o bien la libertad de un esclavo. El que no esté en situación de satisfacer esta pena ayunará tres días. Tal será la expiación de vuestros juramentos *violados*, cuando hayáis jurado. Observad, pues, vuestros juramentos. Así es como os manifiesta Dios sus signos, a fin de que estéis agradecidos.

92.—¡Oh, creyentes! El vino, los juegos de azar, las estatuas[265] y la suerte de las flechas[266] son una abominación inventada por Satán; absteneros de ello y seréis felices.

265 La palabra del texto *ansab*, plural de *nasb*, se decía de aquellas piedras levantadas en ciertos lugares sagrados y sobre las que se vertía a veces aceites, ceremonia común a más de un pueblo de la antigüedad. Véase el Génesis, así como los caracteres de Teofrasto. Se emplea ya anteriormente esta misma palabra (versículo 4) hablando de los altares de los ídolos, que no eran más que piedras levantadas por encima del suelo. La tradición ha extendido esta palabra a todas las figuras, hasta el punto que los observadores rigurosos de la letra del Corán no se sirven en el juego de ajedrez de figuras que representen seres animados. Los persas y los indios entienden más ampliamente este precepto del Corán.

266 Los árabes idólatras acostumbraban consultar la suerte por medio de flechas depositadas en casa de los guardianes del templo de la Meca.

93.—Satán desea excitar el odio y la enemistad entre vosotros con el vino y el juego, y alejaros del recuerdo de Dios y de la oración, ¿no os abstendréis, pues, de eso? Obedeced a Dios, obedeced al profeta, y manteneos en guardia, porque si os extraviáis, sabed que el apóstol solo está obligado a la predicación.

94.—Los que crean y hayan obrado el bien no serán considerados como culpables a causa de lo que comen, si han creído y si están penetrados de temor de Dios, si obran el bien y temen a Dios, si creen y temen aún y obran el bien; y en verdad, Dios ama a los que obran el bien[267].

95.—¡Oh, vosotros, los que creéis! Dios procurará probaros, cuando os ofrezca, *durante vuestras peregrinaciones a la Meca*, alguna pieza de caza de las que pueden procuraros vuestros brazos y vuestras lanzas. Hace esto para saber quién es el que teme desde el fondo de su corazón. En lo sucesivo, todo el que falte a sus leyes será entregado al doloroso castigo.

96.—¡Oh, vosotros, los que creéis! No os entreguéis a la caza mientras que llevéis el traje sagrado de la peregrinación[268]. Todo el que mate un animal en la caza con premeditación estará obligado a compensarlo con un animal doméstico de valor igual; dos hombres concienzudos pronunciarán sentencia sobre el caso, y el animal dado como compensación será enviado en ofrenda a la Caaba, o bien la expiación tendrá lugar mediante alimento dado a los pobres o mediante el ayuno, para que el culpable sienta las tristes consecuencias de su acción. Dios olvida el pasado; pero el que vuelve a caer en el pecado incurrirá en la venganza de Dios, y en verdad, Dios es poderoso y vengativo.

97.—Os está permitido dedicaros a la pesca para alimentaros y para los viajeros, pero la caza os está prohibida durante todo el tiempo en que llevéis el traje sagrado de la peregrinación. Temed a Dios; algún día seréis congregados en torno de él.

---

267   Para inculcar mejor este precepto de que la verdadera piedad no consiste en lo que se come, Muhammad repite estas palabras: Quienquiera cree y luego cree todavía, etc.

268   La vestidura sagrada de los peregrinos que van a la Meca consiste en una pieza de tosco paño echada sobre el cuerpo, etc. Véase *sura* II, 192.

98.—Dios ha hecho de la Caaba una casa sagrada destinada a ser estación de los hombres; ha establecido un mes sagrado (*Dhul-hidjdja*) y la ofrenda *de la oveja*, y los ornamentos suspendidos de la víctimas, a fin de que sepáis que conoce todo lo que ha pasado en los cielos y en la tierra, que lo conoce todo. Sabed también que Dios es terrible en sus castigos, pero al *mismo tiempo* indulgente y misericordioso.

99.—El profeta solo está obligado a la predicación. Dios conoce lo que manifestáis y lo que ocultáis.

100.—Diles: Lo bueno y lo malo no pueden tener el mismo premio, aunque os guste la abundancia de lo que es malo. ¡Oh, hombres dotados de sentido! Temed a Dios y seréis felices.

101.—¡Oh, vosotros, los que creéis! No nos interroguéis respecto de las cosas que si os fuesen reveladas podrían dañaros. Si les preguntáis cuándo será revelado por completo el Corán, os serán reveladas aquellas. Dios os perdonará vuestra curiosidad, porque es indulgente y misericordioso. Antes de vosotros, hubo hombres que quisieron conocerlas a toda costa; su conocimiento les ha hecho infieles.

102.—Dios no ha prescrito nada respecto de Bahira y Saiba, y de Vasila y Hami[269]; los infieles forjan esas mentiras y las atribuyen a Dios; pero la mayor parte de ellos carecen de inteligencia.

103.—Cuando se les ha dicho: Venid a adoptar lo que Dios ha enviado de lo alto, venid a su apóstol, han respondido: Nos basta la creencia que hemos hallado en nuestros padres. ¿Pues qué? ¿Aunque sus padres no hubiesen sabido nada *de las cosas de Dios*, ni recibido ningún guía?

104.—¡Oh, creyentes! A vosotros os toca pensar en vosotros mismos. El extravío de los demás no os dañará si os guiais *por el libro sagrado*. Todos cuantos sois volveréis a Dios, el cual os hará presentes vuestras obras.

---

269 Estos nombres no son precisamente nombres propios, sino apelativos, nombres dados a los camellos o a las ovejas que los idólatras acostumbraban marcar partiéndoles las orejas, dejándolos pacer libremente, y consideraban aquellas hembras como consagradas a sus divinidades, cuando les habían dado ya cinco camadas, la última de las cuales era macho, etc. Muhammad condena estas costumbres como supersticiones.

105.—¡Oh, creyentes! Los testimonios entre vosotros, cuando alguno de vosotros se halle en el artículo de la muerte y quiera hacer un testamento, se prestarán así: Tomad dos personas rectas entre vosotros o entre otros[270], si estáis en algún punto *distante* del país y os sorprende la calamidad de la muerte; las encerraréis a las dos después de hacer la oración, y si dudáis *aún* de ellas, les haréis prestar el juramento siguiente: no venderemos nuestro testimonio por ningún precio, ni siquiera a nuestros parientes, y no ocultaremos nuestro testimonio, porque seríamos criminales.

106.—Si resultase que estos dos testigos se hubiesen hecho culpables de una falsedad, otros dos, parientes del testador y del número de los que han descubierto el perjuro, serán substituidos por los primeros. Prestarán juramento ante Dios en estos términos: nuestro testimonio es más cierto que el de los otros dos; nosotros no declaramos nada injusto; de no ser así, seríamos del número de los criminales.

107.—Por esta disposición será más fácil obtener que los hombres presten testimonio verdadero; pues temerán que otro se haya prestado después del suyo. Temed, pues, a Dios y escuchadle; no dirige a los perversos.

108.—El día en que Dios convoque a los apóstoles *a quienes había enviado*, les preguntará: ¿Qué os han respondido?, y dirán: no somos nosotros los que poseemos la ciencia, tú solo conoces los secretos.

109.—Dirá a Jesús, hijo de María: Acuérdate de los beneficios que hemos difundido sobre ti y sobre tu madre, cuando te he fortificado con el espíritu de la santidad, a fin de que tú hablases a los hombres, de niño, en la cuna, y hombre hecho.

110.—Te he enseñado el libro y la sabiduría, el Pentateuco y el evangelio; tú formaste de barro la figura de un pájaro con mi permiso; tú curaste a un ciego de nacimiento y a un leproso con mi permiso; tú hiciste salir a los muertos de sus tumbas con mi permiso. Yo aparté de ti las manos de los judíos. En medio de los milagros que hiciste

270 Las palabras: *entre vosotros o entre otros*, se aplican no a hombres árabes o idólatras, sino a creyentes que no están empero unidos entre sí por ningún grado de parentesco.

brillar a sus ojos, los incrédulos exclamaban: Todo esto no es más que magia[271].

111.—Cuando dije a los apóstoles: creed en mí y en mi enviado, respondieron: creemos, y tú eres testigo de que nos hemos resignado *a la voluntad* de Dios.

112.—¡Oh, Jesús, hijo de María! Dijeron los apóstoles, ¿puede tu Señor hacernos descender de los cielos una mesa servida ya?—Temed al Señor, les respondió Jesús, si sois fieles.

113.—Deseamos, dijeron, sentarnos y comer; entonces nuestros corazones estarán tranquilos, sabremos que nos has predicado la verdad y prestaremos testimonio a tu favor.

114.—Jesús, hijo de María, dirigió esta oración: Dios, nuestro Señor, haz que nos baje una mesa del cielo; que sea un festín para el primero y el último de nosotros y un signo de tu poder. Aliméntanos, pues tú eres el mejor alimentador.

115.—Entonces el Señor dijo: La haré descender; pero ¡desgraciado del que, después de este milagro, sea incrédulo! Prepararé para él el castigo más terrible que se preparó jamás para una criatura.

116.—Dios dijo entonces a Jesús: ¿Has dicho alguna vez a los hombres: Tomad por dioses a mí y a mi madre, al lado del Dios único?—¡Por tu gloria! *no.* ¿Cómo habría podido yo decir lo que no es cierto? Si yo lo hubiese dicho, ¿no lo sabrías tú? Tú sabes lo que hay en el fondo de mi alma y yo ignoro lo que hay en el fondo de la tuya, pues tú solo conoces los secretos.

117.—No les he dicho más que lo que tú me has ordenado decirles: Adorad a Dios, mi Señor y el vuestro. Mientras yo permanecí en la tierra, podía testimoniar contra ellos, y cuando tú me has recogido en tu casa[272] tenías los ojos en mí, pues tú eres testigo de todo.

118.—Si los castigas, *tienes derecho a ello*, pues son tus servidores; si les perdonas, *tú eres su dueño*, pues eres poderoso y prudente.

119.—El Señor dirá entonces: este día es un día en que los justos

271 Véase *sura* III, 41–43.

272 Se verá, *sura* III, 48, nota, las razones que nos mueven a sustituir las voces: *tú me has recogido en tu casa*, por las palabras: *tú me has hecho morir*. Véase también *sura* XXXIX, 43, nota.

ganarán en su justicia; los jardines regados por ríos serán su mansión eterna. Dios estará satisfecho de ellos, y ellos estarán satisfechos de Dios. Esto es una dicha inmensa.

120.—A Dios pertenece la soberanía de los cielos y de la tierra, de todo lo que encierran. Él tiene poder sobre todas las cosas.

SURA VI
EL GANADO

DADO EN LA MECA.—165 VERSÍCULOS
EN NOMBRE DEL DIOS CLEMENTE Y MISERICORDIOSO

1.—¡Alabanza a Dios que ha creado los cielos y la tierra, que ha establecido las tinieblas y la luz! Y, sin embargo, los infieles dan iguales a su Señor.

2.—Él es el que nos ha creado de barro y ha fijado un término *a vuestra vida*. El término señalado de *antemano* está en su poder, y, sin embargo, todavía dudáis.

3.—Es Dios en los cielos y en la tierra; conoce lo que ocultáis y lo que reveláis; conoce lo que ganáis *con vuestras obras*.

4.—No les aparece un solo signo de entre los signos de Dios, que ellos no se desvíen.

5.—Han tratado de mentira la verdad que les había llegado; pronto les vendrá un mensaje concerniente a lo que han tomado por objeto de sus burlas.

6.—¿No ven cuántas generaciones hemos aniquilado antes de ellos? Les habíamos establecido en el país más sólidamente que vosotros: hicimos caer del cielo abundantes lluvias; hicimos correr ríos a sus pies; luego los aniquilamos por sus pecados e hicimos surgir en su lugar una generación nueva.

7.—Aunque nosotros hiciésemos descender del cielo el libro, *escrito todo entero* en un rollo, aun cuando los infieles lo tocasen con sus manos, dirían aún: es magia pura.

8.—Dicen: ¿Por qué, pues, no desciende algún ángel de lo alto? Si hubiésemos enviado un ángel, su asunto habría sido ya decidido; no habrían tenido ni un instante de dilación[273].

---

273 Porque entonces no habría sido ya cuestión de advertencia, sino de un castigo; los apóstoles y los profetas advierten, pero los ángeles son los ejecutores de las amenazas.

9.—Si hubiésemos enviado un ángel, lo habríamos enviado en forma humana y revestido con trajes semejantes a los suyos[274].

10.—Antes de ti, otros apóstoles han sido también objeto de burlas, y el castigo de que se mofaban alcanzó a los burlones.

11.—Diles: Recorred la tierra y ved cuál ha sido el fin de los que trataban de embusteros a nuestros apóstoles.

12.—Di: ¿A quién pertenece lo que hay en los cielos y en la tierra? Di: es de Dios. Él se impuso a sí mismo la misericordia como un deber; os congregará el día de la resurrección, y no hay duda sobre este punto. Los que se pierden a sí mismos son los que no creerán.

13.—A él pertenece todo lo que existe en la noche y en el día; lo oye y lo sabe todo.

14.—Di: ¿Tomaré por protector a otro que no sea Dios, el creador de los cielos y de la tierra, cuando es él el que sustenta y el que no es sustentado?

Di: He recibido la orden de ser el primero de los que se resignan a la voluntad de Dios. Vosotros también, no seáis idólatras.

15.—Di: Obedeciendo a mi Señor, temo *incurrir* en la pena del gran día.

16.—Si alguien lo evita en ese día, es porque Dios le habrá mostrado su misericordia y será una dicha evidente.

17.—Si Dios te envía un mal, él solo podrá librarte de él, y si te concede un bien es porque es omnipotente.

18.—Él es el dueño absoluto de tus servidores; es prudente y tiene conocimiento de todo.

19.—Di: ¿Quién es el que presta testimonio de más peso? Di: Dios es testigo entre vosotros y yo. Este Corán me ha sido revelado, a fin de que yo os advierta a vosotros y a aquellos a cuyo poder llegue. ¿Daréis testimonio de que hay otros dioses al lado de Dios? Di: Yo no daré testimonio. Di: En verdad, él es el Dios único y yo soy inocente de lo que vosotros le asociáis.

---

274 Pues los hombres no podrían soportar el brillo deslumbrador de un ángel. Dicen los comentadores que el mismo Muhammad no podía mirar al ángel Gabriel de frente, por lo cual lo enviaba Dios en forma humana.

20.—Aquellos a quienes hemos dado las escrituras conocen al profeta como conocen a sus hijos[275]; pero aquellos que se pierden a sí mismos no creerán en él.

21.—¿Quién es más perverso que el que inventa mentiras a cuenta de Dios y que el que trata de mentiras nuestros signos? Dios no hará prosperar a los malvados.

22.—Algún día los reuniremos a todos; entonces diremos a los que asocian: ¿Dónde están los compañeros que asociáis a Dios y que vosotros mismos habéis inventado?

23.—Y qué otra excusa podrán dar más que: Juramos, por Dios nuestro Señor, que nosotros no hemos asociado (*otros dioses a Dios*).

24.—Mira cómo mienten contra sí mismos y cómo se han ocultado las divinidades que habían inventado.

25.—Hay algunos de ellos que vienen a escuchar; pero nosotros hemos puesto más de una envoltura en sus corazones, a fin de que no comprendan el Corán, y torpeza en sus oídos. Aun cuando viesen toda clase de milagros, no creerían; hasta vendrán esos infieles a disputar y dirán: Ese Corán no es más que un montón de fábulas de los antiguos.

26.—Apartan a los demás del profeta, y ellos mismos se alejan de él; pero solo a sí mismos se pierden y no lo saben.

27.—Si los vieses en el momento en que, colocados sobre el fuego del infierno, exclamen: ¡Ah! Pluguiera a Dios que volviésemos *a la tierra*. Ya no trataríamos de mentira los signos de nuestro Señor; seríamos creyentes.

28.—Sí, lo que ocultaban antaño ha sido puesto al descubierto; pero si fuesen enviados de nuevo a la tierra, volverían a lo que les está prohibido, pues no son más que embusteros.

29.—Dicen: No hay más vida que la vida de aquí abajo y nosotros no seremos resucitados.

30.—Si tú los vieses en el día en que sean conducidos ante su Señor, se les dirá: ¿No era la verdad?—Sí, por nuestro Señor.—Probad, pues, dirá el Señor, el castigo como precio de vuestra incredulidad.

31.—Los que trataban de mentira la comparecencia ante Dios, se-

---

275   Es decir: saben perfectamente bien que Muhammad es el enviado de Dios.

rán perdidos cuando les sorprenda la hora[276] inopinadamente. Entonces dirán: Desgraciados de nosotros por haberlo olvidado en la tierra. Llevarán sus fardos a cuestas, y ¡qué fardos más malos!

32.—La vida de este mundo no es más que un juego y un pasatiempo; la vida futura vale más para los que temen; ¿no lo comprenderéis?

33.—*¡Oh, Muhammad!* nosotros sabemos que sus palabras te afligen. No es a ti a quien se acusa de mentira; los infieles niegan los signos de Dios.

34.—Antes de ti, hubo apóstoles que fueron tratados de embusteros; soportaron con constancia las acusaciones y la injusticia hasta el momento en que nuestra asistencia vino a prestarles apoyo; pues ¿quién podría cambiar las palabras de Dios? Pero tú conoces la historia de los enviados *de Dios.*

35.—El alejamiento de los infieles por la verdad te pesa; en verdad, si tú pudieses, desearías practicar un hueco en la tierra o una escala para subir al cielo, para sacar algún milagro para ellos. Si Dios quisiese, se reunirían todos en la dirección del camino recto. No seas, pues, del número de los ignorantes.

36.—En verdad, él atenderá a los que escuchan; a los muertos los resucitará Dios y volverán a él.

37.—A no ser que descienda hacia él un milagro, nosotros no creeremos. Diles: Dios es bastante poderoso para hacer descender un milagro, pero la mayor parte no lo saben.

38.—No hay bestias en la tierra, ni pájaro que vuele con sus alas, que no formen una comunidad semejante a vosotros[277]. Nosotros no habíamos descuidado nada en el libro. Todas las criaturas serán congregadas un día[278].

39.—Los que tratan nuestros signos de mentiras, están sordos y

---

276 La hora es el día del juicio final.

277 Es decir, los animales están bajo la inspección de Dios, lo mismo que el género humano; Dios se ocupa de ellos.

278 No solo los hombres, sino los animales y todos los seres creados comparecerán el día del juicio final para dar cuenta de sus acciones. El libro de que se habla aquí es el libro de las sentencias eternas.

mudos, andan errantes en las tinieblas. Dios extravía al que quiere y conduce al que quiere por el sendero recto.

40.—Di: Si el suplicio estuviese aquí *ante vos*, si la hora llegase, ¿invocaríais a otro que no fuese Dios? Decidlo, si sois sinceros.

41.—Sí, a él es a quien invocarías: si él quisiese os libraría de las penas que le habríais hecho invocar; olvidarías las divinidades que le asociáis.

42.—Ya habíamos enviado apóstoles hacia los pueblos que han existido antes de ti; les habíamos enviado males y adversidades, a fin de que se humillasen.

43.—Nuestra ira les hirió, y, sin embargo, no se humillaron; es más, sus corazones se endurecieron y Satán les preparó sus acciones[279].

44.—Y cuando hubieron olvidado las advertencias que se les hacían, abrimos ante ellos las puertas de todos los bienes, hasta el momento en que, sumidos en el goce a causa de los bienes que habían recibido, los asimos de pronto y heles ya en la desesperación.

45.—Este pueblo malvado fue aniquilado hasta lo último. ¡Gloria a Dios, dueño del universo!

46.—Diles: ¿Qué os parece? Si Dios os privase del oído y de la vista, si pusiese un sello en vuestros corazones, ¿qué otra divinidad más que Dios os lo devolvería? Mira de cuántas maneras presentamos las enseñanzas, y, sin embargo, ellos se alejan.

47.—Diles: ¿Qué pensáis de esto? Si os sorprende inopinadamente el castigo o si cae a la luz del día, *precedido de algún signo*, ¿qué otro pueblo será aniquilado más que el pueblo de los malvados?

48.—Nuestros enviados solo vienen para advertir y para anunciar. Todo el que crea y obre el bien estará al abrigo de todo temor y no será entristecido.

49.—Los que tratan nuestros signos de mentiras serán atacados por el suplicio, como premio a sus crímenes.

50.—Diles: Yo no os digo que posea tesoros de Dios, que yo conozca sus cosas ocultas; yo no os digo que sea un ángel: no hago más

279 Las palabras del texto pueden ser traducidas ora por: *Satán les ha embellecido sus acciones*, ora por: *Satán les ha preparado (dispuesto, arreglado como le convenía) sus acciones.*

que seguir lo que me ha sido revelado. Diles: El ciego y el que ve ¿son una misma cosa? ¿No reflexionaréis sobre ello?

51.—Advierte a los que temen que un día serán congregados ante su Señor; no tendrán más protector ni más intercesor que Dios: tal vez lo teman.

52.—No rechaces a los que invocan al Señor mañana y tarde y que desean sus miradas. No te pertenece juzgar sus intenciones, como no le pertenece a él juzgar las tuyas. Si lo rechazaras, obrarías como los malvados.

53.—Así hemos probado a los hombres unos por otros, a fin de que digan: ¿Son esos los que Dios ha colmado entre nosotros con sus beneficios? Dios no conoce a los que no son agradecidos.

54.—Cuando los que hayan creído en vuestros signos vengan a ti, Diles: ¡La paz sea con vosotros! Dios se ha impuesto la misericordia como un deber. Si alguno de vosotros comete una mala acción por ignorancia y se arrepiente después, Dios es indulgente y misericordioso.

55.—Así es como nosotros explicamos nuestras enseñanzas, a fin de que sea conocido el sendero de los criminales.

56.—Diles: Me ha sido prohibido adorar a los que adoráis al lado de Dios. Di: Si yo siguiese vuestros deseos, me apartaría del camino recto y no sería dirigido.

57.—Di: Si me atengo a la enseñanza evidente de mi Señor, la tratáis de mentira. Lo que queréis apresurar no está en mi poder[280]; el poder solo pertenece a Dios. Él hará conocer la verdad; él es el más hábil en cortar los debates.

58.—Diles: Si estuviese en mi poder apresurar lo que queréis apresurar, la diferencia entre vosotros y yo desaparecería muy pronto. Dios conoce a los malvados.

59.—Tiene las llaves de las cosas ocultas; él solo las conoce. Él sabe lo que hay en la tierra y en el fondo de los mares. No cae una hoja sin que él tenga conocimiento de ello. No hay un solo grano en las tinie-

---

280   El castigo. Los infieles retaban a Muhammad a que apresurase el castigo con que les amenazaba constantemente.

blas de la tierra ni una brizna verde o seca que no estén escritos en el libro evidente[281].

60.—Os hace gozar del sueño durante la noche y sabe lo que habéis hecho durante el día; os resucitará algún día, a fin de que el término fijado de antemano se cumpla; en seguida volveréis a él y entonces os repetirá lo que habéis hecho.

61.—Es el dueño absoluto de sus servidores; envía guardianes que velan por vosotros[282] hasta el momento en que os sorprende la muerte, y entonces nuestros enviados reciben al hombre moribundo sin faltar nunca[283].

62.—En seguida sois vueltos a vuestro verdadero dueño. ¿No es a él a quien pertenece el juicio y no es el más pronto a arreglar las cuentas?

63.—Diles: ¿Quién es el que os libra de las tinieblas de la tierra y del mar, cuando lo invocáis humildemente y en secreto, diciendo: Si nos libras de este infortunio, te estaremos agradecidos?

64.—Di: Dios es el que os libra de este infortunio y de toda aflicción, y, sin embargo, vosotros le asociabais divinidades.

65.—Diles: Él es el que puede enviar el suplicio sobre vuestras cabezas o hacerlo surgir de debajo de vuestros pies, sembrar entre vosotros la discordia y hacer sentir a los unos la violencia de los otros. He aquí cómo sabemos volver las enseñanzas, volver, revolver, manejar y aplicarlas a propósito para que comprendan al fin.

66.—Tu pueblo acusa al Corán de mentira. Diles: Yo no estoy encargado de vuestros asuntos. Cada profeta ocupa su lugar, y, en verdad, vosotros lo sabréis.

67.—Cuando ves a los infieles entablar conversación sobre nuestros signos, aléjate de ellos hasta que la entablen de otra manera. Satán puede hacerte olvidar este precepto. Tan pronto como tú te acuerdes de ello, no permanezcas con los malvados.

---

281 El libro evidente, llamado también *Tabla conservada*, es el libro de las sentencias eternas, donde se halla inscrito todo lo que ha sido, lo que es y lo que será.

282 Ángeles que os guardan y espían vuestras acciones.

283 Literalmente: nuestros enviados, los ángeles, recogen a cada uno de vosotros, reciben vuestro aliento, vuestra alma. Este ángel se llama Israfil.

68.—No se pedirá cuenta de ello a los que temen a Dios; pero deben recordárselo, a fin de que teman a Dios[284].

69.—Aléjate de los que consideran su religión como un juego y un pasatiempo. La vida de este mundo les ha cegado. Adviérteles que toda alma será perdida por sus obras. No habrá para ella más protector ni más intercesor que Dios. Aun cuando ofreciese toda clase de compensación, será rechazado. Los que estén destinados a la pérdida eterna en retribución de sus obras, tendrán por bebida agua hirviendo, y un suplicio cruel será el premio de su infidelidad.

70.—Di: ¿Invocaremos, al lado de Dios, a los que no pueden sernos útiles ni dañarnos? Volveremos sobre nuestros pasos después que Dios nos ha dirigido por la senda recta, semejantes a aquel a quien los demonios extravían en el desierto, mientras que sus compañeros le llaman a la senda recta y le gritan: ¿Vienes a nosotros? Di: La dirección de Dios, esa es la dirección. Hemos recibido la orden de resignarnos a la voluntad de Dios, dueño del universo.

71.—Cumplid puntualmente la oración y temed a Dios; ante él seréis congregados.

72.—Él es el que ha creado los cielos y la tierra de una creación verdadera, el día en el que dijo: sea, y fue.

73.—Su palabra es la verdad. A él solo pertenecerá el poder en el día en que se toque la trompeta. Conoce lo que es invisible y lo que es visible; él es el sabio, el instruido.

74.—Abrahán dijo a su padre Azar: ¿Tomarás ídolos por dioses? Tú y tu pueblo estáis en un extravío evidente.

75.—He aquí cómo hicimos ver a Abrahán el reino de los cielos y de la tierra, a fin de que supiese de ciencia cierta.

76.—Cuando la noche lo hubo rodeado con sus sombras vio una estrella y exclamó: ¡He aquí mi dueño! La estrella desapareció. Entonces dijo: Yo no amo a los que desaparecen.

77.—Salió la luna, y dijo: ¡He aquí mi dueño! Y cuando ella se

---

284   Los musulmanes objetaban que si era preciso alejarse de los infieles siempre que se mofan de la nueva religión, no se podría permanecer en ninguna parte ni un solo instante. Muhammad completó el precepto del versículo anterior con este.

puso, exclamó: Si mi *verdadero* Señor no me hubiese dirigido, me habría extraviado.

78.—Vio salir el sol, y dijo: Este es mi dueño, este es mucho mayor. Pero cuando el sol se puso, exclamó: ¡Oh, pueblo mío! Soy inocente del culto idólatra que vosotros profesáis;

79.—Vuelvo mi rostro hacia el que ha formado los cielos y la tierra; soy verdadero creyente, y en modo alguno del número de los que asocian.

80.—Su pueblo disputó con él. ¿Disputaréis, les dijo, conmigo respecto de Dios? Él me ha dirigido hacia el camino recto y no temo a los que vosotros le asociáis, a menos que Dios no quiera algo, pues lo abarca todo con su ciencia. ¿No reflexionaréis?

81.—¿Y cómo temeré a los que vosotros le asociáis, cuando no teméis asociarle divinidades, sin que él, Dios, os haya dado algún poder sobre esto? ¿Cuál de los dos partidos es el más seguro? Decid, si lo sabéis.

82.—Los que creen y no cubren su fe con la vestidura de la injusticia, esos gozarán de la seguridad, esos están en el camino recto.

83.—Tales son los argumentos *de la unidad de Dios* que nosotros procuramos a Abrahán contra su pueblo. Nosotros elevamos a los que nos place. Tu Señor es prudente y sabio.

84.—La hemos dado a Isaac y a Jacob, y les hemos dirigido a ambos. Antes habíamos dirigido ya a Noé. Entre los descendientes de Abrahán hemos dirigido también a David y a Salomón, y a Job y a José, y a Moisés y a Aarón. Así es como recompensamos a los que obran el bien.

85.—Zacarías, Yahía (san Juan), Jesús y Elías, todos eran justos.

86.—A Ismael, Eliseo, Jonás y Loth los hemos elevado por encima de todos los humanos.

87.—Asimismo, entre sus padres y sus hijos, entre sus hermanos hemos elegido un gran número y los hemos conducido por el camino recto.

88.—Tal es la dirección de Dios; dirige al que quiere de entre sus servidores. Si los hombres le asocian otros dioses, es cierto que sus obras se perderán en balde.

89.—Esos son los hombres a quienes hemos dado las escrituras y la sabiduría, y la profecía. Si su posteridad no cree en ello, los confiamos a los que crean.

90.—Aquellos han sido dirigidos por el mismo Dios por el camino recto. Sigue, pues, su dirección. Diles: No os pido salario por el Corán; este no es más que una instrucción para el universo.

91.—No aprecian a Dios cual lo merece, cuando dicen: Jamás ha revelado nada al hombre. Diles: Quien ha revelado, pues, el libro que Moisés llevó para hacer de él la luz y la guía de los hombres; este libro (*el Pentateuco*) que escribís en hojas, el libro que mostráis y del cual ocultáis, sin embargo, una gran parte, habéis sido instruidos de lo que no sabíais, como tampoco vuestros padres. Diles: Es Dios; y luego déjales divertirse con sus frívolos discursos.

92.—Es un libro que hemos enviado de lo alto, un libro bendito, que corrobora las escrituras anteriores, a fin de que tú adviertas a la madre de las ciudades (*la Meca*) y a los que habitan sus alrededores. Los que creen en la vida futura creerán en este libro y serán exactos observadores de la oración.

93.—¿Quién es más malo que el que inventa mentiras a cuenta de Dios y dice: Yo he recibido una revelación, cuando nada le ha sido revelado, que dice: Yo haré descender un libro semejante al que Dios ha hecho descender?[285] ¡Oh! Si vieseis a los malvados con las angustias de la muerte, cuando los ángeles, extendiendo sus brazos sobre ellos, pronuncian estas palabras: Despojaos de vuestras personas (*de vosotros mismos*); hoy vais a sufrir un suplicio ignominioso como premio de vuestras palabras engañosas respecto de Dios, y de vuestros desprecios por sus milagros.

94.—Volvéis a nosotros, despojados de todo, tales como os creamos la primera vez; dejáis detrás de vosotros los bienes que os habíamos concedido y no vemos con vosotros a vuestros intercesores a quienes habéis considerado como compañeros de Dios. Los lazos que os unían están rotos, y aquellos que imaginabais *ser los iguales de Dios* han desaparecido.

---

285 Esto se refiere a algunos seudoprofetas del mismo tiempo de Muhammad tales como *Mosailama, El Aswad* y otros.

95.—Dios es quien separa el fruto del hueso; hace salir la vida de lo que está muerto y la muerte de lo que está vivo. Tal es Dios: ¿Por qué, pues, os apartáis de él?

96.—Hace despuntar la aurora; ha establecido la noche para el reposo y el sol y la luna para el cómputo del tiempo. Tal es la sentencia del Prudente, del sabio.

97.—Él es el que ha colocado para vosotros las estrellas (en el cielo), a fin de que seáis dirigidos en las tinieblas, en la tierra y en los mares. En todas partes hemos hecho brillar signos para los que comprenden.

98.—Él es el que os ha producido de un solo individuo; tenéis un receptáculo[286] *en los riñones de vuestros padres*, y un depósito e*n el seno de vuestras madres*. Hemos hecho brillar signos para los que comprenden.

99.—Él es el que ha hecho descender el agua del cielo. Con ella hacemos brotar los gérmenes de todas las plantas; con ella producimos la verdura de donde salen las semillas dispuestas por series, y las palmeras cuyas ramas dan racimos suspendidos, y los huertos plantados de viñas, y los olivos y los granados que se parecen y que se diferencian unos de otros. Dirigid vuestras miradas a sus frutos, considerad su fructificación y su madurez. En verdad, en todo esto hay signos para los que comprenden.

100.—Han asociado los genios a Dios, cuando es él el que los ha creado; en medio de su ignorancia le atribuyen hijos e hijas. ¡Gloria a él! Está muy por encima de lo que le atribuyen.

101.—Creador del cielo y de la tierra, ¿cómo ha de tener hijos, él que no tiene compañera, que ha creado todas las cosas y que conoce todas las cosas?

102.—Este es Dios, vuestro Señor; no hay más Dios que él. Creador de todas las cosas, adoradle, que él vela sobre todas las cosas.

103.—Las miradas de los hombres no podrían alcanzarle; él alcanza todas las miradas: el sutil, el instruido.

---

286 La palabra *receptáculo* es empleada aquí en un sentido análogo al que tiene en botánica.

104.—La evidencia os ha venido de parte de vuestro Señor. Todo el que ve, ve en su provecho propio; todo el que es ciego, lo es en su propio detrimento. Yo no soy vuestro guardián.

105.—Así es como nos servimos nosotros de nuestros signos (versículos), a fin de que te digan: Tú tienes instrucción, y a fin de que nosotros instruyamos a los que comprenden.

106.—Sigue lo que te ha sido revelado por tu Señor. No hay más Dios que él, y aléjate de los que le asocian (*otros dioses*).

107.—Si Dios quisiese no se los asociarían. No te hemos encargado que seas su guardián ni que veles por sus intereses.

108.—No injuries a las divinidades que invocan al lado de Dios; *podrían a su vez*, en medio de su extravagancia, injuriar a Dios. Así es como hemos trazado a cada pueblo sus acciones. Más tarde volverán a su Señor, quien les repetirá lo que hacían.

109.—Han jurado ante Dios con el más solemne juramento, que si les hace ver un milagro, creerán en él. Di: Los milagros están en poder de Dios, y ¿qué es lo que podrían haceros comprender que cuando el milagro aparezca no creerán en él?[287]

110.—Apartaremos sus corazones y sus ojos de la verdad, puesto que no han creído la primera vez, y les dejaremos vagar, confusos, en medio de su extravío.

111.—Aunque hiciésemos descender a los ángeles, aunque los muertos hablasen, aunque reuniésemos ante sus ojos todo lo que existe, no creerían si la voluntad de Dios; pero la mayor parte de ellos ignoran esta verdad.

112.—Así es como hemos suscitado un enemigo a cada profeta, tentadores entre los genios y entre los hombres[288], sugiriendo en su ceguedad los unos a los otros el oropel de los discursos[289]. Si Dios hubiese querido, no lo habrían hecho. Aléjate de ellos y de lo que inventan.

---

287 Es decir: ¡Ah! Cuánto quisiera haceros comprender, a vosotros, creyentes, que ellos (los infieles) no creen.

288 Según las creencias de los árabes y de los mahometanos en general, hay genios creyentes y genios rebeldes, infieles, malévolos.

289 El oropel de los discursos son palabras vanas cuya apariencia seduce y extravía.

113.—Deja los corazones de los que no creen en la vida futura detenerse en este sentimiento y complacerse en él; déjales ganar lo que ganan.

114.—¿Buscaré otro juez más que Dios, ese Dios que os ha hecho descender el Corán por partes? Aquellos a quienes hemos dado las escrituras saben bien que ha sido verdaderamente enviado de Dios. No seas, pues, de los que dudan.

115.—Las palabras de tu Señor son el colmo de la verdad y de la justicia. Nadie puede cambiar sus palabras. Lo oye y lo sabe todo.

116.—Si obedeces al mayor número de los que habitan en este país, te apartarán del sendero de Dios; no siguen más que opiniones y no son más que embusteros.

117.—Dios, tu Señor, conoce muy bien al que se extravía en su ruta; conoce muy bien a los que están en la senda recta.

118.—Comed de todo alimento sobre el cual ha sido pronunciado el nombre de Dios, si creéis en sus signos[290].

119.—¿Y por qué no habéis de comer el alimento sobre el cual ha sido pronunciado el nombre de Dios, cuando Dios os ha enumerado ya los alimentos que os prohíbe, salvo el caso en que os veáis obligados a comerlos? La mayor parte de los hombres extravían a los demás con sus pasiones y sin tener ningún conocimiento *en apoyo de lo que hacen*; pero Dios conoce a los transgresores.

120.—Abandonad el exterior y el interior del pecado, pues los que trabajan en el pecado serán retribuidos según sus obras[291].

121.—No comáis cosas sobre las cuales no ha sido pronunciado el nombre de Dios: esto es un crimen. Los tentadores excitarán a sus clientes a disputar con vosotros *sobre este punto*. Si los escucháis, llegaréis a ser idólatras.

122.—El que había muerto y a quien nosotros hemos dado la luz para caminar en medio de los hombres ¿será semejante al que camina

---

290   Es decir: Podéis comer de todo animal que ha sido degollado bajo la invocación del nombre de Dios: lo cual excluye a los animales muertos, etc.
291   El interior y el exterior del pecado son el pecado y las apariencias.

entre tinieblas y que no saldrá jamás de ellas? Así han sido preparadas de antemano las acciones de los infieles;

123.—Así es como hemos hecho que los grandes de cada ciudad sean los hombres criminales, a fin que tiendan lazos; pero solo a sí mismos se los habrán tendido[292].

124.—Cuando se les ofrece un milagro, dicen: no creeremos, mientras no veamos un milagro semejante a los que han sido concedidos a los enviados de Dios. Dios sabe muy bien dónde debe colocar su misión. La vergüenza ante Dios y el castigo terrible alcanzarán a los criminales como premio de sus engaños.

125.—Dios abrirá para el Islam el corazón de aquel a quien quiera dirigir; él oprime, pone estrecho y como procurando elevarse en el aire el corazón de aquel a quien quiera extraviar[293]. Tal es el castigo con que Dios alcanzará a los que no creen.

126.—Este es el camino de Dios, que es recto. Ya hemos explicado detalladamente sus enseñanzas a los que reflexionan.

127.—Una morada de paz les está reservada cerca de Dios; él será su protector en recompensa de sus obras.

128.—En el día en que los reúna a todos, les dirá a los genios: ¡Asamblea de genios, habéis abusado demasiado de los hombres! —Señor, dirán sus clientes entre los hombres, nos prestábamos unos a otros servicios recíprocos. Hemos llegado al término que tú nos has fijado.—El fuego será vuestra morada, responderá Dios; permaneceréis en él eternamente; a no ser que otra cosa plazca a Dios; pues es prudente y sabio.

129.—Así es como entre los malvados damos los unos como jefes de los otros, como premio de sus obras.

130.—¡Oh, asamblea de hombres y de genios! ¿No habéis tenido apóstoles escogidos entre vosotros que os repetían nuestras enseñanzas y os advertían la comparecencia de este día? Ellos responderán: Lo

---

292 Este versículo se aplica a los magnates, a los hombres ricos de la Meca más hostiles a Muhammad, que arrastraban contra él a los débiles, al pueblo.

293 Aquí, como entre los poetas árabes antiguos, el corazón agitado por alguna turbación es comparado con un pájaro que se agita y mueve las alas.

reconocemos por nuestro mal. La vida de este mundo les ha cegado y reconocerán que han sido infieles por su pérdida.

131.—Y esto fue así[294] porque Dios no es el destructor de las ciudades *que los aniquila* por maldad y sin que ellos lo esperen.

132.—Toda alma ocupará un grado correspondiente a sus obras. Tu Señor no está desatento a lo que hacen.

133.—Tu Señor está rico, lleno de piedad; si quisiese, os haría desaparecer y os reemplazaría por otros pueblos que él quisiere, del mismo modo que os ha hecho salir de las generaciones pasadas.

134.—Eso con lo cual se os amenaza tendrá lugar y no seréis vosotros quienes debilitaréis *las sentencias de Dios*.

135.—Diles: ¡Oh, pueblo mío!, obra según tus fuerzas, que yo obraré también. Vosotros aprenderéis.

136.—A quién cabrá la morada eterna del paraíso. Dios no hará prosperar a los malvados.

137.—Destinan a Dios una parte de lo que ha hecho nacer en sus cosechas y en su ganado, y dicen: esto es de Dios (de Dios según su invención), y esto de los compañeros que nosotros le atribuimos. Pero lo que estaba destinado a sus compañeros no llegará jamás a Dios, y lo que estaba destinado a Dios llegará a sus compañeros[295]. ¡Qué falsas son sus opiniones![296]

---

294   Es decir, que Dios, antes de castigar a una ciudad, enviaba apóstoles encargados de hacer advertencias.

295   Hemos traducido *sus compañeros* para seguir el texto; sin embargo, advertiremos que el pronombre relativo *sus* no quiere decir que los otros dioses sean compañeros de los hombres; significa *los compañeros del Dios de su invención*. A veces nos servimos también de la palabra asociado, que es el verdadero sentido de la palabra *muehrik*, traducida generalmente por *idólatra*.

296   Este versículo se refiere a algunas prácticas religiosas usadas entre los árabes idólatras, tales como el reparto de los terrenos, de los frutos y de las cosechas en dos porciones, una de las cuales era la del Dios supremo, y la otra estaba consagrada a las divinidades subalternas representadas por los ídolos. La porción de Dios servía para mantener a los pobres y a los viajeros; la de los ídolos era afecta a las ofrendas y a la retribución de los sacerdotes. Si caía un fruto de la porción destinada a Dios en el terreno consagrado a los ídolos, se le daba a los ídolos, pero no se obraba así en el caso contrario; porque siendo Dios rico, según decían los idólatras, podían pasar sin nada.

138.—Así es como entre un gran número de idólatras, las falsas divinidades les han sugerido la idea de matar a sus propios hijos, todo para perderlos y embrollar su culto. Si Dios hubiese querido, jamás habrían obrado así; pero déjales hacer y aléjate de lo que inventan.

139.—Dicen: Tales animales y tales cosechas están prohibidos; ningún otro más que los que nosotros queremos (así lo han imaginado ellos) debe alimentarse con ellos. Tales animales deben estar exentos de llevar fardos. No pronuncian sobre ellos el nombre de Dios; inventan todo esto a cuenta de Dios. Él los retribuirá por sus invenciones.

140.—Dicen: El más pequeño de tales animales será lícito para nuestros hijos varones; estará prohibido a nuestras mujeres. Pero, si el feto es abortado, están todos en compañía comiéndolo. Dios les recompensará por sus distinciones. Es sabio y prudente.

141.—Están perdidos los que matan a sus hijos por locura, por ignorancia; los que prohíben los alimentos que Dios ha dado *a los hombres* por pura invención a cuenta suya. Están extraviados, no están en el camino recto.

142.—Él es el que os ha creado los jardines de viñas soportadas por parras y las que no lo están, el que ha creado las palmeras y los trigos de tantas especies, los olivos y los granados que se semejan y se diferencian entre sí. Él ha dicho: Alimentaos con mis frutos y pagad lo que debáis el día de la recolección; evitad la prodigalidad, pues Dios ni ama a los pródigos.

143.—Entre los animales, unos están hechos para llevar fardos y otros para ser degollados. Alimentaos de lo que Dios os concede, y no sigáis las huellas de Satán, que es vuestro enemigo declarado.

144.—Hay ocho clases de ganado *que forman pareja*, a saber: dos de raza ovejuna (carnero y oveja) y dos de raza cabría (macho cabrío y cabra). Pregúntales: ¿Son los machos los que Dios os ha prohibido o bien las hembras, o bien lo que encierran las entrañas de las hembras? Instruidme, si sois sinceros.

145.—Además, dos clases de raza camella (camello y camella) y dos de raza bovina (toro y vaca). Pregúntales: ¿Son los machos los que Dios os ha prohibido o bien las hembras, o bien lo que encierran las entrañas de las hembras? ¿Estabais presentes cuando Dios os prescribió todo eso? ¿Y quién es más malo que el que, ignorante como es, inventa una mentira a cuenta de Dios para extraviar a los hombres? Dios no dirige a los malvados.

146.—Diles: En lo que me ha sido revelado no hallo más prohibición para el que quiere alimentarse que los animales muertos, la sangre que ha manado[297] y la carne de cerdo: pues es una abominación. Hay prohibición de comer, por pura prevaricación, lo que ha sido muerto bajo la invocación de otro nombre que no sea el de Dios, a no ser se vea uno obligado a ello y que no se coma por desobediencia e intención de pecar; y en verdad, Dios es indulgente y misericordioso.

147.—En cuanto a los judíos, les hemos prohibido todos los animales que no tienen el casco del pie partido; les hemos prohibido igualmente la grasa de los bueyes y de los carneros, excepto la del lomo y de las entrañas, y la que está pegada a los huesos. Es para castigarlos por sus iniquidades. Nosotros somos equitativos.

148.—Si te acusan de impostura, Diles: Vuestro Señor es de una misericordia inmensa, pero su ira no podría ser apartada de los criminales.

149.—Los que asocian (*otras divinidades a Dios*) dirán: Si Dios lo hubiese querido, ni nosotros ni nuestros padres le habríamos asociado (*otras divinidades*); nosotros no habríamos prohibido el uso de ninguna cosa. Así es cómo los que les han precedido acusaban de impostura *a otros apóstoles*, hasta el momento en que sintieron nuestra ira. Diles: Si tenéis algún conocimiento, hacedlo ver; pero vosotros solo seguís opiniones y no sois más que embusteros.

150.—Di: Solo a Dios pertenece el argumento perentorio. Si hubiese querido, os habría dirigido a todos por el camino recto.

151.—Diles: Haced venir a vuestros testigos que atestigüen que Dios ha prohibido estos animales. Si prestan este testimonio, tú no testimonies con ellos, y no busques el afecto de los que tratan de mentiras nuestros signos, de los que no creen en la vida futura y de los que atribuyen iguales a su Señor.

---

297   El texto precisa la sangre fluida, pues el hígado y la asadura, que los árabes consideraban sangre en estado sólido, no estaban prohibidos.

152.—Diles: Venid, y voy a leeros lo que vuestro Señor os ha prohibido: No le asociéis ningún ser; tratad a vuestros padres y madres
con generosidad; no matéis a vuestros hijos a causa de la indigencia[298]:
nosotros os daremos con qué vivir, así como a ellos; alejaos de las liviandades lo mismo en el exterior que en el interior; no matéis a los
hombres, pues Dios os lo ha prohibido, excepto si la justicia lo exige.
He aquí lo que Dios os recomienda, para que comprendáis al fin.

153.—No toquéis al bien del huérfano, si no es para bien[299], y esto
hasta la edad de la pubertad. Dad la medida y el peso justos. No impondremos a ninguna alma más que la carga que puede llevar. Cuando
pronunciéis un juicio, pronunciadlo con justicia, aunque se trate de
un pariente. Sed fieles a la alianza del Señor. He aquí lo que os recomienda Dios; tal vez reflexionaréis.

154.—He aquí mi sendero; es recto. Seguidle y no sigáis varios senderos, por temor a que seáis apartados del de Dios. He aquí lo que os
recomienda Dios, a fin de que le temáis.

155.—Hemos dado el libro a Moisés, libro completo, para aquel
que hacen el bien, una distinción detallada en toda materia, libro destinado a servir de dirección y de prueba de la misericordia, a fin de que
ellos (*los judíos*) crean en la comparecencia ante su Señor.

156.—Y este Corán que hemos hecho descender es un libro bendito; seguidle y temed a Dios, a fin de que probéis su misericordia.

157.—Ya no diréis: el libro (*las Escrituras*) ha sido enviado de lo alto
a dos naciones (*a los judíos y a los cristianos*); en cuanto a nosotros, no
teníamos ningún conocimiento de sus estudios.

158.—Ya no diréis: Si se nos hubiese enviado un libro, habríamos
sido mejor dirigidos que ellos. Sin embargo, ha venido hacia vosotros
una declaración patente de parte de vuestro Señor; ella es la dirección
y la prueba de la misericordia divina. ¿Y quién es peor que el que trata
de mentiras los signos de Dios y se aleja de ellos? Castigaremos a los
que se aparten de nuestros signos con un doloroso suplicio, porque se
han apartado de nuestros signos.

---

298 Los árabes paganos acostumbraban matar a sus hijos en tiempo de escasez.
299 Es decir: como no sea para aumentar el patrimonio del huérfano.

159.—¿Esperan que los ángeles vengan, que venga el mismo Dios, o que les sorprenda un signo de los signos de tu Señor? El día en que un signo de los signos de tu Señor venga sobre ellos, la fe no aprovechará ya al alma que no haya creído antes, o que, con la fe, no haya hecho ninguna obra buena. Diles: si esperáis, también nosotros esperaremos.

160.—Tú no serás de los que rescinden su fe y se dividen en sectas. Su asunto concernirá a Dios, quien les recordará lo que han hecho.

161.—Todo el que ha hecho una buena obra recibirá la recompensa décupla; el que ha cometido una mala acción recibirá un precio equivalente[300]. No serán oprimidos.

162.—Diles: El Señor me ha conducido por el camino recto, en una religión recta, en la creencia de Abrahán, que era verdadero creyente y que no asociaba (*otras divinidades a Dios*).

163.—Di: Mi rezo y mis actos de devoción, mi vida y mi muerte, pertenecen a Dios, dueño del universo, que no tiene compañero. Esto me ha sido ordenado y yo soy el primero de los musulmanes (*de los que se resignan a la voluntad de Dios*).

164.—¿Desearías tener por dueño a otro que no fuese Dios, que es dueño de todas las cosas? Toda alma no hace sus obras más que por cuenta propia: ninguna llevará el fardo de otra[301]. Volveréis a vuestro Señor, que os declarará aquello sobre lo cual estabais en desacuerdo unos con otros.

165.—Él es el que os ha establecido en la tierra, para reemplazar a vuestros antepasados; asignó a los unos grados más elevados que a los otros, a fin de probaros por lo mismo que os da. Vuestro Señor es rápido en sus castigos, pero es indulgente y misericordioso.

---

300 El carácter general de la Teodicea mahometana es que la bondad y la misericordia de Dios superan su severidad. De modo que los grados del infierno son menos numerosos que los del paraíso y la recompensa reservada a los justos más grande que riguroso el castigo de los criminales.

301 Literalmente: ninguna portadora de fardo será cargada con el fardo de otra.

SURA VII
EL ARAF[302]

DADO EN LA MECA.—205 VERSÍCULOS
EN NOMBRE DEL DIOS CLEMENTE Y MISERICORDIOSO

1.—ELIF. LAM. MIM. SAD[303]. He aquí un libro que ha sido enviado de lo alto; que no haya ninguna inquietud en tu corazón respecto de este libro; que sirva de amonestación a los creyentes.

2.—Seguid la ley que os ha venido de vuestro Señor y no sigáis a más patronos que él. ¡Oh! ¡Cuán poco pensáis en ello!

3.—¡Cuántas ciudades hemos destruido! Nuestra ira las ha sorprendido a unas en medio de la noche y a otras en la claridad del día.

4.—¿Cuál era el grito en el momento en que nuestra ira les ha sorprendido (*a los pueblos impíos*)? Gritaban: ¡Sí! Hemos sido impíos.

5.—Pediremos cuenta a los pueblos a quienes hemos enviado profetas; pediremos cuenta a los profetas mismos;

6.—Les haremos el relato *de sus acciones*, teniendo un conocimiento perfecto respecto de nosotros, pues no estábamos ausentes.

7.—Ese día será pesado con justicia; aquellos cuyo peso sea grande, esos serán felices;

8.—Aquellos cuyo peso sea liviano, esos se habrán perdido por haber sido inicuos respecto de nuestros signos[304].

9.—Os hemos establecido en la tierra, os hemos dado en ella el alimento. ¡Cuán poco agradecidos sois!

10.—Nosotros os creamos y os dimos la forma, y luego les dijimos a los ángeles: inclinaos ante Adán; y ellos se inclinaron, excepto Eblís, que no fue de los que se inclinaron.

---

302 El *araf* de que se trata en este *sura*, es una separación, una línea entre el infierno y el paraíso, que es igualmente vista por los habitantes de uno y otro. Es una especie de purgatorio.

303 Véase *sura* II, 1, nota.

304 Es decir, por no haberlos apreciado en su valor, por no haberles prestado fe.

11.—Dios le dijo: ¿Qué es lo que te impide inclinarte ante él cuando te lo ordeno yo?—Yo valgo más que él, dijo Eblís; tú me has creado de fuego, y a él lo has creado de limo.

12.—Sal de aquí, le dijo el Señor; no te sienta hincharte de orgullo en estos lugares. Sal de aquí; tú serás del número de los despreciables.

13.—Dame tregua hasta el día en que los hombres hayan resucitado.

14.—La tienes, repuso el Señor.

15.—Y porque tú me has extraviado, repuso Eblís, yo los acecharé en tu sendero recto.

16.—Luego los asaltaré por delante y por detrás; me presentaré a su diestra y a su izquierda, y en verdad hallarás muy pocos que te estén agradecidos.

17.—¡Sal de aquí! Le dijo el Señor; cubierto de oprobio y rechazado a lo lejos, y quien te siga... llenaré el infierno con todos vosotros.

18.—Tú, Adán, habita con tu esposa el jardín y ambos comed de sus frutos dondequiera que queráis; únicamente que no debéis acercaros al árbol este, por temor a que paséis a ser culpables.

19.—Satán les hizo sugestiones para mostrarles su desnudez, que hasta entonces les estaba oculta. Les dijo: Dios no os prohíbe este árbol más que con objeto de que no os convirtáis en ángeles y de que no seáis inmortales.

20.—Les juró que era su consejero fiel.

21.—Les sedujo cegándolos, y cuando hubieron probado del árbol, les apareció su desnudez y empezaron a cubrirla con hojas del jardín. Entonces el Señor les gritó: ¿No os he prohibido ese árbol? ¿No os he dicho que Satán es vuestro enemigo declarado?

22.—Ellos (*Adán y Eva*) respondieron: ¡Oh, Señor nuestro! Nosotros somos culpables, y si tú no nos perdonas, si no tienes piedad de nosotros, estamos perdidos.

23.—Descended, les dijo Dios; vosotros seréis enemigos del uno y del otro[305]. Hallaréis en la tierra una mansión y un goce temporales;

---

305 Es decir, los hombres y Satanás estarán en una enemistad eterna.

24.—Viviréis y moriréis en ella y saldréis de ella algún día.

25.—¡Oh, hijos de Adán! Os hemos enviado vestidos para cubrir vuestra desnudez, y preciosos ornamentos; pero el vestido de la piedad es el preferible. Tales son las enseñanzas de Dios: tal vez los hombres dirán mal de ellas.

26.—¡Oh, hijos de Adán! Que Satán no os seduzca como ha seducido a vuestros padres, a quienes hizo salir del jardín; les quitó su vestido para hacerles ver su desnudez. Él y sus adeptos os ven desde donde vosotros no los veis. Les hemos dado por patronos a aquellos que no creen.

27.—Cuando los perversos han cometido alguna acción fea, dicen: Lo hemos visto practicar por nuestros padres, Dios es quien lo manda. Diles: Dios no ordena acciones infames[306]; ¿vais a decir de Dios lo que no sabéis?

28.—Diles: Mi Señor ordena la equidad. Volved vuestras frentes hacia el lugar en que se adora; invocadle sinceros en vuestro culto. Del mismo modo que os ha hecho salir de la nada, os hará volver a su lado. Dirige a algunos de vosotros y deja a los demás en el extravío. Estos han tomado a los adeptos de Satán por patronos suyos más bien que a Dios, y no creen en el camino recto.

29.—¡Oh, hijos de Adán! Poneos vuestros más hermosos trajes[307] siempre que vayáis a algún oratorio[308]. Comed y bebed, pero sin excesos, pues Dios no ama a los que hacen excesos.

30.—Diles: ¿Quién puede prohibir adornarse con ornamentos que Dios produce para sus servidores, o alimentarse de alimentos deliciosos que les concede? Estos bienes pertenecen a los infieles de este mundo;

306 La palabra del texto que responde a cosas feas es *el fahicha*; esto se entiende especialmente de todo pecado contra la castidad.

307 Literalmente: tomad vuestros ornamentos.

308 Hemos preferido la voz *oratorio*, que responde a la de *mesdjid* (mezquita) del texto, para evitar la confusión con la palabra templo, que puede decirse de toda casa de adoración. Advertimos de paso que la palabra *djami*, aplicada hoy a toda mezquita espaciosa en que se puede hacer oración del viernes, es desconocida en el Corán. La mezquita de la Meca es la única que ha conservado hasta el día el nombre de *mesdjid*, aunque sea una gran mezquita.

pero sobre todo en el día de la resurrección. Así es como explica Dios sus enseñanzas a los que saben.

31.—Diles: Dios ha prohibido toda acción fea pública o secreta; ha prohibido que se le asocie ningún ser, fuere cual fuere; no os ha dado ningún poder respecto a este punto y os ha prohibido decir de él lo que no sabéis.

32.—Cada nación tiene su término. Cuando ha llegado su término, los hombres no podrían recular ni avanzar.

33.—¡Oh, hijos de Adán! Se levantarán de en medio de vosotros apóstoles que os recitarán mis enseñanzas. Todo el que teme a Dios y obra el bien estará al abrigo de todo temor y no será entristecido.

34.—Aquellos que tratan de mentiras mis signos, los que los desdeñan, serán entregados al fuego y permanecerán en él eternamente.

35.—¿Quién es más impío que el que forja mentiras a cuenta de Dios o que trata sus signos de impostura? A estos hombres les será concedida una parte de los bienes de este mundo, conforme al libro eterno, hasta el momento en que al recogerlos nuestros enviados[309], les pregunten: ¿Dónde están los ídolos que vosotros invocabais al lado de Dios? Ellos responderán: Han desaparecido; y testimoniarán así ellos mismos que eran infieles.

36.—Dios les dirá: Entrad en el fuego para uniros a las generaciones de los hombres y a los genios que han desaparecido antes de vosotros. Siempre que entra allí una nueva generación, maldice a su hermana hasta el momento en que estén reunidas; entonces la última dirá mostrando a la primera: Señor, he allí a los que nos han extraviado, aplicadles un doble castigo del fuego; y Dios les dirá: El doble será para todos vosotros; pero vosotros lo ignoráis.

37.—Y la primera dirá a la última: ¿Qué ventaja tenéis sobre nosotros? Probad el castigo que os han valido vuestras obras.

38.—En verdad, para los que han tratado nuestros signos de mentiras y los han desdeñado no se abrirán las puertas del cielo; no entrarán

---

309 Esto es, recogiendo su aliento, su alma, a la hora de la muerte. Se trata aquí de los ángeles de la muerte, *Naker* y *Monkir*, llamados enviados de Dios.

en mi jardín hasta que un camello pase por el ojo de una aguja[310]. Así es como recompensamos a los criminales.

39.—La gehena será su lecho, y por encima de ellos *los cubrirán capas de fuego*. Así es como recompensamos a los impíos.

40.—No impondremos, a los que han creído y obrado el bien, cargas superiores a sus fuerzas. Estarán en posesión del jardín, donde permanecerán eternamente.

41.—Quitaremos todo sentimiento de sus corazones. Los ríos correrán bajo sus pies, y exclamarán: ¡Gloria a Dios que nos ha conducido a estos lugares! En verdad, nosotros nos habríamos extraviado, si Dios no nos hubiese conducido. Los apóstoles de nuestro Señor nos habían anunciado bien la verdad. Una voz les hará oír estas palabras: He aquí el jardín que habéis ganado con vuestras obras.

42.—Y los habitantes del jardín les gritarán a los habitantes del fuego: Hemos experimentado la verdad de las promesas de vuestro Señor, y vosotros ¿las habéis experimentado? Y ellos responderán: Sí. Un heraldo, que gritará entre ellos, proferirá estas palabras: Maldición de Dios sobre los impíos;

43.—Sobre los que alejaban a los demás del sendero de Dios, que querían hacerlo tortuoso y que no creían en la vida futura.

44.—Un tabique[311] separa los bienaventurados de los réprobos. En

---

310   Conocida es esta comparación aplicada en el evangelio a los ricos, y sabido es igualmente que, apoyándose algunos modernos exegetas en una variante del texto griego del evangelio, han procurado sustituir a la voz *camello* la voz *cable*, no solo porque la hipérbole sería en cierto modo menos exagerada, sino además porque el ojo de una aguja está destinado a recibir más bien un hilo, un cordón y por hipérbole un cable, que no un camello. Por otra parte, aunque el Corán no pueda ser invocado como autoridad para la explicación del evangelio, la expresión del texto árabe probaría a lo menos que la versión del *camello paseando por el ojo de una aguja* solo podía tener curso entre los cristianos del tiempo de Muhammad. Sin embargo, no deja de ser conveniente añadir que en la primitiva escritura árabe, en la escritura cúfica, las voces *djemel* (camello) y *kabl* (cable) podían ser confundidas fácilmente.

311   La palabra del texto árabe *hidjab*, que se dice de una vela o de una cortina, se emplea también para todo lo que oculta una cosa a nuestras miradas, ya sea un muro o cualquiera otra cosa semejante.

Elaraf[312] se mantendrán hombres que conocerán cada uno su marca distintiva; les gritarán a los habitantes del jardín: ¡La paz sea con vosotros! Ellos (*los réprobos*) no entrarán allí, aunque lo desean ardientemente.

45.—Y cuando sus miradas se vuelvan hacia los habitantes del fuego, exclamarán: ¡Oh, nuestro Señor! No nos coloques con los injustos.

46.—Los que estén en *Elaraf* gritarán a los hombres a quienes reconozcan por sus marcas distintivas como *réprobos*: ¿De qué os han servido vuestras riquezas amontonadas y vuestro orgullo?

47.—¿Son esos los hombres respecto de los cuales habíais jurado que no obtendrán jamás la misericordia de Dios? Entrad en el jardín y estaréis al abrigo de todo temor y no estaréis entristecidos.

48.—Los habitantes del fuego les gritarán a los habitantes del jardín: Esparcid sobre nosotros un poco de agua o un poco de esas delicias que Dios os ha concedido.—Dios, responderán estos, ha prohibido uno y otro a los infieles

49.—Que han hecho de la religión su juguete, mientras que la vida del mundo les ha vuelto ciegos. Nosotros lo olvidamos hoy, como ellos han olvidado este día de su comparecencia y porque han negado la verdad de nuestros signos;

50.—Sin embargo, les habíamos traído un libro y lo habíamos explicado con ciencia, a fin de que sirviese de dirección y fuese un favor de Dios para los que creen.

51.—¿Esperan todavía su interpretación? El día en que su interpretación haya llegado, los que la hayan descuidado en el mundo

---

312   El *araf* es una muralla colocada entre el paraíso y el infierno y desde la cual pueden ser vistos los bienaventurados lo mismo que los réprobos. El origen de esta palabra es desconocido, pues la etimología que le atribuyen los comentadores (dicen que esta palabra viene de arafa, conocer, porque los que están en el *araf* conocen a los réprobos por su marca) está sacada sin duda del texto mismo, donde el *araf* y *arafa*, conocer, están relacionados, y no es ni más ingeniosa ni más cierta que la mayor parte de las etimologías de los autores orientales. Por lo demás, es imposible formarse una idea cualquiera acerca de la manera con que concebía Muhammad el infierno y el paraíso en cuanto a su posición: tan confusos, incoherentes y contradictorios son los detalles relativos a este asunto, contenidos en el Corán.

exclamarán: Los apóstoles de Dios nos habían traído la verdad. ¿No hallaremos algún intercesor que interceda por nosotros, o es que no podremos volver a la tierra? ¡Oh! ¿Obraríamos de distinto modo que lo hemos hecho? Entonces, se habrán perdido ya sin remisión, y las divinidades que habían inventado, habrán desaparecido.

52.—Vuestro Señor es ese Dios que creó los cielos y la tierra en seis días y se encaminó con firmeza hacia el trono; envuelve el día con la noche, y el día la prosigue rápidamente; creó el sol, y la tierra, y las estrellas, sometidos por orden suya a ciertas leyes. ¿No le pertenecen la creación y el gobierno de todas las cosas? Bendito sea Dios, dueño del universo.

53.—Invocad a Dios con humildad y en secreto. No ama a los transgresores.

54.—No cometáis desórdenes en la tierra, cuando todo ha sido dispuesto en ella para mejor; invocad a Dios por temor y por deseo, pues la misericordia de Dios está muy cerca de los que obran el bien.

55.—Él es el que envía los vientos precursores de su gracia[313]. Nosotros les hacemos llevar las nubes cargadas de lluvia y los empujamos hacia el país muerto de sequía; nosotros hacemos descender de ellas el agua, y con ayuda de esta hacemos surgir todos los frutos. Así es como hacemos salir a los muertos de sus tumbas; tal vez reflexionaréis.

56.—En un país bueno, las plantas germinan *abundantemente* con el permiso de Dios; en el malo, vienen muy escasas. Así es como manejamos[314] nuestras enseñanzas para los hombres que dan acciones de gracias.

57.—Hemos enviado a Noé hacia su pueblo. Le dice: ¡Oh, pueblo mío! Adora a Dios. ¿Por qué adorar a otras divinidades que no sean él? Temo por vosotros el castigo del gran día.

58.—Los grandes de su pueblo le dijeron: Vemos que estás en un burdo error.

---

313 Esto es, precursores de la lluvia, que es un beneficio real para países como la Arabia; de aquí que la palabra *gracia, favor de Dios,* se ha convertido en cierto modo en equivalente de lluvia.

314 Con frecuencia, después de una parábola expuesta a continuación de sus advertencias, Muhammad añade esta frase: *Así es como manejamos nuestras enseñanzas,* como para aplaudirle el arte con que las aplica a las circunstancias.

59.—¡Oh, pueblo mío! Yo no estoy en el error; soy el enviado del dueño del universo.

60.—Os anuncio los mandamientos del Señor y os doy saludables consejos. Yo sé de Dios lo que vosotros no sabéis.

61.—¿Os admiráis de que la palabra de vuestro Señor os llegue por mediación de un hombre de los vuestros, encargado de exhortaros a temer a Dios, a fin de que sintáis su misericordia?

62.—Pero estos hombres lo trataron de impostor. Hemos salvado a él y a los que le han seguido en su buque, y hemos ahogado a los que han tratado nuestros signos de mentiras y que no creían. Eran un pueblo de ciegos.

63.—Hemos enviado cerca de las gentes de Ad a uno de ellos[315], Hud. Este les decía también: ¡Oh, pueblo mío! Adora a Dios y no adores más divinidades que él. ¿No teméis al Señor?

64.—Aquellos grandes que eran incrédulos le decían: Vemos que estás en una aberración de espíritu, y en verdad, creemos que eres solo un impostor.

65.—¡Oh, pueblo mío! Les dijo Hud, no es aberración de espíritu; lejos de esto, soy el enviado de Dios, dueño del universo.

66.—Os anuncio los mandamientos de Dios; soy vuestro consejero sincero y fiel.

67.—¿Os causa asombro que la palabra de Dios os llegue por mediación de uno de vosotros, encargado de exhortaros? Acordaos de que os ha hecho suceder al pueblo de Noé, que os ha dado una estatura gigantesca[316]. Acordaos de los beneficios de Dios, a fin de que seáis felices.

68.—¿Has venido, le dijeron, para hacer que adorásemos un solo

---

315 Literalmente: su *hermano*, por su *conciudadano*.
316 Literalmente: *que os he añadido amplitud en cuanto a vuestra casa*. Según la tradición que corrió durante mucho tiempo en Arabia, el templo de Ad era notable por su gigantesca altura. Algunos autores mahometanos (y nos limitaremos a citar aquí al sabio y juicioso Ebn Khaldun) advierten, sin embargo, que las habitaciones de aquella comarca, cuyas huellas se ven todavía, no tienen nada que haga deducir esa pretendida gigantesca altura y que no pasan de las proporciones de los edificios de los demás pueblos.

Dios y abandonásemos las divinidades de nuestros padres? Haz, pues, que tus amenazas se cumplan, si eres sincero.

69.—Pronto van a caer sobre vosotros la venganza y la ira de Dios, repuso. ¿Disputaréis conmigo sobre los nombres que vosotros y vuestros padres habéis dado a las divinidades, respecto de las cuales no os ha concedido Dios ningún poder? Esperad únicamente y también esperaré yo con vosotros.

70.—Por efecto de nuestra misericordia, salvamos a Hud y a los que le han seguido, y exterminamos hasta el último de los que habían tratado nuestros signos de mentiras y que no creían.

71.—Hemos enviado hacia los temuditas a su hermano Saleh[317]. Este les dijo: ¡Oh, pueblo mío! Adorad a Dios; ¿por qué habéis de adorar a otras divinidades distintas de él? He aquí un signo evidente de Dios. Aquella camella de Dios es para vosotros un signo: dejadla pacer en el campo de Dios, no le hagáis ningún daño, por temor a que caiga sobre vosotros un doloroso castigo.

72.—Acordaos de que Dios os ha hecho suceder al pueblo de Ad, que os ha establecido en la tierra, donde, del centro de sus llanuras, eleváis castillos o talláis rocas en casas. Acordaos de los beneficios del cielo, y no os extendáis por la tierra para cometer desórdenes en ella.

73.—Pero los jefes, entre los orgullosos temuditas, decían a los que consideraban como débiles, a aquellos que creían: ¿Estáis seguros de que Saleh sea enviado por tu Señor?—Nosotros creemos en su misión, contestaron.

74.—En cuanto a nosotros, *respondían los orgullosos*, no admitimos eso en que vosotros creéis.

75.—Y desjarretaron la camella, fueron rebeldes a los mandatos de Dios, y luego dijeron a Saleh: Haz que tus amenazas se cumplan, si eres realmente un enviado de Dios.

76.—Entonces les sorprendió una violenta conmoción de tierra; al día siguiente se les halló tumbados, muertos, con la faz contra el suelo, en sus moradas.

---

317   Esto es, su conciudadano.

77.—Saleh los dejó, diciendo: Os he anunciado la advertencia de Dios y os he dado consejos; pero vosotros no amáis a los que os dan consejos.

78.—Hemos enviado también a Loth hacia los suyos. Les dijo: ¿Cometeréis suciedades que ningún pueblo cometió antes de vosotros?

79.—¿Abusaréis de los hombres en lugar de las mujeres para apagar vuestros apetitos carnales? En verdad, sois un pueblo entregado a los excesos.

80.—¿Y cuál fue la respuesta del pueblo de Loth? Se dijeron los unos a los otros: expulsadles (*a Loth y a su familia*). Son gentes que se precian de ser castos.

81.—Salvamos a Loth y a su familia, excepto a su mujer, que se quedó atrás.

82.—Hicimos llover sobre ellos una lluvia... Mira cuál fue el fin de los culpables.

83.—Hemos enviado hacia los madianitas a su hermano Choaib, que les dijo: ¡Oh, pueblo mío! Adora a Dios; ¿por qué has de adorar a más divinidades que él? Se os ha aparecido un signo evidente del cielo. Observad rigurosamente la medida y el peso; no quitéis a los hombres lo que les es debido, no cometáis desórdenes en la tierra cuando todo esté dispuesto en ella para lo mejor. Esto os será más ventajoso, si queréis creerlo.

84.—No os embosquéis en los extremos del camino, y no apartéis de la senda de Dios a los que creen en él; queréis hacerla tortuosa. Recordad que solo erais unos pocos y él os ha multiplicado. Ved más bien cuál ha sido el fin de los malvados.

85.—Si una parte de vosotros cree en mi misión, mientras que la otra la rechaza, tened paciencia y esperad a que Dios juzgue entre nosotros. Es el mejor de los jueces.

86.—Los jefes del pueblo, henchidos de orgullo, dijeron a Choaib: ¡Oh, Choaib! Te expulsaremos de nuestra villa, así como a los que han creído contigo, o bien volved a nuestra religión.—¿Cómo? Nosotros que sentimos aversión por ella, *respondieron los madianitas creyentes*.

87.—Seríamos culpables de haber inventado mentiras respecto a Dios, si volviésemos a vuestra religión, después que Dios nos ha librado una vez. ¿Cómo podríamos volver a ella a no ser por voluntad de Dios, que lo abarca todo en su ciencia? Hemos puesto nuestra confianza en Dios. Señor, decide entre nosotros, pues tú eres el más hábil entre los que deciden.

88.—Los jefes de aquellos que no han creído dijeron al pueblo: Si seguís a Choaib, pereceréis.

89.—Les sorprendió una conmoción violenta de la tierra, y al día siguiente se les halló tendidos, muertos, la faz contra el suelo, en sus moradas.

90.—Los que trataron a Choaib de impostor desaparecieron, cual si no hubiesen habitado estos países; los que trataron a Choaib de impostor están perdidos.

91.—Choaib se alejó diciendo: ¡Oh, pueblo mío! Os predicaba los mandatos de Dios y os daba consejos saludables. Pero ¿por qué he de afligirme por la suerte de los infieles?

92.—Jamás hemos enviado apóstoles hacia una villa sin herir a sus habitantes con adversidades y calamidades, a fin de que se humillasen.

93.—En seguida cambiamos el mal en bien (*las desgracias en prosperidad*), de suerte que, *borrando todo en su memoria*, se pusieron a decir: La felicidad y la desgracia eran también patrimonio de nuestros padres. Luego, de pronto, les sorprendimos con castigos en el momento en que no pensaban en ello.

94.—Si los habitantes de las villas hubiesen querido creer en Dios y temerle, les habríamos abierto las bendiciones del cielo y de la tierra; pero han tratado nuestros signos de mentiras y les hemos castigado por sus obras.

95.—¿Han estado seguros los habitantes de las villas de que nuestra ira no les sorprenderá de noche, mientras que duermen?

96.—¿Han estado seguros los habitantes de las villas de que nuestra ira no les sorprenderá a la luz del día, mientras que ellos se entregan a las diversiones?

97.—¿Se creían al abrigo de las estrategias de Dios? ¿Y quién se creerá, pues, al abrigo de las estrategias de Dios, excepto el pueblo condenado a la perdición?

98.—¿No está aún probado a los ojos de los que han heredado de la tierra tras sus antiguos habitantes que, si quisiésemos, les castigaríamos por sus pecados, mientras que nosotros imprimiríamos un sello en sus corazones hasta el punto de que no oirían nada?[318]

99.—Vamos a contarte algunas historias de estas villas. Se elevaron allí profetas e hicieron ver milagros; pero estos pueblos no creían en lo que habían tratado antes de mentira. Así es como imprime Dios el sello en el corazón de los infieles.

100.—No hemos hallado en la mayor parte ninguna fidelidad a la alianza; la mayor parte eran perversos.

101.—Detrás de estos profetas, enviamos a Moisés, armado de nuestros signos, hacia Faraón y los grandes de su pueblo. Han obrado con iniquidad. Verás cuál ha sido el fin de los malvados.

102.—Moisés dijo a Faraón: Soy el enviado de Dios, dueño del universo.

103.—Es justo que yo no diga de Dios más que la verdad pura. Vengo a vuestra casa para operar un prodigio brillante; deja venir conmigo a los hijos de Israel.—Puesto que tú has venido, dijo Faraón, para operar un prodigio, háznoslo ver, si eres verídico.

104.—Moisés lanzó su varilla, y de pronto se convirtió visiblemente en una serpiente.

105.—Moisés se sacó la mano del seno, y hela completamente blanca, según los votos de los espectadores[319].

106.—Los grandes del pueblo de Faraón exclamaron: ¡Es un mago hábil!

318 Imprimir un sello en el corazón de un hombre, es hacerlo duro e insensible a toda advertencia.

319 He aquí lo que se lee respecto a este punto en los comentadores: «Moisés tenía la piel muy roja, cobriza, de suerte que cuando hizo ver su mano resplandeciente de blancura, era natural que se viese en ello un milagro.» La mano blanca de Moisés ha pasado a ser entre los musulmanes el sinónimo de *mano poderosa, potencia*. Esta es la expresión *iad hazaka* del texto hebreo, la mano poderosa que ha librado a los israelitas de la esclavitud.

107.—Quiere haceros salir de vuestro país, dijo Faraón; ¿qué creéis que conviene hacer?

108.—Respondieron: Contemporiza con él[320], así como con su hermano, y envía a todas las villas hombres que reúnan.

109.—Y que te conduzcan cuantos magos hábiles hay.

110.—Los magos se reunieron en casa de Faraón y dijeron: sin duda, tendremos una recompensa si le superamos a él.

111.—Sí, ciertamente, y vosotros seréis del número de las familias de mi corte.

112.—Los magos preguntaron a Moisés: ¿Eres tú el que echarás primero, o nosotros?

113.—Echad vosotros primero, dijo Moisés. Y echaron, y fascinaron las miradas de los espectadores y los espantaron. Habían ostentado una magia sorprendente.

114.—Entonces hicimos esta revelación a Moisés: Echa tu varilla; y he aquí que al instante devora las otras varillas convertidas en serpientes.

115.—Lo que era verdad apareció *en todo su brillo*, y las operaciones de los magos se desvanecieron.

116.—Fueron vencidos y se retiraron humillados.

117.—Los magos se prosternaron adorando a Dios,

118.—Diciendo: Creemos en Dios, Señor del universo,

119.—Señor de Moisés y Aarón.

120.—Faraón les dijo: ¡Cómo! ¿Os hacéis creyentes antes de que yo os haya dado permiso? Habéis arreglado de antemano ese engaño en la villa para hacer salir de ella a los habitantes. Pronto veréis.

121.—Haré que os corten los pies y las manos alternas[321], y en seguida os haré crucificar a todos.

122.—Respondieron: Todos tenemos que volver a nuestro Señor.

123.—Tú quieres vengarte de nosotros porque hemos creído en los signos de Dios. Señor, concédenos la constancia y haz que muramos resignados a tu voluntad (musulmanes).

320 Literalmente: Hazle esperar, déjale alguna esperanza, no le des en seguida una respuesta perentoria.

321 Esto quiere decir un pie izquierdo y una mano derecha, o una mano izquierda y un pie derecho a cada uno: este género de suplicio es conocido en Oriente.

124.—Los grandes del reino de Faraón le dijeron: ¿Dejarás partir a Moisés y a su nación, a fin de que cometan desórdenes en el país, abandonándote a ti y a tus divinidades?—Entonces, respondió Faraón, hagamos morir a sus hijos varones y no perdonemos más que a sus hijas; de este modo seremos superiores a ellos.

125.—Entonces Moisés dijo a su pueblo: Implorad la asistencia de Dios y esperad; pues la tierra es de Dios y la ha dado en herencia a aquel de sus servidores a quien quiere. La vida futura será la recompensa de los que temen.

126.—Estábamos oprimidos antes de llegar tú, respondieron, y lo estamos todavía.—Dios puede exterminar a vuestros enemigos, repuso Moisés, y haceros herederos de su tierra, para ver cómo os portaréis.

127.—Ya hemos hecho sentir a los pueblos de Faraón la esterilidad y una escasez en sus artículos, para que reflexionen.

128.—Luego, cuando les hemos concedido la prosperidad, decían: Esto es lo que nos corresponde. Si les ocurre una desgracia, la atribuyen a la mala fortuna de Moisés y de los que le siguen. Su mala fortuna proviene de Dios; pero la mayor parte no lo entienden.

129.—Le dijeron a Moisés: en vano nos aportas milagros para fascinarnos, porque no te creeremos.

130.—Entonces enviamos contra ellos la inundación, la langosta, la miseria, las ranas y la sangre, signos evidentes; pero ellos se hincharon de orgullo, pues eran criminales.

131.—Cada vez que pesaba una plaga sobre ellos, decían a Moisés: Invoca a tu Dios, según la alianza que has contraído con él. Si nos libras de esta plaga, te prestaremos fe y dejaremos partir contigo a los hijos de Israel. Pero, tan pronto como los libramos de la plaga y expiró el término fijado de antemano, faltaron a sus promesas.

132.—Hemos tomado venganza de este pueblo y le hemos ahogado en el mar, porque ha tratado de mentiras nuestros signos y no les ha prestado ninguna atención.

133.—Hemos dado en herencia a los débiles las comarcas orientales y las comarcas occidentales de la tierra, sobre las cuales hemos derramado nuestras bendiciones. Las magníficas promesas de tu Señor a los hijos de Israel se han realizado, porque han sido constantes. Hemos destruido las obras y los edificios de Faraón y de su pueblo.

134.—Hemos atravesado el mar con los hijos de Israel, y hallaron en el país un pueblo que adoraba ídolos. ¡Oh, Moisés! Dijeron los israelitas, haznos dioses como los que tienen esas gentes.—Sois un pueblo de ignorantes, respondió Moisés.

135.—El culto que profesan es caduco, y sus acciones son vanas.

136.—¿Buscaré para vosotros una divinidad distinta de la de ese Dios que os ha elevado por encima de todos los pueblos?

137.—Acordaos de que os hemos librado de las gentes de Faraón, que os agobiaban de males, que mataban a vuestros hijos varones y solo perdonaban a las doncellas. Era una dura prueba de parte de vuestro Señor.

138.—Dimos a Moisés una cita por treinta noches, y las completamos por otras diez noches, de modo que en el tiempo de su conversación con Dios fue de cuarenta noches. Entonces Moisés le dijo a su hermano Aarón: Reemplázame cerca de mi pueblo, obra con justicia y no sigas la senda de los malos.

139.—Cuando Moisés llegó a la hora convenida, y Dios le hubo hablado, dijo a Dios: Señor, muéstrate a mí, a fin de que yo te contemple.—Tú no me verás, respondió Dios; mira más bien a la montaña; si permanece inmóvil en su lugar, me verás. Y cuando Dios se manifestó en la montaña, la redujo a polvo. Moisés cayó desmayado, la faz contra el suelo.

140.—Vuelto en sí, exclamó: ¡Gloria a ti! Vuelvo a ti penetrado de arrepentimiento[322], y soy el primero de los creyentes.

141.—¡Oh, Moisés! Dijo el Señor, te he escogido con preferencia a todos los hombres para llevar mis mensajes y mi palabra. Toma lo que te doy, y sé agradecido.

142.—Hemos trazado para él, en tablas, mandamientos acerca de todas las materias y explicaciones detalladas de todas las cosas. Recí-

322 Por haber querido ver a Dios. Ningún ser creado podría ver a Dios sin morir en el acto. Este pasaje del Corán es citado frecuentemente en las obras místicas musulmanas. Los ascetas, que pretenden recibir manifestaciones de Dios, solo ven sus atributos y no su esencia.

belos con firmeza y manda a tu pueblo que los observe lo mejor que pueda. Os mostraré la mansión de los criminales.

143.—Apartaré de mis enseñanzas a los que se enorgullezcan injustamente en la tierra, a los que vean todos nuestros milagros y no crean, a los que vean el sendero recto y no lo tomen por su ruta, pero que, viendo el camino del extravío, lo tomen por ruta.

144.—Será así porque han tratado nuestros signos de mentiras y no les prestan ninguna atención.

145.—Las obras de los que tratan mis signos de mentiras y las de los que no creen en la vida, no valdrán de nada. ¿Iban a ser recompensados de distinto modo del que han obrado?

146.—El pueblo de Moisés tomó durante su ausencia un becerro hecho con ornamentos de oro, un becerro en cuerpo y que mugía[323]. ¿No veían que no podían hablarles ni dirigirles por el camino recto?

147.—Tomaron este becerro *para adorarlo*, y obraron con iniquidad.

148.—Y cuando se hubieron arrepentido y reconocido su extravío, exclamó: Si nuestro Señor no tiene piedad de nosotros y no nos perdona nuestros pecados, estamos perdidos.

149.—Moisés, vuelto a en medio de su pueblo, exclamó lleno de ira y de dolor: ¡Es espantoso lo que habéis hecho en mi ausencia! ¿Queréis apresurar la obra de Dios?[324] Tiró las tablas *de la ley* y asió a su hermano por la cabeza, atrayéndolo hacia sí. ¡Oh, hijo de mi madre! Dijo Aarón, el pueblo me ha quitado toda fuerza; poco faltó para que me matara; no vayas a regocijar a mis enemigos *con el espectáculo de mi castigo*, y no me pongas en el número de los perversos.

---

323 Los comentadores no nos dan ninguna explicación satisfactoria de este pasaje. El becerro —dicen— ha sido hecho de ornamentos de oro que los israelitas habían robado al dejar el Egipto, y el samaritano que lo fundió echó en la boca del becerro un puñado de polvo recogido en las huellas del caballo del ángel Gabriel: por la virtud de este polvo recibió vida el becerro y empezó a mugir, o bien es que el samaritano supo hacer la fundición de modo que al pasar el viento por la garganta del becerro le hacían producir un sonido semejante al mugido de un becerro vivo. Todo esto no explica aún las palabras *becerro en cuerpo* o *corporal*.
324 El regreso de Dios, su venganza.

150.—¡Señor! Exclamó Moisés, perdóname y a mi hermano, danos un lugar en tu misericordia, pues tú eres el más misericordioso.

151.—Los que adoraron el becerro incurrirán en sus iras y en la ignominia en este mundo. Así es como retribuiremos nosotros a los que forjan mentiras.

152.—Los que después de haber cometido una mala acción vuelven a Dios y creen... Dios será para ellos indulgente y misericordioso.

153.—Cuando se calmó la ira de Moisés, recogió las tablas *de la ley*. Los caracteres que estaban allí trazados encerraban la dirección y la gracia para los que temen a su Señor.

154.—Moisés escogió en el pueblo setenta hombres para hacerlos comparecer ante nosotros[325]. Les sorprendió una violenta conmoción de tierra. Moisés exclamó: Señor, tú habría podido aniquilarlos antes de este día, y a mí con ellos. ¿Nos harás perecer a todos a causa de los crímenes de algunos insensatos? Esto no era más que una de esas pruebas con las cuales tú extravías o diriges a los que quieres. Tú eres nuestro protector. Perdónanos nuestras faltas y ten piedad de nosotros; eres el mejor de los que perdonan.

155.—Asígnanos una hermosa porción en este mundo y en el otro; henos ya vueltos a ti *llenos de arrepentimiento.*—Mi castigo, repuso Dios, caerá sobre todo el que quiera; mi misericordia abarca todas las cosas; la destino para los que temen, hacen limosna y creen en mis signos;

156.—Para los que siguen al enviado, al profeta iletrado que hallarán señalado en sus libros, en el Pentateuco y en el evangelio: *el profeta,* que les ordena el bien y les prohíbe el mal; que les permite el uso de los alimentos excelentes y les prohíbe los alimentos impuros; que aligera sus fardos y quita las cadenas que les agobian. Los que creen en él, los que le fortifican, los que asisten y siguen la ley descendida con él, esos hombres serán bienaventurados.

---

325   Dios había ordenado a Moisés que se trasladase a la montaña de Sinaí con setenta hombres; cuando todos se trasladaron a ella, Dios habló a Moisés desde una nube. Al oírle hablar los setenta israelitas, pidieron a Moisés que les hiciese ver a Dios, y para castigarles por su culpable curiosidad fue para lo que tembló la montaña.

157.—Diles: ¡Oh, hombres! Yo soy el apóstol de Dios, enviado hacia todos vosotros;

158.—De ese Dios a quien pertenecen los cielos y la tierra; no hay más Dios que él; él da la vida y hace morir. Creed en Dios y en su enviado, el profeta iletrado, que también cree en Dios y en su palabra. Seguidle y estaréis en el camino recto.

159.—Hay en el pueblo de Moisés un cierto número de hombres que toman la verdad por guía y que practican la equidad.

160.—Hemos dividido *a los israelitas* en doce pueblos *separados*, y revelamos a Moisés, implorando la lluvia para su pueblo, con estas palabras: Hiere la roca con tu varilla; y la roca se fundió en doce fuentes. Cada tribu sabía de cuál tenía que beber. Luego hicimos que se cerniera sobre ellos una nube y les enviamos el maná y las codornices. Alimentaos de las excelentes cosas que os concedemos. No es a nosotros a quien hacen daño; es a sí mismos.

161.—Se les decía: Habitad esta ciudad y alimentaos con sus productos cuanto queráis. Pedid la absolución de vuestros pecados, y, cuando entréis por la puerta de la villa, prosternaos en *señal* de adoración. Entonces os perdonaremos vuestros pecados y aumentaremos las riquezas de los que obran el bien.

162.—Pero los malvados han substituido otras palabras por las que habían sido recomendadas[326]. Entonces enviamos contra ellos un castigo del cielo como premio de su maldad.

163.—Interrógales acerca de esa ciudad situada a orillas del mar, cuyos habitantes no respetaban el sábado, cuando, el día del sábado, los peces aparecían en la superficie de las aguas, y desaparecían los demás días. Así era como les poníamos a prueba, porque eran prevaricadores[327].

164.—Una parte de ellos decían entonces a los que exhortaban a los malvados: ¿Por qué predicáis a un pueblo al que Dios exterminará o castigará con un castigo terrible?—Es para tener una excusa ante Dios a fin de que le teman.

---

326 Véase *sura* II, 56, nota.
327 Véase *sura* II, 61.

165.—Y cuando los malvados han olvidado estas exhortaciones, salvamos a los que prohibían hacer el mal, y sorprendimos a los malvados con un castigo terrible, como premio a su impiedad.

166.—Cuando franquearon lo que se les había prohibido franquear[328], les dijimos: Quedad convertidos en monos repelidos *en el mar*. Entonces tu Señor declaró que allí, en el día de la resurrección, enviará contra ellos una nación que les hará sentir terribles males; pues tu Señor es rápido en sus castigos, si bien es indulgente y misericordioso.

167.—Les hemos desparramado por la tierra y dividido en pueblos[329]. Los hay que son virtuosos y otros que no lo son. Les hemos probado con el bien y con el mal, a fin de que vengan a nosotros.

168.—A estos siguieron malos sucesores; son herederos del libro (del Pentateuco) y reciben los bienes perecederos de este vil mundo, como premio de su perversidad[330], y dicen: *Esto nos será perdonado; y luego, si se les ofrece otros nuevos, los reciben también*. ¿No han recibido de su parte un compromiso solemne, el pacto de las escrituras, cuando se les recomendó que no dijesen de Dios más que la verdad? Ellos (*los judíos de hoy*) estudian, sin embargo, lo que contienen estas escrituras, y, por otra parte, la mansión del otro mundo tiene más valor para los que temen a Dios; ¿no lo comprenderéis?

169.—Tiene *más valor* para los que se aferran al Libro y observan la oración; y en verdad, no haremos perecer la recompensa de los justos.

170.—Cuando levantamos la montaña del Sinaí como una sombra por encima de sus cabezas, ellos creían que iba a caer sobre ellos, y entonces nosotros les dijimos: Recibid estas tablas que os damos, con firme resolución de observarlas, y acordaos de lo que contienen, a fin de temáis al Señor.

171.—Acordaos de que Dios sacó un día de los riñones de los hijos de Adán a todos sus descendientes y les hizo dar un testimonio contra

---

328 Esto es: cuando violaron el sábado.

329 Siempre se trata de los israelitas, pero en vano se procuraría saber a qué época de su historia se refieren estos pasajes.

330 Como por ejemplo regalos, con los cuales se compraba su decisión o alteración de las escrituras.

ellos[331]. Les dijo: ¿No soy vuestro Señor? Respondieron: sí, nosotros lo atestiguamos.—Lo hemos hecho, a fin de que no digáis en el día de la resurrección: nosotros no sabíamos nada.

172.—A fin de que no digáis: nuestros padres asociaban otras divinidades a Dios, antes que nosotros; nosotros somos su posteridad; ¿Nos perderás por las acciones de los que han mentido?

173.—Así es como explicamos nosotros nuestros signos; tal vez volverán a Dios.

174.—Recítales (a los judíos) la historia de aquel a quien nosotros hemos hecho ver un signo y que no se aparta de él para seguir a Satán y que estuvo así entre los extraviados[332].

175.—Ahora bien, si nosotros hubiésemos querido, lo habríamos elevado con este milagro; pero permaneció unido a la tierra y siguió sus pasiones. Se semeja al perro que ladra cuando le das caza y que ladra también cuando te alejas de él. He aquí a quién se parecen los que tratan de mentiras nuestros signos. Repíteles estas historias, a fin de que reflexionen.

176.—Es a algo malo a lo que se semejan los que tratan nuestros signos de mentiras y se hacen daño a sí mismos.

177.—Aquel a quien Dios dirige, está bien dirigido, y aquel a quien extravía, está perdido.

178.—Hemos creado para la gehena a gran número de genios y de hombres que tienen corazones con los cuales no comprenden nada, que tienen ojos con los cuales no ven nada, que tienen oídos con los cuales no oyen nada. Son como los brutos, y hasta se extravían más que los brutos. Tales son los hombres que no prestan ninguna atención *a nuestros signos*.

331   Dios hizo comparecer un día a todas las generaciones futuras de los hombres que debían nacer de Adán, para hacerles adquirir un compromiso solemne de obediencia, a fin de poder recordarles después de este pacto y servirse de su propio testimonio contra ellos.

332   Según unos, se trata aquí de un judío que en un principio reconoció en Muhammad el profeta predicho por las escrituras, pero que después, por orgullo y por envidia, se negó a creer en su misión; según otros, se trataría aquí de Balaam, el cananeo, que negándose al principio a maldecir a Moisés, se dejó después arrastrar por las sugestiones de Satanás y fue condenado a sacar la lengua como un perro.

179.—Los nombres más hermosos pertenecen a Dios[333]. Invocadle por estos nombres y alejaos de los que los aplican sin razón. Ellos recibirán la recompensa de sus obras.

180.—Entre los que hemos creado hay hombres que están en la senda recta y que practican la equidad.

181.—Respecto de los que tratan nuestros signos de mentiras, los aniquilaremos poco a poco y por medios que no conocen.

182.—Les concederé un largo plazo, pues mi astucia es a toda prueba[334].

183.—¿No reflexionaran *los árabes* y verán que su compañero Muhammad no es un demoníaco, sino un apóstol encargado de advertir francamente?

184.—¿Por qué no vuelven sus miradas hacia el reino de los cielos y de la tierra y hacia todas las cosas que Dios ha creado para ver si se acerca su término? ¿Y en qué otro libro han de creer los que no creen en el Corán?

185.—Aquel a quien Dios extravía no hallará ya guía, y Dios lo dejará andar errante sin conocimiento.

186.—Te preguntarán para cuándo está fijada la llegada de la hora. Diles: Su conocimiento solo a Dios está reservado. Nadie podría revelar su término, excepto él. Pesa sobre los cielos como sobre la tierra[335], y solo llegará inopinadamente.

187.—Te lo preguntarán como si tú tuvieses conocimiento de ello. Diles: Su conocimiento está en Dios; pero la mayor parte de los hombres ignoran *esta verdad*.

---

333 Entre los nombres de Dios, en árabe, se llama *rahman*, el misericordioso. Un árabe idólatra que oyó este nombre aplicado por Muhammad a Dios, se puso a reír diciendo que no conocía más que un solo individuo de este nombre en la provincia de Yemana. Otros árabes repetían que los nombres de sus ídolos, tales como *Alozza, Allat, Menat*, provenían de los nombres que Muhammad daba a Dios, tales como *Elaziz, Alah, Mennan*. En el rosario mahometano, Dios tiene noventa y nueve nombres, entre los cuales están: el Grande, el Bueno, el Clemente, el sabio, el Prudente, el sutil, el Benévolo, etc.

334 Literalmente: mi astucia es sólida y no se podría burlarla a fuerza de tiempo.

335 No solo preocupa el pensamiento de los hombres, sino también el de los ángeles.

188.—Diles: No tengo ningún poder ni para procurarme lo que me es útil ni para alejarme de lo que me es dañino, más que en tanto que Dios lo quiere. Si yo conociese las cosas ocultas, llegaría a ser rico, y ninguna desgracia podría alcanzarme. Pero yo no soy más que un hombre encargado de anunciar *promesas* y de advertir al pueblo de los creyentes.

189.—Él es el que os ha creado a todos de un solo individuo, el que ha producido a su esposa, a fin de que permaneciese con ella, llevó en un principio un fardo ligero, y caminaba sin pena; luego, cuando se hizo más pesado, los dos esposos dirigieron esta plegaria a Dios su Señor: si nos das un hijo bien hecho[336], te daremos acciones de gracias.

190.—Y cuando Dios les hubo dado un hijo bien hecho, ellos dieron asociados a Dios a cambio de lo que les había concedido. Pero Dios está demasiado elevado para que se le atribuyan asociados.

191.—¿Le asociarán las divinidades que no pueden crear nada y que son creadas, que no pueden ayudarles en nada no pueden ayudarse a sí mismas?

192.—Si les llamas a la religión verdadera, no te seguirán. Si les llamáis a ella o si permanecéis mudos, vuelve a lo mismo para ellos.

193.—Los que invocáis al lado de Dios son sus servidores como vosotros; rogadles, pues, para ver si os atenderán, si es que sois sinceros.

---

336 La voz del texto es *salihan*, que quiere decir justo, virtuoso y bueno. Se podría, pues, traducir: *Si nos das un hijo virtuoso*, plegaria natural en boca de nuestros primeros padres; esta misma acepción es la más general y la más frecuente. Sin embargo, se ha convenido en dar a esta palabra, en este pasaje, la significación de *bien hecho, de forma humana*, según los comentadores que cuentan que, estando Eva encinta, Satán le predecía que daría a luz un bruto; por otra parte, prometíale librarla de esta desgracia a condición de que el niño sería llamado *Addolhareth* (servidor del cultivador) o servidor de *Ahhareth*, pues Satán llevaba este nombre entre los ángeles a que decía pertenecer; esto era un acto de idolatría, pues el nombre de un hombre no debe unirse con el de servidor, como no sea para indicar que se es de Dios. Dios castigó a nuestros primeros padres por este acto de rebelión. El hijo no vivió. Algunos comentadores combaten esta explicación como incompatible con el carácter profético de Adán, y aplican el sentido de los versículos en cuestión a uno de los antepasados de Muhammad que dio a sus hijos nombres de culto idólatra. Se podría objetar que las primeras palabras del versículo 189 no son aplicables más que a Adán.

194.—¿Tienen pies para caminar? ¿Tienen manos para coger algo? ¿Tienen ojos para ver? ¿Tienen oídos para oír? Diles: Llamad a vuestros compañeros, imaginad contra mí alguna astucia y no me deis tregua. Yo no temo nada;

195.—Pues mi patrono es Dios, el que ha hecho descender el libro y el que protege a los justos.

196.—Pero aquellos a quienes invocáis al lado de Dios no pueden prestar ningún socorro ni ayudarse a sí mismos.

197.—Si los llamas a la religión verdadera, no te oyen; te miran, pero no ven nada.

198.—Sé indulgente[337], ordena el bien y evita los ignorantes.

199.—Si te viene una sugestión de Satanás, busca un refugio cerca de Dios[338], pues lo oye y lo sabe todo.

200.—Aquellos que temen a Dios, cuando les sorprende algún fantasma de Satanás[339] se acuerdan de Dios y pasan a ser en el acto clarividentes.

201.—Sus hermanos[340] no hacen más que prolongar su extravío, y no podrían preservarse de sí mismos.

202.—Cuando tú no les llevas un versículo del Corán, te dicen: ¿Acaso no lo has hallado todavía? Diles: No hago más que seguir lo que me está revelado por Dios. Estos son pruebas evidentes de parte de vuestro Señor, es una dirección, una gracia y una prueba de misericordia para con los que creen.

---

337 Traduciendo literalmente las dos primeras palabras de este versículo querrían decir: Toma lo que te viene de sí mismo; es decir: toma a los hombres como son y sus acciones, sé acomodaticio y no exijas lo que es demasiado pesado. O bien: percibe lo superfluo en materia de limosnas.

338 Es decir: invoca la protección de Dios pronunciando estas palabras: «Busco un refugio cerca de Dios contra las maquinaciones de Satán.»

339 La palabra *taif* empleada aquí, quiere decir, según la etimología, merodeador, y se dice de toda visión, fantasma, que sea una aparición cualquiera o creación del cerebro sobrexcitado; los orientales atribuyen estas apariciones a Satán; en este caso acostumbran pronunciar el nombre de Dios, cual lo recomienda el Corán.

340 Según unos, la voz *hermanos*, que hay que tomar en el sentido de *compañeros*, se aplica aquí a los hombres adquiridos a Satán; según otros, a los demonios.

203.—Cuando se hace la lectura del Corán, estad atentos y escuchad en silencio, a fin de que obtengáis la misericordia de Dios.

204.—Piensa en Dios en tu interior, con humildad y con temor o *pronuncia su nombre* en alta voz, pero sin levantarla demasiado; *piensa en él* tarde y mañana, y no seas negligente.

205.—Los que permanecen en Dios no desdeñan dirigirle la plegaria; celebran sus alabanzas y se prosternan ante él.

SURA VIII
EL BOTÍN

DADO EN MEDINA.—76 VERSÍCULOS
EN NOMBRE DEL DIOS CLEMENTE Y MISERICORDIOSO

1.—Te interrogarán respecto del botín. Respóndeles: el botín pertenece a Dios y a su enviado. Temed al Señor. Arreglad vuestras diferencias entre vosotros, y obedeced a Dios y a su enviado, si sois fieles.

2.—Los verdaderos creyentes son aquellos cuyos corazones están penetrados de temor cuando se pronuncia el nombre de Dios, aquellos cuya fe aumenta a cada lectura de sus enseñanzas, aquellos que no ponen su confianza más que en su Señor;

3.—Los que observan la oración y hacen limosna con los bienes que les dispensamos.

4.—Esos son los verdaderos creyentes; ocuparán grados (*en relación con sus obras*) cerca de su Señor; a ellos el perdón de *su Señor* y una subsistencia generosa.

5.—Acuérdate del momento en que Dios te hizo salir de tu morada[341] para la *misión* de la verdad, y en que una parte de los creyentes te seguía solo de mala gana;

6.—En que se pusieron a discutir contigo sobre la verdad que había aparecido ya claramente; *solo te seguían de mala gana,* cual si los llevasen a la muerte, cual si la viesen con sus propios ojos[342].

---

341 De Medina, donde Muhammad se había fijado después de su huida de la Meca.
342 Esto se refiere al primer combate de *Bedr.* Había sabido Muhammad que una caravana de koreichitas iba cargada de mercancías de la Siria a la Meca, y concibió el proyecto de atacarla. Temiendo la caravana, por su parte, un ataque de Muhammad, envió a la Meca a pedir escolta y, entretanto, tomó el camino más inmediato al mar. Los naturales de la Meca, en número de unos mil hombres, fueron al encuentro de la caravana. Y entonces fue cuando se dividieron las opiniones en el campo de Muhammad: unos juzgaban que era más ventajoso lanzarse sobre la caravana; otros, que era conveniente dar un gran golpe y atacar a los de la Meca, no obstante la desproporción de las fuerzas. Muhammad procuraba alentar a los suyos prometiéndoles la asistencia divina.

7.—El Señor os había prometido que os sería entregada una de las dos tropas; vosotros deseasteis que no fuese la más fuerte. Sin embargo, el Señor ha querido probar la verdad de sus palabras y exterminar hasta el último de los infieles,

8.—Para establecer la verdad y aniquilar la mentira, aunque los culpables hubiesen de concebir despecho.

9.—Cuando implorasteis la asistencia del Altísimo, os atendió. Yo os apoyaré, dijo, con diez mil ángeles que se sucederán sin interrupción.

10.—Os hizo esta promesa, a fin de llevar a vuestros corazones el goce y la confianza. Todo socorro proviene de Dios, pues es poderoso y prudente.

11.—Acordaos de aquel momento en que, en señal de seguridad por su parte, os envolvió en el sueño, durante el cual hizo descender agua del cielo para purificaros, para alejar de vosotros la abominación de Satanás, para unir vuestros corazones por medio de la fe y dar firmeza a vuestros pasos[343].

12.—Entonces le dijo a los ángeles: estaré con vosotros. Id a dar firmeza a los creyentes. Yo sembraré el terror en el corazón de los infieles. Y vosotros, golpeadles en las nucas y en los extremos de los dedos[344].

13.—Se han separado de Dios y de su enviado. A todo el que se separe de Dios y de su apóstol, Dios le hará sentir cuán terrible es en sus castigos.

14.—Tal es vuestra retribución, sufridla; el fuego está preparado para los infieles.

15.—¡Oh, creyentes! Cuando halléis al ejército enemigo caminando con orden, no os deis a la fuga.

16.—Todo el que vuelva la espalda en el día del combate, a menos que sea para volver a la carga o para reponerse, será herido por la ira de Dios. Su morada será el infierno; ¡qué horrible mansión!

---

343 Antes del combate, los mahometanos ocupaban un terreno árido y desprovisto de agua, y sacaban de esto un mal augurio para el éxito de su empresa. Satán explotaba esta situación en sus sueños, y procuraba hacer vacilar su fe. Por la noche, Dios envió una abundante lluvia para apagar su sed y purificarlos.

344 Golpear las puntas de los dedos, significa administrar un correctivo.

17.—No sois vosotros quienes les matáis, sino Dios. Cuando lanzas un *dardo*, no eres tú quien lo lanzas, sino Dios, para exponer a los fieles a una hermosa prueba; pues Dios lo oye y lo sabe todo.

18.—Dios lo hace, porque reduce a la nada las astucias de los infieles.

19.—Habéis deseado la victoria ¡oh, infieles! Y la victoria se ha vuelto contra vosotros. Si sois los *primeros* en cesar de combatirnos, eso os será más ventajoso. Si vosotros volvéis a ello, nosotros volveremos también. La superioridad del número no os servirá de nada, pues Dios está con los creyentes.

20.—¡Oh, creyentes! Obedeced a Dios y a su apóstol; no os alejéis jamás de ellos. Lo habéis oído.

21.—No os parezcáis a los que dicen: Nosotros os escuchamos.

22.—Las peores bestias *de la tierra*, cerca de Dios, son los sordos y los mudos que no entienden nada.

23.—Si Dios hubiese visto en ellos alguna disposición buena, les habría dado el oído; pero si lo tuviesen, se extraviarían y se alejarían de él.

24.—¡Oh, creyentes! Responded al llamamiento de Dios y del profeta, cuando os llama hacia lo que hace vivir, y sabed que Dios se desliza entre el hombre y su corazón, y que algún día os veréis reunidos en torno de él.

25.—Temed la tentación: los injustos no serán los únicos a quienes alcanzará, y sabed que Dios es terrible en sus castigos.

26.—Acordaos de que, débiles y en pequeño número en esta comarca[345], temíais ser exterminados por vuestros enemigos; pero Dios os ha dado un asilo, os ha protegido con su auxilio y ha atendido a vuestra subsistencia. Tal vez le daréis acciones de gracias.

27.—¡Oh, creyentes! Guardaos de engañar a Dios y al profeta. No uséis de fraude en vuestros compromisos, puesto que sois instruidos.

28.—Pensad que vuestras riquezas y vuestros hijos son un motivo de tentación, y que la recompensa que os prepara Dios es magnífica.

---

345 O sea en la Meca. Muhammad se dirige aquí a los *Mohadjeres*, es decir, a los que habían emigrado de la Meca.

29.—¡Oh, creyentes! Si teméis al Señor, os separará de los malvados; expiará vuestras faltas y os las perdonará, pues generoso dispensador de gracias.

30.—Cuando los infieles tramaban un complot contra ti, ¡oh, Muhammad!, cuando querían cogerte, matarte o expulsarte, Dios a su vez tramó contra ellos; y en verdad, Dios es el mejor tramador de intrigas.

31.—Cuando se les vuelve a leer nuestras enseñanzas, dicen: Ya las hemos oído. Solo de nosotros dependería hacer otras semejantes. Eso no son más que cuentos de los antiguos (*cuentos viejos*).

32.—Cuando dicen: ¡Dios! Si el Corán es realmente la verdad, haz llover del cielo piedras sobre nuestras cabezas, haznos sentir algún doloroso castigo;

33.—Sabe que Dios no los castiga, mientras que tú estás en medio de ellos, y no los castiga tampoco, mientras que imploran su perdón[346].

34.—Pero nada impedirá que Dios les castigue cuando alejen a los fieles del templo sagrado de la Meca, aunque no sean los guardianes de él[347], pues los guardianes del templo son los que temen a Dios; la mayor parte de ellos lo ignoran.

35.—Su oración en la casa santa no era más que un silbido y un aplauso[348]. Oirán estas palabras: Probad la pena de vuestra impiedad.

36.—Los infieles gastan sus riquezas para alejar a los demás de la senda de Dios; las gastarán todas. Un amargo arrepentimiento será su fruto, y serán vencidos.

37.—Los infieles serán reunidos en el infierno.

38.—Dios separará lo malo de lo bueno; amontonará lo malo uno sobre otro; formará con ello un haz y lo pondrá al fuego de la gehena. Entonces serán los malos los que se verán perdidos.

---

346   El pronombre *ellos* se refiere, según unos, a los fieles mezclados con los idólatras; según otros, a los idólatras mismos que, en un acceso de arrepentimiento, imploraban el perdón de Dios.

347   La custodia del templo de la Meca estaba confiada siempre a alguna familia influyente, hasta en tiempo del paganismo, y se disfrutaba este honor.

348   Los idólatras —dicen los comentadores— se paseaban desnudos, hombres y mujeres, cogidos del brazo, y silbaban con los dedos y hacían ruido para molestar a Muhammad en sus oraciones.

39.—Di a los infieles que, si ponen fin a su impiedad, Dios les perdonará el pasado; pero, si vuelven a caer, tienen ante sí el ejemplo de los pueblos de antaño.

40.—Combatidles hasta que no haya ya tentación[349] ni más culto que el de Dios único; si ponen término a sus impiedades, en verdad Dios lo ve todo.

41.—Si vuelven la espalda, sabed que Dios es vuestro protector; ¡qué protector y qué defensor!

42.—Sabed que, cuando habéis hecho un botín, la quinta parte pasa a Dios, al profeta, a los parientes, a los huérfanos, a los pobres y a los viajeros; si creéis en Dios, en lo que revelamos a nuestro servidor en el día de la distinción[350], en el día que se encontraron los dos ejércitos, Dios es todopoderoso.

43.—*Acordaos de aquel día* en que estabais acampados en el pasaje más cercano, vuestros enemigos en el pasaje más distante del valle y la caravana más baja[351]. Si hubieseis adquirido compromisos mutuos, habríais faltado a ellos, asustados del número del enemigo[352]; pero os hallasteis reunidos *como por casualidad*, a fin de que Dios cumpla la obra decretada en sus destinos;

44.—A fin de que el que debía perecer, pereciese por un signo evidente del cielo, y que el que debía sobrevivir, viviese por el mismo signo. Dios lo sabe y lo entiende todo.

45.—Acuérdate ¡oh, Muhammad! que Dios te mostró en sueños al ejército enemigo poco numeroso. Si te lo hubiese mostrado más

---

349 Es decir, que no haya más tentación de idolatría. La voz *fitneh*, que en su origen y en este pasaje del Corán quiere decir *tentación*, se emplea también en el sentido de sedición, desorden, discordia, turbación, todo motivo de desorden. Se aplica también a un individuo que es causa de desórdenes.

350 La jornada de *Bedr*, en que se hallaron por primera vez frente a frente infieles y creyentes, y en que fue sellada la separación de los dos cultos por la victoria de los unos y la derrota de los otros.

351 La caravana de los koreichitas seguía el camino más inmediato al mar; por consiguiente, se hallaba más baja que los musulmanes, de un lado, y que los naturales de la Meca, de otro.

352 La superioridad de las fuerzas enemigas os habría espantado hasta el punto de haceros abandonar el campo de batalla; pero ignorando su número, habéis resistido.

fuerte, habrías perdido el valor y habrías discutido sobre este punto; él ha querido preservaros de ello. Conoce lo que oculta el corazón de los hombres.

46.—Cuando os hallasteis enfrente de los enemigos, Dios los hizo ver poco numerosos a sus ojos, para realizar la obra decretada en sus destinos. Él es el término de todas las cosas.

47.—¡Oh, creyentes! Cuando estáis enfrente de un ejército armado, sed inquebrantables y repetid sin cesar el nombre del Señor. Seréis benditos.

48.—Obedeced a Dios y al profeta; no provoquéis disputas, pues abatirían vuestro valor y os privarían del éxito. Sed perseverantes, pues Dios está con los perseverantes.

49.—No seáis como aquellos (*los de la Meca*) que salieron con jactancia y ostentación de sus moradas para alejar a los hombres de la senda del Señor. Él ve sus acciones.

50.—Satanás les había preparado ya sus acciones, y les dijo: Hoy sois invencibles; yo soy vuestro auxiliar. Pero, cuando los dos ejércitos estuvieron frente a frente, les volvió la espalda, diciendo: no me quiero mezclar en eso; yo veo lo que vosotros no veis y temo a Dios, cuyos castigos son terribles.

51.—Los hipócritas y aquellos cuyo corazón está atacado de un achaque decían entonces, *hablando de los verdaderos fieles y de vosotros*: su creencia les hace ciegos[353]. Pero el que pone su confianza en Dios sabe que es poderoso y prudente.

52.—¡Qué espectáculo cuando los ángeles les quitan la vida a los infieles! Les golpean las caras y los riñones, y *les gritan*: id a probar la pena del fuego;

53.—Este suplicio es la obra de vuestras manos, pues Dios no es un opresor de su servidores.

54.—Su suerte se semeja a la de las gentes de Faraón y a la de los incrédulos que les han precedido. Dios los aniquila a causa de sus iniquidades. Él es fuerte y terrible en sus castigos.

55.—Esta es la razón de que Dios no cambie los beneficios con que

---

353 Para atacar fuerzas más considerables que las suyas.

colma a los hombres, mientras que no perviertan sus corazones. Lo ve y lo oye todo.

56.—Su suerte se parece a la de las gentes de Faraón y a la de los que, antes de ellos, han tratado de mentiras los signos del Señor. Les hemos aniquilado a causa de sus pecados, y hemos sumergido a las gentes de Faraón; no eran más que impíos.

57.—Las bestias peores cerca de Dios, son los ingratos, que no creen;

58.—Aquellos con quienes has hecho un pacto y lo rompen a cada paso y no temen a Dios.

59.—Si logras cogerlos durante la guerra, dispersa *con el espectáculo de su suplicio* a los que les sigan, a fin de que reflexionen.

60.—Si tienes noticia de alguna traición de parte de una tribu, obra a la recíproca. Dios no ama a los traidores.

61.—No creas que los infieles tengan la superioridad, pues no podrían debilitar el poder de Dios.

62.—Poned, pues, en pie todas las fuerzas de que dispongáis y escuadrones fuertes, para intimar a los enemigos de Dios y a los vuestros y a otros a quienes no conocéis y a quienes Dios conoce. Todo lo que hayáis gastado en la senda de Dios os será pagado, y vosotros no seréis lesionados.

63.—Si se inclinan a la paz, tú debes prestarte también a ella y poner tu confianza en Dios, que lo oye y lo sabe todo.

64.—Si te hacen traición, Dios te bastará: él es el que te ha ayudado con su asistencia y con la de los fieles. Él ha unido sus corazones. Si hubieses gastado todas las riquezas de la tierra, no lo habrías logrado. Pero Dios los ha unido, pues es poderoso y prudente.

65.—¡Oh, profeta! Dios y los creyentes que te sigan, te bastan.

66.—¡Oh, profeta! Excita a los creyentes al combate. Veinte hombres firmes de estos aplastarán a doscientos infieles. Cien harán huir a mil, porque los infieles no comprenden nada.

67.—He aquí que Dios os aligera vuestra labor; él sabe cuán débiles sois[354]. Cien hombres firmes de los vuestros vencerán a doscientos ene-

---

354 Haciéndoos capaces de ser uno contra dos, Dios os hace la labor más fácil.

migos, y mil triunfarán de dos mil, con el permiso de Dios, que está con los *hombres* firmes.

68.—Jamás ha sido dado a un profeta hacer prisioneros sin cometer grandes sacrificios en la tierra. Deseáis el bien de este mundo y Dios quiere daros los del otro. Es poderoso y prudente.

69.—Si Dios no hubiese dado precedentemente[355] un permiso, habríais expiado lo que habéis tomado por un doloroso castigo[356].

70.—Alimentaos con los bienes lícitos arrebatados a vuestros enemigos, y temed al Señor. Es Clemente y misericordioso.

71.—¡Oh, profeta! Di a los cautivos que están en vuestro poder: si Dios ve rectitud en vuestros corazones, os dará riquezas más preciosas que las que os ha quitado, y os perdonará, porque es Clemente y misericordioso.

72.—Pero si ellos (*los cautivos*) quieren ser pérfidos, ellos habrán sido ya pérfidos para con Dios[357]; *tú sabes que* Dios te los ha entregado, y Dios es sabio y prudente.

73.—Los creyentes que hayan abandonado sus hogares para combatir con sus bienes y con sus personas en la senda de Dios, los que han dado asilo al profeta y le han asistido en sus obras, serán considerados como parientes unos de otros. Los que han creído, pero que no han emigrado, no estarán comprometidos en vuestras relaciones de parentesco, hasta que ellos también hayan dejado sus hogares. Pero, si imploran vuestro apoyo a causa de la fe, se lo concederéis, a menos que no sea contra los que son vuestros aliados. El Altísimo ve vuestras acciones.

74.—Los infieles se prestan una asistencia mutua. Si no obráis del mismo modo, invadirá el país el desorden de grandes males.

---

355 Es decir: si Dios no hubiese autorizado antes (en términos generales) el rescate de los cautivos.

356 Esto es, el rescate de los cautivos cogidos en el combate de *Bedr*. Después del combate de Bedr, se condujo a la presencia de Muhammad a setenta prisioneros. Algunos musulmanes celosos eran partidarios de darles muerte; pero como había entre los cautivos parientes de Muhammad, se les dio libertad mediante un rescate. A raíz de este acto de debilidad, que parecía autorizado por ciertas revelaciones anteriores, Muhammad tuvo una que condenaba la libertad de los cautivos.

357 Como infieles, virtualmente en estado siempre de traición a Dios.

75.—Los que han creído y dejado sus hogares para luchar en la senda de Dios, los que han dado asilo al profeta y lo han asistido, esos son los verdaderos creyentes. Les corresponde de derecho el perdón del Señor y beneficios generosos.

76.—Los que han creído y emigrado después y luchan en la senda de Dios, forman parte de vuestra comunidad. Pero los hombres unidos por los vínculos de la sangre están más próximos unos a otros. He aquí lo que *está escrito* en el libro de Dios, y Dios lo sabe todo[358].

---

358   Este pasaje ha sido revelado para fijar las relaciones legales entre los árabes: ocurría que los compañeros de Muhammad y los que habían emigrado heredaban unos de otros en perjuicio de los parientes.

SURA IX
LA INMUNIDAD O EL ARREPENTIMIENTO[359]

DADO EN MEDINA.—130 VERSÍCULOS

1.—He aquí la declaración de inmunidad de parte de Dios y de su profeta para aquellos idólatras con quienes habéis hecho alianza.

2.—Por consiguiente, *vosotros los fieles*, viajad por los países durante cuatro meses *con seguridad*, y sabed que vosotros no prevaleceréis contra Dios, pero Dios cubrirá de oprobio a los infieles.

3.—He aquí la proclamación de parte de Dios y de su profeta, dirigida a los hombres para el día de la gran peregrinación. Dios está libre de todo compromiso con los idólatras, así como su apóstol. Si os convertís, os será más ventajoso; si volvéis la espalda, sabed que no prevaleceréis contra Dios. Anuncia el castigo doloroso a los que no creen.

4.—Sin embargo, esto no concierne a los idólatras[360] con quienes vosotros habéis hecho la paz y que no la han violado ni prestado a nadie ningún socorro contra vosotros. Guardad fielmente respecto de ellos los compromisos contraídos, mientras dure su tratado. Dios ama a los que le temen.

5.—Una vez expirados los meses sagrados[361], matad a los idólatras

---

359 Este *sura* se titula *La inmunidad* (*elberat*), porque se habla en él de la inmunidad concedida por Muhammad a los infieles durante un cierto tiempo, o bien porque, una vez transcurrido este plazo, los fieles quedarán en libertad completa (berat) para proceder como quieran respecto de los idólatras. Se titula el arrepentimiento, porque se trata también del arrepentimiento. Este es el único *sura* que no va encabezado con la invocación usual BISMILLAHI'RRAHMANI'RRAHIM (en nombre del Dios Clemente y misericordioso). Se cree que esta omisión es debida a que en un principio este *sura* debió formar uno solo con el anterior, o bien a que Muhammad no decidió nada sobre ello, ya que este *sura* le fue revelado poco tiempo antes de su muerte. Es el único *sura* que fue revelado de una vez, con excepción de algunos versículos.

360 Es decir, que estas palabras: Dios está libre de todo compromiso, etc., no conciernen a aquellos con quienes se ha hecho un tratado.

361 Los cuatro meses *chawal, dhulcade, Dhul-hidjdjhe* y *moharram*.

dondequiera que los halléis, hacedles prisioneros, sitiadles y asechadles; pero si se convierten, si observan la oración, si hacen limosna, entonces dejadles tranquilos, pues Dios es indulgente y misericordioso.

6.—Si algún idólatra te pide un asilo, concédeselo, a fin de que pueda oír la palabra de Dios, y luego hazle acompañar a lugar seguro. Esto te es prescrito, porque son gentes que no saben nada.

7.—¿Cómo había de haber pacto ninguno entre Dios, su apóstol y los idólatras, a menos que no sea con aquellos con quienes lo habéis contraído cerca del oratorio sagrado? Mientras que obren lealmente con vosotros, obrad lealmente con ellos. Dios ama a los que le temen.

8.—¿Cómo habían de observar esta alianza? Si logran superioridad, no tendrán ninguna consideración ni a los vínculos de la sangre ni a la fe jurada. Consienten en ello de boca, en tanto que sus corazones se niegan. La mayor parte de ellos son criminales.

9.—Venden las enseñanzas de Dios por un valor ínfimo y apartan a los demás de su sendero. ¡Qué malas son sus acciones!

10.—No tendrán en cuenta ni los lazos de la sangre ni la fe jurada en sus relaciones con los creyentes, porque son injustos.

11.—Pero si se convierten, si hacen las oraciones, si hacen limosna, son vuestros hermanos en religión. Explicamos de distinto modo nuestras enseñanzas a los que comprenden.

12.—Si violan sus juramentos después de haber contraído la alianza y si atacan vuestra creencia, atacad a los jefes de los infieles (porque no hay para ellos juramentos sagrados), a fin de que cesen *sus maldades.*

13.—¿No combatiréis contra un pueblo que ha violado sus juramentos y que se esfuerzan por expulsar a vuestro profeta? Ellos fueron los agresores. ¿Los temeréis? Dios merece aún más que le temáis, si sois creyentes.

14.—Combatidles, a fin de que Dios les castigue por vuestras manos y los cubra de oprobio, a fin de que os dé la victoria sobre ellos y cure los corazones de los fieles;

15.—A fin de que aniquile la ira en los corazones de los infieles. Dios vuelve al que quiere, pues es sabio y prudente.

16.—¿Pensáis que habéis de ser abandonados, como si Dios no conociese a aquellos que combaten y que no buscan más alianza que la de Dios, de su apóstol y de los creyentes? Dios tiene noticia de lo que hacéis.

17.—¿Y por qué han de visitar los infieles los templos de Dios, cuando ellos mismos son testigos de su infidelidad? Sus obras pasarán a ser nulas, y permanecerán eternamente en el fuego.

18.—Que los templos de Dios no sean visitados más que por los que creen en Dios y en el día final, que observan la oración y hacen limosna y que no temen más que a él; estos serán tal vez dirigidos por la senda recta[362].

19.—¿Colocaréis a los que llevan agua a los peregrinos y visitan el oratorio sagrado al mismo nivel que el que cree en Dios y en el día final, y que el que combate en el sendero de Dios?[363] No, no serán iguales ante Dios. Dios no dirige a los malvados.

20.—Los que han abandonado su país y combaten en el sendero de Dios con sus bienes y sus personas, ocuparán un grado más elevado ante Dios. Serán bienaventurados.

21.—Su Señor les anuncia su misericordia, su satisfacción y los jardines en que disfrutarán de las delicias constantes.

22.—Permanecerán allí eternamente, para siempre; pues Dios dispone de inmensas recompensas.

23.—¡Oh, creyentes! No tengáis por amigos a vuestros padres y a vuestros hermanos si prefieren la infidelidad a la fe. Los que desobedeciesen, serían malvados.

24.—Si vuestros padres y vuestros hijos, vuestros hermanos y vuestras mujeres, vuestros parientes y los bienes que habéis adquirido, y el comercio cuya ruina teméis, y las habitaciones en que os solazáis, os son más queridos que Dios, su apóstol y la guerra santa, esperad a ver que Dios venga en persona a realizar su obra. Dios no dirige a los malvados.

362 Esta voz puede ser colocada aquí de intento, puesto que ni los creyentes están seguros de ser dirigidos.
363 Esto se dirige a algunos árabes que hacían valer los cuidados que prodigaban a los peregrinos como un título para la recompensa de Dios.

25.—Dios os ha socorrido en muchas ocasiones, en el día de Honeín[364], en que os habéis complacido con vuestro número que no os sirvió de nada; por vasta que sea, la tierra fue entonces estrecha para vosotros, volvisteis la espalda y emprendisteis la fuga.

26.—Luego, Dios hizo descender su protección sobre su apóstol y sobre los fieles; hizo descender ejércitos invisibles para vosotros y castigó a los que no creían. Tal es la retribución de los infieles.

27.—Después de esto, volverá Dios a los que quiera, pues es indulgente y misericordioso.

28.—¡Oh, creyentes! Los que asocian (*otras divinidades a Dios*) son inmundos; expirado este año, no deben acercarse al oratorio sagrado. Si teméis la indigencia[365], Dios os hará ricos con los tesoros de su gracia. Es prudente y sabio.

29.—Haced la guerra a los que no creen en Dios ni en el día último, a los que consideran prohibido lo que Dios y su apóstol han prohibido y a aquellos hombres de las escrituras que no profesan la creencia de la verdad. Hacedles la guerra hasta que paguen el tributo, a todos sin excepción, aunque estén humillados[366].

---

364 La batalla de *Honeín*, valle situado a tres millas de la Meca, del lado de Taief, fue librada el año VIII de la hégira. Muhammad había reunido allí hasta doce mil combatientes; las tribus *Hawazen* y *Thakif*, en guerra con Muhammad, solo eran en número de cuatro mil. Esta superioridad de fuerzas inspiró a los musulmanes una gran presunción que Dios castigó sembrando el desorden en sus filas. Los musulmanes emprendieron en un principio la fuga. El valor de Muhammad y de sus parientes acabó por contener y rehacer a los fugitivos y por evitar la derrota.

365 A causa de las pérdidas que sentís cesando en las relaciones comerciales con los que vienen a la Meca.

366 Este pasaje establece una diferencia entre los idólatras que deben ser exterminados y los pueblos que tienen algún libro sagrado de su parte. En tiempo de Muhammad, se incluía entre estos a los magos, adoradores del fuego, como dueños también de algunos libros sagrados. En cuanto a las voces *todos sin excepción*, es una explicación que nosotros aventuramos, en lugar de la de *sus propias manos* (*'an yedin*) del texto que los comentadores interpretan de diferente modo. Unos creen que estas palabras quieren decir: *con sus propias manos y no por mediación de un tercero*; otros juzgan que deben entenderse por los ricos solamente; explicaciones poco satisfactorias. Tal vez las voces *todos sin excepción* se aplican más bien a un impuesto percibido por cabeza, por mano, a una derrama.

30.—Los judíos dicen: Ozair es hijo de Dios[367]. Los cristianos dicen: el Mesías es hijo de Dios. Tales son las palabras de sus bocas, y al decirlas se semejan a los infieles de otro tiempo. ¡Qué Dios les haga la guerra![368] ¡Qué embusteros son!

31.—Han tomado sus doctores y sus monjes, y al Mesías, hijo de María, más bien que a Dios, por sus señores[369], y, sin embargo, les fue ordenado que adorasen a un solo Dios, excepto el cual no hay más Dios. ¡Lejos de su gloria las divinidades que le asocian!

32.—Quieren extinguir con sus bocas la luz de Dios; pero Dios solo quiere hacer su luz más perfecta, aunque los infieles hayan de sentir despecho.

33.—Él es el que ha enviado a su apóstol con la dirección y la verdadera religión, para elevar esta por encima de todas las demás religiones, aunque los idólatras hubiesen de sentir despecho.

34.—¡Oh, creyentes! Un gran número de doctores y de monjes consumen los bienes de los demás en cosas vanas[370] y apartan a los hombres del sendero de Dios. Anuncia un doloroso castigo a los que amontonan oro y plata y no los gastan en el sendero de Dios.

35.—El día en que el fuego de la gehena sea encendido sobre sus cabezas, con ese oro y esa plata serán impresas ardientes marcas en sus frentes, en sus flancos y en sus riñones, y se les dirá: He aquí lo que vosotros mismos habéis abandonado. Probad lo que habéis amontonado.

36.—El número de los meses es de doce ante Dios[371], tal es el libro

---

367 *Ozair* es lo mismo que *Esdras*. Dicen los comentadores que este fue el hombre a quien Dios hizo morir, y que resucitó al cabo de cien años. Ozair resucitado, recitó a los judíos todo el Pentateuco que sabía de memoria antes de morir, lo cual hizo decir a los judíos que, para hacerlo, era preciso que fuese hijo de Dios.

368 O: ¡Qué Dios los combata!, fórmula de maldición.

369 Esto es sin duda una alusión al título de *rabbi*, Señor, que los judíos daban a sus doctores y los cristianos a sus sacerdotes. Desde Muhammad, esta voz no puede aplicarse entre los árabes más que a Dios.

370 Se entiende con esto los regalos que hacían a los sacerdotes para obtener dispensas, indulgencias, etc. Muhammad llama a esto *elbatce*, lo que es vano.

371 Por este pasaje, la intercalación de un mes cada tres años, práctica acostumbrada entre los árabes y los judíos para referir los años lunares a los solares, está formalmente prohibida.

de Dios, desde el día en que creó los cielos y la tierra. Cuatro de estos meses son sagrados; es la creencia constante. Durante estos meses, no obréis con iniquidad respecto de vosotros mismos; pero combatid a los idólatras en todos los meses, del mismo modo que combaten ellos en todos los tiempos, y sabed que Dios está con los que temen.

37.—Transportar a otro tiempo los meses sagrados es un exceso de infidelidad, es hacer ilícito lo que no lo es, y viceversa[372]. Los infieles están en el extravío. Lo permiten por un año y lo prohíben por otro, a fin de realizar el número de los meses declarados sagrados por Dios, de modo que hacen lícito lo que Dios ha prohibido. Sus malas acciones han sido expresamente preparadas para ellos por Satanás, pues Dios no dirige a los infieles.

38.—¡Oh, creyentes! ¿Qué tenéis, pues, cuando en el momento en que se os ha dicho: Id a combatir en el sendero de Dios, os habéis mostrado torpes y como apegados a la tierra? Habéis preferido la vida de este mundo a la vida futura; los goces de aquí abajo son muy poca cosa comparados con la vida futura.

39.—Si no marcháis al combate, Dios os castigará con un castigo doloroso: os reemplazará por otro pueblo y no podréis dañarle (*a Dios*) de ningún modo. Dios es omnipotente.

40.—Si no socorréis a vuestro profeta, Dios lo socorrerá, como lo ha socorrido ya cuando los infieles lo han expulsado y cuando solo había un solo hombre con él[373]. Ambos estaban en una caverna, y entonces él le dijo a su compañero: No te aflijas, pues Dios está con nosotros. Ha hecho descender de lo alto su protección, lo ha sostenido con ejércitos invisibles y ha humillado la palabra de los infieles. La palabra de Dios es la más elevada. Dios es el Poderoso, el Prudente.

---

372 Los cuatro meses sagrados durante los cuales cesaba toda hostilidad eran observados por los árabes antes de Muhammad; pero a veces no los cumplía cuando el interés de la guerra lo exigía, y aplazaban su observancia de un mes sagrado a otro mes.
373 Literalmente: *el segundo de dos;* Muhammad huyó de la Meca con *Abubeker.* Perseguidos por los idólatras, se escondieron en una gruta. Dios ordenó a una araña que tejiese su tela a la entrada de la gruta, y los idólatras dedujeron de esto que no había nadie en la gruta, y pasaron de largo.

41.—Cargados o ligeros[374], marchad y combatid en el sendero de Dios, con vuestros bienes y vuestras personas. Esto os será más ventajoso, si lo comprendéis.

42.—Si se hubiese tratado de un éxito muy próximo, de una expedición con un objeto fijo, te habrían seguido sin dificultad[375]; pero la fatiga les pareció larga, y, sin embargo, jurarán por Dios y dirán: si hubiésemos podido, habríamos hecho la expedición con vosotros. Se pierden ellos mismos; Dios sabe bien que mienten.

43.—¡Qué Dios te lo perdone! ¿Por qué les has permitido permanecer, antes de que te fuese demostrado que decían la verdad y que tú hubieses conocido a los embusteros?

44.—Los que creen en Dios y en el día final no te pedirán el permiso para no combatir con sus bienes y sus personas. Dios conoce a los que le temen.

45.—Te pedirán el permiso los que no creen en Dios ni en el día final. Sus corazones dudan, y en su duda vacilan.

46.—Si hubiesen tenido intención de ir a la guerra, habrían hecho preparativos. Pero Dios estaba disgustado de hacerles partir; les ha hecho perezosos y se les ha dicho: Permaneced con los que permanecen.

47.—Si hubiesen ido con vosotros, no habrían hecho más que aumentar vuestros apuros; habrían sembrado el desorden entre vosotros, hubiesen procurado excitar un motín; ahora bien, hay entre vosotros hombres que les escuchan ávidamente. Y Dios conoce a los malvados.

48.—Ya antes han procurado sembrar el desorden y hasta han destruido tus arreglos, hasta el momento en que se conoció la verdad y en que la voluntad de Dios se hizo manifiesta a despecho de ellos.

49.—Hay algunos de ellos que dicen: exímenos de la guerra, no nos expongas a la tentación. ¿No han caído ellos ya? Pero la gehena rodeará a los infieles.

---

374   Estas palabras en árabe pueden significar: a caballo o a pie, de grado o por fuerza, cubiertos de corazas o ligeramente armados.

375   Se trata aquí de la expedición de *Tabuk*, ciudad situada a mitad de camino entre Medina y Damasco. Tuvo lugar contra los griegos en el año IX de la hégira. Muhammad estaba ya al frente de un considerable ejército (unos treinta mil hombres).

50.—Si obtienes un éxito, este éxito les disgusta; si sufres un revés, dicen: Hemos tomado de antemano nuestras medidas. Luego vuelven la espalda y se regocijan.

51.—Diles: No nos ocurrirá más que lo que Dios nos ha destinado; él es nuestro dueño, y en Dios es en quien ponen su confianza los creyentes.

52.—Diles: ¿Qué esperáis; que, de dos hermosos destinos, les ocurra uno: la victoria o el martirio? En cuanto a nosotros, esperamos que Dios nos aplique un castigo por sí mismo o por nuestras manos[376]. Pues bien, esperad; también nosotros esperamos por vosotros.

53.—Diles: Ofreced vuestros bienes voluntariamente o contra vuestro gusto; no serán aceptados, porque sois un pueblo de malvados.

54.—¿Qué otro obstáculo hay para que sus dones no sean aceptados, sino que no creen en Dios y en su apóstol, que practican la oración con negligencia y que hacen limosna de mala gana?

55.—Que sus riquezas y sus hijos no te seduzcan. Dios quiere castigarlos así en este mundo; quiere que sus almas les dejen en su infidelidad.

56.—Juran por Dios que son de vuestro partido, y no lo son, pero tienen miedo.

57.—Si hallan un asilo seguro, cavernas o subterráneos, vuelven la espalda y corren con todas sus fuerzas.

58.—Los hay que te calumnian en lo referente a la distribución de las limosnas. Si se les da, están contentos; si se les niega, se irritan.

59.—¿Por qué no están satisfechos de lo que Dios y su apóstol le dispensan? ¿Por qué no dicen: Dios nos basta, Dios nos concederá su favor, así como su apóstol; nosotros no deseamos más que a Dios?

60.—En efecto, las limosnas están destinadas a los indigentes y a los pobres[377], a los que los recogen, a aquellos cuyos corazones han sido

---

376 Por las palabras: *una de dos cosas hermosas,* los musulmanes entienden el martirio o la victoria. Se las emplea también por: una de dos ventajas cualesquiera.

377 *A los indigentes y a los pobres;* en árabe esto no es tal vez más que un pleonasmo. Sin embargo, se quiere establecer una distinción entre estas dos palabras. Por los indigentes, *fokara,* se entendería los que están reducidos a la miseria y no pueden levantarse, y por los pobres, *mesakin,* los que están momentáneamente en mala situación.

ganados para el islamismo[378], al rescate de los esclavos, a los insolventes, a la causa de Dios y a los viajeros. Esto es obligatorio por Dios. Es sabio y prudente.

61.—Hay algunos entre vosotros que hacen trizas al profeta; dicen: es todo oídos. Respondedles: es todo oídos por vuestro bien; cree en Dios y cree a los creyentes.

62.—La misericordia está reservada para aquellos de vosotros que creen en Dios. Los que hacen daño al apóstol de Dios sufrirán un doloroso castigo.

63.—Jurarán ante vosotros por el nombre de Dios para daros gusto; sin embargo, Dios y su apóstol merecen mucho más de los que procuran dar gusto, si son creyentes.

64.—¿No saben que está reservado el fuego para aquel que se opone a Dios y a su apóstol? Permanecerá en él eternamente. Es un gran oprobio.

65.—Los hipócritas temen que descienda de lo alto un *surá*[379] y revele lo que hay en sus corazones. Di: os reís. Dios hará salir en el gran día lo que vosotros asís.

66.—Si les preguntas *la causa de risa*, dirán: estábamos en conversación y bromeábamos. Diles: ¿Os burlaréis de Dios, de sus milagros y de su apóstol?

67.—No tratéis de excusaros: os habéis hecho infieles después de haber creído. Si perdonamos a una parte de los vuestros, castigaremos a otra, y esto porque son criminales.

68.—Los hombres y las mujeres hipócritas se excitan mutuamente al mal y se prohíben mutuamente el bien, y cierran sus manos *para no dar* la limosna. Olvidan a Dios, y Dios a su vez les olvidará. Los hipócritas son impíos.

69.—Dios amenaza con el fuego de la gehena a los hipócritas, hombres y mujeres, y a los infieles; ellos permanecerán allí eternamente. Es la parte que les está destinada. Dios les ha maldecido y les está reservado un suplicio incesante.

---

378 Después de la batalla de *Honeín*, Muhammad había hecho distribuir regalos a los árabes, para atraerlos a su causa. Después del establecimiento del islamismo, esta prescripción no tiene valor.

379 Capítulo del Corán.

70.—Obráis como los que os han precedido. Eran ellos más fuertes y más ricos y tenían más hijos que vosotros; se contentaban con gozar su parte *en este mundo sin pensar en la vida futura*. Vosotros también os contentáis con gozar de vuestra parte, como gozaban de su parte los que os han precedido; empleáis discursos análogos a los que ellos empleaban. Sus acciones han sido completamente inútiles para este mundo y para el otro. Están perdidos.

71.—¿No han oído la historia de sus antepasados, del pueblo de Noé, de Ad, de Temud, del pueblo de Abrahán, de los habitantes de Madián y de las ciudades destruidas?[380] Tuvieron apóstoles acompañados de signos evidentes. No es Dios el que ha obrado mal con ellos; son ellos mismos.

72.—Los creyentes, hombres y mujeres, son amigos unos de otros; se recomiendan mutuamente el bien y se prohíben mutuamente el mal; observan la oración y hacen limosna; obedecen a Dios y a su apóstol. Dios tendrá piedad de ellos, pues Dios es poderoso y prudente.

73.—Dios ha prometido a los creyentes, hombres y mujeres, los jardines regados por corrientes de agua; permanecerán allí eternamente; *les ha prometido* habitaciones encantadoras en los jardines del Edén. La satisfacción de Dios es algo mayor aún; es una dicha inmensa.

74.—¡Oh, profeta! combate a los hipócritas y a los infieles, trátales con rigor. La gehena es su morada. ¡Qué detestable mansión!

75.—Juran por el nombre de Dios no haber dicho tal cosa, y, sin embargo, han dicho la palabra de la incredulidad, se han hecho infieles después de haber abrazado el islamismo. Han formado un propósito[381], pero no lo han cumplido, y no lo han formado nada más porque Dios y su apóstol los han enriquecido *por efecto* de su bondad. Si se convirtiesen les sería más ventajoso; pero si tergiversan, Dios les castigará con un doloroso castigo en este mundo y en el otro. No hallarán protección ni ayuda en toda la tierra.

---

380   Las ciudades destruidas son la *Pentápolis*, o las cinco ciudades situadas en el mar Muerto.

381   El de matar a Muhammad.

76.—Los hay entre ellos que habían adquirido este compromiso con Dios: si nos concede dones de su gracia, haremos limosnas y seremos justos.

77.—Y cuando Dios los hubo colmado de dones, se han manifestado avaros; tergiversan, se apartan de la verdad.

78.—Dios ha hecho suceder la hipocresía en su corazón, hasta el día en que comparezcan ante él *para rendir cuenta* de haber violado las promesas que habían hecho a Dios y de haber acusado a los demás de mentira.

79.—¿No saben que Dios conoce sus secretos y sus conversaciones ocultas? Dios conoce perfectamente las cosas ocultas.

80.—En cuanto a los que calumnian a los creyentes a propósito de las limosnas supererogatorias, o porque no pueden cumplirlas, más que con mucho trabajo, a los que se burlan, Dios les burlará a su vez. Les espera un doloroso castigo.

81.—Implora el perdón para ellos o no lo implores, *poco importa.* Si lo imploras setenta veces, Dios no les perdonará, pues no creen ni en Dios ni en su apóstol, y Dios no dirige a los impíos.

82.—Los que permanecían en sus hogares *en la época de la expedición de Tabuk,* estaban encantados de permanecer detrás del profeta; les repugnaba combatir en el sendero de Dios con sus bienes y sus personas. Decían: *Los unos a los otros,* no vayáis a la guerra durante estos calores. Diles: el calor del fuego de la gehena es más ardiente aún. ¡Ah, si lo comprendiesen!

83.—Que se rían un poco, que algún día llorarán mucho, en recompensa de sus obras.

84.—Si Dios te trae del combate, en medio de una tropa de esas gentes, te pedirán permiso para ir en expedición. Diles: Jamás iréis conmigo, jamás iréis conmigo a combatir al enemigo. La primera vez habéis preferido permanecer; quedaos ahora con los que se quedan[382].

85.—Si muere alguno de ellos, no reces por él, no te detengas en

---

382 Es decir: con los que, a causa de su edad y de sus achaques, están autorizados para permanecer en sus casas.

su tumba, pues no han creído en Dios ni en su apóstol y murieron impíos.

86.—Que sus riquezas y sus hijos no te seduzcan. Dios quiere castigarlos con esos dones hasta en este mundo, y sus almas les abandonarán en la infidelidad.

87.—Cuando el *sura* que les instaba a creer en Dios y a ir a la guerra con el profeta fue enviado de lo alto, los más acomodados te solicitaron para ser eximidos; te dijeron: déjanos aquí; permaneceremos con los que permanecen.

88.—Han preferido quedarse atrás. El sello ha sido impreso en sus corazones; no oyen nada.

89.—Pero el profeta y los que han creído con él combaten con sus bienes y sus personas en el sendero de Dios. A ellos les están reservados todos los bienes y serán los bienaventurados.

90.—Dios ha preparado para ellos jardines regados por cristalinas corrientes de agua; allí permanecerán eternamente. Esto es una dicha inmensa.

91.—Algunos árabes del desierto han venido a excusarse y a pedir que se les exima de la guerra. Los que acusan de mentira a Dios y a su apóstol han permanecido con ellos. Un castigo doloroso espera a los que no tienen fe.

92.—Los débiles, los enfermos, los que no tienen medios, no estarán obligados a ir a la guerra, con tal que sean sinceros respecto de Dios y de su apóstol. Nos se hará oposición a los que no hacen el bien; Dios es indulgente y misericordioso;

93.—Ni a los que han acudido a pedirte monturas, y que, cuando tú les has dicho: No tengo monturas que daros, se volvieron con lágrimas en los ojos, de pena por no poder hacer el gasto.

94.—Se hará oposición a los que te pidan la exención, aunque sean ricos, porque prefieren quedar con los que quedan. El sello está impreso en sus corazones. No saben nada.

95.—Cuando volvéis en medio de ellos, presentan excusas. Diles: no os excuséis; nosotros no os creemos. Dios nos ha instruido respecto de vosotros; Dios y su apóstol ven vuestras acciones. Algún día volveréis al que conoce las cosas visibles e invisibles y que os repetirá lo que habéis hecho.

96.—Cuando estéis de vuelta en medio de ellos, os conjurarán en nombre de Dios a alejaros de ellos y a *no castigarlos*. Sí, alejaos de ellos, que son inmundos. La gehena les servirá de morada como recompensa de sus obras.

97.—Os conjurarán a ser benévolos respecto de ellos; si lo sois, Dios no será benévolo respecto de los malvados.

98.—Los árabes del desierto son los más empedernidos en su infidelidad y en su hipocresía, y es natural que ignoren los preceptos que Dios ha revelado a su apóstol. Dios es prudente y sabio.

99.—Entre los árabes del desierto los hay que creen en Dios y en el día final, que consideran la limosna como una contribución; acechan las vicisitudes de la suerte respecto de vosotros[383]. Una mala acción les espera a ellos; pues Dios lo oye y lo sabe todo.

100.—Entre los árabes del desierto los hay que creen en Dios y en el día final, que consideran la limosna como un medio de acercarse a Dios y de obtener las oraciones del profeta. Ciertamente la limosna los acercará a Dios.

101.—Los más antiguos, los primeros entre los mohadjeres y los ansares[384] y los que les han imitado en su hermosa conducta quedarán satisfechos de Dios, como él quedará satisfecho de ellos. Les ha prometido jardines regados por corrientes de agua; permanecerán allí eternamente. Esto es una dicha inmensa.

102.—Entre los árabes del desierto los hay que habitan en torno de vosotros, y entre los habitantes de Medina hombres empedernidos en la hipocresía. Tú no los conoces, ¡oh, *Muhammad!*, pero nosotros los conocemos. Los castigaremos dos veces[385], y luego serán entregados a un castigo doloroso.

103.—Otros han confesado sus faltas y han mezclado también una

383 Para estar libres de la obligación de hacer limosna, cuando la derrota de los musulmanes.
384 Los *mohadjeres* son los que emigraron de la Meca; los *ansares* o auxiliares son los medineses que acogieron a Muhammad fugitivo y lo ayudaron en sus empresas.
385 Es decir, en este mundo y en el otro.

acción buena con una acción mala. Quizás Dios perdonará a estos, pues es indulgente y misericordioso.

104.—Recibe una limosna de sus bienes para purificarlos y relevarlos de sus pecados; ruega por ellos, pues tus plegarias les devolverán el reposo, y Dios lo oye y lo sabe todo.

105.—¿No saben que Dios acepta el arrepentimiento de sus servidores a quienes agradece la limosna? Es indulgente y misericordioso.

106.—Diles además: Obrad; Dios verá vuestras acciones, así como su apóstol y los creyentes. Algún día volveréis a aquel que conoce las cosas visibles e invisibles; entonces os repetirá lo que habéis hecho.

107.—Otros esperan la decisión de Dios, ora para que les castigue, ora para que les perdone. Dios es sabio y prudente.

108.—Los hay que han edificado un templo para dañar a los creyentes y por infidelidad, con objeto de desunir a los creyentes y a fin de que este templo sea un lugar de emboscada para los que le hacen la guerra a Dios y a su apóstol. Jurarán diciendo: Solo hemos querido el bien. Dios es testigo de que mienten[386].

109.—No pongas jamás el pie allí. Hay un templo[387] edificado desde el primer día en el temor de Dios; él merece mejor que tú entres en él. Allí se reúnen hombres que desean ser puros. Dios ama a los que aspiran a la pureza.

110.—¿Cuál de los *dos* vale más? ¿El que ha establecido los fundamentos de un templo sobre el temor de Dios y sobre el deseo de agradarle, o el que los ha sentado sobre un escarpado monte de arcilla minado por un torrente y dispuesto a derrumbarse con él en el fuego de la gehena? Dios no conduce a los malvados.

111.—El templo que han construido no cesará de ser una ocasión de duda en sus corazones, hasta que sus corazones sean hechos pedazos. Dios es sabio y prudente.

386   La tribu de los *Benu Ganem ben Awf* había construido un templo e invitado a Muhammad a orar. Se dice que esto tuvo por objeto hacerle desistir de una expedición proyectada o tramar algún complot contra él.

387   Se trata aquí del templo de *Koba*, inaugurado por Muhammad después de su huida a la Meca y situado a dos leguas de Medina.

112.—Dios ha comprado a los creyentes sus bienes y sus personas para darles a cambio el paraíso; combatirán en el sendero de Dios, matarán y serán muertos. La promesa de Dios es verdadera; la ha hecho en el Pentateuco, en el evangelio, en el Corán, y ¿quién es más fiel a su alianza que Dios? Regocijaos del pacto que habéis contraído; es una dicha inmensa.

113.—Los que vuelven a *Dios*, los que adoran a Dios, los que lo alaban, los que lo celebran, los que hacen genuflexiones y se prosternan, los que mandan el bien y prohíben el mal, los que respetan los límites de Dios[388], *serán recompensados*. Anuncia esta buena nueva a los creyentes.

114.—No sienta al profeta ni a los creyentes implorar el perdón de Dios para los idólatras, aunque fuesen sus parientes, cuando se ha hecho evidente que serán entregados al fuego.

115.—Abrahán no imploró el perdón de Dios para su padre más que porque se lo había prometido; pero cuando quedó demostrado que su padre era el enemigo de Dios, no quiso inmiscuirse en nada, y, sin embargo, Abrahán era compasivo y humano.

116.—Dios no extravía a un pueblo después de haberlo conducido por el camino recto, hasta después de declararle lo que debería temer. Dios lo sabe todo.

117.—El imperio de los cielos y de la tierra pertenece a Dios; él da la vida y la muerte; fuera de él no hay patrón ni protector.

118.—Dios volvió al profeta[389] y a los mohadjeres y a los ansares que le habían seguido en la hora de la aflicción, cuando los corazones de una gran parte de ellos estaban próximos a desfallecer. Volvió a ellos porque está lleno de bondad y de misericordia.

119.—Volvió también a aquellos tres que habían permanecido[390].

---

388   Los límites de Dios son los preceptos, las leyes, las disposiciones de la ley.

389   La voz *volver de nuevo* se emplea en árabe en el sentido de *perdonar* cuando se aplica a Dios, y en el sentido de *arrepentirse* cuando se habla del pecador. Por lo demás, en este versículo se trata del perdón que Dios concedió a los pecados que Muhammad había cometido en diferentes circunstancias.

390   Se trata aquí de tres de los ansares que por negligencia o por falta de fe no habían seguido a Muhammad a *Tabuk*. Prohibió a los fieles todo comercio con ellos y

Por vasta que sea, la tierra fue entonces estrecha para ellos; se creían estrechos en sus propios cuerpos y pensaban que el único abrigo contra Dios era Dios *mismo*. Él volvió a ellos, a fin de que ellos volviesen a él, pues Dios gusta de volver a los pecadores, y es misericordioso.

120.—¡Oh, creyentes! Temed a Dios y estad con los justos.

121.—¿Qué razón tenían los habitantes de Medina y los árabes nómadas de los alrededores para abandonar al apóstol de Dios y preferir sus vidas a la de él? ¿Qué razón tenían para obrar así, cuando ni la sed, ni la fatiga, ni la necesidad podían alcanzarles en el sendero de Dios, cuando no daban ningún paso capaz de irritar a los infieles y cuando no sentían del enemigo nada que no les fuese contado como una buena obra?

122.—No harán una limosna pequeña o grande, no pasarán un torrente (*yendo a la guerra*) sin que todo sea inscrito, a fin de que Dios les conceda una magnífica recompensa de sus acciones.

123.—No conviene que todos los creyentes vayan a la vez a la guerra. Es preferible que vaya únicamente cierto número de cada tribu, y que se instruyan en la religión y enseñen a sus conciudadanos a su vuelta, a fin de que estos sepan tenerse en guardia.

124.—¡Oh, creyentes! Combatid a los infieles que os rodean; que hallen siempre en vosotros una acogida ruda. Sabed que Dios está con los que le temen.

125.—Cuando desciende de lo alto un nuevo *sura*, los hay que dicen: ¿Puede este nuevo *sura* acrecentar la fe de ninguno de vosotros? Sí, aumenta la fe de los creyentes, los cuales se regocijan con él;

126.—Pero para aquellos cuyos corazones están atacados de una enfermedad, no añade más que abominación, y mueren en la infidelidad.

127.—¿No ven que son puestos a prueba una y dos veces al año? Y, sin embargo, no se convierten ni reflexionan.

128.—Cuando desciende de lo alto un nuevo *sura*, se miran mutuamente y *se dicen*: ¿Es que alguno de vosotros ve? Y luego vuelven la espalda y se van. Que Dios aparte su corazón *de la verdad*, porque no la comprenden.

no levantó la excomunión hasta al cabo de cincuenta días de penitencia por su parte.

129.—Un profeta ha ido hacia vosotros, un profeta tomado entre vosotros. Vuestras iniquidades le pesan. Desea ardientemente veros creyentes. Está lleno de bondad y de misericordia.

130.—Si se apartan *de tus enseñanzas*, Diles: Dios me basta. No hay más Dios que él. Yo he puesto mi confianza en él; él es el poseedor del gran trono[391].

---

391   El gran trono, el trono designado en árabe por *elarch*, es el de la majestad divina; está situado en el cielo más elevado, en el cielo sin estrellas.

SURA X
JONÁS

DADO EN LA MECA.—109 VERSÍCULOS
EN NOMBRE DEL DIOS CLEMENTE Y MISERICORDIOSO

1.—ELIF. LAM. RA[392]. He aquí el libro prudente.

2.—Los hombres se asombran de que hemos concedido la revelación a un hombre tomado entre ellos, diciéndole: Advierte a los hombres y anuncia a los que creen, que tienen cerca de Dios la presencia *merecida por su fe*. Los infieles dicen: Este hombre es un hechicero fracasado.

3.—Vuestro Señor es ese Dios que creó los cielos y la tierra en seis días, y se sentó en seguida en el trono para tratar los asuntos del universo. No hay intercesor cerca de él, salvo cuando lo permite. Es Dios vuestro Señor; adoradle. ¿No reflexionáis sobre esto?

4.—Todos volveréis a él. Tal es la promesa verdadera de Dios; hace emanar la creación, y luego la hace volver[393] para recompensar a los que creen y a los que obran el bien con toda equidad. Los que no creen, tendrán por bebida agua hirviendo y un castigo doloroso como premio de su incredulidad.

5.—Él es el que ha establecido el sol para *difundir* la claridad, y la luna para *dar* la luz, que ha determinado las fases de esta, a fin de que conocieseis el número de los años y su cómputo. Dios no ha creado todo esto en vano, sino con un objeto serio[394]; explica sus signos a los que comprenden.

6.—Y en verdad, en la alternativa del día y de la noche, y en todo lo que ha creado Dios, hay signos de advertencia para los que temen.

---

392   Véase *sura* II, 1, nota.

393   Los filósofos místicos musulmanes citan frecuentemente este pasaje, según el cual toda creación es una emanación, una manifestación variada y continua de los atributos de Dios, único e invariable en su esencia.

394   Literalmente: para la verdad o en toda verdad.

7.—Los que no esperan vernos[395], los que se contentan con la vida de este mundo y confían en ella con seguridad, los que no prestan ninguna atención a nuestros signos,

8.—Los que no tengan el fuego por morada, como premio de sus obras,

9.—A los que hayan creído y obrado el bien, Dios les dirigirá por su fe por el camino recto. A sus pies correrán ríos en el jardín de las delicias.

10.—Por toda invocación, repetirán en esta mansión: ¡Gloria a ti, oh Dios!, y el saludo que recibirán será la palabra: ¡Paz!

11.—La conclusión de su plegaria será: Alabanza a Dios, Señor del universo.

12.—Si Dios quisiese apresurar el mal respecto de los hombres, como apresura el bien, pronto habría llegado su término. Pero nosotros dejamos a los que no esperan vernos después de su muerte abandonarse ciegamente a su extravío.

13.—Que un mal cualquiera hiera al hombre, y nos llama tumbado sobre el costado, o sentado, o de pie; que camina a *su gusto*, cual si no nos hubiese llamado durante el mal que le había alcanzado. Así se arreglan las acciones de los transgresores.

14.—Y, sin embargo, antes de vosotros hemos aniquilado ya otras generaciones, cuando, a causa de sus iniquidades, surgieron en medio de ellos profetas acompañados de signos evidentes, y cuando no estaban dispuestos a creer. Así es como recompensamos a los culpables.

15.—Os hemos establecido sucesores en este país, a fin de ver cómo obraréis.

16.—Cuando se recitan nuestras enseñanzas a los que no esperan vernos después de su muerte, dicen: Tráenos algún otro libro, o bien cambia un poco este. Diles: no me conviene cambiarlo por mi propia cuenta; yo sé lo que me ha sido revelado. Si obedezco, temo el castigo de mi Señor en el día terrible.

17.—Diles: Si Dios no lo quisiese, no os los leería (*los versículos del*

---

395   Literalmente: que no esperan nuestra entrevista, es decir, comparecer ante Dios en el día de la resurrección.

Corán) y jamás os los habría dado a conocer. Sin embargo, yo habría habitado en medio de vosotros sin hacerlo largos años[396]. ¿No lo comprendéis?

18.—¿Quién es peor que el que inventa mentiras a cuenta de Dios y el que trata sus signos de impostura? Pero Dios no hará prosperar a los culpables.

19.—Adoran al lado de Dios *objetos* que no les sirven de nada ni les dañan, y dicen: He aquí a nuestros intercesores al lado de Dios. Diles: ¿Haréis conocer a Dios algo en los cielos o en la tierra que él no conozca? Por su gloria, *no*. Es demasiado elevado para que se le asocien otras divinidades.

20.—En un principio los hombres formaban un solo pueblo; después se dividieron, y si la palabra de Dios (*difiriendo su castigo*) no hubiese sido revelada anteriormente, el motivo de su disentimiento habría sido decidido *a la hora actual*.

21.—Dicen: Si al menos fuese concedido algún milagro de lo alto *creeríamos*. Diles: Las cosas ocultas pertenecen a Dios. Esperad únicamente y también esperaré yo con vosotros.

22.—Hemos hecho probar nuestra misericordia a los hombres (*a los de la Meca*)[397] después de las desgracias que les habían alcanzado, y he aquí que han recurrido a los subterfugios con respecto a nuestros signos. Diles: Dios es más hábil en manejar el subterfugio, y nuestros enviados vencen por escrito a los vuestros.

23.—Él es el que os conduce a tierra firme y al mar. Cuando están montados en los buques que corren sobre las ondas y son empujados por un viento suave, se regocijan; pero si un viento violento se levanta y las olas les asaltan por todas partes, hasta el punto de creerse envueltos por ellas, invocan a Dios con una fe sincera, exclamando: Si nos salvas de este peligro te estaremos agradecidos.

24.—Pero cuando los ha salvado, cometen injusticias en la tierra. ¡Oh, hombres! La injusticia que cometéis contra vosotros mismos solo

396 Muhammad no comenzó su apostolado hasta la edad de cuarenta años.

397 Esto debe referirse a los siete años de sequía que habían afligido a la Meca. No bien hubo cesado esta calamidad, los infieles, poco antes humildes y abatidos, empezaron a ridiculizar la misión de Muhammad.

persigue el goce en este mundo, y, sin embargo, todos tenéis que volver después a Dios: allí os recitaremos lo que habéis hecho.

25.—El mundo de aquí abajo se parece al agua que hacemos descender del cielo; se mezcla con las plantas de la tierra con que se alimentan los hombres y los animales, hasta que, habiéndola absorbido la tierra, se adorna con ella y se embellece. Los habitantes de la tierra creen que son sus dueños; pero nuestras sentencias han pasado por ella durante el día y durante la noche, e inmediatamente hubo cosechas cual si nada hubiese ocurrido la víspera. Así es como hacemos aparecer claramente nuestros signos a los que reflexionan.

26.—Dios llama a la mansión de paz[398] y dirige al que quiere hacia el sendero recto.

27.—A los que han hecho el bien, el bien y un poco más. Ni la negrura ni la vergüenza empañarán el brillo de sus rostros. Habitarán el paraíso y permanecerán allí eternamente.

28.—La retribución de los que hagan el mal será semejante al mal[399]; la ignominia les cubrirá (y no habrá protector contra Dios) y sus rostros serán negros como un pedazo de noche oscura. Habitarán el fuego y permanecerán en él eternamente.

29.—Algún día los reuniremos a todos y les gritaremos a los que daban asociados a Dios: A vuestro sitio vosotros y vuestros compañeros. Luego los separaremos a unos de otros. Entonces sus compañeros les dirán: no somos nosotros los que os hemos adorado (*sino más bien vuestras pasiones*).

30.—Dios es un testigo competente entre nosotros y vosotros. Ni siquiera hacíamos caso de vuestras adoraciones.

31.—Así toda alma recibirá la retribución de lo que haya hecho; todos serán vueltos a Dios, su verdadero Señor, y los dioses que habían inventado desaparecerán.

32.—Diles: ¿Quién es el que os procura el alimento del cielo y de la tierra? ¿Quién es el que dispone del oído y de la vista? ¿Quién es

398 La mansión de paz, *Dar esselam*, es el paraíso.

399 No es este el único pasaje del Corán en que, para poner de relieve la bondad de Dios, se representan las recompensas reservadas a los justos como más generosas que severos los castigos de los malvados.

el que saca un ser vivo de un ser muerto y un ser muerto de un ser vivo?[400]

33.—Este es Dios, vuestro Señor verdadero. ¿Qué hay fuera de la verdad, más que el error? ¿Cómo es que os apartáis de ella?

34.—Así se ha comprobado esa palabra de Dios sobre los criminales que no creerán jamás.

35.—Diles: ¿Puede alguno de vuestros compañeros producir un ser y hacerle volver en seguida de la nada? Di más bien: Dios es el que produce esta creación y le hace volver. ¿Cómo es que os alejáis de la fe?

36.—Diles: ¿Puede alguno de vuestros compañeros[401] dirigiros hacia la verdad? Di: Dios es el que dirige hacia la verdad. ¿Quién es más digno de ser obedecido, el que dirige o el que no dirige, sino que es dirigido? ¿Cuál es, pues, la causa que os lleva a juzgar como lo hacéis?

37.—La mayor parte de ellos no siguen más que una opinión; pero la opinión no substituye en modo alguno la verdad, y Dios sabe lo que hacen los hombres.

38.—Este libro (*el Corán*) no es inventado más que por Dios; no es más que una confirmación de los que había antes de él y una explicación de las escrituras exentas de toda duda, que provienen del dueño del universo.

39.—Dicen: ¿Es él (*Muhammad*) quien lo ha inventado? Respóndeles: Componed, pues, un solo capítulo semejante; llamad a hacerlo a cuantos podéis, excepto Dios, si sois sinceros.

40.—Pero acusan de mentira lo que son incapaces de abarcar con su ciencia, aunque se les haya dado su explicación. Así han obrado, antes de ellos, los que trataban de impostores a otros diferentes de ti. Mira cuál ha sido el fin de los impíos.

41.—Los hay entre ellos que creen; los hay que no creen. Dios conoce a los malvados.

42.—Si te tratan de impostor, Diles: Mis acciones me pertenecen,

---

400 Es decir, que hace salir los hombres y los animales de una gota de esperma, y una gota de esperma de sus flancos, o bien la naturaleza animada de la inanimada.

401 El pronombre *vuestros* no quiere decir los compañeros de los idólatras, sino los compañeros que los idólatras atribuyen a Dios.

y a vosotros las vuestras. Sois inocentes de lo que yo hago, y yo de lo que vosotros hacéis.

43.—Hay entre ellos hombres que vienen para escucharte. ¿Puedes hacer que los sordos te oigan, cuando no comprenden nada?

44.—Hay otros que te miran sin ver nada. ¿Puedes dirigir a los ciegos cuando no ven?

45.—Dios no comete injusticia respecto de los hombres; los hombres las cometen respecto de sí mismos.

46.—Algún día los reunirá a todos; viéndolos se podrá creer que no han permanecido (*en la tumba*) más que una hora al día, y todos se conocerán unos a otros. Entonces los que han tratado de mentira la comparecencia ante Dios y que no eran dirigidos por la senda recta, perecerán.

47.—Ora que te hagamos ver una parte de las penas con que les amenazamos, ora que te recogiésemos en nuestra casa[402] antes, todos volverán a Dios; él (*Dios*) aparecerá entonces como testigo de sus acciones.

48.—Cada nación ha tenido su profeta, y cuando un profeta fue a ellos también, la diferencia fue decidida con equidad y ellos no fueron tratados injustamente[403].

49.—Dicen ellos: ¿Cuándo se realizarán, pues, esas amenazas? Decídnoslo, si sois sinceros.

50.—Diles: No tengo ningún poder sobre lo que me es útil o perjudicial, sino en tanto que ello place a Dios. Cada nación tiene su término; cuando este término ha llegado, no podría retrasarlo ni avanzarlo ni una sola hora.

51.—Diles: Si el castigo de Dios tiene que sorprenderles durante la noche o durante el día, ¿por qué quieren apresurarlo los culpables?

52.—¿Creeréis vosotros en el momento en el que el castigo venga a sorprenderos? Sí, entonces creeréis en él; pero ¿por qué lo habéis apresurado?

---

402 Esto quiere decir: ora que nosotros te hagamos *morir;* pero en este pasaje, como en otros, el Corán evita servirse de la voz morir al hablar de Muhammad y de Jesús.

403 Advertimos que se trata aquí de los infieles de la Meca, y por los *hombres* debe entenderse los naturales de esta ciudad.

53.—Entonces se dirá a los injustos: Probad el castigo eterno; ¿habéis de ser retribuidos de distinto modo del que merezcáis?

54.—Vendrán a preguntarte a tu casa si verdaderamente será así. Diles: Sí, lo juro por mi Señor que es la verdad; y vosotros no podéis debilitar el poder de Dios.

55.—En verdad, toda alma que ha cometido iniquidades desearía entonces librarse a costa de todas las riquezas de la tierra. Ellos (*los humanos*) ocultarán su pena cuando vean el castigo que les espera. Pronto quedará decidida su causa y no serán lesionados.

56.—¿No pertenece a Dios todo lo que hay en los cielos y en la tierra? ¿No son verdaderas las promesas de Dios? Pero la mayor parte de los hombres no lo saben.

57.—Él da la vida y hace morir, y vosotros volveréis a su vera.

58.—¡Oh, hombres! Os ha llegado de parte de vuestro Señor una advertencia y un remedio para el mal que consume vuestros corazones, la dirección *en vuestra ruta*, y la misericordia para los creyentes.

59.—Diles: Por la gracia de Dios y por su misericordia, que se regocijen, esto les será más ventajoso que las riquezas que amontonan.

60.—Diles: Decidme, entre los dones que Dios ha hecho descender de lo alto sobre vosotros, habéis prohibido unas cosas y habéis permitido otras. Pregúntales: ¿Es Dios el que os lo ha enseñado o es que se lo atribuís vosotros engañosamente?

61.—Pero ¿qué pensarán en el día de la resurrección los que inventan mentiras a cuenta de Dios? En verdad, Dios está dotado de una bondad infinita para con los hombres; pero la mayor parte de ellos no le están agradecidos.

62.—No te hallarás en una circunstancia cualquiera, no leerás una sola palabra del libro, los hombres no ejecutarán acto alguno, sin que nosotros seamos testigos contra ellos cuando lo realizan. El peso de un átomo en la tierra o en los cielos no podría pasar desapercibido para tu Señor. No hay peso pequeño ni grande que no esté inscrito en el libro evidente[404].

---

404 Por el libro evidente o libro que lo pone todo en evidencia, debe entenderse aquí el libro que está en el cielo, en el que están consignadas todas las acciones de los hombres.

63.—Los amigos de Dios estarán al abrigo de todo temor y no serán entristecidos.

64.—A los que creen y temen,

65.—A esos la buena nueva en este mundo y en el otro. Las palabras de Dios no cambian. Será una dicha inmensa.

66.—Que sus palabras no te aflijan. Toda la gloria pertenece a Dios; lo oye y lo sabe todo.

67.—¿No es de Dios todo lo que hay en los cielos y en la tierra? Los que invocan junto a Dios a compañeros *que le atribuyen* no siguen más que una creencia vana y dicen una mentira.

68.—Él es el que ha establecido la noche para vuestro descanso, y el día que os lo hace ver *todo*. En verdad, hay en esto signos para los que escuchan.

69.—Dicen: Dios tiene un hijo. Por su gloria, *no*. Se basta a sí mismo; a él pertenece todo lo que hay en los cielos y en la tierra. ¿Habéis recibido algún poder para hablar así, o es que decís lo que no sabéis?

70.—Diles: Los que inventan mentiras por cuenta de Dios no serán felices.

71.—Gozarán temporalmente de este mundo y luego volverán a nosotros; después les haremos probar el castigo terrible como premio a su incredulidad.

72.—Vuelve a leerles la historia de Noé, cuando dice a su pueblo: ¡Oh, pueblo mío! Si mi permanencia en medio de vosotros y el recuerdo de los signos de Dios os son insoportables, pongo mi confianza en Dios solo. Reunid vuestros esfuerzos y a vuestros compañeros, y no ocultéis vuestros designios: decidid de mí y no me hagáis esperar.

73.—Si volvéis la espalda, no os pido ninguna retribución, mi retribución está a cargo de Dios; él me ha ordenado que me abandone a él.

74.—Se le ha tratado de impostor y nosotros le hemos salvado a él y a los que estaban con él en la nave. Les hemos hecho sobrevivir a los demás; hemos ahogado a los que tratan nuestros signos de mentira. He aquí cuál ha sido el fin de aquellos a quienes Noé hacía advertencias.

75.—Enviamos enseguida otros profetas, cada uno hacia su propio pueblo; ellos les hicieron ver signos evidentes; pero estos pueblos no estaban inclinados a creer en lo que antes habían tratado de mentira. Así es como imprimimos nosotros el sello en los corazones de los injustos.

76.—Después enviamos a Moisés y a Aarón, acompañados de nuestros signos, hacia Faraón y hacia los grandes de su imperio; pero se llenaron de orgullo y se hicieron culpables.

77.—Cuando la verdad les llegó de parte nuestra, dijeron: Es magia pura.

78.—Entonces Moisés les dijo: Cuando nos aparece la verdad, ¿por qué preguntáis si es magia? Los mágicos no prosperarán.

79.—¿Has venido, respondieron, para apartarnos de lo que hemos visto practicar a nuestros padres y para que la grandeza de este país pertenezca a vosotros dos? No os creemos.

80.—Entonces dijo Faraón: Haced venir los mágicos más hábiles que hay. Y cuando los mágicos se presentaron, Moisés les dijo: Echad lo que tenéis que echar.

81.—Y cuando hubieron echado lo que tenían que echar, Moisés repuso: Lo que hacéis ahí no es más que magia. Dios mostrará la vanidad de ello, pues Dios no da el triunfo a las acciones de los malvados.

82.—Dios corroborará la verdad con sus palabras, aunque los culpables hayan de sentir despecho.

83.—Y nadie creyó en Moisés, excepto su propio pueblo, por temor a que Faraón y los grandes le oprimiesen (*los egipcios*); pues faraón era poderoso en el país y cometía excesos.

84.—Moisés entonces dijo a su pueblo: ¡Oh, pueblo mío! Si habéis creído en Dios, poned completamente vuestra confianza en él, si estáis realmente resignados a su voluntad.

85.—Ellos respondieron: Hemos puesto nuestra confianza en Dios. Señor, no nos hagas víctimas de la tentación de un pueblo de opresores;

86.—Por tu misericordia líbranos del pueblo de los infieles.

87.—Entonces hicimos oír a Moisés y a su hermano esta revelación: disponed casas en Egipto para vuestro pueblo y haced allí casas de adoración. Observad puntualmente la oración y haced oír alegres nuevas a los creyentes.

88.—¡Señor! Exclamó Moisés, tú has dado a Faraón y a sus magnates las riquezas y el esplendor en este mundo, a fin de que se alejen de tu camino; ¡Oh, Señor! Destruye sus riquezas y endurece sus corazones; que no crean hasta que no sufran el castigo terrible.

89.—Vuestra plegaria está escuchada, respondió Dios; caminad por el camino recto y no sigáis a los que nada saben.

90.—Franqueamos el mar con los hijos de Israel. Faraón y sus ejércitos les persiguieron con ardor como enemigos, hasta el momento que, cubierto por las olas, exclamó: Creo que no hay más Dios que aquel en que creen los hijos de Israel. Soy de los que se abandonan a él.

91.—Sí, a la hora presente; pero poco ha te has manifestado rebelde y eras del número de los malvados.

92.—Hoy te salvaremos en cuanto a tu cuerpo, a fin de que haya un signo de advertencia para tus sucesores; y, sin embargo, la mayor parte de los hombres no prestan ninguna atención a nuestros signos.

93.—Hemos dispuesto para los hijos de Israel habitaciones excelentes (*en Siria*) y les hemos dado cosas excelentes para alimento suyo. No se dividieron hasta que hubieron recibido la ciencia de parte de tu Señor. Pero Dios dictará sentencia entre ellos en el día de la resurrección, acerca de sus disentimientos.

94.—Si estás en la duda sobre lo que te ha sido enviado de lo alto, interroga a los que leen las escrituras enviadas antes de ti. La verdad de parte de Dios ha descendido sobre ti; no seas de los que dudan.

95.—No seas de los que tratan de mentiras los signos de Dios, a fin de no ser del número de los réprobos.

96.—Aquellos contra los cuales ha sido pronunciada la palabra de Dios no creerán.

97.—Aunque se realicen todos los milagros, no creerán, hasta que sientan el castigo terrible.

98.—Si fuese de otro modo, una villa que hubiese creído, habría hallado en esto su salvación; pero solo el pueblo de Jonás fue salvo después de haber creído. Lo libramos del castigo de oprobio en este mundo y lo dejamos subsistir hasta cierto tiempo.

99.—Si Dios quisiese, todos los hombres de la tierra creerían. ¿Quieres obligar a los hombres a ser creyentes?

100.—¿Cómo habría de creer un alma sin la voluntad de Dios? Derramará su indignación sobre los que no comprenden.

101.—Diles: Contemplad lo que hay en los cielos y en la tierra. Pero los signos y las advertencias no serán de ninguna utilidad a los que no creen.

102.—¿Esperáis algún otro desenlace que el de las generaciones que os han precedido? Diles: Esperad y yo esperaré con vosotros.

103.—Luego salvaremos a nuestros enviados y a los que hayan creído. Es justo que salvásemos a los creyentes.

104.—Diles: ¡Oh, hombres! Si estáis en la duda respecto de mi religión, os declaro que no adoro a los que vosotros adoráis al lado de Dios; adoro a ese Dios que os hará morir. Me ha sido ordenado que sea creyente.

105.—Me ha sido dicho: Dirige tu frente hacia la verdadera fe; sé piadoso, y no seas de los que asocian *otras divinidades a Dios*.

106.—No invoques al lado de Dios lo que no podría serte útil ni dañarte. Si lo haces, eres un impío.

107.—Si Dios te aflige con un mal, nadie más que él puede librarte de él; si te envía algún bien, nadie podría privarte de sus favores; te envía a aquellos servidores a quienes quiere. Es indulgente y misericordioso.

108.—Di: ¡Oh, hombres! La verdad os ha venido de parte de vuestro Señor; todo el que toma el camino recto, lo toma por su bien; todo el que se extravía, se extravía en detrimento de su alma. Yo no estoy fundado en poderes.

109.—Sigue, pues, lo que te ha sido revelado, y ten paciencia hasta el momento en que Dios haya pronunciado su sentencia. Es el mejor de los jueces.

SURA XI
HUD[405]

DADO EN LA MECA.—123 VERSÍCULOS
EN NOMBRE DEL DIOS CLEMENTE Y MISERICORDIOSO

1.—ELIF. LAM. RA. El libro cuyos versículos han sido establecidos en un principio sobre una base sólida y desarrollados luego, proviene del Prudente, del instruido.

2.—¡Ah! No adoréis, pues, a Dios; yo no soy de su parte vuestro amonestador, vuestro apóstol.

3.—Implorad el perdón de vuestro Señor y luego volved a él; él os hará gozar de una hermosa parte, hasta el término fijado de antemano, y concederá sus favores a todo hombre digno de favores[406]. Pero si volvéis la espalda, en verdad, temo para vosotros el castigo del gran día.

4.—Todos volveréis a Dios; es omnipotente.

5.—¿No hacen pliegues a sus corazones[407] para ocultar sus designios?

6.—Y cuando procuran cubrirse con sus vestidos, ¿no sabe Dios lo que ocultan y lo que dejan aparecer?

7.—En verdad, conoce lo que sus corazones encierran[408].

8.—No hay criatura en la tierra a la que Dios no se encargue de procurar alimento; conoce su guarida y el lugar de su muerte; todo está inscrito en el libro evidente.

9.—Él es el que ha creado los cielos y la tierra en el espacio de seis

---

405 *Hud* es el nombre del profeta enviado cerca del pueblo de Ad; se trata de él no solo en este *sura*, sino en varios otros.

406 O bien: *sus favores a todo poseedor de mérito.* Es difícil entender de otro modo las palabras del texto, donde la voz *fadhl* quiere decir también *favor*, aplicada a Dios, y mérito, aplicada al hombre.

407 El Corán representa el pecho como un pedazo de paño que se emplea para ocultar alguna cosa.

408 O bien, según otro sentido de dos palabras del texto: conoce su sitio en los riñones y en el vientre de sus padres.

días; *antes de la creación*, su trono estaba establecido sobre las aguas; *en un principio* Dios quería saber quién de vosotros obraría mejor[409].

10.—Cuando tú les dices: seréis resucitados después de vuestra muerte, los infieles responden: eso es magia pura.

11.—Y si diferimos el castigo hasta el tiempo determinado, dicen: ¿Qué es lo que impide *hacerlo en el acto?* ¿Creen acaso que no llegará día en que nadie podrá ya extraviarlos? Lo que era objeto de sus burlas les envolverá en todas partes.

12.—Si hacemos probar al hombre *los frutos* de nuestra misericordia y los privamos de ellos en seguida, hele que se desespera y se hace ingrato (incrédulo).

13.—Si le hacemos probar nuestros beneficios después de la adversidad que le había alcanzado, dice: Las desgracias me han dejado al fin, y heles gozosos y alegres.

14.—Los que perseveran y hacen el bien, obtendrán la indulgencia y la recompensa magnífica.

15.—Es posible que olvides *dar a conocer* una parte de lo que te ha sido revelado y que tu corazón esté en la angustia cuando te digan: A menos que un tesoro no le sea enviado de lo alto, o que le acompañe un ángel, *no creeremos*. Tú, *Muhammad*, no eres más que un amonestador; solo Dios lo rige todo.

16.—Dirán: Él es (*Muhammad*) quien ha inventado este Corán. Respóndeles: Pues bien, traed diez *suras* semejantes[410], inventad y llamad en vuestra ayuda a cuantos podáis, excepto Dios. Hacedlo, si sois sinceros.

17.—Si no lo obtenéis, sabed que él (*el Corán*) ha descendido con la ciencia de Dios, y que no hay más Dios que Dios mismo. ¿Sois musulmanes?[411]

18.—Retribuiremos con justicia las obras de aquellos que deseen la vida de este mundo y sus placeres; no serán lesionados.

---

409   Es decir, cuál de las cosas creadas será más apta para encargarse de sus mandatos, de los hombres o de la tierra y de los cielos.

410   *Sura*, capítulo del Corán. Este pasaje merece ser notado, pues prueba que los diez primeros *suras* existían ya en esta época.

411   Es decir: ¿Estáis resignados a la voluntad de Dios (*moslimin*)?

19.—Estos serán los que no tendrán en la vida futura más que el fuego eterno como lote; lo que hacen aquí abajo quedará reducido a nada; sus acciones serán vanas.

20.—¿*Serán iguales a los infieles* los que se apoyan en las pruebas evidentes provenientes de su Señor, *pruebas* que las recita un testigo que viene de parte de Dios, precedido del libro de Moisés, el cual ha sido dado como guía y como signo de la gracia de Dios? Estos creen en él; pero todo el que no cree de entre los partidos (*árabes*), tendrá el fuego por compañero. No conserves, pues, ninguna duda sobre este libro que es la verdad misma; pero la mayor parte de los hombres no creen en él.

21.—¿Quién es más malo que el que inventa mentiras a cuenta de Dios? Esos hombres comparecerán algún día ante su Señor, y los testigos dirán: He ahí a los que han acusado a su Señor de mentira. ¿No caerá la maldición de Dios sobre los malvados?

22.—¿Quiénes son los que apartan a los demás del sendero de Dios y quieren hacérselo tortuoso? Los que no han creído en la vida futura. No harán a Dios impotente en la tierra y no hallarán ningún protector contra él. El castigo que les espera será llevado al doble. No podían escuchar nada y no creían en nada.

23.—Ellos son los que se han perdido a sí mismos, y las divinidades que habían inventado han desaparecido.

24.—No hay duda que no sean los más desgraciados en el otro mundo.

25.—Los que creen y obran el bien, que se humillan ante su Señor, estarán en posesión del paraíso, donde permanecerán eternamente.

26.—Estas dos porciones de los humanos se semejan al ciego y al sordo, al que ve y al que oye. ¿Son iguales los unos a los otros? ¿No reflexionaréis?

27.—Enviamos a Noé hacia su pueblo. Yo estoy, les dijo, encargado de advertiros claramente;

28.—De no adorar más que a Dios. Temo por vosotros el castigo del día terrible.

29.—Los jefes del pueblo incrédulo le dijeron: Tú no eres más que un hombre como nosotros, y nosotros no vemos que te haya seguido más que el vil populacho sin reflexión. No tenéis ningún mérito que os haga superior a nosotros. Es más, os miramos a *todos* como impostores.

30.—¡Oh, pueblo mío! Repuso Noé, ¿qué pensáis de ello? Si no hago más que seguir la revelación de Dios y la gracia que de él me viene y que vosotros no veis, ¿es preciso que os la imponga a pesar vuestro?

31.—¡Oh, pueblo mío! No os pido riquezas a cambio de ello; mi recompensa es de cuenta de Dios y no puedo rechazar a los que creen que algún día recibirán al Señor. Más veo que sois un pueblo de ignorantes.

32.—¡Oh, pueblo mío! ¿Quién me asistirá contra Dios si rechazo a los que creen? ¿No reflexionareis sobre esto?

33.—Yo no os digo: Los tesoros de Dios están a mi disposición. Yo no conozco las cosas ocultas. Yo no os digo: Soy un ángel; yo no digo a aquellos a quienes vuestros ojos miran con desprecio: Dios no les concederá ningún beneficio. Dios sabe como nadie lo que hay en el fondo de sus almas. Si yo dijese esto, sería del número de los malvados.

34.—Ellos respondieron: ¡Oh, Noé! Tú has disputado ya con nosotros y tú no haces más que aumentar nuestras querellas. Haz, pues, llegar eso con que nos amenazas, si eres verídico.

35.—Dios lo hará llegar sin duda, si quiere, y no sois vosotros los que lo haréis impotente.

36.—Si yo dijese consejos, no os servirían de nada cuando Dios quisiese extraviaros. Él es vuestro Señor y a él es a quien volveréis.

37.—Te dirán: Él ha inventado este Corán; Diles: Si yo lo he inventado, el crimen caerá sobre mí, pero yo soy inocente de los vuestros.

38.—Ha sido en seguida revelado a Noé: no habrá más creyentes en tu pueblo que los que han creído ya. No te aflijas por sus acciones.

39.—Construye una nave en nuestra presencia y según nuestra revelación, y no nos hables ya a favor de los malvados: serán sumergidos.

40.—Y construyó una nave, y cada vez que pasaban junto a él los jefes de su pueblo se burlaban. No os burléis, dijo Noé; yo me burlaré a mi vez como vosotros os burláis, y vosotros aprenderéis.

41.—Sobre quién caerá el castigo que le llenará de oprobio. Este castigo quedará perpetuamente sobre su cabeza.

42.—Y así fue hasta el momento en que fue dada nuestra orden y en que la hornada explotó[412]. Nosotros dijimos a Noé: Lleva en esa nave una pareja de cada especie, así como a tu familia, excepto a aquel sobre el cual ha sido pronunciada la sentencia[413]. Toma también a todos los que han creído; y solo hubo un pequeño número que creyó.

43.—Noé les dijo: Montad en la nave. En nombre de Dios, que bogue y que eche el áncora[414]. Dios es indulgente y misericordioso.

44.—Y la nave bogaba con ellos en medio de las olas elevadas como montañas. Noé le dijo a su hijo que estaba separado: ¡Oh, hijo mío! Embarca con nosotros y no te quedes con los incrédulos.

45.—Me retiraré, dijo, a una montaña que me ponga al abrigo de las aguas. Noé le dijo: Nadie estará hoy al abrigo de las sentencias de Dios, excepto aquel de quien haya tenido piedad. Las olas los separaron, y el hijo de Noé fue sumergido.

46.—Y fue dicho: ¡Oh, tierra! Absorbe tus aguas; ¡Oh, cielo! Detente; y las aguas disminuyeron; la sentencia fue cumplida. La nave se detuvo en la montaña *Al-Djudi*[415] y fue dicho: ¡Lejos de aquí los malvados!

---

412   Se puede traducir también: *y la hornada desbordó*. Los comentadores no están de acuerdo acerca del sentido de la voz *hornada*, ni del lugar en que se hallaba. Se supone que esta hornada no era más que un depósito de agua comprimida y que reventó para operar la inundación. Se le sitúa ora en Irak arábigo, en el lugar en que estaba la ciudad de Kufa, ora en la Mesopotamia, y ora en la india. Tal vez la expresión: *la hornada reventó*, no es más que una locución metafórica correspondiente a esta obra: *las cataratas del cielo se abrieron*. La voz del texto *tannur*, de la cual se ha formado hoy en el lenguaje vulgar *tandur*, es un agujero circular practicado ordinariamente en medio de un cuarto, que se estrecha hacia su base. Tiene dos pies de profundidad; se enciende fuego en él, y, cuando está apagado, se aplica a las paredes ardientes del horno la pasta redonda y delgada, única clase de pan cocido en Oriente. Algunos comentadores, tomando la voz *tannur* del Corán por un horno de este género, se han complacido en contar ridículos cuentos, refiriendo que la hornada que causó la inundación fue aquella en que cocía Eva el pan.

413   Uno de los hijos de Noé a quien la tradición representa como infiel.

414   Literalmente: Que haga su carrera y su anclaje en nombre de Dios.

415   La tradición mahometana designa esta montaña como el lugar en que el arca de Noé se detuvo. *Djudi* es el nombre dado a una de las alturas más elevadas, que no merece el nombre de montaña, en la parte septentrional de la Mesopotamia y que la separan de la Armenia. Está a poca distancia de la actual ciudad de Djezireh. Ad-

47.—Noé gritó a su Señor y dijo: ¡Oh, Señor mío! Mi hijo es de los míos; sus promesas son verdaderas, y tú eres el mejor de los jueces.

48.—¡Oh, Noé! Repuso Dios, no es de los tuyos. Lo que tú haces es una acción injusta. No me pidas lo que no sabes. Yo te advierto, a fin de que no seas del número de los ignorantes.

49.—¡Señor! Me refugio cerca de ti; dispénsame que te pregunte lo que no sé, y si no me perdonas, si no tienes piedad de mí, estoy perdido.

50.—Y él le dijo: ¡Oh, Noé! Desciende de tu nave, acompañado de nuestro saludo y de nuestras bendiciones sobre ti y sobre los pueblos que están contigo. Hay pueblos a quienes haremos gozar de los bienes del mundo; más tarde les alcanzará un terrible castigo.

51.—He aquí una de las historias desconocidas. Nosotros te revelamos, *¡oh, Muhammad!*, esta historia, que no habéis conocido hasta aquí ni tú ni tu pueblo. Ten paciencia: el fin venturoso es para los que temen a Dios.

52.—Nosotros enviamos a los hombres de Ad a su hermano Hud. Él les dijo: ¡Oh, pueblo mío, adorad a Dios! No tenéis más Dios que él. Vosotros mismos inventáis los otros.

53.—¡Oh, pueblo mío! Yo no te pido ningún salario; mi salario corre a cuenta del que me ha creado. ¿No lo comprenderéis?

54.—¡Oh, pueblo mío! Implorad el perdón de vuestro Señor y luego volved a él, que os enviará del cielo una abundante lluvia[416].

55.—Hará crecer vuestras fuerzas[417]. No os vayáis culpables (*haced penitencia*).

56.—¡Oh, Hud! Respondieron, tú no vienes acompañado de un signo evidente; nosotros no abandonaremos nuestras divinidades a tu sola palabra; nosotros no te creemos.

---

vertiremos aquí que esta tradición no es solamente de los mahometanos, sino que la sostienen también los caldeos. El nombre *Djudi* responde al *Djordi*, montes *Gordyei*, y tal vez es solo una alteración.

416 Los pueblos de *Ad* sufrían una gran sequía.

417 Los pueblos de *Ad* están representados, en la tradición popular, combatidos en otros lugares por los juiciosos historiadores árabes, tales como Ebn Khaldun, como seres notables por su gigantesca estatura y su fuerza. Véase *sura* VII, 67, nota.

57.—¿Qué diremos sino que uno de nuestros dioses te ha herido de algún golpe? Él respondió: Tomo a Dios por testigo, y vosotros mismos testimoniad que soy inocente de que asociáis *otras divinidades*.

58.—A Dios. Poned en práctica vuestras maquinaciones y no me hagáis esperar;

59.—Pues yo he puesto mi confianza en Dios, que es mi Señor y el vuestro. No existe una sola criatura a quien no tenga por la punta de los cabellos. Dios está en el sendero recto.

60.—Si volvéis la espalda, yo os he hecho conocer mi misión. Dios pondrá a otro pueblo en vuestro lugar y vosotros no podréis causarle (a Dios) ningún mal. Mi Señor contiene toda cosa en sus límites.

61.—Nuestra voluntad presta a realizarse, nosotros salvamos, por efecto de nuestra misericordia, a Hud y a los que han creído en él; les hemos salvado de un castigo horrible.

62.—Este pueblo de Ad había negado la verdad de su Señor; había desobedecido a sus enviados y había seguido las órdenes de los hombres poderosos y rebeldes.

63.—La maldición les persiguió en este mundo. El día de la resurrección se les gritará: ¿No ha sido Ad incrédulo respecto de su Señor? ¡Lejos de aquí, Ad, pueblo de Hud!

64.—Enviamos hacia los temuditas a su hermano Saleh, que les dijo: ¡Oh, pueblo mío!, adorad a Dios. No tengáis más dioses que él. Os ha producido de tierra y os la ha dado para habitarla. Implorad su perdón; luego volved a él. Mi Señor está próximo y atiende a los que rezan.

65.—Ellos respondieron: ¡Oh, Saleh! Tú eras el objeto de nuestras esperanzas[418]. ¿Nos prohibirás ahora que adoremos lo que nuestros padres adoraban? Tenemos grandes dudas sobre el *culto* a que nos llamas.

66.—¡Oh, pueblo mío! Respondió, pensad en ello. Cuando me acompaña una voluntad manifiesta de Dios, cuando su misericordia ha descendido sobre mí, ¿quién me asistirá si le obedezco? No podría menos de aumentar mi perdición[419].

---

418   Teníamos intención de proclamarte nuestro rey.

419   Vosotros, que intentabais elegirme rey y aumentar así mi consideración.

67.—¡Oh, pueblo mío! La camella que aquí ves, es la camella de Dios, y ella será un signo para vosotros; dejadla pacer tranquilamente en la tierra de Dios, no le hagáis ningún daño; un castigo terrible le seguiría de cerca.

68.—Mataron la camella, y entonces Saleh les dijo: Esperad tres días en vuestras casas. Es una promesa que no será desmentida.

69.—Y tan pronto como fue pronunciada nuestra sentencia, salvamos, por efecto de nuestra misericordia, a Saleh y a los que habían creído con él, del oprobio de aquel día. Tu Señor es el Fuerte, el Poderoso.

70.—Una violenta tempestad sorprendió a los malvados; al día siguiente fueron hallados muertos, la faz contra la tierra, en sus habitaciones,

71.—Cual si jamás hubiesen habitado allí. Temud ha sido incrédulo respecto de su Señor. ¡Lejos de aquí, Temud!

72.—Nuestro enviados fueron hacia Abrahán, portadores de una nueva feliz. Le dijeron: ¡Paz!—¡Paz! Respondió él; y no tardó mucho en llevar un ternero asado.

73.—Y cuando vio que sus manos no tocaban siquiera el *manjar preparado*, se disgustó y sintió pánico. No tengas miedo, le dijeron; somos enviados hacia el pueblo de Loth.

74.—Su mujer (*la mujer de Loth*) se mantenía allí de pie y se puso a reír[420]. Nosotros le anunciamos a Isaac, y después de Isaac a Jacob.

75.—¡Ah! ¡Desgraciada de mí! ¿Engendrar yo? ¡Siendo como soy una vieja y mi marido un anciano! En verdad, es una cosa extraña.

76.—¿Te asombrarás acaso de la voluntad de Dios? Su misericordia y sus bendiciones están sobre vosotros, gente de esta casa. Dios es digno de gloria y de alabanzas.

77.—Cuando se disipó el espanto de Abrahán y cuando le fue hecha la feliz predicción, disputó con nosotros a favor del pueblo de Loth; pues Abrahán era manso, compasivo, inclinado a la indulgencia.

---

420 La palabra que traducimos por reír es susceptible de otra interpretación; quiere decir: *menstrua passa est,* lo cual le presagiaba la posibilidad de engendrar.

78.—¡Oh, Abrahán![421] Pues la orden de tu Señor ha sido manifestada ya; el castigo les alcanzará; es irrevocable.

79.—Nuestros enviados fueron hacia Loth; él se afligió a causa de ellos y era demasiado débil[422]. Es un día difícil, dijo.

80.—Hombres de su pueblo acudieron en tropel a su casa; cometían suciedades. Él les dijo: He aquí a mis hijas; sería menos impuro abusar de ellas. No me deshonréis en mis huéspedes. ¿No hay un hombre recto entre vosotros?

81.—Tú sabes, le dijeron, que no tenemos necesidad de tus hijas; tú sabes lo que nosotros queremos.

82.—¡Ah! ¡Si yo tuviera bastante fuerza para resistiros o si yo pudiese hallar asilo cerca de algún jefe poderoso![423]

83.—¡Oh, Loth! Le dijeron *los extranjeros*, somos los enviados de tu Señor, ellos no te tocarán. Sal con tu familia esta misma noche; pero que ninguno de vosotros se vuelva para mirar atrás. Solo tu mujer lo hará; el castigo que les sorprenderá (*a los culpables*) caerá también sobre ella. Ese de que están amenazados se realizará antes de mañana. Mañana no está lejos.

84.—Una orden emanó de nosotros; aniquilamos aquella villa hasta los cimientos; hicimos llover ladrillos de tierra cocida que caían de continuo y que iban marcados por Dios mismo[424]. ¡No están lejos de todos los malvados!

85.—Enviamos hacia los madianitas a su hermano Choaib. ¡Oh, pueblo mío! Les dijo, adorad a Dios; no tengáis más Dios que él, no disminuyáis la medida y el peso. Os veo en la holgura; pero temo para vosotros el castigo del día que os envolverá a todos.

86.—¡Oh, pueblo mío! Llenad la medida, pesad con justicia y no defraudéis a los hombres en su haber; no cometáis iniquidades en la tierra.

---

421 Literalmente: apártate de esto; es decir: basta, deja eso ahí.

422 Viendo que eran jóvenes y que él no era bastante fuerte para protegerlos.

423 Literalmente: ¡Si pudiese hallar refugio cerca de una poderosa columna! La palabra *rokn* quiere decir pilastra, y metafóricamente *jefe, grande*.

424 Se cree que el sentido de estas palabras es que en cada ladrillo estaba grabado el nombre del individuo a quien debía herir.

87.—La más pequeña cantidad que os quede por el favor de Dios os será más ventajosa, si sois creyentes.

88.—Yo no soy vuestro guardián.

89.—Le dijeron: ¡Oh, Choaib! ¿Son estas tus devociones[425] que hacen que nos ordenes abandonar lo que adoraban nuestros padres o no hacer con nuestros bienes lo que os plazca? Sin embargo, tú eres un hombre manso y recto.

90.—¡Oh, pueblo mío! Respondió Choaib, decídmelo: Si he recibido de Dios una prueba evidente y si él me concede una hermosa parte de sus bienes, ¿debo yo no oponerme a lo que me ha prohibido? Solo quiero corregiros, en lo posible; mi sola asistencia me viene de Dios; en él he puesto mi confianza y a él volveré.

91.—¡Oh, pueblo mío! ¡Ojalá que mi separación de vosotros no os acarree males semejantes a los que agobiaron al pueblo de Noé, al pueblo de Hud y al pueblo de Saleh! La suerte del pueblo de Loth no está distante de vosotros.

92.—Implorad el perdón de vuestro Señor y luego volved a él. Dios es misericordioso y está lleno de amor.

93.—¡Oh, Choaib! Respondió el pueblo, no comprendemos suficientemente lo que quieres decir; tú eres débil entre nosotros. Si no tuviésemos en cuenta tu familia, te habríamos lapidado. Tú no habrías tenido la superioridad.

94.—¡Oh, pueblo mío! ¿Acaso os es mi familia más cara que Dios? ¿Haréis como si lo dejaseis detrás de vosotros? Dios abraza con su conocimiento lo que hacéis.

95.—¡Oh, pueblo mío! Obrad, haced cuanto mal podáis; yo obraré por mi parte y vosotros aprenderéis

96.—Sobre quién recaerá el castigo ignominioso, y quién de nosotros es embustero. Esperad la hora; yo también la espero.

97.—Cuando fue pronunciada nuestra sentencia, salvamos, por efecto de nuestra misericordia, a Choaib y a los que habían creído con él. Una violenta tempestad sorprendió a los malvados; al día siguiente se les halló *muertos* yaciendo en sus moradas,

425 *Choaib* era piadosísimo y devoto.

98.—Cual si jamás hubiesen habitado el país. ¿No se ha alejado Madián *del camino recto* de que se había alejado Temud?

99.—Enviamos a Moisés, acompañado de nuestros signos y de un poder incontestable, hacia Faraón y sus magnates. Estos siguieron las órdenes de Faraón, pero las órdenes de Faraón no eran justas.

100.—Faraón marchará al frente de su pueblo el día de la resurrección y le hará descender al fuego. ¡Qué horrible descenso!

101.—La maldición les sigue en este mundo; y en el día de la resurrección ¡Qué horrible regalo les será ofrecido!

102.—He aquí la historia de las ciudades que te contamos: *Las hay que están todavía en pie y otras como segadas.*

103.—No somos nosotros los que hemos obrado con iniquidad hacia ellos, sino ellos mismos. Las divinidades que invocaban al lado de Dios no les han servido de nada en el momento que la sentencia de Dios fue pronunciada. No han hecho más que aumentar su derrota.

104.—Cuando Dios se apodera de las ciudades criminales, se apodera así. Se apodera de ellas terriblemente, con violencia.

105.—En verdad hay en esto signos para el que teme el suplicio del otro mundo. Será el día que todos los hombres estarán reunidos, será el día que sea visto *por los cielos y la tierra.*

106.—No lo aplazamos más que hasta un término fijado de antemano.

107.—Ese día, ningún alma proferirá palabra sin el permiso de Dios. De los hombres, uno será reprobado, otro bienaventurado.

108.—Los reprobados serán precipitados en el fuego; allí lanzarán suspiros y sollozos.

109.—Permanecerán allí mientras duren los cielos y la tierra, a menos que Dios lo disponga de otro modo. Tu Señor hace bien lo que quiere.

110.—Los bienaventurados estarán en el paraíso; permanecerán allí mientras duren los cielos y la tierra, a no ser que tu Señor quiera añadir algún beneficio que no podría descontinuar.

111.—No estés en la duda sobre lo que ellos (*los infieles*) adoran. Estos hombres adoran lo que adoraban antes que ellos sus padres. Les pagaremos su parte sin disminución ninguna.

112.—Dimos el libro a Moisés; se pusieron a disputar sobre este libro. Si la palabra de Dios (*aplazado el castigo*) no hubiese sido pronunciada, en verdad sus diferencias habrían terminado muy pronto. También tu pueblo, *¡oh, Muhammad!,* está en la duda respecto de esto.

113.—Dios pagará a todos el precio de sus obras, pues tiene noticia de todo lo que hacéis.

114.—Sigue el camino recto, como has recibido orden de hacerlo; que los que se convierten contigo no cometan más iniquidades, pues Dios ve vuestras acciones.

115.—No os apoyéis en los malvados, por temor a que os alcance el fuego; no tendréis protector en contra de Dios ni seréis socorridos.

116.—Haz la oración en los dos extremos del día y a la entrada de la noche; las buenas acciones dejan las malas. Aviso a los que piensan.

117.—Persevera, pues Dios no dejará perecer la recompensa de los que obran el bien.

118.—Entre las generaciones que os han precedido, los que practicaban la virtud y prohibían que se cometiesen iniquidades en la tierra no eran en pequeño número. Los hemos salvado; pero los malos siguieron sus apetitos y fueron culpables.

119.—Tu Señor no anonada injustamente las ciudades cuyos habitantes son justos.

120.—Si Dios hubiese querido no habría hecho de todos los hombres más que un solo pueblo. Pero ellos no cesarán de diferenciarse entre sí, excepto aquellos a quienes Dios haya concedido su misericordia. Les ha creado para esto, a fin de que la palabra de Dios se cumpla cuando dijo: Llenaré el infierno de genios y de hombres a la vez.

121.—Te contamos estas historias de nuestros enviados, para dar firmeza a tu corazón. Por medio de ellas desciende la verdad sobre ti, así como la amonestación y la advertencia para los creyentes.

122.—Di a los que no creen: obrad cuanto os sea posible, nosotros también obraremos; pero esperad el fin, nosotros también lo esperaremos.

123.—A Dios pertenecen las cosas ocultas de los cielos y de la tierra; todo vuelve a él. Adórale y pon tu confianza en él. Tu Señor no está desatento a lo que ellos hacen.

SURA XII
JOSÉ

DADO EN LA MECA.—111 VERSÍCULOS
EN NOMBRE DEL DIOS CLEMENTE Y MISERICORDIOSO

1.—ELIF. LAM. RA. He aquí los signos del libro evidente,

2.—Lo que hemos hecho descender del cielo en lengua árabe, a fin de que lo comprendáis.

3.—Vamos a contarte ¡Oh, *Muhammad!* La más hermosa de las historias reveladas en este Corán, una historia que no has oído mentar siquiera hasta ahora.

4.—Cierto día José dijo: ¡Oh, padre mío! He visto once estrellas y el sol y la luna que me adoraban.

5.—¡Oh, hijo mío! Le respondió Jacob, guárdate de contar tu sueño a tus hermanos, no vayan a imaginar contra ti algún artificio, pues Satán es el enemigo declarado del hombre.

6.—Así es[426] como te tomará Dios por elegido suyo y te enseñará la interpretación de los acontecimientos; te colmará con sus beneficios a ti y a la familia de Jacob, como ha colmado a tus antepasados Abrahán e Isaac. Tu Señor es instruido y prudente.

7.—En verdad hay, en la historia de José y de sus hermanos, signos instructivos para aquellos que interrogan[427].

8.—Un día sus hermanos se decían uno a otro: José y su hermano Benjamín son más queridos por nuestro padre, y, sin embargo, nosotros somos más numerosos. En verdad, nuestro padre está en un error manifiesto.

9.—Matad a José, o bien enviadlo a algún punto lejano; las miradas

---

426   Es decir: Lo mismo que Dios te ha elegido para tener esa visión, asimismo te hará su elegido, etc.

427   Suponemos que así es como debe entenderse la voz *sailin*, puesto que esta historia ha sido contada por Muhammad a los koreichitas, que para entorpecerle le pidieron la historia de José.

de vuestro padre serán exclusivamente para vosotros. Luego os conduciréis como hombres de bien.

10.—Entonces uno de ellos dijo: No condenéis a muerte a José y echadlo más bien en el fondo de un pozo; algún viajero que pase lo recogerá; si es que queréis hacer alguna cosa.

11.—Un día los hermanos de José dijeron a Jacob: ¡Oh, padre! ¿Por qué no quieres confiarnos a José?; sin embargo, nosotros le queremos bien.

12.—Déjalo partir mañana con nosotros; comerá frutas y jugará[428]; nosotros seremos sus guardianes.

13.—Experimentaré pena, dijo Jacob, si vosotros os lo lleváis; temo que lo devore un lobo mientras vosotros estéis distraídos.

14.—Si un lobo quiere devorarlo, nosotros, que somos muchos, seríamos muy desgraciados si no lográsemos defenderlo.

15.—Luego se llevaron a José consigo, y de común acuerdo lo echaron al fondo de un pozo. Entonces nosotros hicimos esta revelación a José[429]: Les dirás *algún* día lo que han hecho y ellos no lo comprenderán.

16.—Por la noche se presentaron ante su padre llorando.

17.—¡Oh, padre! Dijeron, nos hemos alejado para competir a correr y hemos dejado a José junto a nuestras ropas, y he aquí que lo ha devorado un lobo. Pero tú no nos creerás, aunque nosotros digamos la verdad.

18.—Luego enseñaron su camisa teñida en alguna otra sangre[430]. Jacob les dijo: Vosotros mismos sois los que habéis arreglado todo esto; pero la paciencia vale más. Imploro el auxilio de Dios en la desgracia que acabáis de comunicarme.

19.—Ocurrió que unos viajeros acertaron a pasar por allí y enviaron a un hombre con el encargo de que les llevase agua. Este dejó descender su cubo al pozo y exclamó: ¡Qué feliz encuentro! Es un joven. Lo ocultaron para hacer de él una mercancía, pero Dios conocía sus acciones.

---

428 Según otra versión: apacentaremos los rebaños y jugaremos.

429 En Egipto, cuando sus hermanos fueron a buscar víveres.

430 Literalmente: de sangre engañosa; es decir, que no era la sangre de José.

20.—Lo vendieron por un precio vil[431], por algunos dracmas de plata, y cual si tuviesen poco interés en conservarlo.

21.—El que lo compró (fue un egipcio) dijo a su mujer[432]: dale una hospitalidad generosa; puede sernos útil algún día, o bien lo adoptaremos como hijo nuestro. Así es como hemos establecido a José en aquel país; le enseñamos la interpretación de los acontecimientos. Dios es poderoso en sus obras; pero la mayor parte de los hombres no lo saben.

22.—Cuando José llegó a la pubertad, le dimos la sabiduría y la ciencia: así es como recompensamos a los que obran el bien.

23.—La mujer en cuya casa se hallaba, concibió una pasión por él; cerró todas las puertas de la habitación[433] y le dijo: Ven aquí. —¡Dios me preserve de tal! Respondió José; mi amo me ha dado una generosa hospitalidad. Los malvados no prosperan.

24.—Pero ella lo solicitó, y él tuvo la misma intención; pero recibió una advertencia de su Señor. Se la hemos dado para apartarlo del mal, de una fealdad, pues era de nuestros servidores sinceros.

25.—Entonces ambos corrieron hacia la puerta, *él para huir, ella para retenerle,* y la mujer rasgó la túnica de José por detrás. Ambos encuentran en la puerta el amo de ella (a su marido). ¿Qué merece, dijo la mujer, el que ha concebido intenciones culpables respecto de tu mujer, sino la prisión o un castigo terrible?

26.—Es ella, dijo José, que me ha solicitado para el mal. Entonces un pariente de la mujer dio testimonio contra ella, diciendo: si tu túnica está rasgada por delante, es la mujer la que dice la verdad y José es un embustero;

27.—Pero si está rasgada por detrás es la mujer quien ha mentido y José habrá dicho la verdad.

---

431   José es para los mahometanos el tipo de la belleza. De aquí que la expresión «vender a José por un precio vil» se haya hecho proverbial, y vale tanto como: «vender un tesoro inestimable por un objeto de escaso valor».

432   El nombre del egipcio tesorero del rey es, según los comentadores, *Kitfr* o *Itfir,* alteración del nombre Putifar ocasionada por la confusión de las letras *k* y *f,* que solo se diferencian en los puntos, pues la letra p no existe en árabe. Según los mahometanos, el nombre de la mujer es *Zuleikha.*

433   Los comentadores añaden: *había siete.*

28.—El marido examinó la túnica, y vio que estaba rasgada por detrás. ¡He aquí vuestra falsedad! Dijo el marido, y, en verdad, son grandes vuestros engaños.

29.—¡Oh, José! No te preocupes ya de este asunto[434], y tú ¡mujer! Pide perdón por tu falta, pues has pecado.

30.—Las mujeres de la villa se contaban la aventura, diciendo: la mujer del Aziz[435] ha puesto sus miras en un joven, que la ha puesto loca por él. ¡Juzgamos que está en una manifiesta falsa vía!

31.—Cuando la mujer del Aziz oyó estas palabras, envió invitaciones a aquellas mujeres, preparó un banquete y le dio a cada cual un cuchillo; luego ordenó a José comparecer. Tan pronto como ellas lo vieron, se extasiaron ante él y se cortaron los dedos por distracción[436], exclamando: *¡Dios nos guarde! No es una criatura humana, es un ángel arrebatador.*

32.—He aquí, les dijo la mujer del Aziz, al que ha ocasionado vuestras censuras. He querido hacerle ceder a mis deseos; pero él desea permanecer casto; si en lo venidero no hace lo que yo le ordene, será metido en un calabozo y figurará entre los más miserables.

33.—¡Señor! Exclamó José, la cárcel es preferible al crimen a que me invitan estas mujeres, y si no alejas de mí sus artificios, cederé a mi inclinación por ellas y seré del número de los insensatos.

34.—Dios le escuchó y apartó de él sus maquinaciones, pues lo oye y lo sabe todo.

35.—Sin embargo, plúgoles, aún después de las pruebas de su inocencia, arrojarlo por algún tiempo en un calabozo.

36.—Dos hombres fueron al mismo tiempo encarcelados con él. Uno de ellos le dijo: He soñado esta noche que prensaba uvas. —Y yo, dijo el otro, he soñado que llevaba sobre la cabeza unos panes que los

---

434   Literalmente: vuelve la espalda a este asunto, deja eso ahí.

435   Aziz quiere decir en árabe *poderoso* y también *querido*. En el primer sentido, esta palabra se aplica a Dios. Está empleada excepcionalmente aquí refiriéndose al intendente del tesoro en Egipto, y este título se ha conservado durante mucho tiempo entre los orientales como particular de los gobernadores de Egipto y de los lugartenientes de los califas en este país.

436   En lugar de las naranjas que la mujer del *Aziz* había hecho servir.

pájaros venían a picar. —Danos la interpretación de estos sueños, pues te consideramos hombre virtuoso[437].

37.—José les respondió: Aún no os habrán traído vuestro alimento diario cuando yo os habré explicado vuestros sueños antes de que se realicen. Esta ciencia me viene de Dios, que me la ha enseñado, pues he abandonado la religión de los que no creen en Dios y niegan la vida futura.

38.—Yo profeso la religión de mis padres Abrahán, Isaac y Jacob; nosotros no asociamos ninguna criatura a Dios. Esto proviene del favor de Dios para con nosotros como para con todos los hombres; pero la mayor parte de los hombres no son agradecidos.

39.—¡Oh, compañeros míos de cárcel! ¿Qué vale más: una multitud de señores, o un Dios único y poderoso?

40.—Esos a quiénes adoráis al lado de Dios no son más que vanos nombres que habéis inventado, vosotros y vuestros padres. Dios no os ha dado ninguna prueba en apoyo *de vuestro culto*. Solo a Dios pertenece el poder supremo; os manda no adorar a más Dios que él. Tal es la religión verdadera; pero la mayor parte de los hombres no lo saben.

41.—¡Oh, compañeros míos de cárcel! Uno de vosotros presentará la copa de vino a su amo y el otro será sacrificado, y las aves irán a comerle la cabeza. La cosa sobre la cual acabáis de interrogarme está decretada irrevocablemente.

42.—Luego José dijo a aquel a quien precedía su libertad: *Cuando estés libres*, no dejes de recordarme cerca de tu amo. Satán le hizo olvidar a José cerca de su amo, y José permaneció aún algunos años en la cárcel.

43.—Un día el rey de Egipto dijo a los magnates de su reino: He visto en sueños siete vacas gordas devoradas por siete vacas flacas, y siete espigas verdes y otras siete secas. ¡Señores! Explicadme mi visión, si sabéis explicar los sueños.

44.—Eso no es más que un hato de visiones incoherentes[438], sueños; nosotros no entendemos nada de la explicación de los sueños.

---

437 Pues únicamente los hombres virtuosos y puros pueden interpretar los sueños.

438 La voz del texto *haz, lío de sueños,* responde a la aceptación familiar de la palabra *hato* en español.

45.—El prisionero que había sido puesto en libertad les dijo (pues se acordó de José al cabo de algunos años): *Yo os daré la explicación de eso. Dejadme ir a ver a la persona que lo hará.*

46.—¡Oh, José! Hombre verídico, explícanos lo que significan siete vacas gordas devoradas por siete vacas flacas, y siete espigas verdes y otras siete secas, a fin de que cuando vuelva cerca de los que me han enviado, conozcan su explicación.

47.—José le respondió: sembraréis durante siete años, como es de costumbre; el trigo que hayáis segado dejadlo en la espiga[439], excepto lo poco que emplearéis en vuestras necesidades.

48.—Luego vendrán siete largos años de escasez que consumirán todo lo que habéis economizado, excepto lo poco que cuidaréis de guardar.

49.—Luego vendrá un año durante el cual los habitantes de este país tendrán muchas lluvias y apisonarán *la uva y las aceitunas.*

50.—Entonces el rey dijo: Traedme a ese hombre. Cuando el mensajero fue a buscar a José, este le dijo: Vuelve cerca de tu amo y pregúntale lo que querían hacer aquellas mujeres que se cortaban los dedos. Mi Señor (Dios) conoce perfectamente sus maquinaciones.

51.—Entonces el rey preguntó a aquellas mujeres: ¿Qué significaban aquellas instancias para hacer que José cediese a vuestros deseos? — ¡Dios nos guarde! Respondieron ellas; él no se ha hecho culpable de ningún pecado que nosotras sepamos. Y la mujer del Aziz (*del gobernador de Egipto*) añadió: Ahora está bien establecida la verdad; yo soy la que había solicitado a José para el mal; él ha dicho siempre la verdad.

52.—Cuando José supo todo esto, dijo: *Pues bien, que mi antiguo amo sepa ahora que no le hice traición durante su ausencia. Dios no conduce a buen fin las maquinaciones de los traidores.*

---

439   Es decir: en vuestros almacenes, sin golpearlo.

53.—Tampoco me diré yo *completamente* inocente; en verdad, la sangre arrastra al mal[440], a no ser que Dios tenga piedad de nosotros; pero Dios es indulgente y misericordioso.

54.—Entonces el rey dijo: Traedme a José y lo tomaré a mi servicio particular. Y cuando le hubo dirigido algunas palabras, le dijo: desde hoy estarás cerca de nosotros investido de autoridad y de nuestra confianza.

55.—José le dijo: Dadme la intendencia de los almacenes del país; yo seré su guardián inteligente.

56.—Así es como hemos establecido firmemente a José en este país; podrá escoger su morada donde quiera. Dispensamos nuestros favores a quien queremos, y no dejamos perecer la recompensa de los hombres que obran el bien.

57.—Pero la recompensa de la vida futura es preferible para los que creen y temen a Dios.

58.—Ocurrió que los hermanos de José fueron a Egipto y se presentaron ante él; él los reconoció, pero ellos no le reconocieron.

59.—Y cuando los hubo proveído de provisiones, les dijo: Traedme a vuestro hermano que ha quedado con vuestro padre. ¿No veis que os doy una buena medida y que recibo bien a mis huéspedes?

60.—Si no me lo traéis, no tendréis más trigo; sin él no volváis a presentaros ante mí.

61.—Nos esforzaremos, dijeron, por obtenerlo de nuestro padre; en verdad lo haremos.

62.—Luego José dijo a sus criados: Poned el precio de su trigo entre sus bagajes; tal vez se apercibirán de ello al llegar a su casa y volverán aquí para *restituirlo*.

---

440 En el texto árabe las voces: *yo mismo, mi persona,* y las voces: *la sangre, la pasión,* son expresadas por la misma palabra *nafs* en los dos casos; y advertiremos en esta ocasión, que cuando se traduce en general *nafs* por alma, hay que añadirle más bien el sentido del principio de la vida, de la sangre, de la inclinación, que el del alma inmaterial, espíritu, *rouh*. Apoyándose los comentadores en este versículo del Corán, así como en el versículo 24, y más aún en los cuentos de los judíos, refieren que José, no obstante la aparición del ángel Gabriel, estaba próximo a ceder a las instancias de la mujer, y no recobró el imperio sobre su pasión hasta que se le apareció la sombra de Jacob, y, golpeándole en las puntas de los dedos, disipó los deseos que le asaltaban.

63.—Cuando estuvieron de vuelta cerca de su padre, le dijeron: en lo sucesivo nos negarán trigo en *Egipto*; deja que venga con nosotros nuestro hermano y así lo obtendremos. Nosotros cuidaremos de él.

64.—¿Os confiaré aún este como os había confiado en otro tiempo a su hermano (*José*)? Dios es el mejor guardián; él es el más Clemente.

65.—Y cuando hubieron descargado sus bagajes, hallaron que les había sido devuelto el precio de su trigo. ¡Oh, padre nuestro! Dijeron, ¿podemos desear más? He aquí el precio de nuestro trigo que nos ha sido devuelto; vamos a volver allá para comprar provisiones para nuestras familias; cuidaremos de nuestro hermano; esta vez llevaremos la carga de un camello más. Es una carga de poca importancia[441].

66.—No lo dejaré partir con vosotros, dijo Jacob, a no ser que juréis ante Dios que me lo traeréis *sano y salvo*, si no os ocurre algún acontecimiento mayor. Cuando se lo hubieron prometido, Jacob exclamó: Dios es fiador de vuestro compromiso.

67.—Luego les dijo: ¡Oh, hijos míos! *Al llegar a Egipto* no entréis todos por una sola puerta, sino por varias a la vez; *de todas suertes* no podría hacer nada por vosotros contra los decretos de Dios, pues el poder supremo le pertenece. Pongo mi confianza en él y en él ponen su confianza los hombres que se resignan.

68.—Entraron, pues, en la villa, conformándose con la orden de su padre; pero esta precaución no podía serles de ninguna utilidad contra las sentencias de Dios, salvo que satisficiese el deseo de Jacob, que se los había recomendado. Ahora bien, Jacob poseía la ciencia que nosotros le enseñamos; pero la mayor parte de los hombres no la tienen.

69.—Y cuando se presentaron ante José, este retuvo *a comer* a su hermano *Benjamín*, y le dijo: Yo soy hermano tuyo; no te aflijas ya del crimen que han cometido.

70.—Habiéndole provisto José de provisiones, metió una copa entre las ropas de su hermano *Benjamín*; luego, *por orden suya*, un heraldo fue detrás de ellos a decirles: ¡Eh! ¡Viajeros! ¿Sois acaso ladrones?

---

441 Esto puede querer decir que una carga de un camello más por el camello de Benjamín será poca cosa para un rey de Egipto; o bien atribuyendo estas últimas palabras a Jacob significarían: es demasiado poca cosa para que yo arriesgue a mi hijo.

71.—Los hijos de Jacob se volvieron atrás y exclamaron: ¿Qué buscáis?

72.—Buscamos, les respondieron, la copa del rey. Quienquiera que la restituya, recibirá una recompensa en trigo de la carga de un camello; yo soy garante de ello, *dijo el heraldo.*

73.—Lo juramos por Dios, respondieron *los hijos de Jacob,* ya sabéis que no hemos venido aquí para cometer bandidajes; nosotros no somos ladrones.

74.—Y si mentís, ¿cuál será la pena del que lo ha hecho? Dijeron los otros.

75.—Aquel en cuyas ropas se halle la copa, respondieron, será entregado en expiación. Así es como castigamos nosotros a los culpables[442].

76.—José comenzó por *escudriñar* en sus sacos antes de *escudriñar* en el de su hermano, y luego sacó la copa del saco de su hermano. Nosotros somos los que sugerimos esta astucia a José; según la ley del rey de Egipto, él no habría podido apoderarse de la persona de su hermano, a no ser que Dios lo hubiese querido. Nosotros elevamos el rango de aquel a quien queremos. Hay alguien más sabio que los sabios.

77.—Entonces los hijos de Jacob dijeron: si *Benjamín* ha cometido este robo, su hermano había cometido otro antes que él[443]. José comprimió en el fondo de su corazón la verdad y no se dio a conocer; dijo para sus adentros: estáis en una condición más digna de compasión que nosotros dos. Dios conoce mejor lo que contáis.

78.—¡Oh, Señor! Dijeron entonces, tiene un padre anciano, respetable; toma más bien a uno de nosotros en su lugar. Nosotros sabemos que tú eres generoso.

79.—No quiera Dios que yo tome a otro distinto de aquel en cuyo poder se halló la copa. Si tal hiciese, obraría injustamente.

80.—Cuando hubieron desesperado del éxito de sus demandas, se retiraron para consultarse. El de más edad dijo: ¿No sabéis que vuestro padre ha recibido de vosotros una promesa hecha ante Dios? ¿No

442   Es decir: según la costumbre reinante entre nosotros hebreos, el ladrón es retenido como esclavo.

443   Según los comentadores, siendo José pequeñito le robó un cinturón a su tía; según otros, una gallina para dársela a un pobre, o un ídolo a su abuelo *Labán.*

recordáis el crimen que cometisteis con José? Yo no dejaré el país hasta que mi padre me lo haya permitido o hasta que Dios me haya manifestado sus órdenes, pues es el mejor de los jueces.

81.—Volved al lado de vuestro padre y decidle: ¡Oh, padre nuestro! Tu hijo ha cometido un robo; nosotros no podemos testimoniar, excepto lo que es de nuestro conocimiento, y nosotros no podíamos estar en guardia contra las cosas imprevistas.

82.—Haz tomar informes en la villa en que estábamos y cerca de la caravana con la cual hemos llegado, y verás cómo decimos la verdad.

83.—*De vuelta en su casa, Jacob les habló así*: Habéis arreglado todo esto vosotros mismos; pero tengamos valor; tal vez Dios me los devolverá a los dos, pues es el sabio, el Prudente.

84.—Se alejó, pues, de ellos, y exclamó: ¡Ay de mí! ¡Oh, José! Y miró al cielo con tristeza y se mostró oprimido por el dolor.

85.—Sus hijos le dijeron: En nombre de Dios ¿no cesarás, pues, de hablar de José hasta que te sorprenda la muerte o el dolor ponga fin a tus días?

86.—Llevo mi afecto y mi dolor ante Dios, y yo sé sobre Dios lo que no sabéis vosotros.

87.—¡Oh, hijos míos! Id y preguntad en todas partes por José y por su hermano, y no desesperéis de la bondad de Dios; pues solo los ingratos desesperan de la bondad de Dios.

88.—Volvieron a Egipto, y habiéndose presentado en casa de José, le dijeron: ¡Señor! La miseria ha caído sobre nosotros y sobre nuestra familia; solo traemos una módica suma; pero haz que nos llenen la medida, haznos esa limosna. Dios recompensará a los que hacen limosna.

89.—¿Sabéis lo que habéis hecho de José y de su hermano, cuando estabais sumidos en la ignorancia?

90.—¿Eres tú acaso José? Le dijeron. —Sí, yo soy José, y este es mi hermano. Dios ha sido bienhechor con nosotros; pues todo el que teme y persevera es *feliz*, y Dios no hará perecer la recompensa de los virtuosos.

91.—Por el nombre de Dios, respondieron, Dios te ha permitido hacernos bien, aunque hayamos pecado.

92.—No os censuraré hoy; Dios perdonará vuestras faltas, pues es el más misericordioso.

93.—Id y llevad mi túnica; cubrid con ella el rostro de mi padre, y recobrará la vista. Luego traedme a toda vuestra familia.

94.—Cuando la caravana partió de Egipto, *Jacob dijo a los que le rodeaban*: siento el olor de José; ¿creéis acaso que deliro?

95.—Por el nombre de Dios, le respondieron, estás en tu antiguo error.

96.—Cuando llegó el mensajero portador de la feliz noticia, echó la túnica de José sobre el rostro de Jacob, y Jacob recobró la vista.

97.—¿No os he dicho que yo sé sobre Dios cosas que vosotros no sabéis?

98.—¡Oh, padre mío! Dijeron sus hijos, implora nuestro perdón cerca de Dios, porque hemos pecado.

99.—Sí, imploraré vuestro perdón cerca de Dios; es indulgente y misericordioso.

100.—Cuando Jacob, con su familia llegada a Egipto, fue a casa de José, los recibió en su casa, y les dijo: Entrad en Egipto, si así place a Dios, y habitad este país libres de todo temor.

101.—Colocó en un asiento elevado a su padre y a su madre, que cayeron de bruces para adorarle. ¡Oh, padre mío! Dijo José, he aquí la explicación de mi sueño del otro día: Dios lo ha realizado; ha sido bienhechor conmigo, cuando me libró de la cárcel, cuando os llevo cerca de mi desde el desierto, después que Satán nos hubo separado a mí y a mis hermanos. El Señor está lleno de bondad cuando quiere. Es el sabio, el Prudente.

102.—Señor, tú me has concedido el poder y me has enseñado la interpretación de los acontecimientos. Creador de los cielos y de la tierra, tú eres mi protector en este mundo y en el otro; hazme morir resignado a tu voluntad y colócame entre el número de los virtuosos.

103.—Tal es esta historia ¡Oh, *Muhammad!* Del número de los relatos desconocidos que nosotros te revelamos. Tú no has estado presente cuando *los hermanos de José* urdieron en común su maquinación y cuando le tendieron un lazo; pero la mayor parte de los hombres, sea cual fuere tu deseo, no creerán.

104.—No les pedirás salario por este relato; es un relato que se dirige a todos.

105.—¡Qué de milagros difundidos por los cielos y la tierra! Pasan cerca de ellos y se apartan.

106.—La mayor parte no creen en Dios, sin mezclar a su culto el de los ídolos.

107.—¿Están por ventura seguros de que no les alcanzará el castigo de Dios y de que la hora no llegará de pronto cuando menos lo esperen?

108.—Diles: He aquí mi sendero, yo os llamo a Dios, apoyado por una prueba evidente. Yo y el que me sigue, para gloria de Dios, no somos idólatras.

109.—Jamás hemos enviado ante ti más que hombres escogidos entre el pueblo de diferentes ciudades, a los que revelábamos nuestras órdenes. ¿No han viajado por el país? Habrían visto cuál ha sido el fin de los que han vivido antes que ellos. En verdad, la morada del otro mundo es de mayor precio para los que temen a Dios. ¿No lo comprenderán?

110.—Cuando al fin desesperaron nuestros apóstoles *del éxito de sus esfuerzos*, cuando los hombres se imaginaban que mentían, no faltó nuestra asistencia a los apóstoles; salvamos a los que queremos y nuestra venganza no podría ser apartada de las cabezas de los culpables.

111.—La historia de los profetas está llena de ejemplos instructivos para los hombres dotados de sentido. Este libro no es un relato inventado a placer; corrobora las escrituras reveladas antes, da la explicación de todo, es la dirección y una prueba de la gracia divina para los creyentes.

SURA XIII
EL TRUENO[444]

DADO EN LA MECA.—43 VERSÍCULOS
EN NOMBRE DEL DIOS CLEMENTE Y MISERICORDIOSO

1.—ELIF. LAM. MIM. RA. He aquí los signos del libro, y lo que ha sido enviado de lo alto es la verdad misma; sin embargo, la mayor parte no creen.

2.—Dios es el que ha elevado los cielos sin columnas visibles y se ha establecido en el trono. Ha sometido el sol y la luna, y cada uno de estos astros prosigue su carrera hasta un punto determinado; maneja los negocios del universo y hace ver distintamente sus maravillas. Tal vez acabaréis por creer con certeza que un día estaréis en presencia de vuestro Señor.

3.—Él es el que ha extendido la tierra, el que ha puesto las montañas y los ríos, el que ha establecido parejas en todas las producciones, el que ha ordenado a la noche que envuelva el día. En verdad, en todo esto hay signos para los que reflexionan.

4.—Y en la tierra veis porciones diferentes por su naturaleza, aunque vecinas; jardines de vides, trigos, palmeras aisladas o reunidas en un tronco. Están regados por la misma agua y somos nosotros los que hacemos superiores los unos a los otros en cuanto al gusto. En verdad, hay en esto signos para los hombres dotados de sentido.

5.—Si algo debe asombrarte de su parte, asómbrate cuando les oyes decir: ¿Es posible que estando convertidos en polvo, lleguemos a ser luego una nueva creación?

6.—No creen en Dios; cadenas rodearán sus cuellos, serán entregados a las llamas y permanecerán eternamente en ellas.

7.—Te solicitarán más bien que apresures el mal que el bien (*la cólera más bien que la misericordia de Dios*). Semejantes ejemplos han tenido

---

444   El título de este *sura* está tomado del versículo 14, que comienza con la voz trueno.

lugar ya antes de ellos. En verdad, Dios es indulgente para los hombres, a pesar de su iniquidad; pero también es terrible en sus castigos.

8.—Los incrédulos dicen: ¿Es por ventura que Dios no le habrá dado ningún poder para hacer milagros? Tú no eres, pues, más que un amonestador, y cada pueblo ha tenido un enviado encargado de dirigirlo.

9.—Dios sabe lo que cada hembra lleva en su seno y cuánto se estrecha o se ensancha la matriz. Todo tiene en él su medida.

10.—Conoce lo que está oculto y lo que está manifiesto. Él es el Grande, el Altísimo.

11.—Para él todo es igual: el que oculta sus palabras y el que las proclama en voz alta, el que se envuelve en la noche y el que se presenta a la luz del día.

12.—Todo hombre tiene ángeles, que se suceden sin cesar, colocados ante él, detrás de él; velan por él por orden del Señor. Dios no cambiará lo que ha concedido a los hombres, mientras que ellos no sean los primeros en cambiar lo que poseen de bien en mal. Cuando quiere castigarlos, nadie puede oponerle obstáculo; los hombres no tienen más protector que él.

13.—Él es el que hace brillar el rayo a vuestros ojos para inspirar temor y esperanza. Él es el que suscita las nubes cargadas de lluvia.

14.—El trueno celebra sus alabanzas, los ángeles le glorifican penetrados de espanto. Él lanza el rayo y alcanza a los que quiere mientras que disputan sobre Dios, pues es inmenso en su poder.

15.—Él solo es digno de ser invocado, y los que imploran otros dioses no obtienen nada; semejantes a aquel que extiende sus dos manos hacia el agua para llevársela a la boca, pero que jamás logran alcanzarla. Los gritos de los infieles se extravían en su camino[445].

16.—Todo lo que hay en los cielos y en la tierra se prosterna ante Dios de grado o por fuerza. Las sombras mismas de todos los seres *se inclinan ante él* por las mañanas y las noches.

17.—Di: ¿Quién es el soberano de los cielos y de la tierra? Responde: es Dios. *Diles*: ¿Lo olvidaréis, pues, para buscar patronos que

---

445   Es decir: no llegan hasta Dios.

no tienen ningún poder por sí mismos sobre lo que les es útil o les daña? Diles: ¿Son iguales el ciego y el que ve y son una misma cosa las tinieblas y la luz? ¿Darán por compañeros a Dios divinidades que habrían creado como ha creado Dios, de modo que las dos creaciones se confundan a sus ojos? Di más bien: Dios es creador de todas las cosas, él es el Único, el Victorioso.

18.—Él hace descender agua del cielo; los torrentes corren por *sus cauces* en una cierta medida; la corriente se lleva la espuma que sobrenada, y los *metales* que los hombres funden al fuego para hacer con ellos adornos y herramientas producen una espuma semejante. Así es como Dios pone en parábola lo verdadero y lo falso. La espuma se va rápidamente; pero lo que es útil a los hombres queda en la tierra. Así es como propone Dios parábolas. Hermosas recompensas se darán a los que responden al allanamiento de Dios; pero los que no respondan a él, aunque tengan todo lo que contiene la tierra y otro tanto más, no podrían librarse. Su cuenta será horrible, su morada la gehena. ¡Qué horrible lecho de reposo!

19.—El que sabe que Dios te ha enviado la verdad del cielo ¿se conducirá como un ciego? Los prudentes lo reflexionarán.

20.—Los que cumplen fielmente sus compromisos con Dios y no rompen su alianza;

21.—Los que unen lo que él ordena unir, temen a su Señor y el mal resultado de sus cuentas;

22.—Aquellos a quienes el deseo de contemplar la faz de Dios hace constantes en la adversidad, que cumplen con exactitud la oración, que dan en secreto o en público bienes que nosotros les hemos dispensado y que borran sus faltas con sus buenas obras, a esos la última mansión,

23.—Los jardines del Edén. Entrarán en ellos así como sus padres, sus esposas y sus hijos que hayan sido justos. Allí recibirán la visita de los ángeles, que entrarán por todas las puertas.

24.—La paz sea con vosotros, les dirán, porque habéis perseverado: ¡Cuán dulce es esta última mansión!

25.—Los que violan el pacto de Dios después de haberlo aceptado, los que separan lo que Dios ha querido unir y cometen las iniquidades en la tierra, esos, cargados de maldiciones, tendrán por mansión una horrible morada.

26.—Dios derrama a manos llenas sus beneficios sobre los que quiere, o les oprime. Ellos se regocijan de los bienes de este mundo; pero ¿qué es la vida de aquí abajo comparada con la vida futura, si no es más que un usufructo temporal?

27.—Los infieles dicen: Sin duda no ha recibido de lo alto ningún poder para hacer milagros. Diles: Dios extravía al que quiere y lleva a él a los que se arrepienten,

28.—A los que creen y cuyos corazones descansan con seguridad en la conmemoración de Dios. ¡Pues qué! ¿No es en la conmemoración de Dios donde los corazones *de los hombres* obtienen la quietud? Los que creen y obran el bien, a esos la beatitud y el más hermoso retiro.

29.—Te hemos enviado a un pueblo a quien otros han precedido, a fin de que les recites nuestras revelaciones. No creen en el Clemente sin límites[446]. Diles: Es mi Señor y no hay más Dios que él. He puesto mi confianza en él. A él debe volver todo.

30.—Aun cuando el Corán hiciese mover las montañas, aun cuando hundiese la tierra e hiciese hablar a los muertos, ellos no creerían; pero es a Dios a quien pertenece el imperio sobre todo. ¿Dudan los creyentes[447] de que pueda Dios dirigir por la senda recta a todos los hombres, si quisiese?

31.—Las desgracias no cesarán de agobiar a los infieles, como premio de sus obras, o se abatirán a la entrada de sus habitaciones, hasta que se cumplan las amenazas de Dios; y en verdad Dios no falta a su palabra.

32.—Antes de ti también, mis enviados fueron objeto de burla; he concedido una tregua a los infieles; luego les he castigado; y ¿cuáles fueron mis castigos?

446 El Clemente sin límites, *errahman*, es uno de los nombres de Dios en el rosario musulmán. Este nombre, llevado por algunos individuos árabes, era una innovación cuando Muhammad lo aplicó por primera vez a Dios.

447 La voz del texto es: *¿No desesperan?*, que los comentadores consideran como equivalente a *¿no saben?*, apoyándose en una tradición.

33.—¿Es que el que vela sobre todas las acciones de mi alma *es como el que no lo observa?*[448] Han dado iguales al eterno. Diles: Nombrad vuestras divinidades; ¿pretendéis enseñar a Dios lo que habría ignorado hasta ahora en la tierra, o es que las divinidades no son más que un nombre vano? Es más bien que el fraude de los infieles les ha sido preparado desde mucho antes y se han extraviado lejos del verdadero sendero; y en verdad, aquel a quien Dios quiera extraviar no tendrá guía.

34.—El castigo les alcanzará en este mundo; otro más terrible les espera en el otro; no tendrán protector que les defienda contra Dios.

35.—He aquí cuál será el jardín prometido a los que temen a Dios; el jardín regado por corrientes de agua y el alimento *de sus frutos* es inagotable, y sus sobras permanentes. Tal será el fin de los creyentes; el de los infieles será el fuego.

36.—Los que han recibido las escrituras se regocijan de lo que ha sido revelado. Otros, los salidos *de los árabes*, rechazan una parte. Diles: Dios me ha ordenado adorarle y no asociarle ningún ser. Yo llamo a los hombres a su culto y volveré a él.

37.—Te hemos revelado este Corán para que sea un código en lengua árabe; si siguieses sus deseos, después de haber recibido la ciencia, no tendrías ni amigos *ni protector que te proteja contra Dios.*

38.—Ante todo, hemos enviado otros profetas, a quienes hemos dado esposas y una descendencia. Ninguno de ellos ha hecho milagros, a no ser con el permiso de Dios. A cada época su libro sagrado.

39.—Dios borra lo que quiere o lo mantiene. La madre del libro[449] está en sus manos.

40.—Ora que te hagamos ver el *cumplimiento* de una parte de nuestras amenazas, ora que te llamemos a nosotros antes de este término, tu misión es predicar, y a nosotros nos pertenece pedir una severa cuenta.

---

448   Las palabras subrayadas no se hallan en el texto y la frase no está acabada; pero aquí, como en otros pasajes del Corán, no es difícil completarla. Estas palabras se aplican a Dios.

449   La palabra del texto *omm'ol kitab* (la madre del libro), que generalmente sirve para designar el *sura* primero del Corán, quiere decir aquí el prototipo del Corán, el libro de las sentencias eternas de Dios.

41.—¿No ven que hemos penetrado en su país y que lo minamos en torno?[450] Dios juzga, y nadie revisa sus sentencias. Es pronto en arreglar sus cuentas.

42.—Sus padres han obrado con astucia; pero Dios es dueño de toda astucia: conoce las obras de cada uno, y los infieles aprenderán algún día que estará en posesión de la mansión eterna.

43.—Los infieles te dirán: Tú no has sido enviado por Dios. Respóndeles: Me basta que Dios y el que posee la ciencia del libro sean mis testigos entre vosotros y yo.

---

450   Esto se aplica al país habitado por los árabes idólatras, estrechados cada vez más por las conquistas de Muhammad.

SURA XIV
ABRAHÁN, LA PAZ SEA CON ÉL

DADO EN LA MECA.—52 VERSÍCULOS
EN NOMBRE DEL DIOS CLEMENTE Y MISERICORDIOSO

1.—ELIF. LAM. RA. Este es un libro que te hemos enviado de lo alto para que hagas salir a los hombres de las tinieblas a la luz y para que los conduzcas con el permiso de su Señor hacia el sendero del Poderoso, del Glorioso,

2.—De Dios, a quien pertenece todo lo que hay en los cielos y en la tierra; y desgraciados los infieles, a causa del terrible castigo *que les espera.*

3.—Los que prefieren la vida de aquí abajo a la vida futura, los que alejan a los hombres de la senda de Dios y procuran hacerla tortuosa, están en un extravío bien *distante de la verdad.*

4.—No hemos enviado ningún apóstol que no haya hablado en la lengua de su pueblo para hablarle claramente. Dios en seguida extravía al que quiere y dirige al que quiere. Es el Poderoso, el Prudente.

5.—Enviamos a Moisés acompañado de nuestros milagros. Le dijimos: Haz salir a tu pueblo de las tinieblas a la luz. Recuérdale las jornadas del Señor[451]. En verdad hay en esto signos de advertencia para todo hombre que sabe sufrir y dar acciones de gracias.

6.—Moisés dijo a su pueblo: Acordaos de los beneficios de Dios, cuando os libró del yugo de la familia de Faraón, que os oprimía con crueles castigos, inmolaba a vuestros hijos y no perdonaba más que a vuestras hijas. Era una prueba dura de parte de vuestro Señor.

7.—*Acordaos del día* en que vuestro Señor pronunció *estas palabras:* sed agradecidos y acrecentaré mis gracias; pero si sois infieles... mis castigos son terribles.

---

451 *Por las jornadas del Señor* hay que entender los acontecimientos notables, las jornadas grabadas en la memoria de los hombres por alguna victoria o algún favor de Dios. Los árabes llamaban *jornadas* a los combates y a las batallas.

8.—Aun cuando fueseis infieles, aun cuando lo fuese la tierra toda, Dios es rico y lleno de gloria.

9.—¿No habéis oído nunca la historia de los pueblos que os han precedido, de los pueblos de Noé, de Ad, de Temud?

10.—Solo Dios conoce su posteridad. Estos pueblos tuvieron profetas que les ofrecieron signos evidentes de sumisión; pero se llevaban las manos a la boca[452] y exclamaban: No creemos en el objeto de vuestra misión y estamos en una gran duda sobre ese *culto* a que nos llamáis.

11.—Los profetas les respondían: ¿Hay alguna duda respecto de Dios, creador de los cielos y de la tierra, que os llama a él para borrar vuestros pecados y os da una tregua hasta el momento fijado de antemano?

12.—Dijeron: Vosotros no sois más que hombres como nosotros; queréis apartarnos de las actividades que adoraban nuestros padres. Traednos un poder evidente, *el poder de los milagros en apoyo de vuestros asertos.*

13.—Los profetas les decían: Cierto que nosotros solo somos hombres como vosotros; pero Dios difunde sus gracias sobre aquellos de sus servidores a quienes quiere, y nosotros no podemos aportaros ningún poder,

14.—A no ser con el permiso de Dios. Los creyentes no ponen su confianza más que en Dios solo.

15.—¿Y por qué no habíamos de poner su confianza en él? Nos guía en nuestro camino y nosotros soportamos con paciencia el mal que nos hacéis. Los hombres resignados, solo en Dios ponen su confianza.

16.—Os expulsaremos de nuestro país, decían los idólatras, o bien entrad en nuestra religión. Y entonces Dios hizo esta revelación a los profetas: Aniquilaré a los impíos.

17.—Vosotros habitaréis su país después de ellos. Esta es la recompensa de los que me temen a mí[453] y mis amenazas.

---

452   Ora de cólera y de despecho para morderse los dedos, ora para no estallar de risa, ora para dar a entender a aquellos profetas que tenían que callarse.

453   La palabra del texto árabe es *mekami*, mi lugar, lo cual significa el sitio, el lugar en el que el género humano comparecerá ante Dios el día del juicio, o bien la vigilancia que Dios ejerce sobre las acciones de los hombres.

18.—Entonces los profetas pidieron la asistencia de Dios, y todo hombre orgulloso y rebelde fue aniquilado.

19.—La gehena está detrás de él[454] y él será saciado con una agua infecta[455].

20.—La tragará a sorbos y le costará trabajo pasarla. La muerte le asaltará de todas partes y no morirá. A esto sucederá un tormento terrible.

21.—Las obras de los incrédulos son semejantes a las cenizas de que se apodera el viento en un día borrascoso. Serán impotentes a causa de sus obras, y en verdad es un extravío bien distante *de la verdadera ruta.*

22.—¿No veis que Dios ha creado en toda verdad[456] los cielos y la tierra? Si él quiere, puede haceros desaparecer y hacer surgir una nueva creación.

23.—Esto es fácil para su poder.

24.—Todos los hombres aparecerán ante Dios; los débiles de la tierra dirán a los poderosos: Caminamos en pos de vosotros; ¿no podéis quitarnos algo del castigo de Dios?

25.—Ellos responderán: Si Dios nos hubiese dirigido, os habríamos servido de guías. Compadecernos por nuestros tormentos o sufrirlos en silencio es todo uno para nosotros. No hay refugio para nosotros.

26.—Y cuando todo esté realizado, Satán les dirá: Dios os había hecho una promesa verdadera. Yo os había hecho también promesas; pero os he engañado. Yo no tenía ningún poder sobre vosotros;

27.—Yo no he hecho más que llamaros y vosotros habéis respondido. No me hagáis reproches, hacéoslos a vosotros mismos. Yo no puedo ni prestaros auxilio ni recibirlo de vosotros. Aunque vosotros me coloqueis al lado de Dios, yo no me creería su igual. Los injustos merecen solo un doloroso castigo.

28.—Los que hayan creído y hecho el bien serán introducidos en los jardines regados por corrientes de agua, y permanecerán allí eternamente por la voluntad de Dios. Serán saludados con esta palabra: ¡Paz!

---

454 Es decir: Le espera el infierno en la otra vida y será precipitado en él.

455 De un pus que brota de la piel de los réprobos.

456 Es decir, seriamente, con un objeto real y no en vano.

29.—¿No sabéis a qué compara Dios la buena palabra? Es un buen árbol, sus raíces están unidas firmemente al suelo y sus ramas se elevan hasta el cielo.

30.—Da frutos en cada estación. El Señor habla a los hombres por medio de parábolas, a fin de que reflexionen.

31.—La palabra mala es como un árbol malo; está a flor de tierra y no tiene estabilidad.

32.—Dios dará firmeza a los creyentes en esta vida y en la otra mediante la palabra inimitable. Extraviará a los malvados, pues Dios hace lo que quiere.

33.—¿No ves a esos hombres que, pagando con ingratitudes[457] los beneficios del Señor, han hecho descender sus pueblos a la mansión de la perdición,

34.—Al infierno, donde serán quemados? ¡Qué detestable mansión!

35.—Atribuyen iguales a Dios para alejar a los hombres de la senda del Señor. Diles: Gozad, gozad, vuestra salida será el fuego.

36.—Di a mis servidores que creen, que tienen que hacer la oración, la limosna de los bienes que les dispensamos en secreto o en público antes de que llegue el día en que no haya ya tráfico ni amistad[458].

37.—Dios es quien ha creado los cielos y la tierra y hace descender agua del cielo; con ayuda de ella, hace germinar los frutos que os alimentan; os ha sometido el esquife para que hienda el mar por su orden; os ha sometido los ríos, os ha sometido el sol y la luna, prosiguiendo su carrera en sus surcos; hace servir el día y la noche para vuestras necesidades; os ha dado todos los bienes que le habéis pedido. ¡Contad, si podéis, los beneficios de Dios! Pero el hombre es injusto e ingrato.

38.—Abrahán dirigió a Dios esta plegaria: Señor, haz gozar a este país de la seguridad perfecta, y presérvame, así como a mis hijos, del culto de los ídolos.

39.—¡Oh, Señor mío! Ellos han extraviado ya a un gran número.

457   O: de incredulidad, pues la palabra *kofr* tiene estos dos sentidos.

458   Según los comentadores, esto quiere decir, que ese día el hombre culpable no podrá comprar nada que ofrecer en expiación de sus faltas, y no hallará amigos que intercedan con éxito a su favor.

Que el que me siga sea de los míos; el que me desobedezca... Señor, tú eres indulgente y misericordioso.

40.—¡Señor! He establecido una parte mi familia en un valle estéril, cerca de la morada santa[459]. Haz que cumplan la oración. Dispón en su favor los corazones de los hombres; cuida de su subsistencia; te darán acciones de gracias.

41.—Tú sabes lo que nosotros ocultamos y lo que nosotros exponemos a la luz del día. Nada está oculto para Dios de lo que hay en los cielos y en la tierra. Loa al Dios que, a pesar de mi vejez, me ha dado a Ismael y a Isaac; ¡él escucha nuestros ruegos!

42.—Señor, haz que observe la plegaria, haz que mi posteridad sea fiel a ella. Dígnate recibir mi oración. Perdóname, a mis padres y a los creyentes, en el día del juicio.

43.—No penséis que Dios está desatento a las acciones de los malvados. Les concede una tregua hasta el día en que todas las miradas se fijarán en el cielo.

44.—Corriendo a toda prisa, con la cabeza levantada, sus miradas estarán inmóviles y sus corazones vacíos. Advierte, pues, a los hombres, del día de los castigos.

45.—¡Señor! Exclamarán los impíos, concédenos una tregua aún, hasta algún término cercano.

46.—Nosotros escucharemos tu llamamiento a la vez y obedeceremos a tus apóstoles. Se les responderá: ¿No jurabais que no cambiaríais jamás?

47.—Hasta habitabais los lugares que habitaban los hombres inicuos para consigo mismos y sabíais cómo hemos obrado con ellos. Os proponemos parábolas. Han puesto en práctica sus astucias. Dios era el dueño de sus artificios, aun cuando hubiesen sido bastante poderosos para remover las montañas.

48.—No os imaginéis que Dios falta a la promesa hecha a sus apóstoles. Es poderoso y vengativo.

49.—Llegará el día en que la tierra y los cielos estarán cambiados; los hombres comparecerán ante Dios, el Único, el Victorioso.

459 Ismael se estableció en Arabia. Sabido es, por los demás, que la tradición mahometana atribuye a Abrahán la fundación de la Caaba, templo de la Meca.

50.—Entonces tú verás a los criminales con los pies y las muñecas cargados con cadenas.

51.—Sus túnicas serán de alquitrán, el fuego envolverá sus rostros, a fin de que Dios retribuya a cada alma según sus obras. Es rápido en sus cuentas.

52.—Tal es el aviso dirigido a los hombres. Que saquen de él sus enseñanzas, y sepan que Dios es uno y que los hombres de sentido reflexionan.

SURA XV
HEDJR[460]

DADO EN LA MECA.—99 VERSÍCULOS
EN NOMBRE DEL DIOS CLEMENTE Y MISERICORDIOSO

1.—ELIF. LAM. RA. He aquí los versículos del libro y de la lectura lúcida.

2.—Más de una vez los infieles desearán haber sido musulmanes[461].

3.—Déjales saciar y gozar, que la esperanza *de una larga vida* les divierta[462]. Pronto sabrán la verdad.

4.—No hemos aniquilado ninguna villa que no haya tenido un término fijado[463].

5.—Ningún pueblo puede anticipar ni retrasar su término.

6.—Dicen *a Muhammad*: ¡Oh, tú que has recibido el Corán de lo alto! En verdad, tú estás poseído del demonio[464].

7.—¿No vendrías acompañado de los ángeles, si fuese verdad lo que tú dices?

8.—Los ángeles no vendrán más que por la verdad[465]. Entonces los infieles no serán ya esperados.

9.—Hemos hecho descender la advertencia[466] y somos sus guardianes.

---

460 *Hedjr* es el nombre de un valle entre Medina y la Siria. En otro tiempo era el país de los temuditas, pueblo criminal exterminado por orden de Dios; se trata de él al final del capítulo.

461 Cuando vean, en el día del juicio final, las recompensas delos justos y las penas de los culpables.

462 Que ella los divierte hasta el punto que no piensan en la vida futura.

463 Literalmente: que no haya tenido un libro conocido. Sin embargo, la voz *kitab*, que se traduce generalmente por libro, no tienen muchas veces en el Corán esta significación; se emplea para todo *escrito, acto, escritura, declaración.*

464 La palabra *medjnoun* del texto quiere decir: poseído de un *djinn*, genio, demonio, y se dice de un loco, de un idiota.

465 Es decir, no para responder al primer desafío de los infieles y satisfacer el deseo o la curiosidad de los hombres, sino con un objeto serio.

466 Es decir, el Corán.

10.—Ya antes de ti enviamos apóstoles entre las sectas de los antiguos,

11.—Y no hubo un solo apóstol a quien no hubiesen tomado por objeto de sus burlas.

12.—Pondremos los mismos sentimientos en los corazones de los criminales de la Meca.

13.—No lo creerán, aunque el ejemplo de los antiguos esté aquí.

14.—Si les abriésemos las puertas de los cielos, mientras que subiesen,

15.—Dirían todavía: Nuestros ojos están nublados por la embriaguez, ¡eh! de seguro estamos embrujados.

16.—Hemos establecido los signos del zodíaco[467] en los cielos, y los hemos dispuesto en orden para los que miran.

17.—Nosotros les defendemos del ataque de todo demonio rechazado a pedradas[468];

18.—A menos que no se deslice furtivamente para escuchar, y entonces es alcanzado por un dardo de fuego visible para todos[469].

19.—Hemos extendido la tierra y hemos hecho surgir montañas y hemos hecho brotar todas las cosas en una proporción determinada.

20.—Hemos puesto allí alimentos para vosotros y para seres a quienes no alimentáis.

21.—No hay cosa cuyos tesoros no existan en nuestra casa, y nosotros los hacemos descender solo en una proporción determinada.

22.—Enviamos los vientos que fecundan, hacemos descender del cielo el agua con que os abrevamos y que vosotros no conserváis[470].

23.—Hacemos vivir y hacemos morir; nosotros solos lo heredamos todo.

24.—Conocemos a aquellos de vosotros que marchan adelante y a los que se quedan atrás[471].

---

467   La palabra árabe para el signo del zodíaco es *burdj*, torre, del griego.

468   Sobre este epíteto, véase *sura* III, 31, nota tercera.

469   Véase *sura* XXXVII, 10.

470   Literalmente: de que no sois los guardianes; es decir: no estáis obligados a tomaros la pena de conservarla.

471   Los comentadores interpretan de diferente modo este pasaje. Los unos creen

25.—Vuestro Señor os reunirá algún día. Es prudente y sabio.

26.—Hemos creado de barro al hombre, de esa arcilla a que se da forma fácilmente.

27.—Antes de él habíamos creado ya los genios de un fuego sutil.

28.—Acuérdate de que Dios dijo a los ángeles: He creado al hombre de barro, de esa arcilla a que se da forma.

29.—Cuando yo lo haya formado y haya infundido en él mi espíritu, prosternaos ante él adorándolo.

30.—Y los ángeles se prosternaron todos, todos,

31.—Excepto Eblís; se negó a ser de los que se prosternaban.

32.—Entonces Dios le dijo: ¡Oh, Eblís! ¿Por qué no has sido de los que se prosternan?

33.—Yo no me prosternaré ante el hombre que tú has creado de barro, de esa arcilla que se moldea.

34.—Dios le dijo: Entonces sal de aquí; tú eres lapidado[472].

35.—La maldición pesará sobre ti hasta el día de la retribución.

36.—Respondió: ¡Oh, Señor! Dame tregua hasta el día en que los hombres hayan resucitado.

37.—Dios le dijo: La tregua te está concedida.

38.—Hasta el día del término marcado de antemano.

39.—Señor, dijo Eblís, puesto que tú me has circunvenido, tramaré complots contra ellos en la tierra[473] y procuraré circunvenirles a todos,

40.—Excepto a tus servidores sinceros.

41.—Dios respondió: Ese es precisamente el camino recto;

42.—Pues tú no tienes ningún poder sobre mis servidores; no lo tendrás más que sobre aquellos que te sigan y se extravíen.

43.—La gehena es la mansión que les está prometida a todos.

---

que quiere decir que Dios conoce a los hombres de las generaciones anteriores y de las que le siguen; otros, que se trata aquí de los combatientes que se lanzan antes que nadie y de los que vienen detrás; otros, en fin, creen ver en ello una alusión a que cierto día, orando una mujer hermosa en una mezquita, muy cerca de Muhammad, algunos salieron antes para evitar verla, y otros, por el contrario, se quedaron para verla salir.

472 Véase, respecto de este epíteto, *sura* III, 31.

473 Literalmente: adornaré para ellos. Estas palabras pueden significar, ora: yo embelleceré todas sus acciones a sus ojos a fin de que no sospechen sus propios pecados; ora: lo dispondré todo de tal modo que caerán fácilmente en el lazo.

44.—Tiene siete puertas, y en cada una se mantendrá una tropa separada.

45.—En cuanto a los que temen a Dios, estarán en medio de jardines y de fuentes *de agua*.

46.—*Se les dirá*: Entrad en paz y al abrigo de todo temor.

47.—Nosotros quitaremos de su corazones toda falsedad; viviendo como hermanos, descansarán sobre lechos mirándose cara a cara.

48.—La fatiga no les alcanzará y jamás serán expulsados de esta morada.

49.—Declara a mis servidores que yo soy el indulgente, el Misericordioso,

50.—Y que mi castigo es un castigo doloroso.

51.—Cuéntales la historia de los huéspedes de Abrahán.

52.—Cuando entraron en su casa y le saludaron, dijo: Nos habéis causado miedo.

53.—Ellos respondieron: no tengas miedo, venimos a anunciarte un hijo juicioso.

54.—Él les respondió: ¿Me lo anunciáis a mí, gastado por los años? ¿Y qué es lo que me anunciáis?

55.—Te lo anunciamos en toda verdad (*seriamente*). No desesperes.

56.—¿Y quién desesperará, dijo, de la gracia de Dios, a no ser los hombres extraviados?

57.—¿Y cuál es el objeto de vuestra misión, oh mensajeros?, dijo.

58.—Somos enviados hacia un pueblo criminal, repusieron, para aniquilarlo,

59.—Excepto a la familia de Loth, a quien salvaremos,

60.—Salvo a su mujer, a quien hemos destinado a quedar atrás.

61.—Cuando los enviados fueron a casa de la familia de Loth,

62.—Este les dijo: Me sois desconocidos.

63.—Ellos respondieron: Sí, sin duda, y venimos a tu casa acompañados de este castigo que ellos (*vuestros conciudadanos*) ponen en duda.

64.—Venimos con la verdad, somos verídicos.

65.—Sal esta noche con tu familia. Marcha tras ella. Que ninguno de vosotros vuelva la cabeza. Id adonde se os ordena.

66.—Nosotros le significamos esta orden, porque el pueblo tenía que ser aniquilado hasta el último, antes del siguiente día.

67.—Algunos habitantes de la villa fueron muy gozosos a casa de Loth.

68.—Él les dijo: son mis huéspedes, no me deshonréis.

69.—Temed a Dios y no me llenéis de oprobio.

70.—Ellos respondieron: ¿No te hemos prohibido dar asilo a quienquiera que sea en el mundo?

71.—He aquí mis hijas, dijo Loth, si queréis cometer alguna acción fea.

72.—Por tu vida, ¡oh, *Muhammad!*, estaban como aturdidos en medio de su embriaguez.

73.—Al amanecer les sorprendió una tempestad.

74.—Hemos destruido estas villas hasta los cimientos y hemos hecho llover sobre ellas ladrillos cocidos.

75.—Hay en esto signos para los hombres que examinan con atención.

76.—Estas ciudades estaban en el camino que hay aquí[474].

77.—Hay en esto signos para los creyentes.

78.—Y como los habitantes del bosque (*de Madián*) eran también malos,

79.—Nosotros tomamos venganza de ellos. Aniquilamos estas dos ciudades; ellas sirven de sorprendente ejemplo a los hombres.

80.—Los habitantes de Hedjr[475] han tratado de impostores a los apóstoles que fueron enviados hacia ellos.

81.—Nosotros les hemos hecho ver nuestros signos; pero ellos se han alejado de ellos.

82.—Tallaban casas en las rocas y se creían en seguridad.

83.—Una tempestad les sorprendió al amanecer.

84.—Sus trabajos no les sirvieron de nada.

85.—Hemos creado los cielos y la tierra y todo lo que hay entre

---

474 Es decir: en el camino en que los viajeros van a Siria pueden ver y descubrir las huellas de estas villas. El texto dice: *Ella está en el camino que hay allí.* Este pronombre puede referirse a una villa, Sodoma, o a la reunión de cinco villas.
475 Véase la nota del título de este *sura.*

ellos para la verdad, *y no en vano*. La hora vendrá. Tú *¡Muhammad!*, perdona con un perdón hermoso;

86.—Pues tu Señor es el creador, el sabio.

87.—Ya te hemos dado los siete versículos que deben ser repetidos constantemente[476], así como el gran Corán.

88.—No extiendas tus miradas sobre los bienes de que hacemos gozar a muchos de los infieles, y no te aflijas a causa de ellos, e inclina tu ala sobre los creyentes[477].

89.—Diles: Yo soy el avisador incontestable.

90.—Nosotros castigaremos a los que dividen[478],

91.—A los que parten el Corán en porciones.

92.—Por tu Señor, *¡oh, Muhammad!*, Nosotros les interrogaremos

93.—Sobre todas sus acciones

94.—Haz, pues, conocer lo que se te ha ordenado, y aléjate de los idólatras.

95.—Nosotros te bastamos contra los que se burlan:

96.—Que colocan al lado de Dios otras divinidades. Ellos aprenderán la verdad.

97.—Nosotros sabemos que tu corazón se oprime cuando oyes lo que dicen.

98.—Pero celebra las alabanzas de tu Señor y sé con los que se prosternan.

99.—Adora al Señor antes de que ocurra[479] lo que es cierto.

---

476   Los siete versículos del *sura* primero. Sabido es que la redacción actual del Corán no es su redacción primitiva; sin embargo, este pasaje, así como el versículo 16 del *sura* XI, haría suponer que una parte al menos del Corán estaba ya ordenada en tiempo de Muhammad y formaba un conjunto.

477   Sé cariñoso y benévolo para ellos.

478   Esta palabra es aún interpretada por los comentadores como una alusión a los doce idólatras que, para intimar a los de la Meca e impedirles que siguiesen a Muhammad, habían dividido entre ellos las rentas de la Meca durante la estación de la peregrinación.

479   La hora del castigo.

SURA XVI
LA ABEJA[480]

DADO EN LA MECA.—128 VERSÍCULOS
EN NOMBRE DEL DIOS CLEMENTE Y MISERICORDIOSO

1.—Las sentencias de Dios se cumplirán. No las apresuréis. ¡Gloria a él! Está muy por encima de las divinidades que se le asocian.

2.—Por su voluntad hace descender los ángeles con el espíritu *de Dios* sobre aquel de sus servidores que quiere. Les dice: Advertid a los hombres que no hay más Dios que yo. Temedme.

3.—Él ha creado los cielos y la tierra para la verdad; está demasiado por encima de las divinidades que se le asocian.

4.—Él ha creado al hombre de una gota de esperma, y he aquí que el hombre disputa abiertamente[481].

5.—Él ha creado en la tierra las bestias de carga; vosotros sacáis de ellas vuestras ropas y otras ventajas más; vosotros os alimentáis con ellas.

6.—Halláis brillo en ellas cuando las traéis por la tarde y cuando las soltáis por la mañana para el pasto[482].

7.—Ellas llevan vuestros fardos a países adonde vosotros no llegaríais *sin ellas*, a no ser con mucha pena. Ciertamente, vuestro Señor está lleno de bondad y misericordia.

8.—Os ha dado caballos, mulas, asnos, para serviros de montura y de adorno. Ha creado cosas que vosotros no conocéis.

9.—Se encarga de la dirección del camino. Los hay que se alejan de él. Si él quisiese os dirigiría a todos.

---

480   El título de este *sura* está tomado del versículo 70.

481   Diremos aquí una vez para siempre que las palabras *bilhakki*, para la verdad, que se hallan a menudo en el Corán, quieren decir: en toda verdad, seriamente, en oposición a *bilbathili*, en vano, y como para tomarlo a juego.

482   Dice el texto: *Hallaréis cosa bella para vosotros;* con esto Muhammad quiere decir que los que poseen rebaños hallan con qué enorgullecerse cuando los reúnen en torno de sus habitaciones.

10.—Él es el que hace descender del cielo el agua que os sirve de bebida y el que hace crecer las plantas con que alimentáis a vuestros rebaños.

11.—Por medio del agua, hace germinar los trigos, los olivos, la palmera, la vid y toda clase de frutos. En esto hay signos para los que reflexionan.

12.—Os ha sometido la noche y el día; el sol y la luna y las estrellas os están sometidas en virtud de sus órdenes. En esto hay signos para los que tienen inteligencia.

13.—Lo mismo acontece con todo lo que ha creado de las diferentes especies[483] en la tierra. En esto hay signos para los que piensan en ello.

14.—Él es el que os ha sometido el mar; vosotros coméis de él carnes frescas y sacáis de él adornos con que engalanarnos. Veis los buques cruzar las olas, para pedir a Dios tesoros de su bondad. Tal vez seréis agradecidos.

15.—Ha establecido elevadas montañas en la tierra, a fin de que se muevan con vosotros[484]; ha trazado ríos y caminos, a fin de que seáis dirigidos *en vuestra marcha.*

16.—Ha puesto signos de ruta[485]. Los hombres se dirigen también por las estrellas.

17.—El que crea ¿será semejante al que no crea nada? ¿No reflexionaréis sobre esto?

18.—Y si queréis contar los beneficios de Dios, decid: ¿Sois capaces de enumerarlos? Él es indulgente y misericordioso.

19.—Dios conoce lo que ocultáis y lo que exponéis a la luz del día.

20.—Los dioses a quienes invocan no pueden crear nada y son creados ellos mismos.

21.—Seres muertos, desprovistos de vida, no saben

22.—Cuando serán resucitados.

---

483   Especies diferentes. También se puede traducir: colores diferentes.

484   A causa de la partícula an, este pasaje puede traducirse también: Ha establecido montañas (o bases sólidas), a fin de que la tierra no se escape.

485   En el desierto, muchas veces los árabes no disponen de más medios para orientarse que grandes montañas de piedras y montoncitos desparramados aquí y allá.

23.—Vuestro Dios es el Dios único; los que no creen en la visa futura, tienen corazones que lo niegan todo y se llenan de orgullo.

24.—Ciertamente, Dios conoce lo que ocultan y lo que exponen a la luz.

25.—No ama a los orgullosos.

26.—Cuando se les pregunta: ¿Qué es lo que Dios os ha enviado de lo alto?, dicen: Eso son cuentos de los antiguos.

27.—Llevarán todos el peso de sus propias obras y el peso de aquellos a quienes han extraviado, ignorantes como eran ellos mismos[486]. ¡Qué insoportable peso el suyo!

28.—Sus antecesores habían obrado con astucia. Dios atacó su edificio por los cimientos; el techo se derrumbó sobre sus cabezas, y el castigo les sorprendió del lado que no esperaban[487].

29.—Él los cubrirá de oprobio en el día de la resurrección. Les preguntará: ¿Dónde están, pues, sus asociados que han sido el motivo de vuestras escisiones? Los que han recibido la ciencia exclamarán: Hoy la ignominia y el suplicio caerán sobre los infieles.

30.—Aquellos a quienes los ángeles de la *muerte* recojan a *la hora de la muerte*, ofrecerán su sumisión y dirán: No hemos hecho ningún mal. —Sí, ciertamente, lo *habéis hecho, dirán los ángeles*, y Dios sabe bien lo que habéis hecho.

31.—Entrad en las puertas de la gehena y permaneceréis allí eternamente. ¡Qué detestable es la mansión de los orgullosos!

32.—Se dirá a los que temen a Dios: ¿Qué es lo que os ha concedido vuestro Señor? —Ha concedido toda clase de beneficios en este mundo a los que han hecho el bien; pero la vida futura es aún un bien mayor. ¡Qué hermosa mansión la de los hombres piadosos!

33.—Jardines del Edén, donde serán introducidos, donde corren los ríos y donde hallarán cuanto deseen. Así es como recompensa Dios a los que temen.

---

486 Literalmente: sin ciencia; es decir, sin contar con la ciencia necesaria para dirigir a los demás.

487 Según los comentadores, estas palabras son una alusión a Nemrod, hijo de Canaán, que edificó un palacio en Babel, de cinco mil codos de altura, para observar lo que ocurría en el cielo. Dios destruyó aquel edificio con una tempestad.

34.—Estos estarán bien a su gusto en el momento en que los ángeles, al recogerlos *a la hora de la muerte*, les digan: ¡Qué la paz sea con vosotros! Entrad en el paraíso como premio de vuestras obras.

35.—Los infieles ¿esperan a que los ángeles les sorprendan o a que se cumplan las sentencias de Dios? Así han obrado sus antecesores. No es a Dios a quien han hecho daño, sino a sí mismos.

36.—Los crímenes que habían cometido volverán a caer sobre ellos, y aquel *castigo* que era objeto de sus burlas les ha rodeado por todas partes.

37.—Los que asocian otras divinidades a Dios, dicen: Si Dios hubiese querido, nosotros y nuestros padres, solo a él habríamos adorado; no habríamos prohibido el uso de lo que él mismo hubiera prohibido. Los apóstoles solo están obligados a predicar abiertamente.

38.—Hemos enviado apóstoles hacia cada pueblo, diciendo: Adorad a Dios y evitad el Thagut[488]. Hubo entre ellos algunos a quienes Dios ha dirigido; y hubo otros que han sido destinados al extravío. Recorred la tierra y ved cuál ha sido el fin de los que han tratado a los apóstoles de embusteros.

39.—Si tú deseas que sean dirigidos, sabe que Dios no dirige a aquel a quien ha extraviado. No tendrán ningún protector.

40.—Juran *por el nombre de* Dios con sus más solemnes juramentos que no resucitará ya el que haya muerto una vez. —Sí, *lo hará*, en virtud de su promesa verdadera que está a su cargo; pero la mayor parte de los hombres no lo saben.

41.—Lo hará para mostrarles claramente lo que era objeto de sus disputas, y a fin de que los infieles reconozcan que habían mentido.

42.—¿Cuál es nuestra palabra cuando queremos que una cosa exista? Decimos: sea, y es.

43.—Daremos una habitación honrosa a los que han abandonado su país por Dios después de haber sufrido la opresión. Pero la recompensa de la vida futura es todavía más magnífica. ¡Oh! Si ellos lo supiesen.

44.—Los que soportan los males con paciencia y ponen su confianza en Dios.

488 Nombre de una divinidad entre los árabes idólatras.

45.—Nosotros no hemos enviado antes que tú más que hombres a quienes habíamos inspirado. Preguntadlo a los hombres de las escrituras, si no lo sabéis vosotros.

46.—Les hemos enviado con milagros y libros. A ti también te hemos dado un libro, a fin de que expliques a los hombres lo que les ha sido enviado y a fin de que reflexionen.

47.—Los que han empleado malvadamente astucias ¿están seguros de que Dios no hará que los trague la tierra o que un castigo terrible no vendrá a sorprenderlos allí donde menos se lo esperarán?

48.—¿De que no les sorprenderá durante sus idas y venidas, en tanto que ellos no podrían debilitar su acción?

49.—¿O de que no les castigará con un desprecio gradual?[489] Pero Dios está lleno de bondad y de misericordia.

50.—¿No han visto que todo lo que Dios ha creado inclina su sombra derecha y a izquierda para adorarlo, para prosternarse ante él?

51.—Ante Dios se prosterna todo lo que hay en los cielos y en la tierra: lo mismo los animales que los ángeles, todos se despojan de su orgullo.

52.—Todos temen a su Señor, por *miedo a que caiga* de lo alto, y hacen todo lo que se les ordena.

53.—Dios ha dicho: No adoréis a dos dioses, pues él es un Dios único. Temedme, pues.

54.—A él pertenece todo lo que hay en los cielos y en la tierra. Le es debido un culto perpetuo. ¿Teméis a otro que no sea Dios?

55.—Todos los bienes de que gozáis vienen de él. Que una desgracia os alcance y es a él a quien dirigís vuestras súplicas.

56.—Pero tan pronto como os ha librado el mal, algunos de vosotros atribuyen compañeros a su Señor,

57.—Para negar el bien que les hemos hecho. Gozad, pronto sabréis la verdad.

58.—Afectan una porción de los bienes que nosotros les concedemos a seres a quienes no conocen. Juro por Dios que se os pedirá cuenta de lo que inventáis.

---

489   Este es el sentido de la palabra *tekawouf.*

59.—Atribuyen hijas a Dios[490]. ¡Gloria a él![491] Y ellos no las desean para sí mismos.

60.—Si se anuncia a alguno de ellos el nacimiento de una hija, su rostro se nubla y se pone *como* sofocado *por el dolor*.

61.—Se oculta de los suyos a causa de la desastrosa nueva. ¿Debe guardarla y sufrir su vergüenza, o sepultarla en el polvo? ¡Qué desrazonables son sus juicios![492]

62.—A los que no creen en la vida futura, asimiladlos a todo lo que es malo. Pero a Dios, asimiladlo a todo lo que hay de más elevado. Él es el Prudente, el Poderoso.

63.—Si Dios quisiese castigar a los hombres por su perversidad, no dejaría ninguna criatura viva en la tierra; pero les concede una tregua hasta el término fijado. Cuando el término haya llegado, no sabrán retardarlo ni avanzarlo un solo instante.

64.—Atribuyen a Dios lo que ellos mismos aborrecen; sus lenguas profieren una mentira cuando dicen que les está reservada una hermosa recompensa. En verdad, lo que les está reservado es el fuego. Serán precipitados en él los primeros.

65.—Lo juro por Dios que hemos enviado antes de ti apóstoles a los diferentes pueblos. Satán les había preparado sus acciones. Hoy es su patrono; pero les espera un doloroso castigo.

66.—Te hemos enviado el libro a fin de que tú expliques lo que es objeto de sus controversias, a fin de que sirva de dirección y de prueba de nuestra misericordia para los que creen.

67.—Dios envía del cielo el agua con que da vida a la tierra cuando está muerta. Hay en esto un signo para los que escuchan.

68.—Hallaréis en los animales signos propios para instruiros. Os hacemos beber lo que en sus entrañas está entre los alimentos elaborados y la sangre: es la leche pura, de una absorción tan dulce para los que la beben.

---

490   Los árabes idólatras consideraban a los ángeles como hijas de Dios.

491   Ya hemos dicho que las palabras *gloria a él* figuran en el Corán siempre que se cita alguna blasfemia, alguna opinión extraña sobre Dios.

492   Los árabes idólatras consideraban como una desgracia el nacimiento de una hija; hasta acostumbraban a enterrarlas vivas.

69.—Los frutos, tenéis la palmera y la vid, de donde sacáis una bebida embriagadora y un alimento agradable. En esto hay signos para los que entienden.

70.—Tu Señor ha hecho esta revelación a la ABEJA: Búscate casas en las montañas, en los árboles y en las construcciones de los hombres.

71.—Aliméntate de toda clase de frutos y camina por los caminos practicados por tu Señor. De sus entrañas (*de las entrañas de las abejas*) sale un licor de diferentes especies[493]; contiene un remedio para los hombres. En verdad, en esto hay signos para los que reflexionan.

72.—Dios os ha creado y os recogerá en su casa. Alguno de vosotros llegará a la edad de la decrepitud[494] hasta el punto que no habrá nada de lo que había sabido[495]. Dios es sabio y poderoso.

73.—Dios os ha favorecido a los unos más que a los otros en la distribución de sus dones. Pero los que han sido favorecidos ¿hacen participar de estos bienes a sus esclavos hasta el punto que todos tengan una parte igual? ¿Negarán los beneficios de Dios?

74.—Dios os ha escogido esposas de vuestra raza. De vuestras esposas os da hijos y nietos; os alimenta con manjares deliciosos. ¿Creerán en divinidades engañosas y serán ingratos para con los beneficios de Dios?

75.—¿Adorarán al lado de Dios seres que no pueden procurarse ningún alimento del cielo y de la tierra y que no pueden nada?[496]

76.—No toméis a Dios por objeto de vuestras comparaciones. Dios lo sabe todo y vosotros no sabéis nada.

77.—Dios os propone por objeto de comparación a un hombre esclavo que no dispone de nada y a otro hombre a quien hemos concedido una amplia subsistencia y que distribuye una parte de ella en limosnas públicamente y secretamente; ¿son iguales estos dos hombres? No, gracias a Dios; pero la mayor parte de ellos no entienden nada.

---

493   O: *de diferentes colores,* pues la miel era ora roja, ora amarilla, ora blanca.

494   Literalmente: Alguno de vosotros es llevado a la más baja edad, es decir, a la vejez débil e impotente.

495   Es decir, caerá en la infancia y olvidará todo lo que había sabido.

496   Literalmente: lo que sus manos derechas han adquirido. Así es como se designa a los esclavos comprados y a los cautivos.

78.—Dios os propone además, por objeto de comparación, dos hombres, uno de los cuales es mudo de nacimiento y no puede oír nada y que es una carga para su amo; adondequiera que lo envíe, este no le reportará nada bueno: ¿Puede tal hombre formar pareja con un hombre que mande según toda justicia y camine por la senda recta?[497]

79.—Los secretos de los cielos y de la tierra pertenecen a Dios. La venida de la hora[498] es como un abrir y cerrar de ojos, o tal vez más cercana aún, pues Dios es omnipotente.

80.—Dios os hace salir de las entrañas de vuestras madres, desprovistos de todo conocimiento; luego os da el oído, la vista y la inteligencia, a fin de que seáis agradecidos.

81.—¿Habéis dirigido una mirada a los pájaros sometidos *a la voluntad de Dios* en medio del espacio de los cielos? ¿Qué otro más que Dios tiene poder sobre ellos? En verdad, hay en esto signos para los que saben comprender.

82.—Dios os da vuestras tiendas[499] por moradas; os da por tiendas pieles de bestias que podéis llevar fácilmente cuando os ponéis en marcha o cuando os detenéis; os ha creado, con la lana, el pelo y la crin de vuestro ganado, ropas y utensilios, para un uso temporal.

83.—Los objetos de su creación, Dios os ha procurado sombras; os ha dado montañas por retiros, vestidos que os abrigan contra los calores y trajes que os garantizan contra la violencia de *los golpes que os dais unos a otros*; así es como os colma con sus beneficios, a fin de que os resignéis a su voluntad.

84.—Si los árabes te vuelven la espalda, *¡qué te importa! ¡Oh, Muhammad!,* tú solo estás encargado de la predicación abierta.

85.—Conocen los beneficios de Dios y luego los desconocen. La mayor parte de ellos son infieles.

86.—Un día suscitaremos un testigo por cada nación; entonces no se permitirá a los infieles *hacer valer excusas*[500] y estas no serán acogidas.

---

497 La parábola del esclavo del versículo anterior y del hombre mudo de este se aplican aquí a los ídolos y a su inutilidad para el hombre.

498 Literalmente: el asunto de la hora, es decir, del día de la resurrección.

499 La palabra *beit*, en árabe, quiere decir tienda o cualquiera otra habitación.

500 El texto árabe no lleva más que estas palabras: y no les será dado permiso (li-

87.—Entonces los malvados verán con sus ojos el suplicio que no podrán aminorar. Dios no se dignará siquiera dirigirles una mirada.

88.—Los idólatras verán sus compañeros, esas divinidades que asocian a Dios, y dirán: Señor, he aquí a nuestros compañeros a quienes adorábamos junto a ti; pero estos les responderán: no sois más que unos embusteros[501].

89.—Ese día los idólatras ofrecerán su sumisión a Dios, y las divinidades que habían inventado desaparecerán.

90.—Haremos sufrir castigo sobre castigo, como premio de su maldad, a aquellos que han creído y que han apartado a los demás del camino recto.

91.—Un día suscitaremos del seno de cada pueblo un testigo que declarará contra él; y a ti, ¡oh, *Muhammad!*, te instituiremos testigo encargado de declarar contra los árabes, pues te hemos dado un libro que contiene la explicación de todo, que es una prueba de nuestra misericordia, que sirve de dirección y anuncio de felices nuevas a los que se resignan a la voluntad de Dios.

92.—Dios ordena la justicia y la beneficencia, la liberalidad hacia sus parientes; prohíbe las cosas feas[502] y la iniquidad, y la injusticia; os advierte, a fin de que reflexionéis.

93.—Sed fieles al pacto de Dios, vosotros que lo habéis concluido; no violéis los juramentos que habéis hecho solemnemente. Habéis tomado a Dios por fiador, y él sabe lo que hacéis.

94.—No os parezcáis a aquella mujer que deshizo el hilo que había torcido sólidamente; no hagáis entre vosotros juramentos pérfidos porque veáis que una tropa de entre vosotros parece ser más numerosa que otra[503]. Dios procura probaros respecto a este punto; pero en el día de la resurrección os recordará el objeto de vuestras diferencias.

cencia); los comentadores lo suplen con las palabras: *presentar excusas, o volver a la tierra para vivir mejor.*

501 Es decir, las divinidades quiméricas se apresurarán a desaprobar toda pretensión de creerse iguales a Dios.

502 En todas partes traducimos así la voz árabe *fahcha* o *fahicha*, que se aplica a todo pecado carnal.

503 Muhammad reprocha aquí a los árabes su mala fe en los tratados, que no consideraban como obligatorios hasta que no veían que eran los más débiles.

95.—Si Dios hubiese querido, habría hecho de vosotros un solo pueblo; pero extravía al que quiere y dirige al que quiere: un día os pedirá cuenta de vuestras acciones.

96.—No os sirváis de vuestros juramentos como de un medio de fraude, por temor a que vuestros pies, firmemente asentados, no lleguen a resbalar, y que no sintáis el castigo por haber apartado a los otros del sendero de Dios. Un suplicio terrible os estaría reservado.

97.—No vayáis a comprar con el pacto de Dios un objeto de ínfimo valor. Lo que Dios tiene en reserva os será más ventajoso si tenéis inteligencia.

98.—Lo que poseéis pasa, y lo que está cerca de Dios permanece. Daremos a los perseverantes *la recompensa* que les es debida, la recompensa más conforme a sus obras.

99.—Todo el que hace una buena acción y que es *al mismo tiempo* creyente, que sea hombre o mujer, le concederemos una vida feliz y le concederemos la más hermosa recompensa digna de sus obras.

100.—Cuando leas el Corán, busca cerca de Dios un refugio contra Satán el maldito[504].

101.—Satán no tiene poder sobre los que creen y ponen su confianza en Dios.

102.—Su poder se extiende sobre los que se alejan de Dios y le asocian otras divinidades.

103.—Si reemplazamos *en este Corán* un versículo por otro (Dios conoce mejor que nadie lo que revela) dicen que tú mismo lo inventas. No; pero la mayor parte de ellos no saben nada.

104.—Diles que el espíritu de santidad te lo ha traído realmente de parte de tu Señor para dar firmeza a los creyentes, para dirigirlos, para anunciar felices nuevas a los musulmanes.

---

504   Literalmente: el lapidado. A Muhammad le ocurrió más de una vez que pronunció blasfemias o palabras fútiles en medio de los más graves discursos o de las plegarias; él atribuía estos extravíos a la acción del diablo. Para precaverse contra este peligro, ordena que invoquen la asistencia de Dios; esto es lo que hacen los musulmanes pronunciando estas palabras antes de la oración: *Me refugio cerca de Dios contra Satán el lapidado*. Respecto de este epíteto, véase *sura* III, 31.

105.—Nosotros sabemos bien que dicen: Un hombre lo instruye. La lengua del que quieren indicar indirectamente[505] es una lengua bárbara, mientras que el Corán es un libro árabe claro.

106.—En verdad, Dios no dirige a los que no creen en sus signos; un castigo cruel les está reservado.

107.—Los que no creen en los signos de Dios comenten una mentira; son embusteros.

108.—Todo el que después de haber creído se vuelve infiel, si está obligado a ello por la fuerza y si su corazón persevera en la fe[506], *no es culpable*; pero la ira de Dios pesará sobre el que abre su corazón a la infidelidad, y le espera un castigo terrible.

109.—Y esto como premio de que los infieles hayan preferido la vida de este mundo a la del otro. Dios no dirige a los infieles.

110.—Son aquellos sobre cuyos corazones, ojos y oídos, ha puesto Dios un sello. No sospechan nada, y, en verdad, serán los desgraciados del otro mundo.

111.—Pero Dios es indulgente y está lleno de misericordia para los que han abandonado su país después de haber sufrido en él pruebas y que luego han luchado por la causa de Dios y lo han soportado todo con paciencia.

112.—Llegará el día en que toda alma litigará por sí misma y en que será retribuida según sus obras, y en que nadie será lesionado.

113.—Dios os propone por objeto de comparación una ciudad que gozaba de seguridad y de tranquilidad. Dios le había dado alimento en abundancia; pero se mostró ingrata a los beneficios de Dios y la

---

505   Este hombre de quien se decía instruía a Muhammad era, según unos, *Djebr er-Rumi,* es decir, griego, o romano de Oriente, esclavo de Amir de Hadramaut; según otros, Muhammad era acusado por los árabes de sacar sus pretendidas revelaciones de dos individuos, Djebr y Yesar, fabricantes de sables establecidos en la Meca, dedicados a la lectura del Pentateuco y del evangelio; según otros, era Salman el persa, uno de los hombres más adictos a Muhammad y a su familia. En todos los casos, este pasaje prueba que la persona a quien aludían los árabes era un extranjero. La expresión *lengua bárbara* es el equivalente de la voz *adjemi* que se dice de todo idioma no árabe.

506   Propiamente, sereno, tranquilizado por la fe, es la expresión de que se sirve uno siempre hablando de los musulmanes que por temor han abrazado otra religión, aunque en el fondo sean musulmanes.

ha castigado con el hambre y el terror como premio a las obras de sus habitantes[507].

114.—Un apóstol se levantó en medio de ellos y ellos lo trataron de impostor; el castigo *de Dios* les sorprendió, porque eran injustos.

115.—Alimentaos de los alimentos que Dios os concede, de los alimentos lícitos y buenos, y sed agradecidos a los beneficios de Dios, si es él a quien adoráis.

116.—Os ha prohibido alimentaros de la carne de los animales muertos, de sangre y de carne de cerdo, así como de todo alimento sobre el cual se haya invocado un nombre distinto del de Dios; pero si alguien se ve obligado a ello y si no lo hace como trasgresor reflexivo y como rebelde, Dios es indulgente y misericordioso; *él se lo perdonará.*

117.—No digáis: Esto es lícito y esto es ilícito, según que vuestras lenguas son llevadas a la mentira; imputaríais una mentira a Dios; pues los que imputan una mentira a Dios no prosperan.

118.—Es un goce de poca *duración*, en tanto que su castigo *será doloroso.*

119.—Habíamos prohibido a los judíos los manjares de que te hemos instruido precedentemente: nosotros no les hemos tratado injustamente; ellos son los que han obrado injustamente respecto de sí mismos.

120.—En cuanto a los que hayan cometido una mala acción por ignorancia, pero que vuelvan a Dios y se corrijan, Dios será indulgente y misericordioso.

121.—Abrahán era un hombre[508] sometido a Dios, verdadero creyente; no era del número de los idólatras.

122.—Estaba agradecido a sus beneficios; Dios lo había elegido y dirigido por la senda recta.

123.—Le concedimos una hermosa recompensa en este mundo y es en el otro del número de los justos.

---

507 Literalmente: la revistió con el traje del hambre, etc.

508 El texto dice: Abrahán era un pueblo, es decir, la nación de Abrahán de quien los koreichitas pretendían descender.

124.—Te hemos revelado que tienes que seguir la religión de Abrahán, que era verdadero creyente y no era del número de los idólatras.

125.—El sábado ha sido instituido por aquellos que se han dividido[509]. Dios dictará sentencia entre ellos en el día de la resurrección sobre sus diferencias.

126.—Llama *a los hombres* al sendero de Dios mediante la prudencia y mediante justas amonestaciones; si disputas con ellos, hazlo de la manera más honrada; pues tu Señor conoce como nadie a aquellos que desvían de su sendero y a los que siguen el camino recto.

127.—Cuando ejercéis represalias, que sean semejantes a las ofensas que hayáis recibido; pero si preferís soportarlas con paciencia, esto aprovechará mejor a los que hayan sufrido con paciencia.

128.—Ten, pues, paciencia; pero la paciencia no te será posible a no ser *con la ayuda* de Dios. No te aflijas a causa de ellos; que tu corazón no esté en la angustia a causa de sus maquinaciones, pues Dios está con los que temen y obran el bien.

---

509   Es decir: el sábado ha sido instituido por los judíos.

SURA XVII
EL VIAJE NOCTURNO[510]

DADO EN MEDINA.—111 VERSÍCULOS
EN NOMBRE DEL DIOS CLEMENTE Y MISERICORDIOSO

1.—Gloria a aquel que ha transportado, durante la noche, a su servidor desde el templo sagrado *de la Meca* al templo lejano *de Jerusalén*, cuyo recinto hemos bendecido, para mostrarle nuestros milagros. Dios lo oye y lo ve todo.

2.—Dimos a Moisés el libro *de la ley*, y lo convertimos en guía de los hijos de Israel. No toméis, *les hemos dicho*, más patrono que a mí.

3.—¡Oh, posteridad de aquellos a quienes hemos llevado en el arca de Noé! Era su servidor agradecido.

---

510 El título de este *sura* está tomado del asunto del mismo. Se trata aquí del viaje aéreo que Muhammad habría hecho del templo de la Meca al templo de Jerusalén, y luego a través de los siete cielos hasta el trono de Dios. Muhammad habría sido transportado a las regiones celestes por el ángel Gabriel, en un caballo llamado *Borak*, a quien la tradición representa como un ser alado con cara de mujer, cuerpo de caballo y cola de pavo real. En los primeros tiempos del islamismo se ha disputado mucho acerca de la autenticidad de este hecho; sosteniendo unos que esta ascensión nocturna solo tuvo lugar en visión, y otros que fue efectuada por Muhammad real y corporalmente. Los que eran partidarios de la primera de estas dos versiones se fundaban en el testimonio de Moawiah, compañero de Muhammad y después califa, que siempre había considerado este viaje como una simple visión, y en el de Aicha, mujer del profeta, que aseguraba que Muhammad no se había levantado nunca del lecho. Bastaba la intervención de estos dos personajes tan odiosos para algunas sectas, para la de los chiítas, por ejemplo, para acreditar la opinión contraria. Así es que una de las creencias universalmente admitidas hoy entre los musulmanes es la de que aquella ascensión fue real. Se añade que este viaje celeste en que Muhammad vio los siete cielos y conversó con Dios, se hizo tan rápidamente que el profeta halló al volver el lecho caliente aún, y como el puchero en que calentaba agua estuviese próximo a verter antes de su marcha, volvió bastante a tiempo para quitarlo sin que se hubiese derramado ni una gota.

4.—Habíamos anunciado esta sentencia a los hijos de Israel en el libro: Cometeréis dos veces[511] iniquidades en la tierra, y os enorgulleceréis con un orgullo desmedido.

5.—Cuando ocurrió el cumplimiento de la primera amenaza, enviamos contra vosotros a nuestros servidores, hombres de una violencia terrible[512]; penetraron hasta en el interior de vuestro templo y la amenaza fue cumplida.

6.—Luego dejamos llegar vuestra vez y vuestra victoria sobre ellos, y acrecentamos vuestras riquezas y vuestros hijos; hicimos de vosotros un pueblo numeroso.

7.—*Os dijimos*: Si obráis el bien, lo haréis por vosotros; si obráis el mal, os lo hacéis a vosotros mismos. Cuando llegó el término de la segunda amenaza, *enviamos enemigos* para afligiros, para entrar en vuestro templo, como habían penetrado la primera vez, y para demolerlo todo[513].

8.—Tal vez Dios tendrá piedad de vosotros; pero si volvéis a *vuestros pecados*, nosotros también volveremos *para castigaros*. Hemos destinado la gehena a ser la prisión de los infieles.

9.—En verdad, este Corán dirige hacia el camino más recto; anuncia la dicha a los creyentes.

10.—Que practican las buenas obras. Recibirán una recompensa magnífica.

11.—Hemos preparado un suplicio terrible para los que no creen en la vida futura.

---

511 Los comentadores entienden por las palabras: *dos veces*, los dos grandes crímenes cometidos por los judíos; en primer lugar el asesinato del profeta Isaías y el encarcelamiento de Jeremías; luego la muerte de Zacarías, de Juan Bautista y el complot contra la vida de Jesucristo.

512 Según los comentadores, que se preocupan, por lo demás, muy poco de la exactitud cronológica en todo lo que afecta a los pueblos extranjeros, puede referirse aquí ora a *Djalut* el filisteo (Goliat), ora a *Nabucodonosor*, ora a *Senacherib* el asirio, instrumentos todos de la ira de Dios.

513 Este segundo castigo puede referirse a la conquista de Antíoco Epifanio, o bien a la destrucción de Jerusalén por los romanos.

12.—El hombre hace votos para obtener lo que es malo, cual los hace para obtener lo que es bueno. El hombre es débil por naturaleza.

13.—Hicimos de la noche y del día dos *signos de nuestro poder*. Borramos[514] el signo de la noche e hicimos visible el del día, a fin de que procuraseis obtener beneficios de la generosidad de Dios[515], a fin de que conocieseis el número de los años y su cómputo. Hemos introducido la distinción perfecta en todo.

14.—Hemos atado al cuello de cada hombre su pájaro[516]. En el día de la resurrección, le mostraremos un libro que hallará abierto.

15.—Lee en tu libro, *le diremos entonces*; basta que tú mismo hagas hoy tu cuenta.

16.—Todo el que sigue el camino recto, lo sigue por sí mismo; todo el que se extravía, se extravía en su propio detrimento. Toda alma cargada con un peso no llevará el de ninguna otra. Jamás hemos castigado sin haber enviado antes al profeta *al lado de un pueblo*.

17.—Cuando quisimos destruir una ciudad, dirigimos primero nuestras órdenes a sus ciudadanos opulentos; pero ellos se mostraron criminales. La sentencia fue pronunciada y la hemos exterminado.

18.—Después de Noé ¡cuántas naciones hemos exterminado! Basta que tu Señor vea y conozca los pecados de sus servidores.

19.—A todo el que ha deseado este mundo tan pasajero, a ese le hemos concedido en seguida en este mundo lo que hemos querido; después le hemos preparado la gehena; será allí quemado, cubierto de vergüenza y privado de todo recurso.

20.—El que desea la vida futura, el que hace esfuerzos para obtenerla y el que es además creyente, los esfuerzos de ese serán agradables a Dios.

514 Esta expresión figurada, que quiere decir que siendo la noche oscura no parece, por decirlo así, es interpretada de este modo por los musulmanes: en un principio Dios había creado la luna tan brillante como el sol, pero después ordenó al ángel Gabriel que pasase un ala por delante.

515 Esto significa que el día fue dado a los hombres para dedicarlo a sus ocupaciones lucrativas, al comercio, etc., y para contar los años.

516 Expresión figurada por *destino del hombre* y tomada del lenguaje y de las creencias de los árabes antiguos.

21.—Nosotros prolongamos los dones de tu Señor a estos y a aquellos. Los dones de tu Señor no serán negados a nadie.

22.—He aquí cómo hemos elevado los unos por encima de los otros *mediante los bienes de este mundo*. Pero la vida futura tiene grados más elevados y superioridades mayores aún.

23.—No pongas otros dioses al lado de Dios, pues te verás cubierto de vergüenza y de oprobio.

24.—Dios ha ordenado que no se adore a nadie más que a él, que se observe buena conducta con los padres y madres, ora que uno de ellos haya llegado a la vejez o que hayan llegado ambos y que vivan con vosotros. Guárdate de mostrarles desprecio[517] y de hacerles reproches. Háblales con respeto.

25.—Sé humilde con ellos y cariñoso[518], y dirige esta oración a Dios: Señor, ten piedad de ellos, del mismo modo *que ellos han tenido piedad de mí* y que me han criado cuando yo era pequeñito.

26.—Dios conoce mejor que nadie el fondo de vuestros corazones; él sabe si sois justos.

27.—Es indulgente para los que vuelven a él.

28.—Haz a tus semejantes lo que les es debido, así como al pobre y al viajero, y no seas pródigo.

29.—Los pródigos son hermanos de Satán. Satán ha sido ingrato con su Señor.

30.—Si te alejas de los que *están necesitados sin socorrerlos*, solicitando de tu Señor favores que esperas obtener, háblales al menos con dulzura.

31.—No te ates la mano al cuello ni la abras tampoco por completo, por temor a que incurras en la crítica o que te veas pobre.

32.—Dios difunde a manos llenas sus dones sobre los que quiere, ora los mide. Está instruido del estado de sus servidores, y los ve.

33.—No matéis a vuestros hijos por temor a la pobreza; les procuraremos su alimento así como a vosotros. Los asesinatos que cometéis son un pecado atroz.

---

517 Literalmente: de decirles: ¡Qué asco!
518 Literalmente: desciende hacia ellos el ala de tu humildad.

34.—Evitad el adulterio, pues es una cosa fea y un mal camino.

35.—No matéis a ningún hombre, pues Dios os lo ha prohibido, a no ser por justa causa[519]; en cuanto al que fuese muerto injustamente, hemos dado a su próximo un poder respecto a esto[520]; pero que este no pase el límite matando; está asistido[521], pues está ya asistido *por la ley.*

36.—No toquéis a los bienes del huérfano, a no ser de una manera laudable, *para hacerlos crecer,* hasta que llegue a la edad fijada. Cumplid vuestros compromisos, pues se pedirá cuenta de los compromisos.

37.—Cuando medís, llenad la medida. Pesad con una balanza justa. Esto es preferible, y es más hermoso en último resultado.

38.—No persigas lo que no conoces[522]. El oído, la vista, el corazón, se os pedirá cuenta de todo esto. Se os pedirá cuenta de todo.

39.—No camines fastuosamente por la tierra; no podrías ni hendirla en dos ni igualar la altura de las montañas.

40.—Todo esto es malo y abominable ante Dios.

41.—He aquí lo que Dios ha revelado en materia de sabiduría. Y, además, no pongas otros dioses al lado de Dios, pues serías precipitado en la gehena, cubierto de reprobación y de envilecimiento.

519   No se debe matar a un hombre a no ser por asesinato, por apostasía o por adulterio. Sin embargo, este último caso es objeto de controversias.

520   Traducimos la voz *veli* del texto por próximo, que es el sentido propio de esta palabra, pero que a causa de este mismo sentido primitivo y general, significa: patrón y cliente, protector y protegido, aliado y santo (próximo a Dios). Por el *poder* hay que entender el derecho a exigir del asesino una satisfacción, es decir, el precio de la sangre.

521   Nada más vago que este precepto sobre un punto tan delicado del derecho penal. Las palabras: *que no pase el límite,* pueden significar que al matar al asesino, se abstengan de crueldades, o bien que se contenten con matar al asesino sin extender la venganza a su familia. Las palabras *está asistido,* pueden igualmente referirse al asesino que fuese vengado a su vez si se pasase del límite, o al hombre muerto a quien este precepto procura proteger. La voz del texto *mausur* que, según su forma gramatical, quiere decir asistido, significa victorioso, vencedor (asistido de Dios). El sentido que se ofrece más naturalmente al ánimo sería: *que el próximo de la víctima no pase el límite de la estricta justicia sobre el asesino;* porque este sería a su vez asistido, socorrido, vengado.

522   Este pasaje se explica de este modo: no corras tras cosas vanas y que no te servirán de nada; o bien: no acuses a nadie de ningún crimen si no tienes la certeza de ello.

42.—¿Os habrá escogido Dios *por casualidad* por sus hijos y tomado a los ángeles por hembras? Proferís aquí una palabra terrible.

43.—Hemos difundido *enseñanzas* en este Corán, a fin de que los hombres reflexionen; pero no ha hecho más que aumentar vuestro alejamiento.

44.—Diles: Si hubiese otros dioses al lado de Dios, como vosotros decís, esos dioses desearían seguramente despojar al poseedor del trono.

45.—¡Gloria a Dios! Está elevado en una inmensa altura por encima de esta blasfemia.

46.—Los siete cielos y todo lo que encierran, así como la tierra, celebran sus alabanzas. No hay cosa que no celebre sus alabanzas; pero vosotros no comprendéis sus himnos. Dios es humano e indulgente.

47.—Cuando leéis el Corán, nosotros levantamos un velo entre ti y los que no creen en la vida futura.

48.—Hemos recubierto sus corazones de envolturas, a fin de que no comprendan. Hemos echado el peso en sus oídos.

49.—Cuando tú pronuncias en el Corán el nombre del Dios único, vuelven la espalda para huir con disgusto.

50.—Nosotros sabemos mejor que nadie con qué objeto te escuchan los infieles cuando van a escucharte, cuando se hablan al oído, cuando, *en fin*, los malvados se dicen unos a otros: Seguís a un hombre embrujado.

51.—Mira a qué te comparan; pero están en el extravío y no podrán hallar el sendero.

52.—Dicen: ¿Es acaso que cuando nos hayamos convertido en huesos y ceniza seremos realzados en una forma nueva?

53.—Diles: Sí, aunque fuerais piedra o hierro o cualquier otra cosa de las que parecen imposibles a vuestro espíritu. Ellos responderán: ¿Y quién os hará volver a la vida? Di: El que os ha creado la primera vez. Entonces moverán la cabeza y te preguntarán: ¿Cuándo se realizará eso? Diles: Es posible que sea en breve.

54.—El día en que Dios os llame de *vuestras tumbas* le responderéis alabándole; os parecerá no haber permanecido allí más que muy poco tiempo.

55.—Di a mis servidores que no hablen más que con dulzura, pues Satán podría sembrar la discordia entre ellos. Satán es el enemigo declarado del hombre.

56.—Vuestro Señor os conoce; si él quiere, os hará probar su misericordia; si él quiere, os castigará. No te hemos enviado ¡Oh, *Muhammad!* Para ser su patrono.

57.—Tu Señor conoce mejor que nadie lo que hay en los cielos y en la tierra. Hemos levantado a los profetas unos por encima de otros y hemos dado los salmos a David.

58.—Di: Llamad en vuestro auxilio a aquellos que imagináis ser dioses fuera de él, y veréis que no pueden ni libraros de un mal ni alejarlo.

59.—Aquellos a quienes invocáis desean ardientemente llegar hasta su Señor y compiten acerca de quién estará más inmediato a él; esperan su misericordia y temen su castigo, pues el castigo de tu Señor es terrible[523].

60.—No habrá ciudad[524] que nosotros no destruyamos de aquí al día de la resurrección o a la que nosotros no castiguemos con un castigo terrible. Está escrito en el libro *eterno.*

61.—Nada nos habría impedido enviarte con el poder de los milagros, si los pueblos de otro tiempo no hubiesen tratado ya de mentiras los precedentes. Sin embargo, habíamos hecho ver a los temuditas la hembra del camello bien distintamente; *era una advertencia,* y, sin embargo, lo han maltratado. No enviamos profetas con milagros más que para intimidarlos.

62.—Acuérdate de que hemos dicho: Dios rodea los hombres por todas partes. No te hemos concedido la visión que has tenido, no te hemos hecho ver aquel árbol maldito en el Corán[525], más que para sembrar entre los hombres un motivo de discordia. Les intimidamos; pero esto no hará más que acrecentar su gran rebelión.

523 Se trata evidentemente de santos invocados por los cristianos o de Jesucristo.

524 Debe entenderse: ciudades criminales.

525 Se trata aquí de esa ascensión a los cielos que da el título a este *sura* y que los musulmanes creen haber tenido lugar realmente. El árbol maldito es el *Zakum,* respecto del cual véase el *sura* LVI.

63.—Dijimos a los ángeles: Prosternaos ante Adán. Y ellos se prosternaron, todos, excepto Eblís. ¿He de prosternarme yo, dijo, ante ese a quien has creado de barro?

64.—*Y después le dijo a Dios*: Mira a ese a quien has honrado más que a mí; en verdad, si me das tiempo para ello, de aquí al día de la resurrección exterminaré a toda su posteridad, salvo un pequeño número.

65.—Vete. Aquellos que te sigan entre ti y los hombres, todos tendréis como recompensa la gehena, amplia recompensa *de vuestros crímenes*.

66.—Atrae con tu voz a aquellos a quienes puedas; cae sobre ellos con tus jinetes y tus infantes[526]; sé su asociado en sus riquezas y sus hijos y hazles promesas. (Satán no podría hacer promesas más que para cegar a los hombres.)

67.—Pero en cuanto a mis servidores *fieles*, no tendrás ningún poder sobre ellos, y ellos tendrán un patrón suficiente en su Señor.

68.—Vuestro Señor es el que hace bogar para vosotros los buques a través de los mares, a fin de que vosotros busquéis los dones de su seguridad. Él es misericordioso para con vosotros.

69.—Cuando os alcanza una desgracia en el mar, aquellos a quienes invocáis son inhallables. Solo Dios estará allí. Pero cuando os ha salvado y devuelto a la tierra firme, os alejáis de él. En verdad, el hombre es ingrato.

70.—¿Estáis seguros de que no os hará tragar por alguna parte de la tierra entreabriéndose bajo vuestros pies, o que no enviará contra vosotros un torbellino que os sepultará bajo la arena sin que podáis hallar entonces un protector?

71.—¿Estáis seguros de que no os llevará por segunda vez al mar y de que no enviará contra vosotros un viento violento y de que no os sumergirá como premio de vuestra infidelidad? Entonces no hallaréis ningún protector.

72.—Nosotros honramos a los hijos de Adán. Los llevamos a la tierra y a los mares; les damos por alimento alimentos deliciosos y les

---

526   Expresión proverbial para decir: con todas las fuerzas.

concedemos una gran superioridad sobre un gran número de seres que hemos creado.

73.—El día en que llamemos a todos los pueblos *a comparecer* ante nosotros con sus jefes, aquellos a quienes se haya puesto en su libro en su mano derecha leerán este libro[527] y no serán lesionados en lo más mínimo.

74.—El que está ciego en este mundo lo estará igualmente en el otro y se hallará más extraviado y *más lejos* del camino.

75.—Poco ha faltado para que los infieles te hayan alejado con sus tentaciones de lo que nosotros te hemos revelado y te hallan llevado a prestarnos otras revelaciones. ¡Oh! Entonces te habrían considerado como su amigo.

76.—Si nosotros te hubiésemos consolidado *en la fe, tú habrías caído*, pues te inclinabas ya un poco hacia ellos.

77.—Entonces te habríamos hecho sentir las desgracias de la vida y las de la muerte y tú no habrías hallado asistencia contra nosotros.

78.—Poco faltó para que los infieles te hayan hecho abandonar este país para expulsarte de él. ¡Oh! Entonces no habrían permanecido allí mucho tiempo después de tu alejamiento.

79.—Esta es la senda que han seguido nuestros apóstoles enviados antes de ti. Tú no podrías hallar variaciones en nuestras sendas[528].

80.—Haz la oración en el momento en que el sol declina hasta la entrada de las tinieblas de la noche. Haz también una lectura al amanecer del día; la lectura del amanecer no está sin testigos[529].

81.—Y durante la noche, consagra tus vigilias a la oración. Será para ti una obra subrogatoria. Es posible que Dios te levante en estas veladas un lugar glorioso[530].

---

527   Este libro es el libro donde están inscritas las acciones de cada uno.

528   La voz *sonnet, sonna,* que traducimos aquí por vía, significa en sentido figurado: uso, *costumbre* y *tradición.*

529   Las palabras del texto son: la lectura del alba del día es vista, o se hace en presencia de testigos.

530   Es de advertir que en este género de vigilias es donde los hombres entregados a la vida espiritual, entre los musulmanes, sienten sus éxtasis y las manifestaciones de Dios. En el lenguaje de estos hombres, se emplea la voz *mekam*, plaza, por uno de

82.—Di: Señor, hazme entrar con una entrada favorable, y hazme salir con una salida favorable[531], y concédeme un poder protector.

83.—Di además: La verdad apareció y la mentira se ha desvanecido; la mentira está destinada a desvanecerse.

84.—Enviamos con el Corán la dirección y la gracia a los fieles. En cuanto a los injustos, no hará más que llevar al colmo su ruina.

85.—Cuando concedemos algún beneficio al hombre, se aparta de nosotros y se pone a un lado. Cuando le alcanza alguna desgracia, se desespera.

86.—Di: Cada cual obra a su manera; pero Dios sabe quién es el que sigue el camino más recto.

87.—Te interrogarán respecto del espíritu[532]. Diles: El espíritu ha sido creado por orden del Señor, pero solo un pequeño número de vosotros están en posesión de la ciencia[533].

88.—Si quisiésemos, podríamos retirarte lo que te hemos revelado y tú no podrías hallar a nadie que se encargase de tu causa cerca de nosotros,

89.—Exceptuada la gracia misma que te proviene de Dios. En verdad, la generosidad de Dios para contigo es inmensa.

90.—Di: Aunque los hombres y los genios se reuniesen para producir alguna cosa semejante a este Corán, no producirían nada semejante, aunque se ayudasen mutuamente.

91.—Hemos difundido en este Corán toda clase de parábolas para la instrucción de los hombres; pero los hombres se han negado a todo, excepto a la incredulidad.

los grados de esa aproximación a Dios, y no hay duda que esta acepción le proviene del pasaje que nos ocupa.

531   Se puede entender aquí, ora como una plegaria a Dios para que conceda al hombre una muerte y una resurrección deseada; ora suponiendo que se trata aquí de Muhammad, para que Dios le conceda la libre entrada y salida en la Meca.

532   Ora respecto del espíritu que anima a los hombres, es decir, del alma inmaterial, ora sobre el ángel Gabriel, que es llamado espíritu de Dios. Advertiremos aquí que la voz *rouh* responde a lo que nosotros solemos llamar *alma inmaterial*. En cuanto a la voz alma, principio de vida, espíritu vital, lo mismo en el hombre que en los animales se expresa por *nafs*.

533   Es decir: solo un pequeño número saben algo sobre esto.

92.—Dicen: No te creeremos, a no ser que hagas brotar de la tierra un manantial de agua viva;

93.—O a no ser que tengas un jardín plantado de palmeras y de vides y que hagas brotar torrentes en medio de este jardín;

94.—O a no ser que caiga sobre nosotros un fragmento de cielo o que conduzcas a Dios y a los ángeles como fiadores de tus palabras;

95.—O a no ser que tengas una casa ornada de dorados o que subas al cielo por medio de una escala, no creeremos tampoco que tú hayas subido, hasta que nos hagas descender un libro que podamos leer todos. Respóndeles: ¡Por la gloria de mi Señor! ¿Soy yo, pues, algo más que un hombre y un enviado?

96.—¿Qué es lo que impide a los hombres creer, cuando la doctrina de la dirección ha venido hacia ellos? Es que han dicho: ¿Habría enviado Dios a un hombre para ser su apóstol?

97.—Diles: Si los ángeles caminasen por la tierra y viviesen tranquilamente en ella, les habríamos enviado un ángel por apóstol.

98.—Diles: Dios será un testigo suficiente entre vosotros y yo, pues tiene noticia de las acciones de sus servidores y las ve.

99.—Aquel a quien Dios dirige es el único bien dirigido; aquel a quien Dios extravía no hallará ningún patrono fuera de él. En el día de la resurrección los reuniremos a todos, prosternados sobre sus caras, ciegos, mudos y sordos. La gehena será su morada; volveremos a encender su fuego siempre que se extinga.

100.—Tal será su retribución porque no han creído en nuestros milagros y porque solían decir: Cuando no seamos más que huesos y polvo, ¿nos levantaremos revestidos de una forma nueva?

101.—¿No ven que Dios, que ha creado los cielos y la tierra, puede también crear cuerpos semejantes a los tuyos? Ha fijado un término para ellos; no hay duda sobre este punto; pero los injustos se niegan a todo, excepto a la incredulidad.

102.—Diles: Si dispusieseis de los tesoros de la misericordia divina, los estrecharíais por temor a gastarlos. En verdad, el hombre es avaro.

103.—Hemos concedido a Moisés nueve prodigios evidentes; interroga más bien a los hijos de Israel. Cuando Moisés se presentó ante

Faraón, este le dijo: Moisés, estimo que tú estás por debajo del poder de un embrujamiento.

104.—Tú sabes bien, respondió Moisés, que es Dios, el Señor de los cielos y de la tierra, el que envía estos signos evidentes; yo estimo ¡Oh, Faraón! Que tú estás consagrado a la perdición.

105.—Faraón quiso expulsarlos del país y le hemos sumergido a él y a todos los que le han seguido.

106.—Luego dijimos a los hijos de Israel: Habitad esta tierra y, cuando haya llegado el término de la vida futura, os reuniremos a todos juntos. Hemos enviado el Corán realmente y ha descendido realmente. Y a ti ¡Oh, *Muhammad!* Solo te hemos enviado para anunciar y advertir.

107.—Hemos dividido el Corán *en secciones*, a fin de que tú lo recites a los hombres poco a poco. Lo hemos descender realmente.

108.—Diles: Que creáis en él o no *¡poco importa!* Aquellos a quienes fue dado precedentemente se prosternan y caen de bruces cuando se les recita los versículos. ¡Gloria a Dios! Exclaman. Las promesas de Dios están cumplidas.

109.—Caen de bruces, lloran, y su sumisión aumenta.

110.—Invocad a Dios o invocad al misericordioso[534]; con cualquier nombre que lo invoquéis, le pertenecen los nombres más hermosos. No digáis la oración ni con voz demasiado elevada ni en voz demasiado baja. Buscad un término medio.

111.—Di: Gloria a Dios que no tiene hijo, que no tiene asociado al poder. No tiene protector encargado de preservarlo de la humillación. Glorifica a Dios proclamando su grandeza.

---

534 Dicen los comentadores que este pasaje fue revelado cuando, oyendo los idólatras que Muhammad decía su plegaria: *Ya allah, ya rahman,* le reprocharon que invocase a dos seres diferentes al mismo tiempo que acababa de decirles: «no adoréis dos dioses.» (*Sura* XVI, 53.)

SURA XVIII
LA CAVERNA[535]

DADO EN MEDINA.—110 VERSÍCULOS
EN NOMBRE DEL DIOS CLEMENTE Y MISERICORDIOSO

1.—Loa a Dios que ha enviado a su servidor el libro en que no ha puesto tortuosidades;

2.—Un libro derecho, destinado a amenazar a los hombres con un castigo terrible de parte de Dios, y a anunciar a los creyentes que obran el bien una hermosa recompensa de la que gozarán eternamente;

3.—*Un libro destinado* a advertir a los que dicen: Dios tiene un hijo.

4.—No tienen ningún conocimiento de él, como tampoco de sus padres. Es un pecado enorme la palabra que sale de sus bocas[536]. Es una mentira.

5.—Si no creen en este libro (*el Corán*), tú eres capaz de aniquilarte de pena a causa de ellos.

6.—Todo lo que hay en la tierra lo hemos hecho ornamento de la tierra, para experimentar a los hombres, para saber quién de ellos se portará mejor.

7.—Pero todos estos ornamentos los reducimos a polvo.

8.—¿Has observado que la historia de los compañeros de la CAVERNA y Al-Rakim[537] es uno de nuestros signos y una cosa extraordinaria?

9.—Cuando estos jóvenes se hubieron retirado, exclamaron: ¡Señor! Concédenos tu misericordia y asegúranos la rectitud de nuestra conducta.

---

535 Este *sura* se titula *La caverna* porque se trata en él de la caverna de los siete durmientes. Véase versículo 8.

536 Esto es, resulta un pecado enorme decir: Dios tiene un hijo.

537 No hay acuerdo sobre la significación de la voz *Rakim*. Unos creen que es el nombre del perro de los siete durmientes; otros que es el nombre de una tabla en la cual estaban inscritos los nombres de los hombres que se habían retirado a la caverna; y efectivamente la forma de esta voz derivada de la voz *rakama*, trazar caracteres, bordar, dibujar, equivale a *markoun*, y puede aplicarse a una tabla cubierta de caracteres.

10.—Hemos herido sus oídos de sordera en la caverna durante un cierto número de años.

11.—Les despertamos luego para ver quién de ellos podría contar mejor el tiempo que habían permanecido allí.

12.—Te contamos su historia en toda verdad. Eran jóvenes que creían en Dios y a los que habíamos añadido aún medios de seguir la senda recta.

13.—Fortificamos sus corazones, cuando, conducidos ante el príncipe[538], se levantaron y dijeron: Nuestro dueño es el dueño de los cielos y de la tierra; no invocaremos a otros Dios que no sea él, porque si no, cometeríamos un crimen.

14.—Nuestros conciudadanos adoran otras divinidades distintas de Dios; ¿pueden darnos una prueba evidente en favor de su culto? ¿Y quién es más culpable que el que ha forjado una mentira a cuenta de Dios?

15.—Entonces se dijeron uno a otro: Sí. Si les dejaseis, así como a los ídolos que adoran al lado de Dios, y si os retiraseis a una caverna, Dios os concedería su gracia y dispondría vuestros asuntos para bien.

16.—Habrías visto al sol cuando salía, pasar a la derecha de la entrada de la caverna, y cuando se ponía, alejarse a la izquierda; ellos se hallaban en un lugar espacioso de la caverna. Esto es uno de los signos de Dios. Está bien dirigido aquel a quien Dios dirige; pero aquel a quien Dios abandona, no podría hallar patrón ni guía.

17.—Habrías creído que velaban, y, sin embargo, dormían; les volvíamos ora a la derecha y ora a la izquierda; y su perro estaba acostado con las patas tendidas a la entrada de la caverna. Si, llegado de improviso, les hubieses visto en este estado, te habrías alejado y habrías huido, habrías sido transido de espanto.

18.—Los despertamos luego, a fin de que se interrogasen mutuamente. Uno de ellos preguntó: ¿Cuánto tiempo habéis permanecido aquí?[539] —Un día, respondió el otro, o una parte del día solamente.

538 Los siete durmientes de que se trata aquí debían ser jóvenes de buenas familias de Efeso, bajo el reinado del emperador Decio, a quien los comentadores llaman sin razón Deciano.

539 Siempre que una persona hace en el Corán una pregunta a sus compañeros,

—Dios sabe mejor que nadie el tiempo que habéis pasado aquí, repusieron los otros. Enviad a alguno de vosotros con este dinero a la villa; que se dirija al que tenga mejores alimentos, que os lo traiga como sustento, pero que proceda con cortesía y que no diga a nadie vuestro retiro.

19.—Pues si los habitantes lo conociesen os lapidarían o bien os obligarían a abrazar su creencia. Ya no podréis ser felices jamás[540].

20.—Hemos dado a conocer a sus conciudadanos su aventura, a fin de que aprendiesen que las promesas de Dios son verdaderas y que no hay duda sobre la venida de la hora. Sus conciudadanos disputaban respecto a este punto. Elevemos un edificio por encima de la caverna. Dios conoce mejor que nadie la verdad. Aquellos cuya opinión imperó en su asunto dijeron: Levantaremos aquí una capilla.

21.—Se disputará acerca de su número. Este dirá: Eran tres, su perro era el cuarto. Otro dirá: Eran cinco, su perro era el sexto. Se escudriñará el misterio. El de más allá dirá: Eran siete y su perro era el octavo. Di: Dios sabe mejor que nadie cuántos eran. Solo un pequeño número lo sabe.

22.—Así es que no disputes sobre este punto, a no ser por la forma, y no pidas (*a ningún cristiano*) opinión respecto a esto.

23.—No digas jamás: Haré tal cosa mañana, sin añadir: si tal es la voluntad de Dios. Acuérdate de Dios, si llegas a olvidarlo, y di: Tal vez Dios me dirigirá hacia el verdadero conocimiento de esta aventura[541].

24.—Estos jóvenes permanecieron en su caverna tres cientos años, más nueve.

25.—Di: Dios sabe mejor que nadie cuánto tiempo permanecieron allí; los secretos de los cielos y de la tierra pertenecen a Dios: ¡Oh!

en lugar de emplear el pronombre nosotros, habla en segunda persona del plural, aunque forme parte de la tropa. De modo que para conservar esta particularidad árabe, nosotros traducimos: ¿Cuánto tiempo habéis permanecido aquí? Por ¿...hemos permanecido aquí?

540   Es decir: Adiós a la salvación de vuestras almas.

541   Interrogado Muhammad por los judíos respecto de los siete durmientes, les prometió responderles al día siguiente, olvidando de añadir: si Dios quiere. En castigo de este olvido, se hizo esperar unos días la revelación.

¡Cuán bien ve! ¡Oh! ¡Cuán bien oye! Los hombres no tienen más patrón que él; Dios no asocia a nadie en sus sentencias.

26.—Revela lo que ha sido revelado del libro de Dios; no hay nadie que sea capaz de cambiar sus palabras; fuera de él no hallarás ningún refugio.

27.—Sé indulgente respecto de los que invocan al Señor mañana y tarde, por deseo de ver la faz de su Señor[542]. No apartes tus ojos de ello por deseo de lo brillante de este mundo y no obedezcas a aquel cuyo corazón hemos hecho indiferente a nuestro recuerdo, a aquel que sigue sus inclinaciones y cuyos actos todos son un desarreglo[543].

28.—Di: La verdad proviene de Dios; que el que quiera creer, crea, y el que quiera ser infiel, lo sea. En cuanto a nosotros, hemos preparado para los impíos el fuego que los rodeará con sus paredes. Cuando imploren auxilio, se les dará agua ardiente como el metal fundido, que les quemará el rostro. ¡Qué detestable bebida! ¡Qué detestable lugar de reposo![544]

29.—Los que hayan creído y practicado el bien... en verdad no haremos perecer la recompensa des que ha obrado mejor.

30.—A estos los jardines del Edén, bajo sus pies correrán las aguas; se adornarán con brazaletes de oro, se vestirán con batas verdes de seda fuerte y de satén, reclinados sobre asientos[545]. ¡Qué hermosa recompensa! ¡Qué admirable lugar de reposo!

31.—Proponles en parábola estos dos hombres: a uno de ellos le damos dos huertas plantadas de viñas; rodeamos estos jardines de palmeras y entre los dos colocamos campos sembrados. Los dos jardines dieron frutos y no fueron estériles.

---

542 Es decir, que dirigen a Dios plegarias para atraer sus miradas.
543 La voz *furut* empleada aquí se dice de ese impulso desarreglado de un caballo que deje a los demás atrás y los abandone.
544 La palabra del texto, en este lugar, es *mortefik*, que quiere decir reclinatorio, y habiendo dicho Muhammad un poco antes que los réprobos serán saciados con agua hirviendo y envueltos de fuego, exclama que la bebida, como el reclinatorio, son horribles.
545 Los comentadores dicen que el color verde es el más hermoso de todos y el más refrescante para los ojos. Las telas de seda fuerte y blanda son aquí mencionadas para prevenir a los fieles de que se hallara a su antojo lo duro y lo blando.

32.—Hemos hecho correr un río por el seno mismo de estos jardines. Este hombre va cosechando gran cantidad de frutos y ha dicho a su vecino en conversación: Yo soy más rico que tú y tengo una familia más numerosa.

33.—Entró en su jardín, culpable para consigo mismo, y exclamó: No creo que este jardín perezca nunca.

34.—No creo que llegue jamás la hora, y si yo reparase ante Dios, tendré en cambio un jardín aún mucho más hermoso que este.

35.—Su amigo le dijo, mientras que estaban así en conversación: ¿No crees en el que te ha creado de tierra, luego de esperma[546], y por fin te ha dado las proporciones perfectas de hombre?

36.—Por mi parte, Dios es mi Señor y no le asociaré a nadie.

37.—¿Por qué no dices más bien al entrar en tu jardín: Ocurrirá lo que Dios quiera; no hay fuerza si no es en Dios? Aunque tú me veas más pobre y teniendo menos hijos,

38.—Es posible que Dios me conceda algo que valdrá más que tu jardín; enviará algunos sordos del cielo y el mejor día te verás reducido a polvo estéril.

39.—Las aguas que lo riegan pueden desaparecer bajo tierras donde no podrías hallarlas.

40.—Las posesiones del incrédulo fueron envueltas en la destrucción con todos sus frutos. Se retorcía las manos, lamentando sus gastos, pues las viñas se mantenían sobre rodrigones, despojadas de sus frutos, y exclamaba: Ojalá no le hubiese asociado ningún otro Dios.

41.—No tenía tropa armada que lo hubiese socorrido contra Dios; no hallará ningún socorro.

42.—La protección solo pertenece a Dios, el Dios verdadero. Él sabe recompensar mejor que nadie y procurar el más venturoso fin a todo.

43.—Proponles la parábola de la vida en este mundo. Se semeja al agua que nosotros hacemos descender del cielo; las plantas de la tierra se mezclan con ella; al día siguiente están secas; los vientos las dispersan. Pues Dios es omnipotente.

---

546 Se debe entender por esto la creación directa en un principio, de Adán, creado de limo, y luego la generación humana por la generación.

44.—Las riquezas y los hijos son los ornamentos de la vida en este mundo; pero las cosas que restan, las buenas obras, producirán más cerca de tu Señor como recompensa y como esperanza.

45.—El día en que hagamos caminar a las montañas, verás la tierra nivelada como una llanura; reuniremos a todos los hombres, sin olvidar uno solo;

46.—Aparecerán ante tu Señor colocados en ordenada hilera. Dios les dirá: Heos reunidos ante mí tales como os había creado por la primera vez, y vosotros pensabais que yo no cumpliría mis promesas.

47.—El libro en que están inscritas las acciones de cada uno será puesto entre mis manos; tú verás a los culpables sobrecogidos de espanto, a causa de lo que allí está escrito: ¡Desgraciados de nosotros! ¿Qué quiere, pues, decir este libro? No queda ni pequeña *acción* ni grande; él las ha contado todas; *los hombres* las volverán a hallar allí presentes *a sus ojos*. Tu Señor no procederá injustamente para con nadie.

48.—Cuando dijimos a los ángeles: Prosternaos ante Adán, todos se prosternaron, a excepción de Eblís, que era uno de los genios[547]; se

---

547 Este pasaje embaraza a los comentadores. Eblís se cuenta aquí entre los genios, *djinu*, raza intermediaria entre los hombres y los ángeles y cuyo origen y naturaleza están vagamente definidos en el Corán como en casi todas las religiones. En un principio, Eblís era un ángel, como lo dice el Corán en varios lugares; su rebelión lo ha hecho precipitar del cielo y se convierte en Satanás, *cheitan*, el tentador, el diablo, el enemigo declarado de los humanos. Los ángeles no pueden engendrar y no pecan, mientras que los genios se reproducen y están sujetos al pecado y a los castigos de la vida futura. Algunos comentadores creen que es preciso considerar a Eblís como el padre de la raza de los genios; pero el texto que nos ocupa dice: era del número de los genios. Cualquiera que sea la afinidad de los seres designados con el nombre de cheitan, Satán (en el plural *cheiatin*), con los de los genios (*djinn*), ambos representan el principio del mal y es necesario distinguirlos y distinguir su carácter y su aparición en los diferentes cultos. Satán pertenece al culto, si no primitivo, por lo menos muy antiguo, de los pueblos semíticos; se enlaza con el mito de la caída del ángel y del hombre: los genios pertenecerían más bien a los mitos persas e indios (*div, deva*) y no habrían hecho invasión en los cultos de los pueblos semíticos hasta más tarde. Por los pasajes del Corán, *suras* II, 96, y XIX, 69, se ve que las voces genios y Satán son idénticas; también se puede probar esto mismo por pasajes análogos (*suras* XXVII, 39 y 40, y LXXII, 2). Para poner al lector en situación de esclarecer esta cuestión, traducimos siempre la voz *cheiatin* por demonios, *cheitan* por Satán, y *djinn* por genios.

sublevó contra las órdenes de Dios. ¿Tomaréis, pues, más bien a Eblís y a su raza por patronos que a mí? Ellos son vuestros enemigos. ¡Qué detestable cambio el de los malvados!

49.—No los he tomado por testigos cuando creaba los cielos y la tierra y cuando los creaba, y no he tomado por ayudas míos a los que se extravían.

50.—Un día, Dios dirá a los infieles: Llamad a mis pretendidos compañeros, a los que creéis que son dioses. Ellos les llamarán, pero estos no les responderán, pues habremos puesto entre ellos el valle de la destrucción.

51.—Los culpables verán el fuego del infierno y sabrán que serán precipitados en él; no hallarán ningún medio de librarse de él.

52.—Nos hemos servido de este Corán de toda suerte de parábolas para uso de los hombres; pero el hombre es casi siempre dado a la disputa.

53.—¿Qué es, pues, lo que impide a los hombres creer, cuando les ha sido dada la dirección del camino recto? ¿Qué es lo que les impide implorar el perdón de Dios? Tal vez esperan la suerte de los hombres de otro tiempo o que el castigo les alcance a la faz del universo.

54.—Enviamos apóstoles encargados de advertir y anunciar. Los incrédulos se sirven de argumentos fútiles para borrar la verdad, y toman nuestros milagros y las penas con que se les amenaza por objeto de sus burlas.

55.—¿Qué ser más culpable que el que se aparta cuando se le recitan nuestras enseñanzas y que olvida las acciones que él mismo ha cometido? Hemos recubierto sus corazones con más de una envoltura, para que no comprendan el Corán, y hemos echado pesadez en sus oídos.

56.—Aun cuando los llamases a la senda recta, no la seguirían entonces nunca.

57.—Tu Señor es indulgente, compasivo; si quisiese castigarlos por sus obras, habría anticipado la hora del castigo. Pero ellos tienen un término fijado para el cumplimiento de las amenazas y no hallarán refugio alguno contra su venganza.

58.—Hemos destruido aquellas ciudades antiguas, a causa de su impiedad; más habríamos predicho antes su ruina.

59.—Un día Moisés dijo a su servidor[548]: no cesaré de caminar hasta que haya llegado a la confluencia de los dos mares[549], o caminaré durante más de veinticuatro años.

60.—Cuando hubieron llegado a la confluencia de los dos mares, notaron que habían perdido su pescado[550], el cual se encaminó en derechura al mar.

61.—Cuando pasaron adelante, Moisés dijo a su servidor: sírvenos nuestra comida, hemos sufrido muchas fatigas en este viaje.

62.—¿Qué estás diciendo? *Contestó su servidor*. Cuando nos hemos detenido cerca de esta roca, no he prestado atención al pescado. Solo Satanás ha podido hacer que olvidase de este modo, para que yo no te lo recordase; el pescado se ha encaminado hacia el mar; esto es milagroso.

63.—Eso es lo que yo deseaba, repuso Moisés. Y ambos se volvieron atrás.

64.—Allí hallaron a uno de nuestros servidores a quien hemos favorecido con nuestra gracia iluminado con nuestra ciencia[551].

65.—¿Puedo seguirte, le dijo Moisés, a fin de que me enseñes una parte de lo que te han enseñado a ti mismo con relación a la verdadera ruta?

---

548 Josué, hijo de Nun.

549 Según los comentadores, estos dos mares son el mar de Grecia y el mar de Persia. Como este pasaje no halla ninguna explicación plausible en el sentido literal, los comentadores añaden que Moisés quiere referirse a su próxima entrevista con *Khedr*, personaje misterioso de quien se hablará después, y en este caso el confluente de los dos mares sería la entrevista de Moisés, océano de la ciencia exterior, con Khedr, océano de la ciencia sobrenatural interior. Hablando cierto día Moisés con Dios, le preguntó: «¿Conoces entre tus servidores (los humanos) un hombre más sabio que yo?» Dios le respondió: «sí. —¿Y dónde lo hallaré? —Lo hallarás en la confluencia de los dos mares. —¿Y cómo hallaré ese lugar? —Toma un pescado, y en el lugar en que el pescado haya desaparecido esperarás a ese hombre (*Khedr*).»

550 Este pescado debía ser cocido y servir de comida a Moisés y a Josué. Habiéndose dormido Moisés, empezó a moverse el pescado puesto en la marmita, y saltando de esta, cayó al mar, pues se hallaban en la orilla del océano del agua de la vida; con la ayuda de esta agua el pescado volvió a la vida.

551 Véase la nota del versículo 77.

66.—*El desconocido* respondió: Jamás tendrás bastante paciencia para permanecer conmigo.

67.—¿Y cómo podrías tú soportar ciertas cosas cuyo sentido no comprenderás?

68.—Si Dios quiere, dijo *Moisés*, me hallarás perseverante y yo no desobedeceré tus órdenes.

69.—Pues bien, si tú me sigues, dijo *el desconocido*, no me interrogues acerca de nada de que yo no te haya hablado primero.

70.—Ambos se pusieron, pues, en marcha[552] y ambos se embarcaron en un barco; *el desconocido* lo estropeó. —¿Lo has roto, preguntó *Moisés*, para ahogar a los que están dentro? Acabas de cometer una acción extraña.

71.—¿No te he dicho que no tendrás bastante paciencia para permanecer conmigo?

72.—No me vitupéres, repuso Moisés, de haber olvidado tus órdenes, y no me impongas obligaciones demasiado difíciles.

73.—Partieron y caminaron hasta que hubieron hallado a un joven. *El desconocido* lo mató. —¡Cómo! ¡Acabas de matar a un hombre inocente que no ha matado a nadie! Has cometido una acción detestable.

74.—¿No te he dicho que no tendrás bastante paciencia para permanecer conmigo?

75.—Si te vuelvo a interrogar, ya no me permitirás que te acompañe. Ahora dispénsame.

76.—Partieron y caminaron hasta que hubieron llegado a las puertas de una villa. Pidieron hospitalidad a los habitantes, y estos se negaron a recibirles. Los dos viajeros notaron que los muros de la villa amenazaban ruina. *El desconocido* lo reveló. —Si hubieses querido, le dijo Moisés, habrías podido hacer que te diesen una recompensa.

77.—Aquí nos separaremos, repuso *el desconocido*[553]. Voy única-

---

552 El verbo está en dual, y ya no se trata de Josué.

553 El desconocido de quien se trata aquí es *Khedr* o *Khidr*, a quien los mahometanos consideran como profeta, si bien fuera de la línea de profetas, enviados ora a los israelitas, ora a los pueblos de la Arabia. Es un personaje misterioso que habría hallado la fuente de la vida, bebido de sus aguas y adquirido así la inmortalidad. Se cree que el mismo Pinchas, hijo de Eleazar, hijo de Aarón, cuya alma habría pasado

mente a enseñarte la significación de las cosas que con tanta paciencia has deseado saber.

78.—El buque pertenecía a pobres gentes que trabajaban en el mar y quise estropearlo, porque detrás de él había un rey que se apoderaba de todos los navíos.

79.—En cuanto al joven, sus padres eran creyentes, y hemos temido que los infectase con su perversidad y su incredulidad.

80.—Hemos querido que Dios les diese en cambio un hijo más virtuoso y más digno de cariño.

81.—El muro era la herencia de dos mozos huérfanos de esta villa. Bajo ese muro había un tesoro que les pertenecía. Su padre era un hombre de bien. El Señor ha querido dejarles llegar a la edad de la pubertad para devolverles el tesoro. No he hecho yo todo eso por cuenta propia. He aquí las cosas cuya explicación no has sabido esperar con paciencia.

82.—Te interrogarán, ¡oh, *Muhammad!*, respecto de Dhul Karnein[554]. Responde: Voy a contaros su historia.

83.—Consolidamos su poder en la tierra y le dimos los medios de realizar todo lo que deseaba, y él siguió un camino.

84.—Caminó hasta que hubo llegado al poniente del sol; vio al sol ponerse en una fuente cenagosa; cerca de esta halló establecido a un pueblo.

85.—Nosotros le dijimos: ¡Oh, Dhul Karnein! Tú puedes castigar a este pueblo o tratarlo con generosidad.

86.—Nosotros castigaremos, respondió, a todo hombre impío; luego lo entregaremos a Dios, quien le hará sufrir un suplicio espantoso.

87.—Pero todo el que haya creído y practicado el bien, obtendrá una hermosa recompensa y nosotros no le daremos más que órdenes fáciles de ejecutar.

---

sucesivamente por el cuerpo de Elías y luego por el de san Jorge.

554   Poseedor de dos cuernos. Con este nombre los mahometanos designan a Alejandro Magno. La palabra *karn* (cuerno) tiene al mismo tiempo la significación de extremidad, y se cree que fue dado este mote al conquistador macedonio, porque había sometido el Oriente y el Occidente, cual lo da a entender todo el Corán. Otros quieren entender con esto uno de los reyes árabes, igualmente célebre por sus lejanas conquistas y que lleva el mismo mote.

88.—Otra vez Dhul Karnein siguió una ruta,

89.—Hasta que hubo llegado al lugar por donde el sol se levanta; se levanta sobre un pueblo al que no hemos dado nada para ponerse al abrigo de su ardor.

90.—Sí, así era, y nosotros conocemos a todos los que estaban con él (*Dhul Karnein*).

91.—Siguió de nuevo una ruta,

92.—Hasta que llegó entre los dos diques, a cuyo pie habitaba un pueblo que apenas entendía ningún idioma.

93.—Este pueblo le dijo: ¡Oh, Dhul Karnein! He aquí Yadjudj y Madjudj[555] cometen desórdenes en la tierra. ¿Podemos pedirte, mediante una recompensa, que levantes una barrera entre ellos y nosotros?

94.—El poder que me concede mi Señor, respondió, es para mí una recompensa más considerable. Ayudadme únicamente con celo y yo levantaré una barrera entre ellos y vosotros.

95.—Traedme grandes piezas de hierro, cuantas se necesiten para colmar el intervalo entre las dos montañas. Dijo *a los trabajadores*: soplad el fuego hasta que el hierro se torne rojo como el fuego. Luego dijo: Traedme bronce fundido, a fin de que yo lo eche encima.

96.—Yadjudj y Madjudj no pudieron escalar el muro ni perforarlo.

97.—Esta obra, dijo Dhul Karnein, es un efecto de la misericordia de Dios.

98.—Cuando haya llegado la sentencia del Señor, la hará trizas; las promesas de Dios son infalibles.

99.—Llegará el día en los dejaremos correr en tropel, como las olas, unos sobre otros. Sonará la trompeta y reuniremos a todos los hombres.

100.—Ese día dispondremos la gehena para los infieles,

101.—Para aquellos cuyos ojos estaban cubiertos por un velo para no ver nuestras advertencias y que no han sabido escucharnos.

102.—¿Han pensado los infieles que podrán tomar por patronos a

555 *Yadjudj y Madjudj, Gog y Magog* de la Biblia, es una denominación vaga de los pueblos bárbaros del Asia oriental, cuyas incursiones tuvo que contener Alejandro Magno, según las creencias de los mahometanos, levantando barreras de las cuales se habla en el versículo 95.

los que no son más que nuestros servidores? Les hemos preparado la gehena por morada.

103.—¿Os daré yo a conocer a los que más han perdido con sus obras;

104.—Cuyos esfuerzos en este mundo han sido inútiles, y que, sin embargo, creían haber obrado bien?

105.—Son los hombres que no han creído en nuestros signos ni en su comparecencia ante su Señor; sus acciones son vanas y no les daremos ningún peso[556] en el día de la resurrección.

106.—Su recompensa será el infierno, porque han hecho de mis signos y de mis apóstoles el objeto de su risa.

107.—Los que creen y obran el bien tendrán por morada los jardines del paraíso[557].

108.—Los habitarán eternamente y no desearán ningún cambio en su suerte.

109.—Diles: Si el mar se convirtiese en tinta para describir las palabras de Dios, el mar se agotaría antes que las palabras de Dios, aun cuando empleásemos otro mar semejante.

110.—Di: soy un hombre como vosotros; pero he recibido la revelación de que no hay más que un Dios. Todo el que espere aparecer algún día ante su Señor, que practique el bien y que no asocie ninguna criatura en la adoración debida al Señor[558].

---

556 Es decir: sus acciones no pesarán en la balanza.

557 Jardines del paraíso. Esto es un pleonasmo; pues la voz *djennat* (jardines) de origen árabe, es lo mismo que *ferdus* (*paradisus*, paraíso) de origen indio (*paradisa*). Sin embargo, los comentadores tienen cuidado de decir que *ferdus* es un jardín plantado a la vez de vides y de palmeras y que es el piso más elevado de la morada de los bienaventurados.

558 Por este pasaje se ve que Alejandro Magno no es un idólatra a los ojos de Muhammad, y los musulmanes no podrían concebir que fuese pagano un príncipe cuya memoria se ha conservado en la admiración tradicional de Oriente; Alejandro Magno es, pues, un enviado de Dios, encargado de una misión especial en comarcas lejanas, la de destruir en ellas el mal.

SURA XIX
MARÍA

DADO EN LA MECA.—98 VERSÍCULOS
EN NOMBRE DEL DIOS CLEMENTE Y MISERICORDIOSO

1.—KAF. HA. YA. AIN. SAD[559]. He aquí el relato de la misericordia de tu Señor para con su servidor Zacarías.

2.—El día en que invocó a su Señor con una invocación secreta,

3.—Y dijo: Señor, mis huesos débiles se encorvan bajo mí, y mi cabeza se ilumina con la llama de las canas[560].

4.—Jamás he sido desgraciado en los votos que te he dirigido.

5.—Temo a los míos que me sucederán[561]. Mi mujer es estéril; dame un heredero que venga de ti,

6.—Que herede de mí, que herede de la familia de Jacob; y haz ¡Oh, Señor! Que te sea agradable.

7.—¡Oh, Zacarías! Te anunciamos un hijo. Su nombre será Yahía (*Juan*).

8.—Antes de él, nadie ha llevado este nombre[562].

9.—Zacarías dijo: ¡Señor! ¿Cómo tendré un hijo? Mi esposa es estéril y yo he llegado a la edad de la decrepitud.

10.—*Dios* dijo: Será así. Tu Señor ha dicho: Esto me es fácil. Te he creado cuando tú no eras nada.

11.—Señor, dame un signo *como garantía de tu promesa.* —Tu signo será este: tú no hablarás a los hombres durante tres noches, no obstante estar sano[563].

12.—Zacarías se encaminó del santuario hacia el pueblo y le hacía seña de alabar a Dios mañana y tarde.

---

559   Véase *sura* II, 1, nota.

560   Tal es la expresión figurada bastante común entre los poetas árabes para decir: mis cabellos están encanecidos por los años.

561   Es decir: Temo que mis descendientes se alejen del culto del verdadero Dios.

562   Literalmente: no le hemos dado homónimo hasta aquí.

563   Véase *sura* III, 36.

13.—¡Oh, Yahía! Toma este libro[564] con una resolución firme. Nosotros hemos dado a Yahía la sabiduría, cuando no era más que un niño,

14.—Así como la ternura y la pureza. Era piadoso y bueno para con sus padres. No era violento ni rebelde.

15.—Que la paz sea con él en el día que nació y en el día que morirá y en el día en que haya resucitado.

16.—*¡Oh, Muhammad!* Habla en el Corán de María (*Mariam*), cuando se retiró de junto su familia y se fue hacia el este[565].

17.—Se cubrió con un velo que la ocultó a sus miradas. Enviamos hacia ella nuestro espíritu. Tomó ante ella la forma de un hombre, de una figura perfecta.

18.—Ella le dijo: Busco cerca del Misericordioso un refugio contra ti. Si tú lo temes...[566]

19.—Él respondió: Soy el enviado de tu Señor, encargado de darte un hijo santo.

20.—¿Cómo, respondió ella, voy a tener yo un hijo? Ningún hombre se ha acercado nunca a mí, y yo no soy una mujer disoluta.

21.—Él respondió: Será así; tu Señor ha dicho: Esto es fácil para mí. Será nuestro signo ante los hombres y la prueba de nuestra misericordia. La sentencia está pronunciada.

22.—Ella se tornó embarazada del hijo y se retiró a un lugar distante.

23.—Los dolores del parto la sorprendieron junto al tronco de una palmera. ¡Ojalá, exclamó, que yo hubiese muerto antes y que yo fuese olvidada con un olvido eterno!

24.—Alguien le grito desde debajo de ella[567]: no te aflijas. Tu Señor ha hecho correr un río a tus pies.

---

564   El Pentateuco.

565   Del lado del E; de Jerusalén o del lado E; de la casa de sus padres. Por esta razón —añade gravemente el comentador— se vuelven hacia Oriente los cristianos en sus oraciones.

566   Hay que suplir estas palabras: no te acercarás a mí. El ángel Gabriel, que, según los mahometanos, es el espíritu santo, se acercó a María y sopló sobre su seno. El soplo divino descendió a su seno y engendró a Jesús.

567   Sea el niño, que una vez nacido se puso a hablar; sea el ángel Gabriel, que en aquel momento lo daba a luz.

25.—Sacude el tronco de la palmera y caerán junto a ti dátiles maduros.

26.—Come y bebe y refresca tu ojo[568], y si ves un hombre,

27.—Dile: He consagrado un joven al Misericordioso; hoy no hablaré a ningún hombre.

28.—Fue a casa de su familia, llevando el niño en sus brazos. Se le dijo: ¡Oh, María! Has hecho una cosa extraña.

29.—¡Oh, hermana de Aarón! Tu padre no era un hombre malvado ni tu madre una mujer disoluta.

30.—María les mostró el niño con el dedo, a fin de que lo interrogasen. ¿Cómo, dijeron, hablaremos a un niño en la cuna?

31.—Yo soy el servidor de Dios, *les dijo Jesús*; él me ha dado el libro y me ha constituido profeta.

32.—Ha querido que yo sea bendito dondequiera que me halle; me ha recomendado que orase y que hiciese limosnas mientras viviese;

33.—Que fuese piadoso con mi madre. Él no permitirá que yo sea rebelde y abyecto.

34.—La paz será conmigo en el día en que nací y en el día que muera y en el día que resucite[569].

35.—Era Jesús, hijo de María, para hablar la palabra de la verdad, aquel sobre el cual hay dudas.

36.—Dios no puede tener hijos. ¡Lejos de su gloria esa blasfemia! Cuando decide una cosa, dice: sea, y es.

37.—Dios es mi Señor y el vuestro. Adoradle. Esta es la senda recta.

38.—Los partidos difieren de opinión entre sí. ¡Desgraciados de los que no creen, a causa de la comparecencia en el gran día!

39.—Hazles ver, hazles ver el día en que vengan ante nosotros. Hoy los malvados están en un extravío manifiesto.

568 *Refrescar los ojos* es una expresión árabe que quiere decir: consolarse. De aquí proviene que los orientales que miran la posteridad, sobre todo la masculina, como el mayor beneficio del cielo, llamen a sus hijos korret ol'aisi, frescura de los ojos.

569 Se ha visto antes (*sura* III) que Muhammad no admitía la pasión de Jesucristo. El versículo 34 tiene por objeto hacer considerar a Jesús como simple mortal y profeta, cuya vida está a disposición de Dios, quien hará morir a todos los seres para resucitarlos luego. Asimismo, según Muhammad, Jesucristo, que ha sido llevado al cielo, debe morir realmente antes del día del juicio final.

40.—Adviérteles el día de las penas, el día en que la obra sea cumplida, cuando, sumidos en la indiferencia, no creen.

41.—Nosotros somos los que heredaremos la tierra y todo cuanto existe en ella; ellos volverán a nosotros.

42.—Habla también de Abrahán, en el libro. Era justo y profeta[570].

43.—Un día dijo a su padre: ¡Oh, padre mío! ¿Por qué adoras lo que no oye ni ve y lo que no podría servir de nada?

44.—¡Oh, padre mío! Me ha sido revelada una parte de la esencia que no te ha llegado a ti. Sígueme; yo te conduciré por un sendero igual.

45.—¡Oh, padre mío! No sirvas a Satanás, pues ha sido rebelde para con el Misericordioso.

46.—¡Oh, padre mío! Temo que te alcance el castigo del Misericordioso y que pases a ser cliente de Satanás.

47.—Su padre le respondió: ¿Tienes acaso aversión a mis divinidades? ¡Oh, Abrahán! Si no cesas de obrar de ese modo, te lapidaré. Abandóname por largos años.

48.—Que la paz sea contigo, respondió Abrahán; imploraré el perdón de mi Señor, pues es benévolo para conmigo.

---

570 Creemos necesario llamar la atención del lector acerca de los nombres profeta (*nebi*) y enviado (*resoul*) unidos a los nombres de los personajes de que se trata en este *sura*. Perteneciendo ambos epítetos a Moisés, a Jesús y a Muhammad, se ha adquirido la costumbre de servirse indistintamente del uno o del otro y de confundir su significación, y, sin embargo, no pueden aplicarse indistintamente a todos los personajes que han recibido alguna revelación. El título de *nebi*, profeta, pertenece a Abrahán, a Isaac y a Jacob, que son depositarios del culto del Dios único, si bien su ministerio se encierra en su familia. Otros son *resouls* (enviados apóstoles) encargados de una misión especial cerca de un pueblo incrédulo; tales eran *Hud, Saleh, Choaib,* que predicaban en los pueblos de la Arabia. Por este motivo, Alejandro Magno, a quien los mahometanos no pueden figurarse idólatra, a causa de la admiración que por él sienten, es un apóstol enviado para castigar a los pueblos malvados e idólatras. Véase *sura* XVIII, 86. Moisés, Jesús y Muhammad, que reunían en su familia el don de profecía al apostolado, unían estos dos títulos; a estos nombres de *nebi* y de *resoul* los mahometanos juntan el de *veli* (amigo de Dios, santo). Así, según lo que acabamos de decir, unos son nebi, resoul y veli, los mayores depositarios de la misión divina; otros *nebi* y *veli* únicamente; y otros nada más que *veli*, como por ejemplo, Alí, yerno de Muhammad.

49.—Me alejo de vosotros y de las divinidades que invocáis al lado de Dios. Yo invocaré a mi Señor: tal vez no seré desgraciado en mis ruegos al Señor.

50.—Cuando se hubo separado de ellos y de las divinidades que invocaban, le dimos a Isaac y a Jacob, y les hicimos profetas a ambos.

51.—Les concedimos *dones* de nuestra misericordia y hemos vuelto su lengua de veracidad sublime.

52.—Habla también de Moisés, en el libro. Era puro; era enviado y profeta.

53.—Le gritamos desde el lado derecho del monte Sinaí y le hicimos acercarse para hablar con él en secreto.

54.—Por efecto de nuestra misericordia, le dimos su hermano Aarón, profeta.

55.—Habla también de Ismael, en el libro. Era fiel a sus promesas, enviado y profeta.

56.—Ordenaba a su pueblo que hiciese oración y limosnas. Era agradable a su Señor.

57.—Habla también de Edrís[571], en el libro. Era verídico y profeta.

58.—Lo hemos elevado a un lugar sublime.

59.—He aquí aquellos a quienes Dios ha colmado con sus beneficios; son los profetas de la posteridad de Adán, son aquellos a quienes hemos llevado *en el arca* con Noé, es la posteridad de Abrahán y de Israel, son aquellos a quienes hemos dirigido y elegido. Cuando se les recitaban las enseñanzas del Misericordioso, se prosternaban, la faz hacia el suelo, llorando.

60.—Les sucedieron otras generaciones; dejaron que se perdiese la plegaria y siguieron sus apetitos. No encontrarán nada más que el mal.

61.—Pero los que vuelven a Dios, los que creen realmente y obran el bien, entrarán en el jardín y no serán lesionados en lo más mínimo.

62.—Entrarán en los jardines del Edén que el Misericordioso ha prometido a sus servidores. Su promesa será cumplida.

63.—No oirán allí ninguna palabra fútil, sino la palabra Paz. Recibirán alimento mañana y tarde.

---

571 Enoch. El versículo 58 alude a la elevación de Enoch al cielo, cual se lee en el Génesis.

64.—Tales son los jardines que daremos en herencia a aquel de nuestros servidores que nos teme.

65.—No descendemos del cielo[572] más que por orden de tu Señor. Solo a él le pertenece lo que está ante nosotros y lo que está entre estos dos. Y tu Señor no es olvidadizo.

66.—Es el Señor de los cielos y de la tierra y de lo que existe entre ellos. Adórale y persevera en su adoración. ¿Conoces algún otro del mismo nombre?[573]

67.—El hombre dijo: Cuando yo haya muerto, ¿saldré de nuevo vivo?

68.—¿Acaso no se acuerda ya el hombre de que le hemos creado cuando no era nada?

69.—Juro por tu Señor que reuniremos a todos los hombres y a los demonios[574], y luego los colocaremos en torno de la gehena arrodillados.

70.—Después separaremos de cada tropa a los que han sido más rebeldes con el Misericordioso.

71.—Y nosotros somos los que conocemos mejor a los que merecen ser quemados.

72.—No habrá ninguno de vosotros que no sea precipitado; esta es una sentencia inmutable, decidida en la mansión de tu Señor.

73.—Luego salvaremos a los que temen y dejaremos a los malvados arrodillados.

74.—Cuando se recita nuestras claras enseñanzas a los incrédulos, dicen a los creyentes: ¿Cuál de nuestros partidos ocupa un lugar más elevado? ¿Cuál forma un conjunto más hermoso?

75.—¡Oh! ¡Cuántas generaciones no hemos aniquilado que les superaban, sin embargo, en riquezas y en esplendor!

76.—Diles: Dios prolongará la vida de los que están en el extravío,

---

572 Se supone que es el ángel Gabriel quien responde a Muhammad, que se quejaba de los largos intervalos entre las revelaciones.

573 Porque —dicen los comentadores— los idólatras llaman a sus ídolos dioses, *ilah*, pero no Alah, el Dios único.

574 En otros pasajes análogos el Corán se expresa así: Reuniremos a los hombres y a los genios.

77.—Hasta el momento en que vean con sus ojos si el castigo con que se les amenazaba era el de esta vida o bien si es el suplicio de la hora[575]. Entonces aprenderán quién es el que ocupa el peor lugar y quién será más débil en asistencia.

78.—Dios añadirá a la buena dirección los que han sido conducidos por el camino recto.

79.—Las cosas que quedan, las buenas obras, valen más cerca de tu Señor para *procurar* una recompensa y un buen fin.

80.—¿Has visto al que no prestaba fe a nuestras enseñanzas y que decía: Tendré riquezas e hijos?

81.—¿Conoce las cosas ocultas, o bien ha estipulado con Dios que fuese como dice?

82.—En verdad nosotros inscribiremos sus palabras y acrecentaremos su suplicio.

83.—Nosotros seremos los que heredaremos sus bienes y él comparecerá solo ante nosotros[576].

84.—Han tomado al lado de Dios otras divinidades para tener un apoyo[577].

85.—Estas divinidades se mostrarán ingratas[578] del culto *que les rendían* y serán sus adversarios.

86.—¿No ves que enviamos hacia los infieles demonios[579] para excitarlos al mal?

87.—No procures, pues, apresurar su suplicio; nosotros mismos les contamos *sus días.*

88.—El día en que reunamos ante el Misericordioso a los hombres piadosos con todas las muestras de honor,

89.—El día que precipitemos los criminales en el infierno,

90.—Nadie sabrá hacer vales una intercesión, a no ser los que habían hecho alianza con el Misericordioso.

---

575   El suplicio de la hora es el castigo del juicio final.

576   Completamente solo, es decir, despojado de todo y desnudo.

577   La palabra del texto puede también ser traducida por *apoyo, fuerza,* y *gloria, honor.*

578   O bien: *desaprobarán el culto,* etc.

579   En el texto *cheiatin,* plural de *cheitan,* Satán. Véase *sura* XVIII, 48, nota.

91.—Ellos dicen: El Misericordioso tiene hijos. Acabáis de proferir ahí una enormidad.

92.—Poco falta para que los cielos se hiendan al oír estas palabras, que la tierra se entreabra y que las montañas se desmoronen,

93.—Porque atribuyen un hijo al Misericordioso. A él no le acomoda tener un hijo.

94.—Todo lo que existe en los cielos y en la tierra es servidor del Misericordioso. Él los ha contado y enumerado a todos.

95.—Todos comparecerán ante él en el día de la resurrección, solos.

96.—Hará amar a los que han creído y obrado el bien.

97.—Hemos hecho el Corán fácil dándotelo en tu lengua, a fin de que con él anuncies hermosas promesas a los piadosos y adviertas al pueblo querellador.

98.—¿Cuántas generaciones hemos aniquilado? ¿Puedes hallar un solo hombre de ellas que quede? ¿Has oído a uno solo de ellos proferir el más ligero murmullo?

SURA XX
TA. HA.

DADO EN LA MECA.—135 VERSÍCULOS
EN NOMBRE DEL DIOS CLEMENTE Y MISERICORDIOSO

1.—TA. HA[580]. No te hemos enviado el Corán para hacerte desgraciado,

2.—Sino como amonestación para el que teme.

3.—Ha sido enviado por el que ha creado la tierra y los cielos elevados,

4.—El Misericordioso que tiene asiento en el trono.

5.—A él pertenece lo que hay en los cielos y en la tierra, lo que hay entre los dos y lo que hay bajo la tierra.

6.—Si tú levantas tu voz, *lo haces inútilmente*; Dios conoce bien las palabras dichas en secreto y cosas más ocultas aún[581].

7.—Dios; no hay más Dios que él. Tiene los nombres más hermosos[582].

8.—¿Has oído contar la historia de Moisés?

9.—Cuando vio un fuego, dijo a su familia: Permaneced aquí, acabo de ver fuego.

10.—Tal vez os traeré un tizón, o bien podré con ayuda del fuego dirigirme por el camino.

11.—Y cuando se acercó a él, una voz le gritó: ¡Oh, Moisés!

12.—En verdad, soy tu Señor; quítate los zapatos, estás en el valle santo de Thuwa;

13.—Yo te he elegido. Escucha atentamente lo que te será revelado.

14.—Yo soy Dios y no hay más Dios que yo. Adórame, pues, y ora en recuerdo mío;

---

580   Respecto de estas letras, iguales a las del título, véase *sura* II, 1, nota.

581   Las palabras: *Si tú levantas la voz,* deben entenderse de la plegaria que Muhammad recomienda que se haga en voz baja.

582   Como el Grande, el Bueno, el sabio, etc.

15.—Pues llegará la hora (poco faltó para que yo te la revelara)

16.—A fin de que tu alma sea retribuida por sus obras.

17.—Que el que no cree en la venida de la hora y sigue sus pasiones no se extravíe *de la verdad*, porque perecerías.

18.—¿Y qué es, pues, lo que tienes en tu mano derecha, ¡oh, Moisés!?

19.—Es mi bastón, dijo, en el cual me apoyo y con el cual acerco las hojas de los árboles para mi rebaño, y me sirve además para otros usos.

20.—Dios dijo: ¡Tíralo, oh Moisés!

21.—Y Moisés lo tira, y he aquí que se convierte en una serpiente que empieza a correr.

22.—Dios dice: Cógela y no temas nada; la volveremos a su antiguo estado.

23.—Llévate la mano al seno y saldrá blanca, sin ningún mal. Esto te servirá de un segundo signo.

24.—Para hacerte ver luego mayores milagros,

25.—Vete a ver a Faraón. Es impío.

26.—Señor, dijo Moisés, dilata mi pecho[583],

27.—Y hazme fácil mi labor,

28.—Y desata el nudo de mi lengua[584],

29.—A fin de que comprenda mi palabra.

30.—Dame un consejero escogido en mi familia;

31.—Que sea mi hermano Aarón.

32.—Fortifícame por medio de él[585],

33.—Y asóciale a mí en mi obra,

34.—A fin de que celebremos sin cesar tus alabanzas y de que pensemos sin cesar en ti;

35.—Pues tú nos ves.

36.—Dios respondió: ¡Oh, Moisés!, te concedo tu demanda.

37.—Ya la otra vez hemos sido benévolos contigo,

38.—Cuando hicimos oír estas palabras a tu madre:

39.—Pon a tu hijo en una caja y lánzalo al mar; el mar lo llevó a la

---

583   Para decir: haz cesar la angustia que me oprime.
584   Se sabe por el Pentateuco que Moisés tenía la locución difícil.
585   Literalmente: ciñe mis riñones con él.

orilla. Mi enemigo y el suyo lo acogerá, pues yo he echado *en los corazones* amor para ti, *¡oh, Moisés!*[586],

40.—Y he querido que fueses educado en mi presencia.

41.—Un día tu hermano se paseaba diciendo: ¿Queréis que os enseñe a alguien que cuide de él? Entonces te devolvimos a tu madre para que se consolase[587] y cesase de afligirse. Luego tú has matado a un hombre; te salvamos de la desgracia y te probamos con numerosas pruebas.

42.—Tú has habitado varios años entre los madianitas; en seguida has venido aquí en virtud de una orden, ¡oh, Moisés!

43.—Te he formado por mí mismo[588].

44.—Id, tú y tu hermano, acompañados de mis milagros, y no descuidéis mi recuerdo.

45.—Id hacia Faraón que es impío.

46.—Habladle un lenguaje dulce; tal vez reflexionará o temerá.

47.—Ellos respondieron: Señor, tememos que use violencias con nosotros o que cometa impiedades.

48.—No temáis nada; yo estoy con vosotros, y yo os oigo y veo.

49.—Id y decid: Somos enviados de tu Señor; despide con nosotros a los hijos de Israel, no los agobies con suplicios. Venimos a tu casa con un signo de tu Señor. Que la paz sea con el que sigue el camino recto.

50.—Nos ha sido revelado que el castigo está reservado para el que nos trate de impostores y nos vuelva la espalda.

51.—¿Quién es, pues, vuestro Señor, oh Moisés? Preguntó Faraón.

52.—Nuestro Señor es el que ha dado la forma a todo lo que existe y el que guía.

53.—*Faraón dijo a esto*: ¿Y qué querían las generaciones pasadas?[589]

54.—Su conocimiento está en el seno de Dios y encerrado en el libro[590]. Nuestro Señor no se engaña ni olvida nada;

---

586   Literalmente: y yo he echado sobre ti el amor de mi parte, es decir, te he dado algún encanto que te hará ir a casa del mismo Faraón.

587   Literalmente: para que sus ojos fuesen refrescados.

588   Es decir, para mis fines propios.

589   Faraón parece desconcertado y pregunta a Moisés: ¿Cómo explicar entonces las creencias de tantos siglos?

590   Se trata aquí del libro eterno que está en el cielo.

55.—El que os ha dado la tierra por cuna y que ha trazado caminos para vosotros, que hace descender el agua. Con esta agua hacemos germinar familias[591] de plantas tan diversas.

56.—Alimentaos y apacentad vuestros rebaños. Hay en esto signos para los hombres dotados de inteligencia.

57.—Os hemos creado de la tierra y os haremos volver a ella y os haremos salir por segunda vez.

58.—Le hicimos ver nuestros milagros; pero los trató de mentiras y rehusó creer en ellos.

59.—Faraón dijo: ¡Oh, Moisés! ¿Has venido para expulsarnos de nuestro país con tus encantos?

60.—Nosotros te los haremos ver análogos. Danos una cita, que no faltaremos a ella; tú tampoco faltarás. Que todo sea igual[592].

61.—Moisés respondió: *Os doy* cita en el día[593] de las fiestas, que el pueblo sea reunido en pleno día.

62.—Faraón se retiró; preparó sus artificios *y fue en el día fijado*.

63.—Entonces Moisés les dijo: ¡Desgraciados de vosotros! Guardaos de inventar mentiras a cuenta de Dios,

64.—Pues os alcanzará con su castigo. Los que inventaban mentiras han perecido.

65.—Los magos se concertaron y se hablaron en secreto.

66.—Estos dos hombres, dijeron, son magos; quieren expulsaros de vuestro país con sus artificios y abolir vuestra excelente religión[594].

67.—Reunid, dijo Moisés, vuestros artificios, y luego venid a poneros en orden. Feliz el que obtenga hoy la victoria.

68.—¡Oh, Moisés! Dijeron, ¿eres tú el que arrojarás tu varilla primero, o seremos nosotros?

69.—Él respondió: echadla primero vosotros. Y he aquí que de pronto sus cuerdas y sus varillas le parecieron correr por efecto de sus encantos.

---

591 Literalmente: parejas.

592 Es decir: Que sean iguales las probabilidades de una y otra parte.

593 Literalmente: en el día del ornamento, es decir, en el día de los goces próximos en que la villa esté engalanada y el pueblo reunido en las calles.

594 O bien: quieren privaros de vuestros jefes.

70.—Moisés concibió un espanto secreto en sí mismo.

71.—Nosotros le dijimos: No temas nada, pues eres el más fuerte.

72.—Lanza lo que tienes en la mano derecha (*tu varilla*); ella devorará lo que ellos han imaginado; lo que ellos han imaginado no es más que un artificio de mago, y el mago no tiene suerte cuando ha de *sufrir examen.*

73.—Y los magos se prosternaron diciendo: Hemos creído en el Señor de Moisés y Aarón.

74.—¡Cómo! Dijo Faraón, ¿habéis creído en él sin esperar mi permiso? Seguramente, es vuestro jefe y él es el que os ha enseñado la magia. Os haré cortar las manos y los pies alternados y os haré crucificar en los troncos de palmera. Os enseñaré quién de nosotros es más terrible en sus castigos y quien permanecerá más largo tiempo, *Dios o yo.*

75.—Los magos respondieron: No te pondremos nosotros encima de los signos evidentes, ni por encima del que nos ha creado. Cumple lo que has resuelto; tú no puedes decidir más que de las cosas de este mundo. En cuanto a nosotros, hemos creído en nuestro Señor, a fin de que nos perdone nuestros pecados y los artificios mágicos a que tú nos has obligado. Dios vale más y permanecerá más tiempo *que tú.*

76.—El que se presente ante Dios cargado de crímenes, tendrá por recompensa la gehena. No morirá y no vivirá.

77.—Pero todos los que se presenten ante él teniendo fe y buenas obras, todos estos ocuparán los grados elevados *de la vida futura.*

78.—Habitarán los jardines en que corren ríos; permanecerán allí eternamente. Esta es la recompensa del que ha sido justo.

79.—Nosotros revelamos a Moisés estas palabras: Conduce a mis servidores durante la noche y procúrales a través del mar un camino seco.

80.—No temas ser atacado y no tengas miedo.

81.—Faraón los persiguió con su ejército, y las aguas del mar los cubrieron a todos. Faraón ha extraviado a su pueblo; no lo ha conducido por el camino recto.

82.—¡Oh, hijos de Israel! Os hemos librado de vuestro enemigo y os hemos dado por cita el flanco derecho del monte Sinaí; os hemos dado el maná y las codornices.

83.—Gozad de los deliciosos platos que os damos y evitad el exceso, por temor a que mi ira pese sobre vosotros; pues aquel sobre quien pese nuestra ira, perecerá.

84.—Yo soy indulgente con el que se arrepiente, con el que obra el bien y sigue el camino recto.

85.—¿Quién te ha hecho dejar tan pronto a tu pueblo? Dijo Dios a Moisés.

86.—*Los jefes de mi pueblo* siguen mis pasos, y yo me apresuraba a ir hacia ti para serte agradable.

87.—Acabamos de probar a tu pueblo ¡Oh, Moisés! Después de tu partida, el samaritano[595] los ha extraviado.

88.—Moisés volvió al seno de su pueblo, irritado y afligido,

89.—Y dijo: ¡Oh, pueblo mío! ¿No os ha dado Dios una hermosa recompensa? ¿Os parece acaso que dura ya demasiado la alianza? ¿O habéis querido que cayese sobre vosotros la ira de vuestro Señor? ¿Es para eso para lo que habéis obrado en contra de las promesas que me habéis hecho?

90.—No hemos violado nuestras promesas con nosotros mismos, sino que nos ha mandado llevar varias cargas de nuestros ornamentos[596]; los hemos reunido. El samaritano los echó *al fuego* y retiró para el pueblo un becerro corporal, que mugía. Se nos dijo: que él lo ha olvidado *por otro dios*[597]. Lo ha olvidado para buscar otro.

91.—¿No han observado que este becerro no podía responderles y que no podía serles útil ni dañarles?

92.—Bien les decía Aarón: ¡Oh, pueblo mío! Se os pone a prueba por medio de este becerro. ¡Vuestro Señor es misericordioso! Seguidme y obedeced mis órdenes.

93.—No cesaremos de adorarlo, respondían ellos, hasta que esté de vuelta Moisés.

595 En el texto: *essameri*, que se traduce por *samaritano*, porque los comentadores advierten que no era el nombre propio, sino el étnico de este individuo. Apenas precisa advertir aquí cuán ignorantes son los doctores mahometanos de la historia de los judíos, cuando hablan de samaritanos en la época de Moisés.

596   Tales como los anillos, los brazaletes y otros adornos que los judíos habían quitado a los egipcios.

597   Por una divinidad distinta de Dios.

94.—Le dijo a Aarón: ¿Qué es lo que te ha impedido seguirme cuando les has visto extraviarse? ¿Quieres desobedecer mis órdenes?

95.—¡Oh, hijo de mi madre! Responde Aarón, cesa de tirarme de la barba y de la cabeza. He temido que me dijeses en seguida: ¿Por qué has sembrado la escisión entre mí y los hijos de Israel? ¿Por qué no has observado mis órdenes?

96.—Y tú, ¡oh, samaritano!, ¿cuál ha sido tu propósito? Él respondió: Yo he visto lo que no veían. He tomado un puñado de polvo de los pies del enviado de Dios[598] y lo he echado en el becerro fundido; mi inclinación natural me ha sugerido esto.

97.—Aléjate de aquí le dijo Moisés; tu castigo en este mundo será este: Dirás a todo el que te encuentre: no me toquéis[599]. Además te está reservada una comparecencia (*en el otro mundo*), a la que no podrás escapar. Fija los ojos en ese Dios que tú has adorado con tanta devoción. Nosotros lo quemaremos, lo reduciremos a polvo y lo echaremos al mar.

98.—Vuestro Dios es el Dios único; no hay más Dios que él; lo abraza todo con su ciencia.

99.—Así es como te contamos las historias de otro tiempo; además te enviamos de nuestra parte una amonestación.

100.—Todo el que se aparte llevará un fardo en el día de la resurrección.

101.—Lo llevará eternamente. ¡Qué carga más insoportable será en el día de la resurrección!

102.—El día en que sonará la trompeta y en que reuniremos a los culpables, que tendrán entonces los ojos heridos de ceguera[600].

---

598 Del ángel Gabriel. El polvo que había pisado el ángel Gabriel tenía la propiedad de dar vida a los objetos inanimados.

599 Porque —dicen los comentadores— el que lo tocase debía dar fiebre al samaritano y cogerla él, de modo que el samaritano estaba condenado a ser tratado como un pestífero.

600 La palabra árabe *zorkan* (ac. pl. de *azrak*) significa propiamente los que tienen los ojos azules, y puede aplicarse a los que tienen cataratas o a los que tienen los ojos azules por naturaleza. Los árabes siempre han tenido una gran aversión por los hombres de ojos azules, signo característico de sus enemigos los griegos, y Mu-

103.—Se dirán cuchicheando: No habéis permanecido más que diez días *en la tierra*.

104.—Nosotros sabremos bien lo que querrán decir sus jefes cuando respondan: No habéis permanecido más que un día.

105.—Te interrogarán respecto de las montañas. Diles: Dios las dispersará como el polvo.

106.—Las convertirá en llanuras iguales; tú no hallarás ya las sinuosidades ni los terrenos ora elevados, ora deprimidos.

107.—Luego ellos (todos los hombres) seguirán al que les llame *al juicio*, y que no andarán con rodeos[601]; las voces enmudecerán ante el Misericordioso y tú no oirás más que el ruido sordo de sus pasos.

108.—Aquel día no podrá aprovechar la intercesión de nadie, a no ser la intercesión de aquel a quien el Misericordioso permita hacerlo y a quien permita hablar.

109.—Él conoce lo que está delante y detrás de ellos. Los hombres no abarcan eso con su ciencia.

110.—Las frentes serán entonces humilladas ante el Vivo, el Inmutable. Desgraciado entonces el que lleve su carga de iniquidad.

111.—El que obra bien, si es al mismo tiempo creyente, no tendrá que temer la injusticia ni la disminución de *su recompensa*.

112.—Así, hemos hecho descender un libro árabe y hemos difundido nuestras amenazas; tal vez acabarán por temer a Dios, tal vez este Corán hará nacer reflexiones.

113.—Que sea exaltado ese Dios, el Rey, la Verdad. No te apresures a repetir los versículos del Corán, mientras que la revelación sea incompleta. Di más bien: ¡Señor! Aumenta mi ciencia.

114.—Ya habíamos hecho un pacto con Adán, pero él lo olvidó; no le hemos hallado resolución firme.

115.—Y cuando dijimos a los ángeles: Prosternaos ante Adán, ellos

---

hammad ha podido atribuir realmente este signo a los réprobos; de todas suertes, los versículos 124 y 125 de este mismo *sura*, donde Satán es amenazado de comparecer ciego en el día del juicio final y en donde Muhammad se sirve de la voz *a'ma*, ciego, hacen creer que se trata de la ceguera en el versículo que nos ocupa.

601 Debe ser el ángel *Israfil* que conducirá a los hombres directamente en el día del juicio; ocupará una roca delante de Jerusalén.

lo hicieron, excepto Eblís; él se negó a ello. Dijimos a Adán: Este es tu enemigo y el enemigo de tu esposa. Cuidad que no os expulse del paraíso y que no seáis desgraciados.

116.—Tú no sufrirás hambre ni desnudez.

117.—No padecerás sed, ni serás incomodado por el calor.

118.—Satanás le hizo sugestiones: ¡Oh, Adán! Le dijo, ¿quieres que te muestre el árbol de la eternidad y de un poder que no se gasta?

119.—Comieron (*del fruto*) del árbol y su desnudez se les apareció y se pusieron a coser trajes con hojas del paraíso. Adán desobedeció a su Señor, y se extravió.

120.—Luego Dios lo hizo su elegido, volvió a él y le dirigió por el camino recto.

121.—Dijo a *Adán y a Eva*: Descended todos del paraíso, enemigos unos de otros[602]. Algún día la dirección del camino recto os vendrá de mí.

122.—El que le siga no se extraviará y no será desgraciado.

123.—Pero el que se aparte de mis advertencias hará una vida miserable,

124.—Le haremos comparecer ciego en el día del juicio.

125.—Dirá: ¡Señor! ¿Por qué me has hecho comparecer ciego a mí que veía antes?

126.—Será así. Nuestros signos vinieron a ti y tú los has olvidado; tú también serás olvidado hoy.

127.—Así es como retribuiremos a todo hombre que pasa los límites, que no cree en los signos de su Señor. El castigo del otro mundo será terrible y permanente.

128.—¿Ignoran *los infieles* cuantas generaciones hemos aniquilado antes de ellos? Hollan la tierra que habitan. Hay en esto signos para los hombres dotados de inteligencia.

129.—Si una palabra de tu Señor, que *difería el castigo*, no hubiese sido pronunciada de antemano, el castigo sería agregado a ellos; el término fijado habría venido ya.

130.—Soporta con paciencia sus palabras y celebra las alabanzas de

---

602   Los hombres estarán siempre en guerra con los demonios.

tu Señor antes de levantarte y antes de ponerse el sol y a la entrada de la noche; celébralo en los extremos del día para agradarle.

131.—No fijes tus ojos en los diversos bienes de que les hacemos gozar, en el bienestar de este mundo que nosotros les damos para ponerles a prueba. La porción que tu Señor te asigna vale más y es más duradera.

132.—Ordena la oración a tu familia, hazla con aplicación (*sin cansarte*); no te pedimos alimento; somos nosotros los que te alimentamos. El *buen fin* está reservado a la piedad.

133.—Dicen: ¿Por qué no nos hace ver un milagro de parte de su Señor? ¿No tienen una prueba evidente de los *milagros* en lo que contienen las páginas de antiguos anales?

134.—Si les hubiésemos aniquilado mediante nuestro castigo antes de la venida de Muhammad, hubiesen dicho: ¿Por qué no nos has enviado apóstol? Habríamos seguido tus enseñanzas, más bien que caer en el envilecimiento y el oprobio.

135.—Di: Todos esperamos el fin. Esperad vosotros también y aprenderéis quién de nosotros tiene el sendero recto, quién de nosotros está dirigido.

SURA XXI
LOS PROFETAS[603]

DADO EN LA MECA.—112 VERSÍCULOS
EN NOMBRE DEL DIOS CLEMENTE Y MISERICORDIOSO

1.—Se acerca el tiempo en que los hombres rendirán cuenta, y, sin embargo, sumidos en la indiferencia, se extravían.

2.—No les llega jamás una nueva amonestación de su Señor, que no la escuchen *únicamente* para burlarse de él.

3.—Sus corazones hacen de ello un pasatiempo. Los malvados se dicen en secreto: este *Muhammad* ¿es, pues, otra cosa que no sea un hombre como nosotros? ¿Asistiréis a sus hechicerías? Sin embargo, ya veis lo que es de ellas.

4.—Di: Mi Señor conoce los discursos pronunciados en el cielo y en la tierra; lo oye y lo sabe todo.

5.—Es más, dicen: No es más que un montón de sueños; él es el que lo ha inventado (*el Corán*); es un poeta; que nos haga ver un milagro, como hacían los enviados de otro tiempo.

6.—Ninguna de las villas que hemos destruido ha creído; ellos no creerán tampoco.

7.—Antes de ti no hemos enviado más que hombres que recibían revelaciones. Preguntadlo a los hombres que poseen las escrituras, si vosotros no lo sabéis.

8.—Nosotros no les dimos un cuerpo que pudiese pasar sin alimento; no eran inmortales.

9.—Hemos cumplido hacia ellos nuestra promesa y les hemos salvado, así como a los que nos ha gustado, y hemos aniquilado a los trasgresores.

---

603 Este *sura* se titula *Los profetas*, porque se trata en él varios profetas. La tradición refiere que, interrogado Muhammad acerca del número de todos los profetas desde la creación del mundo, respondió que hubo ciento veinticuatro mil, de los cuales, trescientos trece eran enviados o apóstoles. Esta tradición viene en apoyo de la distinción que hemos hecho entre los profetas y los apóstoles en el *sura* XIX.

10.—Acabamos de enviaros un libro que contiene advertencias para vosotros[604]. ¿No oiréis razón?

11.—¡Qué de villas criminales hemos derribado y reemplazado por otras poblaciones!

12.—Cuando han sentido la violencia de nuestros golpes, se han puesto a huir de sus villas.

13.—No huyáis; volved a vuestros goces y a vuestras moradas. Seréis interrogados.

14.—Respondían: ¡Desgraciados de nosotros! Hemos sido malvados.

15.—Y estas lamentaciones no cesaron hasta que los hubimos extendido como el trigo cosechado y secado.

16.—No hemos creado el cielo, la tierra y todo lo que hay entre ellos para divertirnos.

17.—Si hubiésemos querido divertirnos, habríamos hallado juguetes en nuestra casa, si hubiésemos querido hacerlo absolutamente.

18.—Pero oponemos la verdad a la mentira, y ella lo hará desaparecer. Hele aquí que desaparece; y desgraciados de vosotros a causa de lo que atribuís a Dios.

19.—A él pertenece todo ser en el cielo y en la tierra. Los que están cerca de él[605] no desdeñan adorarlo y no se cansan.

20.—Celebran sus alabanzas día y noche; no inventan nada sobre su cuenta.

21.—¿Han tomado sus dioses en la tierra, dioses capaces de resucitar a los muertos?

22.—Si hubiese otro *Dios* más que él en el cielo y en la tierra, habría perecido ya. La gloria del dueño del trono está por encima de lo que le atribuyen.

23.—No se le pedirá cuentas de sus acciones y él les pedirá cuenta de las suyas.

24.—¿Adoran *los ángeles* a otras divinidades distintas de Dios? Diles: Traed vuestras pruebas. Esta es la advertencia dirigida a los que están conmigo y tal como ha sido hecha a los que han vivido antes que

604 Estas palabras pueden también ser traducidas: *un libro que constituye vuestra fama*, que os hará célebre, pues la palabra *dhikr* significa recuerdo, relato, y lo que sirve para recordar algo o para advertir a alguien.
605 Los ángeles y los bienaventurados.

yo; pero la mayor parte de ellos no conocen la verdad y se apartan de *los consejos que se les da.*

25.—No hemos enviado apóstoles a quienes no haya sido revelado que no hay más Dios que yo. Adoradme, pues.

26.—Ellos (*los infieles, los cristianos*) dicen: el Misericordioso ha tenido hijos; *los ángeles son sus hijos.* ¡Por su gloria! No; ellos no son más que sus servidores honrados.

27.—No le hablan jamás primero, y ejecutan sus órdenes.

28.—Sabe todo lo que hay delante de ellos y detrás de ellos; ellos no pueden interceder,

29.—Excepto aquel que a él place, y tiemblan de espanto ante él.

30.—A todo el que dijese: Yo soy un *Dios* al lado de Dios, le daríamos la gehena como recompensa. Así es como recompensamos nosotros a los malvados.

31.—¿No ven los infieles que los cielos y la tierra formaban una masa compacta y que nosotros los hemos separado y que por medio de agua damos la vida a todas las cosas? ¿No creerán?

32.—Hemos establecido en la tierra las montañas, a fin de que no se conmoviese con los hombres. Hemos practicado en ella pasajes para servirles de ruta, a fin de que puedan dividirse[606].

33.—Hemos hecho del cielo una bóveda sólidamente construida, y, sin embargo, se apartan de los milagros que encierra.

34.—Él es el que ha creado la noche y el día, el sol y la luna; cada uno de estos astros corre en una esfera aparte.

35.—No hemos concedido la vida eterna a ningún hombre antes que a ti. Si tú mueres, ¿creen ellos ser inmortales?

36.—Tu alma probará la muerte. Os probaremos por el mal y por el bien y seréis conducidos a nosotros.

37.—Cuando los infieles te ven, te toman por objeto de sus burlas. ¿Es ese el hombre, dicen, que habla de vuestros dioses *con desprecio*? En cuanto a ellos, no creen en lo que ha dicho el Misericordioso.

38.—El hombre ha sido creado de precipitación[607]; pero yo os haré ver mis signos. No procuréis, pues, acelerarlos[608].

---

606 Es decir: a fin de que puedan llegar al término de sus viajes sin extraviarse.

607 Es pronto e impetuoso por naturaleza e inconstante.

608 Es decir: mis signos, los milagros, tales como la derrota de los infieles en este

39.—Dirán: ¿Cuándo, pues, se cumplirán las amenazas? Decidlo, si sois sinceros.

40.—¡Ah! Si los infieles supiesen la hora en no podrán apartar la hora de sus caras ni de sus espaldas[609], en que no tendrán protector.

41.—El castigo les sorprenderá de improviso y les dejará estupefactos; no podrán alejarlo ni obtener dilación.

42.—Antes que tú, también otros apóstoles han sido tomados a irrisión; pero el castigo, objeto de las burlas, envolvió a los burlones.

43.—Diles: ¿Quién puede defenderos, en la noche o en el día, *de los golpes* del Misericordioso? Y, sin embargo, ellos vuelven la espalda a las advertencias.

44.—¿Tienen dioses capaces de defenderlos contra nosotros? Ellos no podrían ayudarse a sí mismos y no serán asistidos contra nosotros por sus compañeros[610].

45.—Nosotros hemos hecho gozar a esos hombres, así como a sus padres, de los bienes de este mundo, mientras dure su vida. ¿No ven que venimos al país *de los infieles* y que nosotros estrechamos los límites de todas partes?[611] Son, pues, los más fuertes.

46.—Diles: Os predico lo que me ha sido revelado; pero los sordos no oyen cuando se les predica.

47.—Que un solo soplo del castigo de Dios les alcance, y gritarán: ¡Desgraciados de nosotros, éramos impíos!

48.—Estableceremos balanzas justas en el día de la resurrección. Ni un alma será tratada injustamente, aun cuando lo que nosotros tuviésemos que producir de sus obras fuese el peso de un grano de mostaza. Basta que nosotros hayamos establecido esta cuenta.

49.—Hemos dado a Moisés y a Aarón la distinción y la luz[612] y una advertencia para los que temen,

---

mundo y el suplicio del fuego en el otro, no dejarán de acaecer.

609 Es decir, que el fuego los envolverá por todas partes.

610 Es decir, por las divinidades que atribuyen compañeros de Dios.

611 Esto es una alusión a los progresos que hacía el islamismo pesando en todas partes sobre los infieles.

612 Todo libro divino contiene la distinción, la luz y la advertencia, en tanto que distingue lo lícito de lo ilícito, que guía a los hombres hacia la verdad y que les anuncia penas y recompensas.

50.—Que temen a su Señor en el secreto *de sus obras* y tiemblan ante el recuerdo de la hora.

51.—Y este libro es una advertencia bendita que os hemos enviado de lo alto. ¿Le desconoceréis?

52.—Ya habíamos dado antes la dirección a Abrahán y nosotros lo conocíamos.

53.—Cuando él dijo a su padre y a su pueblo: ¿Qué significan estos estatutos que adoráis con tanto ardor?

54.—Ellos respondieron: Hemos visto a nuestros padres adorarlos.

55.—Vosotros y vuestros padres, dijo Abrahán, estáis en un error evidente.

56.—¿Dices la verdad, o bromeas?

57.—Sí, vuestro Señor es el Señor de los cielos y de la tierra que ha creado y yo soy testimonio de ello.

58.—Lo juro por Dios que jugaré una mala pasada a vuestros ídolos tan pronto como hayáis partido, *se decía a sí mismo.*

59.—Y los ha despedazado, exceptuando el mayor, a fin de que la tomasen con él por *lo que había ocurrido.*

60.—Dijeron: El que ha obrado así con vuestras divinidades es ciertamente un malvado.

61.—Hemos oído un joven llamado Abrahán decir mal de nuestros dioses.

62.—Llevadle, dijeron los otros, a presencia de todos, a fin de que sean testigos *de su castigo.*

63.—Dijeron: ¿Eres tú, Abrahán, el que ha arreglado así a nuestros dioses?

64.—He aquí al mayor de los ídolos; interrogadles para ver si hablan.

65.—Y se hablaron a sí mismos, diciendo: En verdad, sois impíos.

66.—Y luego volvieron a sus antiguos errores y dijeron a Abrahán: Tú sabes bien que los ídolos no hablan.

67.—¿Adoraréis al lado de Dios lo que no puede seros útil para nada ni dañaros? Vergüenza sobre vosotros y sobre lo que adoráis al lado de Dios. ¿No lo comprendéis?

68.—¡Quemadlo! Exclamaron, y venid en auxilio de nuestros dioses, si queréis hacer algo.

69.—Y nosotros hemos dicho: ¡Oh, fuego! ¡Séle fresco! ¡Que la paz sea con Abrahán!

70.—Han querido tenderle lazos; pero les hemos hecho perder la partida.

71.—Lo salvamos, así como a Loth, y lo transportamos a un país a cuyos hombres todos habíamos bendecido.

72.—Le dimos a Israel y a Jacob como un favor subrogatorio, e hicimos de ellos hombres justos.

73.—Les hemos instituido jefes encargados de dirigir a los hombres según nuestros mandatos y les hemos inspirado la práctica de las buenas obras, el cumplimiento de la plegaria, así como la limosna, y nos adoraban.

74.—Dimos a Loth el poder y la sabiduría; le salvamos de la villa que se entregaba a liviandades. En verdad, era un pueblo malvado y perverso.

75.—Lo comprendimos en nuestra misericordia, pues era del número de los justos.

76.—Acuérdate de Noé cuando gritó hacia nosotros; le escuchamos y lo salvamos, así como a su familia, de la gran calamidad.

77.—Lo hemos socorrido contra su pueblo, *gentes* que trataban nuestros signos de mentiras; eran malvados y los ahogamos a todos.

78.—Acuérdate también de David, de Salomón, cuando pronunciaban una sentencia concerniente a un campo donde los rebaños de una familia habían causado daños. Estábamos presente a su juicio.

79.—Dimos a Salomón la inteligencia de este asunto[613] y a ambos el poder y la sabiduría, y obligamos a las montañas y a los pájaros a cantar con David nuestras alabanzas. Hemos obrado.

613 He aquí la explicación de este pasaje: Algunas ovejas habían hecho daños en el campo de un labrador; este hizo comparecer al propietario del rebaño ante David, quien decidió que el labrador debía quedarse con las ovejas como compensación de los daños sufridos. Salomón, presente en aquel juicio, cuando solo tenía once años, emitió una opinión más razonable, cual fue la de dar al labrador nada más que el usufructo de las ovejas, es decir, la lana, la leche y las crías durante el tiempo necesario para compensar los daños. David aprobó el juicio de su hijo.

80.—Enseñamos a David el arte de hacer corazas para vosotros[614]; es para poneros al abrigo de las violencias que ejercéis entre vosotros. ¿No seréis agradecidos?

81.—Sometimos a Salomón el viento impetuoso, corriendo por orden suya hacia el país que hemos bendecido. Lo sabíamos todo.

82.—Y entre los demonios le sometimos los que se sumergían para pescar perlas para él y ejecutaban además otras órdenes. Los vigilamos nosotros mismos.

83.—*Acuérdate* de Job, cuando gritó hacia su Señor: He aquí la desgracia que me alcanza; pero tú eres el más compasivo de los compasivos.

84.—Le escuchamos y le libramos del mal que le agobiaba; le devolvimos su familia y añadimos otra nueva, por efecto de nuestra misericordia y para servir de advertencia a los que nos adoran.

85.—*Acuérdate* de Israel, de Edrís, de Dhulkefl[615], los cuales soportaban con paciencia los *males y las penas.*

86.—Los incluimos en nuestra misericordia, pues todos eran justos.

87.—Y a Dhulnoun[616] también, que se fue lleno de ira y que creía que ya no teníamos poder sobre él. Más él gritó en seguida hacia nosotros desde el seno de la oscuridad[617]: No hay más Dios que tú. ¡Gloria a ti! ¡Gloria a ti! He sido del número de los injustos.

88.—Le escuchamos y le libramos de la aflicción. Así es como libramos a los creyentes.

89.—*Acuérdate* de Zacarías, cuando gritó hacia su Señor: Señor, no me dejes solo; pero tú eres el mejor de los herederos[618].

614 Según la tradición musulmana, David fue el primero que inventó las cotas de malla en lugar de las corazas de hierro: se dice que el hierro en sus manos se tornaba dúctil y blando como la cera.

615 No se sabe cuál de los profetas conocidos en las escrituras corresponde *Dhulkefl*; según unos, es a Elías, según otros a Zacarías o a Isaías. *Dhulkefl* puede significar hombre lleno de ciudades (para su pueblo), el hombre débil, hombre que tiene una parte, un lote.

616 *Dhulnoun*, hombre del pescado. Con este nombre se conoce al profeta Jonás.

617 Es decir, del vientre del pez que lo había tragado.

618 ¡Dios! No me dejes morir sin hijos; de todas suertes, si no me das herederos, poco importa, porque después de todo, más vales tú. Véase *suras* III y XIX.

90.—Le escuchamos y le dimos a Yahía (Juan) e hicimos a su mujer capaz de engendrar. Ellos competían en buenas obras, nos invocaban con amor y con temor y se humillaban ante nosotros.

91.—*Acuérdate* también de la que había conservado su virginidad y en la que nosotros infundimos una parte de nuestro espíritu[619]; la constituimos con su hijo en un signo para el universo.

92.—Esta religión es la vuestra (*el islamismo*); es una sola y misma religión con la de estos profetas. Yo soy vuestro Señor, adoradme.

93.—Ellos (*los hombres*) han formado escisiones entre sí; pero vosotros volveréis a nosotros.

94.—Todo el que obre el bien y sea al mismo tiempo creyente, serán reconocidos sus esfuerzos; ponemos por escrito sus obras.

95.—Un anatema pesará sobre la ciudad que nosotros hayamos aniquilado; sus pueblos no volverán,

96.—Hasta que sea abierto el paso a Yadjudj y a Madjudj[620]; entonces descenderán rápidamente de cada montaña.

97.—Entonces el cumplimiento de la promesa verdadera estará próximo a realizarse y las miradas de los infieles estarán fijas con estupefacción. ¡Desgraciados de nosotros! Dirán. Estábamos indiferentes respecto de la hora y éramos impíos.

98.—En verdad, vosotros y los ídolos que adoráis al lado de Dios, pasaréis a ser pasto de la gehena, donde seréis precipitados.

99.—Si aquellos ídolos fuesen dioses, no serían precipitados en él. Permanecerán allí por toda la eternidad.

100.—Sollozarán y no verán nada.

101.—Aquellos a quienes habíamos hecho hermosas promesas, serán alejados de esta *mansión terrible*.

102.—No oirán el menor ruido y gozarán eternamente de los objetos de sus deseos.

---

619 Es casi inútil recordar que se trata aquí de María, madre de Jesús, comprendido entre los profetas.

620 Ya se ha visto en el *sura* XVIII, 93, que *Yadjudj y Madjudj* (*Gog y Magog* de la Biblia) eran dos pueblos bárbaros, terribles para sus vecinos. Dhul Karnein puso término a sus invasiones levantando un muro de bronce en el único desfiladero que podía ofrecerles paso. Este muro se derrumbará el día de la resurrección, y a este día se alude aquí.

103.—El gran terror no les preocupará; los ángeles les dirigirán estas palabras: He aquí vuestro día, el que os ha sido prometido.

104.—Ese día plegaremos los cielos, lo mismo que Sidjill[621] dobló el libro. Del mismo modo que hemos producido la creación, así la haremos desaparecer. Es una promesa que nos obliga. Nosotros la cumpliremos.

105.—Hemos escrito en los salmos, según la ley *dada a Moisés*, que la tierra será la herencia de nuestros servidores justos.

106.—Hay en este libro una instrucción suficiente para los que nos adoran.

107.—No te hemos enviado ¡Oh, *Muhammad!* Más que por misericordia por el universo.

108.—Diles: Me ha sido revelado que vuestro Dios es el Dios único. ¿Estáis resignados a su voluntad? (¿*sois musulmanes?*)

109.—Pero si vuelven la espalda, Diles: Os he advertido a todos por igual y no sé si está próximo o lejano lo que os amenaza.

110.—Ciertamente, Dios conoce la palabra pronunciada en alta voz lo mismo que la que ocultáis.

111.—Yo no sé, pero esta *dilación* es tal vez para probaros y haceros gozar de este mundo hasta cierto tiempo.

112.—Mi Señor dice: Juzga con justicia. Nuestro Señor, el Misericordioso, debe ser invocado contra vuestros asertos *engañosos*.

---

621 La significación de este pasaje es muy incierta. *Sidjill* quiere decir rollo en el cual se escribe; de modo que, literalmente, el sentido sería: *plegaremos los cielos con el pliegue* (es decir, como se pliega un rollo) de un rollo para la escritura (es decir, para escribir). Otros dicen que *Sidjill* es el ángel que inscribe las acciones de los hombres en un rollo, y otros que *Sidjill* es el nombre de un secretario de Muhammad. Es muy raro que los tradicionistas que conocen tantos detalles de la vida de Muhammad, hayan dejado oscuros ciertos pasajes del Corán.

SURA XXII
LA PEREGRINACIÓN DE LA MECA

DADO EN LA MECA.—78 VERSÍCULOS
EN NOMBRE DEL DIOS CLEMENTE Y MISERICORDIOSO

1.—¡Oh, hombres! Temed a vuestro Señor, pues el temblor de la hora *del juicio* será una cosa terrible.

2.—El día en que lo veáis, la nodriza dejará caer el niño a quien amamanta y toda mujer embarazada abortará, y verás a los hombres ebrios; pero lo que les aturdirá es el terrible castigo de Dios.

3.—Hay hombres que disputan sobre Dios, sin conocimiento ninguno, y que siguen a todo demonio rebelde.

4.—Ha sido decidido que extraviaría a todo el que lo haya tomado por aliado y le conduciría al suplicio del fuego.

5.—¡Oh, hombres! Si dudáis de la resurrección, considerad que os hemos creado de polvo[622], y luego de una gota de esperma[623] que se convirtió en un coágulo de sangre; luego de un pedazo de carne ora formado, ora informe: esto es para demostrarnos *nuestro poder*. Dejamos permanecer en las entrañas lo que nos place[624], hasta un término marcado, y después hacemos salir de ellas tiernos niños. Alcanzáis luego la edad de la madurez; unos mueren, otros llegan a la edad decrépita, hasta el punto de olvidar lo que sabían en otro tiempo. Tú has visto ha poco la tierra desecada; pero si nosotros hacemos descender agua, hela que se estremece, se hincha y hace germinar toda clase de vegetales exuberantes.

6.—Es porque Dios es la verdad misma y porque resucita a los muertos y lo puede todo.

7.—Es porque debe venir la hora; no es posible dudarlo; Dios volverá a la vida a los habitantes de las tumbas.

---

622 La creación de Adán, o la creación inmediata por manos de Dios.
623 La creación del resto de los hombres por la generación.
624 Hijo o hija.

8.—Hay hombres que disputan sobre Dios, sin conocimiento ninguno, sin haber recibido ninguna dirección, sin estar guiados por un libro que los ilumine.

9.—Se apartan *con orgullo* para alejar a los demás del camino de Dios. El oprobio está reservado a estos hombres en este mundo; en el otro les haremos sufrir el suplicio del fuego.

10.—Esto será a causa de las obras de sus manos, pues Dios no es el tirano de sus servidores.

11.—Hay entre los hombres quien adora a Dios pero, pero *lo adora* inseguro y vacilante[625]; si le ocurre alguna cosa venturosa, se tranquiliza; pero si la menor prueba le sorprende, hele que vuelve la espalda[626]. Pierde así para la vida de este mundo y para la del otro. Es una ruina evidente[627].

12.—Invoca al lado de Dios lo que no podría dañarle ni serle útil. ¡Cuán lejos está este extravío de la *verdadera ruta!*

13.—Invoca lo que le es más bien funesto que ventajoso. ¡Detestables patronos y detestables clientes!

14.—Dios introducirá a los creyentes que hayan practicado el bien, en jardines regados por corrientes de agua; él hace lo que le place.

15.—Que el que piense que Dios no le socorrerá (*a Muhammad*) en este mundo y en el otro, alargue la cuerda hacia el cielo y la coja; verá si sus artificios harán vano lo que le irrita[628].

16.—Así es como te hemos revelado el Corán en signos (*versículos*) evidentes. Dios dirige a los que le place.

17.—Dios fallará en el día de la resurrección entre los que creen y los judíos, los sabeos, los cristianos, los magos, y entre aquellos que asocian[629], pues Dios es testigo de todo.

---

625 Literalmente: de pie sobre una punta, sobre un lugar escarpado.

626 Vuelve a sus errores.

627 Se asimila aquí la vida de este mundo y del otro a una mercancía con la cual se especula y que en estos hombres da por resultado una quiebra.

628 He aquí cuál puede ser el sentido de este pasaje: Dios socorrerá al profeta, sean cuales fueren los artificios de sus enemigos. Muhammad les dijo mofándose: «solo os resta colgaros de desesperación y de despecho.» Las palabras: *hacia el cielo,* quieren decir solamente: *arriba, en lo alto del techo de su casa.*

629 Son los idólatras.

18.—¿No ves que todo lo que hay en los cielos y en la tierra adora al Señor: el sol, la luna, las estrellas, las montañas, los árboles, los animales y una gran parte de los hombres? El suplicio está ya resuelto para una gran parte.

19.—Y aquel a quien Dios haga despreciable ¿quién le honrará? Dios hace lo que le place.

20.—*Los fieles y los infieles* son dos adversarios que disputan respecto de Dios; pero los trajes de los infieles serán cortados de fuego y el agua hirviendo será derramada sobre sus cabezas.

21.—Sus entrañas y su piel serán consumidas; serán golpeados con tizones de hierro.

22.—Siempre que transidos de dolor quieran evadirse, se les hará permanecer y se les gritará: Sufrid el suplicio del fuego.

23.—Dios introducirá a los creyentes que hayan practicado el bien, en los jardines regados por corrientes de agua; llevarán brazaletes de oro y de perlas; se vestirán de seda.

24.—Es que han sido conducidos para oír hermosas palabras, y han sido guiados por el camino glorioso.

25.—Los infieles son los que alejan a los demás del camino de Dios y del oratorio sagrado que nosotros hemos establecido para todos los hombres; lo mismo los que residen allí que los externos tienen derecho igual *a visitarlo.*

26.—Y los que quisieran profanarlo por maldad, sentirán un doloroso castigo.

27.—Acuérdate de que hemos indicado a Abrahán el lugar de la casa santa, diciéndole: No nos asocies ningún otro Dios en tu adoración; conserva esta casa pura para los que vengan a hacer jiras de *devoción*[630], los que realicen obras de piedad, de pie, arrodillados o prosternados.

28.—*Anuncia a los pueblos la peregrinación a la casa santa,* ya lleguen a pie o montados en camellos, prontos, a la carrera, viniendo de comarcas lejanas.

29.—Que testimonien ellos mismos las ventajas que obtienen y que repitan en días fijos el nombre de Dios sobre el alimento que les ha

---

630   Este acto de devoción consiste en dar una vuelta alrededor del templo.

concedido en sus rebaños. Comed de su carne y alimentad al indigente, al pobre.

30.—Poned en un término a la negligencia en lo que atañe a vuestro exterior[631]; cumplid los votos que habéis formado y dad la vuelta de devoción a la casa antigua[632].

31.—Obrad así. El que respete estos respetables preceptos de Dios, hallará una recompensa cerca de Dios. Os está permitido alimentaros con la carne de los animales, a excepción de aquellos respecto de los cuales os ha sido hecha la prohibición en el Corán. Huid de la abominación de los ídolos y evitad toda palabra de mentira.

32.—Consagrad a Dios, no asociándole ningún ser; pues el que le asocia *algo* es como lo que cae de lo alto, lo que el pájaro se lleva o lo que el viento transporta a lo lejos.

33.—Sí, es así. El que respeta los monumentos de Dios *(que observa estos ritos) hace una acción* que participa de la piedad del corazón.

34.—Retiraréis *primero* animales consagrados a las ofrendas de numerosas ventajas, hasta el tiempo marcado; luego el lugar de los sacrificios será en la casa antigua.

35.—Para cada nación hemos instituido un rito, a fin de que los hombres repitan el nombre de Dios sobre el alimento que les concede de sus rebaños[633]. Vuestro Dios es un Dios único. Abandonaos enteramente a él. Y tú, ¡oh, *Muhammad!,* anuncia propicias nuevas a los humildes,

36.—Cuyos corazones son embargados de espanto cuando oyen pronunciar el nombre de Dios, que soportan con paciencia los males que les hieren, que observan la oración y hacen la limosna de los bienes que les hemos repartido.

37.—Hemos destinado los camellos para servir en los ritos de los sacrificios; halláis también en ellos otras ventajas. Pronunciad, pues, el nombre de Dios sobre los que vais a inmolar. Deben permanecer en pie sobre tres pies, atados por el cuarto. Cuando la víctima ha caído, comed

---

631 En este versículo, Muhammad insinúa a los musulmanes que se afeiten la cabeza, se corten las uñas, etc.

632 Es decir, a la Caaba, templo de la Meca.

633 Por los ritos se debe entender aquí especialmente los de las ofrendas de animales de los que sirven de alimento.

de ella y dad al que se contenta con lo que se le da, así como al que pide. Nosotros os los hemos sometido, a fin de que estéis agradecidos.

38.—La carne y la sangre de las víctimas no van hasta Dios; pero vuestra piedad sube hacia él; os ha sometido estos animales, a fin de que le glorifiquéis porque os ha dirigido por el camino recto. Anunciad a los que obran el bien,

39.—Que Dios protegerá a los que creen, a *despecho de las maquinaciones de los infieles*, pues no ama a los pérfidos y a los infieles.

40.—Ha prometido a los que han recibido ultrajes combatir a sus enemigos; Dios es capaz de proteger

41.—A los que han sido expulsados injustamente de sus hogares por haber dicho: Nuestro Señor es el Dios único. Si Dios no hubiese rechazado a una parte de los hombres por los otros, los monasterios, las iglesias, las sinagogas y los oratorios de los musulmanes, donde es invocado sin cesar el nombre de Dios, habrían sido destruidos. Dios asistirá al que le asiste *en su lucha contra los impíos*. Dios es fuerte y poderoso.

42.—*Asistirá a los que* puestos en posesión de este país, observen mutuamente la plegaria, hagan limosna, manden el bien y prohíban el mal. A Dios pertenece la última salida de las cosas todas.

43.—Si te acusan de impostura, ¡oh, *Muhammad!*, piensa, pues, que antes de ellos, los pueblos de Noé, de Ad, de Temud, de Abrahán, de Loth, los madianitas acusaban a sus profetas. También Moisés ha sido tratado de embustero. He concedido una larga dilación a los incrédulos, y luego les he alcanzado con mi castigo. ¡Qué terrible ha sido!

44.—Cuantas villas hemos destruido cuando eran criminales, están allí, pesando sobre sí mismas, el pozo colmado y el castillo erigido[634].

45.—¿No han viajado por el país? ¿Son sus corazones incapaces de comprenderlo? ¿No tienen oídos para oír? Sus ojos no están privados de la vista, sino que sus corazones, sepultados en sus pechos, están ciegos.

---

634 Puede tratarse aquí de todo pozo colmado por la sucesión de los años en una comarca habitada antes y luego desierta, de la destrucción del pueblo que se servía de él, de todo castillo demolido, o bien es una alusión a un pozo de la provincia de Hadramaut o al castillo situado en esta montaña, del cual quedan vestigios aún.

46.—Te darán prisa para que apresures el castigo; *que esperen.* Dios no falta jamás a sus promesas. Un día cerca de Dios forma mil años de vuestro cómputo.

47.—¡Cuántas ciudades criminales hemos dejado prosperar durante cierto tiempo! Al fin las herimos con nuestro castigo. Todo vuelve a nosotros.

48.—Di: ¡Oh, hombres! Yo soy un apóstol encargado de exhortaros.

49.—Los que han creído y practicado el bien, obtendrán el perdón de sus pecados y generosos favores.

50.—Los que se esfuerzan por prevalecer contra los signos de nuestro poder, habitarán el infierno.

51.—No hemos enviado antes de ti un solo profeta o enviado, sin que Satán haya opuesto a sus votos algún deseo *culpable*; pero Dios anonada lo que Satán opone y consolida sus signos (*sus versículos*)[635].

52.—Pero Dios permite hacerlo, a fin de que las sugestiones de Satán sean una prueba para aquellos cuyo corazón está atacado de una enfermedad, cuyo corazón está endurecido (los malvados están sumidos en un cisma muy distante de *la verdad*),

53.—A fin de que los que han recibido la ciencia sepan que el Corán es una verdad que proviene del Señor, a fin de que crean, que sus corazones se humillen ante Dios, pues guía a los que creen hacia el sendero recto.

54.—Los infieles no cesarán de dudar hasta que les sorprenda de repente la hora o hasta que les hiera el día de un castigo exterminador.

55.—Ese día el imperio sobre todas las cosas será de Dios, el cual

635 Según algunos autores, la voz *temenna*, desear, hacer un voto, significa también *leer, recitar el Corán,* y algunos autores han creído que este versículo contenía una alusión a una de aquellas alucinaciones de que no estaba exento Muhammad. Una vez —dicen— que recitaba el versículo 19, *sura* LIII, donde pregunta lo que es *Alozza* y *Allat* (divinidades árabes), por distracción se apresuró él mismo a responder: «Son hermosas y dignas señoritas a quienes es preciso adorar»; y los idólatras presentes se prosternaron en el acto en señal de adoración. Entonces fue cuando Muhammad notó su error. Otros creen que en este pasaje se trata en general de toda sugestión de Satanás. Era, sin duda —dicen algunos autores—, una prueba que Dios suscitó para experimentar a los musulmanes. La mayor parte de los teólogos rechazan toda historia como apócrifa.

juzgará entre los hombres; entonces los que hayan creído y practicado las buenas obras irán a habitar los jardines de las delicias,

56.—Mientras que los infieles que han tratado nuestros signos de mentiras serán entregados al suplicio ignominioso.

57.—Dios concederá una hermosa recompensa a los que han emigrado por la causa de Dios, que han sucumbido combatiendo o que murieron *lejos de su patria*. Dios sabe conceder recompensas mejor que nadie.

58.—Los introducirá *en el paraíso* de una manera que les gustará. Dios es sabio y humano.

59.—Será así. El que habiendo ejercido represalias en relación rigurosa con el ultraje recibido reciba uno nuevo, será asistido por el mismo Dios. A Dios le gusta perdonar; es indulgente.

60.—Porque Dios hace entrar el día en la noche y la noche en el día; lo oye y lo ve todo[636].

61.—Porque Dios es la verdad misma y porque las divinidades que invocáis al lado de él son una mentira, y Dios es el sublime, el Grande.

62.—¿No has considerado que Dios hace descender el agua del cielo? Por medio de ella, al día siguiente, la tierra se cubre de verdura. Dios está lleno de bondad e instruido de todo.

63.—A él pertenece todo lo que hay en los cielos y en la tierra; es el Rico, el Glorioso.

64.—¿No veis que os ha sometido todo lo que la tierra contiene? El navío corre a través de los mares por sus órdenes; él sostiene el cielo, a fin de que no se hunda sobre la tierra, a no ser cuando él lo permita. Dios está lleno de bondad y de misericordia para los hombres.

65.—Él es el que os ha hecho vivir y el que os hará morir; luego os hará revivir. En verdad, el hombre es ingrato.

66.—Hemos establecido para cada nación ritos sagrados que ella sigue. Que cesen, pues, de disputar contigo sobre esta materia. Llámalos al Señor, pues tú estás en el sendero recto.

636 El lector no puede menos de advertir que no hay ninguna relación lógica entre este versículo y el anterior. La expresión: *hace entrar el día en la noche, etc.*, es bastante común en el Corán; se basa en la metáfora que representa al día y a la noche como la espada y la vaina.

67.—Si siguen disputando, Diles: Dios conoce vuestras acciones.

68.—Dios pronunciará en el día de la resurrección sobre vuestras diferencias.

69.—¿No sabes que Dios conoce todo lo que hay en los cielos y en la tierra? Todo está inscrito en el libro y esto es fácil a Dios.

70.—Adoran divinidades al lado de Dios, aunque Dios no les haya enviado ninguna prueba en apoyo de este culto, divinidades de las que no saben nada. Pero los impíos no tendrán ningún protector.

71.—Cuando se lee a los infieles nuestros signos, verás la aversión pintarse en sus frentes; están prontos a arrojarse sobre aquellos que los recitan. Diles: ¿Os anunciaré yo algo más terrible? El fuego es lo que ha prometido Dios a los que no creen. ¡Y qué espantoso término de viaje!

72.—¡Oh, hombres! Se os propone una parábola; escuchadla. Aquellos a quienes invocáis al lado de Dios, no podrían crear ni una mosca, aun cuando se reuniesen todos, y si una mosca llegase a quitarles algún objeto, no podrían arrancárselo. El adorado y el adorador son igualmente impotentes.

73.—Los hombres no saben apreciar a Dios en su justo valor; es fuerte y poderoso.

74.—Escoge sus mensajeros entre los hombres y entre los ángeles; lo oye y lo ve todo.

75.—Conoce lo que está delante de ellos y detrás de ellos; es el término de todas las cosas.

76.—¡Oh, vosotros, los que creéis! Hincad en tierra vuestras rodillas, prosternaos, adorad a vuestro Señor, obrad el bien y seréis felices.

77.—Combatid por la causa de Dios cual conviene hacerlo; él os ha elegido. No os ha mandado nada difícil en vuestra religión, en la religión de vuestro padre Abrahán; os ha llamado musulmanes (*que se abandonan a Dios*).

78.—*Os ha nombrado también* mucho antes que nosotros y en este libro, a fin de que vuestro profeta sea testigo contra vosotros, y de que vosotros seáis testigos contra el resto de los hombres. Observad, pues, la plegaria, haced limosna, uníos fuertemente a Dios, que es vuestro patrono; ¡y qué patrono y qué protector!

SURA XXIII
LOS CREYENTES

DADO EN LA MECA.—118 VERSÍCULOS
EN NOMBRE DEL DIOS CLEMENTE Y MISERICORDIOSO

1.—Felices son los creyentes

2.—Que hacen la oración con humildad,

3.—Que evitan toda palabra deshonesta,

4.—Que hacen limosnas,

5.—Que saben dominar sus apetitos carnales.

6.—Y que limitan sus goces a sus mujeres y a las esclavas que les ha procurado su mano diestra[637]; en este caso no son de vituperar.

7.—Pero el que lleva sus deseos más allá, es trasgresor.

8.—Los que guardan los depósitos confiados a sus cuidados y los compromisos,

9.—Que observan las horas de la plegaria,

10.—Estos serán verdaderos herederos,

11.—Que heredarán el paraíso para permanecer allí eternamente.

12.—Hemos creado al hombre con arcilla fina;

13.—Luego lo hemos hecho de una gota de esperma fijada en un receptáculo sólido[638];

14.—Después hemos hecho de la gota de esperma un coágulo de sangre, y luego del coágulo de sangre un pedazo de carne; en seguida hemos convertido este pedazo de carne en huesos, y los huesos los hemos revestido de carne, y en seguida lo hemos expuesto *a la luz del día* cual otra creación[639]. Bendito sea Dios, el más hábil de los creadores.

---

637 Estas palabras se emplean en el Corán para los esclavos de ambos sexos cogidos en la guerra o comprados.

638 Damos aquí la voz correspondiente al término del texto.

639 Es decir, dando al hombre el cuerpo entero o animándolo por medio del alma. En este pasaje es donde se apoya *Abu-Hanifa* para decir que el que se apodera de un huevo, si este huevo es puesto en su casa, es reputado de restituir un huevo y no un pollo, ya que es otra creación, otra forma.

15.—Despúes de haber sido creados, moriréis;

16.—Y en seguida seréis resucitados el día de la resurrección.

17.—Creamos por encima de vosotros las siete sendas (*los siete cielos*) y no descuidamos lo que hemos creado[640].

18.—Hacemos descender del cielo el agua en cierta cantidad; la hacemos permanecer en la tierra y podemos también hacerla desaparecer.

19.—Por medio de esta agua hemos hecho surgir para vosotros jardines de palmeras y de vides. Halláis allí frutos en abundancia y vosotros os alimentáis con ellos.

20.—Creamos también el árbol que se eleva en el monte Sinaí, que produce el aceite y el jugo que es bueno para comer.

21.—Tenéis también en los animales un motivo de instrucción; os damos a beber leche contenida en sus entrañas; halláis aquí numerosas ventajas y os alimentáis con ella.

22.—Viajáis tan pronto montados en su lomo, como a través de los mares en navíos.

23.—Enviamos a Noé hacia su pueblo. Les dijo: ¡Oh, pueblo mío! Adorad a Dios; ¿de qué os sirven otras divinidades? ¿No lo teméis?

24.—Pero los jefes de los que no creían dijeron: No es más que un hombre como nosotros, pero quiere distinguirse de nosotros: si Dios hubiese querido enviar a alguno, habría enviado ángeles. No hemos oído nada de esto en tiempo de nuestros padres los antiguos.

25.—Ciertamente, no es más que un hombre poseído por un demonio. Pero dejadle tranquilo hasta un cierto tiempo.

26.—¡Señor! *Exclamó Noé*, ven en mi ayuda contra esa acusación de mentira.

27.—Entonces hicimos una revelación a Noé, *diciendo*: Construye un buque a nuestra vista y según nuestra revelación; e inmediatamente que la sentencia sea pronunciada y que la hornada reviente[641],

28.—Embárcate en este buque y toma un par de cada pareja, así como a tu familia, excepto el individuo respecto del cual fue dada ya

---

640 Todavía se pueden traducir así estas palabras: *y nosotros no estábamos desatentos* en la obra de la creación.

641 Véase *sura* XI, 42 y la nota.

nuestra orden; y no me hables ya a favor de los malvados, pues serán tragados por las olas.

29.—Cuando hayas tomado sitio en el buque, así como los que te acompañan, di entonces: Alabanza a Dios, que nos ha librado de los malvados.

30.—Di también: Señor, hazme descender a un lugar colmado con tus bendiciones; tú sabes mejor que nadie procurar un descenso feliz.

31.—Hay ciertamente en este acontecimiento signos evidentes, e hicimos sufrir a los hombres nuestras pruebas.

32.—Hicimos surgir otras generaciones después de aquella.

33.—Y enviamos en medio de ellas apóstoles que les decían: Adorad a Dios; ¿de qué os servirán otras divinidades? ¿No le temeréis?

34.—Pero los jefes de los pueblos infieles que trataban de mentira la comparecencia ante Dios, de esos pueblos a quienes hemos dejado gozar de los bienes del mundo, decían: ese hombre es solamente un hombre como vosotros; come lo que vosotros coméis,

35.—Y bebe lo que vosotros bebéis.

36.—Si obedecéis a un hombre que es vuestro igual, seguramente estáis perdidos.

37.—¿Os predecirá él todavía que una vez convertidos en hueso y polvo seréis de nuevo vueltos a la vida?

38.—¡Atrás, atrás con sus predicciones!

39.—No hay más vida que esta de que gozamos aquí abajo; morimos y vivimos y no seremos resucitados.

40.—No es más que un hombre el que ha atribuido una mentira a Dios, y no le creeremos.

41.—¡Señor! Exclamó, ven en mi ayuda contra esta acusación de mentira.

42.—Algún tiempo más, y se arrepentirán, respondió el Señor.

43.—Un grito terrible del ángel Gabriel (del ángel exterminador) les sorprendió y les hicimos semejantes a despojos arrollados por el torrente. ¡Atrás, pues, con los malvados!

44.—Hemos hecho surgir otras generaciones en su lugar.

45.—No avanzamos ni reclutamos el término fijado para la existencia de cada pueblo.

46.—Enviamos sucesivamente apóstoles. Cada vez que se presentó un enviado ante su pueblo, este le trató de impostor; hemos hecho suceder un pueblo a otro, y hemos hecho aquí la fábula de las naciones. ¡Atrás con los que no creen!

47.—Luego enviamos a Moisés y a su hermano Aarón, acompañados de nuestros signos y provistos de un poder evidente,

48.—Hacia Faraón y los grandes de su reino; estos se hincharon de orgullo: era un pueblo altanero.

49.—¿Creeremos, decían, a dos hombres como nosotros y cuyo pueblo es nuestro esclavo?

50.—Les trataron, pues, a ambos de impostores y fueron aniquilados.

51.—Dimos el Pentateuco a Moisés, a fin de que los israelitas fuesen dirigidos por el camino recto.

52.—Hicimos del hijo de María, así como de su madre, un signo para los hombres. Les dimos a ambos por morada un lugar elevado, tranquilo y abundante en manantiales de agua[642].

53.—¡Oh, enviados de Dios! Alimentaos de alimentos gratos al gusto[643]; practicad el bien; yo conozco vuestras acciones.

54.—Vuestra religión es una. Yo soy vuestro Señor; temedme.

55.—Los pueblos se han dividido en diferentes sectas y cada uno se regocija de lo que tiene[644].

56.—Déjales en su error hasta un cierto tiempo.

57.—¿Se imaginan que les concederemos largos años, dándoles bienes e hijos,

58.—Que nos apresuraremos a procurarles toda clase de bienes?

59.—Aquellos a quienes el temor de su Señor hace contritos[645],

---

642 Por estas palabras, los comentadores entienden, ora una de las ciudades Jerusalén, Damasco, Ramla, ora el lugar adonde se retiró María para echar al mundo a Jesús.

643 De buen gusto, puros y lícitos.

644 Es decir, de su creencia, por creerla única, verdadera y buena.

645 Enternecidos, penetrados del temor de Dios hasta el colmo.

60.—Que creen en los signos que su Señor les envía,

61.—Que no asocian a Dios *otras divinidades*,

62.—Que hacen limosna y cuyos corazones están penetrados de temor, porque algún día volverán cerca de Dios;

63.—Aquellos que corren a porfía hacia las buenas obras y las alcanzan;

64.—No imponemos a ninguna alma más que la carga que pueda soportar. En nosotros está depositado el libro que dice la verdad; los hombres no serán tratados injustamente.

65.—Pero sus corazones están sumidos en el error sobre esta religión; sus acciones son diferentes en un todo de las *de los creyentes* y las practicarán,

66.—Hasta el momento en que heriremos a los más acomodados con nuestro castigo. Entonces gritarán tumultuosamente.

67.—Se les dirá: Cesad de gritar hoy, pues no obtendréis de nosotros ningún auxilio.

68.—En otro tiempo se os leían nuestras enseñanzas, pero os apartabais de ellas.

69.—Henchidos de orgullo, en medio de las conversaciones nocturnas profiriendo palabras insensatas,

70.—¿No harán caso ninguno de lo que se les dice? O bien ¿les ha venido una revelación nueva y desconocida para sus padres los antiguos?

71.—¿No conocen a su apóstol hasta el punto de renegar de él?

72.—¿Dirán que es un poseído? Sin embargo, les aporta la verdad; pero la mayor parte de ellos tienen aversión a la verdad.

73.—Si la verdad hubiese seguido sus deseos, los cielos y la tierra y todo lo que encierran habrían caído en el desorden. Les hemos enviado una advertencia, pero se alejan de ella.

74.—¿Les pedirás una recompensa? La recompensa de tu Señor vale más; es el mejor dispensador de los bienes.

75.—Los llamas hacia el camino recto;

76.—Pero los que no creen en la vida futura se apartan de él.

77.—Si les hubiésemos demostrado compasión y si les hubiésemos librado del mal que les agobiaba, no habrían dejado de perseverar en su criminal ceguera.

78.—Les hemos herido con uno de nuestros castigos y, sin embargo, no se han humillado ni nos han dirigido humildes plegarias.

79.—Así ocurrió hasta el momento en que abrimos las puertas del terrible suplicio[646]; entonces se han abandonado a la desesperación.

80.—Dios es el que os ha dado el oído y la vista y un corazón. ¡Cuán pequeño es el número de los agradecidos!

81.—Es el que os ha hecho nacer en la tierra, y vosotros volveréis a él.

82.—Él es el que hace vivir y morir; de él depende la sucesión alternativa de los días y de las noches. ¿No lo comprenderéis?

83.—Pero hablan como hablaban los hombres de otro tiempo.

84.—Dicen: ¿Es que cuando hayamos muerto y no quede de nosotros más que polvo y huesos, seremos reanimados de nuevo?

85.—Ya se nos decía en otro tiempo, así como a nuestros padres; son cuentos de los tiempos antiguos.

86.—Preguntadles: ¿A quién pertenecen los cielos y la tierra y todo cuanto existe? Decidlo si lo sabéis.

87.—Responderán: Todo eso pertenece a Dios. Diles entonces: ¿No reflexionaréis?

88.—Pregúntales: ¿Cuál es el Señor de los siete cielos y del trono sublime?

89.—Responderán: Es Dios. Diles: ¿No temeréis, pues?

90.—Pregúntales: ¿En qué mano está el poder sobre todas las cosas? ¿Quién es el que protege y quien no necesita protección de nadie? Decidlo si lo sabéis.

91.—Responderán: Es Dios. Diles: ¿Y por qué, pues, os dejáis fascinar *por mentiras*?

92.—Sí, les hemos enviado la verdad; pero solo son unos embusteros.

93.—Dios no tiene hijos ni más Dios a su lado; de no ser así, cada

---

646   Se trata aquí de alguna victoria obtenida sobre los idólatras, del hambre que aflige a los de la Meca o de alguna otra calamidad que les alcanzó.

Dios se iría con lo que ha creado y los unos serían más elevados que los otros. Lejos de la gloria de Dios las mentiras que inventan;

94.—*De Dios*, que conoce las cosas visibles e invisibles; está demasiado elevado por encima de los seres que se le asocian.

95.—Di: Señor, hazme ver los castigos que les están predichos,

96.—Y no me coloques ¡Oh, Señor! Entre el número de los injustos.

97.—Podemos hacerte ver los suplicios con que se les ha amenazado.

98.—Devuélveles el bien por el mal; nosotros sabemos mejor que nadie lo que dicen.

99.—Di: Señor, busco un refugio cerca de ti contra las sugestiones de los demonios.

100.—Me refugio cerca de ti, a fin de que no tengan ningún acceso cerca de mí.

101.—En el momento de la muerte, el impío exclama: Señor, hazme volver a la tierra,

102.—A fin de que practique el bien que he descuidado.—De ningún modo. Tal será la palabra que pronunciará Dios; y detrás de ellos se levantará una barrera hasta el momento en que hayan resucitado.

103.—Cuando la trompeta suene ¡oh! Entonces no habrá lazos de parentesco entre ellos, los lazos de parentesco no existirán. Ya no se harán demandas recíprocas[647].

104.—Aquellos cuya balanza se incline gozarán de la felicidad.

105.—Aquellos para quienes la balanza sea ligera serán los hombres que se han perdido a sí mismos, condenados a permanecer eternamente en la gehena.

106.—El fuego consumirá sus rostros y harán contorsiones con sus labios.

107.—¿No se os han recitado mis enseñanzas (*los versículos del Corán*)? Las habéis tratado de mentiras.

108.—Dirán: Señor, nuestra mala fortuna ha prevalecido contra nosotros y estábamos en el extravío.

---

647 Cada cual estará tan preocupado de su propia suerte y sobrecogido de estupor, que no pensará en los demás.

109.—Señor, retíranos de aquí; si volvemos a caer en nuestros crímenes, seremos los más impíos.

110.—Sed precipitados dentro, *les gritará Dios*, y no me dirijáis la palabra.

111.—Cuando una parte de nuestros servidores exclamaban: ¡Señor! Creemos, borra nuestros pecados, ten piedad de nosotros, tú eres el más misericordioso,

112.—Los habéis tomado por objeto de vuestras burlas, hasta el punto que ellas (*estas burlas*) os han hecho olvidar mi nombre. Ellos (*mis fieles servidores*) eran el objeto de vuestras risas burlonas.

113.—Hoy los recompensaré por su paciencia y serán bienaventurados.

114.—Dios les preguntará: ¿Cuántos años habéis permanecido en la tierra?

115.—Ellos responderán: No hemos permanecido más que un día o una parte del día únicamente. Interrogad más bien a los que cuentan.

116.—Solo habéis permanecido un poco de tiempo; pero vosotros lo ignoráis.

117.—¿Pensáis que os habíamos creado en vano y que ya no reaparecerίais ante nosotros? Que sea elevado, ese Dios, verdadero rey; ya no hay más Dios que él. Es el dueño del trono glorioso. El que invoca otros dioses al lado de Dios sin aportar alguna prueba *en apoyo de este culto*, ese tendrá su cuenta cerca de Dios, y Dios no hará prosperar a los infieles.

118.—Di: Señor, borra mis pecados y ten piedad de mí; tú eres el más misericordioso.

SURA XXIV
LA LUZ[648]

DADO EN MEDINA.—64 VERSÍCULOS
EN NOMBRE DEL DIOS CLEMENTE Y MISERICORDIOSO

1.—He *aquí* un *sura*[649] que hemos hecho descender y lo hemos hecho obligatorio; en este *sura* hemos hecho descender signos evidentes (*versículos claros*), a fin de que reflexionéis.

2.—Aplicaréis al hombre o a la mujer adúlteros cien latigazos a cada uno. Que la compasión no os contenga en el cumplimiento de este precepto de Dios, si creéis en Dios y en el día final. Que el suplicio tenga lugar en presencia de cierto número de creyentes.

3.—Un hombre adúltero no debe casarse más que una mujer adúltera o con una idólatra, y una mujer adúltera no debe casarse más que con un hombre adúltero o un idólatra. Estas alianzas están prohibidas a los creyentes.

4.—Los que hacen acusaciones contra mujeres honradas, sin poder presentar cuatro testigos, serán castigados con ochenta latigazos; por lo demás, no admitiréis jamás su testimonio en nada, porque son malvados;

5.—A menos que se arrepientan de su falta y se conduzcan ejemplarmente; pues Dios es indulgente y misericordioso.

6.—Los que acusen a sus mujeres y no puedan presentar testigos, jurarán cuatro veces ante Dios que dicen la verdad,

7.—Y la quinta vez para invocar sobre sí la maldición de Dios, si han mentido.

8.—No se aplicará ninguna pena a la mujer, si jura cuatro veces ante Dios que ha mentido,

9.—Y la quinta vez invocando la ira de Dios sobre ella, si lo que el marido declarase fuese verdad.

---

648   La luz de que se habla en el versículo 35 sirve de título a este *sura*.
649   *Sura*, capítulo. Esta voz no se emplea más que hablando del Corán.

10.—A no ser por la gracia de Dios y por su misericordia, os castigará al instante[650]; pero a él le gusta perdonar y es misericordioso.

11.—Los que han declarado una mentira[651] son bastante numerosos entre vosotros; pero no los miréis como un mal; al contrario esto es una ventaja para vosotros[652]. Todos los que son culpables de este crimen serán castigados; el que lo haya agravado sentirá un castigo doloroso.

12.—Cuando habéis oído la acusación, los creyentes de ambos sexos ¿no han pensado interiormente en este asunto? ¿No han dicho: Es una mentira evidente?

13.—¿Por qué no han presentado cuatro testigos los *calumniadores*? Y si no han podido presentarlos, son embusteros ante Dios.

14.—De no ser la gracia inagotable de Dios y su misericordia en esta vida y en la otra, un castigo terrible os habría alcanzado ya como pena de los rumores que habéis propagado, cuando los habéis hecho correr

650 Por haber propagado o admitido dichos ultrajantes contra la mujer del profeta. Véase la nota siguiente.

651 Es decir, los que han hecho contra Aicha, mujer de Muhammad, la acusación de adulterio. He aquí la historia de este acontecimiento: en el año VI de la hégira, Muhammad había emprendido la expedición contra la tribu de *Mostalek*. Al volver de esta correría y no lejos de Medina, una tarde, cuando se levantaba el campo para continuar la ruta, Aicha se apeó de su camello y se alejó por algún tiempo. Creyendo sus criados que ya estaba en la silla, se llevaron el camello, y toda la caravana prosiguió su camino. Al verse Aicha abandonada, se quedó en el lugar mismo en que se había apeado, esperando a que volviesen a buscarla, y acabó por dormirse. Poco tiempo después, pasó por allí un joven llamado *Safwan Ebn el Moatal;* al notar a una persona tumbada en el suelo, se acercó, y al ver que era una mujer pronunció estas palabras: «*Somos de Dios y volveremos a él*». Luego se echó a un lado, despertó a Aicha y le ofreció su camello. Aicha aceptó la oferta, y así fue como se unió a los demás al día siguiente. Cuando se supo la ausencia de Aicha y su vuelta con Safwan, se dijeron de ella cosas maliciosas. No sabiendo Muhammad a quien creer, se hallaba sumamente perplejo, y solo al cabo de un mes declaró que conocía la verdad a consecuencia de una revelación ventajosa en un todo para su mujer. Esta revelación constituye el asunto principal de este *sura*.

652 Estas palabras deben dirigirse a Muhammad, a su familia y a Safwan, pues la propagación de estas calumnias solo sirvió para afirmar mejor la inocencia y el honor de unos y otros.

de boca en boca, cuando pronunciabais con vuestros labios aquello de que no teníais conocimiento ninguno, cuando mirabais como una losa ligera lo que es grave ante Dios.

15.—¿Por qué no habéis dicho más bien, al oír estos rumores?: ¿Para qué hemos de hablar de ellos? Por tu gloria, ¡oh, *Dios!*, es una calumnia atroz.

16.—Dios os ha advertido que en lo sucesivo os mantuvieseis en guardia contra tamañas imputaciones, si sois creyentes.

17.—Dios os explica sus enseñanzas; es sabio y prudente.

18.—Los que se complacen en difundir dichos calumniosos a cuenta de los creyentes, sufrirán un castigo penoso.

19.—En este mundo y en el otro. Dios lo sabe todo y vosotros no sabéis nada.

20.—A no ser por la gracia inagotable de Dios y por su misericordia, *os castigaría*; pero es humano y misericordioso.

21.—¡Oh, creyentes! No sigáis las huellas de Satán, pues al que sigue sus huellas, a ese Satán le ordena el pecado y las acciones vituperables, y de no ser la gracia de Dios y su misericordia, ninguno de vosotros sería inocente; pero Dios hace inocente a quien quiere; lo oye y lo ve todo.

22.—Que los ricos y poderosos no juren no hacer ninguna dádiva a sus parientes, a los pobres y a aquellos que *en otro tiempo* se habían expatriado por la causa de Dios; que les perdonen más bien *sus faltas* y que pasen a otra cosa[653]. ¿No desearíais vosotros también que Dios os perdone? Es indulgente y misericordioso.

23.—Los que acusan a las mujeres honradas, a las mujeres creyentes, cuando estas, *tranquila la conciencia*, no se preocupan de las apariencias, esos serán malditos en este mundo y en el otro; sufrirán un castigo terrible.

24.—Algún día sus lenguas, sus manos y sus pies testimoniarán contra ellos.

---

653 Entre las personas que habían calumniado a Aicha había un pariente de *Abubeker*, a quien este hacía mucho bien. Para castigarlo, *Abubeker* quería suprimirle las limosnas. Muhammad se lo prohibió por medio de este versículo.

25.—En ese día, Dios pagará sus deudas con puntualidad; entonces reconocerán que Dios es la verdad misma.

26.—Las mujeres impúdicas son hechas para los hombres impúdicos y los hombres impúdicos son hechos para las mujeres impúdicas; las mujeres virtuosas para los hombres virtuosos y los hombres virtuosos para las mujeres virtuosas. Serán lavados de los dichos calumniosos; la indulgencia de Dios es para ellos, así como magníficos donativos.

27.—¡Oh, creyentes! No entréis en una casa extraña sin pedir permiso y sin saludar a los que la habitan. Esto os será mejor. Pensad en ello.

28.—Si no halláis allí a nadie, no entréis, a menos que os lo hayan permitido[654]. Si os dicen: Retiraos, retiraos en seguida. Seréis más puros. Dios conoce vuestras acciones.

29.—No habrá ningún mal si entráis en una casa que no está habitada; podéis acomodaros en ella. Dios conoce lo que presentáis a la luz del día y lo que ocultáis.

30.—Manda a los creyentes que humillen sus miradas y que observen la continencia. Así serán más puros. Dios tiene noticia de todo lo que hacen.

31.—Manda a las mujeres que creen que humillen sus miradas y que observen la continencia, que no dejen ver de sus adornos más que lo que está en el exterior[655], que cubran sus senos con un velo, que no dejen ver sus encantos más que a sus maridos o a sus padres o a los padres de sus maridos, a sus hermanos o a los hijos de sus hermanos, a los hijos de sus hermanas o a las mujeres de estos o a sus esclavos o a los criados varones que no necesitan mujeres o a los niños que no distinguen todavía las partes sexuales de una mujer. Que las mujeres no agiten los pies de manera que dejen ver sus encantos ocultos. Volved vuestros corazones hacia Dios, a fin de que seáis felices.

32.—Casad a los que no están aún casados, a vuestros criados probos con vuestras criadas; si son pobres, Dios los hará ricos *con el tesoro* de su gracia, pues Dios es inmenso, lo sabe todo.

---

654 Sin duda es preciso entender aquí: a menos que os lo hayan permitido de una vez para siempre.

655 Como las sortijas, y no los adornos que llevan en las piernas.

33.—Que los que no pueden hallar un partido *a causa de su pobreza*, vivan en la continencia hasta que Dios les haya enriquecido con su favor. Si alguno de vuestros esclavos os pide su libertad por escrito, dádsela si lo juzgáis digno de ella. Dadles algunos de esos bienes que Dios os ha concedido. No obliguéis a vuestras criadas a prostituirse para procuraros bienes pasajeros de este mundo, si desean conservar su pudor[656]. Si alguien las forzase, Dios las perdonaría a causa de la violencia; es indulgente y compasivo.

34.—Acabamos de revelaros versículos que os explican todo claramente con ejemplos sacados de aquellos que han existido antes que vosotros y que son una advertencia para los que temen a Dios.

35.—Dios es la luz de los cielos y de la tierra. Esa luz es como un foco en el que hay una llama, una llama colocada en un cristal, cristal semejante a una estrella brillante; esa llama se enciende con el aceite de un árbol bendito de un olivo que no es de Oriente no de Occidente, el cual aceite brilla aunque el fuego no le toque. Es luz sobre luz. Dios conduce hacia esa luz al que quiere y propone a los hombres parábolas, pues lo conoce todo.

36.—En las casas que Dios ha permitido levantar para que su nombre sea repetido todos los días por la mañana y por la tarde,

37.—Celebran sus alabanzas hombres a quienes el comercio y los contratos no apartan del recuerdo de Dios, de la estricta observancia de la oración y de la limosna. Temen el día en que los corazones y los ojos de los hombres estén en confusión;

38.—*Ese día que Dios ha fijado* para recompensar a todos los hombres según sus mejores obras y para colmarlos con sus favores. Dios da el alimento a quien quiere y sin cuenta.

39.—Por lo que toca a los incrédulos, sus obras serán como ese espejismo del desierto que el hombre sediento toma por agua hasta el momento en que llega y no halla nada. Pero hallará ante sí a Dios, que regulará su cuenta. Dios es rápido en sus cuentas.

---

656   Este pasaje va dirigido contra un tal *Abdallah Ebn Obbah* que tenía seis concubinas esclavas; las impulsaba a prostituirse y a entregarle el dinero que sacaban de tan vergonzoso tráfico.

40.—Sus obras se parecen todavía a las tinieblas extendidas sobre un mar profundo cubierto por olas tumultuosas; otras olas se levantan, y luego una nube y luego tinieblas amontonadas sobre tinieblas; el hombre extiende su mano y no la ve. Si Dios no da luz al hombre, ¿dónde la hallará?

41.—¿No has considerado que todo lo que hay en los cielos y en la tierra publica las alabanzas de Dios, y los pájaros también al extender sus alas? Todo ser sabe la plegaria y el relato de sus alabanzas; Dios conoce sus acciones.

42.—A Dios pertenece el reino de los cielos y de la tierra. Él es el punto adonde todo va a parar.

43.—¿No has considerado cómo Dios empuja ligeramente las nubes, cómo las reúne y las amontona por partes? Luego tú ves salir de su seno una lluvia abundante; parece que hace descender del cielo montañas cargadas de granizo, con el que hiere a quien quiere, y el que aparta de quien quiere. Poco falta para que el brillo del rayo no prive de la vista a los hombres.

44.—Dios hace suceder sucesivamente el día y la noche. En verdad, hay en esto un ejemplo sorprendente para los hombres dotados de inteligencia. Ha creado de agua a todos los animales. Los unos caminan sobre su vientre, otros sobre dos pies, otros sobre cuatro. Dios crea lo que quiere, pues es omnipotente.

45.—Acabamos de revelaros versículos que os lo explican todo claramente. Dios dirige a quien quiere hacia el sendero recto.

46.—*Los hipócritas* dicen: Hemos creído en Dios y en el apóstol y obedeceremos. Luego algunos se vuelven atrás y no son creyentes.

47.—Cuando se les llama ante Dios y ante su enviado a fin de que ellos (*Dios y el enviado*) decidan, he aquí que una parte de ellos se alejan y se extravían.

48.—Si la verdad estuviese de su parte, obedecerían y vendrían a él.

49.—¿Una enfermedad reside en sus corazones, o es que dudan, o es que temen que Dios y su apóstol los engañan? No, sino que son unos malvados.

50.—¿Cuáles son las palabras de los creyentes cuando se les llama ante Dios y ante su enviado a fin de que decidan entre ellos? Dicen: Hemos creído y obedecemos. Y serán felices.

51.—Todo el que obedece a Dios y a su enviado, todo el que teme a Dios, será del número de los bienaventurados.

52.—Han jurado por el nombre de Dios, el más solemne de los juramentos, que, si se les ordenase que se dirigiesen al combate, lo harían. Diles: No juréis; la obediencia es lo que tiene valor. Dios conoce vuestras acciones.

53.—Diles: Obedeced a Dios y obedeced al enviado. Si volvéis la espalda, *no se le pedirá cuenta de ello*; no se espera de él más que sus obras, como se espera de vosotros las vuestras. Si obedecéis seréis dirigidos. La predicación abierta es lo único que corre a cuenta del apóstol.

54.—Dios ha prometido a los que hayan creído y obrado el bien constituirles herederos de este país, así como hace suceder a vuestros antepasados a los infieles que les han precedido; les ha prometido establecer firmemente esta religión que le plugo darles y convertir sus inquietudes en seguridades. Me adorarán y no me asociarán en su culto a ningún otro ser. Los que permanezcan infieles después de estas advertencias serán impíos.

55.—Observad, pues, exactamente la oración, haced limosnas, obedeced al apóstol y tendréis pruebas de la misericordia de Dios.

56.—No vayáis a creer que los infieles pueden debilitar el poder de Dios en la tierra; ellos que tendrán el fuego por morada. ¡Y qué horrible mansión!

57.—¡Oh, creyentes! Que vuestros esclavos, así como los niños que no han alcanzado la edad de la pubertad, antes de entrar en vuestra habitación, os pidan permiso, y esto tres veces al día; antes de la oración de la aurora, *luego* cuando os quitáis la ropa al mediodía, y después de la plegaria de la tarde; estos tres momentos deben ser respetados por decencia. No habrá ningún mal ni para vosotros ni para ellos, si entran a otras horas sin permiso, cuando vais a veros unos a otros. Así es como os explica Dios sus signos. Y él es sabio y prudente.

58.—Cuando vuestros hijos hayan alcanzado la edad de la pubertad, deberán a todas horas pedir permiso para entrar como lo habían pedido los que habían llegado a esta edad antes que ellos. Así es como os explica Dios sus signos. Y él es sabio y prudente.

59.—Las mujeres que no engendran ya y que ya no esperan poder casarse, pueden sin inconveniente quitarse sus ropas, aunque sin mostrar sus encantos; pero si ellas se abstienen de esto, será mejor. Dios lo oye y lo sabe todo.

60.—No se impute como un crimen a un ciego, ni a un cojo, ni a un hombre enfermo, el comer a vuestra mesa; ni a vosotros, si hacéis vuestras comidas en vuestras casas, en las de vuestros padres o de vuestras madres, o de vuestros hermanos, o de vuestros tíos y de vuestras tías maternos, en las casas cuyas llaves tenéis, en las de vuestros amigos. No hay ningún inconveniente para vosotros en comer en común o separadamente[657].

61.—Cuando entráis en una casa, saludaos recíprocamente (*el que entra y el que recibe*), deseándoos por Dios una salud buena y feliz. Así es como os explica Dios sus signos, a fin de que los comprendáis.

62.—Los verdaderos creyentes son los que creen en Dios y en su apóstol, que, cuando se reúnen en tu casa para algún asunto de interés común, no se alejan sin tu permiso. Los que te lo piden son los que creen en Dios y en su apóstol. Si te lo piden para ocuparse de algún otro asunto, se lo concederás a quien quieras. Implora para ellos la indulgencia de Dios, pues es indulgente y misericordioso.

63.—No llaméis al apóstol como os llamáis entre vosotros[658]. Dios conoce a los que se retiran de la asamblea de puntillas y se ocultan unos detrás de otros. Que los que desobedecen sus órdenes teman una desgracia o castigo terrible.

64.—¿No pertenece a Dios cuanto hay en los cielos y en la tierra? Él conoce el estado en que estáis. Un día los hombres serán conducidos ante él y él les recordará vuestras obras, pues lo conoce todo.

---

657   Este versículo revela a los musulmanes escrúpulos fundados en algunas costumbres supersticiosas de los árabes: tal era, por ejemplo, la costumbre de no admitir en su mesa a los cojos o a los ciegos y de no hacer comidas en casa de otras personas; al revés, algunos tenían escrúpulos de comer solos.
658   Es decir, no seáis demasiado familiares con él.

SURA XXV
AL-FORKAN, O LA DISTINCIÓN[659]

DADO EN LA MECA.—77 VERSÍCULOS
EN NOMBRE DEL DIOS CLEMENTE Y MISERICORDIOSO

1.—Bendito sea el que ha enviado del cielo la DISTINCIÓN (*al-forkan*) a su servidor, a fin de que advierta a los hombres.

2.—El reino de los cielos y de la tierra le pertenece; no tiene hijo, no tiene asociado al imperio; ha creado todas las cosas, y por medio de una sentencia eterna ha fijado sus destinos.

3.—Los idólatras han tomado otros dioses distintos de él, dioses que no han creado nada y que han sido creados,

4.—Que no pueden hacer ningún bien ni ningún mal, que no disponen de la vida, ni de la muerte, ni de la resurrección.

5.—Los incrédulos dicen: Este libro no es más que una mentira que él ha forjado; otros también le han ayudado a hacerlo. He aquí cuáles son su maldad y su perfidia.

6.—No son más que cuentos de los antiguos, *dicen además*, que ha puesto por escrito; le son dictados mañana y tarde.

7.—Di: el que conoce los secretos de los cielos y de la tierra ha enviado este libro. Es indulgente y misericordioso.

8.—Dicen: ¿Quién es, pues, este apóstol? Hace sus comidas y se pasea por los mercados *como todos nosotros*. A menos que un ángel descienda y predique con él;

9.—A menos que le sea enviado un tesoro o que tenga un jardín que le procure el alimento, *nosotros no creeremos*. Los malos dicen: Vosotros seguís a un hombre embrujado.

10.—Mira qué dichos emiten sobre ti. Se han extraviado y no pueden hallar ninguna salida.

11.—Bendito sea el que, si le place, puede darte algo más precioso que *sus bienes*, jardines donde corren aguas, y palacios.

---

659   *Al-forkan*, o la distinción, es uno de los nombres del Corán. Véase *sura* II, 50, nota.

12.—Pero tratan de mentira la llegada de la hora. Hemos preparado un fuego ardiente para los que tratan de mentira.

13.—Cuando los vea de lejos, le oirán mugir de rabia y roncar.

14.—Y cuando sean precipitados en un espacio estrecho, amontonados unos sobre otros, llamarán a la muerte.

15.—No llaméis una únicamente, llamad varios géneros de muerte, se les dirá.

16.—Diles: ¿Qué es preferible, esto o el jardín de la eternidad que ha sido prometido a los hombres piadosos y que debe servirles de recompensa y de término *de viaje*?

17.—Hallarán allí todo lo que pueden desear en su mansión eterna. Es una promesa que tienen derecho a reclamar de Dios.

18.—El día que los reúna a todos, así como a los dioses a quienes adoraban al lado de Dios, preguntará a estos: ¿Sois vosotros los que habéis extraviado a estos mis servidores, o es que ellos mismos han perdido el camino?

19.—Ellos responderán: ¡Que tu nombre sea glorificado! No podíamos buscar mejor aliado que tú; pero tú los has dejado gozar de los bienes de este mundo, así como sus padres, y han perdido tu recuerdo; es un pueblo perdido.

20.—Dirá a los idólatras: He aquí a vuestros dioses que desmienten vuestras palabras. No sabéis ni evitar *el suplicio*, ni obtener socorro.

21.—Todo aquel que haya obrado con iniquidad sufrirá un castigo terrible.

22.—Los apóstoles que hemos enviado antes de ti se alimentaban y se paseaban por los mercados *como los demás hombres*. Os ponemos a prueba los unos por los otros, para ver si seréis constantes. Y Dios lo ve todo.

23.—Los que no esperan volver a vernos *en el otro mundo*, dicen: No creeremos, a no ser que los ángeles desciendan del cielo o que veamos a Dios con nuestros ojos. Están henchidos de orgullo y cometen un crimen enorme.

24.—No habrá felices nuevas para los culpables el día que vean venir a los ángeles; exclamarán: ¡Atrás, atrás con ellos!

25.—Entonces presentaremos las obras de cada uno y las reduciremos a polvo disperso por todas partes.

26.—Ese día los huéspedes del paraíso tendrán un hermoso lugar de reposo y un lugar deliciosos para dormir su siesta.

27.—El día en que el cielo se deshaga en nubes y en que los ángeles desciendan por tropas,

28.—Ese día el verdadero imperio será del Misericordioso. Será un día difícil para los infieles.

29.—Entonces el malvado se morderá el reverso de la mano[660] y dirá: ¡Ojalá hubiese seguido el sendero con el apóstol!

30.—¡Desgraciado de mí! ¡Ojalá no hubiese tomado a semejante fulano por amigo!

31.—Me ha hecho perder de vista el libro después que me fue enseñado. Satanás es un traidor para el hombre.

32.—El profeta dirá: Señor, mi pueblo ha tomado este Corán con desprecio.

33.—Así es como hemos dado a todos los apóstoles, criminales por enemigos; pero Dios te servirá de guía y de asistencia.

34.—Los infieles dicen: ¿Por qué no le ha sido enviado el Corán en un solo cuerpo? Lo hacemos así para fortificar tu corazón; lo recitamos por refranes.

---

660   Morder el reverso, el dorso de la mano, es entre los árabes un signo de rabia y de desesperación. Este pasaje puede aplicarse simplemente al desenlace reservado a los infieles el día del juicio final; las voces de los versículos anteriores lo dan a entender con bastante claridad. Sin embargo, los comentadores refieren las palabras de los versículos 29–31 a un hecho particular. Un idólatra de la Meca llamado *Okba* invitó cierto día a comer a Muhammad, y el profeta no quiso aceptar la invitación a no ser con condición de que *Okba* abrazara el islamismo. Este lo hizo, y Muhammad comió con el recién convertido. Al poco tiempo, *Okba* fue objeto de amargos reproches por parte de un amigo suyo a causa de su apostasía. *Okba* alegó por excusa que lo había hecho para decidir a Muhammad a comer con él. Entonces el otro invitó a *Okba* a insultar en público al profeta y a escupirle en el rostro. Algún tiempo después, *Okba* cayó en poder de Muhammad y fue muerto por Alí. El versículo 30 parece aludir a los instigadores de *Obka*. Como dijimos antes, los versículos 27-29 no tienen más que un sentido general aplicable al día del juicio; pero durante las predicaciones de Muhammad, sus oyentes creían hallar en sus palabras alusiones a tal o cual hecho particular de aquel entonces.

35.—Siempre que te propongan semejanzas (parábolas), te daremos la verdad y la más perfecta explicación.

36.—Los que estén reunidos y precipitados en el infierno, esos tendrán la peor plaza, esos estarán lo más lejos del verdadero camino.

37.—Hemos dado el libro a Moisés y le hemos dado por teniente a su hermano Aarón.

38.—Nosotros les dijimos: Id hacia el pueblo que trata nuestros signos de mentiras. Destruimos completamente a este pueblo.

39.—Sepultamos en las aguas al pueblo de Noé que acusó a sus apóstoles de impostura, e hicimos de él un signo de advertencia para todos los pueblos. Hemos preparado a los malvados un doloroso suplicio.

40.—Aniquilamos a Ad y a Temud y a los hombres de Rass[661], y entre estos a tantas otras generaciones.

41.—A cada uno de estos pueblos les proponíamos parábolas de advertencia y los exterminamos por completo.

42.—Los infieles han pasado con frecuencia junto a la villa sobre la cual hemos hecho llover una lluvia fatal[662]. ¿No lo han visto? Sí; pero no esperan ser resucitados algún día.

43.—Cuando te ven te toman por objeto de sus burlas. ¿Es ese el hombre, dicen, a quien Dios ha suscitado para ser su apóstol?

44.—Poco faltó para que él nos hiciese abandonar a nuestros dioses, si hubiésemos mostrado constancia. Cuando vean acercarse el castigo sabrán quién de vosotros se ha alejado más del camino recto.

45.—¿Qué te parece de ello? ¿Serás el abogado de los que han tomado sus pasiones por su Dios?

46.—¿Crees que la mayor parte de ellos oyen o comprenden? Son como brutos y hasta más que los brutos, alejados del camino recto.

47.—¿Has notado cómo extiende tu Señor la sombra? Si quisiese la haría permanente. Hemos hecho del sol su guía;

---

661   No se está de acuerdo acerca de la situación del lugar designado por Rass; unos lo sitúan en el *Yemana*, otros en el *Hadramaut*, otros cerca de *Antioquía*. *Rass* quiere decir también pozo, cisterna. Como no está bien determinada la significación de esta palabra, es preferible traducir la palabra árabe *ashab* por *hombres de...* que por *hombres de...* que por *habitantes de...*

662   Es Sodoma, que se hallaba en el camino de Siria.

48.—Y luego nosotros lo empequeñeceremos con facilidad.

49.—Él es el que os da la noche como manto y el sueño para el reposo. Ha dado el día para el movimiento.

50.—Envía los vientos como precursores de sus gracias. Hacemos descender del cielo agua pura,

51.—Para hacer revivir por medio de ella a una comarca moribunda; apagamos la sed de nuestras criaturas, un número infinito de animales y de hombres.

52.—Lo paseamos por todas partes en medio de ellos, a fin de que se acuerden de nosotros; pero la mayor parte de los hombres se niegan a todo, excepto a ser ingratos.

53.—Si hubiésemos querido, habríamos enviado un amonestador a cada ciudad.

54.—No cedas a los infieles; pero combátelos vigorosamente con este libro.

55.—Es Dios el que ha acercado los dos mares, uno de agua dulce y refrescante y otro de agua salada y amarga, y ha colocado entre ellos un intervalo y una barrera insuperables[663].

56.—Él es el que ha creado de agua a los hombres y el que estableció entre ellos los lazos de parentesco y de afinidad. Tu Señor es poderoso.

57.—Más bien que a Dios, adoran lo que no puede ni serles útil ni dañarles. El infiel es la ayuda *del diablo* contra su *propio* Señor.

58.—Te hemos enviado solamente para anunciar y para amenazar.

59.—Diles: No os pido otro salario que el veros tomar el sendero que conduce a Dios.

60.—Pon tu confianza en el Vivo que no muere; celebra sus alabanzas. Él conoce sobradamente los pecados de sus servidores. Ha creado los cielos y la tierra y todo lo que se halla entre ellos, en el espacio de seis días; luego ha ido a sentarse en el trono. Él es el Misericordioso; interroga acerca de él a los hombres instruidos.

61.—Cuando se les dice (*a los infieles*): Prosternaos ante el Miseri-

---

663 Según unos, Muhammad se referiría aquí a las aguas del Tigris que, aun después de haber desembocado en el mar, conservan el mismo gusto hasta la distancia de varias leguas sin mezclarse con las aguas saladas del mar.

cordioso, preguntan: ¿Quién es el Misericordioso?[664] ¿Nos prosternaremos ante lo que tú nos dices? Y su alejamiento aumenta.

62.—Bendito sea el que ha colocado en el cielo los signos del zodíaco, el que ha suspendido la antorcha[665] y la luna que alumbran.

63.—Ha establecido la noche y el día sucediéndose sucesivamente para los que quieren pensar en Dios o darle acciones de gracias.

64.—Los servidores del Misericordioso son los que caminan con modestia por esta tierra y dicen: *Paz a vosotros*; a los ignorantes que les dirigen la palabra[666];

65.—Que pasan las noches orando a Dios, prosternados o de pie;

66.—Que dicen: Señor, aleja de nosotros el suplicio de la gehena, pues sus tormentos son perpetuos, pues es un mal lugar para descansar y detenerse;

67.—Que en sus larguezas no son pródigos ni avaros, pero que ocupan el término medio;

68.—Que no invocan con Dios a otras divinidades; que no matan a una alma viva, cual lo ha prohibido Dios, excepto por una justa razón[667]; que no cometen adulterio. El que lo haga recibirá el premio de la iniquidad.

69.—En el día de la resurrección, el suplicio será doble para él; lo sufrirá eternamente, cubierto de ignominia.

70.—Pero los que se arrepientan, los que hayan creído y practicado las buenas obras, Dios cambiará las malas acciones de estos en buenas; pues Dios es indulgente y misericordioso.

71.—El que se arrepiente y el que cree, vuelve a Dios y es acogido por él.

72.—Los que no levantan falsos testimonios y que, engolfados en una conversación frívola, la atraviesan (*se salen de ella*) con decencia;

73.—Que, cuando se les recitan las enseñanzas del Señor, no permanecen acostados inmóviles como si fuesen sordos y ciegos;

---

664 Véase *sura* XIII, 20, nota.
665 La antorcha quiere decir el sol.
666 Los ignorantes son aquí los idólatras.
667 Esta reserva que se encuentra varias veces en el Corán es una especie de autorización para aplicar la pena de muerte a los criminales.

74.—Que dicen: Señor, concédenos en nuestras esposas y en nuestros hijos un motivo de goce, y haz que caminemos al frente de los que temen;

75.—Esos tendrán por recompensa los lugares elevados del paraíso, porque han perseverado y hallarán allí la salvación y la paz.

76.—Permanecerán allí eternamente. ¡Qué hermoso retiro! ¡Qué bella mansión!

77.—Diles: Dios se preocupa muy poco de las oraciones de los que habéis tratado a su apóstol de impostor. Pero os alcanzará el suplicio permanente.

SURA XXVI
LOS POETAS[668]

DADO EN LA MECA.—228 VERSÍCULOS
EN NOMBRE DEL DIOS CLEMENTE Y MISERICORDIOSO

1.—TA. SIN. MIM[669]. Estos son los signos del libro evidente.

2.—Tú te consumes de aflicción porque no quieren creer.

3.—Si hubiésemos querido, habríamos enviado del cielo *un prodigio*, ante el cual habrían inclinado humildemente sus cabezas.

4.—No desciende ninguna nueva advertencia del Misericordioso sin que ellos se alejen para no oírla.

5.—La tratan de mentira; pero pronto sabrán noticias del castigo de que se reían.

6.—¿No has fijado los ojos en la tierra? ¿No han visto cómo hemos producido una pareja preciosa en todo?

7.—Hay signos en esto; pero la mayor parte de los hombres no creen.

8.—En verdad, tu Señor es poderoso y prudente.

9.—*Acuérdate* de que un día Dios llamó a Moisés y le dijo: Vete hacia aquel pueblo perverso,

10.—Hacia el pueblo de Faraón. ¿No me temerán?

11.—Señor, dijo, temo que me traten de impostor.

12.—Mi corazón está angustiado y mi lengua trabada. Envía a buscar a mi hermano Aarón.

13.—Tienen que hacerme expiar un pecado[670] y temo que me condenen a muerte.

14.—De ningún modo, respondió Dios. Id ambos acompañados de mis signos; estaremos con vosotros y escucharemos.

15.—Id, pues, ambos cerca de Faraón y decidle: Yo soy Moisés, el enviado del dueño del universo;

---

668 Se habla de poetas en el versículo 224 de esta *sura*.

669 Respecto de estas letras, véase *sura* II, 1, nota.

670 El asesinato de un egipcio. Véase *sura* XXVIII, 14.

16.—Deja partir con nosotros a los hijos de Israel.

17.—*Ellos se trasladaron allí, y Faraón dijo a Moisés:* ¿No te hemos criado entre nosotros en tu infancia? Tú has pasado varios años de tu vida en medio de nosotros.

18.—Has cometido la acción que tú sabes; eres un ingrato.

19.—Sí, respondió Moisés, he cometido esa acción; pero entonces estaba en el extravío.

20.—He huido de junto a vosotros por temor; en seguida Dios me ha investido de poder y me ha constituido su enviado.

21.—El beneficio que tú me reprochas ¿es el haber reducido a esclavitud a los hijos de Israel?

22.—¿Quién es, pues, dijo Faraón, el dueño del universo?

23.—Es el dueño de los cielos y de la tierra y de todo lo que hay entre ellos, si creéis.

24.—¿Oís? Dijo Faraón a los que le rodeaban.

25.—Vuestro dueño es el dueño de vuestros padres los antiguos, siguió diciendo Moisés.

26.—Vuestro apóstol a quien se ha enviado hacia vosotros, es un poseído, dijo Faraón.

27.—*Moisés repuso:* es el dueño del Oriente y del Occidente y de todo lo que hay entre ambos, si tenéis inteligencia.

28.—Si tú tomas por Dios a otro distinto de mí, dijo Faraón, haré que te encarcelen.

29.—¿Aunque te haga ver alguna prueba de *mi misión*? Dijo Moisés.

30.—Hazla ver, dijo Faraón, si eres verídico.

31.—Moisés tiró su varilla, la cual se convirtió en una verdadera serpiente.

32.—Luego tendió la mano y apareció blanca a los ojos de todos los espectadores.

33.—Faraón dijo a los grandes que le rodeaban: en verdad, es un hábil mago.

34.—Con sus hechicerías va a expulsaros de vuestro país; ¿cuál es vuestra opinión?

35.—Los grandes respondieron: dadle alguna esperanza, así como a su hermano, y entretanto enviad a las villas *del reino* hombres que reúnan,

36.—Y que traigan cuantos magos hábiles haya.

37.—Los magos fueron llamados todos a una cita para un día convenido.

38.—Se preguntó al pueblo: ¿Asistiréis?

39.—Sí, y seguiremos a los magos si vencen, *se decía entre el pueblo.*

40.—Cuando los magos estuvieron reunidos, dijeron a Faraón: ¿Podemos contar con una recompensa si salimos vencedores?

41.—Indudablemente, respondió Faraón; entonces seréis de los allegados a nuestra persona.

42.—Entonces Moisés les dijo: Echad lo que tenéis que echar.

43.—Ellos echaron sus cuerdas y sus varillas pronunciando estas palabras: Por el poder de Faraón somos vencedores.

44.—Moisés lanzó su varilla y he aquí que devora sus engañosas invenciones.

45.—Y los magos se prosternaron en señal de adoración

46.—Y exclamaron: creemos en el dueño del universo,

47.—El Dios de Moisés y de Aarón.

48.—¿Habéis creído, pues, en él, dijo Faraón, antes de que yo os lo haya permitido? ¿Es acaso vuestro jefe? Él es el que os ha enseñado la magia. Pero ya sabréis *lo que os acaecerá.*

49.—Os haré cortar las manos y los pies en sentido alterno y os haré crucificar a todos.

50.—No veríamos en ello ningún mal, porque volveríamos a nuestro Señor.

51.—Deseamos que Dios nos perdone nuestros pecados, pues hemos sido de los primeros en creer.

52.—Dimos a Moisés esta orden: Saldrás con mis servidores durante la noche; pero vosotros seréis perseguidos.

53.—Faraón envió a las ciudades de su imperio hombres encargados de reunir tropas.

54.—Los israelitas, se decía, no son más que un montón de gentes de toda especie; son poco numerosos;

55.—Están irritados contra nosotros.

56.—Al revés, nosotros somos numerosos y circunspectos.

57.—Así es como los hemos hecho salir (a los egipcios) del medio de sus jardines y de sus fuentes,

58.—De sus tesoros y de su magnífica mansión.

59.—Sí, fue así, y nosotros los dimos en herencia a los hijos de Israel[671].

60.—Al salir el sol, los egipcios les persiguieron.

61.—Y cuando los dos ejércitos estuvieron a una distancia tal que podían verse, los compañeros de Moisés exclamaron: ¡Qué nos alcanzan!

62.—De ningún modo, dijo Moisés; Dios está conmigo y me guiará.

63.—Dimos a Moisés esta orden: Golpea el mar con tu varilla. El mar se abrió en dos y cada una de sus partes se elevaba como una gran montaña.

64.—Luego hicimos acercarse a los otros (a los egipcios).

65.—Salvamos a Moisés y a todos los que le siguieron,

66.—Y sumergimos a los demás.

67.—En verdad, hay en este acontecimiento un signo del poder de Dios; pero la mayor parte de los hombres no creen.

68.—Y, sin embargo, tu Señor es poderoso y misericordioso.

69.—Vuelve a leerles la historia de Abrahán,

70.—Que dijo cierto día a su padre y a su familia: ¿Qué es lo que vosotros adoráis?

71.—Adoramos tus ídolos, dijeron, y pasamos con asiduidad el tiempo en sus templos.

72.—¿Os oyen cuando los llamáis? Preguntó Abrahán,

73.—¿Os sirven de algo? ¿Pueden haceros algún daño?

74.—No, dijeron; pero así es como hemos visto adorar a nuestros padres.

75.—¿Qué os parece? Dijo Abrahán. Esos que adoráis,

76.—Esos que adoraban vuestros antepasados,

---

671 Véase *sura* II, 58, nota.

77.—Son mis enemigos. No hay más que un Dios dueño del universo,

78.—Que me ha creado, que me dirige por la senda recta;

79.—Que me alimenta y me da de beber;

80.—Que me cura cuando estoy enfermo;

81.—Que me hará morir y me resucitará;

82.—Que espero que me perdonará mis pecados en el día de la resurrección.

83.—Señor, dame el poder y colócame entre el número de los justos.

84.—Concédeme la lengua de la veracidad hasta los tiempos más remotos[672].

85.—Ponme entre el número de los herederos del jardín de delicias.

86.—Perdona a mi padre, pues estaba extraviado.

87.—No me deshonres en el día en que los hombres hayan resucitado,

88.—En el día en que las riquezas y los hijos no sean de ninguna utilidad,

89.—A no ser para el que llegue a Dios con un corazón sano;

90.—Cuando el paraíso sea alcanzado por los hombres piadosos,

91.—Y el infierno se abra para tragar a los extraviados;

92.—Cuando se diga a estos: ¿Dónde están los que adorabais

93.—Al lado de Dios? ¿Os ayudarán? ¿Se ayudarán a sí mismos?

94.—Serán precipitados todos en el infierno, los *seducidos* y los seductores,

95.—Y todos los ejércitos de Eblís.

96.—Ellos disfrutarán y los *seducidos* dirán:

97.—Por el nombre de Dios, estábamos en un error evidente

98.—Cuando os poníamos al nivel del soberano del universo.

99.—Solo los culpables nos han seducido.

100.—No tenemos intercesores

101.—Ni un amigo celoso.

---

672 Es decir: que mis palabras sean citadas en la posteridad más remota y que se les dé fe.

102.—¡Ah! Si se nos concediese volver *otra vez a la tierra*, seríamos de los creyentes.

103.—Hay signos en esto; pero la mayor parte de los hombres no creen.

104.—Tu Señor es poderoso y prudente.

105.—El pueblo de Noé ha tratado también de impostores a los apóstoles.

106.—Cuando su conciudadano Noé les dijo: ¿No temeréis a Dios?

107.—Vengo hacia vosotros como un enviado digno de confianza;

108.—Temed, pues, a Dios y obedecedme;

109.—No os pido salario, pues mi salario corre de cuenta de Dios, soberano del universo;

110.—Temed, pues, a Dios y obedecedme;

111.—Ellos respondieron: ¿Creeremos en ti siguiéndote solamente los más viles del pueblo?

112.—No tengo ningún conocimiento de sus obras, respondió Noé.

113.—No tienen que dar cuenta más que a Dios; ¡ojalá le comprendieseis!

114.—*Pero* yo no rechazaré a los que creen.

115.—Yo solo soy un hombre encargado de advertir francamente.

116.—Si tú no cesas de obrar de este modo ¡Oh, Noé! Serás lapidado.

117.—Noé gritó hacia Dios: Señor, mi pueblo me acusa de embustero.

118.—Decide entre ellos y yo; sálvame y a los que me siguen y han creído.

119.—Le salvamos, así como a los que estaban con él en un barco lleno del todo[673].

120.—Luego sumergimos al resto de los hombres.

121.—En verdad, hay en esto un signo de advertencia; pero la mayoría de los hombres no creen.

122.—En verdad, tu Señor es poderoso y misericordioso.

---

673   Es decir, lleno de todos los seres que debían ser salvados.

123.—Los aditas[674] acusaron a sus apóstoles de impostura.

124.—Hud, su conciudadano, les gritaba: ¿No temeréis a Dios?

125.—Vengo hacia vosotros como un enviado digno de confianza.

126.—Temed a Dios y obedecedme.

127.—No os pido ningún salario, pues mi salario corre de cuenta de Dios, soberano del universo.

128.—¿Retiraréis de cada colina monumentos para vuestros frívolos pasatiempos?

129.—¿Levantaréis edificios, aparentemente para vivir en ellos eternamente?

130.—Cuando ejercéis el poder, lo ejercéis con dureza.

131.—Temed, pues, a Dios y obedecedme.

132.—Temed al que os ha dado en abundancia lo que vosotros sabéis[675];

133.—Al que os ha dado en abundancia rebaños y una posteridad numerosa;

134.—Al que os ha provisto de jardines y de fuentes.

135.—Temo por vosotros el castigo del día terrible.

136.—Ellos respondieron: Nos es igual que tú nos exhortes o no.

137.—Tus exhortaciones no son más que vetusteces de los antiguos.

138.—Nosotros no seremos nunca castigados.

139.—Acusaron a Hud de impostura y nosotros les exterminamos. Hay en este acontecimiento un signo; pero la mayor parte no creen.

140.—Y en verdad, vuestro Señor es poderoso y misericordioso.

141.—Los temuditas acusaron también de mentira a sus apóstoles.

142.—Su conciudadano Saleh les dijo: ¿No temeréis a Dios?

143.—Vengo hacia vosotros como un enviado digno de confianza.

144.—Temed, pues, a Dios y obedecedme.

145.—No os pido salario, pues mi salario corre de cuenta de Dios, soberano del universo.

146.—¿Pensáis que se os dejará en medio de todo esto eternamente en seguridad,

---

674   Los aditas o pueblo de Ad. Véase *suras* VII y XI.

675   Locución árabe que se emplea para no repetir una cosa conocida.

147.—En medio de los jardines y de las fuentes,

148.—En medio de los campos sembrados, de las palmeras de tupidas ramas?

149.—¿Tallaréis siempre casas en las rocas, insolentes como sois?

150.—Temed, pues, a Dios y obedecedme.

151.—No obedezcáis las órdenes de los que se entregan a los excesos,

152.—Que devastan la tierra y no la mejoran[676].

153.—Ellos le respondieron: Verdaderamente estás embrujado.

154.—No eres más que un hombre como nosotros: haznos ver un signo, si lo que dices es cierto.

155.—Que esta hembra de camello sea un signo; ella tendrá algún día su porción de agua y vosotros la vuestra en un día fijado[677].

156.—No le hagáis ningún daño, porque sufriríais el castigo en el gran día.

157.—Ellos la mataron, y al día siguiente se arrepintieron.

158.—El castigo les ha alcanzado. Era un signo del cielo; la mayor parte no creen en él.

159.—Pero tu Señor es poderoso y misericordioso.

160.—Y las gentes del pueblo de Loth trataron, *también*, a los enviados *de Dios* de impostores.

161.—Cuando Loth, su conciudadano, les dijo: ¿No temeréis a Dios?

162.—Vengo hacia vosotros como un enviado digno de confianza;

163.—Temed, pues, a Dios y obedecedme;

164.—No os pido ningún salario; mi salario corre a cuenta de Dios, soberano del universo;

165.—Entre todas las criaturas del universo ¿vais a tener comercio con los hombres,

166.—Abandonando a las mujeres que Dios ha creado para vosotros? En verdad, sois un pueblo trasgresor;

---

676 Devastar el país, la tierra, quiere decir cometer actos de bandolerismo, desórdenes. Hemos empleado la voz *devastar* para conservar la antítesis del texto formada por la palabra *mejorar*.

677 Era una camella que bebía toda el agua de un día en una fuente, de modo que los temuditas no la tenían hasta el siguiente día.

167.—Ellos le respondieron: si tú no cesas en tus exhortaciones, te expulsaremos de la villa.

168.—Tengo horror a lo que vosotros hacéis, respondió Loth.

169.—Señor, libradme y a mi familia de lo que ellos hacen.

170.—Le salvamos, así como a toda su familia,

171.—Excepto a una vieja que se había quedado atrás;

172.—Luego exterminamos a los otros.

173.—Hicimos llover sobre ellos una lluvia; ¡qué terrible lluvia la que cayó sobre aquellos hombres a quienes exhortábamos!

174.—Era un signo del cielo; pero la mayor parte no creen.

175.—Sin embargo, tu Señor es poderoso y misericordioso.

176.—Los habitantes del bosque *de Madián* han tratado a los enviados *de Dios* de impostores.

177.—Choaib les gritaba: ¡Temed a Dios!

178.—Vengo hacia vosotros como un enviado digno de confianza.

179.—Temed, pues, a Dios y obedecedme.

180.—No os pido ningún salario; mi salario corre de cuenta de Dios, soberano del universo.

181.—Llenad la medida y no seáis defraudadores.

182.—Pesad con una balanza exacta.

183.—No defraudéis a los hombres en su haber y no cometáis excesos en este país que estropeáis.

184.—Temed al que os ha creado, así como a las generaciones anteriores.

185.—Ellos le respondieron: en verdad ¡Oh, Choaib! Tú estás embrujado.

186.—Tú no eres más que un hombre como nosotros, y nosotros pensamos que no eres más que un impostor.

187.—Haz, pues, caer sobre nuestras cabezas una porción de cielo, si eres verídico.

188.—Dios conoce perfectamente vuestras acciones, *repuso Choaib.*

189.—Le trataron de embustero; el castigo de la nube tenebrosa les sorprendió: era el día de un castigo terrible.

190.—Era un signo del cielo; pero la mayor parte de los hombres no creen.

191.—Tu Señor es poderoso y misericordioso.

192.—Y esto (*este Corán*) es una revelación del dueño del universo.

193.—El espíritu fiel[678] lo ha aportado de lo alto,

194.—*Y lo ha depositado* en tu corazón, ¡oh, *Muhammad!*, a fin de que tú fueses apóstol.

195.—Él (el Corán) está en lengua árabe clara.

196.—Está predicho en las escrituras de los antiguos.

197.—¿No es un signo que habla en su favor el que los doctores de los hijos de Israel tengan conocimiento de él?

198.—Si lo hubiésemos revelado a un hombre de una nación extranjera,

199.—Y él lo hubiese recitado a los infieles, no le habrían prestado fe.

200.—Así es como hemos grabado la incredulidad en los corazones de los culpables.

201.—No creerán en él hasta que el castigo cruel hiera sus ojos.

202.—En verdad, ese castigo caerá sobre ellos de improviso, cuando menos lo esperen.

203.—Entonces ellos exclamarán: ¿Se nos concederá una dilación?

204.—¿Procurarán hoy apresurar ese castigo?

205.—¿Qué te parece? Si, después de haberles dejado gozar de los bienes de este mundo durante muchos años,

206.—El suplicio con que se les amenazaba les sorprende al fin,

207.—¿De qué les servirán sus goces?

208.—No hemos destruido ciudad que no haya tenido sus apóstoles,

209.—Encargados de advertirlo; no hemos obrado injustamente.

210.—No son los demonios los que han traído el Corán del cielo:

211.—Esto no les convenía y no habrían podido hacerlo.

212.—Hasta están privados del derecho de oírlo en el cielo[679].

---

678   Es el ángel Gabriel.
679   Véase *suras* XXXVII, 7 y 8, y LXXII, 8 y 9.

213.—No invoques a ningún otro que a Dios, por temor a ser algún día del número de los torturados.

214.—Predica a tus parientes más próximos.

215.—Baja las alas de tu protección sobre los creyentes que te han seguido.

216.—Si te desobedecen, les dirás: Soy inocente de vuestras obras.

217.—Pon tu confianza en el Dios poderoso y misericordioso,

218.—Que te ve cuando tú te levantas,

219.—Que ve tu conducta cuando te hallas en medio de tus adoradores,

220.—Pues lo oye y lo sabe todo.

221.—¿Os diré yo cuáles son los hombres sobre los cuales descienden los demonios y a quienes *ellos inspiran*?

222.—Descienden sobre todo embustero entregado al pecado,

223.—Y enseñan lo que sus oídos han percibido[680]; y la mayor parte mienten.

224.—Son los POETAS, a quienes los hombre extraviados siguen a su vez.

225.—¿No ves que siguen todas las rutas[681] como insensatos?

680   Las palabras del Corán leídas en el cielo, que los demonios han cogido por casualidad.

681   Es decir, se abandonan a su imaginación y abordan toda clase de asuntos. En todo tiempo, los árabes han cultivado con mucho cuidado su lengua, han gustado de la poesía y han honrado a los poetas. En *Okadh*, mercado del *Hedjaz* independientemente de las ferias semanales se celebraba anualmente una feria que duraba un mes. Allí, en medio de los asuntos comerciales, poetas que acudían de todos los puntos de Arabia iban a recitar sus poemas (*kasidah*), a cantar sus hazañas y sus aventuras y a provocarse acerca de quién trataría mejor tal asunto. Era un torneo poético cuyos numerosos auditores, ciudadanos y beduinos, eran los jueces. Al más digno estaba reservada la recompensa de ver sus poemas inscritos en letras de oro y suspendidos en el venerable templo de la *Caaba*. De aquí que los siete poemas más famosos anteriores a Muhammad sean llamados *modhahhbat* (dorados) y *moallakat* (suspendidos). Los árabes del desierto descollaban sobre todo en la poesía; la lengua se ha conservado siempre pura y correcta bajo las tiendas; y a veces alguna madre beduina aplicaba un castigo doloroso a su hijo, culpable de alguna falta de gramática. Muhammad debía al vigor de su lengua, poética a veces, gran parte del éxito que coronó sus esfuerzos; hasta ha recomendado a sus compañeros que consulten las obras de los poetas árabes

226.—¿Qué dicen lo que no hacen?

227.—Salvo los que han creído, que practican el bien y repiten sin cesar el nombre de Dios[682].

228.—Que se defienden cuando son atacados; pues los que atacan primero algún día sabrán la suerte que les está reservada.

---

y que busquen en ellas la interpretación de las voces o expresiones oscuras del Corán. ¿De dónde proviene, pues, que el profeta árabe haya suprimido aquella famosa feria de *Okadh* y que haya lanzado un anatema contra los poetas? He aquí por qué. En general, los árabes del desierto, y entre ellos los poetas, gustaban muy poco del nuevo culto; eran aficionados a los placeres de la vida nómada y estaban acostumbrados a sus trabajos; independientes, indómitos, valientes, generosos, pero altivos y vengativos, siempre en busca del enemigo para vengar una ofensa, o de alguna belleza del desierto, austeros y salvajes como *Sehanfara*, amantes de los placeres y de la vida alegre como *Amrolkais*, indiferentes acerca de la vida futura, escépticos y epicúreos, no eran los primeros en seguir al nuevo profeta. Los poetas procuraban perpetuar las costumbres de la vida nómada; Muhammad veía en aquellos instintos negativos, destructores, un gran obstáculo para el establecimiento de su doctrina moral y religiosa, y los condenó. Si se añade a esto que la verbosidad satírica de algunos se había desencadenado contra el nuevo profeta, no causará asombro la opinión que emitió sobre ellos. Algunos historiadores acusan a *Amrolkais* de haber escrito sátiras contra Muhammad. Él encargó al recién convertido poeta *Lebid* que le respondiese. *M. de Slane*, que publicó las poesías de *Amrolkais*, combate esta opinión, en cuanto a *Amrolkais* y a *Lebid;* no es menos cierto que Muhammad tenía a sus órdenes algunos poetas adictos, y los versículos 227 y 228 aluden a ellos. Le decía a *Caab*, uno de estos: «combátelos (a los poetas) con tus sátiras, pues juro por el que tiene mi alma en sus manos que las sátiras hacen más daño que las flechas.»

682   Esta excepción se dirige a algunos poetas que habían abrazado el islamismo, tales como *Lebid, Hasán, Caab*.

SURA XXVII
LA HORMIGA[683]

DADO EN LA MECA.—95 VERSÍCULOS
EN NOMBRE DEL DIOS CLEMENTE Y MISERICORDIOSO

1.—TA. SAD. Estos son los signos de la lectura y de la escritura evidente[684].

2.—Sirven de dirección y de feliz nueva a los creyentes,

3.—Que observan la oración, hacen limosna y creen firmemente en la vida futura.

4.—Para los que no creen en la vida futura, hemos embellecido sus obras a sus propios ojos; están como aturdidos[685].

5.—A ellos es a quien está reservado el más cruel castigo; ellos serán los más desgraciados en el otro mundo.

6.—Tú has obtenido el Corán del sabio, del Prudente.

7.—*Acuérdate de que* Moisés le dijo un día a su familia: He visto fuego. Voy a traeros nuevas; tal vez os traeré un tizón ardiendo, para que tengáis con qué calentaros.

8.—Él fue allá y he aquí que le gritó una voz: ¡Bendito sea el que está en el fuego y en torno del fuego! ¡Loa al Dios dueño del universo!

9.—¡Oh, Moisés!, yo soy el único Dios poderoso y sabio.

10.—Tira tu varilla. *Moisés la tiró*, y cuando vio que se agitaba como una serpiente, empezó a correr. ¡Oh, Moisés!, le gritaron, no temas nada. Los enviados no tienen nada que temer de mí,

11.—A no ser tal vez el que ha cometido alguna iniquidad; pero si ha reemplazado el mal por el bien, yo soy indulgente y misericordioso.

---

683   El título de este *sura* está tomado del versículo 18.

684   Se trata aquí del Corán, que, como hemos dicho (*sura* primero), quiere decir propiamente lectura, del mismo modo que todo libro se llama *kitab,* escritura.

685   Es decir: no se dan cuenta de las penas y de las recompensas de la vida futura, sumidos como están en el goce de las cosas de este mundo.

12.—Llévate la mano al seno y la retirarás blanca, sin que esto sea una enfermedad[686]. Será uno de los nueve signos para Faraón y su pueblo: es un pueblo perverso.

13.—Cuando nuestros milagros hirieron sus ojos con toda evidencia, dijeron: Es magia manifiesta.

14.—Aunque hayan adquirido la certidumbre de su verdad, los negarán por orgullo y por injusticia. Pero considera cuál fue el fin de los malvados.

15.—Hemos dado la ciencia a David y a Salomón[687]. Ellos decían: Loa a Dios que nos ha elevado por encima de muchos de sus servidores creyentes.

16.—Salomón fue el heredero de David; dijo: ¡Oh, hombres! Se nos ha enseñado a comprender el lenguaje de los pájaros y se nos ha colmado de toda clase de cosas. Es un favor evidente *de Dios*.

17.—*Un día* los ejércitos de Salomón, compuestos de genios y de hombres, se reunieron ante él, y los pájaros también, todos alineados por tropas separadas.

18.—Cuando todo este cortejo llegó al valle de las HORMIGAS, una de ellas dijo: ¡Oh, hormigas! Entrad en vuestras casas por temor a que Salomón y sus ejércitos os aplasten bajo sus pies sin saberlo.

19.—Y Salomón sonrió al oír estas palabras de la hormiga, y dijo: ¡Señor! Haz que yo sea agradecido a los beneficios con que me has colmado, así como a mis padres; haz que yo practique el bien para

---

686 Es decir, que no es la lepra.

687 Salomón (Soleiman) es considerado por los musulmanes como un profeta y como un rey sabio y poderoso. El esplendor de su corte, la magnificencia de sus palacios, el imperio absoluto que ejercía sobre los vientos y los genios, el conocimiento de la lengua de todos los seres creados, y al lado de todos estos emblemas de grandeza, su afabilidad, que llegó hasta a hablar con la hormiga y acoger amablemente un muslo de langosta con que ella le obsequió, es para los autores orientales un eterno asunto de comparaciones y de alusiones. Muhammad, que había tomado de los cuentos judíos lo maravilloso de la historia de Salomón, no sabe nada de los extravíos que le hicieron caer en la idolatría. Véase *sura* XXXVIII, 33. Tal vez también el profeta árabe ha juzgado conveniente suprimir, en interés del culto unitario que predicaba, la historia de la caída de un príncipe tan célebre por su sabiduría. Véase *sura* XXXIV, 11 – 13.

agradarte, y asígname una parte de la misericordia con que rodeas a tus servidores virtuosos.

20.—Pasó revista al ejército de los pájaros y dijo: ¿Por qué no veo aquí a la abubilla? ¿Está ausente?

21.—En verdad, le aplicaré un duro castigo, o bien la mataré, a no ser que me dé alguna excusa legítima.

22.—Efectivamente, no tardó mucho en presentarse y le dijo a Salomón: He aprendido lo que tú no sabes; vengo de Saba con noticias ciertas.

23.—He hallado allí a una mujer que reinaba sobre los hombres; posee toda clase de cosas y tiene un gran trono[688].

24.—He visto que ella y su pueblo adoraban al sol al lado de Dios; Satanás ha embellecido sus obras a sus ojos; les ha apartado de la verdadera ruta, de modo que no están dirigidos;

25.—Y no adoran a ese Dios que expone a la luz del día los secretos de los cielos y de la tierra, que conoce lo que ocultáis y lo que publicáis;

26.—Ese Dios fuera del cual no hay Dios, poseedor del gran trono.

27.—Veremos, dijo Salomón, si has dicho la verdad o si has mentido.

28.—Vete con esta carta de mi parte; entrégasela y colócate a respetuosa distancia; verás cuál será su respuesta.

29.—*La abubilla partió y cumplió el encargo.* La reina dijo a los magnates de su reino: Señores, acaba de serme entregada una carta ilustre.

30.—Es de Salomón; he aquí su contenido: «en nombre del Dios Clemente y misericordioso,

31.—No os levantéis contra mí; venid más bien a mí, abandonaos por entero a Dios»[689].

---

688 Según los mahometanos, el nombre de esta reina de Saba era *Balkis*. El trono de que se habla aquí era de oro y plata, de ochenta codos de largo por cuarenta de ancho y treinta de alto. Estaba rematado por una corona de perlas y de piedras preciosas. Vuelve a hablarse de Saba en el *sura* XXXIV.

689 Las palabras: *abandonados a la voluntad...* no pueden entenderse de otro modo más que con relación a Dios; así se podría traducir: *haceos musulmanes.* Hemos advertido ya en otro lugar que Muhammad procuraba relacionar sus dogmas con los de los antiguos profetas de Israel.

32.—Señores, dijo la reina, aconsejadme en este asunto; no decidiré nada sin vuestro concurso.

33.—Somos fuertes y temibles, respondieron; pero a ti te toca ver lo que tienes que mandarnos.

34.—Cuando los reyes entran en una ciudad, *dijo la reina*, lo estragan todo y hacen de sus más considerables ciudadanos los más miserables. Así es como obran.

35.—Enviaré regalos, y veré después lo que me contarán mis enviados.

36.—Cuando el enviado de la reina se presentó ante Salomón, este le dijo: ¿Queréis, pues, asistirme con vuestros tesoros? Lo que Dios me ha dado vale más que lo que os ha dado a vosotros. Pero vosotros os envanecéis de vuestros dones.

37.—Vuelve hacia el pueblo que te envía. Iremos a atacarlo con un ejército al que no podría resistir. Los expulsaremos de su país, envilecidos y humillados.

38.—*Salomón dijo a los suyos*: ¡Oh, señores! ¿Quién de vosotros me traerá el trono de la reina antes de que vengan ellos mismos entregándose a la voluntad de Dios?[690]

39.—Seré yo, respondió Ifrit[691], uno de los genios; te lo traeré antes de que te hayas levantado de tu sitio. Soy bastante fuerte para ello, y fiel.

40.—*Otro genio*, el que tenía la ciencia del libro[692], *dijo a Salomón*: Te lo traeré antes de que hayas pestañeado[693]. Y cuando Salomón vio el trono colocado ante él, dijo: es una prueba del favor de Dios; me prueba para saber si seré agradecido o ingrato. Todo el que es agradecido lo es en su provecho; de todo el que es ingrato, Dios *puede prescindir*, pues es rico y generoso.

41.—Haced que desconozca este trono, *dijo Salomón a los genios*.

690   Véase anteriormente el versículo 31.

691   La voz *Ifrit*, en el Corán, está explicada en los comentarios por la voz *feo, horrible, rebelde*. Esta palabra se ha convertido en apelativo de todo genio maléfico.

692   Véase *suras* XVIII, 48, y LXXII, 11.

693   Literalmente: antes de que tu guiño de ojo vuelva a ti, es decir, que cierres el ojo y lo abras.

Veremos si está en la senda recta o bien si es del número de los que no podrían ser dirigidos.

42.—Y cuando ella (*la reina*) se presentó ante Salomón, se le preguntó: ¿Es este vuestro trono? Ella respondió: Parece que es el mismo[694]. Y nosotros habíamos recibido la ciencia antes que ella y estábamos resignados a la voluntad de Dios.

43.—Las divinidades que adoraba al lado de Dios la habían extraviado, y ella fue del número de los infieles.

44.—Se le dijo: Entrad en este palacio. Y cuando ella lo vio, creía que era una pieza de agua, y se remangó *en torno* de las piernas. Es un palacio embaldosado de cristal, respondió Salomón[695].

45.—Señor, yo había obrado inicuamente para conmigo *adorando a los ídolos*; ahora me resigno como Salomón a la voluntad de Dios, dueño del universo.

46.—Hemos enviado a Saleh hacia los temuditas, sus hermanos, para hacerles adorar a Dios. Ellos se dividieron en dos partidos.

47.—¡Oh, pueblo mío! Les decía Saleh, ¿por qué queréis apresurar el mal del suplicio más bien que el bien *de las recompensas divinas*? ¿Por qué no imploráis el perdón de Dios, a fin de que tenga piedad de vosotros?

48.—Hemos consultado sobre ti y los tuyos el vuelo de los pájaros. —Vuestra fortuna[696] depende de Dios, respondió; sois un pueblo a quien Dios quiere probar.

49.—Habían en la villa nueve individuos que cometían excesos en el país y no hacían ninguna buena acción.

---

694   La reina da aquí prueba de mucho ingenio —dicen los comentadores— porque en lugar de decir: *hua*, es mi trono, se expresa con duda: *cualquiera diría que es mi trono*. En cuanto a las palabras que siguen, los comentadores no están seguros de si es la reina quien dice: Hemos recibido antes la ciencia de Dios y sabemos ¡Oh, Salomón! Que sois un profeta, o bien si son los magnates de la corte de Salomón los que dicen estas palabras entre sí.

695   Los comentadores añaden que Salomón no había hecho introducir a la reina en la habitación con pavimento de cristal más que para procurarle una ilusión y para asegurarse, obligándola a remangarse, de si tenía las piernas como las de una cabra, cual le habían contado.

696   Literalmente: Vuestro pájaro está cerca de Dios.

50.—Se dijeron entre sí: comprometámonos, mediante un juramento ante Dios, a matar durante la noche a Saleh y a su familia; después diremos a los vengadores de su sangre: no hemos estado presentes a la muerte de su familia; decimos la verdad.

51.—Pusieron en práctica sus artificios, y nosotros pusimos los nuestros cuando ellos no lo sospechaban.

52.—Considera cuál ha sido el fin de sus estratagemas; les hemos exterminado, así como a toda su nación.

53.—Sus moradas, *que vosotros veis*, están aplanadas sobre el suelo, porque eran impíos. Hay en esto un signo para los hombres que tienen inteligencia.

54.—Salvamos a los que habían creído y a los que temían a Dios.

55.—Enviamos a Loth, que decía a su pueblo: ¿Cometeréis una acción fea? Sin embargo, lo sabéis.

56.—¿Tendréis por concupiscencia carnal comercio con hombres más bien que con mujeres? Estáis en el extravío.

57.—¿Y cuál ha sido la respuesta de su pueblo? Se dijeron entre sí: Expulsemos a la familia de Loth de nuestra villa; son hombres que quieren hacerse los castos.

58.—Salvamos a la familia de Loth, a excepción de su mujer, a quien habíamos destinado para estar entre los que se quedaban detrás.

59.—Hemos hecho llover una lluvia de *piedras*. ¡Qué terrible fue la lluvia que cayó sobre aquellos hombres a quienes se advertía en vano!

60.—Di: Loa a Dios y paz a aquellos de sus servidores a quienes ha elegido. ¿Quién merece preferencia: Dios, o los ídolos que le asocian?

61.—El que ha creado los cielos y la tierra, el que os envía el agua (por medio del agua producimos para vosotros esos risueños jardines, pues no sois vosotros los que hacéis brotar sus árboles), ¿es algún Dios de *compañía* con el Dios único? Y, sin embargo, ellos le atribuyen iguales.

62.—El que estableció sólidamente la tierra, el que en su interior trazó ríos, el que fijó montañas, el que elevó entre los dos mares una barrera[697], ¿es algún *Dios de compañía* con el Dios único? Y, sin embargo, la mayor parte no lo comprenden.

---

697 Véase *sura* XXV, 55.

63.—El que escucha al oprimido que se queja, el que lo libra de la desgracia, el que os ha establecido sus lugartenientes en la tierra, ¿es algún *Dios de compañía* con el Dios único? ¡Oh! Cuán poco reflexionáis.

64.—El que os guía a través de las tinieblas de la tierra firme y del mar, el que envía los vientos precursores de su misericordia[698], ¿es algún *Dios de compañía* con el Dios único? Está demasiado elevado para asociarle otras divinidades.

65.—El que produce la creación y la hace volver, el que os alimenta *con los dones* del cielo y de la tierra, ¿es algún *Dios de compañía* con el Dios único? Diles: Traed vuestras pruebas, si sois verídicos.

66.—Di: nadie más que Dios en el cielo y en la tierra conoce los secretos. Los hombres no saben

67.—Cuándo serán resucitados.

68.—Tienen algún conocimiento de la vida futura[699]; pero dudan, o mejor dicho, están ciegos respecto a este punto.

69.—Los incrédulos dicen: Cuando nosotros y nuestros padres nos volvamos polvo, ¿es posible que se nos haga salir vivos?

70.—Se nos prometía ya, así como a nuestros padres; pero eso no son más que historias de los antiguos.

71.—Diles: Recorred el país y ved cuál ha sido el fin de los culpables.

72.—No te aflijas por la suerte que les espera, y que tu corazón no esté en la angustia por temor a sus maquinaciones.

73.—Ellos os preguntan: ¿Cuándo se cumplirán, pues, esas amenazas? Decidlo, si sois sinceros.

74.—Respóndeles: es posible que el suplicio que queréis apresurar esté tocando vuestros talones.

75.—Tu Señor está lleno de bondad para los hombres; pero la mayor parte de ellos no son agradecidos.

76.—Tu Señor conoce lo que sus corazones ocultan y lo que dejan ver a la luz del día.

77.—No hay cosa oculta en los cielos y en la tierra que no esté inscrita en el libro de la evidencia[700].

---

698 Por misericordia de Dios, debe entenderse aquí la lluvia.

699 Es decir: Tienen bastante ciencia para saber que existe algo semejante.

700 El libro de la evidencia o el libro evidente es un libro guardado en el cielo y

78.—Él (*el Corán*) declara a los hijos de Israel la mayor parte de los motivos de sus disputas.

79.—El Corán sirve de dirección a los creyentes y constituye una prueba de la misericordia divina para con ellos.

80.—Dios pronunciará su sentencia para decidir entre vosotros. Es el Poderoso, el Prudente.

81.—Pon tu confianza en Dios, pues te apoyas en la verdad evidente.

82.—Tú no podrías hacer oír nada a los muertos: tú no podrías hacer oír a los sordos el llamamiento *a la verdad*, cuando te vuelven la espalda.

83.—Tú no eres el guía de los ciegos para prevenirlos contra el extravío. Tú no podrías hacerte escuchar, excepto de los que han creído en nuestros signos y que se resignan a la voluntad de Dios.

84.—Cuando la sentencia pronunciada contra ellos está próxima a recibir su ejecución, haremos salir de la tierra un monstruo[701] que les gritará: En verdad, los hombres no han creído firmemente en nuestros milagros.

85.—Un día reuniremos a los que han tratado nuestros signos de mentiras; serán divididos por tropas,

86.—Hasta que aparezcan ante Dios, que les dirá: ¿Habéis tratado de mentiras mis signos por no haber podido comprenderlos, o teníais otro motivo para proceder así?

---

donde están inscritas todas las sentencias que rigen el mundo. El libro evidente es también uno de los nombres del Corán.

701 El monstruo, la bestia de que se habla aquí, se llama en árabe *eldjessaca,* el espía. Los comentadores dan detalles sobre el tamaño y forma de la cabeza, detalles que dicen recibidos de Muhammad, de Alí o de *Abu-Horeira,* compañero del profeta. Así, el monstruo debe tener sesenta codos de largo, cabeza de toro, ojos de puerco, orejas de elefante, cuernos de ciervo, cuello de avestruz, lomo de león, cola de carnero y pies de camello. Es imposible alcanzarle en su carrera ni evitar su persecución. Según la tradición, saldrá de una de las grandes mezquitas. Este monstruo debe llevar el bastón de Moisés y el sello de Salomón, y por donde pase marcará a los hombres con uno y otro. Los que sean tocados con el bastón tendrán la cara brillante de blancura, son los buenos; los que lleven la marca del sello tendrán la cara negra, son los réprobos.

87.—La sentencia será ejecutada en castigo de su impiedad y no pronunciarán una sola palabra.

88.—¿No veían que hemos establecido la noche como tiempo de reposo y el día claro *para el trabajo*? En verdad, hay en esto signos para un pueblo que cree firmemente.

89.—En el día en que suene la trompeta, todo lo que hay en los cielos y en la tierra quedará sobrecogido de espanto, a excepción de aquellos a quienes Dios quiera *librar*. Todos los hombres vendrán a prosternarse ante él.

90.—Verás las montañas, que tú crees sólidamente fijadas, caminar como caminan las nubes. Será la obra de Dios que dispone sabiamente todas las cosas. Está instruido de todas vuestras acciones.

91.—Todo el que se presente con buenas obras, sacará las ventajas de ellas. Estos estarán libres de todo espanto.

92.—Los que no traigan más que sus pecados serán precipitados, la faz contra el fuego. ¿Seríais retribuidos de distinto modo según vuestras obras?

93.—He recibido orden de adorar al Señor de esta comarca, ese Dios que la ha santificado y a quien pertenece todo. He recibido orden de estar resignado a su voluntad,

94.—De recitar el Corán a los hombres. Todo el que se dirija por la senda recta, lo hará por su propio bien; si hay quien siga extraviado, dile: Yo estoy encargado de advertir.

95.—Di: ¡Loa a Dios! Pronto os dará pruebas de su poder, y vosotros no podréis negarlas. Tu Señor no está desatento a lo que haces.

SURA XXVIII
LA HISTORIA O LAS AVENTURAS[702]

DADO EN LA MECA.—88 VERSÍCULOS
EN NOMBRE DEL DIOS CLEMENTE Y MISERICORDIOSO

1.—TA. SIN. MIM. Estos son los signos del libro evidente.

2.—Te recitaremos con toda verdad algunos rasgos de la historia de Moisés y de Faraón, para *instrucción* de los creyentes.

3.—Faraón se educó en el país de Egipto y ocasioné la división de su pueblo en diferentes partidos; oprimía a una parte, condenaba a muerte a sus hijos y no perdonaba más que a sus mujeres. Era uno de los malvados[703].

4.—Hemos querido colmar con nuestros favores a los habitantes oprimidos del país; hemos querido escogerlos por imanes[704] y establecerlos herederos del país.

5.—Hemos querido establecer su poder en el país[705] y hacer sentir a Faraón, a Hamán[706] y a sus ejércitos los males que temían.

6.—He aquí lo que revelamos a la madre de Moisés: Amamántale, y si temes por él, échale al mar y cesa de temer; no te aflijas, pues te lo restituiremos algún día y haremos de él uno de nuestros enviados.

7.—La familia de Faraón recogió al niño, a fin de que algún día se convirtiese en su enemigo y en su aflicción. En verdad, Faraón y Hamán y sus ejércitos eran pecadores.

8.—La mujer de Faraón le dijo un día: Este niño será nuestro con-

---

702 El título de este *sura* está tomado del versículo 25, donde traducimos *Kesas* por *aventuras*.

703 Literalmente: uno de los corruptores en el sentido de los que siembran desorden, que devastan el país, etc.

704 Jefes espirituales de los otros pueblos; se trata aquí de los israelitas.

705 Es la manera como entiende Muhammad la historia de los israelitas. Se han visto pasajes análogos a este, *sura* II, 58.

706 Según el Corán, *Hamán* es el visir de Faraón.

suelo[707]; no le condenéis a muerte; tal vez algún día nos será útil; adoptémosle por hijo nuestro. Ellos no sabían nada.

9.—El corazón de la madre de Moisés fue agobiado de dolor; poco faltó para que descubriese su origen; *lo habría hecho si no hubiésemos consolidado su corazón a fin de que ella también fuese creyente.*

10.—Le dijo a su hermano: Seguid al niño. Ella observaba de lejos sin que se le hubiese notado.

11.—Le hemos prohibido el seno de las nodrizas extrañas[708] hasta el momento en que la hermana de su madre se presentó y dijo a la familia de Faraón: ¿Queréis que os enseñe una casa en donde se encargarán de él por vuestra cuenta y en donde le querrán bien? *Se consintió en ello.*

12.—De este modo lo hemos devuelto a su madre, a fin de que se consolasen sus ojos entristecidos, de que no se afligiese y de que supiese que las promesas de Dios son infalibles. Pero la mayor parte de los hombres no lo saben.

13.—Cuando Moisés hubo alcanzado la edad de la madurez y cuando su cuerpo hubo cobrado fuerza, le dimos la prudencia y la ciencia: así es como recompensamos nosotros a los hombres virtuosos.

14.—Un día entró en la villa sin que se hubiese notado, y vio dos hombres que se pegaban; uno era de su nación y el otro era enemigo suyo (*egipcio*). El hombre de su nación le pidió auxilio contra el hombre de la nación enemiga. Moisés le dio un puñetazo y lo mató; pero, *vuelto en sí de su arrebato,* dijo: Esto es obra de Satanás; evidentemente, este es un enemigo que nos extravía.

15.—Señor, dijo, he obrado mal respecto de ti; perdóname. Y Dios le perdonó, pues es indulgente y misericordioso.

16.—Señor, dijo, puesto que has sido benévolo conmigo, yo jamás prestaré apoyo a los culpables.

17.—Al día siguiente, caminaba por la villa temblando y mirando por todas partes, y he aquí que el hombre a quien había socorrido la

707 Literalmente: es la frescura del ojo para ti y para mí. Los parientes se sirven de las palabras *frescura del ojo,* como de un término afectuoso hablando de sus hijos. Véase *sura* XIX, 26, nota.

708 Es decir, se negaba a mamar de todas las nodrizas que le llevaban.

víspera le llamaba a grandes gritos. Tú eres evidentemente un sedicioso, le dijo Moisés.

18.—Y cuando quiso rechazar por la fuerza al hombre su enemigo común, *su compatriota* le dijo[709]: ¿Querrías matarme como has matado ayer a un hombre? ¿Quieres, pues, convertirte en tirano en este país? ¿No quieres, por lo que se ve, ser de los justos?

19.—Un hombre, acudido del extremo de la villa, le dijo: ¡Oh, Moisés! Los grandes deliberan para hacerte morir. Abandona la ciudad; te lo aconsejo como amigo.

20.—Moisés salió temblando y mirando en torno de sí. ¡Señor! Exclamó, líbrame de las manos de los malvados.

21.—Se dirigió del lado de Madián. Tal vez Dios, dijo, me dirigirá por el camino recto.

22.—Llegado a la fuente de Madián, halló una tropa de hombres que daban de beber a *sus rebaños*.

23.—Y al lado vio dos mujeres que apartaban de su rebaño. ¿Qué hacéis aquí? Les preguntó.—Nosotras no daremos de beber a nuestras ovejas hasta que hayan partido los pastores. Nuestro padre es un anciano respetable[710].

24.—Moisés hizo beber a su rebaño[711], y habiéndose retirado a la sombra, exclamó: ¡Señor! Carezco de ese bien que tú me has hecho encontrar aquí[712].

25.—Una de las dos hijas volvió a él, y, acercándose modestamente, le dijo: Mi padre te llama, a fin de recompensarte por el trabajo que te has tomado dando de beber a nuestro rebaño. Moisés se trasladó allí

709   Las palabras: *su compatriota,* no se hallan en el texto; en este se lee únicamente: *dice;* y los comentadores creen que es el israelita el que pronunció estas palabras, ofendido de oírse llamar por Moisés *un sedicioso* y temiendo que Moisés quisiese socorrer al egipcio; si se aplican al egipcio las palabras: dice: ¿Querrías tú..., etc., hay que suponer que al oír este el apostrofe de Moisés dirigido al israelita, sospechaba algo análogo a lo que había pasado.

710   Estas palabras se pueden traducir de esta manera: nuestro padre es un gran jeque, es decir, un jefe poderoso.

711   Quitando la enorme piedra con que se cubre ordinariamente una cisterna.

712   Moisés denota aquí el deseo que tendría de casarse con una mujer semejante a las que acaba de ver.

y le contó sus aventuras. El *anciano* le respondió: no temas nada, aquí estás libre de los malvados.

26.—Entonces una de las hijas le dijo a su padre: ¡Oh, padre mío! Toma este hombre a tu servicio, pues no podrías escoger mejor para tu servicio que tomando un hombre robusto y digno de confianza.

27.—Quiero darte en matrimonio, *dijo el anciano*, a una de mis dos hijas que ves aquí, con condición que me servirás durante ocho años. Si quieres llegar hasta diez, lo dejo a tu gusto. Sin embargo, no quiero oponerte nada oneroso, y, si Dios quiere, me hallarás siempre equitativo.

28.—Queda convenido entre nosotros, respondió Moisés, y sea cual fuere el término que cumpla, no habrá falta ninguna por mi parte. Dios mismo es fiador de nuestros compromisos.

29.—Cuando Moisés hubo cumplido, al servicio de su suegro, un cierto tiempo, partió con su familia. De pronto vio fuego del lado de la montaña, y dijo a su familia: Esperad aquí un instante, que he visto fuego; iré para daros nuevas, o bien os traeré un tizón ardiente para calentaros.

30.—Y cuando estuvo *en el lugar del fuego*, le gritó una voz del lado derecho del valle, en la llanura bendita, desde el fondo de un matorral: ¡Moisés! Yo soy el Dios dueño del universo.

31.—Arroja tu varilla. Y habiéndola arrojado, Moisés la vio agitarse como una serpiente y empezó a correr sin volverse. ¡Oh, Moisés!, le gritó una voz, acércate; no temas nada, que estás seguro.

32.—Pon tu mano en el seno y saldrá del todo blanca, sin que eso sea una enfermedad[713], y luego retírala hacia ti, vuelto ya de tu espanto. Serán los dos argumentos de parte de tu Señor cerca de Faraón y de los grandes de su reino. Es un pueblo de perversos.

33.—Señor, respondió Moisés, he matado a uno de los suyos y temo que me condenen a muerte.

34.—Mi hermano Aarón tiene la elocución más fácil que yo; envíale conmigo para apoyarme y confirmar mis palabras, pues temo que me traten de embustero.

713 Véase *sura* XXVII, 12, nota.

35.—Fortificaremos tu brazo por medio de tu hermano, le dijo Dios; os daremos un poder tal, que *los egipcios* no podrán alcanzar jamás *el poder* de nuestros milagros. Vosotros y los que os sigan seréis los más fuertes.

36.—Cuando Moisés se presentó provisto de nuestros signos evidentes, exclamaron: eso no es otra cosa que magia recientemente inventada; nosotros no hemos oído hablar de eso a nuestros padres los antiguos.

37.—Dios, mi Señor, les dijo a Moisés, sabe mejor que nadie a quién ha dado la dirección y quién de nosotros estará en posesión de la mansión eterna; pues no hace prosperar a los malvados.

38.—Dirigiéndose entonces Faraón a los grandes, les dijo: Que yo sepa, no tenéis más Dios que yo; y tú, Hamán, haz cocer ladrillos de tierra[714] y constrúyeme un palacio, a fin de que yo ascienda hacia el Dios de Moisés *y me asegure por mí mismo de lo que es*, porque yo creo que él (Moisés) miente.

39.—Ahora bien, Faraón y su ejército estaban llenos de orgullo en el país de Egipto, y lo estaban sin razón; creían que no serían jamás llevados ante nosotros.

40.—Pero nosotros le sorprendimos, así como a su ejército; los precipitamos a todos en el mar. Considera, pues, cuál ha sido el fin de los perversos.

41.—Hemos hecho de ellos imanes (*jefes*) que llaman y conducen al fuego. En el día de la resurrección no hallarán socorro.

42.—En este mundo; hemos unido la maldición de sus nombres, y serán deshonrados en el día de la resurrección.

43.—Dimos a Moisés el libro (*el Pentateuco*) después de haber aniquilado las generaciones anteriores; eran otros tantos ejemplos de advertencia para los hombres, eran la dirección y la prueba de nuestra misericordia; tal vez los meditarán.

44.—Tú no estabas ¡Oh, *Muhammad!*. del lado occidental del monte Sinaí cuando nosotros regulamos la misión de Moisés; tú no asistías como testigo.

---

714   Literalmente: *enciéndeme fuego* sobre barro para *hacer ladrillos.*

45.—Hemos hecho surgir muchas generaciones desde Moisés: su vida era de larga duración; tú no has permanecido entre los madianitas para recitarles nuestras enseñanzas (*contar nuestros milagros*); pero nosotros enviábamos allí apóstoles.

46.—Tú no estabas en la falda del monte Sinaí cuando nosotros llamamos allí a Moisés; es por efecto de la misericordia de tu Señor por lo que tú predicas a un pueblo que no ha tenido apóstol, antes de ti, encargado de llamar a reflexionar;

47.—A fin de que no digan, cuando la calamidad les alcance: Señor, ¿por qué no nos has enviado un apóstol? Habríamos seguido tus signos y habríamos creído.

48.—Pero cuando se les ha aparecido la verdad proveniente de nosotros, dijeron: ¿Por qué no se le ha dado lo que fue concedido a Moisés? ¡Eh! *Los incrédulos* ¿no han negado el libro dado en otro tiempo a Moisés? No dicen: el Corán y el Pentateuco ¿no son dos obras de magos que se ayudaban? ¿No creemos ni en el uno ni en el otro?

49.—Diles: Traedme, pues, cerca de Dios otro libro que sea mejor guía que estos y lo seguiré si sois verídicos.

50.—Y, si no lo hacen, sabe que no siguen más que sus inclinaciones. Ahora bien, ¿hay algún hombre más extraviado que el que sigue sus inclinaciones sin ninguna dirección por parte de Dios? Y, en verdad, Dios no dirige a los malvados.

51.—Les hemos hecho oír nuestra palabra, a fin de que reflexionen.

52.—Aquellos a quienes hemos dado las escrituras antes de que ellos crean,

53.—Cuando se les recitan, dicen: creemos en este libro, porque es la verdad que viene de nuestro Señor. Éramos musulmanes resignados a la voluntad de Dios antes de su venida.

54.—Estos recibirán una doble recompensa, porque sufren con paciencia, porque rechazan el mal con el bien, y hacen larguezas con los bienes que les hemos concedido.

55.—Cuando oyen un discurso frívolo, se alejan para no escucharlo, y dicen *a los que lo pronuncian*: A nosotros nuestras obras, a vosotros las vuestras. Que la paz sea con vosotros; nosotros no buscamos a los insensatos.

56.—No eres tú el que dirigirás a los que quieras, sino que es Dios el que dirige a los que le place; él conoce mejor que nadie a los que siguen la buena senda.

57.—Ellos (*los naturales de la Meca*) dicen: Si te seguimos, seremos expulsados del país. ¿No hemos establecido para ellos un recinto sagrado y seguro, donde los frutos de toda clase, dados por nosotros para alimentaros, afluyen de todas partes? Pero la mayor parte de los hombres no saben nada.

58.—¿A cuántas ciudades hemos destruido cuyos habitantes vivían en la abundancia? Veis sus habitaciones; no están ocupadas después de ellos más que en escaso número, y somos nosotros los que hemos recogido la herencia.

59.—Tu Señor no ha destruido jamás ciudades a las que no hubiese enviado antes un apóstol encargado en la metrópoli de recordarles sus mandamientos. Nosotros solo hemos exterminado a las villas cuyos habitantes eran impíos.

60.—Los bienes que os han sido otorgados no son más que un goce *temporal* de este mundo y *como* su adorno; pero lo que Dios tiene reservado vale más y es más duradero. ¿No lo comprenderéis?

61.—Aquel a quien hemos hecho brillantes promesas ¿será igual que el hombre a quien hemos hecho gozar de los bienes de este mundo y que en el día de la resurrección será conducido con los demás ante Dios?

62.—Ese día, Dios le gritará: ¿Dónde están, pues, mis compañeros que vosotros imaginabais *existían conmigo*?

63.—Entonces aquellos sobre los cuales sea pronunciada la sentencia dirán: Señor, hemos extraviado a los hombres que aquí ves; los hemos extraviado como hemos estado en el error nosotros mismos. No somos culpables respecto de ti. No es a nosotros a quien adoraban, sino a sus propias pasiones.

64.—Y se dirá a *esos hombres*: Llamad a vuestros compañeros. Les llaman, pero estos no les responden; verán los suplicios que se les reserva; entonces querrían haber seguido el camino recto.

65.—En este día, Dios les gritará y les dirá: ¿Qué habéis respondido a nuestros enviados?

66.—Sus recuerdos serán confusos ese día; ni siquiera podrán preguntarlo los unos a los otros.

67.—Pero el que se haya convertido, el que haya creído y obrado el bien, tal vez ese será del número de los bienaventurados.

68.—Tu Señor crea lo que le place y obra libremente; pero ellos (*los falsos dioses*) no tienen voluntad. ¡Por su gloria! Está demasiado por encima de los seres que se le asocian.

69.—Vuestro Señor conoce lo que vuestros corazones ocultan y lo que exponen a la luz del día.

70.—Es el Dios *único*, no hay más Dios que él; a él pertenece la gloria en este mundo y en el otro, a él el poder supremo; a él es a quien volveréis.

71.—Diles: ¿Qué os parece? Si Dios quisiese extender sobre vosotros la noche eterna, hacerla durar hasta el día de la resurrección, ¿qué otro Dios más que él os daría la luz? ¿No lo entendéis?

72.—Diles, además: ¿Qué os parece? Si Dios quisiese extender sobre vosotros el día eterno, hacerlo durar hasta el día de la resurrección, ¿qué otro Dios más que él os conduciría la noche para vuestro reposo? ¿No lo veis?

73.—Pero Dios, por efecto de su misericordia, os ha dado la noche y el día, ora para descansar, ora para pedir a su bondad riquezas para el trabajo, y esto para que seáis agradecidos.

74.—Algún día les gritará: ¿Dónde están mis compañeros, los que vosotros imaginabais *que eran dioses conmigo*?

75.—Haremos venir un testigo de cada nación y diremos: Traed vuestras pruebas. Y ellos sabrán que la verdad no está más que con Dios; los dioses que habían inventado desaparecerán.

76.—Karun era del pueblo de Moisés; pero obraba inicuamente respecto de sus semejantes. Le habíamos dado tantos tesoros que sus llaves apenas habrían podido ser llevadas por una tropa de hombres robustos[715]. Sus conciudadanos le decían: no te glorifiques de tus tesoros, pues Dios no ama a los vanidosos.

77.—Procura conquistar con los bienes que Dios te ha dado la mansión del otro mundo; no olvides tu cuota en este mundo y sé benévolo para con los demás como lo ha sido Dios contigo; guárdate de cometer excesos en la tierra, pues Dios no ama a los que cometen excesos.

78.—*Lo que yo tengo,* lo he obtenido mediante la ciencia que yo solo poseo[716]. ¿No sabía que Dios había destruido ya antes de él a tantas generaciones de hombres más temibles por su fuerza y más considerables por su número?[717]

79.—Karun avanzaba hacia el pueblo con pompa. Los que no ambicionaban más que los bienes de este mundo decían: ¡Ojalá tuviésemos riquezas como Karun! Él tiene una fortuna inmensa.

80.—Pero los que habían recibido la ciencia les decían: ¡Desgraciados! La recompensa de Dios es preferible para el que cree y obra el bien; pero los que sufran con paciencia lo obtendrán solos.

81.—Ordenamos que la tierra lo tragase, a él y a su palacio. La multitud de sus criados no ha podido socorrerlo contra Dios, y será privado de todo socorro.

82.—Los que la víspera deseaban estar en su lugar, decían al día siguiente: Dios derrama a manos llenas sus tesoros sobre quien quiere

---

715   *Karun,* Coré de la Biblia, cuyas riquezas son proverbiales entre los musulmanes, había construido, según dicen los comentadores, un palacio cubierto de oro macizo. Sus riquezas le habían hecho insensible a las miserias de sus conciudadanos, y su insolencia llegó hasta urdir una sedición contra Moisés. Este pidió a Dios que le librase de él. Dios concedió permiso a Moisés para dar a la tierra la orden que quisiese. Moisés ordenó a la tierra que se tragase a *Karun* con sus palacios y tesoros. La tradición añade que a medida que la tierra entreabierta se tragaba a *Karun,* primero hasta las rodillas, luego hasta la cintura, y por fin hasta el cuello, le pidió cuatro veces a Moisés que lo perdonase; pero este se mostró inexorable. Dios reprochó a Moisés su crueldad: «*Karun* imploró cuatro veces tu perdón y tú no lo escuchaste; si me lo hubiese pedido a mí una sola vez, le habría perdonado.»
716   Esta ciencia era la alquimia.
717   *Karun* afectaba un gran lujo; montaba en una mula blanca, cubierta de una manta de oro. Iba vestido de púrpura y aparecía siempre acompañado de cuatro mil hombres, ricamente vestidos y montados.

o los distribuye en cierta medida. Sin el favor de Dios, habríamos sido tragados por la tierra.

83.—Esta morada de la vida futura la daremos a los que no procuran elevarse por encima de los demás ni hacer daño. El desenlace feliz está reservado a los hombres piadosos.

84.—Todo el que haya hecho una buena acción sacará de ella provecho; pero el que haya hecho daño... los que hacen daño serán retribuidos según sus obras.

85.—El que te ha dado el Corán te trasladará a tu antigua mansión[718]. Di: Dios sabe mejor que nadie quién es el que sigue la dirección y el que está en el extravío.

86.—Tú no esperabas que te fuese dado el libro. Te ha sido dado por efecto de la misericordia divina. No prestes apoyo a los infieles.

87.—Que no te aparten jamás de los signos de Dios, *una vez* que han sido revelados. Invita a los hombres al culto de Dios y no seas del número de los idólatras.

88.—No invoques más dioses que Dios: no hay más dioses que él; todo perecerá, excepto la faz de Dios. Le pertenece el poder supremo; a él volveréis todos.

---

718 Literalmente: al lugar en que se vuelve a la morada. Con estas palabras, los unos entienden en general una playa gloriosa que Dios habría prometido a Muhammad cuando hiciese la conquista. En este caso, el *sura* no debería decir en la inscripción que fue dado, o mejor dicho, revelado en la Meca.

SURA XXIX
LA ARAÑA[719]

DADO EN LA MECA.—69 VERSÍCULOS
EN NOMBRE DEL DIOS CLEMENTE Y MISERICORDIOSO

1.—ELIF. LAM. MIM. ¿Se figuran los hombres que les dejarán tranquilos con tal que digan: Creemos, y que no se les pondrá a prueba?

2.—Hemos puesto a prueba a los que les han precedido, y en verdad, Dios conoce perfectamente a los que dicen la verdad y a los que mienten.

3.—¿Creen los que cometen iniquidades que nos ganarán en rapidez y que *escaparán al castigo*? ¡Cuán mal juzgan!

4.—El término fijado vendrá para los que esperan comparecer algún día ante Dios. Él lo sabe y lo oye todo.

5.—Todo el que hace esfuerzos, los hace por su propio bien, pues Dios puede pasar sin todo lo de este mundo.

6.—Borraremos los pecados de los que hayan creído y practicado las buenas obras, y los retribuiremos según sus más hermosas acciones.

7.—Hemos recomendado al hombre que observe buena conducta respecto de su padre y de su madre. Si te invitan a asociarme esos seres de quienes nada sabes[720], no les obedezcas. Todos volveréis ante mí, y entonces yo os recitaré lo que habéis hecho.

8.—Colocaremos entre el número de los justos a los que hayan creído y obrado el bien.

9.—Hay hombres que dicen: Creemos; y cuando tienen sufrimientos por la causa de Dios, ponen la persecución de los hombres al nivel del castigo de Dios. Su Dios deja sentir su apoyo, dicen: Estábamos con vosotros; pero Dios conoce mejor que nadie lo que encierran los corazones de los hombres.

---

719   Este *sura* toma su título de la voz araña que se halla en el versículo 40.

720   Las divinidades sobre cuyo culto no has recibido ninguna revelación que te autorice para adorarlas.

10.—Dios conoce a los creyentes; conoce también a los hipócritas.

11.—Los incrédulos dicen a los creyentes: Seguid nuestro camino y llevaremos vuestros pecados. No podrán soportar nada de sus pecados, pero mienten.

12.—Llevarán sus propios fardos y otros además de los suyos. En el día de la resurrección se les pedirá cuenta de sus invenciones engañosas.

13.—Enviamos a Noé hacia su pueblo y vivió en medio de ellos mil años menos cincuenta. El diluvio los sorprendió sumidos en sus iniquidades.

14.—Le salvamos, y a los que estaban con él, en el buque; hemos hecho de él un signo para los hombres.

15.—Enviamos luego a Abrahán. Dijo a su pueblo: Adorad a Dios y temedle. Esto os será más ventajoso, si tenéis alguna inteligencia.

16.—Adoráis ídolos al lado de Dios y cometéis una mentira; pues los dioses que adoráis al lado de Dios único no podrían procuraros vuestro alimento cotidiano. Pedidlo más bien a Dios, adoradle y dadle acciones de gracias; volveréis a él.

17.—Si te tratan de embustero, los pueblos que han vivido antes que vosotros han obrado del mismo modo. El apóstol solo está obligado a la predicación franca.

18.—¿No han considerado cómo produce Dios la creación y cómo la hará luego volver a sí mismo? Esto le es fácil a Dios.

19.—Di: Recorred la tierra y considerad cómo Dios ha producido a los seres creados. Los hará renacer mediante una segunda creación, pues es omnipotente.

20.—Castiga al que quiere y ejerce su misericordia respecto del que quiere. Volveréis a él.

21.—No podréis debilitar su poder ni en el cielo ni en la tierra. No tenéis patrón ni protector fuera de Dios.

22.—Los que no creen en los signos de Dios y en la comparecencia ante él, desesperan de su misericordia. Un suplicio doloroso les está reservado.

23.—¿Y cuál ha sido la respuesta del pueblo de Abrahán? Unos decían a los otros: Matadle o quemadle vivo. Dios le ha salvado del fuego. En verdad, hay en estos signos para los que creen.

24.—Habéis tomado al lado de Dios ídolos por objeto de vuestro culto, por el amor de este mundo, que existe entre vosotros; pero en el día de la resurrección, una parte de vosotros renegará de la otra, los unos maldecirán a los otros; el fuego será vuestra morada y no tendréis ningún protector.

25.—Loth creyó en Abrahán y dijo: Dejo a los míos y me refugio cerca del Señor, que es poderoso y prudente.

26.—Dimos a Abrahán, Isaac y Jacob; establecimos en su posteridad la profecía y el libro; le concedimos una recompensa en este mundo, y él es del número de los justos en el otro.

27.—Enviamos también a Loth. Este dijo a su pueblo: Cometéis una acción fea que ningún pueblo cometió antes de vosotros.

28.—¿Tendréis comercio con los hombres? ¿Les atacaréis en las carreteras? ¿Cometeréis iniquidades en vuestras asambleas? ¿Y cuál ha sido la recompensa de este pueblo? Decían: Si eres verídico, atrae sobre nosotros el castigo de Dios.

29.—Señor, exclamó Loth, ven en mi auxilio contra el pueblo malvado.

30.—Cuando nuestros enviados, portadores de una nueva feliz, fueron a buscar a Abrahán, dijeron: Vamos a aniquilar a los habitantes de esta villa; pues los habitantes de esta villa son impíos.

31.—Loth está entre ellos, dijo Abrahán.—Nosotros sabemos, respondieron, quién está entre ellos. Le salvaremos, así como a su familia, a excepción, sin embargo, de su mujer, que se quedará atrás.

32.—Cuando nuestros enviados fueron a casa de Loth, este se sintió afligido a causa de ellos, y su brazo fue impotente para protegerlos. Le dijeron: no temas nada y no te aflijas. Te salvaremos, así como a tu familia, a excepción de tu mujer, que se quedará atrás.

33.—Haremos descender del cielo un castigo terrible sobre los habitantes de esta villa, como premio de sus crímenes.

34.—Solo hemos dejado de esto lo que servirá de signo evidente (*de ejemplo sorprendente*) para los hombres dotados de inteligencia.

35.—Enviamos hacia los madianitas a su hermano Choaib, que les dijo: ¡Oh, pueblo mío! Adorad a Dios y esperad la llegada del día final y no caminéis por la tierra para cometer excesos.

36.—Pero le trataron de impostor; una conmoción violenta les sorprendió; al día siguiente se les halló yaciendo *muertos* en sus casas.

37.—Aniquilamos a Ad y a Temud. Claramente lo veis en los despojos de sus moradas. Satanás había embellecido sus acciones a sus ojos y les había alejado de la senda recta. Sin embargo, estaban dotados de penetración.

38.—Y nosotros *hicimos perecer* a Karun[721] y a Faraón y a Hamán[722], y sin embargo, Moisés había comparecido en medio de ellos con pruebas evidentes *de su misión*. Se creían poderosos en la tierra; pero no habían podido ganarnos en rapidez y *escapar al castigo*.

39.—Todos fueron castigados por sus pecados; contra algunos de ellos enviamos un viento que lanzaba piedras; algún otro fue sorprendido de repente por un grito terrible del *ángel Gabriel*; ordenamos a la tierra que tragase a los unos y ahogamos a los otros. No es Dios el que ha querido tratarlos con iniquidad; ellos mismos *son inicuos consigo mismos*.

40.—Los que buscan protectores fuera de Dios se parecen a la ARAÑA que se construye una morada; ¿hay una morada más frágil que la morada de la araña? ¡Si ellos lo supiesen!

41.—Dios conoce todo lo que invocan *en sus plegarias*, fuera de él. Es el Poderoso, el Prudente.

42.—He aquí las parábolas que proponemos a los hombres; pero los hombres sensatos son los únicos que las entienden.

43.—Dios ha creado los cielos y la tierra en toda verdad. Hay en esto un signo de instrucción para los que creen.

44.—Recita, pues, las porciones del libro que han sido reveladas; cumple haciendo la oración, pues la oración preserva de las acciones feas, de las acciones vituperables. Acordarse de Dios es un deber grave[723]. Dios conoce vuestras acciones.

721 Véase, sobre *Karun, sura* XXVIII, 76.

722 Véase *sura* XXVIII, 5.

723 Acordarse de Dios, pensar en Dios, recordar el nombre de Dios, son expresiones equivalentes a rogar a Dios, orar.

45.—No entabléis controversias con los hombres de las escrituras, a no ser de la manera más honesta, a menos que se trate de hombres malvados. Decid: Creemos en los libros que nos han sido enviados, así como en aquellos que os han sido enviados. Nuestro Dios y el vuestro es el mismo[724], y nos resignamos por completo a su voluntad.

46.—Así es como te hemos enviado el libro. Aquellos a quienes hemos dado las escrituras creen en él, muchos árabes creen en él, y únicamente los infieles niegan nuestros signos.

47.—Hubo un tiempo en que no tenías ningún libro *divino* que recitar y en que no habrías sabido trazar ni una sola línea con tu mano diestra. ¡Oh! Entonces los que niegan la verdad podían dudar.

48.—*Sí, el Corán es una colección* de signos evidentes en los corazones de los que han recibido la ciencia; únicamente los malvados niegan nuestros signos.

49.—Dicen: Si al menos unos milagros le fuesen concedidos de parte de su Señor, *creeríamos*. Respóndeles: Los milagros están en poder de Dios, y yo no soy más que un enviado encargado de advertir francamente.

50.—¿No les basta que te hayamos enviado el libro cuyos versículos recitas? En verdad, hay en esto una prueba de la misericordia de Dios y una advertencia para todos los que creen.

51.—Diles: Basta que Dios sea testigo entre mí y vosotros.

52.—Conoce todo lo que hay en los cielos y en la tierra. Los que creen en lo que es falso[725] y no creen en Dios, esos son los desgraciados.

53.—Te pedirán que apresures el suplicio. Si tu término inmutable no hubiese sido fijado anteriormente, este suplicio les habría alcanzado ya de repente, cuando menos lo esperaban.

54.—Te pedirán que apresures el suplicio. Ya la gehena envuelve a los infieles.

55.—Un día el suplicio les envolverá por encima de sus cabezas y por debajo de sus pies. Entonces Dios les gritará: Probad *el fruto de vuestras obras*.

---

724   Esto puede traducirse también: nuestro Dios y el vuestro son uno.
725   Es decir, las divinidades de los idólatras.

56.—¡Oh, servidores míos! La tierra es vasta[726] y a mí es a quien debéis adorar.

57.—Toda alma probará la muerte y en seguida volveréis todos a mí.

58.—Daremos a los que hayan creído y practicado las buenas obras, palacios, jardines regados por corrientes de agua. Permanecerán allí eternamente. ¡Qué hermosa es la recompensa de los que obran el bien[727],

59.—De los que soportan las penas con paciencia y ponen su confianza en Dios!

60.—¡Cuántas criaturas *en el mundo* que no toman ningún cuidado de su alimento! Es Dios el que los alimenta como os alimenta, el que lo oye y lo ve todo.

61.—Si tú les preguntas quién es el que ha creado los cielos y la tierra, te responderán: Es Dios. ¿Por qué, pues, mienten, *adorando a otras divinidades?*

62.—Dios difunde a manos llenas los dones sobre aquel de sus servidores que le place, o bien los reparte en cierta medida. Dios conoce todas las cosas.

63.—Si tú les preguntas: ¿Quién es el que hace descender el agua del cielo y el que reanima la tierra muerta poco antes?, te responderán: es Dios. Di: ¡Alabanzas sean tributadas, pues, a Dios! Pero la mayor parte de ellos no oyen nada.

64.—La vida de este mundo no es más que un pasatiempo y un juego; pero la morada del otro mundo es la *verdadera* vida. ¡Ah! ¡Si ellos lo supiesen!

65.—Montados en un buque, invocan el nombre de Dios, consagrándole un culto puro y sincero; pero cuando les ha llevado sanos y salvos a tierra firme, entonces le asocian otros dioses.

66.—Que no crean en los libros revelados y gocen de los bienes de este mundo, que algún día sabrán la verdad.

726   El sentido de esta palabra es: si se os prohíbe adorarme en un país, dejadlo por otro.
727   Literalmente: de los que obran, es decir, que hacen obras (buenas, se sobrentiende).

67.—¿No ven cómo hemos establecido la seguridad en el recinto sagrado (*de la Meca*), mientras que en torno de él todo se ataca y se despoja? ¿Creerán en las mentiras y desconocerán los beneficios de Dios?

68.—¡Eh! ¿Quién es peor que el que inventa dichos por cuenta de Dios o trata la verdad de impostura? ¿No será la gehena la mansión de los infieles?

69.—Dirigiremos por nuestros senderos a todos los que hagan esfuerzos por nuestra causa; y en verdad, Dios está con los que obran en bien.

SURA XXX
LOS GRIEGOS

DADO EN LA MECA.—60 VERSÍCULOS
EN NOMBRE DEL DIOS CLEMENTE Y MISERICORDIOSO

1.—ELIF. LAM. MIM. Los griegos han sido vencidos[728].

2.—En un país muy cercano al nuestro[729]; pero después de esta victoria, vencerán a su vez

3.—En el espacio de algunos años[730]. Lo mismo antes que después, las cosas dependen de Dios. Ese día los creyentes se regocijarán

4.—De la victoria obtenida mediante la asistencia de Dios; él asiste al que quiere; es el Poderoso, el Misericordioso,

728   La voz *er-roun* del texto, que nosotros traducimos por *griegos*, se aplica aún en árabe a los griegos de Alejandro Magno, al imperio romano de Occidente y de Oriente, o a los griegos del Bajo imperio.

729   *En el país muy cercano.* Los comentadores difieren en la aplicación de este pasaje. Uno de los más célebres, *Ebn Abas*, citado por sale, cree que se trata de Palestina.

730   Las palabras: *espacio de algunos años,* responden al *bed'issinina* del texto. He aquí lo que refieren los comentadores a propósito de esta designación: cuando fue revelado el pasaje prediciendo la victoria de los griegos, *Abubeker* (califa después) hizo una apuesta con *Obba ben Schalf,* árabe idólatra, a que la profecía se cumpliría en el espacio de tres años, y ganó diez camellos. Habiendo tenido noticia Muhammad de la apuesta, dijo a *Abubeker* que la palabra *bed'* (algunos) se aplicaba a un número cualquiera de tres hasta diez, y le aconsejó que modificase los términos de la apuesta en este sentido; las dos partes fijaron el tiempo en nueve años y la apuesta en cien camellos. Se dice que *Obba* murió el año III de la hégira, y que habiéndose realizado la predicción poco tiempo después, sus herederos se vieron obligados a dar cien camellos a *Abubeker*. Una observación más nos resta hacer sobre este *sura*, que servirá para apreciar el carácter del Corán: sabido es que en el sistema gráfico de los árabes, así como en todas las lenguas de origen semítico, no se escribe más que las consonantes y se suplen las vocales al leer. El Corán recibió su actual vocalización mucho después de su redacción y después de haber pasado por la escritura cúfica, y por consiguiente, en la época en que se ha podido venir a un acuerdo respecto del sentido de las palabras. Ahora bien, las palabras: *los griegos han sido vencidos,* pueden ser leídas sin tocar las consonantes: *los griegos han sido vencedores.* Viendo la vaguedad de estas palabras y su brevedad, parece que fueron escritas para tener siempre razón, cualquiera que fuese el resultado de los hechos.

5.—Es la promesa de Dios. Él no es infiel a sus promesas; pero la mayor parte de los hombres no lo saben.

6.—Conocen de la vida de este mundo lo que hiere los sentidos, y no sospechan la *existencia* de la vida futura.

7.—¿No han reflexionado para sí mismos que Dios ha creado los cielos y la tierra y todo lo que hay entre ellos, por la verdad; que ha fijado su duración hasta el término designado de antemano? Pero la mayor parte de los hombres no creen que han de comparecer algún día ante su Señor.

8.—¿No han viajado por los países? ¿No han visto cuál ha sido el fin de sus antecesores más robustos que ellos? Han surcado el país *de caminos y diques*; habitaban una parte más considerable que estos. Unos apóstoles se presentaron ante ellos, acompañados de pruebas evidentes. No es Dios el que les ha tratado duramente; han sido inicuos consigo mismos.

9.—Malo ha sido el fin de los que cometían malas acciones. Han tratado de mentiras nuestros signos y los tomaban por objeto de burlas.

10.—Dios produce la creación y la hace volver a su seno. Volveréis a él.

11.—El día en que haya llegado la hora[731], los criminales se tornarán mudos;

12.—No hallarán intercesores entre sus compañeros; renegarán de sus compañeros (*las divinidades*).

13.—El día en que comience la hora, los hombres serán separados unos de otros.

14.—Los que hayan creído y obrado el bien se divertirán en un parque de flores,

15.—Los que no crean y traten de mentiras nuestros signos y la comparecencia en el otro mundo, serán entregados al suplicio.

16.—Celebrad, pues, a Dios mañana y tarde,

17.—Pues la gloria le pertenece en los cielos y en la tierra; celebradle a la entrada de la noche, y cuando descanséis al mediodía.

---

731   La hora del juicio final.

18.—Hace salir al vivo de lo que está muerto y a lo que está muerto del vivo; vivifica la tierra muerta poco antes; así es como vosotros seréis también resucitados.

19.—Es uno de los signos *de su poder* el haberos creado de polvo. Luego os convertisteis en hombres diseminados por todas partes.

20.—Lo es también el haberos dado esposas creadas de vosotros mismos, para que habitaseis con ellas. Ha establecido entre vosotros el amor y la ternura. Hay en esto signos para los que reflexionan.

21.—La creación de los cielos y de la tierra, la diversidad de vuestras lenguas y de vuestros colores, son también un signo; en verdad, hay en esto signos para el universo.

22.—Del número de sus signos es vuestro sueño en la noche y en el día y vuestro deseo de obtener riquezas de la generosidad *de Dios*. Hay en esto signos para los que entienden.

23.—También es uno de sus signos el hacer brillar a vuestros ojos el rayo para inspiraros el temor y la esperanza; el hacer descender del cielo el agua con la cual devuelve la vida a la tierra muerta poco antes. Hay en esto signos para los hombres inteligentes.

24.—También es uno el que por su orden se mantengan de pie el cielo y la tierra. Luego, cuando os llame *de las entrañas* de la tierra, saldréis de repente.

25.—A él pertenece todo lo que hay en los cielos y en la tierra: todo le está sometido.

26.—Él es el que produce la creación y el que la hará volver a *su seno*; esto le es fácil. Él solo tiene derecho a ser comparado con cuanto hay de más elevado en los cielos y en la tierra.

27.—Os propone ejemplos sacados de vosotros mismos. ¿Tomáis a vuestros esclavos, adquiridos por vuestras manos, por vuestros asociados en los goces de los bienes que os hemos dado, hasta el punto que vuestras porciones sean iguales? ¿Tenéis respecto de ellos ese temor (*reserva*) que tenéis en *vuestras relaciones* entre vosotros? (Así es como exponemos nuestras enseñanzas a los hombres dotados de inteligencia.)

28.—No, *eso no es*; únicamente los malvados siguen sus pasiones sin discernimiento. ¿Y quién dirigirá a aquel a quien Dios ha extraviado? ¿Quién puede servirle de protector?

29.—Levanta, pues, piadoso y devoto, tu frente para esta religión, *obra* de Dios, obra por la cual ha creado a los hombres. La creación de Dios no podría ser cambiada. Esta religión es inmutable; pero la mayor parte de los hombres no la entienden.

30.—Volveos hacia Dios y temedle; observad la plegaria y no seáis del número de los idólatras;

31.—Del número de los que han dividido su religión y se han formado en sectas en las que cada partido está satisfecho de su porción.

32.—Cuando les alcanza una desgracia, vueltos hacia su Señor, gritan hacia él; luego, cuando les hace probar su misericordia, una gran parte de ellos le atribuyen asociados.

33.—Es para testimoniar su ingratitud por los benéficos con que les hemos colmado. Gozad. Pronto aprenderéis...

34.—¿Les hemos enviado alguna autoridad que les habla de las divinidades que asocian a Dios?

35.—Cuando hacemos probar a los hombres los beneficios de nuestra gracia, se entregan a la alegría; pero si les sorprende una desgracia como castigo de sus pecados, entonces se desesperan.

36.—¿No han considerado que Dios tan pronto distribuye a manos llenas el alimento, como lo mide?

37.—Da a cada cual lo que le corresponde: a tu prójimo, al pobre, al viajero. Esto será más ventajoso a los que quieran obtener la mirada benévola de su Señor. Serán felices.

38.—*El dinero* que dais con usura para aumentarlo con el bien de los demás no medrará cerca de Dios; pero toda limosna que hagáis para obtener las miradas *benévolas* de Dios[732] os será duplicada.

39.—Dios os ha creado y os alimenta; os hará morir y luego os hará revivir. ¿Hay un solo de vuestros compañeros[733] que pueda hacer nada? ¡Por su gloria! Está muy por encima de lo que se le asocia.

---

732 Literalmente: que hagáis buscando la faz de Dios.
733 La expresión *vuestros compañeros* ha sido explicada ya antes.

40.—La destrucción apareció en la tierra y en el mar, a causa de las obras de las manos de los hombres; ella les hará probar *los frutos* de una parte de sus crímenes.

41.—Diles: Recorred el país y ved cuál ha sido el fin de esos pueblos de otro tiempo que eran en su mayor parte incrédulos.

42.—Levanta tu frente hacia la religión inmutable antes de que llegue ese día que nadie sabrá alejar de Dios[734]. Entonces serán separados en dos partidos.

43.—Los incrédulos que llevan el peso de su incredulidad, y los que han obrado el bien y preparado su lugar de reposo,

44.—A fin de que Dios recompense con su generosidad a los que han creído y obrado el bien. No ama a los infieles.

45.—Es uno de los signos de su poder el enviar los vientos portadores de felices nuevas[735] para hacer probar a los hombres los dones de su misericordia; que por orden suya los buques hienden las olas; que los hombres piden riquezas a su generosidad[736]. Tal vez estaréis agradecidos hacia él.

46.—Antes de ti hemos enviado apóstoles hacia cada uno de estos pueblos; se presentaron provistos de pruebas evidentes. Hemos tomado venganza de los culpables. Era de nuestro deber socorrer a los creyentes.

47.—Dios envía los vientos, y los vientos surcan la nube. Dios la extiende en el cielo como quiere; la divide en fragmentos y tú ves salir la lluvia de su seno; y cuando la ha hecho caer sobre aquellos de sus servidores que quiere, ellos muestran alegría;

48.—Ellos, que antes de que cayese estaban desesperados.

49.—Vuelve tus miradas hacia las huellas de la misericordia de Dios; mira como da la vida a la tierra muerta. Ese mismo Dios resucitará a los muertos; es omnipotente.

50.—Pero, si enviamos un viento *ardiente* y ellos ven sus *cosechas* amarillear[737], ved entonces como se mostrarán ingratos.

---

734 Es decir, que nada podría alejarle, para impedir que Dios arreglase la cuenta de los hombres.

735 Es decir: anunciando la lluvia.

736 Esta expresión se emplea siempre en el Corán hablando del comercio.

737 Literalmente: *y que lo vean amarillo.*

51.—*¡Oh, Muhammad!* Tú no podrías hacer que te oyesen los muertos; tú no podrías hacer oír un grito a los sordos cuando, al volver la espalda, se van.

52.—Tú no eres el guía de los ciegos para impedirles extraviarse. Tú no podrías hacerte escuchar más que por los que creen en nuestros signos y se resignan a nuestra voluntad.

53.—Dios es el que os ha creado de debilidad[738]; después de la debilidad, os concede la fuerza, y después de la fuerza, vuelve a traer la debilidad y las canas. Crea lo que quiere; es el sabio, el Poderoso.

54.—El día en que se levante la hora, los culpables jurarán

55.—Que no han permanecido más que una hora *en las tumbas*. Así es como mentían *en la tierra*.

56.—Pero aquellos a quienes fueron dada la ciencia y la fe, les dirán: según la sentencia del libro de Dios, habéis permanecido allí hasta el día de la resurrección. He aquí este día, pero vosotros no lo sabíais.

57.—Ese día las excusas de los malvados no les servirán de nada; no serán ya invitados a hacerse gratos a Dios.

58.—Hemos propuesto a los hombres en este Corán toda suerte de parábolas. Si les haces ver un milagro, los incrédulos dirán: No sois más que unos impostores.

59.—Así es como imprime Dios el sello en los corazones de los que no saben nada.

60.—Y tú ¡Oh, *Muhammad!*, ten paciencia, pues las promesas de Dios son verdaderas; que no te turben los que no creen con certeza.

---

738 Para decir: débiles en la infancia.

SURA XXXI
LOKMAN[739]

DADO EN LA MECA.—34 VERSÍCULOS
EN NOMBRE DEL DIOS CLEMENTE Y MISERICORDIOSO

1.—ELIF. LAM. MIM. He aquí los versículos del libro prudente.

2.—Sirve de dirección y es una gracia *concedida por Dios* a los que obran el bien,

3.—A los que cumplen la oración, hacen limosna y creen firmemente en la vida futura.

4.—Son dirigidos por su Señor y son los bienhechores.

5.—No faltarán hombres de este país que compren cuentos fútiles para desviar a los hombres del sendero de Dios; no tiene ciencia y busca *en esos cuentos* con qué alegrarse. A semejantes hombres les está preparada la pena ignominiosa[740].

6.—Si se le recitan nuestras enseñanzas (*los versículos del Corán*), se apartan con desdén, como si no las oyese, como si fuese sordo[741]. Pues bien, a este anúnciale el castigo doloroso.

7.—Los que hayan creído y practicado las buenas obras habitarán los jardines de delicias.

8.—Permanecerán allí eternamente en virtud de la promesa de Dios, de la promesa verdadera; él es el Poderoso, el Prudente.

9.—Ha creado los cielos y la tierra sin columnas visibles; ha echado en la tierra montañas *como columnas* para que no se conmoviese cuando estabais allí; ha desparramado animales de todas clases. Hacemos descender del cielo el agua y con ella producimos cada pareja preciosa[742].

739   Véase, sobre *Lokman*, la nota del versículo 11.

740   Este versículo y el siguiente iban dirigidos contra un tal *Nodhar ben el-Haret*, que había traído de su viaje a Persia los relatos de las hazañas de *Rusten* y de *Isfendiar*, dos de los héroes más famosos de este país, y leía pasajes a los koreichitas, advirtiéndoles que estas historias eran muy superiores a las del Corán.

741   Literalmente: como si hubiese pesadez en sus oídos.

742   Es decir, el macho y la hembra en todos los seres de la creación.

10.—Esta es la creación de Dios; ahora presentadme lo que han hecho otros que no fuesen Dios. Sí, los malvados están en un extravío evidente.

11.—Dimos a Lokman[743] la sabiduría y le dijimos: sé agradecido para con Dios, pues el que es agradecido lo será en su propia ventaja.

---

743 *Lokman* es un personaje famoso entre los árabes por su sabiduría, por lo cual se une siempre a su nombre el epíteto de *el hakim* (el sabio). Entre los hechos relativos a la historia de los árabes antes de Muhammad, se halla que, sufriendo los aditas, pueblo de la Arabia, una sequía, enviaron un mensaje al templo de la Meca para implorar la lluvia. Entre estos delegados había un tal *Lokman*; pero los comentadores cuidan de advertir que este *Lokman* no debe ser confundido con el citado en el Corán. Sin citar, como hacen siempre, ninguna autoridad, dicen que este era hijo de Baura, hijo de Job; vivió mil años y alcanzó los tiempos de David, de quien aprendió la sabiduría. Antes de este tiempo, daba consultas sobre materias de derecho. Añaden otros que Dios le había dado a escoger entre el don de la profecía y el de la sabiduría, y que escogió este. Otra tradición conservada entre los poetas, nos hace saber que Dios le había concedido una edad igual a la vida sucesiva de siete halcones, lo cual la elevaría a quinientos años. Los que le reputan contemporáneo de David, añaden que *Lokman* vio a David trabajando una cota de mallas y quiso interrogarle sobre sus procedimientos, pero que, fiel a su espíritu de sabiduría, se calló, y a fuerza de atención reconoció que Dios hacía el hierro dúctil como la cera en las manos de David. Todos estos detalles cuyo origen y autenticidad sería ocioso buscar, hacen de *Lokman* un modelo de discreción, de cortesía y de reserva, y les sirve de apoyo el pasaje del Corán que nos ocupa. Sabido es que hay en árabe una colección de fábulas que llevan el nombre de *Lokman el Sabio*. La analogía que se advierte entre los asuntos de estas fábulas y los de los apólogos atribuidos a Esopo, haría deducir la identidad de ambos personajes. Viene en apoyo de esta hipótesis la característica de *Lokman*, referida por escritores orientales. Dicen que *Lokman* era un negro del país de los negros de Egipto, y esclavo; según otros, era carpintero, sastre, zapatero, pastor. Un día que alguien mostraba mirarle con desdén a causa de su color y de sus gruesos labios, respondió que su rostro era negro, pero que su corazón era blanco (puro) y que sus labios gruesos destilaban palabras sutiles. Se cuenta también que había llevado lenguas cuando le dijeron qué cosa era la mejor del mundo, y lenguas también cuando le preguntaron cuál era la peor. Finalmente, se pretende ver en el nombre de su hijo *Anaam*, a *Eno*, hijo de *Esopo*. No nos detendremos a discutir el valor de estos pequeños indicios de la identidad de estos personajes. Llamaremos más bien la atención del lector sobre la manera como procura Muhammad apoderarse de todos los nombres célebres de su tiempo entre los árabes, para poner en su boca la profesión de fe unitaria y musulmana.

Dios puede prescindir del que es ingrato. Dios es rico y está lleno de gloria.

12.—Lokman le dijo cierto día a su hijo[744] por vía de amonestación: ¡Oh, hijo mío! No asocies a Dios otras divinidades, pues la idolatría es una gran iniquidad.

13.—Nosotros[745] hemos recomendado al hombre su padre y su madre (su madre le lleva en su seno y soporta pena sobre pena sin destetar al niño hasta los dos años). Sé agradecido para conmigo y para con tus padres. Todo viene a dar a mí.

14.—Si te importunan para que tú me asocies lo que tú no sabes[746], no les obedezcas, pórtate con ellos honradamente en este mundo y sigue el sendero del que vuelve a mí[747]. Volveréis todos a mí y yo os recordaré lo que habéis hecho.

15.—¡Oh, hijo mío! Lo que no tuviese más que el peso de un grano de mostaza, aunque estuviese oculto en una roca, en el cielo o en la tierra, Dios lo presentará a la luz del día, pues es penetrante y está instruido de todo.

16.—¡Oh, hijo mío! Observa la oración, ordena el bien y prohíbe el mal, y soporta con paciencia los males que pueden alcanzarte. Esta es la resolución indispensable en todas las cosas.

17.—No hagas contorsiones con la boca *por desdén* hacia los hombres; que tu paso no sea orgulloso, pues Dios no gusta del hombre presuntuoso, vanidoso.

18.—Procura moderar tu paso[748] y bajar la voz, pues la más desagradable de las voces es la voz de asno.

19.—¿No veis que Dios os ha sometido todo lo que hay en los cielos y en la tierra? Ha derramado sobre vosotros sus beneficios visibles y ocultos. Hay hombres que disputan sobre Dios, sin ciencia, sin guía, sin libro que ilumine.

20.—Cuando se les dice: Seguid lo que Dios os ha enviado de lo

744 Cuyo nombre era Anaam, como acabamos de decir en la nota anterior.
745 En los versículos 13 y 14 es Dios el que habla.
746 Divinidades cuya existencia no está confirmada por ninguna autoridad.
747 Volver a Dios significa arrepentirse.
748 No hay que caminar ni demasiado aprisa ni con demasiada lentitud.

alto, dicen: Seguiremos más bien lo que hemos hallado entre nuestros padres. ¿Y si Satanás les invita al suplicio del brasero ardiente?

21.—El que se abandona enteramente a Dios, es justo y ha asido una asa sólida[749]. El término de todas las cosas está en Dios.

22.—Que la incredulidad del incrédulo no te aflija; volverán todos a nosotros y nosotros les volveremos a decir cuáles fueron sus obras. Dios conoce lo que los corazones ocultan.

23.—Les haremos gozar durante algún tiempo y luego les obligaremos a sufrir un rudo suplicio.

24.—Si les preguntas quién ha creado los cielos, responden: Dios. Diles: ¡Gloria a Dios! Pero la mayor parte de ellos no lo saben.

25.—A él pertenece todo lo que hay en los cielos y en la tierra. Es rico y está lleno de gloria.

26.—Aunque todos los árboles que hay en la tierra se convirtiesen en otras tantas plumas, aunque Dios convirtiese el mar en siete *mares de tinta*, las palabras de Dios no serían agotadas; es poderoso y prudente.

27.—Crearos a todos y resucitaros un día a todos es para él como *crear y resucitar* a una sola persona, pues Dios lo oye y lo ve todo.

28.—¿No ves que Dios hace entrar el día en la noche y la noche en el día? Os ha sujetado el sol y la luna; uno y otra prosiguen su curso hasta el término marcado. Dios es sabedor de todo lo que hacéis.

29.—Porque Dios es la verdad misma y porque las divinidades que invocáis al lado de él no son más que vanidad. En verdad, Dios es el sublime, el Grande.

30.—¿No ves al buque navegar por el mar cargado con los dones de Dios para mostraros sus enseñanzas? Hay en esto signos para todo hombre paciente, agradecido.

31.—Cuando las olas envuelven al buque como tinieblas, invocan a Dios con fe sincera; pero tan pronto como los ha salvado y vuelto a tierra firme, algunos de ellos flotan en la duda. Pero ¿quién negará nuestros milagros, a no ser el pérfido, el ingrato?

32.—¡Oh, hombres! Temed a vuestro Señor, y temed el día en que,

---

749   Es la expresión proverbial árabe para decir: ha hallado un excelente apoyo.

por poco que sea, el padre no satisfará por su propio hijo, ni el hijo *por su padre.*

33.—Las promesas de Dios son verdaderas. Que la vida de este mundo no os deslumbre; que la ilusión no os ciegue sobre Dios.

34.—El conocimiento de la hora está cerca de Dios. Él hace descender del cielo la lluvia torrencial. Él sabe lo que llevan las entrañas *de las madres.* Ningún alma sabe lo que ganará mañana[750], ningún alma sabe en qué comarca morirá. Dios es sabio e instruido.

---

750 Es decir: ningún hombre sabe si merecerá mañana una recompensa o un castigo.

SURA XXXII
LA ADORACIÓN[751]

DADO EN LA MECA.—30 VERSÍCULOS
EN NOMBRE DEL DIOS CLEMENTE Y MISERICORDIOSO

1.—ELIF. LAM. MIM. La revelación de este libro es indudable, proviene del Señor del universo.

2.—Dirán: ¿Es él (*Muhammad*) quien lo ha inventado? No. ¡*Oh, Muhammad!* es más bien la verdad venida de tu Señor para que tú adviertas a un pueblo que no ha tenido profeta antes de ti, y a fin de que todos sean dirigidos por el camino recto.

3.—Dios es el que creó los cielos y la tierra y todo lo que hay entre ellos, en el espacio de seis días; luego fue a sentarse en el trono. No tenéis más patrón que él. ¿No reflexionaréis?

4.—Él conduce los negocios *del mundo* del cielo a la tierra; luego todo remonta a él en un día cuya duración es de mil años de vuestro cómputo[752].

5.—Él es el que conoce las cosas visibles e invisibles, el Poderoso, el Compasivo.

6.—Ha dado la perfección a todo lo que ha creado y ha formado primero al hombre de arcilla.

7.—Luego ha establecido su descendencia derivada de una gota, de una vil gota de agua.

8.—Luego le ha formado según ciertas proporciones y echó en él una parte de su espíritu. Os ha dado el oído y la vista, el corazón. ¡Cuán poco agradecidos sois!

9.—Dicen: Cuando desaparezcamos de alguna parte bajo la tierra, ¿volveremos a ser una nueva creación?[753]

---

751 El título de este *sura* le proviene de estas palabras del versículo 15: *se prosternan* en señal de adoración.

752 Véase *sura* LXX, 4, nota.

753 Es decir: ¿Reapareceremos en una forma nueva?

10.—No creen que comparecerán ante su Señor.

11.—Diles: El ángel de la muerte, que está encargado de vosotros, os recogerá; y luego volveréis a Dios.

12.—¡Si tu pudieses ver cómo humillarán los culpables sus cabezas ante su Señor! Exclamarán: Señor, hemos visto y hemos oído. Déjanos volver a la tierra y haremos el bien; *ahora* creemos firmemente.

13.—Si hubiésemos querido, habríamos dado a toda alma la dirección de su camino; pero mi palabra inmutable ha sido esta: se llena la gehena de hombres y de genios.

14.—Probad la recompensa de vuestro olvido de la comparecencia de este día. También nosotros hemos olvidado. Probad el suplicio eterno como premio de vuestras acciones.

15.—Creen en nuestros milagros aquellos que, cuando se hace mención de ellos, se prosternan en señal de *adoración* y cantan las alabanzas de su Señor, exentos de todo orgullo;

16.—Cuyos flancos se yerguen en sus camas para invocar a su Señor por temor y por deseo[754]; que distribuyen en limosnas los dones que les hemos concedido.

17.—Ninguna alma sabe (*podría decir*) cuántos goces[755] les (*a los hombres virtuosos*) están reservados como premio de sus acciones.

18.—¿Será igual el que ha creído al que se ha entregado al pecado? ¿Serán iguales uno y otro?

19.—Los que han creído y practican las buenas obras tendrán los jardines de la mansión eterna como recompensa de sus obras.

20.—En cuanto a los criminales, el fuego será su mansión. Cada vez que deseen salir de ella, serán vueltos a ella. Se les dirá: Probad el suplicio del fuego que antes tratabais de mentira.

21.—Les haremos sufrir una pena ligera *en este mundo*, antes de hacerles sufrir el gran suplicio; tal vez volverán a nosotros.

22.—¿Quién es más culpable que el que habiendo sido advertido por signos de Dios se aparta de ellos? Nos vengaremos de los culpables.

23.—Hemos dado el libro a Moisés. No estés en la duda sobre su

---

754 Es decir: deseando obtener los favores de Dios.
755 Literalmente: frescura de ojos.

entrevista con el Señor[756]. Hemos hecho de este libro la dirección de los hijos de Israel.

24.—Hemos establecido entre ellos imanes (pontífices) para conducirlos según nuestras órdenes, después que se hayan mostrado perseverantes y que crean firmemente en nuestros signos.

25.—En verdad, Dios pronunciará entre vosotros en el día de la resurrección respecto de vuestras disputas.

26.—¿Ignoran cuántas generaciones hemos aniquilado antes de ellos? Sin embargo, hollan las antiguas moradas de estos pueblos. Hay signos en esto. ¿No lo entienden?

27.—¿No ven cómo empujamos delante de nosotros el agua *contenida en las nubes* hacia un país árido y cómo hacemos germinar los trigos con que se alimentan ellos y sus rebaños? ¿No lo ven?

28.—Preguntarán: ¿Cuándo vendrá, pues, ese desenlace? Decidlo, si sois sinceros.

29.—Diles: En el día del desenlace, la fe de los infieles no servirá de nada[757]. No se les concederá ya dilación.

30.—Aléjate de ellos y espera. Ellos también esperan.

---

756   De la entrevista del monte Sinaí donde Dios habló con Moisés.
757   No servirá de nada a los infieles creer cuando haya llegado el juicio final.

SURA XXXIII
LOS CONFEDERADOS[758]

DADO EN MEDINA.—73 VERSÍCULOS
EN NOMBRE DEL DIOS CLEMENTE Y MISERICORDIOSO

1.—¡Oh, profeta! Teme a Dios y no obedezcas a los hipócritas ni a los infieles. Dios es sabio y prudente.

2.—Seguid más bien lo que os ha sido revelado por Dios. Él conoce vuestras acciones.

3.—Pon tu confianza en Dios; te basta tener a Dios por patrono.

4.—Dios no ha dado dos corazones al hombre[759]; no ha hecho que vuestras esposas, a quienes podéis repudiar, sean para vosotros como vuestras madres, ni que vuestros hijos adoptivos sean como vuestros *propios* hijos. Estas palabras no están más que en vuestra boca[760]. Dios solo dice la verdad y dirige por el camino recto.

5.—Llamad a vuestros hijos adoptivos por el nombre de sus padres, que esto será más equitativo ante Dios. Si no conocéis a sus padres, que sean vuestros hermanos en religión y vuestros clientes; no habrá pecado si os engañáis en esto; pero será un pecado si lo hacéis deliberadamente. Dios está lleno de bondad y misericordia.

---

758   La inscripción de este *sura* proviene de que ha sido revelado (al menos una parte) en Medina, sitiada, por instigación de los judíos de *Nadhir*, durante unos veinte días por algunas tribus. La voz *alahzab*, que nosotros traducimos aquí por *confederados*, se usa a veces con el significado de partidos.

759   Literalmente: Dios no ha colocado dos corazones en el interior de un hombre.

760   Los árabes acostumbraban decir a la mujer a quien repudiaban, sin despojarla de la casa ni reprenderla, las palabras siguientes: «Que tu espalda sea en lo sucesivo para mí como la espalda de mi madre.» Muhammad condena esta costumbre. Aleja igualmente los escrúpulos de los que, mirando a sus hijos adoptivos como sus propios hijos, se prohibían el matrimonio con las mujeres que estos habían repudiado. En el versículo 37 se verá los motivos de esta dispensa. Con las palabras: Dios no ha dado dos corazones al hombre, se entiende que el hombre no puede tener igual afecto a sus propios hijos que a los adoptados.

6.—El profeta está más cercano de los creyentes que ellos mismos[761]; sus mujeres son sus madres. Según el libro de Dios, los hombres unidos entre sí por los lazos de la sangre están más próximos los unos de los otros que los otros creyentes y los mohadjeres[762]; pero el poco bien que hagáis a vuestros amigos será inscrito en el libro.

7.—Acuérdate de que hemos contraído un pacto con los profetas y contigo, con Noé, y Abrahán, y Moisés, y Jesús, hijo de María; hemos formado una sólida alianza,

8.—A fin de que Dios pueda interrogar a los hombres verídicos sobre su veracidad[763], pues ha preparado un castigo terrible para los infieles.

9.—¡Oh, creyentes! Acordaos de los beneficios de Dios para con vosotros, cuando ejércitos caían sobre vosotros y cuando enviamos un viento y ejércitos invisibles, pues Dios ve lo que vosotros hacéis.

10.—Entonces los *enemigos* os asaltaban por arriba y por abajo[764]; entonces vuestros ojos se extraviaban y los corazones se os subían ya a la garganta[765]; entonces teníais sobre Dios toda clase de pensamientos[766];

11.—Entonces sufrían los infieles una ruda prueba; temblaban con un temblor violento.

12.—Cuando los hipócritas y aquellos cuyo corazón está atacado de una enfermedad decían: Dios no nos ha hecho más que una vana promesa;

13.—Cuando una parte de ellos decían: ¡Oh, habitantes de Ya-

761 Literalmente: más cercano de los creyentes que sus almas; pero aquí la palabra *alma* (*nafs*) está en el sentido de: *sí mismo, persona, individuo*.

762 *Los mohadjeres* son los que habían emigrado de la Meca. Este versículo deroga los de los *suras* VIII y IX, donde los *mohadjeres* y los *ansares* (auxiliares de Medina) son designados como herederos unos de otros, con exclusión de los demás parientes, idólatras todavía.

763 Es decir: hasta qué punto cumplieron su misión y los compromisos con Dios.

764 Se trata aquí del compromiso que se hizo bajo los muros de Medina, donde una parte de las fuerzas enemigas estaba en lo alto y otra en lo bajo del valle.

765 Es una locución figurada propia de la lengua árabe para expresar el estado de angustia causado por el espanto que sofoca.

766 Le acusabais ya de haberos hecho traición, abandonado.

treb!⁷⁶⁷ No hay aquí asilo para vosotros; volveos más bien a vuestra casa, una parte de vosotros pidieron permiso al profeta para retirarse diciendo: nuestras casas están sin defensa; *no*, no estaban sin defensa; pero ellos solo pretendían huir.

14.—Si en aquel instante hubiese entrado el enemigo *en Yatreb*, si se les hubiese pedido que se sublevasen y *combatiesen a los creyentes*, se habrían entregado; pero en este caso solo habrían permanecido muy poco tiempo.

15.—Y, sin embargo, habían prometido precedentemente a Dios no volver la espalda. Ahora bien, el pacto concluido con Dios es una cosa de la que se pide cuenta.

16.—Di: La huida no os servirá de nada. Si habéis escapado a la muerte o a la carnicería *en la guerra*, solo poco tiempo gozaréis de la vida.

17.—Di: ¿Quién es el que os dará un abrigo contra Dios, si quiere afligiros con una desgracia o si quiere testimoniaros misericordia? No hallaréis contra él patrono ni protector.

18.—Dios conoce bien a aquellos de vosotros que impiden a los demás seguir al profeta y que dicen a sus hermanos: Venid a nosotros, y que no muestran *en el ataque* más que un ardor mediano.

19.—Es por avaricia respecto de vosotros⁷⁶⁸; cuando el miedo se apodera de ellos los ves buscar auxilio y mirar en torno suyo como aquel que se ve rodeado de las sombras de la muerte. Cuando el espanto pasa, verás cómo te asaltarán con sus aceradas lenguas, avaros como son de los bienes que os esperan. Esos hombres no tienen fe. Dios hará sus obras nulas. Eso le es fácil.

20.—Se imaginaban que los *confederados* no se alejarían; si los confederados volviesen *por segunda vez*, desearían vivir entonces con los árabes nómadas⁷⁶⁹ y se contentarían con informarse de vosotros, pues

---

767   Medina se llamaba en otro tiempo *Yatreb*. Desde que Muhammad la sitió y la hizo suya, se le llama *Medinet al-Nabi*, villa del profeta, y luego sencillamente el *Medine*, la villa.

768   Es decir: son avaros de sus personas; o bien: verían con pena que una parte del botín os cupiese.

769   Porque en este caso se hallaban ausentes y se librarían de tomar parte en la guerra santa.

aunque estuviesen ahora con vosotros, no han combatido más que débilmente.

21.—Tenéis un excelente ejemplo en vuestro profeta, un ejemplo para todos los que esperan en Dios y creen en el día final, los que piensan en él con frecuencia.

22.—Cuando los creyentes vieron a los confederados, exclamaron: He aquí lo que Dios y su apóstol os han prometido. Dios y su apóstol han dicho la verdad. Todo esto no hizo más que acrecentar su fe y su abandono absoluto a la voluntad de Dios.

23.—Hay entre los infieles hombres que cumplen lo que habían prometido a Dios; los hay que han cumplido su término y otros que lo esperan; no han cambiado.

24.—Dios recompensará por su lealtad a los hombres leales; castigará a los hipócritas, si quiere, o bien les perdonará; pues Dios está inclinado a perdonar y a tener piedad.

25.—Dios rechazó a los infieles con su ira. No han sacado ninguna ventaja *en esta guerra*. Dios basta a los creyentes en los combates, pues Dios es fuerte y poderoso.

26.—Ha hecho salir de sus fuertes a las gentes de las escrituras que ayudaban a los confederados; ha sembrado en sus corazones el terror y la desesperación; habéis matado a una parte de ellos y habéis reducido la otra a cautividad[770].

27.—Dios os ha hecho herederos de su país, de sus casas y de sus riquezas, del país que no habíais hollado jamás hasta entonces con vuestros pies. Dios es omnipotente.

28.—¡Oh, profeta! Di a tus mujeres: si buscáis la vida de aquí abajo con su pompa, venid; os concederé una hermosa parte y un retiro honrado.

29.—Pero si buscáis a Dios y a su apóstol, y la mansión de la vida

770 Este pasaje se refiere a la expedición hecha por Muhammad contra los judíos de *Koreidha*, tan pronto como hubieron levantado el sitio de Medina. Para castigarlos por su traición (habían sido los primeros en romper la alianza concluida anteriormente con Muhammad) hicieron en ellos una carnicería; una parte fueron reducidos a la esclavitud y sus bienes dados a los *mohadjeres* (emigrados de la Meca).

futura, Dios ha preparado magníficas recompensas a los que practican la virtud[771].

30.—¡Oh, mujeres del profeta! Si alguna de vosotras se hace culpable de una acción fea[772] que sea probada, Dios aumentará la pena en el doble; esto es fácil a Dios.

31.—La que crea firmemente en Dios y en su apóstol, la que obre el bien, a esa le aumentaremos la recompensa en el doble; le hemos preparado una parte generosa.

32.—¡Oh, mujeres del profeta! Vosotras no sois como las otras mujeres; si teméis a Dios, no mostréis demasiada complacencia en vuestras palabras, por temor a que el hombre cuyo corazón está atacado de algún achaque no llegue a formar sobre vosotros deseos culpables. Emplead siempre un lenguaje decente.

33.—Permaneced tranquilos en vuestras casas; no afectéis el lujo de los tiempos pasados de la ignorancia[773]; observad las horas de la oración; haced limosna; obedeced a Dios y a su apóstol. Dios no quiere más que alejar la abominación de todos vosotros, de su familia[774], y aseguraros una pureza perfecta.

34.—Repasad en vuestra memoria los versículos del Corán que se recitan en vuestras casas, así como las *enseñanzas* de la sabiduría. En verdad, Dios es bueno y está instruido de todo.

35.—Los hombres y las mujeres que se abandonan enteramente a Dios, los hombres y las mujeres que creen, las personas piadosas de ambos sexos, las personas justas de ambos sexos, las personas de ambos sexos que lo soportan todo con paciencia, los humildes de ambos se-

---

771 Las mujeres de Muhammad le cansaban pidiéndole trajes más ricos y un tren de casa más considerable. Llamándolas Muhammad a todas, les dio a elegir entre seguir con él como hasta entonces o separarse de él divorciándose. Todas las mujeres prefirieron quedar con Dios y el apóstol. Muhammad les dio las gracias y se prohibió en el versículo 52 casarse con otras mujeres.

772 Esta palabra quiere decir el adulterio.

773 La ignorancia, *eldjahiliie*, se aplica a los tiempos de idolatría.

774 En este pasaje, la palabra vosotros es en árabe pronombre masculino plural, mientras que en las frases anteriores Muhammad se sirve del pronombre femenino: *vosotras, mujeres*. Los chiitas (partidarios de Alí) citan este pasaje en apoyo de la unión íntima de Alí y de su posteridad con el profeta.

xos, los hombres y las mujeres que hacen limosna, las personas castas de ambos sexos, los hombres y las mujeres que se acuerdan de Dios a cada momento, todos obtendrán el perdón de Dios y una recompensa generosa.

36.—No conviene a los creyentes de ambos sexos seguir su propia elección, si Dios y su apóstol lo han decidido de otro modo. Todo el que desobedece a Dios y a su apóstol, está en un extravío manifiesto.

37.—*¡Oh, Muhammad!* Tú has dicho un día este hombre respecto del cual ha estado lleno de bondad y a quien ha colmado con sus favores: Guarda a tu mujer y teme a Dios; y tú ocultabas en tu corazón lo que Dios iba a exponer muy pronto a la luz del día. Tú has temido a los hombres, y, sin embargo, era más justo temer a Dios. Pero cuando Zeid tomó un partido y resolvió repudiar a su mujer, nosotros le unimos a ti mediante el matrimonio, a fin de que no sea para los creyentes un crimen el casarse con las mujeres de sus hijos adoptivos, después de su repudiación[775]. Y la sentencia de Dios se cumplió.

---

775 Se ha visto antes (versículo 4) la distinción que Muhammad quería establecer entre los hijos propios y los adoptivos para quitar los escrúpulos de los árabes respecto a este punto. He aquí lo que dio lugar a la revelación del versículo 37 que sirve de complemento al versículo 4: *Zeid*, joven de la tribu de *Kabb*, descendiente de los *himiaritas*, fue secuestrado por un partido de árabes y puesto en venta; Muhammad lo compró mucho tiempo antes de su apostolado, le cobró cariño y lo trató como hijo. Cuando el venerable padre de *Zeid*, *Hareta*, después de muchas indagaciones, halló al fin a su hijo, le ofreció a Muhammad rescatarlo; pero el profeta declaró que si *Zeid* prefería volver con su padre, lo entregaría sin rescate; en el caso contrario, lo guardaría para sí. *Zeid* declaró que quería permanecer con Muhammad, y este lo adoptó solemnemente como hijo delante de la piedra negra de la *Caaba*. Posteriormente, Muhammad le hizo casar con una mujer llamada *Zeineb* (Zenobia). Algunos años después, habiendo ido Muhammad un día a casa de *Zeid*, no lo halló, y vio únicamente a su mujer, cuya belleza le sorprendió hasta el punto que exclamó: «Gloria a Dios que vuelve los corazones de los hombres como quiere.» cuando *Zeid* volvió a casa, su mujer le contó la visita de Muhammad, sin olvidar la significativa exclamación del profeta. *Zeid* comprendió que era preciso sacrificar su mujer a su bienhechor; así es que se apresuró a repudiarla. Muhammad, ya fuese sinceramente o ya en apariencia para evitar el escándalo, procuró hacer desistir de su propósito a *Zeid*. Acto continuo intervino la revelación del versículo 37, que legitimó la pasión del profeta y le permitió a él y a los fieles casarse con las mujeres repudiadas por sus

38.—No hay crimen de parte del profeta por haber aceptado lo que Dios le concedía; Dios acostumbra hacerlo para que los que han vivido antes de ti (las órdenes de Dios son fijadas de antemano),

39.—Para los que llenaban la misión con que Dios les había en cargado, que temían a Dios y no temían más que a él. Dios basta para todos.

40.—Muhammad no es el padre de ninguno de vosotros. Es el enviado de Dios y el sello de los profetas[776]. Dios lo conoce todo.

41.—¡Oh, creyentes! Repetid con frecuencia el nombre de Dios y celebradle mañana y tarde.

42.—Tiene benevolencia para vosotros; sus ángeles interceden por vosotros, a fin de que paséis de las tinieblas a la luz; es misericordioso para con los verdaderos creyentes.

43.—La salutación que recibirán en el día en que comparezcan ante él, será esta palabra: ¡Paz! (selam)[777]. Les ha preparado, además, una recompensa generosa.

44.—¡Oh, profeta! Te hemos enviado para ser testigo, para advertir, para anunciar.

45.—Tú llamas a los hombres a Dios, tú eres la antorcha que ilumina.

46.—Anuncia a los creyentes que hay cerca de Dios grandes favores reservados para ellos.

47.—No escuches a los infieles ni a los hipócritas. Sin embargo, no les hagas daño. Pon tu confianza en Dios. Dios te basta como patrón.

48.—¡Oh, creyentes! Si repudiáis a una mujer fiel antes de haber tenido comercio con ella, no la retengáis más allá del término prescrito. Dadle lo que la ley ordena y una despedida honrosa.

49.—¡Oh, profeta! Te está permitido casarte con las mujeres que hayas dotado y con las cautivas que Dios haya hecho caer en tus manos;

---

hijos adoptivos. Los musulmanes advierten que *Zeid* es el único contemporáneo de Muhammad nombrado en el Corán. Hay que añadir, sin embargo, a *Abu-Lahab*, nombrado en el *sura* CXI.

776   Esto quiere decir que no habría ya profetas después de Muhammad. Se citan estas palabras de Muhammad: *La nebiia ba'di*; no más profetas después de mí.

777   Esta palabra puede traducirse también por salud, salutación y por seguridad.

con las hijas de tus tíos y de tus tías paternos y maternos que hayan emprendido la huida contigo, y con toda mujer fiel que haya dado su alma al profeta, si el profeta quiere casarse con ella. Es esta una prerrogativa que te concedemos sobre los otros creyentes.

50.—Sabemos lo que os hemos prescrito respecto de vuestras esposas y de vuestras esclavas, a fin de que no haya aquí ningún pecado de tu parte. Dios es indulgente y misericordioso.

51.—Puedes dar esperanza a la que quieras y recibir *en tu lecho* a la que quieras y a la que desees de nuevo después de haberla dejado. No serás culpable obrando así. Así será más fácil consolarlas[778]. Que ellas no sean jamás afligidas, que todas estén satisfechas de lo que tú les concedes. Dios conoce vuestros corazones; es sabio y humano.

52.—No te está permitido tomar más mujeres en lo sucesivo[779] ni cambiarlas por otras, aun cuando su belleza te encantase, a excepción de las esclavas que puedas adquirir. Dios lo observa todo.

53.—¡Oh, creyentes! No entréis sin permiso en las casas del profeta, excepto cuando se os permita hacer una comida *con él*, y sin esperarlo. Pero cuando seáis invitados, entrad, y cuando hayáis comido, separaos y no empeñéis familiarmente conversaciones, pues esto le causa pena; al profeta le da vergüenza *decíroslo*; pero Dios no se avergüenza de la verdad. Si queréis pedir algún objeto a sus mujeres, pedidlo a través de un velo; así es como vuestros corazones y los suyos conservarán la pureza. Evitad causarle pena al enviado de Dios. No os caséis jamás con las mujeres con las que él haya tenido comercio; esto sería grave a los ojos de Dios.

54.—Ya expongáis una cosa a la luz del día o ya la ocultéis, Dios lo conoce todo.

---

778 Literalmente: refrescar sus ojos.

779 En esta época Muhammad tenía nueve mujeres, sin contar las esclavas. De aquí se dedujo que el profeta estaba autorizado para tener nueve mujeres legítimas, sin contar las esclavas. El ejemplo del profeta es considerado como obligatorio para los imanes reputados de ser sus sucesores. Como se ha visto en el *sura* IV, los demás creyentes no pueden tener más de cuatro mujeres legítimas. *La ba'don* (después), que traducimos por en lo sucesivo, es entendida por los comentadores en el sentido de que aunque una de las mujeres muriese, Muhammad no debía ya reemplazarla.

55.—Vuestras esposas pueden descubrirse ante sus padres, sus hijos, sus sobrinos y sus mujeres y ante sus esclavas. Temed al Señor, que es testigo de todas vuestras acciones.

56.—Dios y los ángeles honran al profeta. ¡Creyentes! Dirigid sobre su nombre palabras de veneración y pronunciad su nombre con salutación[780].

57.—Los que ofenden a Dios y a su enviado serán maldecidos en este mundo y en el otro y consagrados al suplicio ignominioso.

58.—Los que hacen daño a los creyentes, hombres y mujeres, sin que lo hayan merecido, cometen una mentira y un pecado enorme.

59.—¡Oh, profeta! Prescribe a tus esposas, a tus hijas y a las mujeres de los creyentes que dejen caer su velo hasta abajo; así será más fácil obtener que no sean desconocidas ni calumniadas[781]. Dios es indulgente y misericordioso.

60.—Si los hipócritas, los hombres cuyo corazón está atacado de una enfermedad, y los propagadores de noticias falsas en Medina, no cesan en sus desafueros, te excitaremos contra ellos para exterminarlos y no les dejaremos vivir a tu lado más que poco tiempo.

61.—Malditos en cualquier lugar que se hallen, serán cogidos y muertos en medio de una terrible carnicería.

62.—Tal ha sido la conducta de Dios respecto de los hombres que les han precedido. No hallarás ningún cambio en la conducta de Dios.

63.—Te preguntarán cuándo vendrá la hora. Responde: El conocimiento de la hora está cerca de Dios; y ¿quién puede decirte si no está próxima la hora?

64.—Ha maldecido a los infieles y les ha amenazado con el fuego.

---

780   En conformidad con este precepto, los mahometanos no pronuncian ni escriben nunca el nombre de Muhammad sin añadir estas palabras: *sala alahu aleihi oia salama*, que Dios le sea propicio y lo conserve. La palabra *sala*, que significa orar cuando se dice del hombre respecto de Dios, no puede traducirse hablando de Dios con respecto a Muhammad, más que por la palabra *honrar* o *bendecir*, y este es el sentido que le dan los comentadores, pues la significación primitiva de este verbo implica más bien un testimonio de veneración que una súplica.

781   Pues en Oriente solo dejan ver la cara en todo o en parte las mujeres del pueblo bajo, las campesinas o las mujeres de costumbres sospechosas.

65.—Permanecerán allí eternamente sin intercesores y sin auxilio.

66.—El día que vuelvan sus miradas hacia las llamas, exclamarán: ¡Ojalá hubiésemos obedecido a Dios y al profeta!

67.—¡Señor! Hemos seguido a nuestros príncipes y a nuestros magnates, y ellos nos han apartado del camino recto.

68.—¡Oh, Señor! Duplica su suplicio y pronuncia sobre ellos una gran maldición.

69.—¡Oh, creyentes! No os parezcáis a los que ofendieron a Moisés; Dios le lavó de las calumnias y Moisés era considerado ante Dios.

70.—¡Oh, creyentes! Temed al Señor; hablad con rectitud.

71.—Dios tornará vuestras obras en bien y borrará vuestros pecados, y todo el que obedece a Dios y a su profeta gozará de una gran dicha.

72.—Hemos propuesto al cielo, a la tierra, a las montañas, el depósito *de la fe*; ellos han rehusado encargarse de ella y han temido recibirla. El hombre se encargó y se ha tornado injusto e insensato.

73.—Dios castigará a los hipócritas de ambos sexos y a los idólatras de ambos sexos; pero perdonará a los creyentes, hombres y mujeres. Es indulgente y misericordioso.

SURA XXXIV
SABA[782]

DADO EN LA MECA.—54 VERSÍCULOS
EN NOMBRE DEL DIOS CLEMENTE Y MISERICORDIOSO

1.—Gloria a Dios a quien pertenece todo lo que hay en los cielos y en la tierra. La gloria en el otro mundo le pertenece también; es el Prudente, el instruido.

2.—Sabe lo que entra en la tierra y lo que sale y lo que desciende del cielo y lo que sube. Es el compasivo, el indulgente.

3.—Los incrédulos dicen: No vendrá la hora. Responde: En verdad, vendrá, lo juro por el Señor, que conoce las cosas ocultas; a su conocimiento no se escapa siquiera el peso de un átomo. No hay en los cielos ni en la tierra nada, que sea más pequeño o mayor que un átomo, que no esté consignado en el libro evidente,

4.—A fin de que Dios recompense a los que han creído y obrado el bien. A ellos el perdón y una subsistencia generosa.

5.—Los que trabajan para debilitar nuestros signos (*en despreciar nuestros milagros*), recibirán el castigo de un suplicio doloroso.

6.—Los que han recibido la ciencia ven bien que el libro que te ha sido enviado de lo alto por tu Señor es la verdad; que conduce por el sendero del Poderoso, del Glorioso.

7.—Los incrédulos dicen a *aquellos a quienes encuentran*: ¿Queréis que os mostremos al hombre que os predique que cuando hayáis sido desgarrados y roídos en todos sentidos, seréis luego revestidos de una forma nueva?

8.—O ha inventado una mentira contra Dios o es un demoníaco. Di más bien: Los que ni creen en la vida futura estarán en el suplicio y en un extravío sin término.

---

782   *Saba* es el nombre de un país en la Arabia Feliz, a tres jornadas de *Sanaá*. *Balkis*, la reina de este país, según los mahometanos, había enviado un mensaje a Salomón (véase *sura* XXVII). Sobre el país de Saba y la lengua que allí se habla, véanse los artículos de *M. Joesnel* en el *Journal Asiatique*.

9.—¿No ven lo que hay ante ellos y detrás de ellos? ¿El cielo y la tierra? Si nosotros quisiésemos, podríamos hacerles tragar por la tierra entreabierta o hacer caer sobre sus cabezas un fragmento de cielo. En esto hay un signo para todo servidor *de Dios* capaz de convertirse.

10.—Hemos concedido a David un don que provenía de nosotros (*el talento de cantar*). Dijimos: ¡Oh, montañas y pájaros! Alternad con él en sus cantos. Hemos ablandado el hierro entre sus manos, y *le dijimos*: Haz con él cotas de maya completas y observa bien la proporción de las mallas. Hacedlo bien, pues yo veo vuestras acciones.

11.—Sometimos el viento a Salomón. Soplaba un mes por la mañana y otro mes por la tarde. Hicimos brotar para él una fuente de bronce. Los genios trabajaron en su presencia, con el permiso del Señor y todo el que se apartaba de nuestras órdenes era entregado al suplicio del brasero ardiente.

12.—Ejecutaban para él todos los trabajos que quería, palacios, estatuas[783], fuentes anchas como estanques, calderos sólidamente construidos. ¡Oh, familia de David! Dadnos acciones de gracias. ¡Cuán pocos hombres agradecidos hay entre mis servidores!

13.—Y cuando decretamos que muriese, fue reptil de la tierra el primero que lo comunicó a todos; había roído su palo que *sostenía el cadáver*; y cuando este cayó, los genios reconocieron que, si hubiesen penetrado el misterio, no habrían permanecido tanto tiempo en aquella pena envilecedora[784].

14.—Los habitantes de SABA tenían, en el país que habitaban, un

---

783 Entre las obras ejecutadas por los genios, se cita el trono de Salomón, soportado por dos leones acostados y rematado por dos águilas. Cuando Salomón subía al trono, los leones extendían las patas, y cuando se sentaba, las águilas le prestaban sombra con sus alas.

784 Ya se han dado en los *suras* II y XXVII algunos detalles sobre Salomón. Entre los musulmanes, Salomón es el tipo de un rey sabio, poderoso; su magnificencia se ha hecho proverbial. Los comentadores, sin duda tomándolo de las fuentes rabínicas, cuentan que al verse Salomón en edad avanzada rogó a Dios que ocultase su muerte hasta que estuviesen terminadas las obras y edificios comenzados por él. Temía que los genios abandonasen el trabajo después de su muerte. Dios atendió la petición de Salomón, y cuando llegó el momento de su muerte, estaba de rodillas, orando apoyado en su bastón. Al verlo vivo siempre, los genios acabaron los trabajos.

signo de *advertencia*: dos jardines a la derecha y a la izquierda[785]. Nosotros les dijimos: Comed del alimento que os da vuestro Señor; dadle acciones de gracias. Tenéis una comarca encantadora y un Señor indulgente.

15.—Pero ellos se apartaron *de la verdad*. Enviamos contra ellos la inundación de los diques[786] y cambiamos sus dos jardines en otros dos que producían frutos amargos, tamarindos y algunos pequeños frutos de loto.

16.—Así es como los retribuimos por su incredulidad. ¿Recompensaremos así a otros que no sean los ingratos?

17.—Establecimos entre ellos y las ciudades que hemos bendito, ciudades florecientes; establecimos al través de este país un camino y dijimos: Viajad por él con seguridad de día y de noche.

18.—Pero ellos dijeron: Señor, pon una distancia mayor entre nuestros caminos[787]. Ellos han obrado con iniquidad consigo mismos. Les convertimos en fábula de las naciones y los dispersamos por todas partes. Hay en esto una advertencia para todo hombre que sabe sufrir y que es agradecido.

19.—Eblís reconoció que habían juzgado bien. Todos le han seguido, salvo algunos creyentes.

20.—Él no tenía, empero, ningún poder sobre ellos; únicamente queríamos saber quién de ellos creerá en la vida futura y quién dudará de ella. Tu Señor vela por todo.

21.—Diles: Llamad a los que vosotros creéis que existen además de Dios. No tienen poder en el cielo ni en la tierra, ni siquiera del peso

---

785   Hay que entender aquí por los jardines todo un país cubierto de jardines, en el país llamado *Seba Mareb*, a tres jornadas de distancia de *Sanaá*.

786   La inundación de los diques en una de las principales épocas de la historia de la Arabia; esta catástrofe ocasionó una emigración de las tribus que después de aquella época se establecieron tanto en las demás partes de la Arabia como en Siria. Aunque es difícil precisar la época de este hecho, las indagaciones de *M. Sacy* permiten creer que ocurrió en el siglo II de nuestra era.

787   Dicen los comentadores que estaban aburridos de tantas bendiciones, y querían tener ocasión de dar prisa a los pobres a hacer viajes a través de los desiertos. Dios dejó así desierto aquel país.

de un átomo. No tienen ninguna parte en su creación, y Dios no les ha tomado por ayudantes.

22.—La intercesión de quienquiera no servirá de nada, salvo a aquel a quien Dios se lo permita. Esperarán hasta el momento en que el temor sea desterrado de sus corazones[788]. Entonces dirán: ¿Qué es lo que ha dicho Dios? Se les repetirá: La verdad. Él es el sublime, el Grande.

23.—Diles: ¿Quién es el que os envía el alimento desde los cielos y la tierra? Di: Es Dios. Yo o vosotros ¿estamos en el camino recto o en el extravío evidente?

24.—No se os pedirá cuenta de nuestras faltas ni a nosotros tampoco de vuestras acciones.

25.—Di: Nuestro Señor nos reunirá a todos y pronunciará entre nosotros con toda justicia. Él es el juez supremo[789], el Sabio.

26.—Di: Mostradme a los que le habéis agregado como asociados. No los tiene. Él es el Poderoso, el Prudente.

27.—Te hemos enviado hacia los hombres sin excepción ¡Oh, *Muhammad!,* para anunciar y amenazar a la vez. Pero la mayor parte de los hombres no lo saben.

28.—Dicen: ¿Cuándo se *cumplirá, pues,* esa promesa? Decidlo si sois sinceros.

29.—Diles: Vuestra cita será el día que no podréis recular ni avanzar un solo instante.

30.—Los incrédulos dicen: No creeremos en este Corán ni en los libros enviados antes de él. ¡Si tú vieses a los malvados cuando sean conducidos ante su Señor y se hagan mutuos reproches! Los débiles de la tierra dirán a los poderosos: sin vosotros, habríamos sido creyentes.

31.—Y los poderosos responderán a los débiles: ¿Somos nosotros los que os hemos impedido seguir la dirección cuando os fue dada? Vosotros mismos sois los culpables.

32.—Y los débiles responderán a los poderosos: No, son vuestras astucias de cada día y de cada noche, cuando nos mandabais no creer

788 Pues los que quisieran interceder no se atreverán a pronunciar una sola palabra antes de que Dios se lo permita.

789 La palabra árabe empleada aquí el *elfetah,* propiamente que lo abre todo, que desata y vence todas las dificultades y todas las diferencias.

en Dios y atribuirle iguales. Todos ocultarán su despecho al ver los tormentos. Cargaremos de cadenas el cuello de los infieles. ¿Iban a ser retribuidos de distinto modo que como han obrado?

33.—No hemos enviado un solo apóstol a una ciudad, sin que los hombres opulentos hayan dicho: No creemos en su misión.

34.—Decían: Nosotros somos más ricos en bienes y en hijos; no somos nosotros los que sufriremos el suplicio.

35.—Diles: Mi Señor derrama a manos llenas sus dones sobre quien quiere, o los mide; pero la mayor parte de los hombres no lo saben.

36.—No es por vuestras riquezas ni por vuestros hijos como os acercaréis más a nosotros. Solo los que creen y obran el bien *lo harán*; a ellos la recompensa duplicada como premio de sus acciones. Descansarán en seguridad en las elevadas galerías del paraíso.

37.—Pero los que se esfuerzan por aniquilar nuestros signos serán entregados al suplicio.

38.—Di: Mi Señor derrama a manos llenas sus dones sobre aquel de sus servidores que quiere, o los mide. Todo lo que deis en limosnas os lo devolverá. Es el mejor dispensador de dones.

39.—Un día os reunirá a todos y luego preguntará a los ángeles: ¿Es a vosotros a quien adoraban?

40.—Y los ángeles responderán: ¡Por tu gloria! Tú eres nuestro patrón y no ellos. Adoraban más bien a los genios; la mayor parte creen en ellos.

41.—Ese día ninguno de vosotros dispondrá a favor del otro de ningún bien ni de ningún mal. Diremos a los infieles: Probad el castigo del fuego que en otro tiempo habéis tratado de mentira.

42.—Cuando se les recitan nuestras enseñanzas, dicen: Este hombre no quiere más que apartarnos de nuestras divinidades que adoraban nuestros padres. Dirán además: El Corán no es más que una mentira forjada recientemente. Cuando la verdad se deja ver claramente a los incrédulos, dicen: Eso es magia manifiesta.

43.—Antes de ti no les habíamos dado ningún libro ni enviado ningún apóstol.

44.—Los que les han precedido tratarán a nuestros enviados de impostores. Estos no han obtenido la décima parte de lo que habíamos concedido a los demás, y han tratado igualmente a nuestros enviados de impostores. ¡Qué terrible ha sido su castigo!

45.—Diles: Os comprometo a una sola cosa. Presentaos bajo la invocación de Dios, dos a dos o separadamente[790], y considerad bien si vuestro compatriota está atacado de monomanía, si es otra cosa más que un apóstol encargado de advertiros de la aproximación del suplicio terrible.

46.—Diles: No os pido salario; guardadlo para vosotros. Mi salario corre de cuenta de Dios. Él es testigo de todo.

47.—Di: Dios no envía más que la verdad a sus apóstoles. Él conoce perfectamente las cosas ocultas.

48.—Di: La verdad ha venido, la mentira no aparecerá ni volverá.

49.—Di: Si estoy en el error, lo estoy en detrimento mío; si estoy en el camino recto, es a consecuencia de lo que me ha revelado mi Señor. Lo oye todo y está inmediato *en todas partes*.

50.—¡Ah! Si tú vieses cómo temblarán sin hallar ayuda y cómo serán asaltados en lugar inmediato, *de modo que no podrán escapar*.

51.—Dirán: ¡He aquí! Hemos creído en él. Pero ¿cómo alcanzarían *esa fe que afectan ahora* cuando están tan lejos por *su pasado*?

52.—No creían antes y lanzaban dichos respecto de cosas ocultas de tan lejos[791].

53.—Un intervalo inmenso se interpondrá entre ellos y lo que desean[792].

54.—Así ocurrió con sus semejantes de otro tiempo que estaban en la duda y lo ponían todo en tela de juicio.

---

790   Dos a dos o uno a uno y no en conjunto, donde se es más fácilmente imbuido por el juicio de los demás.

791   Los versículos 50-52 contienen una especie de juego de palabras que apenas puede ser sensible en la traducción y que consiste en el empleo de las voces *próximo, de cerca, de lejos, lanzar, alcanzar*; la palabra *lanzar* (rama en árabe) significa también en sentido figurado: *burlarse de algo*. Las cosas ocultas son los misterios del paraíso, del infierno, de la vida futura; los incrédulos —dice el Corán— se burlan de los misterios, ¡están tan alejados de ellos! ¡Son tan incapaces de comprenderlos!

792   La fe o la salvación y la libertad del fuego.

SURA XXXV
LOS ÁNGELES[793], O EL CREADOR

DADO EN LA MECA.—45 VERSÍCULOS
EN NOMBRE DEL DIOS CLEMENTE Y MISERICORDIOSO

1.—¡Gloria a Dios, creador de los cielos y de la tierra, el que emplea por mensajeros a los ÁNGELES de dos, tres y cuatro pares de alas![794]; añade a la creación todo lo que quiere; es omnipotente.

2.—Lo que Dios abre a los hombres *en tesoros* de misericordia, nadie podría retenerlo, y lo que Dios retiene nadie podría enviarlo tras él. Él es el Poderoso, el Prudente.

3.—¡Oh, hombres! Acordaos de los beneficios con que os ha colmado Dios; ¿hay algún otro creador más que Dios que os alimente con los dones del cielo y de la tierra? No hay más Dios que él. ¿Por qué, pues, os apartáis de él?

4.—Si te tratan de impostor, ¡oh, *Muhammad!*, también lo ha sido tratados los apóstoles que te han precedido; pero todas las cosas volverán a Dios.

5.—¡Oh, hombres! Las promesas de Dios son verdaderas; que la vida de este mundo no os deslumbre; que la vanidad no os ciegue respecto de Dios.

6.—Satanás es vuestro enemigo; miradle como enemigo vuestro. Llama a sí a sus aliados, a fin de que *sean luego* entregados al fuego.

7.—Los que no creen sufrirán un suplicio terrible.

8.—Los que creen y obran el bien obtendrán el perdón de sus faltas y una magnífica recompensa.

9.—Aquel a quien se han presentado malas acciones bajo un aspecto bueno y las cree buenas ¿*será como aquel a quien le ocurre lo*

---

793 Este *sura* se titula también *El Creador*. Ambos títulos están tomados del primer versículo.

794 Según los comentadores, el ángel Gabriel se apareció a Muhammad en la noche de su viaje nocturno (*sura* XVII) con seiscientas alas.

contrario? Dios extravía al que quiere y dirige al que quiere. Que tu alma, *¡oh, Muhammad!,* no se suma en la aflicción sobre su suerte. Dios conoce sus acciones.

10.—Dios es el que envía los vientos que empujan las nubes. Tan pronto como hemos empujado ante nosotros las nubes hacia una comarca muerta *de sequía*, reanimamos la tierra antes muerta. Así *se hará* la resurrección.

11.—Si alguien desea la grandeza, la grandeza pertenece por entero a Dios; hacia él suben toda palabra buena y toda obra buena, y él las ensalza aún más. Los que traman malos proyectos recibirán un castigo terrible. Sus maquinaciones serán aniquiladas.

12.—En un principio Dios os ha creado de polvo, luego de una gota de esperma; después os ha dividido en dos sexos; la hembra no lleva ni pone nada en el mundo de que no tenga conocimiento; nada es añadido a la edad de un ser que vive mucho tiempo, ni nada es quitado que no sea consignado en el libro. Esto es fácil a Dios.

13.—Los dos mares[795] no se parecen: uno es de agua fresca y dulce, de fácil absorción; el otro de agua amarga y salada. Vosotros os alimentáis de carne fresca de la una y de la otra, y sacáis de ellos los adornos que lleváis[796]. Veis los buques hendir las olas para obtener riquezas del favor de Dios. Tal vez le daréis acciones de gracias.

14.—Él hace entrar la noche en el día y el día en la noche. Os ha sujetado al sol y a la luna; cada uno de estos astros prosigue su carrera hasta un término fijado. Tal es vuestro Señor; el poder solo a él le pertenece. Los que invocan fuera de él no disponen siquiera de la película que envuelve el hueso del dátil.

15.—Si les llamáis, no oirán; si oyesen vuestros gritos, no podrían atenderos. En el día de la resurrección desaprobarán vuestra alianza. ¿Y quién puede instruirte más que el que está instruido?

16.—¡Oh, hombres! Sois indigentes que tenéis necesidad de Dios, y Dios es rico y está lleno de gloria.

---

795   La palabra *mar*, en árabe *bahr*, se aplica no solo al mar de agua salada, sino a grandes ríos; como el Nilo, el Tigris, etc.
796   Como perlas, corales, etc.

17.—Si él quiere puede haceros desaparecer y formar una nueva creación.

18.—Esto no es difícil a Dios.

19.—Ninguna alma cargada con su propio fardo llevará el de otra, y, si el alma recargada pide ser aligerada de una parte, no lo será, ni por su pariente. Advertirás a los que temen a Dios en el secreto *de sus corazones* y que observan la oración. Todo el que sea puro, lo será en su propia ventaja, pues todo debe algún día volver a Dios.

20.—El ciego y el que no ve no son lo mismo, como tampoco las tinieblas y la luz, la frescura de la sombra y el calor.

21.—Los vivos y los muertos no son lo mismo; Dios se hará oír por todo el que quiera, y tú no puedes hacerte oír en las tumbas. Tú solo estás encargado de predicar.

22.—Te hemos enviado con una misión verdadera, encargado de anunciar y de advertir. No hay nación que no haya tenido su apóstol.

23.—Si te tratan de impostor, sus antepasados han tratado también de impostores a los apóstoles que se presentaron provistos de signos evidentes, de las escrituras y del libro que ilumina[797].

24.—He castigado a los que no han creído; ¡y qué terrible castigo!

25.—¿No ves que Dios hace descender el agua del cielo? Con esta agua hemos sacado *de la tierra* frutos de muchas especies. En las montañas hay senderos blancos y rojos, de diversos colores; hay cuervos negros, y, entre los hombres, los reptiles y las bestias, hay diferentes colores[798]. Por eso los más sabios servidores de Dios le temen. Es poderoso e indulgente.

26.—Los que recitan el libro de Dios, que observan la oración y hacen limosna con los bienes que les damos, en secreto y en público, deben contar con un fondo que no perecerá.

27.—Dios pagará su salario y añadirá a él su gracia, pues es indulgente y agradecido.

28.—Lo que te hemos revelado hasta aquí del libro (del Corán) es

---

797 El libro que ilumina es el Evangelio.

798 Las palabras: *diferentes colores*, pueden traducirse siempre por: *diferentes especies*.

la verdad misma; confirma lo que había sido dado antes de él. Dios es el sabedor de lo que hacen sus servidores, y lo ve todo.

29.—Luego[799] hemos concedido este libro como una herencia a aquellos de nuestros servidores a quienes nosotros mismos hemos elegido. Alguno de ellos se pierde a sí mismo, otros flotan entre *el bien y el mal*, otros con el permiso de Dios, por sus buenas obras, han superado a todos los demás. Este es un mérito inmenso.

30.—¡Los jardines del Edén *a los virtuosos!* Entrarán en ellos y se adornarán con brazaletes de oro y de perlas; sus trajes serán de seda.

31.—Dirán: Gloria a Dios que ha alejado de nosotros la aflicción. Nuestro Señor es indulgente y agradecido.

32.—Por un efecto de su gracia, os ha dado hospitalidad en la habitación eterna donde no sentiréis cansancio ni aburrimiento.

33.—A los que no han creído, el fuego de la gehena. La sentencia que les haga morir y *termine sus tormentos* no será elevada, ni el suplicio del infierno aminorado. Así es como retribuiremos al que no crea.

34.—Gritarán *desde el fondo del infierno*: ¡Señor! Haznos salir de aquí; practicaremos la virtud de distinto modo que lo habíamos hecho antes. ¿No os hemos concedido una vida bastante larga para que el que tenía que reflexionar hubiese tenido tiempo de hacerlo? Un apóstol fue enviado hacia vosotros.

35.—Sufrid, pues, vuestra pena; no hay protector para los malvados.

36.—Dios conoce los secretos de los cielos y de la tierra, conoce lo que los corazones ocultan.

37.—Él es el que os constituye sus lugartenientes en la tierra: todo el que no crea llevará la carga de su incredulidad; no hará más que acrecentar el odio de Dios contra los infieles, no hará más que elevar al colmo su ruina.

38.—Diles: Habéis considerado esas divinidades que invocabais al lado de Dios; hacedme ver que porción de la tierra han creado; ¿tienen su parte en la creación de los cielos? ¿Les hemos enviado algún libro

799   Después de haber dicho Dios que dio el Corán a Muhammad, añade que el Corán pasa a ser una herencia para todos los demás musulmanes, y divide a los hombres en tres clases: los malos, luego los que no son ni del todo malos ni del todo buenos, y por fin los justos.

que les sirva de prueba evidente? No; pero los malvados se prometen recíprocamente lo que no es más que vanidad.

39.—Dios sostiene los cielos y la tierra, a fin de que no se hundan; si se hundiesen, ¿quién más que él sabría sostenerlos? Es humano e indulgente.

40.—Han jurado ante Dios, por un juramento solemne, que, si un apóstol llegase a en medio de ellos, se mantendrían en el camino recto mejor que lo habría hecho jamás ningún pueblo de la tierra; pero cuando el apóstol apareció, su venida no hizo más que aumentar su alejamiento,

41.—Su orgullo en esta tierra y sus inicuos fraudes; pero estos inicuos fraudes ni envolvieron más que a los que se sirven de ellos. ¿Esperan hallar otra cosa más que la costumbre *de Dios* respecto de los pueblos de otro tiempo? No hallarás cambio en las costumbres de Dios[800].

42.—No hallarás desviación en las costumbres de Dios.

43.—¿No viajan por este país? ¿No han visto cuál ha sido la suerte de sus antecesores, que eran, sin embargo, más robustos que ellos? Nada en los cielos y en la tierra podría menguar su poder. Es sabio y poderoso.

44.—Si Dios hubiese querido castigar a los hombres según sus obras, no habría dejado a la hora presente un solo reptil en la superficie de la tierra; pero os da un plazo hasta el término fijado.

45.—Cuando el término haya llegado... en verdad, Dios ve a sus servidores.

---

800 La voz *sonnet*, que traducimos por *costumbre*, quiere decir camino frecuentado y seguido constantemente, ranura, vía. De aquí que la voz *sonnet, sonna*, se aplica a la colección de las costumbres seguidas y autorizadas por la tradición constante en materia de religión o de derecho. Dios sigue siempre las mismas sendas, advierte primero a los malos y luego los castiga. Este *sura*, titulado *Yas*, o más bien *Ya. Sin.* (dos letras cuyo sentido es desconocido y que se hallan al frente del primer versículo), es recitado como plegaria de los agonizantes o de los muertos. Muhammad lo había llamado el corazón del Corán.

SURA XXXVI
YA. SIN.

DADO EN LA MECA.—83 VERSÍCULOS
EN NOMBRE DEL DIOS CLEMENTE Y MISERICORDIOSO

1.—YA. SIN. Juro por el Corán sabio

2.—Que tú eres un enviado

3.—*Que caminas* por el sendero recto

4.—Mediante la revelación del Poderoso, del Misericordioso,

5.—A fin de que adviertas a aquellos cuyos padres no han sido advertidos y que viven en la indiferencia.

6.—Nuestra palabra se ha cumplido respecto de la mayor parte de ellos, y no creerán[801].

7.—Hemos cargado sus cuellos de cadenas que les aprietan la barba; no pueden ya levantar sus cabezas.

8.—Les hemos atado una barra por delante y otra barra por detrás. Hemos cubierto sus ojos con un velo, y no ven nada.

9.—Es todo uno para ellos; que los adviertas o no, no creerán.

10.—Predica más bien a los que siguen el Corán y temen a Dios en el secreto de sus corazones; anúnciales el perdón y una recompensa magnífica.

11.—Nosotros resucitamos a los muertos e inscribimos sus obras y sus huellas. Hemos contado todo en el prototipo evidente[802].

12.—Cítales como ejemplo los habitantes de una ciudad que visitaron enviados *de Dios*[803].

---

801   Dicen los comentadores que es esta palabra de Dios: *Yo llenaré la gehena de hombres y de genios;* así es que Dios les ha hecho inaccesibles a la fe, incapaces de comprender sus enseñanzas.

802   El prototipo evidente, o el libro evidente, o la tabla bien guardada, es el libro donde están inscritas las acciones de todo hombre.

803   Todo este pasaje, desde el versículo 12 hasta el 29, puede referirse en el pensamiento de Muhammad a un hecho particular y real del que habría oído hablar vagamente. Los comentadores lo refieren a la misión de dos discípulos de Jesucristo enviados por él a Antioquia para predicar la unidad de Dios. Los idólatras de esta

13.—Enviamos primero dos, y fueron tratados de impostores; los apoyamos con un tercero, y los tres dijeron a los habitantes de esta ciudad: Somos enviados hacia vosotros.

14.—Vosotros no sois más que hombres como nosotros. El Misericordioso no os ha revelado nada; no sois más que unos impostores.

15.—Nuestro Señor, respondieron, sabe bien que somos enviados hacia vosotros.

16.—Solo estamos encargados de predicaros abiertamente.

17.—Hemos consultado el vuelo de los pájaros sobre vosotros, y, si no cesáis *de predicarnos*, os lapidaremos. Os reservamos una pena terrible.

18.—Los enviados respondieron: Vuestra mala suerte[804] os acompaña, aun cuando se os advierte. En verdad, sois un pueblo entregado a los excesos.

19.—Un hombre, llegado de la parte más lejana de la villa, les gritaba: ¡Oh, conciudadanos míos! Creed en estos enviados;

20.—Seguid a los que no os piden ninguna recompensa, y estaréis en la senda recta.

21.—¿Por qué no había yo de adorar al que me ha creado y a quien volveréis todos?

ciudad los recibieron muy mal y los encerraron en un calabozo, por lo que, al saberlo Jesús, se apresuró a enviar a Simón Pedro. Al llegar este a Antioquia, fingió primero ser un celoso politeísta, y al mismo tiempo hábil en operar milagros, y de este modo logró ganar el favor del pueblo y de los grandes. Poco después, manifestó como por casualidad que deseaba ver a los dos apóstoles para confundirlos, cuidando de prevenirles que fingiesen no conocerle. Cuando condujeron a los dos apóstoles ante Pedro, este les interrogó acerca de su misión y de la religión que predicaban y luego los desafió a operar un milagro decisivo, como resucitar a los muertos, porque dar vista a los ciegos también lo hacía él. Acto continuo se les presenta un niño muerto desde siete días antes, y los dos apóstoles le devuelven la vida. Pedro, que había ido allí para confundirlos, se declara vencido, manifiesta en voz alta que quiere abrazar el culto unitario, empieza a destruir ídolos y conquista así a una gran parte de los habitantes de Antioquia. Los que siguieron siendo incrédulos fueron exterminados por un solo grito del ángel Gabriel. El hombre que acudió desde un extremo de la villa (versículo 19), es un tal Aviv, carpintero de Antioquia, cuyo hijo habían curado antes los dos apóstoles mediante la simple imposición de las manos. Este hombre sufrió el martirio, y su tumba es en Antioquia objeto de veneración para los mahometanos.
804 Literalmente: Vuestro pájaro está con vosotros.

22.—¿Tomaré yo otros dioses más que a él? Si el Misericordioso quiere hacerme daño, su intercesión no me será de ninguna utilidad; ellos no podrían salvarme.

23.—Estaría en un extravío evidente si los adorase.

24.—He creído en nuestro Señor; escuchadme.

25.—*Él fue lapidado; después de su muerte, se le dijo*: Entra en el paraíso. ¡Ah! ¡Si mis conciudadanos supiesen

26.—Lo que Dios me ha concedido, y cómo me ha honrado!

27.—No enviamos contra esta ciudad ni ejército del cielo ni otros azotes que enviamos *contra los otros*.

28.—Un solo grito se dejó oír, y todos fueron aniquilados.

29.—¡Cuán desgraciados son mis servidores! Ningún apóstol ha venido hacia ellos sin que lo hubiesen hecho objeto de sus burlas.

30.—¿No ven cuántas generaciones hemos destruido antes de ellos?

31.—No es a ellos (*a los falsos dioses*) a quienes volverán.

32.—Todos reunidos serán conducidos ante nosotros.

33.—Que la tierra, muerta de sequía, les sirva de signo *de nuestro poder.* Le devolvemos la vida y hacemos salir de ella granos con los que se alimentan.

34.—Hemos plantado allí jardines de datileros y de vides; hemos hecho surgir fuentes,

35.—A fin de que coman de sus frutos y gocen de los trabajos de sus manos. ¿No estarán agradecidos a nosotros?

36.—Gloria al que ha creado todas las parejas, tanto entre *las plantas* que la tierra produce, como entre vosotros, *hombres*, y entre las cosas que los hombres no conocen.

37.—Es un signo la noche, cuando nosotros retiramos el día y cuando los hombres están envueltos en las tinieblas.

38.—*También es un signo el sol* que corre hacia su retiro. Tal ha sido la sentencia del Poderoso, del sabio.

39.—Y la luna, nosotros hemos establecido por medio de ella estaciones, hasta el punto que viene a ser como una hermosa rama de palmera encorvada.

40.—No le es dado al sol alcanzar la luna y la luna anticiparse al día; cada uno de estos astros se mueve en una esfera aparte.

41.—Que sea también un signo para ellos el que llevamos a la posteridad de los hombres en un barco lleno *de todo*[805].

42.—*Y creamos otros semejantes a este buque* que ellos montan.

43.—Si nosotros queremos, les ahogamos en los mares; ellos no son salvos, no están libres,

44.—Más que por nuestra gracia, y esto, por hacerles gozar algunos instantes más en este mundo.

45.—Cuando se les dice: Temed lo que está ante vosotros y detrás de vosotros[806], a fin de obtener la misericordia divina, *no tienen en cuenta esto.*

46.—No se les ha aparecido ningún signo de los signos de Dios, del que ellos no hubiesen apartado sus ojos.

47.—Si se les dice: Haced la limosna con los bienes que Dios os ha concedido, los infieles dicen a los creyentes: ¿Alimentaremos a los mismos a quien Dios alimentaría si quisiese? En verdad, estás en un extravío evidente.

48.—Dicen además: ¿Cuándo *se cumplirá*, pues, esa amenaza *del castigo*? Decidlo, si sois sinceros.

49.—¿Qué esperan, pues? ¿Un solo grito partido del cielo mientras que ellos están disputando?

50.—No podrán disponer ni por medio de sus testamentos, ni volver al lado de sus familias.

51.—Se tocará la trompeta y ellos saldrán de sus tumbas, y acudirán a toda prisa al lado del Señor.

52.—¡Desgraciados de nosotros!, exclamarán; ¿quién nos ha sacado de estos lugares de reposo? He aquí que se cumplen las promesas de Dios. Sus enviados nos decían bien la verdad.

53.—No habrá más que un solo grito *partido del cielo* y todos los hombres reunidos comparecerán ante nosotros.

54.—En ese día, ni una sola alma será tratada injustamente; no serán retribuidos más que con arreglo a sus obras.

55.—En ese día, los habitantes del jardín (*del paraíso*) se entregarán a transportes de alegría.

---

805 O: en un buque lleno.
806 Los castigos de este mundo y los del otro.

56.—En compañía de sus esposas, descansarán a la sombra, sentados cómodamente en sofás[807].

57.—Tendrán allí frutos y todo lo que pidan.

58.—¡Salud! Será la palabra que se les dirigirá de parte de su Señor el Misericordioso.

59.—Ese día, seréis separados ¡Oh, infieles!

60.—¿No he estipulado con vosotros, ¡oh, hijos de Adán!, que no serviríais a Satanás? (Él es vuestro enemigo declarado.)

61.—Adoradme, es el sendero recto.

62.—Ha seducido a una parte de vosotros. ¿No lo habéis comprendido?

63.—He aquí la gehena que se os prometía.

64.—Hoy calentaos a su fuego, como premio de vuestras obras.

65.—Hoy pondremos un sello en sus labios; sus manos nos hablarán solas, y sus pies testimoniarán sus acciones.

66.—Si nosotros quisiésemos, les quitaríamos la vista; entonces ellos se lanzarían precipitadamente sobre el camino; pero ¿cómo lo verán?

67.—Si nosotros quisiésemos, les haríamos cambiar la forma; no podrían caminar hacia delante ni volverse atrás.

68.—Nosotros encorvamos la cerviz de aquel cuya vida prolongamos. ¿No lo comprenden?

69.—Nosotros no le (*a Muhammad*) hemos enseñado la poesía, y ella no le sienta, y este libro, el Corán, no es más que una advertencia y una lectura clara[808],

70.—Para advertir a los vivos y para que la sentencia dictada contra los infieles sea ejecutada.

71.—¿No ven que, entre las cosas formadas por nuestras manos, hemos creado los animales para ellos, y que disponen de ellos como dueños?

72.—Se los hemos sometido; de unos se sirven como monturas y de otros como alimento.

807 Asientos, trono o sofás.

808 Los infieles juzgaban que Muhammad era un poeta. Muhammad se defiende y considera la poesía como indigna de él; ya se ha visto (*sura* XXVI, 225) que la condena como peligrosa.

73.—En estos animales hallan numerosas ventajas y hallan bebida (*su leche*). ¿No nos estarán agradecidos?

74.—Adoran a otras divinidades distintas de Dios para obtener su asistencia.

75.—Pero estas no podrán socorrerles; son más bien ellos los que sirven de ejército a sus divinidades.

76.—Que sus palabras no te aflijan, pues. *¡Oh, Muhammad!*, nosotros conocemos lo que ocultan y lo que exponen a la luz del día.

77.—¿No ve el hombre que le hemos creado de una gota de esperma? Y hele que se erige en verdadero adversario.

78.—Nos propone parábolas, el que olvida su propia creación (*su propio origen*). Nos dice: ¿Quién puede hacer revivir los huesos una vez cariados?

79.—Respóndeles: Los hará revivir el que los ha producido por primera vez, el que sabe hacerlo todo;

80.—El que ha hecho brotar el fuego de una madera verde[809] con la cual encendéis vuestros fuegos.

81.—El que ha creado los cielos y la tierra, ¿no es capaz de crear seres semejantes a vosotros? Sí, sin duda; él es el creador sabio.

82.—¿Cuál es su sentencia? Cuando quiere que una cosa sea hecha, dice: sea, y es.

83.—Gloria a aquel que tiene en sus manos la soberanía sobre todas las cosas. Todos volveréis a él.

---

809   Se trata aquí de la manera de hacer fuego, usada entre los árabes: dos pedazos de cierta madera frotados hacen brotar fuego, aunque la madera esté verde y húmeda.

SURA XXXVII
LAS FILAS[810]

DADO EN LA MECA.—182 VERSÍCULOS
EN NOMBRE DEL DIOS CLEMENTE Y MISERICORDIOSO

1.—Lo juro por los que están ordenados en filas[811],

2.—Y que rechazan *para reprimir*,

3.—Y que recitan *las palabras del Corán* para exhortar.

4.—En verdad, vuestro Dios es uno,

5.—Soberano de los cielos y la tierra, de todo lo que hay entre ellos, y soberano de los orientales[812].

6.—Hemos ornado el cielo más inmediato a la tierra con un adorno de estrellas[813].

7.—*Sirven también* de guardia contra todo demonio rebelde,

8.—A fin de que ellos (*los demonios*) no vengan a escuchar lo que pasa en la asamblea sublime (pues son asaltados por todas partes),

9.—Rechazados y entregados a un suplicio permanente.

10.—El que se acercase hasta coger a hurtadillas algunas palabras, será herido por un dardo ardiente[814].

11.—Pregúntales (*a los infieles*) quién es de una creación más fuerte: ellos o aquellos a quienes hemos creado (*los ángeles y los cielos*). Nosotros hemos creado a los hombres de barro duro.

12.—Tú admiras el poder de Dios y ellos se mofan de él.

---

810 El título de este *sura* es: *Que se enfilan en orden*, palabras del primer versículo.

811 Según los comentadores, esto se refiere a los ángeles que se ponen en ordenadas filas para cantar alabanzas al Señor, recitar el Corán y ejecutar las órdenes que Dios les da de rechazar a los demonios o de reprimir a los criminales recitándoles las palabras del Corán, etc.

812 Admitiendo varios mundos, Muhammad admite varios orientes y varios occidentes.

813 Según la cosmogonía de Muhammad, hay siete cielos que forman círculos concéntricos; encima de estos cielos está el cielo puro sin estrellas; allí está el trono de la majestad divina, *zelarch*.

814 Los genios procuran penetrar en el cielo y se acercan a él para escuchar lo que allí se dice; los ángeles lanzan contra ellos dardos inflamados; así explican los mahometanos la lluvia de estrellas.

13.—Si se les exhorta, no lo tienen en cuenta para nada;

14.—Si ven un signo de advertencia, se ríen de él.

15.—Dicen: Es magia averiada.

16.—Muertos, convertidos en polvo, ¿vamos a ser reanimados?

17.—¿Y *lo serán también* nuestros padres los antiguos?

18.—Diles: Sí, y seréis cubiertos de oprobio.

19.—La trompeta sonará una sola vez, y ellos *se levantarán de sus tumbas* y mirarán a todas partes.

20.—¡Desgraciados de nosotros!, exclamarán; es el día de la retribución.

21.—Es el día de la decisión, se les dirá, aquel día que tratabais de quimera.

22.—Reunid, *dirá Dios a los ejecutores de sus órdenes*, a los impíos y a sus compañeros las divinidades que adoraban

23.—Al lado de Dios, y dirigidlos por el camino del infierno.

24.—Detenedles, serán interrogados:

25.—¿Por qué, pues, no os prestáis auxilio (*vosotros y vuestros dioses*)?

26.—Pero ese día se someterán al juicio de Dios.

27.—Entonces se acercarán unos a otros y se harán mutuos reproches.

28.—Vosotros veníais a nosotros del lado derecho[815], *dirán a sus seductores.*

29.—No; es más bien que vosotros no habéis querido creer, *responderán los otros*, pues no teníamos ningún poder sobre vosotros. Es más bien que erais unos perversos.

30.—La palabra de nuestro Señor se ha verificado, pues, sobre nosotros[816], y vamos a probar *el suplicio.*

31.—Os hemos extraviado, pues nosotros mismos lo estábamos.

32.—Así es como ese día serán asociados y *confundidos* en un mismo suplicio.

33.—Así es como trataremos a los culpables.

34.—Porque, cuando se les decía: no hay más Dios que Dios, se henchían de orgullo,

---

815   Siendo el lado derecho de buen augurio, estas palabras pueden ser entendidas así: veníais a nosotros con la apariencia de la verdad.

816   Es la frase: Llenan el infierno de hombres y de genios.

35.—Y decían: ¿Abandonaremos a nuestros dioses por un poeta loco?

36.—No. Os trae la verdad y confirma a los apóstoles anteriores.

37.—En verdad, sufriréis el castigo doloroso.

38.—Solo seréis retribuidos según vuestras obras.

39.—Pero los fieles servidores de Dios

40.—Recibirán ciertos dones preciosos,

41.—Frutos deliciosos, y serán honrados

42.—En los jardines de delicias,

43.—Descansando en sus asientos y mirándose cara a cara.

44.—Se harán circular en torno la copa llena de agua

45.—Límpida, *verdaderas* delicias para los que la beban.

46.—No ofuscará su razón ni los embriagará.

47.—Tendrán vírgenes de mirada honesta[817], de grandes ojos negros, y semejantes por su tez a los huevos de *avestruz* escondidos con cuidado[818].

48.—Se acercarán unos a otros y se harán preguntas.

49.—Uno dirá: Yo tenía un amigo *en la tierra*;

50.—Me preguntaba a menudo: ¿Consideras *la resurrección* como una verdad?

51.—¿Sería posible que fuésemos juzgados una vez que estemos muertos y convertidos en polvo y huesos?

52.—Dirá luego: ¿Queréis mirar *allá abajo*?

53.—Mirarán y verán el fondo del infierno.

54.—El justo dirá: Juro por Dios que estuviste a punto de causar mi perdición[819].

55.—A no ser por la misericordia de Dios, habría sido del número de los que comparecen ante él.

56.—¿Sufriremos aún otra suerte,

---

817 Literalmente: cortas de mirada. Sus miradas no llegarán más allá de sus esposos.
818 La tez de estas bellezas es comparada con los huevos de avestruz a causa de su blancura mezclada de un tinte pajizo, mezcla que constituye la encarnación más hermosa y que, como los huevos de avestruz escondidos con cuidado en la arena, no está empañada por el aire ni por el polvo.
819 Esto quiere decir que a veces nuestros amigos en este mundo nos arrastran a la pérdida de la salvación eterna.

57.—Además de la que hemos sufrido? ¿Seremos entregados al suplicio?[820]

58.—En verdad, es una dicha *esta que gozamos.*

59.—¡A la obra, trabajadores! Para ganar otra análoga.

60.—¿Vale más esto como comida, o bien el árbol de Dakkun?

61.—Hemos hecho de ello un motivo de disputa para los malvados.

62.—Es un árbol que brota desde el fondo del infierno.

63.—Sus cimas son como si fuesen cabezas de demonios

64.—Los réprobos serán alimentados con él y se llenarán el vientre.

65.—Detrás beberás agua hirviendo;

66.—Y luego volverán al fondo del infierno.

67.—Veían a sus padres extraviados,

68.—Y se precipitaban a su paso.

69.—Una gran parte de los pueblos antiguos se habían extraviado ya antes de ellos.

70.—Enviamos entre ellos amonestadores.

71.—Mira y ve cuál ha sido el fin de aquellos a quienes se advertía,

72.—Y que no eran nuestros servidores fieles.

73.—Noé gritó hacia nosotros, y en verdad, nosotros estamos prontos a escuchar.

74.—Le libramos, con su familia, de la gran calamidad;

75.—Dejamos subsistir a sus descendientes,

76.—Y le conservamos en la posteridad esta *salutación:*

77.—¡Que la paz sea con Noé en el universo entero![821]

78.—Así es como recompensaremos a los que obran el bien.

79.—Él era del número de nuestros servidores fieles.

80.—Sumergimos a los demás.

81.—De su secta era Abrahán.

82.—Aportó a su Señor un corazón intacto.

83.—Le dijo un día a su padre y a su pueblo: ¿Qué adoráis?

---

820 Este hombre, uno de los bienhechores, duda casi de su dicha, y al ver a su amigo en el infierno, se pregunta: ¿Estoy realmente en posesión de una mansión eterna? ¿No será ya necesario morir ni sufrir suplicio?

821 Los musulmanes ni dejan de decir nunca, después de pronunciar el nombre del profeta: ¡Qué la paz sea con él!

84.—¿Preferís las falsas divinidades a Dios?

85.—¿Qué pensáis del dueño del universo?

86.—Dirigió una mirada a las estrellas.

87.—Yo estoy enfermo, *no asistiré hoy a vuestras ceremonias.*

88.—Ellos se fueron y lo dejaron.

89.—Se escondió para ir a ver a sus ídolos y exclamó: ¿Coméis?

90.—¿Por qué no habláis?

91.—Y acto continuo les dio un golpe con su diestra.

92.—Su pueblo[822] acudió precipitadamente.

93.—¿Adoraréis lo que vosotros mismos talláis en la roca?, les dijo Abrahán.

94.—Dios es quién os ha creado, a vosotros y las obras de vuestras manos.

95.—Se decían unos a otros: Haced una jura y arrojadle al fuego ardiente.

96.—Quisieron tenderle un lazo, pero los humillamos.

97.—Me retiro, dijo Abrahán, al lado de mi Dios; él me mostrará el sendero recto.

98.—¡Señor!, dame un hijo que figure entre los justos.

99.—Le anunciamos el nacimiento de un hijo de carácter manso.

100.—Cuando hubo llegado a la edad de la adolescencia,

101.—Su padre le dijo: Hijo mío, he soñado que te ofrecía en sacrificio a Dios. Reflexiona un poco, ¿qué piensas de esto?

102.—¡Oh, padre mío! Haz lo que se te ordena; si place a Dios, me verás soportar *mi suerte* con firmeza.

103.—Y cuando ambos se hubieron resignado a la voluntad de Dios y Abrahán lo hubo acostado ya de cara al suelo,

104.—Nosotros le gritamos: ¡Oh, Abrahán!

105.—Tú has creído en tu visión, y he aquí cómo recompensamos a los virtuosos.

106.—En verdad, era una prueba decisiva.

107.—Rescatamos *a su hijo[823] como una gran víctima.*

---

822 Por las palabras: su pueblo, hay que entender las gentes de su familia, los vecinos, las gentes de la misma tribu que tienen las mismas divinidades.

823 Según los musulmanes, no es Isaac el que debía ser ofrecido en sacrificio, sino

108.—*Le conservamos en la posteridad esta salutación:*

109.—¡Que la paz sea con Abrahán!

110.—Así es como recompensamos a los virtuosos.

111.—Él es de nuestros servidores fieles.

112.—Le anunciamos un profeta a Isaac el justo.

113.—Echamos nuestra bendición sobre Abrahán y sobre Isaac. Entre sus descendientes, uno obra el bien, el otro es de una iniquidad manifiesta respecto de sí mismo.

114.—Hemos colmado con nuestros beneficios a Moisés y a Aarón,

115.—Los hemos librado a ambos, así como a su pueblo, de una gran miseria.

116.—Les hemos socorrido y han sido los más fuertes.

117.—Les hemos dado a ambos (*a Moisés y a Aarón*) el libro claro,

118.—Y les hemos dirigido por el sendero recto,

119.—Y les conservamos a ambos en la posteridad *esta salutación*:

120.—¡Que la paz sea con Moisés y Aarón!

121.—Así es como recompensamos a los virtuosos.

122.—Ambos eran de nuestros servidores fieles.

123.—Elías era también uno de nuestros enviados.

124.—Cuando dijo a su pueblo: ¿No temeréis?

125.—¿Invocaréis a Baal y abandonaréis al más hábil de los creadores,

126.—A Dios, vuestro Señor y Señor de vuestros padres los antiguos?

127.—Ellos (*los incrédulos*) le trataron de impostor y han sido conducidos ante Dios,

128.—A excepción de nuestros servidores fieles *entre este pueblo rebelde.*

Ismael. Apoyan esta versión en las palabras de Muhammad que solía decir que entre sus antepasados hubo dos que tenían que ser sacrificados a Dios: uno, Ismael, de quien pretendía descender, y el otro, su padre *Abdallah. Abdelmotalib,* abuelo de Muhammad, pedía a Dios que le descubriese la antigua fuente de *Qemzem* (en la Meca) y que le diese diez hijos; y si lo obtenía hizo voto de ofrecer uno en sacrificio a Dios. Sus votos fueron oídos, y uno de sus diez hijos, *Abdallah,* padre de Muhammad, fue rescatado mediante un sacrificio de cien camellos. Según la sonna, de aquí proviene que se calcule en cien camellos el precio de la sangre humana.

129.—Y le conservamos en la posteridad *esta salutación*:

130.—¡Que la paz sea con Eliasin![824]

131—Así es como recompensamos a los virtuosos.

132.—Era de nuestros servidores fieles.

133.—Loth fue también uno de nuestros apóstoles;

134.—El que salvamos con toda su familia,

135.—A excepción de la vieja que había quedado atrás.

136.—Exterminamos a los demás.

137.—Vosotros pasáis cerca de sus casas por la mañana

138.—Y por la noche; ¿no reflexionáis?

139.—Y también Jonás fue uno de nuestros enviados.

140.—Se retiró a un buque cargado.

141.—Se echó a suertes y fue condenado *a ser arrojado al mar*.

142.—El pez lo tragó; había incurrido en nuestro vituperio,

143.—Y si no hubiese celebrado nuestras alabanzas,

144.—Habría permanecido en las entrañas del pez hasta el día en que los hombres sean resucitados.

145.—Lo lanzamos a una playa desnuda (*árida*); estaba enfermo.

146.—Hicimos brotar a su lado un arbusto[825].

147.—Lo enviamos luego hacia un pueblo de cien mil almas o más.

148.—Creyeron en Dios; les hemos concedido el goce de este mundo hasta un cierto tiempo.

149.—Pregunta *a los de la Meca* que te dicen que Dios tiene hijas, en tanto que ellos tienen hijos.

150.—¿Habríamos creado por casualidad los ángeles hembras? ¿Han sido ellos testigos de tal cosa?

151.—No; sino que ellos mismos forjan mentiras.

152.—Dicen: Dios ha tenido hijos. Mienten.

153.—¿Habría preferido las hijas a los hijos?

154.—¿Qué razón tenéis para pensar así?

---

824   Esta palabra embarga a los comentadores: es tal vez el plural de Elías, aplicable a Elio y a los que le siguieron, aunque, según costumbre en caso semejante, la palabra debía ir precedida del artículo.

825   La palabra *iaktin*, que sigue a la voz arbusto, es tomada en el sentido de *calabaza* o en el de *higuera* o *banano*.

155.—¿No reflexionaréis?

156.—¿O es que tenéis alguna prueba evidente en apoyo de todo eso?

157.—Enseñad vuestro libro, si sois sinceros.

158.—Ellos establecen un parentesco entre Dios y los genios; pero los genios saben que algún día serán conducidos ante Dios.

159.—Por su gloria, él está demasiado por encima de sus imputaciones.

160.—No ocurrirá así con los fieles servidores de Dios.

161.—Pero vosotros y las divinidades que adoráis,

162.—No podréis excitar contra Dios

163.—Más que al hombre que se extravía en la ruta que conduce al infierno.

164.—Cada uno de nosotros tiene su plaza señalada.

165.—Nos ponemos en fila,

166.—Y celebramos sus alabanzas.

167.—Si estos infieles dicen:

168.—Si nosotros tuviésemos un libro que nos fuese transmitido por los antiguos,

169.—Seríamos los fieles servidores de Dios;

170.—Ellos no creen en el Corán; pero *algún día sabrán la verdad.*

171.—Prometimos a nuestros enviados

172.—Prestarles asistencia.

173.—Nuestros ejércitos nos procuran la victoria.

174.—Aléjate de ellos un momento ¡Oh, *Muhammad!*

175.—Mira *cuáles son sus desgracias.* Lo verán también.

176.—¿Quieren acaso apresurar nuestro castigo?

177.—Cuando este caiga en medio de su cercado, ¡cuán terrible será la mañana de los hombres exhortados *en vano!*

178.—Aléjate de ellos por un momento.

179.—Mira *cuál será su fin;* ellos también lo verán.

180.—Gloria a Dios, Dios de grandeza; está demasiado por encima de sus imputaciones.

181.—¡Que la paz sea con los apóstoles!

182.—¡Gloria a Dios, dueño del universo!

SURA XXXVIII
SAD

DADO EN LA MECA.—88 VERSÍCULOS
EN NOMBRE DEL DIOS CLEMENTE Y MISERICORDIOSO

1.—SAD[826]. Juro por el Corán lleno de advertencias que los infieles viven en el orgullo y en la rebelión *hacia Dios y hacia el profeta.*

2.—¡Cuántas generaciones hemos aniquilado antes de ellos! Todos pedían auxilio; pero ya no era tiempo de escapar *al castigo.*

3.—Los infieles se asombran de que un apóstol se haya levantado de pronto en medio de ellos; dicen: es un mago, un impostor.

4.—¿Quiere hacer de todos estos dioses un solo Dios? En verdad, esto es algo extraordinario.

5.—Sus jefes se separaron diciéndoles: Id y perseverad en el culto de vuestros dioses. *Haceros abandonar ese culto*, he aquí lo que se quiere.

6.—No hemos oído nada semejante en la última religión[827]. La religión de *Muhammad* no es más que una impostura.

7.—¿Habría sido enviado a él un solo libro de advertencia? Sí, dudan de nuestras advertencias, porque aún no han sentido sus castigos.

8.—¿Tienen a su disposición los tesoros de Dios el poderoso, el dispensador de los bienes?

9.—¿Poseen, pues, el reino de los cielos y de la tierra y de las cosas que hay entre estos? Que prueben, pues, de subir por medio de cuerdas.

10.—Los ejércitos de que dispongan los *diferentes* partidos serán puestos en fuga.

11.—También antes de ellos, el pueblo de Noé, los aditas y Faraón, poseedor de estacas[828], trataron de impostores a sus profetas.

---

826 La letra *Sad.* o *S.*

827 Es decir, en una de las religiones establecidas inmediatamente antes de Muhammad, entre otras la de los cristianos que tienen tres dioses. Estas palabras son una broma.

828 Este epíteto se aplica aquí a Faraón a causa de los castigos que aplicaba a los culpables, y que consistían en hacerlos atar a cuatro estacas y en hacerles sufrir dife-

12.—Los temuditas, el pueblo de Loth, los habitantes del bosque (*de Madián*) han obrado del mismo modo; formaban un partido hostil a los enviados de Dios.

13.—Todos los que trataron de impostores a nuestros apóstoles sufrieron el castigo.

14.—¿Qué esperan, pues, (*los de la Meca*)? ¿Un grito *que partirá del cielo* y que los sorprenderá sin darles dilación?

15.—Dicen: ¡Señor! Danos, pues, lo antes posible lo que nos toca, antes del día de la cuenta.

16.—Soporta con paciencia sus palabras, ¡oh, *Muhammad!*, y acuérdate de nuestro servidor David, hombre poderoso, y que volvía a menudo a nosotros.

17.—Hemos sujetado las montañas a celebrar nuestras alabanzas con él, por la tarde y al amanecer;

18.—Y también a los pájaros, que se reunían en torno de él y que volvían a menudo a él.

19.—Consolidamos su imperio. Le dimos la sabiduría y la habilidad de cortar nuestras diferencias[829].

20.—¿Conoces la historia de aquellos dos litigantes que habiendo franqueado el muro, se presentaron en el oratorio?

21.—Cuando se presentaron ante David, este fue sobrecogido de espanto al verles. No temas nada, le dijeron. Somos dos adversarios. Uno de nosotros ha procedido inicuamente con el otro. Decide entre nosotros como la justicia exige, sin parcialidad, y dirígenos por el camino más igual.

22.—Este es mi hermano; tenía 99 ovejas, y yo no tenía más que una. Un día me dijo: dámela a guardar. *Me la arrebató* y ha prevalecido contra mí en la disputa.

23.—David le respondió: Ha cometido una injusticia contigo pidiéndote una oveja para añadirla a las suyas; un gran número de hombres que se asocian abusan los unos de los otros; los que creen y

rentes tormentos.

829 Las palabras árabes del texto pueden significar también la separación del discurso, es decir, la elocuencia que sabe escoger sus expresiones y producir efecto. Sin embargo, lo que sigue en el versículo 20 autoriza para traducir como lo hemos hecho.

practican el bien no obran así; pero ¡es tan pequeño su número! David notó que queríamos probarle con este ejemplo; imploró perdón de Dios[830], se prosternó y se arrepintió.

24.—Nosotros le perdonamos; le concedimos en el paraíso un lugar cerca de nosotros y una hermosa mansión.

25.—¡Oh, David! Te hemos nombrado nuestro lugarteniente en la tierra; decide, pues, en las diferencias de los hombres con equidad y guárdate de seguir tus pasiones: te apartarían del sendero de Dios. Los que vuelvan a él sufrirán un castigo terrible, porque no han pensado en el día de la cuenta[831].

26.—No hemos creado en vano el cielo y la tierra y todo lo que hay entre ellos. Esta es la opinión de los incrédulos, y desgraciados de los incrédulos, porque serán entregados al fuego.

27.—¿Trataremos a los que creen y obran el bien lo mismo que a los que propagan el mal en la tierra? ¿Trataremos lo mismo a los hombres piadosos que a los impíos?

28.—Es un libro bendito el que te hemos enviado; que los hombres dotados de inteligencia mediten sus versículos y saquen de él enseñanzas.

29.—A David dimos Salomón. ¡Qué excelente servidor! Gustaba de volver a Dios[832].

30.—Un día por la tarde, se condujo ante él unos caballos magníficos, de pie sobre tres de sus pies, y tocando apenas el suelo con el extremo de cuarto.

31.—Él dijo: He preferido los bienes de este mundo al recuerdo del Señor; *no he podido saciarme de la vista de estos caballos*, hasta que el día ha desaparecido bajo el velo de la noche. Volved a traerlos ante mí.

32.—Y *cuando se les llevó* ante él, se puso a desjarretarlos y a cortarles la cabeza[833].

---

830   Esto se refiere a David condonando a la mujer de Urías.

831   Día del juicio final.

832   Volver a Dios, quiere decir arrepentirse.

833   Salomón había cogido en los países de Damasco y de Nisibis una gran cantidad de caballos; otros dicen que eran caballos que David había cogido a los amalecitas y que dejó en herencia a su hijo; por último, otros que los caballos habían nacido

33.—Probamos a Salomón, y colocamos en su trono un cuerpo informe[834]. Salomón, *lleno de arrepentimiento*, volvió a nosotros.

34.—¡Señor!, exclamó, perdóname mis faltas y concédeme un poder tal que ningún otro a mi lado pueda tenerlo semejante. Tú eres el dispensador supremo.

35.—Le sometimos el viento, desprovisto de su impulso y corriendo por dondequiera que lo dirigía.

36.—*Le sometimos* también los demonios, arquitectos todos o sumidores,

37.—Y otros, unidos unos a otros con cadenas.

38.—Tales son nuestros dones, le dijimos; difunde tus favores o niégalos, tú ni darás cuenta de ellos.

39.—También Salomón ocupa un lugar cerca de nosotros y goza de la mansión más hermosa.

40.—Acuérdate también de nuestro servidor Job, cuando dirigió a su Señor estas palabras: Satanás me ha colmado de enfermedades y de tormentos.

41.—Una voz le gritó: Golpea la tierra con tu pie. *Lo hizo, y brotó una fuente de agua.* Esta agua te servirá para las abluciones: es fresca y tú beberás de ella.

---

de las olas del mar y tenían alas. Cuando se llevó aquellos mil caballos ante Salomón, estuvo examinándolos tanto tiempo, que olvidó la hora de la oración; pero habiendo notado su falta, hizo inmolar como sacrificio la mayor parte de ellos, conservando únicamente un centenar de los más hermosos. A fin de consolarle de la pérdida de sus caballos, Dios le sometió los vientos.

834 Después de haber conquistado Sidón y de haber condenado a muerte al rey de esta villa, Salomón tomó a su hija por concubina. Esta obtuvo permiso para tener la estatua de su padre en sus habitaciones, la hizo objeto de adoración e introdujo así la idolatría en la propia casa de Salomón. Dios quiso castigarle por esta debilidad. Salomón acostumbraba dejar en casa de una de sus mujeres, siempre que se iba al baño, su anillo, emblema del poder y talismán con cuya ayuda gobernaba a los genios. Uno de estos genios logró hacerse dueño de él y se sentó en el trono; Salomón, desposeído de su anillo, perdió el reino y se vio obligado a vagar por la tierra, desconocido y despreciado por sus súbditos, hasta que el anillo, que había sido echado al mar por el demonio y recogido por un pescador, le fue entregado a Salomón, que recobró su autoridad.

42.—Le devolvimos su familia añadiendo el doble. Era una prueba de nuestra misericordia y una advertencia para los hombres dotados de sentido.

43.—Le dijimos: Toma un haz[835], golpéalo y no violes tu juramento[836]. Hemos hallado a Job dotado de paciencia.

44.—¡Qué excelente servidor *es Job!* Gustaba de volver a Dios.

45.—Acuérdate también de nuestros servidores Abrahán, Isaac y Jacob, hombres fuertes e inteligentes[837].

46.—Les hemos hecho puros por un medio; recordándoles la morada del porvenir.

47.—Están ante nosotros en el número de los elegidos privilegiados.

48.—Acuérdate también de Ismael, de Elisa (*Eliseo*) y de Dhulkefl; todos eran justos.

49.—He aquí la advertencia: Los que temen a Dios tendrán una mansión feliz;

50.—Los jardines del Edén cuyas puertas se abrirán ante ellos.

51.—Descansarán allí reclinados y pedirán de toda clase de bebidas.

52.—Junto a ellos habrá mujeres de mirada modesta e iguales a ellos en edad[838].

53.—He aquí, se les dirá, lo que se prometía para el día de la cuenta.

54.—He aquí, dirán ellos, la provisión que no nos faltará jamás.

55.—Sí, así será. Pero a los perversos les está reservada la más horrible mansión;

56.—La gehena, donde serán quemados. ¡Qué horrible lugar de reposo!

---

835 Se sobreentiende de *hierbas o juncos.*

836 Los comentadores dicen que la mujer de Job (Lía, hija de Jacob o de Efraín, hijo de José) fue a un sitio y permaneció mucho tiempo ausente, y que Job, que necesitaba de su ayuda, juró darle cien latigazos cuando se pusiese bueno. Dios le ordenó que tomase un haz de hierbas o de juncos y que golpease sin decirle el qué, a fin de que fuese fiel a su juramento y cumpliese su palabra. Este pasaje del Corán autoriza para librarse de un juramento hecho inconsideradamente y que se preferiría no cumplir con rigor.

837 Literalmente: posesores de manos y de la vista.

838 De treinta a treinta y tres años, según los comentadores.

57.—*Sí, así será.* Probad, *se les dirá*, el aguardiente y el pus,

58.—Y otros suplicios diversos.

59.—*Se dirá a los jefes*: Esta tropa que os ha seguido será precipitada con vosotros. No se les dirá: Sed bienvenidos, pues serán quemados en el fuego.

60.—Estos dirán a sus jefes: no, no se os dirá: Sed bienvenidos; vosotros sois los que nos habéis preparado el fuego. ¡Qué horrorosa mansión!

61.—Y dirán *dirigiéndose a Dios*: Señor, duplica el suplicio del fuego a los que nos han acarreado este castigo.

62.—¿Por qué no vemos, dirán los infieles, a hombres a quienes considerábamos como malvados,

63.—Y de quienes nos mofábamos? ¿Se escaparían a nuestras miradas?

64.—Esta es bien la verdad, así disputarán entre sí los hombres condenados al fuego.

65.—Diles, ¡oh, Muhammad!: Yo no soy más que un amonestador; no hay más Dios que Dios, el Único, el omnipotente;

66.—Soberano de los cielos y de la tierra y de todo lo que hay entre estos; el Poderoso, el indulgente.

67.—Diles: El mensaje es un mensaje grave,

68.—Y vosotros desdeñáis oírlo.

69.—Yo no tenía ningún conocimiento de la asamblea sublime[839] donde se disputaba *sobre la creación del hombre.*

70.—(Eso no me ha sido revelado más que porque soy un apóstol verdadero.)

71.—Cuando Dios dijo a los ángeles: Voy a crear de arcilla al hombre;

72.—Cuando le haya dado forma perfecta y haya arrojado en él una parte de mi espíritu, tendréis que prosternaros ante él;

73.—Los ángeles todos se prosternaron ante él;

74.—A excepción de Eblís. Se llenó de orgullo y fue del número de los ingratos.

---

839   Los ángeles.

75.—¡Oh, Eblís!, le gritó Dios; ¿qué es lo que te impide prosternarte ante el ser que yo he creado con mis manos?

76.—¿Es el orgullo, o es porque estás más elevado?

77.—Eblís respondió: Yo valgo más que él. Tú me has creado de fuego y a él de barro.

78.—¡Sal de aquí! Le gritó Dios; tú eres lapidado[840].

79.—Mis maldiciones permanecerán sobre ti hasta el día de la retribución.

80.—Señor, dijo Eblís, concédeme una dilación hasta el día en que los hombres sean resucitados.

81.—La has obtenido, respondió Dios,

82.—Hasta el día del término fijado de antemano.

83.—Juro por tu grandeza, respondió Eblís, que los seduciré a todos,

84.—Salvo a tus servidores sinceros.

85.—Así será; Te digo la verdad, que colmaré la gehena contigo y con todos los que te hayan seguido.

86.—¡Oh, Muhammad! Diles: No os pido salario y no soy de los que se encargan de más de lo que pueden soportar.

87.—El Corán es una advertencia para el universo.

88.—Al cabo de cierto tiempo, sabréis la nueva.

---

840   Esta palabra se añade por lo general al nombre de Satán, y quiere decir *maldito*.

SURA XXXIX
TROPAS[841]

DADO EN LA MECA.—75 VERSÍCULOS
EN NOMBRE DEL DIOS CLEMENTE Y MISERICORDIOSO

1.—La revelación del libro proviene del Dios poderoso y sabio.

2.—Te hemos enviado el libro en toda verdad. Adora, pues, a Dios, y sé sincero en tu culto.

3.—¿No se debe a Dios un culto sincero?

4.—En cuanto a los que toman otros patronos diferentes de Dios, diciendo: no les adoramos más que para que nos aproximen a Dios, Dios decidirá sobre el objeto de sus disputas.

5.—Dios no dirige al embustero ni al incrédulo.

6.—Si Dios hubiese querido tener un hijo, lo habría escogido entre los seres que ha querido crear. Pero su gloria está muy por encima de esto. Es único y poderoso.

7.—Ha creado los cielos y la tierra con la verdad[842]. Rueda el día sobre la noche y la noche sobre el día; ha sometido el sol y la luna; uno y otra siguen su carrera hasta un fin marcado. ¿No es el Fuerte, el indulgente?

8.—Os creó a todos de un solo individuo del que sacó luego su compañera. Os ha dado en ganado ocho parejas[843]. Os crea en las entrañas de vuestras madres, haciéndoos pasar de una forma a otra, en las tinieblas de una triple envoltura[844]. Él es el Dios vuestro Señor; a él pertenece el imperio. No hay más Dios que él; ¿por qué, pues, os apartáis de él?

9.—Si sois ingratos, él es bastante rico para pasar sin vosotros. Pero la ingratitud de sus servidores le disgusta[845]; a él le gustaría veros agradecidos. El alma cargada con el fardo *de sus obras* no llevará el de ninguna otra. Todos volveréis a vuestro Señor, y él os mostrará vuestras obras;

---

841 El título de este *sura* es la palabra tropas que se lee en el versículo 71.

842 Es decir, para un objeto serio y no para convertirlo en juego.

843 Literalmente: Ha hecho descender para vosotros, en rebaños, ocho parejas.

844 Las entrañas, el estómago y la membrana que envuelve el feto. Las diferentes formas o fases del hombre son: gota de esperma, coágulo de sangre, trozo de carne, etc.

845 Las palabras *ingrato* e *ingratitud* quieren decir también *infiel* e *infidelidad*.

10.—Pues conoce lo que vuestros corazones ocultan.

11.—Cuando algún mal ataca al hombre, grita hacia su Señor y vuelve a él; no bien le ha concedido Dios un favor, cuando olvida al que invocaba poco antes; le atribuye iguales para extraviar a los demás. Di a *semejante hombre*: Goza algunos instantes de tu ingratitud y algún día serás entregado al fuego.

12.—El hombre piadoso que pasa la noche adorando a Dios, prosternado o de pie, que aprehende la vida futura y espera en la misericordia de Dios, ¿sería tratado de impío? Di: Los que saben y los que ignoran ¿serán tratados del mismo modo? Que reflexionen los hombres dotados de sentido.

13.—Di: ¡Oh, servidores míos que creéis! ¡Temed a vuestro Señor! Los que obran el bien en este mundo obtendrán una hermosa recompensa. La tierra del Señor es vasta; los perseverantes recibirán su recompensa; no se contará con ellos.

14.—Di: He recibido la orden de adorar a Dios con su culto sincero; he recibido la orden de ser el primero de los que se resignan a su voluntad (*musulmanes*).

15.—Di: Si desobedezco al Señor, temo sufrir el castigo del gran día.

16.—Di: Adoraré a Dios con un culto sincero.

17.—Y vosotros, adorad a las divinidades a quienes queréis al lado de Dios. Diles *además*: ¿Serán verdaderamente desgraciados en el día de la resurrección los que se pierden a sí mismos y a los suyos? ¿No es una ruina evidente?

18.—Por encima de su cabeza se extenderá una capa de fuego y una capa de fuego bajo sus pies. He aquí con qué amenaza Dios a sus servidores. Temedme, pues, ¡oh, servidores míos!

19.—Buenas nuevas a los que huyen del culto de Thagut para volver a Dios. Anuncia la dicha a aquellos de mis servidores que escuchan ávidamente mis palabras y siguen lo más hermoso que contienen. A ellos es a quien dirigirá Dios; son los hombres dotados de sentido.

20.—¿Salvarás a aquel sobre el cual se haya pronunciado la sentencia del castigo? ¿Salvarás al que haya sido entregado al fuego?

21.—En cuanto a los que temen a su Señor, tendrán *en el paraíso* galerías por encima de las cuales serán construidas otras galerías bajo las cuales correrán aguas. Es una promesa de Dios, y Dios no falta a sus promesas.

22.—¿No has visto cómo Dios hace caer agua del cielo y la conduce a las fuentes ocultas en las entrañas de la tierra; cómo hace germinar las plantas de diferentes especies; cómo las hace madurar y amarillear; cómo, en fin, las reduce a briznas secas? En verdad, hay en esto una advertencia para los hombres dotados de sentido.

23.—Aquel cuyo corazón ha dilatado Dios para recibir el Islam, de modo que sigue la luz de su Señor, *¿será como aquel cuyo corazón esta endurecido?* ¡Desgraciados aquellos cuyos corazones están endurecidos y cerrados al recuerdo de Dios! Están en un extravío manifiesto.

24.—Dios ha hecho descender de lo alto la palabra más hermosa que fue jamás pronunciada; *ha hecho de ella* un libro cuyas partes se enlazan y se repiten; los que temen a Dios sienten al oír su lectura que la piel se dilata y se contrae sobre sus cuerpos; poco a poco, sus pieles y sus corazones se suavizan ante el recuerdo y ante la palabra de Dios. Tal es la dirección de Dios: con ella dirige a los que quiere; pero aquel a quien Dios extravía ¿dónde hallará una guía?

25.—Aquel que, con su sola cara, procura prevenirse contra los sufrimientos del castigo[846], en el día de la resurrección, *¿será como aquel que no tenga nada que temer?*[847] Se dirá a los malvados: Probad lo que habéis ganado.

26.—También sus antecesores han tratado nuestros signos de mentira. El castigo cayó sobre ellos de donde no lo esperaban.

27.—Dios les ha hecho probar el envilecimiento de la vida de este mundo; pero el suplicio del otro es todavía más duro. ¡Ah! ¡Si lo supiesen!

28.—Ya hemos propuesto a los hombres en este Corán toda clase de palabras, a fin de que reflexionen.

29.—Este libro es un libro árabe cuya palabra no es tortuosa, a fin de que los hombres teman a Dios.

846   Esto significa que teniendo los réprobos las manos atadas al cuello no podrán cubrir sus caras y las presentarán al fuego sin defensa.

847   La segunda parte de la frase, en este pasaje, como en otros análogos, no está expresada en el texto, sino que se sobrentiende.

30.—Dios os ofrece como ejemplo, *primero* un hombre sobre el cual tienen derecho varios asociados y que se disputan, y luego un hombre perteneciente a un solo *amo*. ¿Van a la par estos dos hombres? No, a Dios gracias. Pero la mayor parte de los hombres no saben nada.

31.—Morirás, ¡oh, Muhammad!, y ellos también morirán.

32.—Luego disfrutaréis ante Dios en el día de la resurrección.

33.—¿Y quién es peor que el que inventa una mentira por cuenta de Dios y el que ha tratado de impostura la verdad cuando se le ha aparecido? ¿No es la gehena la morada reservada a los infieles?

34.—El que trae la verdad y el que cree en ella, ambos son piadosos;

35.—Hallarán cerca de Dios todo lo que deseen. Tal será la recompensa de los que obran el bien.

36.—Dios borrará sus peores obras y los recompensará por sus mejores acciones.

37.—¿No basta Dios solo para proteger a su servidor? Los infieles procurarán asustarte en nombre de sus ídolos; pero aquel a quien Dios extravía no hallará ayuda.

38.—¿Quién puede extraviar a aquel a quien Dios dirige? ¿No es Dios poderoso y vengativo?

39.—Si les preguntas quién ha creado los cielos y la tierra, responderán: Dios. Diles: si Dios quisiese atacaros con algún mal, ¿creéis que podrían libraros de él las divinidades que invocáis al lado de él?, y si Dios quisiese concederos algún beneficio, ¿por qué no ponen, pues, los hombres su confianza en Dios?

40.—Diles: ¡Oh, pueblo mío! Obra como puedas; yo obraré también, y veremos.

41.—¿Quién de nosotros sentirá un suplicio ignominioso y sobre quién de nosotros descenderá el suplicio permanente?

42.—Te hemos enviado, ¡oh, *Muhammad!*, el libro para la salvación de los hombres y con un objeto serio. El libro para la salvación de los hombres y con un objeto serio. El que sigue el camino recto lo hace en provecho suyo; todo el que se extravía, se extravía en detrimento suyo. Tú no estás encargado de su causa.

43.—Dios recibe las almas en el momento de la muerte y recibe también las que están entregadas al sueño sin morir[848]; guarda aquellas cuya muerte ha decretado, y despide a las otras hasta un cierto término. En esto hay en verdad signos para los que meditan.

44.—Los *infieles* ¿van a tomar por intercesor a alguien al lado de Dios? Di: ¿Será esto así aunque estas divinidades no poseen nada ni comprenden nada?

45.—Diles: La intercesión pertenece exclusivamente a Dios[849]; el imperio de los cielos y de la tierra es suyo; todos seréis llevados ante él.

46.—Cuando se pronuncia el nombre del Dios único, los corazones de los hombres que no creen en la vida futura se contraen *de despecho*. Pero que se haga mención de aquellos a quienes *adoran* al lado de Dios, y les veréis esponjarse de alegría.

47.—Di: ¡Oh, Dios mío! Creador de los cielos y de la tierra, tú que conoces las cosas visibles e invisibles, decidirás entre tus servidores en sus diferencias.

48.—Si los malvados poseyesen todo lo que la tierra contiene y otro tanto más, lo darían el día de la resurrección por librarse de los sufrimientos del suplicio. Entonces verán venir de parte de Dios cosas que no se imaginaban.

49.—Sus malas acciones les aparecerán claramente, y el *suplicio* de que se reían les envolverá por todas partes.

50.—Si algún mal alcanza al hombre, nos llama; si lo convertimos en un favor, dice: Ya sabía yo que me correspondería. Esto es más bien una prueba de parte de Dios; pero la mayor parte de los hombres no lo saben.

51.—Así hablaban sus antecesores; pero ¿de qué les han servido sus obras?

52.—Los crímenes que habían cometido caerán sobre ellos; los crímenes de aquellos (*de los de la Meca*) caerán también sobre ellos; no podrán prevalecer contra Dios.

53.—¿No saben que Dios da a manos llenas el alimento a quien

848 Según este pasaje, las almas de los hombres que duermen están cerca de Dios; Dios las recibe, y tan pronto las guarda como las despide, según que haya o no expirado el término de la vida.

849 Es decir, que nadie podrá interceder sin el permiso de Dios.

quiere o lo reparte en cierta medida? Hay en esto signos para los que creen.

54.—Di: ¡Oh, servidores míos! Vosotros los que habéis obrado inicuamente, no desesperéis de la misericordia divina, pues Dios perdona todos los pecados; es el indulgente, el Misericordioso.

55.—Volved, pues, a Dios y entregaos enteramente a él antes de que os alcance el castigo allí donde no hallaréis ningún auxilio.

56.—Seguid estos hermosos mandatos que Dios os ha revelado, antes de que os sorprenda súbitamente el castigo y cuando menos lo esperéis;

57.—Y antes de que el alma exclame: ¡Desgraciado de mí que me he hecho culpable ante Dios y que me reía *de la verdad!*

58.—Antes de que exclame: Si Dios me hubiese dirigido, habría sido del número de los que temen;

59.—Antes de que exclame al ver el suplicio: ¡Ah! Si me fuese dado volver *a la tierra*, en verdad obraría el bien.

60.—Sí. Sin embargo, mis signos se te aparecieron y los has tratado de mentiras; has sido orgulloso e ingrato.

61.—En el día de la resurrección, los que han mentido contra Dios tendrán el rostro negro. ¿No es la gehena una morada destinada a los orgullosos?

62.—Dios salvará a los que le han temido y los introducirá en lugar seguro; ningún mal les alcanzará y no serán afligidos.

63.—Dios es el creador de todas las cosas; cuida de todas las cosas; tiene las llaves de los cielos y de la tierra. Los que no han creído en sus signos son realmente desgraciados.

64.—Di: ¿Me ordenaréis adorar a otro más que a Dios, oh ignorantes?

65.—Ya ha sido revelado a ti y a tus predecesores que vuestras obras serán vanas si sois idólatras y que seréis desgraciados.

66.—Adora más bien a Dios y sé agradecido.

67.—Pero ellos no saben apreciar a Dios cual debe serlo. El día de la resurrección, toda la tierra no será más que *un puñado de polvo entre sus manos*, y los cielos serán plegados como un rollo en su diestra.

¡Loa a él! Está demasiado por encima de las divinidades que se le asocian.

68.—Y se tocará la trompeta, y todo lo que hay en los cielos y en la tierra expiará, excepto aquellos a quienes Dios quiere *dejar vivir*[850]; luego se tocará por segunda vez, y todos los seres se erguirán y esperarán.

69.—Y la tierra brillará con la luz de su Señor, y he aquí que el libro está depositado y que los profetas y los testigos son mandados y que la sentencia será pronunciada con justicia, y que ninguno será lesionado.

70.—Y toda alma será pagada según sus obras. Ahora bien; Dios sabe lo que los hombres hacen.

71.—Los infieles serán empujados en tropas hacia la gehena, y, cuando lleguen allí, sus puertas se abrirán ante ellos y sus guardianes les gritarán: ¿Apóstoles escogidos entre vosotros no han ido a recitaros los milagros de vuestro Señor y a advertiros que compareceríais ante él en este día? Sí, responderán. Pero ya la sentencia del suplicio envolverá a los infieles.

72.—Entrad, se les dirá; en estas puertas de la gehena permaneceréis eternamente. ¡Qué horrible es la morada de los orgullosos!

73.—Se hará caminar a los creyentes formando tropas hacia el paraíso, y cuando lleguen allí, se abrirán las puertas ante ellos y sus guardianes les dirán: ¡Que la paz sea con vosotros! Habéis sido virtuosos, entrad en el paraíso para permanecer aquí eternamente.

74.—¡Alabanza a Dios! Dirán; ha cumplido sus promesas y nos ha concedido la herencia de la tierra, a fin de que pudiésemos luego habitar el paraíso dondequiera que queramos. ¡Qué hermosa es la recompensa de los que obran el bien!

75.—Verás a los ángeles formando círculo en torno del trono; celebrarán las alabanzas del Señor. La sentencia será pronunciada con equidad y se dirá: ¡Gloria a Dios, dueño del universo!

850 Se cree que los ángeles Gabriel, Miguel e Israfil, así como Israel, el ángel de la muerte, no morirán en aquel momento mismo, sino que morirán más tarde, a fin de que la palabra de Dios, que anuncia la muerte de todo ser, se realice. Por lo demás, todos serán luego resucitados.

SURA XL
EL CREYENTE[851]

DADO EN LA MECA.—85 VERSÍCULOS
EN NOMBRE DEL DIOS CLEMENTE Y MISERICORDIOSO

1.—HA. MIM[852]. La revelación del Corán proviene del Dios poderoso y sabio;

2.—Que borra los pecados, agradece la penitencia, y que es terrible en sus castigos.

3.—Está dotado de longanimidad. No hay más Dios que él; es el término de todas las cosas.

4.—Solo los infieles provocan disputas sobre los signos de Dios; pero que su posteridad en estos países no te deslumbre[853].

5.—Antes de ellos, el pueblo de Noé le ha tratado de impostor; después de aquellos, tantos otros partidos hicieron lo mismo. Cada pueblo tramaba maquinaciones contra sus profetas y quería apoderarse de ellos por la fuerza, se luchaba con la mentira para ahogar la verdad; pero yo los he cogido a todos y ved cuál ha sido mi castigo.

6.—Así es como se ha cumplido esta sentencia del Señor contra los incrédulos; serán entregados al fuego.

7.—Los que llevan el trono y los que lo rodean[854] celebran las alabanzas del Señor; creen e imploran su perdón para los creyentes. Señor, dicen, tú lo abarcas todo con tu misericordia y tu ciencia; perdona a los que vuelven a ti y siguen tu sendero; sálvalos del castigo de las llamas.

8.—Señor, introdúcelos en los jardines del Edén, que tú les has

---

851 Este *sura* se titula *El creyente* porque hace mención de un creyente de la familia de Faraón.

852 Véase *sura* II, 1, nota.

853 Literalmente: su movimiento en todo sentido en este país. Muhammad entiende por esto sus idas y venidas a causa del comercio que hacían en Arabia y en Siria y del bienestar que ello les provenía. Véase *sura* III, 196.

854 Se entiende por esto los querubines, ángeles del orden más elevado y que fueron los primeramente creados.

prometido, así como a sus padres, sus esposas y hijos que hayan vivido bien. Tú eres el Poderoso, el Prudente.

9.—Presérvalos de las malas acciones. El que se garantice contra las malas acciones, tú tendrás piedad de él, y esto es una gran dicha.

10.—Los infieles oirán en ese día una voz que les gritará: El odio de Dios contra vosotros es mayor que ha sido vuestro odio contra vosotros mismos, cuando, invitados por la fe, no habéis creído.

11.—Señor, responderán, tú nos has hecho morir dos veces y nos has reanimado dos veces[855]. Confesamos nuestros pecados. ¿No hay, pues, ningún medio de salir de aquí?

12.—He aquí lo que tendréis vosotros los que no habéis creído cuando se os predicaba el Dios único, y que os mostrabais creyentes siempre que se le atribuían compañeros[856]. Pero la decisión suprema pertenece a Dios, el Alto, el Grande.

13.—Él es el que os hace ver sus milagros, el que os envía el alimento del cielo; pero solo aprovecha la advertencia el que se vuelve hacia Dios.

14.—Rogad, pues, a Dios, ofreciéndole un culto sincero y puro, aunque los infieles conciban despecho.

15.—Este Dios que ocupa los grados más elevados, posesor del trono de la majestad[857]; con su sola voluntad lanza el soplo de su espíritu en aquel de sus servidores que quiere, para advertirle del día de la entrevista[858].

16.—En su día los *hombres saldrán de sus tumbas*, y ninguna de sus acciones será oculta a los ojos de Dios. Ese día ¿a quién pertenecerá el poder supremo? Al Dios único y fuerte.

855   Los comentadores entienden de diferente modo este pasaje. Según unos, la primera muerte es ese estado de insensibilidad en que está el hombre antes de su nacimiento; la segunda es la muerte a consecuencia de la cual deja el mundo; se renace dos veces: una para el mundo y otra para el juicio final. Según otros, la primera muerte es la muerte natural; la segunda es cuando, después de haber sido interrogado el difunto en la tumba, muere hasta el día de la resurrección.

856   No creíais en la unidad de Dios, pero estabais dispuestos a creer en la pluralidad de Dios.

857   La voz *arch* del texto quiere decir trono de la majestad, que está por encima de todos los cielos y muy por encima del *korsi*, que es el trono de la justicia.

858   El día de la entrevista (con Dios) es el día del juicio final.

17.—Ese día toda alma será retribuida con arreglo a sus obras. Ese día, nada de injusticia. Dios está pronto a arreglar las cuentas.

18.—Adviérteles el día próximo, el día en que los corazones, subiéndose a la garganta, estarán próximos a ahogarlos.

19.—Los malvados no tendrán amigo ni intercesor a quien se escuche.

20.—Dios conoce los ojos pérfidos y lo que los corazones ocultan[859].

21.—Dios lo decide todo en justicia, Aquellos a quienes los infieles invocan al lado de él, no podrían decidir nada, pues solo Dios lo oye y lo ve todo.

22.—¿No han viajado por estos países? ¿No han visto cuál ha sido el fin de los pueblos que les han precedido? *Estos pueblos* valían más que ellos por su fuerza y por los monumentos que han dejado en este país. Pero Dios les ha cogido por sus pecados y nadie ha podido defenderlos contra Dios;

23.—Pues los apóstoles fueron a en medio de ellos, acompañados de signos evidentes, y ellos negaron su misión. Dios se apoderó de ellos. Es terrible en sus castigos.

24.—Enviamos a Moisés, acompañado de nuestros milagros y de un poder evidente,

25.—Hacia Faraón y Hamán, y Karun; pero ellos dijeron: Es un mago, un impostor.

26.—Cuando fue hacia ellos, llevándoles la verdad que provenía de nosotros, exclamaron: Condenad a muerte a los que le siguen, sin perdonar a sus mujeres; pero las estrategias de los incrédulos se extraviaron, *y fracasaron.*

27.—Dejadme matar a Moisés, dijo Faraón; que invoque entonces a su Dios; temo que os haga cambiar de religión y que siembre el desorden en el país.

28.—Moisés respondió: Busco un abrigo cerca de aquel que es mi Señor y el vuestro, contra los orgullosos que no creen en el día de la cuenta.

---

859 Literalmente: *Dios conoce pérfidos ojos,* es decir, esos hombres que tienen ojos pérfidos y que dirigen una mirada de connivencia culpable o una mirada de codicia sobre lo que es ilícito.

29.—Un hombre creyente de la familia de Faraón, pero que ocultaba su creencia, les dijo: ¿Mataréis a un hombre porque dice: Yo adoro a Dios, que es mi dueño y que viene acompañado de signos evidentes? Si es embustero, su mentira recaerá sobre él; si dice la verdad, hará caer sobre vosotros una de esas desgracias con que os amenaza, pues Dios no dirige a los transgresores ni a los embusteros.

30.—¡Oh, pueblo mío!, *decía él además*, hoy el poder es vuestro, en tanto que sois poderosos en este país (*en Egipto*); pero ¿quién os defenderá contra la ira de Dios, si nos alcanza? Yo solo os hago ver, respondió Faraón, lo que yo mismo veo, y os guío por un camino recto.

31.—Entonces el hombre creyente les dijo: ¡Oh, pueblo mío!, temo por vosotros el día semejante al día de los partidos[860],

32.—El día semejante al del pueblo de Noé, de Ad y de Temud,

33.—Y de los que les sucedieron. Sin embargo, Dios no quiere oprimir a sus servidores.

34.—¡Oh, pueblo mío!, temo por vosotros el día en que los hombres se llamen unos a otros[861],

35.—El día en que seáis obligados a volver atrás y oprimidos *en el infierno*. Entonces no tendréis a nadie que os proteja contra Dios; pues ¿quién servirá de guía a aquel a quien Dios extravía?

36.—José había venido ya a vosotros acompañado de signos evidentes; pero vosotros no habéis cesado de dudar de la verdad hasta el momento en que murió. Entonces decíais: Dios no suscitará ya profeta después de su muerte. Así es como extravía Dios a los transgresores y a los que dudan.

37.—Los que discuten sobre los milagros de Dios sin haber recibido ningún argumento en su apoyo, se atraen un gran odio de Dios y de los creyentes. Dios imprime un sello en el corazón de todo hombre orgulloso y violento.

---

860 La voz *elhazab*, plural de *hizb*, que nosotros traducimos por *partidos* y que otros traductores traducen *confederados*, se aplica en el Corán a las antiguas tribus de la Arabia, tales como Ad, Temud, etc., y en tiempo de Muhammad a las diferentes tribus que formaban alianzas temporales.

861 Es el día del juicio final, en que los malvados se llamarán unos a otros, ora para acusarse recíprocamente, ora para invocar los auxilios unos de otros.

38.—Faraón dijo a Hamán: constrúyeme un palacio para que pueda alcanzar esas regiones,

39.—Las regiones del cielo, y para que suba al lado del Dios Moisés, pues le creo embustero.

40.—Así es como las acciones criminales de Faraón parecieron hermosas a sus ojos; fue rechazado del buen camino y las maquinaciones de Faraón fueron aniquiladas.

41.—El hombre creyente *entre los egipcios* les decía: ¡Oh, pueblo mío!, seguid mis consejos y os conduciré por el camino recto.

42.—¡Oh, pueblo mío! La vida de este mundo no es más que un usufructo; la del otro es una morada duradera.

43.—Todo el que haya obrado mal no recibirá a cambio más que mal; todo el que haya obrado bien (sea hombre o mujer) y que haya creído, será del número de los elegidos que entrarán el paraíso y gozarán de todos los bienes sin cuenta.

44.—Os llamo a la salvación y vosotros me llamáis al fuego.

45.—Me invitáis a no creer en Dios y a asociarle divinidades de que no tengo ningún conocimiento, y yo os llamo al Poderoso, al indulgente.

46.—En verdad, las divinidades a que apeláis ni merecen ser invocadas en este mundo ni en el otro, pues todos volveremos a Dios y los transgresores serán entregados al fuego.

47.—Entonces os acordaréis de mis palabras; por mi parte confío enteramente en Dios, que ve a los hombres.

48.—Dios preservó a aquel hombre de los malos designios que había imaginado contra él, y la familia de Faraón fue rodeada por las penas del castigo.

49.—Al fuego es adonde se la conduce mañana y tarde, y el día en que aparezca la hora *se le gritará*: ¡Familia de Faraón!, id al más terrible de los castigos.

50.—Cuando, en medio del fuego, los impíos disfruten entre sí, los débiles de *este mundo* dirán a los orgullosos (*a los grandes*): os habíamos seguido en la tierra; ¿podéis servirnos de algo en este fuego que nos ha tocado en suerte?

51.—Y los orgullosos responderán: Henos aquí a todos. Dios acaba de pronunciar su sentencia sobre los hombres.

52.—Los réprobos entregados al fuego dirán a los guardianes de la gehena: Rogad a vuestro Señor que aminore durante un día *al menos este suplicio.*

53.—Pero *los guardianes* les responderán: ¿No habéis tenido vuestros profetas que os han hecho ver pruebas evidentes de *su misión?* Sí, responderán. Entonces, llamadles en vuestro auxilio. Pero el grito de los infieles se perderá en su camino.

54.—Seguramente prestaremos auxilio a nuestros enviados y a los que hayan creído en la vida futura, el día en que se presenten testigos;

55.—El día en que las excusas de los malvados no les servirán de nada; a ellos entonces la maldición y una mansión horrible.

56.—Dimos a Moisés la dirección (nuestra revelación por guía) y pusimos a los hijos de Israel en posesión del libro. Era para hacerlo servir de dirección y de advertencia a los hombres dotados de sentido.

57.—Ten, pues, paciencia, ¡oh, *Muhammad!,* pues las promesas de Dios son la verdad misma; implora cerca de él el perdón de tus pecados y celebra las alabanzas de tu Señor mañana y tarde.

58.—Los que disputan respecto de los signos de Dios sin haber recibido ningún argumento en su apoyo ¿qué tienen en sus corazones más que orgullo? Pero no lograrán su objeto. Tú Muhammad, busca tu refugio cerca de Dios, pues lo oye y lo ve todo.

59.—La creación de los cielos y de la tierra es algo mayor que la creación del género humano; pero la mayor parte de los hombres no lo saben.

60.—El ciego y el hombre que ve, los hombres de buenas obras y el malvado, no pueden ser iguales. ¡Cuán poco reflexionan los hombres!

61.—Llegará la hora, no hay duda respecto de esto, y, sin embargo, la mayor parte de los hombres no creen en ello.

62.—Dios ha dicho: Llamadme y os responderé, pues los que se niegan a adorarme por orgullo, entrarán en la gehena cubiertos de ignominia.

63.—Dios es el que os ha da la noche para descansar y el día que hace ver. En verdad, Dios está lleno de bondad para con los hombres; pero la mayor parte de ellos no le están agradecidos.

64.—Este Dios es vuestro Señor, creador de todas las cosas; no hay más Dios que él; ¿por qué, pues, os apartáis de él?

65.—Así se apartaban los que negaban sus milagros.

66.—Dios es el que os ha dado la tierra por cimientos y el cielo por edificio; él es el que os ha formado, y ¡qué admirables formas os ha dado!; él es el que os alimenta con deliciosos manjares; este Dios es vuestro Señor. Bendito sea Dios, el dueño del universo.

67.—Él es Dios vivo y no hay más Dios que él. Invocadle, pues, ofreciéndole un culto puro. ¡Gloria a Dios, dueño del universo!

68.—Di: Me ha sido prohibido adorar a las divinidades que invocáis al lado de Dios, desde que pruebas evidentes me han llegado de parte de Dios. He recibido la orden de entregarme al dueño del universo.

69.—Él es el que os ha creado de polvo, luego de una gota de esperma, después de un coágulo de sangre: os hace nacer hijos, os deja alcanzar la fuerza de la edad y luego os permite llegar a la ancianidad. Alguno de vosotros muere antes de esta época y así alcanzáis el término fijado de antemano para cada uno; todo esto a fin de que comprendáis.

70.—Él es el que hace vivir y el que hace morir; cuando ha resuelto algo, dice: sea, y es.

71.—¿Has visto a los que disputaban respecto de los signos de Dios? ¿Qué ha sido de ellos?

72.—Los que tratan de impostura el libro y las demás revelaciones que hemos confiado a nuestros enviados, conocerán la verdad algún día.

73.—Entonces, con los collares en los cuellos y encadenados, serán arrastrados al infierno y luego entregados como pasto al fuego.

74.—Entonces se les gritará: ¿Dónde están aquellos que asociabais a Dios? Ellos responderán: se han extraviado; por lo demás, nosotros no hemos invocado jamás nada. Así es como extravía Dios a los infieles.

75.—He aquí la retribución de vuestra injusta insolencia en la tierra y de vuestros inmoderados goces.

76.—Entrad en las puertas de la gehena para permanecer ahí eternamente. ¡Qué horrible mansión la de los orgullosos!

77.—Ten paciencia, ¡oh, *Muhammad!* Las promesas de Dios son la verdad misma, y, ora que te hagamos ver alguna de esas penas con que los amenazamos, ora que te recojamos en nuestra morada antes de este término, volverán cerca de nosotros.

78.—Antes de ti también habíamos enviado apóstoles; te hemos contado la historia de algunos de ellos y hay otros de los que nada te hemos dicho. No es a un enviado al que pertenece obrar un milagro, a no ser que Dios lo permita; pero cuando llega la orden de Dios, entonces se realiza en toda verdad y entonces perecen los que lo tratan de quimera.

79.—Dios es el que ha creado para vosotros los ganados; unos para serviros de monturas y otros para que os alimentéis con su carne.

80.—Halláis en ellos numerosas ventajas; con ayuda de ellos realizáis el proyecto que alimentabais en vuestros corazones. Sois llevados por los animales y sois llevados también por los buques.

81.—Dios os hace ver sus signos; ¿cuál de los signos de Dios negaréis?

82.—¿No han recorrido el país? ¿No han notado cuál ha sido el fin de sus predecesores, más numerosos que ellos, más notables por su fuerza, y los monumentos que han dejado en el país? Pero sus trabajos no les han servido de nada.

83.—Cuando los enviados, provistos de pruebas evidentes *de su misión,* aparecieron en medio de ellos, se regocijaban *con orgullo* de la ciencia que poseían; pero el suplicio de que se reían les envolvió por todas partes.

84.—Y cuando hubieron sentido la violencia de nuestros golpes, empezaron a gritar: ¡He aquí! ¡He aquí! Nosotros hemos creído en el Dios único; ¡he aquí! ¡He aquí! Nosotros no creíamos ya en las divinidades que le asociábamos.

85.—Pero su fe *repentina* no les sirvió de nada, una vez que hubieron reconocido nuestra violencia. Tal ha sido la costumbre constante[862] de Dios, respecto de los hombres que no existen ya. Así perecen los infieles.

---

862   Tal ha sido la vía, la costumbre, la *sonna* de Dios.

SURA XLI
LOS DESENVUELTOS[863]

DADO EN LA MECA.—54 VERSÍCULOS
EN NOMBRE DEL DIOS CLEMENTE Y MISERICORDIOSO

1.—HA. MIM. He aquí el libro enviado por el Clemente, el Misericordioso;

2.—Un libro cuyos versículos han sido claramente desenvueltos y *forman* un Corán árabe para los hombres que tienen inteligencia;

3.—Un libro que anuncia y advierte; pero la mayor parte se alejan y no quieren escucharlo.

4.—Dicen: nuestros corazones están *envueltos* en pliegues y *cerrados* para el culto a que vosotros nos llamáis; una pesadez se asienta en nuestros oídos; un sello nos separa de vosotros; obra como gustes y nosotros obraremos *como nos plazca*.

5.—Diles: sí, sin duda, yo soy un hombre como vosotros a quien le ha sido revelado que vuestro Dios es el Dios único; encaminaos rectamente hacia él e implorad su perdón. ¡Desgraciados de los que asocian *otros dioses a Dios*;

6.—Que no hacen limosnas y niegan la vida futura!

7.—Los que hayan creído y practicado la virtud recibirán una eterna recompensa.

8.—Diles: ¿No creeréis en el que ha creado la tierra en el espacio de dos días? ¿Le atribuiréis iguales? Él es el dueño del universo.

9.—Ha establecido las montañas en su superficie, la ha bendecido y ha distribuido en el espacio de cuatro días[864] en ciertas proporciones alimentos que *procura* igualmente para todos los que piden[865].

10.—Luego ha ido a establecerse en el cielo, que era entonces un montón de humo, y le ha gritado al cielo y a la tierra: Venid a mí de

---

863 El título de este *sura* proviene de las palabras: *han sido claramente desenvueltos,* que se hallan en el versículo 2.

864 Contando los dos días empleados en la creación de la tierra.

865 Que buscan alimento.

grado o por fuerza.—Venimos a vos con toda obediencia, *respondieron los cielos y la tierra.*

11.—Entonces arregló el cielo en siete cielos en el espacio de dos días; a cada cielo le reveló sus funciones. Ornamos con antorchas el cielo más inmediato *a la tierra* y lo proveímos de guardianes. Tal era el decreto del Poderoso, del Sabio.

12.—Si se alejan para no oír, Diles: os anuncio una tempestad semejante a la tempestad de Ad, de Temud.

13.—Cuando los apóstoles se levantaban en todas partes en medio de ellos y les gritaban: No adoréis más que a Dios, respondían: si Dios hubiese querido *convertirnos*, nos habría enviado ángeles. No creemos en vuestra misión.

14.—Ad se había enorgullecido injustamente en la tierra; sus hijos decían: ¿Quién es más fuerte que nosotros? ¡No han reflexionado que Dios, que los había creado, era más fuerte que ellos! ¡Y negaban nuestros signos!

15.—Enviamos contra ellos un viento impetuoso, durante días nefastos, para hacerles sufrir el castigo de la ignominia en este mundo. El castigo del otro es aún más ignominioso; no hallarán nadie que los defienda.

16.—En un principio habíamos dirigido a Temud, pero prefirió la ceguedad a la dirección. Una tempestad del castigo ignominioso cayó sobre sus pueblos en castigo de sus obras.

17.—Salvamos a los que creían y temían a Dios.

18.—Adviérteles del día en que los enemigos de Dios sean reunidos ante el fuego y caminen en multitud apiñada,

19.—Hasta el momento en que, estando colocados ante el fuego, sus oídos y sus ojos y sus pieles testimoniarán contra ellos de sus acciones.

20.—Dirán a sus pieles: ¿Por qué testimoniáis contra nosotros?, y sus pieles dirán: Es Dios el que nos hace hablar, ese Dios que ha dado la palabra a todo ser. Os ha creado ya una vez y vosotros volveréis aún a él.

21.—No podíais ocultaros hasta el punto que vuestros oídos, vuestros ojos y vuestras pieles no testimoniasen contra vosotros, y os habéis imaginado que Dios ignora una gran parte de vuestras acciones.

22.—Esta falsa opinión de Dios en que os habéis mecido es la causa de vuestra ruina; heos ahora perdidos.

23.—Por más que soporten el fuego con constancia, no dejará de ser su morada; por más que imploren el perdón, no serán escuchados.

24.—Les habíamos agregado compañeros inseparables[866] que lo han embellecido todo a sus ojos. La sentencia cumplida sobre generaciones que les han precedido será cumplida también sobre ellos, y serán perdidos.

25.—Los infieles dicen: No escuchéis la lectura del Corán, o bien: Hablad alto para eclipsar la voz de los que lo leen.

26.—Haremos sufrir a los infieles un castigo terrible.

27.—Les retribuiremos según sus peores acciones.

28.—La recompensa de los enemigos de Dios es el fuego; les servirá de morada eterna porque han negado nuestros signos.

29.—Entonces gritarán: Señor, muéstranos a los que nos habían extraviado, hombres o genios; los arrojaremos bajo nuestros pies, a fin de que sean humillados.

30.—Pero los que exclaman: Nuestro Señor es Dios, y se encaminan hacia él, reciben las visitas de los ángeles que les dicen: No temáis nada y no os aflijáis; regocijaos con el paraíso que os ha sido prometido;

31.—Somos vuestros protectores en este mundo y en el otro; tendréis allí todo lo que desean vuestros corazones y todo lo que pidáis.

32.—Será una hospitalidad[867] del indulgente, del Misericordioso.

33.—¿Quién emplea un lenguaje más hermoso que el que invoca a Dios, obra el bien y exclama: Yo soy de los que se entregan a Dios?

34.—El mal y el bien no podrían caminar a la par. Devuelve bien por mal y verás a tu enemigo convertido en protector y amigo.

35.—Mas ningún otro alcanzará esta perfección, exceptuando el perseverante; ningún otro alcanzará, exceptuando el que está más favorecido[868].

---

866 Son los tentadores, los demonios, los engendros de Satanás.

867 La palabra del texto *nuzul*, significa lo que se ofrece a su huésped, lo que se le hace tomar, comida, refrescos, etc.

868 Literalmente: el posesor de la gran dicha.

36.—Si el demonio te solicita al mal, busca un refugio cerca de Dios, pues lo oye y lo sabe todo.

37.—Entre el número de sus signos están el día y la noche, el sol y la luna; no os prosternéis, pues, ni ante el sol si ante la luna, sino ante ese Dios que los ha creado, si queréis servirle.

38.—¿Son demasiado orgullosos para hacerlo? Los que están cerca de Dios (*los ángeles y los elegidos*) celebran sus alabanzas noche y día y no se cansan jamás.

39.—También es otro de sus signos, cuando ves la tierra como abatida y se mueve y se hincha tan pronto como le enviamos agua del cielo. El que la ha reanimado reanimará a los muertos, pues es omnipotente.

40.—Los que desconocen nuestros signos no podrán substraerse a nuestro conocimiento. El impío condenado al fuego ¿obtendrá mejor parte que el que se presente con toda seguridad en el día de la resurrección? Haced lo que queráis, que Dios ve vuestras acciones.

41.—Los que no creen en el libro que les ha sido dado *son culpables*: es un libro precioso.

42.—La mentira no le alcanzará de dondequiera que venga, porque es una revelación del sabio, del Glorioso.

43.—No se dice nada que no hubiese sido dicho a tus predecesores; pero Dios que perdona aplica también terribles suplicios.

44.—Si hubiésemos hecho de este Corán un libro escrito en lengua extranjera, habrían dicho: ¡Si al menos los versículos de este libro fuesen claros y distintos! ¿Lengua extranjera y pueblo árabe?...[869] Respóndeles: Es una dirección *hacia la verdad* y un remedio *para los corazones que dudan* a los que creen; en cuanto a los infieles, una pesadez tiene asiento en sus oídos y no ven; se semejan a los que se llama de lejos.

45.—Ya habíamos dado el libro a Moisés; se promovieron disputas respecto de él. Si la palabra *dilación* no hubiese sido pronunciada anteriormente, se hubiese decidido en el acto respecto de ellos, pues estaban en una duda inquieta respecto de este libro.

---

869   El texto dice: ¡Cómo! ¿Bárbara y árabe?, y el sentido es: entonces dirían: ¿Cómo dirigir un libro en lengua extranjera al pueblo árabe?

46.—Todo el que obra el bien lo hace en provecho suyo; el que obra el mal, lo hace en detrimento suyo, y Dios no es el tirano de los hombres.

47.—Solo está cerca de él el conocimiento de la hora; ningún fruto sale de su cáscara, ninguna hembra lleva, y pare sin que él tenga conocimiento de ello. El día que Dios les grite: ¿Dónde están mis compañeros, aquellos dioses que me asociabais?, responderán: no hemos oído nada semejante entre nosotros.

48.—Las divinidades que invocaban en otro tiempo habrán desaparecido de delante de sus ojos; reconocerán que no habrá ya refugio para ellos.

49.—El hombre no se cansa de solicitar el bien cerca de Dios; pero cuando una desgracia le hiere, hele que se desespera y duda.

50.—Si, después de la adversidad, le hacemos probar los beneficios de nuestra misericordia, dice: esto es lo que me correspondía; no pienso nunca en que llegue la hora, y si vuelvo a Dios me reserva una hermosa recompensa. Haremos conocer a los infieles sus acciones y les haremos probar un rudo castigo.

51.—Cuando hemos concedido un favor al hombre, se aleja, nos evita; cuando le hiere una desgracia, *nos* dirige una plegaria muy larga.

52.—Diles: ¿Qué os parece? Si el Corán proviene de Dios y no creéis en él, decidme entonces: ¿Hay hombre más extraviado que el que hace una larga escisión?

53.—Haremos brillar nuestros signos en las diferentes comarcas de la tierra y en ellos mismos, hasta que les sea demostrado que el Corán es una verdad. ¿No te basta el testimonio de tu Señor?

54.—¿No dudan de la comparecencia ante Dios? ¿Y no abarca Dios todas las cosas?

SURA XLII
LA DELIBERACIÓN[870]

DADO EN LA MECA.—53 VERSÍCULOS
EN NOMBRE DEL DIOS CLEMENTE Y MISERICORDIOSO

1.—HA. MIM. AIN. SIN. KAF. Así es como Dios, el Poderoso, el Prudente, te da la revelación, como la dada *a los enviados* que te han precedido.

2.—Todo lo que hay en los cielos y en la tierra le pertenece. Él es el Altísimo, el Grande.

3.—Poco falta para que se hienda la bóveda de los cielos *por respecto a él*; los ángeles celebran sus alabanzas e imploran su perdón para los habitantes de la tierra. En verdad, Dios es el indulgente, el Misericordioso.

4.—Dios vigila a los que toman por patronos a otros distintos de él. Y tú, ¡oh, *Muhammad!,* no estás encargado de sus asuntos.

5.—Así es como te hemos dado la revelación en un libro árabe, a fin de que adviertas a la madre de las ciudades[871] y a las comarcas colindantes, a fin de que les adviertas del *día* de la reunión[872], día sobre el cual no hay duda, día en que una parte de los hombres estará en el paraíso y otra en el brasero *del infierno.*

6.—Si Dios hubiese querido, solo habría establecido un pueblo *que profesase la misma religión*; pero dará a los unos un lugar en su misericordia, mientras que los malvados no tendrán patrono ni protector.

7.—¿Tomarán por patronos a otros distintos de él? Sin embargo, Dios es el verdadero patrono; hace vivir y hace morir y es omnipotente.

---

870   La inscripción de este *sura* proviene de la recomendación hecha a los creyentes de consultarse sobre sus asuntos. Se le da también por título las letras colocadas al frente del primer versículo, cuya significación es desconocida.

871   Madre de las ciudades, metrópoli, o sea la Meca.

872   El día de la reunión es el día del juicio final, en que todos los seres serán congregados ante el tribunal de Dios.

8.—Cualquiera que sea el objeto de sus disputas, la decisión solo pertenece a Dios. Dios es mi Señor; he puesto en él mi confianza, y a él vuelvo *por el arrepentimiento*.

9.—Creador de los cielos y de la tierra, ha creado parejas en vuestra especie, como ha creado parejas en la especie de los animales; os multiplica por este medio. Nada se le semeja; lo ve y lo oye todo.

10.—Tiene las llaves del cielo y de la tierra; difunde sus dones a manos llenas sobre quien quiere, o los mide, pues lo sabe todo.

11.—Ha establecido para vosotros una religión que recomendó a Noé; es la que te ha revelado, ¡oh, *Muhammad!*, es la que habíamos recomendado a Abrahán, a Moisés, a Jesús, diciéndoles: observad esta religión, no os dividáis en sectas. Él (*Dios*) es insoportable para los idólatras.

12.—Este culto al que tú les llamas, Dios escoge para este culto al que quiere y conduce a él (*a este culto*) a aquel que, *con su arrepentimiento*, vuelve a Dios.

13.—No se han dividido en sectas hasta después que han recibido la ciencia, y es por envidia. Si la palabra de Dios, que fija el castigo para un término señalado de antemano, no hubiese sido pronunciada anteriormente, ya hubiese sido decidido entre ellos, aunque los que han heredado escrituras después de ellos estén en la duda respecto a esto.

14.—Por este motivo invítales a esta religión y camina rectamente, como has recibido la orden; no obedezcas a sus deseos y Diles: Creo en el libro que Dios ha revelado; he recibido la orden de fallar entre vosotros con toda justicia. Dios es mi Señor y el vuestro; yo tengo mis obras y vosotros las vuestras; entre vosotros y nosotros nada de argumento *que prevalezca*. Dios nos reunirá a todos, pues es el término de todas las cosas.

15.—En cuanto a los que procuran argumentos respecto de Dios después de haberse sometido a él, sus razones serán aniquiladas. A esos su cólera, un rudo castigo.

16.—Es Dios *mismo* el que ha enviado realmente el libro y la balanza[873]. ¿Y quién puede hacerte saber? Tal vez la hora está próxima.

---

873   Por la balanza se entiende aquí la ley divina contenida en el Corán, o sea la justicia distributiva.

17.—Los que no creen quieren apresurarla; los que creen tiemblan al recordarla, pues saben que es verdad. ¡Oh! ¡Cuán extraviados andan los que dudan de la hora!

18.—Dios está lleno de bondad para sus servidores; da el alimento a quien quiere; es el Fuerte, el Poderoso.

19.—Al que quiera cultivar el campo de la vida futura, nosotros se lo agrandaremos; el que desee cultivar el campo de este mundo, lo obtendrá igualmente, pero no tendrá ninguna parte en el otro.

20.—¿Tendrían por *casualidad* compañeros que hayan prescrito en materia de religión algo que Dios no hubiese permitido? A no ser por la palabra de la decisión[874], habría sido ya fallado entre vosotros; en verdad, los malvados sufrirán un suplicio terrible.

21.—Un día verás a los malvados temblar a causa de sus obras, y el castigo les alcanzará; pero los que creen y practican el bien, habitarán los parterres del jardín; tendrán en la mansión de su Señor todo lo que deseen. Este es su favor inmenso.

22.—He aquí lo que Dios anuncia a sus servidores que creen y obran el bien. Diles: Solo os pido como recompensa de mis predicaciones, el amor para vuestros padres. Todo el que haya hecho una buena acción, a ese realzaremos en valor. Dios es indulgente y agradecido.

23.—Dirán: Él (*Muhammad*) ¿ha forjado una mentira por cuenta de Dios? En verdad, Dios puede, si quiere, poner un sello en tu corazón[875], borrar él mismo la mentira y establecer la verdad con sus palabras, pues conoce el interior de los corazones.

24.—Él es el que acoge el arrepentimiento de sus servidores y el que perdona sus pecados; sabe lo que hacéis.

25.—Escucha a los que creen y practican el bien; les colma con sus favores. El castigo terrible está reservado a los incrédulos.

26.—Si Dios derramase a manos llenas sus dones sobre los hombres, se tornarían inocentes en la tierra; se los da en la medida que le place, pues está instruido *de la condición* de sus servidores, y los ve.

---

874 Es decir: la sentencia que difería el castigo.
875 Puede poner un sello en tu corazón, es decir, puede quitarte tu misión de apóstol y privarte de la facultad de predicar.

27.—Él es el que ha enviado una lluvia abundante cuando los hombres desesperaban de obtenerla; difunde también su misericordia. Él es el Protector, el Glorioso.

28.—Del número de sus milagros es la creación de los cielos y de la tierra y todos esos animales que ha diseminado por la tierra. Puede reunirlos tan pronto como quiera.

29.—Si os hiere alguna calamidad, es a causa de la obra de vuestras manos, y Dios perdona mucho.

30.—No prevaleceréis contra él en la tierra y no tenéis protector ni apoyo fuera de Dios.

31.—Del número de estos milagros son esos buques que hienden rápidamente las olas y se elevan como montañas; si él quisiese, calmaría el viento, los buques permanecerían inmóviles en la superficie de las aguas (ciertamente hay en esto signos para todo hombre constante y agradecido),

32.—O bien los destruiría; pero ¡perdona tantos pecados!

33.—Los que disputan acerca de nuestros milagros sabrán algún día que no habrá refugio para ellos.

34.—Todos los bienes que habéis recibido no son más que un goce temporal; lo que Dios reserva vale más y es más duradero a los ojos de los que creen y ponen su confianza en Dios;

35.—Que evitan los grandes pecados y la deshonestidad; que llevados de la ira saben perdonar;

36.—Que obedecen al Señor, cumpliendo la oración; que deciden de sus asuntos como consultándose[876] y hacen larguezas con los bienes que les hemos dispensado;

37.—Que habiendo sufrido un daño lo remedian ellos mismos,

38.—Y vuelven por el mal un mal igual. Sin embargo, al que perdona y se reconcilia *con su adversario*, Dios le deberá una recompensa; pues no ama a los opresores[877].

---

876 Literalmente: sus asuntos es deliberación entre ellos.

877 Véase lo que dicen los comentadores respecto de este precepto: «Dios les ordena que rechacen la injusticia a causa del horror que tienen a envilecerse»; y después de haber hablado de las otras virtudes principales, habla del valor (de los hombres de Dios). Esta manera de proceder no es contraria a la indulgencia que les inculca;

39.—No se podrá atacar al hombre que venga una injusticia que se le ha hecho.

40.—Se atacará a los que oprimen a los demás y a los que obran con violencia y contra toda justicia; a esos les está reservado un castigo doloroso.

41.—Es sabiduría de la vida el soportar con paciencia y perdonar.

42.—Aquel a quien Dios extravía ¿cómo hallará otro protector? Ya verás como los malvados.

43.—Exclamarán, al ver los suplicios: ¿No hay ya medio de volver a la tierra?

44.—Los verás conducidos ante el lugar del suplicio, los ojos bajos y cubiertos de oprobio; dirigirán miradas furtivas. Los creyentes dirán: He aquí a aquellos desgraciados que se perdieron a sí y a sus familias. El día de la resurrección ¿no serán los malvados entregados al suplicio eterno?

45.—¿Por qué han buscado otros protectores distintos de Dios? Aquel a quien Dios abandona, ¿cómo volverá a hallar el camino?

46.—Obedeced, pues, a Dios antes de que llegue el día en que ninguno podrá recular, cuando Dios lo haga comparecer. Ese día no tendréis asilo. No podríais negar vuestras obras.

47.—Si se apartan con *desdén,* tú no eres su guardián, ¡oh, *Muhammad!* Tú solo estás encargado de llevar el mensaje[878]. Si concedemos algún favor al hombre, se regocija; pero que le alcance una desgracia, retribución de sus propias obras, y blasfema.

48.—El reino de los cielos y de la tierra pertenece a Dios. Él crea lo que quiere; concede a unos hijas, y da a otros hijos varones;

49.—A otros les concede hijos de ambos sexos, hijos e hijas; hace también estéril al que quiere. Es sabio y poderoso.

---

la bondad hacia el débil es digna de elogio, es vituperable respecto del fuerte, pues le alienta esa injusticia. El versículo 37 puede ser traducido literalmente así: Que se ayudan cuando la violencia les alcanza.

878   Es decir: solo te corresponde trasladar a conocimiento de los hombres la revelación recibida.

50.—No es dado al hombre que Dios le dirija la palabra; si lo hace es por medio de la revelación o a través de un velo[879].

51.—O bien envía a un apóstol, a fin de que este con su permiso le revele lo que Dios quiere.

52.—Así es como te hemos revelado el espíritu por orden nuestra[880], a ti que no sabías lo que era el libro o la fe. Hemos hecho de él una luz con ayuda de la cual dirigimos a aquellos de nuestros servidores que nos place. Tú también dirígelos hacia el sendero recto;

53.—Hacia el sendero de Dios, de aquel a quien pertenece cuanto hay en los cielos y en la tierra. ¿No volverán a Dios todas las cosas?

---

879   Dios no ha dirigido nunca la palabra a ningún hombre. Sin embargo, Muhammad dice en varios lugares del Corán, que Dios le dirigió realmente la palabra a Moisés. Esto no obstante, Moisés no pudo lograr ver a Dios, y era una creencia generalmente aceptada entre los hebreos y probablemente entre los pueblos semíticos, que Dios no se dejaba ver por un hombre sin que este muriese en el acto. Los místicos, secta filosófica salida del seno del islamismo, pretende que la práctica constante de la vida espiritual puede elevar al hombre a un grado de perfección tal que, en los éxtasis, habla con Dios y lo ve. Por consiguiente, todos los esfuerzos tienden a levantar mediante la fuerza del amor divino y el aniquilamiento de la individualidad, el velo que los separa de la esencia de Dios. De aquí que la frase *levantar el velo* ha adquirido en el lenguaje de los orientales el valor del más alto grado de intimidad. En el *sura* XVIII hemos hablado del desacuerdo de los mahometanos (al menos en los primeros tiempos del islamismo) sobre el viaje nocturno y la ascensión de Muhammad; los que los admiten como un hecho real, están todavía divididos acerca del modo como contempló Muhammad a Dios: unos sostienen que lo vio con sus ojos, es decir materialmente; otros, con los *ojos de su corazón*, o sea con una vista interior del espíritu.

880   Tal es la traducción literal de este pasaje, que deja en estado vago lo que el Corán quiere decir propiamente. El comentador *Bend-hawi* se contenta con decir: es Gabriel. Y el sentido de estas palabras es este: Te hemos enviado a Gabriel con la revelación.

SURA XLIII
ORNAMENTOS DE ORO[881]

DADO EN LA MECA.—89 VERSÍCULOS
EN NOMBRE DEL DIOS CLEMENTE Y MISERICORDIOSO

1.—HA. MIM. Por el libro evidente,

2.—Lo hemos enviado en lengua árabe, a fin de que lo comprendáis.

3.—Está encerrado en la madre del libro que existe en nuestra mansión; es elevado, está lleno de sabiduría[882].

4.—¿Alejaremos de nosotros la amonestación porque sois un pueblo trasgresor?

5.—¡Cuántos profetas hemos enviado hacia los pueblos de otros tiempos!

6.—Ningún profeta ha aparecido en medio de ellos sin que lo hayan tomado por objeto de sus burlas.

7.—Aniquilamos a pueblos más fuertes que estos (*a los de la Meca*); el ejemplo de los hombres de otros tiempos está ahí.

8.—Si tú preguntas quién es el creador de los cielos y de la tierra, responderán: Es el Poderoso, el Prudente, quien los ha creado.

9.—Que hace de la tierra un lecho para vosotros y ha trazado caminos, a fin de guiaros.

10.—Que hace descender del cielo agua en cierta medida. Con esta agua resucitamos la tierra muerta. Así es como seréis vosotros resucitados también.

11.—Que ha creado para vosotros parejas de todas especies; para llevaros ha creado animales y establecido buques;

---

881   Véase el versículo 34.

882   La madre del libro es el prototipo, el original del Corán, así como de todos los libros revelados. Este prototipo es inmutable; sin embargo, su desenvolvimiento varía según los siglos y los hombres a quienes se dirige un libro sagrado; en este sentido hay que entender probablemente la distinción de los versículos del Corán, dada en el *sura* III, 2.

12.—A fin de que estéis cómodamente, con el cuerpo en equilibrio, y a fin de que os acordéis de este beneficio de vuestro Señor, cuando estáis cómodamente y con el cuerpo en equilibrio; a fin de que digáis: ¡Gloria al que nos ha sometido estas cosas (*estos animales y estos buques*)! Jamás habríamos podido nosotros lograrlo.

13.—Volveremos a nuestro Señor.

14.—Sin embargo, le han atribuido hijos entre sus servidores[883]. Verdaderamente el hombre es ingrato.

15.—¿Habría tomado Dios hijas entre sus criaturas y os habría escogido por hijos suyos?

16.—Y sin embargo, cuando se anuncia a uno de ellos el nacimiento de un ser que atribuye a Dios, su rostro se oscurece y está como sofocado.

17.—¿*Atribuirán a Dios como hijo* un ser que crece en medio de los ornamentos y de los adornos y que está siempre disputando sin razón?[884]

18.—Consideran a los ángeles, que son servidores de Dios, como mujeres. ¿Han sido testigos de su creación? Su testimonio será consignado y algún día se les interrogará sobre esto.

19.—Si Dios hubiese querido, *dicen*, jamás les habríamos adorado. No saben nada y mienten desvergonzadamente.

20.—¿Les hemos dado jamás en *apoyo de esto* algún documento que consideren alusivo a ello?

21.—De ningún modo. Mas ellos dicen: Hemos hallado a nuestros padres practicando este culto y nos guiamos por sus pasos.

22.—Así era antes de ti; siempre que hemos enviado algún amonestador a una ciudad, sus habitantes más ricos le decían: Hemos hallado a nuestros padres siguiendo este culto y seguimos sus pasos.

23.—Diles: *Habíamos dicho a tal apóstol*: ¿Y si yo os traigo un culto más recto que el de vuestros padres? Y ellos respondían: No, no creemos en tu misión.

883 Las palabras del texto implican una expresión de desprecio; literalmente debieran traducirse así: sin embargo, le dan pequeños trozos, partículas en materia de servidores; es decir, creen que estos seres creados son partículas de sí mismos; sus hijos.
884 A causa de su razón defectuosa, la mujer está siempre dispuesta a buscar camorra sin motivo.

24.—Hemos tomado venganza de estos pueblos. Mira cuál ha sido el fin de los que han tratado de impostores a nuestros enviados.

25.—Acuérdate de lo que dijo Abrahán a su padre y a su pueblo: Soy inocente de vuestro culto.

26.—Solo adoro al que me ha creado; me dirigirá por el camino recto.

27.—Él (*Abrahán*) ha establecido esta palabra como una palabra que debía permanecer eternamente después de él entre sus hijos, a fin de que volviesen sin cesar a Dios.

28.—He permitido a estos (*a los árabes idólatras*) y a sus padres gozar de los bienes terrenos hasta que vengan a ellos la verdad y el apóstol verdadero.

29.—Pero cuando apareció la verdad exclamaron: No es más que hechicería, no creemos en ella.

30.—Dicen: Si al menos el Corán hubiese sido revelado a algún hombre considerable de las dos villas (*la Meca y Medina*), habríamos podido creer en él.

31.—¿Son, pues, distribuidores de los favores divinos? Nosotros somos los que distribuimos su subsistencia en este mundo; los elevamos a unos por encima de otros, de suerte que los unos toman a los otros por servidores. Pero la misericordia de Dios vale más que los bienes que amontonan.

32.—A no ser por el temor de que todos los hombres se tornasen un solo pueblo de *infieles*, habríamos dado a los que no creen en Dios techos de plata a sus casas, y escaleras para subir a ellas;

33.—Y puertas de plata y asientos para que descansaran a gusto,

34.—Y ORNAMENTOS DE ORO. Todo esto no es más que un goce pasajero de esta vida, pues la vida futura la reserva tu Señor a los piadosos.

35.—A aquel que procure substraerse a las exhortaciones del Altísimo, lo ataremos a Satanás con una cadena; será su compañero inseparable.

36.—*Los demonios apartarán a los hombres* del sendero de Dios, y, sin embargo, creen seguir el camino recto,

37.—Hasta el momento que, llegado ante nosotros, el hombre exclame: ¡Ojalá hubiese entre nosotros y Satanás la distancia de dos salidas del sol![885] ¡Qué detestable compañero es Satanás!

38.—Pero *estos pesares* no os servirán de nada en este día; si habéis sido injustos seréis todavía compañeros en el suplicio.

39.—¿Podrías tú, ¡oh, *Muhammad!*, hacer oído al sordo y dirigir al ciego y al hombre metido evidentemente en una falsa senda?

40.—Aunque te alejemos de en medio de ellos, tomaremos venganza.

41.—Aunque te hiciésemos testigo del cumplimiento de nuestras amenazas, los tenemos en nuestro poder.

42.—Aférrate a lo que te ha sido revelado, pues tú estás en el sendero recto.

43.—El Corán es una amonestación para ti y para tu pueblo. Un día se os pedirá cuenta de esto.

44.—Interroga a los apóstoles que hemos enviado antes de ti, si les hemos escogido más dioses que Dios para adorarles.

45.—Enviamos a Moisés, acompañado de nuestros signos, hacia Faraón y los magnates de su reino. Yo soy, les dijo, el enviado del dueño del universo.

46.—Cuando se presentó ante ellos con nuestros signos, hacia Faraón y los magnates de su reino. Yo soy, les dijo, el enviado del dueño del universo.

47.—(Todos estos milagros eran a cual más sorprendentes.) Les aplicamos castigos para que se convirtiesen.

48.—Una vez dijeron a Moisés: ¡Oh, mago!, ruega a tu Señor que haga lo que ha prometido, pues henos en la senda recta.

49.—Y no bien les hemos librado de la desgracia, cuando han faltado a sus compromisos.

---

885   Con esta expresión se da a entender la distancia de la salida del sol en verano a la salida en invierno; pero es más exacto entender por esta palabra, la distancia entre la salida y la puesta de sol, pues el uso autoriza el uso de un dual en un nombre que no lo tiene por sí mismo, pero que forma parte con otra palabra de un sentido opuesto o del todo diferente. Así, hablando de los dos hijos de Alí, Hasán y Huseín, se dice en árabe *Hasanein*, los dos Hasán.

50.—Faraón hizo proclamar a su pueblo estas palabras: ¡Oh, pueblo mío! ¿No son míos el pueblo de Egipto y estos ríos que corren a mis pies? ¿No lo veis?

51.—¿No valgo yo más que este pueblo despreciable,

52.—Y que apenas puede expresarse?[886]

53.—Si al menos se le viesen brazaletes de oro, si viniese en compañía de los ángeles.

54.—Faraón inspiró ligereza a sus pueblos[887], y ellos obedecieron porque eran perversos.

55.—Pero cuando provocaron nuestra ira, tomamos venganza de ellos y los sumergimos a todos.

56.—Hemos hecho de ellos un ejemplo y la fábula de sus sucesores.

57.—Si se propone a tu pueblo el hijo de María como ejemplo, no quieren oír a hablar de él.

58.—Dicen: ¿Valen más nuestros dioses que el hijo de María[888], o el hijo de María más que nuestros dioses? No hacen esta pregunta más que para provocar la disputa. Sí, en verdad son tramposos.

59.—Jesús no es más que un servidor (*hombre*) a quien hemos colmado con nuestros favores y a quien proponemos como ejemplo a los hijos de Israel.

60.—(Si hubiésemos querido, habríamos producido de nosotros mismos[889] ángeles para sucedernos en la tierra.)

61.—Será el indicio de la proximidad de la hora. No lo dudéis, pues; seguidme, que es el camino recto.

62.—Que Satanás no os aparte, pues es vuestro enemigo declarado.

63.—Cuando Jesús vino a en medio de los hombres, acompañado de signos, dijo: Os traigo la sabiduría y vengo a explicaros lo que es objeto de vuestras disputas. Temed, pues, a Dios y obedecedme.

---

886   Pues Moisés tenía la locución difícil.

887   Hizo perder a su pueblo el juicio sano.

888   Esto tira contra la objeción artificiosa que hacían los idólatras a Muhammad, cuando les decía que sus ídolos serían precipitados en el fuego. Le preguntaron ellos si Jesús, considerado como Dios por los cristianos, tendría igual suerte.

889   Como hicimos nacer a Jesús sin padre.

64.—Dios es mi Señor y el vuestro; adoradle; este es el camino recto.

65.—Los diferentes partidos[890] se pusieron a disputar entre sí. ¡Desgraciado del malvado el día del castigo doloroso!

66.—¿Qué esperan, pues? ¿La hora que les sorprenderá de improviso, cuando no lo esperen?

67.—Los amigos más íntimos se harán enemigos en este día; de otro modo será con los que temen.

68.—¡Oh, servidores míos! No tendréis nada que temer en ese día, no seréis afligidos.

69.—A vosotros los que creéis en nuestros signos, a vosotros que os habéis resignado a mi voluntad (*que habéis sido musulmanes*) se os dirá:

70.—Entrad en el paraíso, vosotros y vuestros compañeros; regocijaos.

71.—Se os presentará en ronda escudillas de oro y cubiletes llenos de cosas que los sentidos desean tanto y que son la delicia de los ojos. Permaneceréis allí eternamente.

72.—He aquí el jardín que recibiréis en herencia como premio de vuestras obras.

73.—Tenéis allí frutos en abundancia: alimentaos con ellos.

74.—Los malvados sufrirán eternamente el suplicio de la gehena.

75.—No se les aminorará y no tendrán esperanza ninguna de salvación.

76.—No somos nosotros los que les hemos tratado injustamente, sino que ellos han sido inicuos consigo mismos.

77.—Gritarán: ¡Oh, Malek![891] ¡Que tu Señor ponga término a nuestros suplicios!—No, responderá, permaneceréis ahí.

78.—Os llevamos la verdad; pero la mayor parte de vosotros sintieron repugnancia por la verdad.

79.—Si los infieles tienden lazos, nosotros también se los tenderemos.

---

890 Con estas palabras, Muhammad entiende las diferentes sectas, ora judías, ora cristianas.

891 *Malek* es el ángel que preside los tormentos de los réprobos. En lugar de *ia Muleku, ¡Oh, Malek!* Algunos dicen: *ia Mali*, como para describir los sufrimientos de los réprobos que no están en estado de acabar la palabra.

80.—¿Se imaginan que no conocemos sus secretos, las palabras que se dicen al oído? Sí, nuestros enviados que están en medio de ellos lo ponen todo por escrito.

81.—Di: Si Dios tuviese un hijo, yo sería el primero en adorarlo.

82.—¡Gloria al soberano de los cielos y de la tierra, al soberano del trono! ¡Lejos de él lo que le atribuyen!

83.—Dejadles decir palabras frívolas y divertirse hasta que se hallen cara a cara con su día, aquel día que les está prometido[892].

84.—Él es el que es Dios en el cielo y en la tierra. Él es el sabio, el Prudente.

85.—¡Bendito sea ese a quien pertenece todo lo que hay en los cielos, en la tierra y en el intervalo que los separa! Él solo tiene conocimiento de la hora; a él volveréis.

86.—Esos a quienes invocan al lado de Dios no podrán interceder a favor de nadie[893]; solo podrá aquel, el que ha testimoniado la verdad. Los infieles lo sabrán.

87.—Si tú les interrogas diciéndoles: ¿Quién os ha creado?, responderán: es Dios. ¿Por qué mienten, pues?

88.—Dios ha oído estas palabras de *Muhammad*: Señor, el pueblo no cree, *y ha respondido*:

89.—Pues bien, déjales hacer[894] y Diles: ¡Salud! Ya sabrán *lo que es esto*.

---

892   La terrible jornada del juicio final.

893   Según los comentadores, aunque Jesús y Esdras hubiesen sido admitidos como dioses, el uno por los cristianos, el otro por los judíos (según Muhammad), podrán, sin embargo, interceder cerca de Dios.

894   Apártate de ellos, desesperado de verles creyentes.

SURA XLIV
EL HUMO[895]

DADO EN LA MECA.—59 VERSÍCULOS
EN NOMBRE DEL DIOS CLEMENTE Y MISERICORDIOSO

1.—HA. MIM. Lo juro por el libro evidente.

2.—Lo hemos hecho descender en una noche bendita, nosotros que hemos querido advertir a los hombres;

3.—En una noche en que todo asunto prudente es decidido por uno por uno[896];

4.—En virtud de una orden emanada de nuestra parte. Enviamos *realmente* apóstoles,

5.—Como prueba de la misericordia de tu Señor (lo oye y lo ve todo),

6.—Del dueño de los cielos y de la tierra y de todo lo que hay entre ellos, si creéis en esto firmemente.

7.—No hay más Dios que él, que hace vivir y que hace morir. Es vuestro Señor, y el Señor de vuestros padres los antiguos.

8.—Pero sumidos en la duda hacen de ello un juego.

9.—Obsérvalos el día en que el cielo hará surgir un humo visible para todos,

10.—Que envolverá a todos los hombres. Será el castigo doloroso.

11.—¡Señor! Exclamarán, aparta de nosotros este azote; somos creyentes.

12.—¿Qué han hecho de las advertencias cuando un apóstol verdadero fue hacia ellos,

---

895   La inscripción de este *sura* proviene de la palabra *humo* que se halla en el versículo 9.

896   En esta noche, que los musulmanes creen ser la del 23 al 24 del Ramadán, queda decidido y fijado todo lo que tiene que suceder en el siguiente año. La expresión *asunto prudente* significa: negocio que proviene de Dios, que es la sabiduría absoluta y que no puede ser un asunto fútil, sin objeto.

13.—Y ellos volvieron la espalda diciendo: Es un hombre instruido por otros, es un poseído?

14.—Que nosotros quitásemos solamente un poco del suplicio *pronto a aniquilarlos,* y ellos volverán *a la infidelidad.*

15.—El día que obremos con terrible violencia, tomaremos venganza.

16.—Ya antes de ellos pusimos a prueba el pueblo de Faraón y un apóstol glorioso fue enviado hacia este pueblo.

17.—*Les decía:* Dejad partir conmigo a los servidores de Dios; vengo hacia vosotros como enviado digno de confianza.

18.—No os elevéis por encima de Dios; vengo hacia vosotros provisto de un poder incontestable.

19.—Buscaré un refugio cerca de aquel que es mi Señor y el vuestro, para que no me lapidéis.

20.—Si no sois creyentes, separaos de mí.

21.—Él (Moisés) dirigió entonces ruegos a Dios. Es un pueblo culpable, decía.

22.—Dios entonces le dijo: Conduce a mis servidores contigo durante la noche. Seréis perseguidos por los egipcios.

23.—Deja abiertas las olas del mar, y su ejército será ahogado.

24.—¿Cuántos jardines y fuentes han abandonado?

25.—¿Campos sembrados y habitaciones soberbias?

26.—¿Delicias donde pasaban agradablemente la vida?

27.—Sí, así fue; pero hemos dado la herencia a otro pueblo.

28.—Los cielos y la tierra no han llorado por ellos y no han tenido descanso.

29.—Libramos a los hijos de Israel de suplicios envilecedores.

30.—De Faraón, príncipe orgulloso, entregado a los excesos.

31.—Lo escogimos a sabiendas entre todos los pueblos del universo.

32.—Les hicimos ver milagros que eran para ellos una prueba evidente.

33.—Esas gentes (*los infieles*) dicen:

34.—No hay más que una muerte, la primera[897], y no seremos resucitados.

35.—Haced, pues, volver a nuestros padres, si es verdad lo que decís, *dicen los incrédulos*.

36.—¿Valen más que el pueblo de Tobba?[898]

37.—¿Y las generaciones que les han precedido? Los exterminamos, porque eran culpables.

38.—No hemos creado los cielos y la tierra y cuanto hay en ellos para que nos sirva de juego.

39.—Los hemos creado en toda verdad (*seriamente*); pero la mayor parte de ellos no lo saben.

40.—El día de la decisión será la cita de todos.

41.—En ese día, el dueño no podrá pagar por el servidor; no tendrán ningún socorro que esperar.

42.—El socorro solo será concedido a aquellos de quienes Dios tenga piedad. Es poderoso, misericordioso.

43.—El árbol del Zakum

44.—Será el alimento del culpable.

45.—Hervirá en sus entrañas como un metal fundido,

46.—Como hierve el agua hirviendo.

47.—Se les dirá *a los ejecutores de las obras de Dios:* Coged al malo y precipitadlo en el fondo del infierno,

48.—Y derramad sobre su cabeza el tormento del agua hirviendo.

49.—Prueba esto, *le dirán*; tú eres el Poderoso, el ilustre[899].

50.—He aquí los tormentos que poníais en duda.

51.—Los hombres piadosos estarán en un lugar seguro,

52.—En medio de los jardines y de las fuentes de agua,

53.—Revestidos con trajes de seda y satén y colocados unos junto a otros.

54.—Sí, así será, y les daremos por compañeros *mujeres* de negros ojos, de ojos grandes.

897   La que alcanza todo hombre en este mundo.

898   Tobba era el título de los reyes del Yemen, de la raza himiar, antes de Muhammad.

899   Estas palabras son irónicas.

55.—Se harán servir allí toda clase de frutos y gozarán en seguridad.

56.—No sufrirán ya muerte después de haberla sufrido una vez. Dios les preservará de los tormentos.

57.—Este es un favor que Dios os concede; es una dicha inmensa.

58.—Hemos dado *el Corán* fácil de *comprender* dándotelo en tu lengua. Tal vez los hombres reflexionen.

59.—Vela, pues, ¡oh, *Muhammad!*, pues ellos también velan y espían los *acontecimientos*.

SURA XLV
LA ARRODILLADA[900]

DADO EN LA MECA.—36 VERSÍCULOS
EN NOMBRE DEL DIOS CLEMENTE Y MISERICORDIOSO

1.—HA. MIM. La revelación del libro proviene del Dios poderoso y prudente.

2.—Hay en los cielos y en la tierra signos para los creyentes.

3.—En vuestra creación, en todos los animales difundidos por la tierra, hay signos para las gentes que creen firmemente.

4.—En la sucesión del día y de la noche, en los beneficios que Dios envía del cielo y con los cuales vivifica la tierra muerta poco antes y en la dirección que imprime a los vientos, hay signos para los hombres que tienen inteligencia.

5.—Son enseñanzas de Dios[901] y te las recitamos en toda verdad; ¿en qué creerán, pues, *los infieles*, si rechazan a Dios y sus signos?

6.—Desgraciado de todo embustero criminal,

7.—Que oye la lectura de las enseñanzas de Dios, y persevera, sin embargo, en el orgullo, como si no las oyese. A este anúnciale un castigo cruel.

8.—Y si aprende algunas de estas enseñanzas (*versículos del Corán*) las toma a risa. Estos hombres tendrán como parte el suplicio ignominioso.

9.—Detrás de ellos está la gehena; los bienes que han amontonado no les servirán de nada, como tampoco los que han tomado por patronos al lado de Dios. Un gran suplicio les espera.

10.—Tal es la dirección *de Dios*. El castigo doloroso de los tormentos está preparado para los que no creen en los signos de Dios.

---

900 Se lee en el versículo 27 de este *sura* las siguientes palabras: *Verás a toda nación arrodillada* (verás a todos los pueblos de rodillas). El *sura* tomó de aquí su título.

901 La voz *aie*, plural *aiat*, quiere decir en árabe *milagro, signo* y *versículo* del Corán, por lo cual puede unirse con los verbos *leer, recitar*. En este último caso, traducimos *aiat* por enseñanzas.

11.—Dios es el que os ha sometido el mar, a fin de que los buques lo recorran por orden suya, de que obtengáis dones de la generosidad de Dios y de que le estéis agradecidos.

12.—Os ha sometido todo lo que hay en los cielos y en la tierra; todo proviene de él. En esto hay signos para los que reflexionan.

13.—Di a los creyentes que perdonen a los que no esperan en los días instituidos para recompensar a los hombres según sus obras[902].

14.—Pues todo el hace el bien, lo hace para sí mismo; todo el que hace el mal, lo hace contra sí mismo (*en su detrimento*). Todos volveréis a Dios.

15.—Hemos dado a los hijos de Israel el libro (el Pentateuco), la sabiduría y los profetas; les concedemos como alimento excelentes cosas y los llevamos por encima de todos los pueblos.

16.—Les hemos hecho ver pruebas evidentes de nuestras órdenes, y no empezaron a dividirse entre sí hasta después que fueron puestos en posesión de la ciencia, y esto por maldad de los unos para con los otros. El día de la resurrección, tu Señor decidirá entre ellos sobre los puntos de sus disputas.

17.—Después te hemos establecido portador de una ley divina. Síguela y no sigas los deseos de los que no saben nada[903];

18.—Pues no podrían servirte en nada contra Dios. Los malvados son amigos unos de otros; pero Dios es amigo de los que le temen.

19.—Este *Corán* es como la luz para los hombres; él es la dirección y una *prueba* de la misericordia de *Dios* para los que creen firmemente.

20.—¿Creen los que obran el mal que los trataremos igual que a los que creen y practican el bien, de suerte que la vida y la muerte de los unos y de los otros sean lo mismo? ¡Cuán mal juzgan!

21.—Dios ha creado los cielos y la tierra en toda verdad; recompensará a todo hombre según sus obras, y nadie será lesionado.

22.—¿Qué piensas? Aquel que ha hecho a su Dios de sus pasiones;

902 Por los días instituidos se entiende los días de victoria y éxitos prometidos a los creyentes sobre sus enemigos. Este pasaje está en contradicción con el espíritu de tantos otros pasajes, donde se recomienda perseguir a los infieles con saña.
903 De los que no saben nada, es decir, de los árabes que no tienen ningún libro divino y que no han recibido la revelación.

aquel a quien Dios hace vagar a sabiendas y en cuyos oídos y corazón ha puesto el sello y en cuyos ojos ha puesto una venda, ¿quién podría dirigir a tal hombre después que Dios lo ha abandonado? ¿No reflexionaréis?

23.—Dicen: No hay más vida que la vida actual. Morimos y vivimos y solo el tiempo nos aniquila. Ellos no saben nada y no hacen más que hipótesis.

24.—Cuando se les recita nuestros milagros evidentes (*nuestros versículos claros*) ¿qué dicen? Dicen: Haced, pues, que vuelvan a la vida nuestros padres, si decís la verdad.

25.—Diles: Dios os hará revivir y luego os hará morir; luego os reunirá en el día de la resurrección. No hay duda sobre este punto; pero la mayor parte de los hombres no lo saben.

26.—A Dios pertenecen los cielos y la tierra; el día en que llegue la hora, los hombres que niegan la verdad estarán perdidos.

27.—Verás a todos los pueblos de rodillas. Cada pueblo será llamado ante su libro. Ese día seréis recompensados según vuestras obras.

28.—Es nuestro libro; hablará sobre vosotros con toda verdad, pues ponemos por escrito lo que vosotros hacéis.

29.—Dios comprenderá en su misericordia a los que han creído y practicado el bien. Esto es una dicha evidente.

30.—En cuanto a los incrédulos, se les dirá: ¿No se os ha hecho el relato de nuestros milagros? Pero os habéis henchido de orgullo y erais un pueblo criminal.

31.—Cuando se os decía: Las promesas de Dios son la verdad misma, y la llegada de la hora no ofrece duda, decíais: No sabemos lo que es la hora; solo tenemos una idea vaga de ella y ninguna certidumbre.

32.—Entonces sus malas acciones se presentarán ante sus ojos y el castigo de que se reían les envolverá por todas partes.

33.—Ese día se les dirá: Os olvidaremos como habéis olvidado el día de la comparecencia ante vuestro Señor; el fuego será vuestra morada y no tendréis auxilio.

34.—Y esto es porque habéis tomado los signos de Dios por objeto de vuestras burlas y porque la vida de este mundo os ha deslumbrado. Ese día no se les hará ya volver a la tierra para merecer, *mediante una vida ejemplar*, la satisfacción de Dios.

35.—La gloria pertenece toda a Dios; a Dios, dueño de los cielos y de la tierra y dueño del universo.

36.—Le pertenece la grandeza lo mismo en los cielos que en la tierra; él es el Poderoso, el Prudente.

SURA XLVI
ALAHKAF[904]

DADO EN LA MECA.—35 VERSÍCULOS
EN NOMBRE DEL DIOS CLEMENTE Y MISERICORDIOSO

1.—HA. MIM. He aquí la revelación del libro de parte del Dios poderoso y prudente.

2.—Hemos creado los cielos y la tierra y todo lo que hay en el espacio que los separa, con una creación verdadera y por un tiempo determinado; pero los infieles se alejan de las advertencias que se les hacen.

3.—Diles: ¿Qué os parece? Mostradme, pues, lo que han creado en la tierra los dioses invocados por vosotros. ¿Tienen su parte en el cielo? Traedme, si sois verídicos, un libro revelado antes de este (el Corán) o únicamente las huellas de la ciencia (revelación divina) que lo prueben.

4.—¿Hay un ser más extraviado que el que invoca al lado de Dios a una divinidad que no les responderá nada hasta el día de la resurrección? Es que estos dioses no hacen caso de su apelación.

5.—Cuando los hombres estén reunidos *para ser juzgados*, esos dioses serán sus enemigos y se mostrarán ingratos.

6.—Cuando se les lee a los infieles nuestros versículos claros (*nuestros milagros evidentes*), dicen de esta verdad que es una magia averiada.

7.—Dirán: Es él (*Muhammad*) el que lo ha inventado (*el Corán*). Diles: Si soy yo quien lo ha inventado, haced que no obtenga nada de Dios. Pero Dios sabe muy bien lo que vosotros decís. Me basta tenerle por testigo entre vosotros y yo. Él es el indulgente, el Misericordioso.

8.—Di: Yo soy el único apóstol que ha existido, y yo no sé lo que Dios hará de mí y lo que hará de vosotros; no hago más que seguir lo que me fue revelado, no soy más que un apóstol encargado de advertir francamente.

---

904 *Alahkaf* quiere decir *montículos de arena*. Este nombre designa una comarca en el Hadramaut, en Arabia, habitada en otro tiempo por los aditas (Ad); de él se hace a menudo mención en el Corán.

9.—Diles: ¿Qué os parece? Si este libro viene de Dios y de vosotros y no creéis en él, que es un testigo, *un hombre escogido* entre los hijos de Israel[905], atestigüe su conformidad *con el libro de Moisés* y crea en él mientras que vosotros lo rechazáis con orgullo; decid: *¿Qué suerte merecéis?* Pero Dios no dirige a los malos.

10.—Los infieles dicen a los creyentes: Si *el Corán* fuese algo bueno, no son ellos los que se nos habrían anticipado para abrazarlo[906]. Y como no lo toman por guía, dicen que es una impostura de larga fecha.

11.—Antes del Corán, existía el libro de Moisés, dado para ser la guía *de los hombres* y la prueba de la bondad de Dios; ahora bien, este (*el Corán*) confirma *el otro* en lengua árabe, a fin de que los malvados sean advertidos y a fin de que los virtuosos aprendan felices nuevas.

12.—Estos dicen: Nuestro Señor es Dios, y obran con rectitud; esos estarán al abrigo de todo temor y no serán afligidos.

13.—Estarán en posesión del paraíso, permanecerán en él eternamente y recibirán allí la recompensa de sus obras.

14.—Hemos recomendado al hombre que obre bien con su padre y con su madre; su madre le ha llevado con pena y le ha puesto en el mundo con pena, y el embarazo y el *amamantamiento* hasta el destete durante treinta meses. Llega por fin a la madurez, llega a los cuarenta años, y entonces dirige a Dios esta plegaria: Señor, inspírame reconocimiento por los beneficios con que me has colmado; haz que yo practique el bien que te place; hazme feliz en mis hijos. Yo vuelvo a ti y soy del número de los que se resignan a tu voluntad[907].

15.—Estos son los hombres cuyas obras buenas acogeremos pasando por alto las malas; se contarán entre los habitantes del paraíso. Las promesas que les han sido hechas son promesas infalibles.

---

905   Esto debe referirse a un judío, *Abdallah ben Salma*, que abrazó el islamismo, diciendo que hallaba la venida de Muhammad predicha por Moisés.

906   Era el lenguaje que empleaban los hombres ricos árabes, creyendo indigno de ellos el abrazar una religión que contaba entre sus primeros adeptos a gentes humildes, pobres y oscuras.

907   Las palabras de este versículo se refieren indirectamente, según los comentadores, a *Abubeker*, califa, que no abrazó la nueva religión hasta la edad de cuarenta años. Su padre abrazó también el islamismo.

16.—Aquel que dice a sus padres: ¡Qué farsa! ¿Vais a prometerme que renaceré en una tumba, *en tanto que* tantas generaciones han pasado y desaparecido antes que yo? Sus padres implorarán a Dios en su favor. ¡Desgraciado de ti! Le dirán; cree, pues las promesas de Dios son verdaderas. Pero él dirá: son fábulas de los antiguos.

17.—Este será de aquellos respecto de los cuales la palabra de Dios se ha realizado, *palabra* pronunciada contra esos pueblos que les han precedido, pueblos de genios y de hombres; serán perdidos.

18.—Hay grados para todos, grados de sus obras, a fin de que Dios pague exactamente las acciones de todos, y que no sean lesionados.

19.—El día en que entregue a los infieles al fuego, se les dirá: Habéis disipado en la vida terrestre los preciosos dones que os fueron dados; habéis querido gozar de ellos apresuradamente; hoy seréis pagados con el castigo de la ignominia, pues os habéis manifestado injustamente orgullosos en la tierra y os habéis entregado a los excesos.

20.—Recuerda (*en el Corán*) al hermano de Ad[908] que predicó a su pueblo en el ALAHKAF, donde hubo antes de él y después de él otros apóstoles; les decía: No adoréis más dioses que Dios, pues temo por vosotros el castigo del gran día.

21.—¿Vienes, le dijeron, para alejarnos de nuestras divinidades? Si eres verídico, haz llegar *esas desgracias* con que nos amenazas.

22.—Solo Dios tiene conocimiento de ellas, respondió; yo no hago más que exponeros mi misión; pero veo que sois un pueblo sumido en la ignorancia.

23.—Y cuando vieron una nube que avanzaba hacia sus valles, se decían: Esa nube nos dará lluvia. No, es lo que queríais apresurar; es el viento portador de un cruel castigo,

24.—Va a exterminarlo todo por orden del Señor. Al siguiente día, no se veía ya más que sus moradas. Así es como retribuimos a los culpables.

25.—Les habíamos colocado en una condición semejante a la vuestra, ¡oh, *naturales de la Meca!* Les habíamos dado el oído, la vista y co-

---

908   El texto dice hermano de Ad, lo cual significa un hombre del pueblo de Ad, conciudadano de los aditas. Sobre la palabra *Alahkaf*, véase la nota del título de este *sura*.

razones hechos para sentir; pero ni el oído, ni la vista, ni sus corazones les sirvieron de nada, pues negaban los signos de Dios; el castigo de que se reían les envolvió al fin.

26.—Hemos destruido ciudades en torno de vosotros; hemos paseado por todas partes nuestros signos de advertencia, a fin de que volviesen a nosotros.

27.—¿Y por qué no les han socorrido los que habían escogido como iguales a Dios para ser sus divinidades y objeto de su culto? Lejos de esto, han desaparecido de su presencia. He aquí sus imposturas, he aquí lo que ellos (*los infieles*) inventan.

28.—Un día hemos conducido una tropa de genios para hacerles escuchar el Corán[909]; ellos se presentaron y se dijeron unos a otros: escuchad; y cuando la lectura hubo terminado, volvieron apóstoles a en medio de su pueblo.

29.—¡Oh, pueblo nuestro!, dijeron, hemos oído un libro descendido del cielo desde tiempo de Moisés y que confirma los libros anteriores; conduce a la verdad y por el sendero recto.

30.—¡Oh, pueblo nuestro! Escuchad al predicador de Dios y creed en él; él borrará vuestros pecados y os salvará de un suplicio cruel.

31.—Aquel que no responda al llamamiento del predicador de Dios, el predicador de Dios no prevalecerá en la tierra y no hallará más protector que Dios. Tales hombres están en un extravío evidente.

32.—¿No ven que es Dios el que ha creado los cielos y la tierra? ¿No se ha sentido fatigado con su creación y puede resucitar a los muertos? Sí, lo puede todo.

33.—El día en que los infieles sean conducidos ante el fuego del infierno, se les preguntará: ¿Es verdad? —Sí, dirán, por nuestro Señor, es verdad. —Sufrid, pues, se les dirá, el suplicio como premio de vuestra incredulidad.

34.—Y tú, Muhammad, ten paciencia, como tenían paciencia

909 Esto es sin duda una alusión a lo que dice la historia de Muhammad sobre la conversión de un cierto número de genios en *Taief.* Viendo Muhammad los muchos obstáculos que hallaba su misión en la Meca, se trasladó a *Taief*, villa del *Hedjaz*, y fue muy mal acogido por los habitantes; pero una tropa de genios de *Nisibis*, que se hallaba allí, gustó de la doctrina del Corán y la abrazó.

los hombres de resolución entre los enviados *de Dios*; no procures apresurar el castigo. Un día, cuando vean el cumplimiento de las amenazas,

35.—En el momento en que sean llamados a ver lo que les ha sido prometido, les parecerá que no han permanecido en sus tumbas más que una hora del día. Tal es la exhortación. ¿Y quién será aniquilado más que los malvados?

SURA XLVII
MUHAMMAD

DADO EN LA MECA.—40 VERSÍCULOS
EN NOMBRE DEL DIOS CLEMENTE Y MISERICORDIOSO

1.—Dios extraviará[910] las obras de los que no creen y de los que apartan a los otros de su camino.

2.—En cuanto a los que tienen fe, practican el bien y creen en lo que ha sido revelado a Muhammad (y esto es la verdad que proviene del Señor), Dios borrará sus pecados y tornará sus corazones rectos.

3.—Será así, porque los infieles han seguido la mentira y los creyentes han seguido la verdad que les provenía de su Señor. Así es como propone Dios ejemplos a los hombres.

4.—Cuando encontréis infieles[911], matadles hasta el punto de hacer con ellos una carnicería y estrechad fuertemente las trabas de los cautivos[912].

5.—Luego ponedlos en libertad o entregadlos mediante un rescate, cuando la guerra haya cesado[913]. Obrad así. Si Dios quisiese, triunfaría de ellos por sí mismo; los exterminaría; pero os hace luchar para probaros a unos por otros. Los que hayan sucumbido en el camino de Dios, Dios no hará perecer sus obras.

6.—Los dirigirá y hará sus corazones rectos.

7.—Los introducirá en el paraíso que les ha hecho conocer ya.

8.—¡Oh, creyentes! Si asistís a Dios *en su guerra contra los malvados*, él también asistirá y dará firmeza a vuestros pasos.

---

910   Es decir, les fallará su objeto, que es la recompensa, y los hará nulos.

911   Aunque se trate aquí de los infieles contemporáneos de Muhammad y en particular de los de la Meca, este pasaje se aplica después de Muhammad a todos los infieles y forma parte del derecho de guerra musulmán.

912   Se procede respecto de los infieles por vía de sacrificio, de cautividad, de rescate o de libertad. Las palabras: *estrechad las trabas*, quieren significar: encadenad a los cautivos para impedirles huir.

913   Literalmente: cuando la guerra haya dejado su carga.

9.—En cuanto a los incrédulos, ojalá perezcan y ojalá haga Dios nulas sus obras.

10.—Esta será la retribución de su aversión por las revelaciones de Dios, ¡ojalá aniquile sus obras!

11.—¿No han atravesado nunca estos países? ¿No ha visto cuál ha sido el fin de sus antecesores que Dios exterminó? Una suerte análoga espera a los infieles de *nuestros días*.

12.—Dios es el patrono de los creyentes, y los infieles no tienen patrono.

13.—Dios introducirá a los que creen y obran el bien, en los jardines bañados por corrientes de agua; en cuanto a los infieles, que gocen, que coman como comen los brutos; su morada será el fuego.

14.—¡Cuántas villas han sido aniquiladas, villas más poderosas que la tuya que te ha expulsado! *¡Cuántas villas aniquiladas* sin que nadie haya ido en su auxilio!

15.—El que sigue los signos evidentes del Señor ¿será tratado como aquel a quien han parecido hermosas sus malas acciones y que ha seguido sus pasiones?

16.—He aquí el cuadro del paraíso que ha sido prometido a los hombres piadosos: arroyos cuya agua no se malea nunca, arroyos de leche cuyo gusto no se alterará jamás, arroyos de vino, delicia de los que lo beban[914],

17.—Arroyos de miel pura, toda clase de frutos y el perdón de los pecados. ¿Será así también para el que, condenado a la mansión del fuego, tenga que beber agua hirviendo que le abrasará las entrañas?

18.—Hay entre ellos algunos que vienen a escucharte; pero no bien te han dejado, van a decir a los que han recibido la ciencia: ¿Qué es lo que dice? Son aquellos sobre los cuales ha puesto Dios el sello y que solo siguen sus pasiones.

19.—Dios no hará más que aumentar la buena dirección de los que siguen el camino recto y les enseñará lo que deben evitar.

20.—¿Qué esperan, pues, los infieles? ¿La hora que surgirá repenti-

---

914   El texto se sirve aquí de la palabra vino (*khamr*); en otros pasajes se sirve de la palabra bebida (*cherab*).

namente? Ya han aparecido algunos signos de este día; pero ¿de qué les servirán las advertencias?

21.—Sabe que no hay más Dios que Dios; implora de él el perdón de tus pecados, de los pecados de los hombres y de las mujeres que creen. Dios conoce todos vuestros movimientos y el lugar de vuestro reposo.

22.—Los verdaderos creyentes dicen: ¡Ah! Si al menos descendiese de lo alto un *sura*[915] *que ordenase la guerra contra los infieles*. Pero que un *sura* perentorio descienda de lo alto y que se hable de guerra, y verás a los hombres cuyo corazón está atacado de un achaque, mirarte como un hombre que cae desfallecido al ver la muerte. Sin embargo, la obediencia y un lenguaje moderado les sentaría mejor.

23.—Si cumpliesen sus compromisos para con Dios cuando el asunto (*la guerra*) está resuelto, les sería más ventajoso.

24.—¿Querríais, volviendo a vuestros errores, cometer desórdenes en el país y violar los lazos de la sangre?

25.—Son hombres a quienes Dios ha maldecido y hecho sordos y ciegos.

26.—¿No meditarán el Corán, o bien, no entrarían cerrados con candados en sus corazones?

27.—A los que se vuelven atrás[916] después de haberles parecido claramente la dirección verdadera, Satanás les sugiere y dicta su conducta.

28.—Será el premio de los que dicen a los hombres que tienen aversión al libro revelado por Dios: os seguiremos en ciertas cosas. Dios conoce sus pensamientos secretos.

29.—¿Cuál sería su condición cuando los ángeles, quitándoles la vida, les golpeen en el rostro y en la espalda?

30.—Será el premio por haber seguido lo que indigna a Dios y desdeñado lo que le place, hasta el punto que aniquilará el fruto de sus obras.

31.—¿Creen aquellos cuyo corazón está atacado de un achaque, que Dios no pondrá al descubierto su maldad?

915 *Sura*, capítulo del Corán.
916 Es decir, que vuelven a sus antiguos errores, que apostasían.

32.—Si quisiésemos, te lo haríamos ver, te los haríamos conocer ¡oh, *Muhammad!,* por ciertos signos que les caracterizan; pero tú los reconocerás por su lenguaje tortuoso[917]. Pero Dios conoce vuestras acciones.

33.—Os pondremos a prueba hasta que conozcamos a los hombres que luchan por la religión y que perseveran. Examinaremos vuestra conducta.

34.—Aquellos que no creen y que apartan a los demás de la senda de Dios, los que se han separado del apóstol de Dios después que la verdadera religión les ha aparecido claramente, esos no podrán dañar de ningún modo a Dios, pero Dios puede aniquilar sus obras.

35.—¡Oh, creyentes!, obedeced a Dios, obedeced al profeta, no hagáis nulas vuestras obras.

36.—Dios no concederá el perdón a los infieles que han procurado apartar a los demás del camino de Dios y que han muerto en la infidelidad.

37.—No mostréis cobardía y no llaméis a los infieles a la paz cuando sois los más fuertes y Dios está con vosotros; no os privará del premio de vuestras obras.

38.—La vida de este mundo no es más que un juego y un pasatiempo. Si creéis en Dios y le teméis, os dará vuestra recompensa y no os pedirá nada de vuestros bienes.

39.—Si os los pidiese y os diese prisa, os mostraríais avaros; entonces pondría al descubierto vuestra maldad.

40.—Mirad: estáis llamados a gastar vuestras riquezas por la causa de Dios y hay hombres entre vosotros que se muestran avaros; pero el avaro solo es avaro en detrimento suyo, pues Dios es rico y vosotros sois pobres, y si tergiversáis, él suscitará otro pueblo en vuestro lugar, un pueblo que no se os parecerá.

917　Por su lenguaje ininteligible y bárbaro que afectan por desdén o por burla.

SURA XLVIII
LA VICTORIA[918]

DADO EN LA MECA.—29 VERSÍCULOS
EN NOMBRE DEL DIOS CLEMENTE Y MISERICORDIOSO

1.—Hemos obtenido por ti una VICTORIA brillante[919],

2.—A fin de que Dios pruebe que te perdona las faltas pasadas y recientes; a fin de que cumpla sus beneficios hacia ti y te dirija por el camino recto;

3.—A fin de que te asista con su poderoso auxilio.

4.—Él es el que hace descender la tranquilidad a los corazones de los fieles, a fin de que aumenten sin cesar su fe (los ejércitos de los cielos y de la tierra son de Dios, lleno de saber y de prudencia);

5.—A fin *de que Dios a su vez* introduzca a los creyentes, hombres y mujeres, en los jardines regados por corrientes de agua, para permanecer allí eternamente; a fin de que borre sus malas acciones. Es una dicha inmensa que Dios tiene reservada.

6.—Castigará a los hipócritas, hombres y mujeres; a los idólatras, hombres y mujeres; a todos los que piensan mal de Dios[920]. La rueda de la desgracia se vuelve contra ellos. Dios está irritado contra ellos y los maldice; ha preparado contra ellos la gehena, y ¡qué horrible salida!

7.—Los ejércitos de los cielos y de la tierra le pertenecen; él es el poderoso y sabio.

8.—Te hemos enviado, ¡oh, *Muhammad!,* como testigo que *declarará contra ellos,* como apóstol que anuncia y advierte.

9.—A fin de que vosotros, ¡oh, *hombres!,* creáis en Dios y en su

918 El título de este *sura* está tomado del primer versículo.
919 No se está de acuerdo acerca del acontecimiento a que se debe aplicar esta palabra. Los unos creen que esta frase, no obstante estar en pretérito, debe referirse en el sentido profético a la toma de la Meca y que ha sido revelada dos años antes de la conquista de esta villa. Otros creen que se trata de la toma de *Khaiber*, plaza fuerte de los judíos, o de la de *Monta*, ciudad del imperio romano.
920 Es decir, que desesperan de su asistencia.

profeta, a fin de que le asistáis, de que lo honréis y de que celebréis sus alabanzas mañana y tarde.

10.—Aquellos que, al darte la mano, te prestan juramento de fidelidad, lo prestan a Dios[921]; la mano de Dios está puesta sobre sus manos. Todo el que viole el juramento lo violará en detrimento suyo, y el que permanezca fiel al pacto, a ese, Dios le concederá una magnífica recompensa.

11.—Los árabes del desierto que se quedaron detrás de vosotros y *no van a la guerra*, vendrán a decirte: Nuestros rebaños y nuestras familias nos han impedido seguirte; ruega a Dios que nos perdone nuestros pecados. Sus lenguas pronunciarán lo que no está en sus corazones. Diles: ¿Quién podrá luchar contra Dios si quiere afligiros con una desgracia o concederos un bien? Dios conoce vuestras acciones.

12.—Pero vosotros os habéis imaginado que el apóstol y los creyentes no volverán jamás cerca de sus familias, y esta idea halagaba vuestros corazones; habéis concebido malos pensamientos, habéis sido gentes perdidas *cerca de Dios*.

13.—Hemos preparado un brasero ardiente para los infieles que no han creído en Dios y en su apóstol.

14.—El reino de los cielos y de la tierra pertenece a Dios; perdona a quien quiere y aplica el castigo a quien quiere. Es indulgente y misericordioso.

15.—Vais a coger un botín seguro; ¡oh! Entonces los árabes que se han quedado en sus casas os dirán: dejadnos ir con vosotros. Quieren cambiar la palabra de Dios[922]. Diles: No iréis con nosotros; Dios lo ha decidido así de antemano. Te dirán que lo hacéis por envidia; nada de eso; pero pocos de ellos tienen inteligencia.

16.—Di además a los árabes del desierto que han permanecido en sus casas: os llamaremos a ir contra un pueblo dotado de un poder terrible y combatiréis a esas gentes hasta que se hagan musulmanes. Si obedecéis, Dios os concederá una hermosa recompensa, pero si tergiversáis como lo habéis hecho ya una vez, os aplicará un doloroso castigo.

---

921 Manera de prestar juramento o de contraer todo compromiso entre los árabes.
922 Pues Dios no había prometido la victoria más que a los que habían luchado constantemente al lado de Muhammad.

17.—Si el ciego, el cojo, el inválido no van a la guerra[923], no se les imputará un crimen. Todo el que obedece a Dios y a su apóstol será introducido en los jardines regados por corrientes de agua; pero Dios aplicará un doloroso castigo a los que hayan vuelto la espalda a sus mandamientos.

18.—Dios ha quedado satisfecho de esos creyentes que te han dado la mano en señal de fidelidad bajo el árbol[924]; conocía los pensamientos de sus corazones; ha derramado la tranquilidad y les ha recompensado con una victoria inmediata,

19.—Así como con un rico botín que han recogido. Dios es poderoso y sabio.

20.—Os ha prometido que obtendríais un gran botín, y se ha apresurado a dároslo; ha rechazado de vosotros el brazo de vuestros enemigos, a fin de que este acontecimiento fuese un signo para los creyentes y para conduciros por el camino recto.

21.—Os había prometido otros despojos de los que aún no habéis podido apoderaros; pero Dios les cerca ya y es omnipotente.

22.—Si los infieles os combaten, no tardarán en emprender la fuga y no hallarán ni protector ni auxilio.

23.—Es la costumbre de Dios, tal como la ha practicado respecto de las generaciones pasadas. No hallarás variación en las costumbres de Dios.

24.—Él es el que ha rechazado de vosotros el brazo de vuestros enemigos, como los ha puesto al abrigo de vuestros golpes en el valle de la Meca, después de haberos concedido la victoria sobre ellos. Dios ve vuestras acciones.

25.—Son ellos los que no creen y los que os alejan del oratorio sagrado, así como ofrendas que retienen y no dejan llegar a su destino.

---

923   No se está de acuerdo acerca de si esta *denominación* de guerra se refiere a algún gran imperio como la Persia o el imperio romano, o bien a los *Benu Honeifa*, poderosa tribu del Yemana.

924   Tal era el juramento que muchos musulmanes habían prestado a Muhammad, bajo un árbol, cuando su expedición de *Alhodeibiya*, en el momento en que los de la Meca se oponían a la peregrinación a la Meca, que Muhammad les anunciaba que deseaba hacer con un objeto en un todo pacífico.

Si los creyentes de ambos sexos a quien no conocéis no se hubiesen mezclado entre ellos, si no hubiese tenido que temerse en la refriega un crimen de tu parte y Dios no hubiese deseado conceder su gracia a quien quisiera, *si esto no hubiese tenido lugar*, si hubiesen sido separados (*los creyentes de los infieles*), habríamos aplicado a los infieles un doloroso castigo.

26.—Mientras que los infieles han puesto en sus corazones el furor, el furor de los ignorantes, Dios ha hecho descender la tranquilidad al corazón del apóstol. En los de los creyentes ha establecido la palabra de la devoción, eran dignos de ella y los más propios para recibirla. Dios lo conoce todo.

27.—Dios ha realizado este sueño del apóstol cuando él hizo oír estas palabras: Entraréis en el oratorio sagrado; si Dios quiere, sanos y salvos, con la cabeza rapada y los cabellos cortos; entraréis allí sin temor. Dios sabe lo que vosotros ignoráis[925]. Además os ha reservado una victoria que obtendréis en breve.

28.—Él es el que ha enviado a su apóstol provisto de la dirección y de la verdadera religión, para elevar por encima de todas las religiones. El testimonio de Dios te basta.

29.—*Muhammad* es el enviado de Dios; sus compañeros son terribles para los infieles y llenos de amor entre sí; tú los verás arrodillados, prosternados, buscar el favor de Dios y su satisfacción; en sus frentes veréis una marca, huella de su devoción[926]. He aquí con que los comparan el Pentateuco y el evangelio; son como esa semilla que ha brotado, crece, aumenta y se afirma en su tallo; alegra al labrador. Tales son, a fin de que los infieles conciban despecho. Dios ha prometido a los que creen y practican las buenas obras, el perdón de los pecados y una generosa recompensa.

925 Muhammad había soñado que entraba como conquistador en la Meca, afeitado y rapados los cabellos, con sus compañeros (*ashab*); les contó este sueño y todos creían que se realizaría en el transcurso del año; pero cuando pasó el año sin que el sueño se realizase, los compañeros de Muhammad empezaron a dudar de las promesas de Dios. Entonces fue revelado a Muhammad el versículo 27.

926 Aunque los musulmanes se servían, para orar, de tapices o manteles, es de rigor que la frente toque el duro suelo, desnudo. A veces llevan consigo ladrillitos redondos o cuadrados, sobre los cuales apoyan la frente al inclinarse sobre el suelo.

SURA XLIX
LAS HABITACIONES

DADO EN MEDINA.—18 VERSÍCULOS
EN NOMBRE DEL DIOS CLEMENTE Y MISERICORDIOSO

1.—¡Oh, vosotros, los que teméis! No anticipéis nada *sobre las órdenes* de Dios y de su enviado; temed a Dios, pues lo oye y lo sabe todo.

2.—¡Oh, vosotros, los que creéis!, no levantéis la voz por encima de la del profeta; no le habléis tan alto como lo hacéis entre vosotros, a fin de que vuestras obras no pasen a ser infructuosas sin vuestro conocimiento.

3.—Los que bajan la voz en presencia del profeta son precisamente aquellos cuyos corazones dispuso Dios para la devoción. Obtendrán el perdón de sus pecados y una recompensa generosa.

4.—Los que te llaman en voz alta, mientras que tú estás en el interior de tus HABITACIONES, son en su mayor parte hombres desprovistos de sentido.

5.—¿Por qué no esperan más bien el momento en que tú mismo salgas para hablarles? Esto sería mucho mejor. Pero Dios es indulgente y misericordioso.

6.—Si algún hombre malvado os aporta alguna nueva, procurad primero ver claro en ello[927] por temor a que hagáis daño a alguien por ignorancia y que tengáis luego que lamentarlo.

7.—Sabed que el enviado de Dios está en medio de vosotros. Si os escuchase en muchas cosas, caeríais en el pecado. Pero Dios os ha hecho preferir la fe y la ha embellecido en vuestros corazones, os ha inspirado repugnancia por la infidelidad, por la impiedad, por la desobediencia. Tales hombres están en la senda recta,

8.—Por la gracia de Dios y por efecto de su generosidad. Dios es sabio y prudente.

9.—Cuando se hacen la guerra dos naciones de creyentes, procurad

927   Es decir: discernid si esta nueva tiene alguna garantía de verdad.

reconciliarlas. Si una de ellas procede con iniquidad con la otra, combatid a la que procedió injustamente, hasta que vuelva a los preceptos de Dios. Si reconoce sus culpas, reconciliadla con la otra según la justicia; sed imparciales, pues Dios ama a los que obran con imparcialidad.

10.—Pues los creyentes son tus hermanos; arreglad, pues, las diferencias de vuestros hermanos y temed a Dios, a fin de que tenga piedad de vosotros.

11.—Que los hombres no se burlen de los hombres; aquellos de quienes se hace mofa valen tal vez más que los que se burlan; ni las mujeres de las otras mujeres; tal vez estas valen más que las otras[928]. No os difaméis entre vosotros ni os deis motes. Cuán mal se aviene el nombre de maldad con la fe *que profesáis.*

12.—¡Oh, vosotros, los que creéis! Evitad la sospecha demasiado frecuente; hay sospechas que son pecados; no tratéis de espiar los pasos de los demás ni digáis mal unos de otros; ¿quién de vosotros querría comer la carne de su hermano muerto? ¿Os repugna esto? Temed, pues, a Dios, que gusta de volver hacia los hombres[929] y es misericordioso.

13.—¡Oh, hombres! Os hemos procreado de un hombre y una mujer; os hemos distribuido en familias y tribus, a fin de que os conocieseis entre vosotros. El más digno ante Dios es aquel de vosotros que más le teme. Ahora bien, Dios es sabio y lo conoce todo.

14.—Los árabes del desierto dicen: Hemos creído. Respóndeles: Nada de eso. Diles más bien: Hemos abrazado el islamismo, pues la fe no ha penetrado aún en vuestros corazones. Si obedecéis a Dios y a su apóstol, ninguna de vuestras acciones será perdida, pues Dios es indulgente y misericordioso.

15.—Los verdaderos creyentes son los que han creído en Dios y en su apóstol y los que no dudan, los que luchan, con sus bienes y con sus personas, en el sendero de Dios. Esos únicamente son sinceros en sus palabras.

---

928   Esto debe referirse a Safia, una de las mujeres de Muhammad, a la que otras mujeres habían dicho con desprecio: «Judía, hija de un judío y de una judía.» Habiendo ido Safia a quejarse a Muhammad, este respondió: «¿No puedes decirles: Aarón es mi padre, Moisés mi tío y Muhammad mi esposo?»
929   Es decir, a Dios le gusta perdonar.

16.—¿Pensáis enseñar a Dios cuál es vuestra religión? Sí, él sabe todo lo que hay en los cielos y en la tierra. Él lo conoce todo.

17.—Te reprochan *como un beneficio de su parte* el haber abrazado el islamismo. Diles: No me reprochéis vuestro islamismo. Dios podría muy bien reprocharos como un beneficio el haberos conducido hacia la fe. *Convenid en ello,* si sois sinceros.

18.—Dios conoce los secretos de los cielos y de la tierra; ve todas vuestras acciones.

SURA L
KAF.[930]

DADO EN LA MECA.—45 VERSÍCULOS
EN NOMBRE DEL DIOS CLEMENTE Y MISERICORDIOSO

1.—KAF. Por el Corán glorioso,

2.—Se asombran de que haya salido de su seno un hombre que les amonesta. Esto es sorprendente, dicen los infieles.

3.—Una vez muertos y reducidos a polvo, *¿habríamos de revivir?* Esto está demasiado lejos[931].

4.—Nosotros sabemos cuántos han devorado ya la tierra; tenemos un libro que hemos conservado y que *nos instruye.*

5.—Han tratado de mentira la verdad que les ha venido. Están en un asunto inextricable.

6.—¿No se elevarán sus miradas hacia el cielo que está por encima de sus cabezas? Verían cómo lo hemos construido y cómo no se ve en él grietas.

7.—¿No elevarán sus miradas hacia el cielo que está por encima de sus cabezas? *Verían* cómo lo hemos construido y cómo no se ve en él grietas.

8.—Y la tierra la hemos extendido y la hemos provisto de montañas y hemos producido preciosas parejas de *todas clases.*

9.—Motivo de reflexión y aviso a todo servidor que gusta de volver hacia nosotros.

10.—Y las elevadas palmeras cuyas cimas están cargadas de hileras de frutos;

11.—Para servir de alimento a los hombres. Por medio del agua del cielo le devolvemos la vida a una comarca muerta. Así es como se operará la resurrección.

12.—El pueblo de Noé, los hombres de Rass[932] y los temuditas trataron ya antes de embusteros a sus profetas.

---

930   Este *sura* recibe su título de la letra *Kaf.* Colocada al frente del primer versículo.

931   Es decir, que la muerte aniquila demasiado la existencia del hombre para que reaparezca en su forma primitiva y vuelva, por decirlo así, de tan lejos.

932   Véase *sura* XXV, 40.

13.—Ad y Faraón, el pueblo de Loth y los habitantes de la selva[933], el pueblo de Tobba[934], todos han tratado de impostores a sus profetas y han merecido el castigo con que los amenazábamos.

14.—¿Estamos acaso fatigados por la primera creación para que estén en la duda sobre la creación nueva de la resurrección?

15.—Hemos creado al hombre y sabemos lo que su alma le dice al oído; estamos más cerca de él que su vena yugular.

16.—Cuando los dos ángeles[935] encargados de recoger las palabras del hombre se ponen a recogerlas, uno sentado a su derecha y el otro a su izquierda,

17.—No pronuncia ninguna palabra sin que haya un observador dispuesto a *anotarla.*

18.—El aturdimiento de la muerte cierta les sobrecoge. He aquí el término que tu querías recular.

19.—Ya suena la trompeta. He aquí el día prometido.

20.—Toda alma se encamina hacia él y con ella un conductor que la empuja y un testigo.

21.—Vivías sin preocuparte de este día, *se le dirá.* Hemos quitado el velo que te cubría los ojos. Hoy tu mirada es penetrante.

22.—El que te acompaña[936] le dirá: He aquí lo que he preparado contra ti.

23.—Arrojad al infierno a todo infiel empedernido,

24.—Que se oponía al bien, violaba las leyes y dudaba;

25.—Que colocaba otros dioses al lado de Dios. Precipitadlo en el tormento horrible.

26.—El que le acompaña dirá *a Dios:* Señor, no soy el que le ha seducido; este hombre estaba en una senda falsa, bien distante de la verdadera.

27.—No disputéis delante de mí, *dirá Dios.* Ya os había amenazado antes de este día.

933 Este bosque estaba en el país de los madianitas.
934 Véase *sura* XLIV, 36.
935 En lugar de la palabra ángeles, de que se trata aquí, según los comentadores, el texto dice únicamente estas palabras: *cuando dos recogedores recojan.*
936 El ángel de la muerte.

28.—Mi palabra no cambia y yo no soy el opresor de los hombres.

29.—Entonces gritaremos en el infierno: ¿Está lleno?, y él responderá: ¿Aún tenéis más?

30.—No lejos de aquí está preparado para los justos el jardín de delicias.

31.—He aquí lo que ha sido prometido a todo hombre que hacía penitencia y observaba las leyes de Dios,

32.—A todo hombre que temía al Clemente y que viene con un corazón contrito.

33.—Entrad en él en paz; he aquí el día de la eternidad.

34.—Lo tendréis todo a vuestro gusto y aún podemos aumentar sus bendiciones.

35.—¡Cuántos pueblos hemos aniquilado más fuertes *que los habitantes de la Meca!* Recorred los países y ved si hay en ellos un abrigo contra nuestras iras.

36.—Aviso a todo hombre que tiene corazón, presta oído y que ve.

37.—Hemos creado los cielos y la tierra y todo el espacio que los separa, en seis días. La fatiga no nos ha alcanzado.

38.—Soporta con paciencia sus palabras y recita las alabanzas de tu Señor antes del amanecer y antes de oscurecer.

39.—Recita también sus alabanzas durante la noche y después de las dos prosternaciones[937].

40.—Presta atento oído al día en que el pregonero grite desde el lugar vecino[938].

41.—El día en que los hombres oigan realmente este grito, será el de la salida *de las tumbas.*

42.—Hacemos vivir y hacemos morir. Somos el término de todo.

43.—El día en que la tierra se entreabra bajo sus pies será el día de la unión. Nos es fácil hacerlo.

44.—Sabemos muy bien lo que ellos (*los infieles*) dicen y tú no podrías obligarlos.

45.—Advierte por medio del Corán a los que temen mis amenazas.

---

937 Prosternamiento. Es la acción de tumbarse de bruces en el suelo. La palabra *adoración* no expresa con tanta precisión la voz árabe *sudjud.*

938 Es decir, de donde podrán oírlo todas las criaturas.

SURA LI
QUE DISEMINAN

DADO EN LA MECA.—60 VERSÍCULOS
EN NOMBRE DEL DIOS CLEMENTE Y MISERICORDIOSO

1.—Juro por los que diseminan[939],

2.—Y que llevan un fardo,

3.—Y que corren con ligereza[940],

4.—Y que distribuyen según las órdenes recibidas.

5.—Lo que se nos anuncia es cierto[941],

6.—Y el juicio tendrá lugar en realidad.

7.—*Lo juro* por el cielo atravesado por rayas[942].

8.—Están divididos por las opiniones.

9.—Se abandonará al que se aparta de *la verdadera fe.*

10.—Que los embusteros perezcan.

11.—*Los embusteros* que se extravían en la profundidad *de la ignorancia*

12.—Preguntan cuándo vendrá el día de la retribución.

13.—Ese día serán quemados en el fuego.

14.—Se les dirá: Sufrid la pena que apresurabais.

15.—Los que temen a Dios estarán en medio de jardines y de arroyos,

16.—Gozando de lo que su Señor les ha dado, porque habían practicado el bien.

---

939   El texto no lleva más que el participio femenino: *que diseminan, diseminando*; esto puede entenderse también de las mujeres que al dar hijos a los hombres multiplican su posteridad y la diseminan por la tierra, como de los vientos que dispersan el polvo. Si se tiene en cuenta versículos siguientes, se siente uno inclinado a admitir esta última explicación, pues las palabras: *que llevan un fardo, que corren con ligereza,* que distribuyen, se refieren mejor a las nubes que llevan en su seno la lluvia y al derramarla sobre la tierra hacen germinar las plantas.

940   Por estas palabras se puede entender los barcos que surcan el mar.

941   Es decir, las promesas y amenazas que os hace el apóstol.

942   Las rayas o caminos trazados en el cielo para la marcha de las estrellas.

17.—Dormían muy poco de noche (*pasaban la mayor parte orando*),

18.—Y al nacer la aurora pedían perdón por sus pecados.

19.—En sus bienes había una parte para el mendigo y para el infortunado.

20.—Hay en la tierra signos *del poder de Dios* para los que creen firmemente.

21.—Los hay en vosotros mismos; ¿no lo veis?

22.—El cielo tiene alimento para vosotros; encierra lo que os ha sido prometido.

23.—*Lo juro* por el Señor del cielo y de la tierra que es la verdad, *tan verdad como es verdad* que vosotros habláis.

24.—¿Has oído la historia de los huéspedes de Abrahán? Recibidos con todo honor,

25.—Cuando volvieron a su casa, le dijeron: ¡Paz!, y Abrahán les dijo: ¡Paz! Son extranjeros,

26.—*Dijo aparte a los suyos*; y presentó un ternero gordo

27.—A sus huéspedes y les dijo: ¿No comeréis un poco?

28.—Y concibió cierto temor de ellos; ellos le dijeron: No temas nada; y le anunciaron un hijo juicioso.

29.—En esto se presentó su mujer, lanzó un grito y se golpeó la cara, diciendo: ¡Yo, mujer vieja y estéril!⁹⁴³

30.—Así lo quiere, contestaron los huéspedes, Dios tu Señor, el instruido, el Prudente.

31.—¿Cuál es vuestro objeto (*el objeto de vuestro viaje*), ¡oh, mensajeros!?

32.—Ellos respondieron: Somos enviados hacia un pueblo criminal

33.—Para lanzar contra él piedras,

34.—Destinadas en la mansión de tu Señor para todo el que comete excesos.

35.—Hemos contado a los creyentes,

36.—Y solo hemos hallado una familia de hombres consagrados a Dios.

37.—Hemos dejado signos para los que temen el castigo terrible.

---

943   Hay que suplir estas palabras: *¿Cómo podría yo engendrar?*

38.—Había signos en *la misión* de Moisés, cuando le enviamos hacia Faraón, provisto de un poder patente.

39.—Pero él volvió la espalda, apoyado en sus fuerzas[944], *diciendo a Moisés*: Es un hechicero o un poseído.

40.—Lo hemos cogido al él y a su ejército y lo hemos precipitado en el mar. Está cubierto de reprobación.

41.—Había signos en el pueblo de Ad, cuando enviamos contra él un viento de destrucción.

42.—No tocó ser al que no redujese a polvo.

43.—Había signos entre los temuditas, cuando se les dijo: Gozad hasta un cierto término.

44.—Fueron rebeldes a las órdenes del Señor, y la tempestad les sorprendió mientras que la veían *aproximarse a la claridad del día*.

45.—No podían sostenerse en pie ni salvarse.

46.—Antes de ellos, el pueblo de Noé era también un pueblo de perversos.

47.—Hemos edificado el cielo con nuestras manos, y, en verdad, lo hicimos a nuestro gusto[945].

48.—Hemos extendido la tierra como una alfombra. ¡Con cuánta habilidad la hemos extendido!

49.—Hemos creado una pareja de cada clase, a fin de que reflexionéis.

50.—Buscad, pues, refugio cerca de Dios. Vengo de su parte para advertir con franqueza.

51.—No coloquéis otros dioses al lado de Dios. Os lo advierto claramente de su parte.

52.—Así es que no hubo apóstol enviado hacia sus antecesores a quien no hayan tratado de hechicero o de poseído.

53.—¿Se habían trasmitido esta conducta como un legado? En verdad, es un pueblo rebelde.

54.—Déjales, que tú no incurrirás en reproche alguno;

944 Literalmente: Vuelve la espalda con su pilastra, es decir, confiándose a sus riquezas y a sus ejércitos que eran como una sólida columna.

945 Estas palabras pueden también ser traducidas así: edificamos el cielo nuestro solo poder y lo extendimos por el espacio.

55.—Únicamente que no debes cesar de predicar. La amonestación será provechosa a los creyentes.

56.—No he creado a los hombres y a los genios más que para que me adoren.

57.—No les pido pan cotidiano; tampoco les pido que me alimenten;

58.—Solo Dios es el dispensador del alimento, el Fuerte, el inquebrantable.

59.—Los que obren injustamente tendrán la porción análoga a los que obraron lo mismo en otro tiempo. ¡Que no me provoquen![946]

60.—¡Desgraciados de los infieles, a causa del día que les está reservado!

---

946   O: ¡Que no me insten a apresurar el día de la retribución!

SURA LII
EL MONTE SINAÍ

DADO EN LA MECA.—49 VERSÍCULOS
EN NOMBRE DEL DIOS CLEMENTE Y MISERICORDIOSO

1.—*Lo juro* por EL MONTE SINAÍ;

2.—Por un libro escrito

3.—En un rollo desplegado;

4.—Por la casa poblada[947];

5.—Por la bóveda elevada;

6.—Por el mar embravecido.

7.—El castigo de Dios es inminente.

8.—Nadie podría alejarlo.

9.—El día en que el cielo flote con una ondulación *real*,

10.—Las montañas marcharán con marcha real;

11.—Ese día, desgraciados de los que acusan de impostura a los apóstoles,

12.—Que están sumidos en las cosas vanas[948].

13.—Ese día serán precipitados en el fuego de la gehena.

14.—Es el fuego que habéis tratado de mentira, se les dirá.

15.—¿Es un encantamiento, o es que no veis nada?

16.—Calentaos a ese fuego. Soportadlo pacientemente o no lo soportéis, el efecto será igual para vosotros. Estáis retribuidos según lo que habéis hecho.

17.—Los que teman a Dios estarán en los jardines y en las delicias,

18.—Regocijándose de aquello con que les ha gratificado su Señor. Su Señor les ha preservado del suplicio del fuego.

19.—Comed y bebed con salud, *se les dirá*; es el premio de vuestras acciones.

947 La casa poblada o el templo visitado, es el templo de la Caaba visitado y poblado por millares de peregrinos. Pasamos en silencio los demás sentidos figurados que dan los comentadores a estas palabras.

948 Literalmente: que juegan en el abismo, sobrentendido de las frivolidades.

20.—Reclinados en lechos, les hemos casado con doncellas de grandes ojos negros.

21.—Los que han creído y aquellos cuyos hijos han seguido las huellas en la fe serán unidos a sus hijos. No quitaremos la menor cosa de sus obras. Todo hombre sirve de rehén a sus obras.

22.—Les daremos en abundancia los frutos y viandas que deseen.

23.—Se prestarán mutuamente la copa que no dará lugar a dichos indecentes ni a ocasión alguna de pecado.

24.—En torno de ellos circularán jóvenes servidores, semejantes a perlas encerradas *en su concha.*

25.—Abordándose unos a otros, los bienaventurados se harán recíprocamente preguntas.

26.—Antes, dirán, estábamos muy solícitos con nuestra familia.

27.—Dios ha sido benévolo con nosotros, nos ha preservado del castigo pestilencial.

28.—En otro tiempo lo invocábamos; es bueno y misericordioso.

29.—*¡Oh, Muhammad!* Predica a los *infieles*; gracias a Dios, tú no eres adivino, ni poseído.

30.—Dirán: Es un poeta; espiemos con él las vicisitudes de la fortuna.

31.—Diles: Espiad, y yo espiaré con vosotros[949].

32.—¿Son tus sueños los que les inspiran, o son un pueblo perverso?

33.—Dirán: ¿Ha forjado él mismo el *Corán?* Es más bien que no creen.

34.—Que hagan, pues, un discurso semejante, si son sinceros.

35.—¿Han sido creados sin nada[950], o son ellos mismos creadores?

36.—¿Han creado los cielos y la tierra? No, es más bien que no creen.

37.—¿Estarían en su poder los tesoros de Dios? ¿Son los dispensadores supremos?

---

949 Espiar con alguien las vicisitudes de la suerte es la traducción literal de una expresión árabe que quiere decir: esperemos tranquilamente el primer revés de la suerte para vengarnos de él.

950 Es decir, sin que haya tenido un creador, y brotado como por azar.

38.—¿Tienen una escala para oír lo *que pasa en el cielo*? Que el que lo ha oído presente una prueba evidente.

39.—¿Tiene hijas mientras que vosotros tenéis hijos?

40.—¿Les pedirás un salario? Pero están agobiados de deudas.

41.—¿Tienen conocimiento de las cosas ocultas?[951] ¿Escriben *en el libro como lo hace Dios*?

42.—¿Quieren tenderte lazos? Los infieles serán los primeros en caer en ellos.

43.—¿Tienen otra divinidad distinta de Dios? Por la gloria de Dios, está muy por encima de las divinidades que le asocian.

44.—Si viesen caer un fragmento de cielo, dirían: Es una nube amontonada.

45.—Déjales hasta que se hallen enfrente de su día, de ese día en que serán heridos,

46.—El día en que no les servirán de nada sus engaños y en que no recibirán ningún auxilio.

47.—Los malvados sufrirán todavía otros suplicios; pero la mayor parte de ellos lo ignoran.

48.—Espera con paciencia el juicio de tu Señor; tú estás ante nuestros ojos. Celebra las alabanzas de tu Señor cuando te levantes;

49.—Y por la noche, celebra sus alabanzas cuando las estrellas se van.

---

951 Por estas palabras se puede entender *el principio y el fin* o bien *la vida futura y la vida de aquí abajo*.

SURA LIII
LA ESTRELLA

DADO EN LA MECA.—62 VERSÍCULOS
EN NOMBRE DEL DIOS CLEMENTE Y MISERICORDIOSO

1.—Lo juro por la ESTRELLA cuando se pone.

2.—Vuestro compatriota, ¡oh *koreichitas!*; no está extraviado ni ha sido seducido.

3.—No habla movido por sus pasiones.

4.—*El Corán* es una revelación que le ha sido hecha.

5.—Es el terrible por su fuerza el que le ha instruido;

6.—Es el vigoroso; se mantuvo en equilibrio[952]

7.—En la esfera más elevada.

8.—Luego descendió y quedó suspendido en los aires.

9.—Estaba a la distancia de dos arcos o más cerca aún[953],

10.—Y reveló al servidor de Dios lo que tenía que revelarle.

11.—El corazón de *Muhammad* no miente; él lo ha visto.

12.—¿Haréis nacer dudas sobre lo que ha visto?

13.—Ya lo había visto en otro descenso[954],

14.—Cerca del loto del límite[955];

15.—Allí donde está el jardín de la mansión *eterna*.

16.—El loto estaba todo enmascarado[956].

17.—Los ojos del profeta no se extraviaron, ni lo vio todo en un instante.

18.—Ha visto la mayor maravilla de su Señor.

---

952 El fuerte, el vigoroso, es el ángel Gabriel que comunica la revelación a Muhammad.

953 La expresión *la distancia de dos arcos* sirve ordinariamente entre los musulmanes para indicar la distancia a que Muhammad estuvo de Dios.

954 Es decir, en aquel viaje nocturno de que se habla en el *sura* XVII.

955 El árbol que sirve de límite al paraíso.

956 Literalmente: cuando el loto estaba cubierto por lo que le cubría. Se cree que Muhammad, sin precisar lo que cubría aquel árbol, quiere insinuar que eran tropas de ángeles que cubrían el loto del linde.

19.—¿Qué os parece de El-Lat y de Al-Ozza?

20.—¿Y de ese otro, Menat, el tercer ídolo?[957]

21.—¿Tendríais vosotros varones y Dios hembras?

22.—Este reparto es injusto.

23.—No son más que nombres; vosotros y vuestros padres sois los que los habéis nombrado así. Dios no os ha revelado ninguna prueba respecto de este punto; no seguís más que vuestras ideas e inclinaciones, y, sin embargo, habéis recibido una dirección de vuestro Señor.

24.—¿Tendrá el hombre todo lo que desea?

25.—A Dios pertenece lo mismo la última que la primera.

26.—¡Qué de ángeles en los cielos cuya intercesión no servirá de nada,

27.—Salvo, si Dios permite interceder, a aquel a quien quiera, a aquel que le plazca!

28.—Los que no creen en la vida futura designan a los ángeles con nombres de mujeres.

29.—No saben nada y no siguen más que opiniones. Las opiniones no pueden en modo alguno sustituir a la verdad.

30.—Aléjate del que vuelve la espalda cuando se habla de nosotros y que solo desea la vida de este mundo.

31.—He aquí hasta dónde llega su ciencia. Tu Señor sabe mejor que nadie quién es el que se extravía y se *aleja* de su sendero; él sabe muy bien quién está en la senda recta.

32.—Todo lo que hay en los cielos y en la tierra pertenece a Dios; él retribuirá a los que proceden mal según sus obras; él recompensará con una hermosa recompensa a los que han practicado el bien.

33.—Los que evitan los grandes crímenes y las fealdades[958] e incurren en faltas ligeras, para esos tiene Dios una gran indulgencia. Bien os conocía cuando os formaba de tierra; os conoce cuando no sois más que un embrión en las entrañas de vuestras madres. No intentéis, pues, disculparos; él conoce mejor que nadie al que le teme.

34.—¿Has considerado al que vuelve la espalda,

35.—Que da poco y que escatima?

36.—¿Tiene el tal conocimiento de las cosas ocultas? ¿Las ve?

---

957 *El-Lat, Al-Ozza* y *Menat* son nombres de las divinidades adoradas por los árabes.
958 Los grandes crímenes y acciones feas son los pecados capitales.

37.—¿No se le ha recitado lo que está consignado en las hojas de Moisés,

38.—Y de Abrahán, fiel a sus compromisos?

39.—El alma que lleva su propia carga no llevará la de otra.

40.—El hombre no tendrá más que lo que haya ganado.

41.—Sus esfuerzos serán apreciados en *su justo valor.*

42.—Será recompensado mediante una retribución escrupulosa.

43.—¿No es tu Señor el término de todo?

44.—Hace reír y hace llorar.

45.—Hace morir y hace revivir.

46.—Ha creado la pareja, el macho y la hembra,

47.—De una gota de esperma cuando es extendida (*en la matriz*).

48.—Una segunda creación corre de su cuenta[959].

49.—Enriquece y hace adquirir.

50.—Es el Señor de la canícula[960].

51.—Ha hecho perecer al pueblo de Ad, al antiguo,

52.—Y al pueblo de Temud, y no ha dejado ni a uno solo;

53.—Y antes de estos, al pueblo de Noé, que era el más malo y el más perverso;

54.—Y a las ciudades derribadas es él el que las ha derribado[961],

55.—Y el castigo del cielo les envolvió por entero.

56.—¿Y qué beneficio de Dios pondrás en duda?

57.—Ese apóstol que os advierte es de los de otro tiempo.

58.—La hora que debe venir se acerca, y no hay remedio contra ella, excepto en Dios.

59.—¿Estáis en el asombro a causa de estas palabras,

60.—Y os reís en lugar de llorar,

61.—Y pasáis el tiempo en divertiros?[962]

62.—Prosternaos más bien ante Dios y adoradle.

---

959 Por la segunda creación o producción, hay que entender la resurrección.

960 La constelación de la canícula o el sirio era adorada por los árabes paganos.

961 Las ciudades destruidas son las cinco villas de la Pentápolis, a saber: Sodoma, Gomorra, etc.

962 Las palabras del texto son interpretadas también así: *a enorgulleceros, a levantar la cabeza o a cantar.*

SURA LIV
LA LUNA[963]

DADO EN LA MECA.—55 VERSÍCULOS
EN NOMBRE DEL DIOS CLEMENTE Y MISERICORDIOSO

1.—La hora se acercó, y la LUNA se partió en dos;

2.—Pero *los infieles*, aun viendo en ello un milagro, se apartan y dicen: Es una magia continua.

3.—Y han tratado *estas advertencias* de mentiras: han seguido sus apetitos; pero todo está fijado invariablemente.

4.—Sin embargo, se les ha hecho oír relatos[964] en los que había para sobrecogerse de terror.

5.—Esta es la sabiduría suprema; pero las advertencias no les sirven de nada.

6.—Déjalos, pues, ¡oh, *Muhammad!* El día en que el ángel encargado de llamar a todos los hombres[965] les llame a algo horrible,

7.—Con los ojos bajos saldrán de sus tumbas, semejantes a las langostas dispersas,

8.—Corriendo con precipitados pasos cerca del ángel que les ha llamado. Entonces los incrédulos dirán: He aquí el día difícil.

9.—Antes de ellos, el pueblo de Noé trató la verdad de impostura; trató a nuestro servidor (*Noé*) de embustero. Se decía: Es un poseído, y fue rechazado.

10.—Él (*Noé*) exclamó, dirigiéndose a su Señor: estoy oprimido; ven en mi auxilio.

---

963   La palabra *luna* que se halla en el primer versículo, sirve de título a este *sura*. En este primer versículo se trata de la venida de la hora, es decir, del día del juicio. Entre los signos que deben preceder a este terrible momento, figura el de que la luna se hendirá. Sin embargo, los comentadores pretenden ver en las palabras: *la luna se hendió*, una alusión al milagro hecho por Muhammad. Dicen que un día partió la luna en dos partes con su dedo.

964   Relatos sobre los pueblos exterminados en castigo de su impiedad.

965   Estará encargado de esta misión el ángel Israfil.

11.—Abrimos las puertas del cielo con el agua que caía a torrentes;

12.—Llenamos la tierra de fuentes, y el agua *del cielo* se unió *al agua de las fuentes*, según la sentencia dictada de antemano.

13.—Nosotros lo llevamos (*a Noé*) en un barco hecho con planchas y clavos.

14.—Bogaba en nuestra presencia. Era una recompensa debida a aquel con el cual se había mostrado ingrato (*incrédulo*).

15.—Hemos hecho de él un signo de advertencia. ¿No hay nadie que reflexione?

16.—Pues bien: ¿Cuáles han sido nuestro castigo y nuestras amenazas?

17.—Hemos hecho el Corán fácil *de entender*, propio para servir de amonestación. ¿No hay nadie que reflexione?

18.—Ad ha tratado la verdad de impostura. Pues bien: ¿Cuáles han sido nuestro castigo y nuestras amenazas?

19.—Enviamos contra ellos (*los aditas*) un viento impetuoso en un día nefasto, *soplando* sin descanso.

20.—Levantaba a los hombres como pedazos de palmera arrancados con violencia.

21.—Pues bien: ¿Cuáles han sido nuestros castigos y amenazas?

22.—Hemos hecho el Corán fácil *de entender*, propio para servir de amonestación. ¿No hay nadie que reflexione?

23.—Los temuditas han tratado de mentiras nuestras amenazas.

24.—¿Escucharemos a un hombre como nosotros?, decían; en verdad, seríamos sumidos en el extravío y en la locura.

25.—Las advertencias del cielo ¿le serían dadas a él solo de entre nosotros? No, es un impostor insolente.

26.—Mañana sabrán quién de nosotros era el impostor insolente.

27.—Les enviamos una hembra de camello como tentación[966]; espiaremos sus pasos, y tú, *Saleh*[967], ten paciencia.

---

966 La palabra *tentación* se emplea aquí en el sentido que tiene generalmente en la Biblia y que debe traducirse por *prueba*. Por lo demás, respecto de la camella que se trata aquí, véase *sura* XXVI, 155.

967 Según el Corán, Saleh es el nombre del profeta enviado para predicar a los temuditas.

28.—Anúnciales que el agua de la cisterna debe ser repartida entre ellos y la camella, y que sus raciones de agua deben seguirse alternativamente.

29.—Los temuditas llamaron a uno de sus conciudadanos, y él sacó un sable y mató a la camella.

30.—Pues bien: ¿cuáles han sido nuestro castigo y nuestras amenazas?

31.—Enviamos contra ellos un solo grito *del ángel*, y ellos pasaron a ser como briznas de paja seca que se mezclan con barro[968].

32.—Hemos hecho el Corán fácil *de entender*, propio para servir de amonestación. ¿No hay nadie que reflexione?

33.—Y el pueblo de Loth trató las amenazas de mentiras.

34.—Enviamos contra ese pueblo una tormenta de piedras. Solo salvamos a la familia de Loth al amanecer.

35.—Esto era un favor de nuestra parte; así recompensamos a todo el que es agradecido.

36.—Él (*Loth*) los amenazaba con nuestra violencia; pero ellos se pusieron a poner en duda las amenazas.

37.—Querían abusar de sus huéspedes; les hemos quitado la vista, y dijimos: sufrid mi castigo y mis amenazas.

38.—Al día siguiente les sorprendió un castigo que pesaba de continuo.

39.—Probad mis consejos y mis amenazas, decíamos.

40.—Hemos hecho el Corán fácil *de entender*, propio para servir de amonestación. ¿No hay nadie que reflexione?

41.—Y la familia de Farón tuvo también advertencias.

42.—Y trataron de mentiras todos nuestros milagros. Les sobrecogimos, pues, como sobrecoge el Fuerte, el Poderoso.

43.—Y vuestros incrédulos, ¡oh, *naturales de la Meca!* ¿Valen más que aquellos? ¿O es que tenéis privilegio de inmunidad en las escrituras?

44.—Dirán: ¿Estamos en gran número ayudándonos unos a otros?

45.—Pronto será dispersado ese gran número; todos volverán la espalda.

968 Que se amasan para edificar chozas.

46.—La hora del juicio será su cita. ¡Oh! ¡Cuán dolorosa y amarga será la hora!

47.—Los culpables están sumidos en el extravío y en la locura.

48.—El día en que sean arrastradas sus frentes por el suelo en el fuego del infierno, se les dirá: soportad el contacto del infierno.

49.—Hemos creado todas las cosas según cierta medida.

50.—Nuestra orden ni era más que una sola palabra, rápida como un abrir y cerrar de ojos.

51.—Hemos exterminado pueblos semejantes a vosotros. ¿No hay nadie que reflexione?

52.—Todo lo que hacen está consignado en este libro.

53.—Toda cosa pequeña y grande, todo está escrito en él.

54.—Los justos habitarán en medio de jardines y de corrientes de agua;

55.—En la mansión de la verdad, cerca del Rey poderoso.

SURA LV
EL MISERICORDIOSO

DADO EN LA MECA.—78 VERSÍCULOS
EN NOMBRE DEL DIOS CLEMENTE Y MISERICORDIOSO

1.—El MISERICORDIOSO ha enseñado el Corán.

2.—Ha creado al hombre;

3.—Le ha enseñado la elocuencia.

4.—El sol y la luna se mueven según un cálculo.

5.—Las plantas y los árboles se prosternan ante Dios.

6.—Y el cielo lo ha levantado, y ha establecido la balanza,

7.—A fin de que no defraudasen el peso.

8.—Pesad con precisión y no hagáis perder a la balanza.

9.—Y la tierra la ha asentado para los *diferentes* pueblos.

10.—Y en la tierra se hallan los frutos, y la palmera da fruto cubierto de envoltura.

11.—Y los cereales con su paja y las plantas odoríferas.

12.—¿Cuál de los beneficios de Dios negaréis?[969]

13.—Ha formado al hombre de tierra, como la del puchero.

14.—Ha creado a los genios del fuego puro sin humo.

15.—¿Cuál de los beneficios de Dios negaréis?

16.—Es el soberano de los dos orientes;

17.—Es el soberano de los dos occidentes[970].

18.—¿Cuál delos beneficios de Dios negaréis?

19.—Ha separado los dos mares que se tocan[971].

20.—Entre ellos se levanta una barrera y no se desbordan *el uno sobre el otro.*

---

969   En el texto, el verbo negaréis está en dual porque debe referirse a los genios y a los hombres.

970   Es decir, el amanecer y anochecer de verano y de invierno.

971   Las palabras *ambos mares*, como hemos visto ya, puede entenderse de dos masas de agua, una salada y otra dulce.

21.—¿Cuál de los beneficios de Dios negaréis?

22.—Uno y otro procuran perlas y coral.

23.—¿Cuál, etc.?

24.—A él pertenecen los buques que atraviesan los mares como montañas.

25.—¿Cuál, etc.?

26.—Todo lo que hay en la tierra pasará.

27.—Solo la casa de Dios permanecerá rodeada de majestad y de gloria.

28.—¿Cuál, etc.?

29.—Todo lo que hay en los cielos y en la tierra le dirige sus votos. Cada día está ocupado en una obra nueva[972].

30.—¿Cuál, etc.?

31.—Dedicaremos un día a juzgaros, ¡oh, hombres y genios!

32.—¿Cuál, etc.?

33.—Asamblea de hombres y de genios, si podéis penetrar más allá de los límites de los cielos y de la tierra, hacedlo; pero no penetraréis a no ser en virtud de un poder real.

34.—¿Cuál, etc.?

35.—Caerá sobre vosotros una lluvia de fuego y de bronce fundido. No triunfaréis.

36.—¿Cuál, etc.?

37.—Cuando el cielo se hienda, cuando esté rojo[973] como el cuero teñido,

38.—¿Cuál, etc.?

---

972   La última frase de este versículo puede ser traducida más literalmente de este modo: *Cada día está en otra condición*. Estas palabras, que, según los comentadores, quieren decir que Dios se ocupa sucesivamente de la ejecución de sus sentencias, de la muerte y de la vida de los seres creados, de la degradación de unos y de la elevación de otros: estas palabras tienen en los místicos musulmanes un sentido diferente: quieren decir que Dios, uno e indivisible, invariable en su esencia, es múltiple en sus atributos y adquiere a cada paso una nueva faz que varía hasta lo infinito, que produce la creación y la absorbe, se manifiesta y se vela.

973   Literalmente: cuando sea como una rosa, una flor roja. La voz *dihan*, que se traduce por *cuero teñido de rojo*, puede traducirse también por *grasa fundida*.

39.—Ese día no se interrogará ya a los hombres y a los genios acerca de sus pecados[974].

40.—¿Cuál, etc.?

41.—Los criminales serán reconocidos por sus marcas; se les cogerá por los cabellos y por los pies.

42.—¿Cuál, etc.?

43.—He aquí la gehena que los criminales trataban de fábula.

44.—Darán vueltas en torno de las llamas y del agua hirviendo.

45.—¿Cuál, etc.?

46.—Los que temen la majestad de Dios tendrán dos jardines[975].

47.—¿Cuál, etc.?

48.—Ambos ornados de bosques.

49.—¿Cuál, etc.?

50.—En ambos, dos fuentes vivas.

51.—¿Cuál, etc.?

52.—En ambos, dos especies de cada fruto.

53.—¿Cuál, etc.?

54.—Descansarán reclinados en alfombras cuyo forro será de brocado[976]. Los frutos de los dos jardines estarán al alcance del que quiera cogerlos.

55.—¿Cuál, etc.?

56.—Allí habrá vírgenes de modesta mirada, que no han sido tocadas jamás por hombre ni por genio alguno.

57.—¿Cuál, etc.?

58.—Se parecen al jacinto y al coral.

59.—¿Cuál, etc.?

---

974   No se interrogará a los unos ni a los otros en el momento en que hayan resucitado; el examen no tendrá lugar hasta el momento mismo del juicio.

975   Según unos, de estos dos jardines uno será para los genios y otro para los hombres; según otros, dos jardines por cada individuo, uno como recompensa de sus obras y otro como gratificación además de la recompensa. En cuanto a las dos especies de cada fruto (versículo 52), se entiende una especie análoga por el gusto a los frutos de la tierra, y la otra de un gusto celeste desconocido en la tierra.

976   Cuando los forros o en el reverso son de brocado —dicen los comentadores—, ¿qué será lo exterior de esos tapices?

60.—¿Cuál es la recompensa del bien, más que el bien?

61.—¿Cuál, etc.?

62.—Además de estos dos jardines, habrá otros dos[977].

63.—¿Cuál, etc.?

64.—Dos jardines cubiertos de verdura.

65.—¿Cuál, etc.?

66.—Donde brotarán dos fuentes.

67.—¿Cuál, etc.?

68.—Allí habrá frutos, palmeras y granados.

69.—¿Cuál, etc.?

70.—Allí habrá buenas, hermosas mujeres.

71.—¿Cuál, etc.?

72.—Mujeres vírgenes de grandes ojos negros, encerradas en pabellones.

73.—¿Cuál, etc.?

74.—Jamás hombre ni genio las ha tocado.

75.—¿Cuál, etc.?

76.—Sus esposos descansarán sobre cojines verdes y magníficas alfombras.

77.—¿Cuál de los beneficios de Dios negaréis?

78.—Bendito sea el nombre del Señor, lleno de majestad y generosidad.

---

977 Como se puede ver por su descripción, estos dos jardines son inferiores a los otros dos mencionados antes; están destinados a los habitantes del paraíso de un grado inferior.

SURA LVI
EL ACONTECIMIENTO[978]

DADO EN LA MECA.—96 VERSÍCULOS
EN NOMBRE DEL DIOS CLEMENTE Y MISERICORDIOSO

1.—Cuando el ACONTECIMIENTO se realice,

2.—No se hallará *una sola alma* que ponga en duda su venida.

3.—Él (*este acontecimiento*) descenderá y elevará[979].

4.—Cuando tiemble la tierra con *violento* temblor,

5.—Las montañas volarán en pedazos,

6.—Y se tornarán como el polvo disperso por todas partes.

7.—Cuando vosotros, hombres, estéis divididos en tres tropas,

8.—*Entonces habrá* hombres de la derecha (¡Oh! ¡Los hombres de la derecha!)

9.—Y hombres de la izquierda (¡Oh! ¡Los hombres de la izquierda!)[980].

10.—Y los primeros serán los primeros[981].

11.—Estos serán los más inmediatos a Dios.

12.—Habitarán el jardín de las delicias.

13.—Habrá un gran número de estos entre los antiguos (*desde Adán hasta Muhammad*),

14.—Y solo un pequeño número entre los modernos (*desde la venida de Muhammad*)

15.—Descansando en asientos ornados de oro y de pedrerías,

16.—Reclinados y colocados unos enfrente de otros.

---

978   *El acontecimiento*, palabra que sirve de inscripción a este *sura*, se halla en el primer versículo, y sirve para designar el día del juicio final.

979   Elevará a los virtuosos y humillará a los malvados.

980   La exclamación del versículo 8 quiere decir: ¡Oh! ¡Qué felices serán! La del 9: ¡Oh! ¡Qué terrible estado el suyo!

981   Es decir, los que fueron primero en la tierra en obrar el bien o en abrazar la verdadera fe, que sirvieron de modelo y guía a los otros, serán también los primeros en la vida futura.

17.—En torno de ellos circularán jóvenes eternamente jóvenes,

18.—Con cubiletes, garrafas y copas llenas de una bebida límpida[982],

19.—Que no les producirán ni dolor de cabeza ni aturdimiento.

20.—Con frutos que escogerán a su gusto,

21.—Y carne de esos pájaros que tanto les gustan.

22.—Tendrán *bellezas* de grandes ojos negros, esas bellezas semejantes a las perlas cuidadosamente ocultas[983].

23.—Tal será la recompensa de sus obras.

24.—No oirán allí ni palabras frívolas ni dichos que conduzcan al pecado;

25.—Solo se oirá allí las palabras: Paz, paz.

26.—Los hombres de la derecha (¡Cuán felices serán los hombres de la derecha!)

27.—Permanecerán entre árboles de loto sin espinas,

28.—Y bananos cargados de fruto desde la cima hasta abajo,

29.—Bajo sombras que se extenderán a lo lejos,

30.—Cerca de una agua corriente,

31.—En medio de frutos en abundancia,

32.—Que nadie cortará y a los que todos se podrán acercar;

33.—Y descansarán en elevados lechos.

34.—Nosotros creamos las *bellezas del paraíso* en una creación aparte[984].

35.—Hemos conservado su virginidad[985].

36.—Queridas de sus esposos y de un ángel igual al suyo,

37.—Serán destinadas a los hombres de la derecha.

38.—Habrá un gran número entre los antiguos,

39.—Y un gran número entre los modernos[986];

---

982   La palabra *ma'in* puede significar *agua límpida y fría*, o cualquiera otra bebida buena y fresca.

983   Es decir, puestas al abrigo del polvo, etc.

984   Es decir: de una sustancia más fina que las mujeres de la tierra.

985   Estas mujeres, vírgenes del paraíso, no estarán expuestas a perder su virginidad cohabitando con sus esposos del paraíso.

986   Se ha visto antes (versículos 13 y 14) que los elegidos serán en gran número

40.—Y los hombres de la izquierda (¡Oh! ¡Los hombres de la izquierda!)

41.—*Estarán* en medio de un viento pestilente y de agua hirviendo,

42.—En la sombra de un humo negro,

43.—En la sombra que no es fresca ni agradable.

44.—En otro tiempo hacían vida holgada;

45.—Perseveraban en un odio implacable,

46.—Y decían:

47.—Cuando hayamos muerto, cuando nos hayamos convertido en polvo y huesos, ¿seremos reanimados de nuevo,

48.—Como nuestros padres los antiguos?

49.—Di: Los antiguos, como los modernos,

50.—Serán infaliblemente reunidos en el momento del día fijado de antemano.

51.—Luego, vosotros, hombres sumidos en el error, vosotros que no creéis,

52.—Comeréis el *fruto* de un árbol, el *fruto* del Zakum.

53.—Os llenaréis con él el vientre.

54.—Luego beberéis agua hirviendo,

55.—Como bebe un camello sediento.

56.—Tal será su festín el día de la retribución.

57.—Os hemos creado; y ¿por qué no habéis de creer en la resurrección?

58.—La semilla con que engendráis,

59.—¿La creáis vosotros, o nosotros?

60.—Hemos decidido que haya muertos entre vosotros[987], y no somos nosotros los que seremos anticipados *por nadie*, si queremos.

61.—Reemplazaros por otros hombres que se os semejan o reproduciros en una forma que vosotros no conocéis.

entre los antiguos y en pequeño número entre los modernos. Estos versículos están en contradicción con los versículos 38 y 39. El comentador Bend-hawi cree que no hay contradicción entre estos versículos, porque —dice— el gran número no excluye la idea de la mayoría de una de estas dos tropas.
987   Es decir: que los hombres fuesen mortales.

62.—Vosotros conocéis la primera creación[988], ¿por qué no reflexionáis?

63.—¿Habéis notado vuestro trabajo de labranza?

64.—¿Sois vosotros los que sembráis los campos, o somos nosotros los sembradores?

65.—Si quisiésemos, reduciríamos *vuestras cosechas* a briznas de paja seca y no cesaríais de asombraros y de gritar:

66.—Henos ya endeudados, henos ya caídos en nuestras esperanzas, perdidos.

67.—¿Os habéis fijado en el agua que bebéis?

68.—¿Sois vosotros, o nosotros, los que la hacemos descender de las nubes?

69.—Si nosotros quisiésemos, podríamos convertirla en agua salobre. ¿Por qué, pues no sois agradecidos?

70.—¿Habéis fijado vuestras miradas en el fuego que obtenéis mediante el rozamiento?

71.—¿Sois vosotros los que creáis el árbol que os lo da, o nosotros?[989]

72.—Somos nosotros los que hemos querido hacer de ello una enseñanza y un objeto de utilidad para los viajeros del desierto.

73.—Celebra el nombre del Dios altísimo.

74.—No juraré por las puestas de las estrellas[990]

75.—(Y es un gran pensamiento, si vosotros lo supieseis),

76.—Que el Corán[991] es un Corán

77.—Conservado en un libro oculto[992];

---

988   Bien veis cómo tiene lugar la primera creación, la de la reproducción.

989   Acerca de la madera de que se sirven los árabes a modo de eslabón, véase *sura* XXXVI, 80.

990   La expresión: *No juraré*, se vuelve a hallar con frecuencia en los últimos *suras* del Corán; da fuerza al juramento. Es como si se dijese: *Lo que digo es tan cierto que sería superfluo jurar*. Así lo entienden, al menos, los comentadores.

991   Ya se recordará que la voz *Corán* quiere decir *lectura*, y aquí se podría traducir: Que esta lectura es una lectura conservada en un estrecho volumen.

992   Es decir, que el prototipo, el original inimitable del Corán, se conserva en un libro guardado con cuidado en la mansión de Dios.

78.—Nadie lo tocará, a no ser los puros[993].

79.—Él es la revelación del dueño del universo.

80.—¿Es este el libro que miraréis con desdén?

81.—¿Haréis consistir vuestro pan cotidiano en las acusaciones de mentira *hechas contra este libro?*

82.—¿Por qué, pues, en el momento en que vuestros corazones suban hasta vuestras gargantas,

83.—En que dirigiréis miradas a todas partes,

84.—En que estarán cerca de vosotros sin que los veáis;

85.—Por qué, pues, si no habéis de ser jamás juzgados ni retribuidos,

86.—No traéis de nuevo el alma *dispuesta a volar?* ¡Decidlo, si sois sinceros![994]

87.—Al que sea del número de los más inmediatos a Dios,

88.—A ese le *están reservados* el reposo, el placer y el jardín de las delicias.

89.—Al que sea del número de los hombres de la derecha

90.—*Se le dirá:* Salud de parte de los hombres de la derecha.

91.—El que haya estado entre los hombres que tratan de impostores a los profetas,

92.—Entre los extraviados,

93.—Tendrá por comida el agua hirviendo.

94.—Lo quemaremos en el fuego.

95.—Es la verdad infalible.

96.—Celebra, pues, el gran nombre de tu Señor.

993 Estas palabras que se aplican aquí al prototipo conservado en el cielo, se hallan ordinariamente inscritas en los cantos de los ejemplares del Corán como una advertencia de que no deben tocarse su se halla uno en estado de mancha.
994 He aquí el sentido del pasaje contenido en los versículos 82-86: si no debéis ser resucitados, juzgados y retribuidos, y si sois sinceros, si estáis convencidos, ¿por qué, cuando veis el alma pronta a dejaros, no la atraéis y la fijáis a vuestro cuerpo?

SURA LVII
EL HIERRO[995]

DADO EN MEDINA.—29 VERSÍCULOS
EN NOMBRE DEL DIOS CLEMENTE Y MISERICORDIOSO

1.—Todo lo que hay en los cielos y en la tierra canta las alabanzas de Dios. Es poderoso y sabio.

2.—A él pertenece el imperio de los cielos y de la tierra; él hace vivir y hace morir y lo puede todo.

3.—Él es el primero y el último; visible y oculto[996], lo conoce todo.

4.—Él es el que creó los cielos y la tierra en el espacio de seis días; luego fue a sentarse en el trono de *la majestad*; sabe lo que entra en la tierra y lo que sale, lo que desciende del cielo y lo que sube, y está con vosotros; en cualquier lugar que estéis, ve vuestras acciones.

5.—El imperio de los cielos y de la tierra le pertenece; todas las cosas vuelven a él.

6.—Hace suceder la noche al día y el día a la noche; conoce lo que encierran los corazones.

7.—Creed en Dios y en su apóstol y dad en limosnas una porción de los bienes cuya herencia os conceda Dios. Aquellos de vosotros que creen y dan limosna recibirán una generosa recompensa.

8.—¿Qué tenéis para no creer en Dios y en su enviado que os invita a creer en vuestro Señor, el que ha recibido vuestra alianza? *¿Qué tenéis para no creer*, si sois *verdaderos* creyentes?

9.—Él es el que hace descender sobre su servidor signos evidentes para conduciros de las tinieblas a la luz. En verdad, Dios es para vosotros tierno y misericordioso.

10.—¿Qué tenéis para no gastar vuestro haber en el sendero de Dios[997], cuando solo a Dios pertenece la herencia de los cielos y de la tierra? Aquel que ha dado su haber antes de la victoria y que ha

---

995 Las palabras *el hierro* se hallan en el versículo 25.
996 Literalmente: exterior e interior.
997 Ya se ha dicho que la frase: el sendero de Dios, quiere decir: la causa de Dios.

luchado en persona, no será tratado lo mismo *que el que no ha hecho nada*. Aquel ocupará un grado más elevado que los que hayan ofrecido sus riquezas después de la victoria y que hayan combatido después. Pero Dios ha prometido a unos y otros una hermosa recompensa. Es sabedor de vuestras acciones.

11.—¿Quién es el que hará a Dios un préstamo generoso, para que Dios se lo duplique y le otorgue además una generosa recompensa?

12.—Un día verás a los creyentes, hombres y mujeres, y su luz correrá ante ellos y a su derecha[998]. Hoy, les dirán, os anunciamos una nueva feliz: la de los jardines bañados por corrientes de agua donde permaneceréis eternamente. Es una dicha inmensa.

13.—Ese día, los hipócritas, hombres y mujeres, dirán a los creyentes: Miradnos; esperad un instante[999] a que os tomemos algunas partículas de vuestra luz; pero se les dirá: Volved a la tierra y pedidla allí. Se levantará entre ellos un muro que tendrá una puerta, dentro de la cual tendrá asiento el Misericordioso, fuera y enfrente el suplicio. Los hipócritas les gritarán a los creyentes: ¿No hemos estado con vosotros?—*Sí, responderán estos*, pero os dejabais llevar de la tentación esperando el momento propicio; os habéis sumido en la duda, y las vanidades del mundo os han cegado hasta que se cumplió la sentencia de Dios. El seductor os ha cegado respecto de Dios.

14.—Hoy no se recibirá ya rescate ni de vosotros ni de los infieles. El fuego será vuestra morada; he aquí lo que habéis ganado. ¡Qué espantoso fin!

15.—¿No ha llegado ya el tiempo para los creyentes de humillar sus corazones ante la advertencia de Dios y ante el libro de la verdad que ha enviado? Que no se parezcan a los que habían recibido antes el libro, cuyos corazones se endurecen con el tiempo y entre los cuales hay una gran parte de perversos.

16.—Sabed que Dios vuelve la vida a la tierra muerta. Ya os hemos explicado estos milagros, a fin de que los comprendáis.

998   Los elegidos correrán con precipitación para recibir la recompensa, y la luz les iluminará en el camino.

999   El paso de los elegidos será rapidísimo; correrán con la prontitud del rayo para recibir la recompensa de sus obras.

17.—Los que hacen limosnas, hombres y mujeres, los que hacen a Dios un generoso préstamo recibirán el doble y obtendrán *además* una recompensa generosa.

18.—Los que creen en Dios y en sus apóstoles son hombres verídicos; serán testigos ante su Señor y tendrán su recompensa y su luz[1000]. Los que no han creído y han tratado de mentiras nuestros signos serán entregados al fuego del infierno.

19.—Sabed que la vida de este mundo no es más que un juego y una frivolidad; es un adorno, *es un motivo* de vanagloria entre vosotros. El aumento de bienes y un gran número de hijos son como la lluvia; las plantas que animan gustan a los infieles, pero pronto se marchitan y las verás secarse. Y *al cabo de todo esto*, en el otro mundo, el suplicio terrible,

20.—O el perdón de Dios y su satisfacción. La vida de este mundo no es más que un goce temporal que deslumbra.

21.—Competid, pues, en premura para obtener el perdón de Dios y el paraíso, cuya extensión iguala a la del cielo y la tierra, y que ha sido preparado para los que creen en Dios y en sus apóstoles. Es un favor de Dios que concederá a quien quiera, pues Dios es de una benevolencia inmensa.

22.—Ninguna calamidad hiere ni a la tierra ni a vuestras personas sin que haya sido escrita en el libro antes de que los hayamos creado. Esto era fácil a Dios.

23.—No os aflijáis, pues, de lo que se os escapa (*en materia de bien*) ni os regocijéis excesivamente por lo que os ocurre. Dios no ama a los presuntuosos, a los vanidosos,

24.—Que, avaros, excitan a los demás a la avaricia. Si el avaro se substrae *a los actos de generosidad,* ¡oh! Dios es bastante rico y lleno de gloria, *puede pasar sin ello.*

25.—Hemos enviado apóstoles, acompañados de signos evidentes; les hemos dado el libro y la balanza[1001], a fin de que los hombres obser-

---

1000   Véase nota del versículo 12.
1001   Dicen que la balanza fue aportada del cielo por el ángel Gabriel y dada a Noé para que propagase su uso entre sus descendientes.

ven la equidad. Hemos hecho descender de lo alto EL HIERRO. En él hay un mal terrible, pero hay también utilidad para los hombres. *Os lo ha dado* para saber quién de vosotros le asistirá como su apóstol con sinceridad[1002]. Dios es poderoso y fuerte.

26.—Enviamos a Noé y a Abrahán y establecimos el don de la profecía en sus descendientes, así como el libro (*las Escrituras*). Alguno de ellos sigue la senda recta; pero la mayor parte son perversos.

27.—Enviamos en pos de ellos otros apóstoles, como Jesús, hijo de María, a quien dimos el evangelio; pusimos en los corazones de los discípulos que les han seguido el dolor, la compasión; la vida monástica la han inventado ellos mismos[1003]. Hemos prescrito nosotros únicamente el deseo de agradar a Dios; pero no lo han observado cómo debían. Hemos dado la recompensa a aquellos que han creído: pero la mayor parte son perversos.

28.—¡Oh, vosotros, los que creéis! Temed a Dios y creed en su apóstol; os dará dos porciones de su misericordia; os dará la luz, a fin de que caminéis con ayuda de ella, y borrará vuestros pecados, pues es indulgente y misericordioso;

29.—A fin de que los hombres que han recibido las escrituras sepan que no disponen de ninguno de los favores de Dios, que la gracia de Dios está por entero en sus manos y que la concede a quien quiere. Dios es de una bondad inmensa.

1002   El texto dice: *en secreto o en ausencia*; es decir, cuando nadie lo ve ni lo oye.

1003   Muhammad condena la vida monástica, como se ve aquí; es un aforismo repetido con frecuencia por los musulmanes: la rahba niieta fil-islami, nada de vida monástica en el islamismo.

SURA LVIII
LA LITIGANTE[1004]

DADO PARTE EN LA MECA Y PARTE EN MEDINA.
—22 VERSÍCULOS
EN NOMBRE DEL DIOS CLEMENTE Y MISERICORDIOSO

1.—Dios ha oído las palabras de LA QUE HA LITIGADO en ti casa contra su marido y ha elevado quejas a Dios[1005]. Ha oído vuestras conversaciones, pues Dios lo oye y lo ve todo.

2.—Aquellos que repudian a sus mujeres diciendo que las considerarán como sus madres[1006] (no son sus madres; sus madres son las que los han engendrado), profieren una palabra vituperable y una falsedad.

3.—En verdad, Dios es dado al perdón y la indulgencia.

4.—Los que repudian a sus mujeres con la fórmula de separación perpetua[1007] y se vuelven después atrás, emanciparán a un esclavo antes de que haya una nueva cohabitación entre los dos *esposos divorciados.*

1004   El primer versículo explica el título de este *sura*. La voz el *mudjadile*, que nosotros traducimos por *litigante*, significa propiamente: *la que promueve una disputa.*

1005   Véase con qué ocasión fueron revelados los versículos 1 y 2: Khaula, hija de Talaba, mujer de un árabe llamado *Aus Ebn es-Samat,* fue repudiada por su marido con estas palabras: «Que tu espalda sea en lo sucesivo para mí como la espalda de mi madre», fórmula que implicaba una separación perpetua y después de la cual no se podía ya volver a tomar a la mujer repudiada. Aquella fue a ver a Muhammad y le preguntó si no le estaba permitido permanecer con su marido, el cual no la obligaba a dejar la casa no obstante haberla repudiado. Al oír las observaciones de Muhammad que le contestó que la fórmula en cuestión implicaba una separación completa y definitiva, la mujer, desesperada, pues tenía hijos de corta edad, se retiró, y en medio de sus oraciones se quejó a Dios de su suerte. Muhammad modificó su decisión, y basándose en la revelación contenida en los versículos 1 y 2, permitió volver a tomar a las mujeres repudiadas, aunque fuese con la solemnidad de la fórmula citada antes, si bien era necesario hacer alguna ofrenda u obra de caridad para expiar la infracción del juramento.

1006   Era una fórmula solemne de repudiar. Véase el versículo anterior.

1007   Es decir, sirviéndose de estas palabras: «Que tu espalda sea en lo sucesivo para mí como la espalda de mi madre.»

Así es como se os prescribe, y Dios sabe lo que hacéis.

5.—El que no halle cautivo para rescatar, ayunará dos meses seguidos, antes de que haya cohabitación entre los dos *esposos divorciados*, y, si no puede soportar este ayuno, alimentará a sesenta pobres. Se os ordena, a fin de que creáis en Dios y en su enviado. Estos son los mandamientos de Dios. Un suplicio doloroso está reservado a los infieles.

6.—Los que luchan contra Dios y contra su enviado, serán traqueteados como lo fueron los que les precedieron. Ya hemos hecho descender signos evidentes de *nuestro poder* y el suplicio ignominioso *es el solo* reservado a los infieles.

7.—El día en que Dios resucite a todos y en que repita sus acciones. Dios lo ha contado todo, mientras que ellos lo han olvidado todo. Dios es testigo de todo.

8.—¿No ves que Dios conoce todo lo que hay en los cielos y en la tierra? No hay conversación secreta entre tres individuos sin que él sea el cuarto, ni entre cinco sin que él sea el sexto. No se reúnen allí ni menos ni más[1008] sin que él esté con ellos en cualquier lugar que se hallen. Y luego, en el día de la resurrección, les recordará sus obras, pues tiene conocimiento de todo.

9.—¿No has advertido que esos a quienes se ha prohibido las conversaciones clandestinas, vuelven, sin embargo, a lo prohibido, y hablan entre sí de pecado, enemistad y desobediencia al profeta? Luego, cuando se presentan en su casa, te saludan en términos que Dios no te ha concedido[1009] y se dicen a sí mismos: ¿Por qué no nos castiga Dios por lo que decimos? *No te inquietes*. Los que les toca es la gehena; serán calentados a su fuego. ¡Qué detestable desenlace!

10.—¡Oh, creyentes! Cuando conversáis juntos, que el pecado, la enemistad y la desobediencia a las órdenes del profeta no sea el objeto de vuestras palabras; hablad de justicia y de temor de Dios; temed a Dios ante el cual seréis congregados todos.

1008   Es decir, sea en pequeño o en gran número.
1009   Literalmente: con palabras distintas de aquellas con que Dios te saluda. Los comentadores dicen que los hipócritas y los infieles, en lugar de saludar a Muhammad con estas palabras: *Es-selam aleika*, paz sobre ti, decían por elisión: *Es-san aleika*, desgracia sobre ti.

11.—Las conversaciones clandestinas provienen de Satán que quiere afligiros; pero no podría haceros ningún daño a no ser con el permiso de Dios. Que los creyentes pongan, pues, su confianza en Dios.

12.—¡Oh, creyentes! Cuando se os dice: Dejad sitio en vuestras reuniones[1010], dejad sitio, Dios os hará un sitio *inmenso en el paraíso*. Y cuando se os dice: Levantaos, levantaos, levantaos, Dios elevará a grados eminentes a los que hayan creído y hayan recibido la ciencia; pues Dios ve bien lo que hacéis.

13.—¡Oh, vosotros, los que creéis! Cuando vais a hablar al profeta en particular, antes de hacerlo dad alguna limosna, y eso os valdrá más y será más conveniente; pero si no tenéis los medios de hacerlo, Dios es indulgente y compasivo.

14.—¿Vacilaréis en hacer alguna limosna antes de hablar en particular con el profeta? Si no lo hacéis, lo cual os perdonará Dios, cumplid al menos la oración, pagad la limosna legal (el tributo) y obedeced a Dios y a su apóstol. Dios tiene noticia de lo que hacéis.

15.—¿No has fijado la atención en los que han tomado por amigo a ese pueblo contra el cual está irritado Dios?[1011] No son de su partido ni del vuestro; cuando hacen su juramento, lo hacen en falso y lo hacen a sabiendas.

16.—Dios les ha preparado un castigo terrible, pues sus obras son detestables.

17.—Se cubren con el manto de su *pretendida* fe y alejan a los demás del sendero de Dios; pero les espera un castigo ignominioso.

18.—Ni sus riquezas ni sus hijos les servirán de nada cerca de Dios; serán víctimas de un fuego eterno.

19.—El día en que Dios les resucite a todos, jurarán, como juran ante vosotros, *que creían*, y se imaginarán que esto les servirá de apoyo. ¡Oh! ¡Qué embusteros son!

20.—Satán se ha apoderado de ellos y les ha hecho perder el recuerdo de Dios. Forman el partido de Satán; el partido de Satán es el

1010   Es decir: en lugares públicos, o en las casas, dondequiera que se siente uno para conversar, haced sitio, apartaos.

1011   Por el pueblo contra el cual está Dios irritado, Muhammad entiende el pueblo judío. Véase *sura* primero, versículo 7.

perdido.

21.—Los que luchan contra Dios y el profeta, serán entregados al desprecio. Dios ha escrito *de antemano esta sentencia*: Yo tendré la victoria y mis enviados también. Dios es fuerte y poderoso.

22.—No veréis a ninguno de los que creen en Dios y en el día último amar al infiel que es rebelde a Dios y al profeta, aunque fuese su padre, un hijo, un hermano, un aliado. Dios ha grabado la fe en sus corazones, los inspira. Los introducirá en los jardines de las delicias, regados por corrientes de agua. Permanecerán allí eternamente. Dios está satisfecho de ellos y ellos de Dios; forman el partido de Dios; el partido de Dios es el que tiene que prosperar.

SURA LIX
LA EMIGRACIÓN[1012]

DADO EN MEDINA.—24 VERSÍCULOS
EN NOMBRE DEL DIOS CLEMENTE Y MISERICORDIOSO

1.—Todo lo que hay en los cielos y en la tierra canta las alabanzas de Dios. Es el Poderoso, el sabio.

2.—Él es el que ha hecho salir de sus moradas a los infieles entre las gentes de las escrituras. Es el principio de su EMIGRACIÓN. Vosotros no creíais que ellos saliesen y ellos pensaban que sus fortalezas les protegerían contra Dios. Pues bien, Dios les atacó del lado que menos esperaban y sembró el terror en sus corazones; derribarán sus casas con sus propias manos y con las manos de los creyentes. ¡Aprovechad este ejemplo, hombres dotados de inteligencia!

3.—Si Dios no hubiese escrito de antemano en sus sentencias su destierro, les habría castigado en este mundo. El suplicio del fuego les espera siempre en el otro.

4.—Y esto porque han roto con Dios y con su apóstol. Todo el que rompa con Dios, *que sepa que* Dios es terrible en sus castigos.

5.—Habéis cortado gran cantidad de sus palmeras y habéis dejado en pie un cierto número. Esto fue con el permiso de Dios, para apaciguar a los impíos.

6.—El botín que ha concedido al profeta no lo habéis disputado ni con vuestros camellos ni con vuestros caballos; Dios es el que da poder a sus enviados sobre quien le place. Es omnipotente[1013].

1012   La palabra *hachar* que sirve de inscripción a este *sura*, significa *reunión, conjunto,* y designa a veces el conjunto del género humano en el día de la resurrección. Quiere decir también *emigración*, y en este sentido se emplea aquí refiriéndose a los judíos de Nadhir (aldea situada a tres millas de Medina), que, por haber roto el tratado hecho con Muhammad, fueron atacados en sus fortalezas y expulsados de sus moradas. A raíz de esta derrota se dispersaron por Siria, Arabia, y fueron hasta Hira.

1013   Estando a poca distancia de Medina los judíos de Nadhir, la expedición se efectuó sin caballería ni camellos; por esta razón, en lugar de ser repartido el botín entre los combatientes, reservando los derechos del profeta, le es aquí asignado todo.

7.—Lo que Dios ha concedido a su enviado de los bienes y los habitantes *de diferentes* aldeas, pertenece a Dios y al profeta, a sus parientes, a los huérfanos, a los pobres y a los viajeros; nada debe volver a los ricos. Tomad lo que os da el profeta y absteneos de lo que os niega. Temed a Dios, pues es terrible en sus castigos.

8.—Pertenece una parte (*del botín*) a los pobres mohadjeres quehan sido expulsados de sus moradas y privados de sus bienes, que buscaban el favor de Dios y su satisfacción y que asisten a Dios y a su apóstol. Son hombres virtuosos.

9.—Los que estaban *siempre* en posesión de sus moradas y han abrazado la fe precedentemente[1014], que quieran a los hombres que se refugien en sus casas. Los corazones están exentos de toda codicia y no desean lo que toca a los demás; hasta les dan la preferencia en su generosidad, aunque la indigencia impere entre ellos. Los que previenen sus corazones contra la avaricia serán bienaventurados.

10.—Los que han venido después de ellos[1015] dicen: Señor, perdónanos como a nuestros hermanos que nos han precedido en la fe y no pongas en nuestros corazones malevolencia hacia los que creen. Señor, tú eres compasivo y misericordioso.

11.—¿No has visto a los hipócritas que dicen a sus hermanos[1016], a esos infieles entre las gentes de las escrituras: si se os expulsa, saldremos con vosotros; no obedeceremos jamás a nadie cuando se trate de vosotros; si os hacen la guerra, os asistiremos? Dios es testigo de que mienten.

12.—*No;* si se expulsa a esos, no saldrán con ellos; si se les hace la guerra, no les asistirán; si vienen *desde luego* en su auxilio, acabarán por volver la espalda y huir y no hallarán ellos mismo socorro.

13.—Vosotros, *musulmanes*, sembráis en sus corazones un terror mayor que Dios, y es porque no comprenden nada[1017].

1014   Los naturales de Medina.

1015   Es decir: Los que han abrazado el islamismo después de los otros.

1016   La palabra hermanos se emplea aquí en sentido figurado e irónico.

1017   El sentido de este versículo es: Los hipócritas deberían ante todo temer a Dios, seguir su ley y no hacer secretamente nada que le disguste; pero no lo temen. Más temen vuestras armas, por lo cual predican la huida a la menor demostración de vuestra parte.

14.—No os combatirán en masa más que en sus aldeas fortificadas o detrás de las murallas. Su violencia entre sí es extremada: tú los creerías unidos; no, sus corazones están divididos, porque es un pueblo insensato.

15.—Obran como los que les han precedido, y poco falta para que no hubiesen probado ya los malos frutos de sus acciones; les espera un suplicio doloroso.

16.—Obran como Satán, cuando dijo al hombre: sé incrédulo, y cuando el hombre se tornó incrédulo, exclamó: No tengo nada que ver en lo que haces, pues temo a Dios, dueño del universo.

17.—El fin de ambos es el fuego; allí permanecerán eternamente. Tal es la recompensa de los malvados.

18.—¡Oh, vosotros, los que creéis! Temed a Dios. Que toda alma vea bien lo que se prepara para el siguiente día. Temed a Dios, pues tiene noticia de vuestras acciones.

19.—No seáis como los que han olvidado a Dios y a quienes Dios ha conducido al olvido de sí mismos; esos son impíos.

20.—Los habitantes del fuego y los huéspedes del paraíso no pueden ser iguales. Estos serán bienaventurados.

21.—Si hubiésemos hecho descender este Corán sobre una montaña, la habrías visto hundirse y partirse en dos por el temor de Dios. Tales son las parábolas que proponemos a los hombres, a fin de que reflexionen.

22.—Él es ese Dios fuera del cual no hay Dios. Conoce lo visible y lo invisible. Es el Clemente, el Misericordioso.

23.—Él es ese Dios fuera del cual no hay Dios, el Rey, el Santo, el Salvador, el Fiel, el Guardián, el Fuerte, el Poderoso, el Elevadísimo. Gloria a Dios, y lejos de él lo que los hombres le asocian.

24.—Él es el Dios *único*, el Productor, el creador, el Formador[1018]. Le pertenecen los nombres más hermosos. Todo en los cielos y en la tierra celebra su gloria. Él es el Fuerte, el Sabio.

1018 Estas palabras son participios presentes de los verbos *crear, modelar, dar forma.*

SURA LX
LA PRUEBA[1019]

DADO EN MEDINA.—13 VERSÍCULOS
EN NOMBRE DEL DIOS CLEMENTE Y MISERICORDIOSO

1.—¡Oh, vosotros, los que creéis! No toméis por amigos a mis enemigos y a los vuestros. Les demostráis amistad después que ellos demostraban que no creían en la verdad que os ha sido revelada; os rechazan a vosotros y al profeta de su seno, porque creéis en Dios vuestro Señor. Cuando salís de vuestros hogares para la guerra santa, para combatir en una senda y obtener mi satisfacción, ¿les testimoniaréis amistad? Pero yo sé mejor lo que ocultáis y lo que exponéis a la luz del día, y cualquiera de vosotros que lo haga se aparta de la verdadera ruta[1020].

2.—Si os encontrasen solamente en cualquier parte, harían ver cuán hostiles os son, extenderían sobre vosotros sus brazos y sus lenguas para dañaros; desearían volveros *de nuevo* infieles.

3.—En el día de la resurrección ni vuestros parientes ni vuestros hijos os servirán de nada. Dios os separará a los unos de los otros; él ve vuestras acciones.

4.—Tenéis un ejemplo hermoso en Abrahán y en los que le seguían, cuando dijeron a sus conciudadanos: No tenemos nada en común con vosotros, somos inocentes *del culto* de las divinidades que adoráis al lado de Dios. Renegamos de vosotros, y la enemistad y el odio nacen

---

1019   La inscripción de este *sura* está tomada del versículo 10.

1020   Este versículo va dirigido sobre todo contra un musulmán llamado *Hateb ben Abs Baltaa*, que, sabiendo que se preparaba una expedición contra la Meca, dio parte de ello a los koreichitas. Muhammad interceptó su misiva e hizo a Hateb amargos reproches, a los cuales respondió este diciendo que su objeto no era hacer abortar la empresa, cosa imposible desde el momento que estaba decretada por Dios, sino obtener de parte de los idólatras algunas consideraciones para su familia que se hallaba en la Meca. Muhammad admitió la excusa de *Hateb*, pero se apresuró a publicar la revelación anterior.

entre nosotros para siempre, a no ser que creáis en el Dios único, a no ser que imitéis el lenguaje de Abrahán cuando dijo a su padre: Imploraré el perdón de Dios en tu favor, pero no podría obtener nada de él para ti[1021]. Señor, ponemos nuestra confianza en ti, volvemos a ti; el término de todo está en ti.

5.—Señor, no nos induzcas a tentación de los que no creen; perdónanos; tú eres poderoso y sabio.

6.—Tenéis un hermoso ejemplo en aquellos (*en Abrahán y en los suyos*); es un hermoso ejemplo para los que esperan en Dios y creen en el día último. Pero todo el que vuelve la espalda, *Dios puede pasar sin él*. Es el Rico, el Glorioso.

7.—Es posible que algún día establezca Dios entre vosotros y vuestros enemigos la benevolencia recíproca. Dios lo puede todo; es indulgente y misericordioso.

8.—Dios no os prohíbe ser buenos y equitativos con los que no han combatido contra vosotros a causa de vuestra religión y que no os han desterrado de vuestros hogares. Ellos aman a los que obran con equidad.

9.—Pero os prohíbe toda unión con los que os han combatido por causa de religión, que os han expulsado de vuestros hogares o que han ayudado a los otros a hacerlo. Los que los tomasen por amigos serían malvados.

10.—Cuando huyendo de la idolatría, unas mujeres creyentes vienen a vosotros, *ponedlas* A PRUEBA. Dios conoce muy bien su fe; pero vosotros probadlas, y si estáis seguros de que no son creyentes, no las dejéis volver al lado de los infieles; no es legítimo que ellas sean de ellos ni que ellos sean sus maridos; pero restituid lo que ellos les han dado (*su dote*). No hay crimen para vosotros en casaros con ellas, pero

---

1021   Dios vituperó a Abrahán por haber querido hablar a favor de su padre idólatra (*sura* IX, 115). Según una leyenda mahometana, Abrahán querrá interceder otra vez por su padre el día del juicio; pero en el momento en que quiera abrir la boca, una lagartija horrible se acercará a él, y Abrahán hará un movimiento de horror, golpeando a la lagartija con el pie y haciéndola caer en el infierno. Esta lagartija será su padre metamorfoseado. Abrahán cumplirá así los decretos de Dios sin faltar a la piedad filial.

aseguradles su dote. No tengáis a las mujeres infieles, pero pedid la restitución de lo que le habéis dado a título de dote, del mismo modo que los infieles os pedirán lo que hayan dado las suyas. Es un procedimiento que Dios establece entre vosotros; es sabio y prudente.

11.—¡Oh, vosotros, los que creéis! Si alguna de vuestras mujeres desapareciese para trasladarse a casa de los infieles y cogieseis un botín, restituid a aquellos cuyas mujeres hayan huido, una dote igual a la de la mujer que huyó.

12.—¡Oh, profeta! Si mujeres fieles prestan juramento de fidelidad entre tus manos y se comprometen a no asociar otras divinidades a Dios, a no robar, a no cometer adulterio, a no matar a sus hijos, a no decir cosas calumniosas, a no desobedecerte en nada de lo que es bueno, acoge su pacto e implora el perdón de Dios para ellas. Es indulgente y misericordioso[1022].

13.—¡Oh, creyentes! No tengáis ningún comercio con aquellos contra quienes Dios está irritado; desesperan de la vida futura, como han desesperado los infieles de los que están en las tumbas.

1022   Este versículo contiene lo que los mahometanos llaman *el juramento de las mujeres.* Los hombres prestaban juramento según la misma fórmula antes de la hégira (huida de la Meca) y antes de que Muhammad hubiese insertado en ella la obligación de asistirle en la guerra contra los idólatras. El juramento en cuestión, como todo contrato, se hacía entre los árabes dando la mano a la persona con quien se trataba. Después de Muhammad, se reconocía la autoridad del califa presentándole la mano.

SURA LXI
ORDEN DE BATALLA[1023]

DADO EN MEDINA.—14 VERSÍCULOS
EN NOMBRE DEL DIOS CLEMENTE Y MISERICORDIOSO

1.—Todo lo que hay en los cielos y en la tierra canta las alabanzas de Dios. Es el Poderoso, el Prudente.

2.—¡Oh, creyentes! ¿Por qué decís lo que no hacéis?[1024]

3.—Grande es el odio de Dios contra los que dicen lo que no hacen.

4.—Ama a los que combaten en ORDEN en su senda y que son firmes como un edificio sólido.

5.—Moisés decía a su pueblo: ¡Oh, pueblo mío! ¿Por qué me causáis pena? Yo soy el apóstol de Dios, enviado hacia vosotros, como lo sabéis muy bien. Pero cuando se desviaron de la senda recta, Dios hizo desviar sus corazones, pues Dios no dirige a los transgresores.

6.—Jesús, hijo de María, decía *a su pueblo*: ¡Oh, hijos de Israel! Yo soy el apóstol de Dios, enviado hacia vosotros para confirmar el Pentateuco que os ha sido dado antes de mí, y para anunciaros la venida de un apóstol después de mí, cuyo nombre será Ahmed[1025]. Y cuando él (Jesús) les hizo ver signos evidentes, decían: Eso es magia manifiesta.

1023   El título de este *sura* está tomado del versículo 4.

1024   Los musulmanes decían entre sí: «si supiésemos cuál es la obra más grata a Dios, la cumpliríamos a costa de nuestros bienes y de nuestras personas.» Dios hizo a Muhammad la revelación de que ama a los que luchan por la fe; habiendo manifestado los musulmanes poco celo para tomar parte en la batalla de Ohod, a Muhammad le fue revelado este versículo.

1025   Muhammad tiene varios nombres entre los musulmanes; aparte de los epítetos que responden a alguna virtud o a alguna cualidad y cuyo número asciende a unos cien, es llamado *Ahmed*, el glorioso; *Mustafa*, el elegido; *Mamud*, el glorificado, etc. Nosotros le llamamos Muhammad, de *Mohamed*, el glorificado: esta palabra tiene la misma raíz y el mismo sentido que Ahmed, que a su vez responde a la voz griega Períclitos, el glorioso. Los mahometanos pretenden que Jesucristo predijo la venida de Muhammad, Ahmed, del *Períclitos* (Evangelio de Juan, XVI, 17), y que el Paráclito (*Paracletos*) que se aplica a la venida del espíritu santo no es más que una alteración del Períclitos, imaginado por la mala fe de los cristianos.

7.—¿Y quién es más impío que el que forja una mentira por cuenta de Dios, mientras que se le llama al islamismo (*a resignarse a la voluntad de Dios*)? Dios no dirige a los malvados.

8.—Querrían con su aliento extinguir la luz de Dios, mientras que Dios añade a su luz (*a la luz que da*), aunque los infieles sintiesen despecho.

9.—Él es el que ha dado a su apóstol la dirección y la verdadera religión, para elevarle por encima de todos los demás, aunque los idólatras sintiesen despecho.

10.—¡Oh, creyentes! ¿Os haré conocer un capital capaz de libraros de los tormentos del infierno?

11.—Creed en Dios y en su apóstol, combatid en el sendero de Dios, haced el sacrificio de vuestros bienes y de vuestras personas; esto os será más ventajoso, si lo comprendéis.

12.—Dios os perdonará vuestras ofensas, os introducirá en los jardines regados por corrientes de agua, en las encantadoras habitaciones de los jardines de Edén; ¡es una dicha inmensa!

13.—Os concederá además otros bienes que deseáis, la asistencia de Dios y la victoria inmediata. Anuncia a los creyentes felices nuevas.

14.—¡Oh, creyentes! Sed las ayunas de Dios, como Jesús, hijo de María, dijo a sus discípulos: ¿Quién me asistirá en la causa de Dios? Así es cómo ha creído una porción de los hijos de Israel y cómo la otra no ha creído. Pero hemos dado a los creyentes fuerza contra sus enemigos, y han obtenido la victoria.

SURA LXII
LA ASAMBLEA

DADO EN MEDINA.—11 VERSÍCULOS
EN NOMBRE DEL DIOS CLEMENTE Y MISERICORDIOSO

1.—Todo lo que hay en los cielos y en la tierra canta las alabanzas de Dios, el Rey, el santo, el Poderoso, el Prudente.

2.—Él es el que ha suscitado en medio de los hombres iletrados un apóstol tomado entre ellos, a fin de que les vuelva a decir los milagros del Señor, a fin de que les hiciese más puros, les enseñase el libro y la sabiduría, a los que estaban poco antes en un extravío manifiesto.

3.—Hay entre ellos otros que no se han unido a los primeros en la fe. Dios es poderoso y prudente.

4.—Es un favor de Dios; lo concede a quien quiere; Dios está lleno de inmensa bondad.

5.—Aquellos a quienes se ha encargado del Pentateuco y que no lo llevan (que no lo observan) se parecen al asno que lleva libros. Se semejan a algo vil los hombres que tratan de mentira los signos de Dios. Dios no guiará a los impíos.

6.—Di: ¡Oh, judíos! Si os imagináis ser los aliados de Dios con exclusión de todos los hombres, desead la muerte, si decís la verdad.

7.—No, no la desearán jamás, a causa de sus obras; pues Dios conoce a los malvados.

8.—Diles: La muerte que teméis os sorprenderá algún día. Seréis conducidos ante aquel que conoce las cosas visibles e invisibles; os recordará vuestras obras.

9.—¡Oh, creyentes! Cuando se os llama a la oración del día de la asamblea[1026] apresuraos a ocuparos de Dios. Abandonad los asuntos del negocio; eso os será más ventajoso. ¡Si supieseis!

1026   Esta plegaria ha pasado a ser la principal de la semana; es la del viernes, llamado por esta razón *día de la asamblea*.

10.—Cuando la oración ha acabado, id adonde queráis y buscad los dones del favor divino[1027]. Pensad a veces en Dios y seréis felices.

11.—*Pero ellos proceden de distinto modo.* Que vean solamente alguna venta o alguna diversión y se dispersan y te dejan ahí solo[1028]. Diles: Lo que Dios reserva vale más que el comercio y la diversión. Dios es el mejor dispensador de subsistencias.

1027 Es decir: dedicaos a los negocios que os reportan ganancias.
1028 Ocurrió que un viernes en que Muhammad predicaba al pueblo se oyó el tambor anunciando una venta, y, a excepción de doce individuos, todo el mundo abandonó la mezquita.

SURA LXIII
LOS HIPÓCRITAS

DADO EN MEDINA.—11 VERSÍCULOS
EN NOMBRE DEL DIOS CLEMENTE Y MISERICORDIOSO

1.—Cuando los hipócritas vienen a tu casa dicen: Atestiguamos que tú eres el enviado de Dios. Dios sabe bien que tú eres su apóstol y es testigo de que los hipócritas mienten.

2.—Toman su juramento por manto[1029] y apartan a los otros del sendero de Dios. ¡Qué detestable conducta la suya!

3.—En un principio han creído y luego volvieron a la incredulidad. El sello ha sido puesto en su corazón; no comprenden nada.

4.—Cuando tú los ves, su exterior te agrada; cuando hablan, los escuchas con gusto; son como hombres apoyados contra el muro[1030], que oyen un grito y creen que es contra ellos[1031]. Son tus enemigos. Evítalos. ¡Que Dios les haga la guerra! ¡Qué falsos son!

5.—Cuando se les dice: Venid, el apóstol de Dios implorará a Dios para vosotros, apartan sus caras y se alejan por desprecio.

6.—Poco les importa que tú implores perdón para ellos o no. Dios no les perdonará, pues Dios no dirige a los perversos por la senda recta.

7.—Ellos son los que dicen a los de Medina: No deis nada a los que están con el profeta y estarán obligados a abandonarte. Los tesoros de los cielos y de la tierra pertenecen a Dios; pero los hipócritas no entienden nada.

8.—Dicen: Si volviésemos a la villa (*a Medina*), el más fuerte expul-

---

1029   Para librarse de la muerte, de la venganza, de la enemistad de los fieles. En lugar de *jaimanahon*, su juramento, se lee *imanahom*, su fe, es decir, su profesión de fe.

1030   Esta comparación se aplica a algunos árabes, hombres hermosos, distinguidos por sus maneras, buenos decidores, que concurrían a las reuniones de los musulmanes, pero únicamente para burlarse luego de lo que allí ocurría.

1031   La palabra que traducimos aquí por grito, es *saikat*, de la cual se sirve siempre el Corán cuando habla del grito salido del cielo como señal del exterminio de los malvados.

saría al más débil. La fuerza pertenece a Dios; está con su apóstol, con los creyentes; pero los hipócritas no saben nada.

9.—¡Oh, creyentes! Que vuestras riquezas y vuestros hijos no os alejen del recuerdo de Dios; los que lo hiciesen, pasarían a ser verdaderamente desgraciados.

10.—Haz limosnas con los bienes que os hemos concedido, antes de que os sorprenda la muerte *en ese momento* en que el hombre dirá: Señor, si me hubieses concedido únicamente un corto plazo, habría hecho larguezas, habría sido del número de los justos.

11.—Dios no da dilación a una alma cuya hora ha llegado. Conoce vuestras acciones.

SURA LXIV
DECEPCIÓN MUTUA[1032]

DADO EN LA MECA.—18 VERSÍCULOS
EN NOMBRE DEL DIOS CLEMENTE Y MISERICORDIOSO

1.—Todo lo que hay en los cielos y en la tierra canta las alabanzas de Dios. A él pertenece el poder, a él pertenece la gloria; él solo lo puede todo.

2.—Él es el que os ha creado. Algunos de vosotros sois infieles, otros creyentes. Dios ve lo que hacéis.

3.—Él ha creado los cielos y la tierra en toda verdad[1033]; os ha formado, os ha dado las más bellas formas, y todos volveréis a él.

4.—Conoce todo lo que pasa en los cielos y la tierra; conoce lo que ocultáis y lo que exponéis a la luz del día. Dios conoce lo que encierran los corazones.

5.—¿Habéis oído la historia de los incrédulos de los tiempos antiguos? Sufrieron su duro destino[1034], y un castigo doloroso será su parte.

6.—Pues cuando llegaron a entre ellos unos apóstoles acompañados de signos evidentes, decían: ¡Un hombre *como nosotros* nos va a enseñar la senda! Y no creían y volvían la espalda a las advertencias. Dios puede pasar muy bien sin ellos; es rico y está lleno de gloria.

7.—Los infieles pretenden que no serán resucitados. Diles: Dios os resucitará y os dirá lo que habéis hecho. Esto le será fácil.

8.—Creed en Dios y en su apóstol y en la luz que Dios os ha enviado. Dios tiene conocimiento de todas vuestras acciones.

9.—El día en que os reúna para la gran jornada de la unión, ese día

1032   El día de la decepción mutua es el día del juicio final, en que los justos y los malvados están reputados de suplantarse recíprocamente; pues si los justos hubiesen sido malos, habrían ocupado el lugar de los réprobos, y estos estarían en posesión del paraíso si hubiesen sido justos.

1033   Esta expresión, que aparece a menudo en el Corán, quiere decir que Dios ha creado todas las cosas con seriedad y no por diversión.

1034   Literalmente: Han probado la pesadez de su negocio.

será la DECEPCIÓN MUTUA. El que haya creído en Dios y hecho bien, obtendrá el perdón de sus pecados. Será introducido en los jardines bañados por corrientes de agua. Esos hombres permanecerán allí eternamente. Será una dicha inmensa.

10.—Los incrédulos, los que trataron nuestros signos de mentira, serán entregados al fuego y permanecerán en él eternamente. ¡Qué detestable viaje!

11.—Ninguna desgracia alcanza al hombre sin el permiso de Dios. Dios dirigirá el corazón del que crea en él. Dios lo ve todo.

12.—Obedeced a Dios, escuchad a su apóstol; pero si volvéis la espalda, *nuestro enviado no será culpable*; él solo está encargado de predicar públicamente.

13.—Dios. No hay más Dios que él; que los creyentes pongan, pues, su confianza en Dios.

14.—¡Oh, vosotros, los que creéis! Tenéis enemigos en vuestras esposas y en vuestros hijos. Si perdonáis, si seguís adelante, sabed que Dios es indulgente y misericordioso[1035].

15.—Vuestras riquezas y vuestros hijos son vuestra tentación, mientras que Dios reserva una magnífica recompensa.

16.—Temed a Dios con todas vuestras fuerzas, y escuchad, obedeced y haced limosna, en vuestro interés propio.

17.—Si hacéis a Dios un préstamo generoso, os pagará el doble; os perdonará, pues es agradecido y está lleno de longanimidad.

18.—Conoce las cosas visibles y las invisibles. Es el Poderoso, el sabio.

1035   El sentido de este versículo es: Vuestras mujeres y vuestros hijos os apartan a veces de vuestros deberes; por procurarles vuestros cuidados, abandonáis a veces la causa de Dios, la guerra santa. Sin embargo, si os hacen sufrir por exceso de afecto, perdonadles, etc.

SURA LXV
EL DIVORCIO

DADO EN LA MECA.—12 VERSÍCULOS
EN NOMBRE DEL DIOS CLEMENTE Y MISERICORDIOSO

1.—¡Oh, profeta! No repudiéis a vuestras mujeres hasta el término señalado[1036]; contad los días exactamente. Antes de este tiempo no podéis ni expulsarlas de vuestras casas, ni dejarlas salir de ellas, a no ser que hayan cometido un adulterio probado. Tales son los preceptos de Dios; el que falta a ellos se pierde. No sabéis si Dios hará surgir alguna circunstancia *que os reconcilie con ellas*.

2.—Cuando haya esperado el término prescrito, podéis retenerlas con benevolencia o separaros de ellas con benevolencia. Llamad testigos equitativos, escogidos entre vosotros; que el testimonio sea hecho ante Dios. He aquí lo que está prescrito a los que creen en él, así como en el día del juicio. Dios procurará al que le teme una salida favorable y le nutrirá con los dones que él no se imaginaba.

3.—Dios bastará al que pone su confianza en él. Dios conduce sus sentencias a buen fin. Dios ha asignado un término a todas las cosas.

4.—En cuanto a las mujeres que no esperan ya (*a causa de su edad*) tener sus reglas, aunque no estéis seguros de ello, el término es también de tres meses; lo mismo está prescrito para las que no han tenido aún su mes; para las mujeres en cinta, esperad a que hayan dado a luz. Dios allanará estas dificultades al que le teme.

5.—Tal es la orden que Dios os ha enviado. Dios borrará los pecados de los que le temen y aumentará su recompensa.

6.—Alojad a la mujeres que habéis repudiado donde os alojéis vosotros mismos y según los medios que poseáis; no les causéis pena poniéndolas demasiado oprimidas. Cuidad de las que estén en cinta y atended a sus necesidades hasta que hayan dado a luz; si amamantan a

---

1036   Es decir, cuando hayan tenido tres veces sus reglas, a fin de asegurarse de que no están embarazadas.

vuestros hijos, dadles una recompensa; consultaos sobre esto y obrad generosamente. Si se hallan obstáculos, que otra mujer amamante al niño.

7.—Que el hombre acomodado, dé según su posición; que el hombre que no tiene más que lo estricto, dé en proporción de lo que ha recibido de Dios. Dios no impone más que cargas proporcionadas a las fuerzas de cada cual. Hará suceder la holgura a la escasez.

8.—Cuantas villas se han apartado de los preceptos de Dios y de sus apóstoles les hemos hecho rendir una cuenta rigurosa y les hemos aplicado un rudo castigo.

9.—Han sufrido su duro destino y su fin ha sido su ruina.

10.—Dios les reserva castigos crueles. Temed al Señor, ¡oh, hombres dotados de sentido!

11.—A los que creen, Dios les ha enviado una advertencia, un profeta que les recita las enseñanzas evidentes para hacer salir a los creyentes y a los justos de las tinieblas a la luz. Dios introducirá a los creyentes y a los justos en los jardines bañados por corrientes de agua; permanecerán allí eternamente. ¡Qué parte más hermosa reserva Dios al justo!

12.—Dios es quien ha creado los siete cielos y otras tantas tierras; las sentencias de Dios descienden a ellas a fin de que sepáis que es omnipotente y que su ciencia lo abarca todo.

SURA LXVI
LA PROHIBICIÓN

DADO EN MEDINA.—12 VERSÍCULOS
EN NOMBRE DEL DIOS CLEMENTE Y MISERICORDIOSO

1.—¡Oh, profeta! ¿Por qué prohíbes lo que Dios ha permitido?[1037] Tú buscas la satisfacción de tus mujeres. El Señor es indulgente y misericordioso.

2.—Dios os ha permitido desatar vuestros juramentos; es vuestro patrono. Es el Sabio, el Prudente.

3.—Un día el profeta comunicó cierto secreto a una de sus mujeres, y esta lo comunicó a otra[1038]; Dios lo hizo saber al profeta[1039], que, a su vez, hizo conocer una parte de esta revelación y se calló acerca de la otra, y cuando el *profeta* lo hizo conocer a esta mujer, le preguntó: ¿Quién te ha dicho todo esto?—Fue el sabio, el instruido, respondió el *profeta*.

4.—Si volvéis a Dios (*si os arrepentís*), pues vuestros corazones (*de*

1037 Véase con qué motivo fue revelado el primer versículo de este *sura*. Sabido es que Muhammad tenía varias mujeres a la vez y pasaba alternativamente la noche con cada una de ellas. Ocurrió que una noche, reservada a *Hafsa*, se acostó con María la *Cofta*, la cual le había sido enviada por *Mokawkas*, gobernador de Egipto. Esta conducta ofendió en grado sumo a *Hafsa*, y le dirigió al profeta tan duros reproches, que Muhammad le juró romper por completo con María para calmar a aquella. La revelación contenida en este versículo tiene por objeto librar a Muhammad del juramento que había hecho a la ligera, sobre todo cuando, en revelaciones anteriores, Dios había concedido a los maridos una gran latitud en sus relaciones con sus mujeres.

1038 *Hafsa* debió contar la aventura a *Aicha*, otra mujer de Muhammad, con la cual tenía gran amistad.

1039 Muhammad reprochó a Hafsa el no haber guardado silencio acerca de lo que había ocurrido y el habérselo contado a *Aicha*, y cuando *Hafsa*, admirada de verse a su vez vendida, preguntó al profeta quién había podido darle cuenta de su indiscreción, Muhammad le respondió que el mismo Dios. En realidad, lo había adivinado por la conducta de *Aicha* para con él.

Hafsa y Aicha) se han torcido, *Dios os perdonará*; pero si os unís ambas contra el profeta, *sabed que* Dios es su patrono, y que Gabriel y todo hombre justo entre los creyentes y los ángeles, le prestarán asistencia.

5.—Si os repudia, Dios puede darle esposas mejores que vosotras; mujeres musulmanas y creyentes[1040], piadosas, que gustan de arrepentirse, sumisas, que observan el ayuno, tanto mujeres casadas como vírgenes.

6.—¡Oh, vosotros, los que creéis! Salvad a vuestras familias y a vosotros mismos del fuego, cuyo alimento será los hombres y las piedras[1041]. Encima *se cernirán* ángeles duros y terribles que no son rebeldes a las órdenes de Dios, y que ejecutan lo que él les ordena.

7.—¡Oh, infieles! No recurráis hoy a vanas excusas. Seréis recompensados según vuestras obras.

8.—¡Oh, creyentes! Arrepentíos con un arrepentimiento realmente sincero; tal vez Dios borrará vuestros pecados y os introducirá en los jardines regados por corrientes de agua, el día en que no cubra de vergüenza al profeta y a los que le han seguido. La luz correrá ante ellos a su derecha[1042]. Dirán: Señor, haz perfecta esta luz y perdónanos nuestros pecados, pues eres omnipotente.

9.—¡Oh, profeta! Haz la guerra a los infieles y a los hipócritas; sé severo con ellos. La gehena será su morada. ¡Qué detestable mansión!

10.—Dios propone como ejemplo a los infieles la mujer de Noé y de Loth; estaban bajo el imperio de dos hombres justos de entre sus servidores; ambas han sido pérfidas con sus maridos; pero esto no les sirvió de nada contra Dios. Se les ha dicho: Entrad en el fuego con los que entran.

11.—En cuanto a los creyentes, Dios les propone por modelo a la mujer de Faraón[1043]. Señor, exclamó ella, constrúyeme una casa en tu

---

1040   En árabe, *mouslimat, mouminat*. Sobre el diferente sentido de estas dos palabras, véase *sura* II, 106, nota.

1041   Las estatuas de piedra son las falsas divinidades.

1042   Véase *sura* LVII, 12 y 18.

1043   El hombre de la mujer de Faraón, de quien se trata aquí, es, según los mahometanos, Asia. Muhammad acostumbraba decir que no había más que cuatro mujeres perfectas: Asia, mujer de Faraón; María, madre de Jesús; Kadija, primera

casa, en el paraíso, y líbrame de Faraón y de sus obras; líbrame de los malos.

12.—Y a María, hija de Imrán, que conservó su virginidad, le inspiramos una parte de nuestro espíritu[1044]. Creyó en las palabras del Señor, en sus libros, y era del número de las personas piadosas.

---

mujer de Muhammad, y Fátima, su hija, casada con Alí.

1044   Literalmente: et Maria, filia Imrani, qual rimam suma tuita est, in quam (rimam) inflavimus spiritus nostri partem.

SURA LXVII
EL IMPERIO

DADO EN LA MECA.—30 VERSÍCULOS
EN NOMBRE DEL DIOS CLEMENTE Y MISERICORDIOSO

1.—Bendito sea aquel en cuya mano está EL IMPERIO y que es omnipotente.

2.—Él es el que ha creado la muerte y la vida para ver quién de vosotros obraba mejor. Es el Poderoso, el indulgente.

3.—Él ha formado los siete cielos colocados unos sobre otros. No hallarás ninguna imperfección en la creación del Misericordioso. Levanta los ojos hacia el firmamento; ¿ves en él una sola hendedura?

4.—Levántalos dos veces más, y tus miradas volverán a ti frustradas y fatigadas[1045].

5.—Hemos ornado el cielo más inmediato a este mundo, de antorchas; las hemos colocado en él a fin de rechazar a los demonios[1046], para los cuales hemos preparado los braseros del infierno.

6.—Los que no creen en Dios recibirán el castigo de la gehena. ¡Qué horrible mansión!

7.—Cuando sean precipitados en ella, te oirán rugir, y el fuego arderá con fuerza.

8.—Poco falta para que el infierno estalle de furor: siempre que se precipite en él a una multitud de infieles, los guardianes del infierno les gritarán: ¿No había ido a predicaros ningún apóstol?

9.—Sí, responderán; apareció un apóstol en medio de nosotros; pero le hemos tratado de impostor, le hemos dicho: Dios no te ha revelado nada. Estáis en un torpe error.

10.—Dirán: Si hubiésemos escuchado, si hubiésemos reflexionado, no seríamos arrojados en este brasero.

1045   Frustradas por haber buscado en vano una falta, y cansadas por el esfuerzo.
1046   La lluvia de estrellas son los dardos que lanzan los guardianes del cielo contra los demonios que quieren escuchar y ver lo que allí pasa.

11.—Harán la confesión de sus crímenes. ¡Lejos de aquí, oh vosotros, habitantes del infierno!

12.—Los que temen a su Señor en el fondo de su corazón obtendrán el perdón de sus pecados y una recompensa generosa.

13.—Comunicad vuestras palabras en secreto o entregadlos a todos. Dios conoce lo que los corazones encierran. Dios conoce lo que encierran los corazones.

14.—¿Y cómo no lo ha de conocer el que lo ha creado *todo*, el Sutil (*que lo penetra todo*), el Instruido?

15.—Él es el que os ha allanado la tierra. Caminad a través de sus playas y alimentaos con lo que Dios os concede. Seréis resucitados *para volver* hacia él.

16.—¿Estáis seguros de que el que está en los cielos no abrirá la tierra a vuestro paso? Ya tiembla.

17.—¿Estáis seguros de que el que está en los cielos no enviará contra vosotros un huracán que lance piedras? Entonces sabréis lo que son mis advertencias.

18.—Otros pueblos anteriores acusaban a sus profetas de mentira. ¡Qué terrible fue mi ira!

19.—¿No ven a los pájaros sobre sus cabezas desplegar y recoger sus alas? ¿Quién los sostiene en los aires, más que el Misericordioso? Lo ve todo.

20.—¿Quién es el que puede sustituir a un ejército y socorreros contra el Misericordioso? En verdad, los infieles están en una ceguera.

21.—¿Quién es el que os dará el alimento si Dios lo retiene? Y, sin embargo, persisten en su maldad y huyen de la verdad.

22.—El hombre que se arrastra labrando la tierra con su frente ¿va mejor guiado que el que camina derecho por el sendero recto?

23.—Di: Es él el que os ha creado, el que os ha dado oído, vista y corazones *capaces de sentir*. ¡Pocos hombres le dan acciones de gracias!

24.—Di: Él es el que os ha diseminado por la tierra y el que os reunirá algún día.

25.—¿Cuándo se cumplirán, pues, esas amenazas? Preguntan; decidlo, si sois verídicos.

26.—Responde: Dios solo tiene conocimiento de ello; yo no soy más que un amonestador *encargado de advertir* abiertamente.

27.—Pero cuando vean el castigo cerca, sus caras se nublarán. Se les dirá: He aquí lo que preguntabais.

28.—Di: ¿Qué os parece? Ora que Dios me haga morir a mí y a los que me siguen, ora que tenga piedad de nosotros, ¿quién protegerá a los infieles contra el castigo terrible?

29.—Di: Él es el Misericordioso; creemos en él y ponemos en él nuestra confianza. Algún día sabréis quién está en el error.

30.—Di: ¿Qué os parece? Si mañana absorbe la tierra todas las aguas, ¿quién hará brotar agua corriente y límpida?

SURA LXVIII
LA PLUMA

DADO EN LA MECA.—52 VERSÍCULOS
EN NOMBRE DEL DIOS CLEMENTE Y MISERICORDIOSO

1.—NUN[1047]. *Lo juro* por LA PLUMA y por lo que ellos (*los hombres*) escriben.

2.—Tú no eres, ¡oh, *Muhammad!,* por la gracia de tu Señor, un poseído.

3.—Te está reservada una perfecta recompensa[1048].

4.—Eres de un carácter elevado.

5.—Tú verás, y ellos (*los infieles*) verán

6.—Cuál de vosotros está atacado de demencia.

7.—Dios sabe muy bien quién se extravía y conoce perfectamente a los que siguen el camino recto.

8.—No obedezcas a los que tratan las *revelaciones* de mentiras.

9.—Querrían que los tratases con dulzura; entonces te tratarían con dulzura.

10.—Pero tú no escuches al que jura a cada paso[1049] y que es despreciable.

11.—No escuches al calumniador que va diciendo mal de los demás,

12.—Que impide el bien; al trasgresor, al criminal,

13.—Cruel y de nacimiento impuro,

14.—Aunque tuviese riquezas y muchos hijos.

15.—A ese hombre que al oír la lectura de nuestros versículos, dice: Son cuentos de los antiguos,

16.—Le imprimiremos una marca en la nariz.

1047   Véase *sura* II, 1, nota.
1048   Literalmente: un salario o una recompensa que te reprocharán.
1049   Gran hacedor de juramentos, que jura por lo que es verdadero y por lo que es falso.

17.—Les hemos probado (*a los de la Meca*), como habíamos probado en otro tiempo a esos poseedores del jardín cuando juraron que cogerían los frutos a la mañana siguiente[1050] (*de madrugada*).

18.—Juraron sin ninguna restricción[1051].

19.—Una calamidad nocturna acaeció mientras ellos dormían.

20.—Al siguiente día por la mañana, el jardín fue destruido como si se hubiese cortado todo.

21.—Por la mañana se llamaban unos a otros.

22.—Id con el día a vuestro campo, si queréis cortar (*coger*) vuestros dátiles.

23.—Se iban hablándose al oído.

24.—Que hoy, *al menos*, ni un solo pobre entre en vuestro jardín[1052].

25.—Fueron allí con el día, muy decididos *a no dar nada*.

26.—Y cuando vieron en lo que se había convertido el jardín, exclamaron: estábamos en el error.

27.—Henos frustrados en nuestra esperanza.

28.—El más razonable de ellos les dijo: No os he repetido: ¿Por qué no pensáis en Dios?

29.—¡Loa a Dios! Respondieron, hemos cometido una iniquidad.

30.—Y se pusieron a criticarse unos a otros.

31.—¡Desgraciados de nosotros!, éramos malvados.

32.—Tal vez Dios nos dará en cambio otro jardín mejor que este: deseamos ardientemente la gracia de Dios.

33.—Tal ha sido nuestro castigo; pero el suplicio del otro mundo será terrible. ¡Ah! ¡Si lo supiesen!

1050   Un hombre piadoso poseía un jardín plantado de palmeras; acostumbraba advertir a los pobres de su lugar del día en que cogería los dátiles; los frutos que caían fuera del paño extendido bajo el árbol, los que el viento derribaba o los que no alcanzaba el cuchillo, eran para los pobres. Después de muerto él, sus hijos, menos caritativos, decidieron no avisar a los pobres y coger los dátiles de madrugada. Pero durante la noche, una tormenta destruyó su jardín y no dejó rastro de él.

1051   Es decir: Juraron que harían al día siguiente la recolección, sin añadir: *Si Dios quiere*.

1052   Hemos advertido en otro lugar (*sura* XVIII, 18, nota) esta particularidad de la fraseología árabe, según la cual la persona que forma parte de una tropa, en lugar de servirse del pronombre *nosotros*, emplea *vosotros*, hablando de sus compañeros.

34.—Los jardines de delicias esperan a los hombres que temen a Dios.

35.—¿Trataremos igualmente a los que se resignan a la voluntad de Dios (*los musulmanes*) y a los culpables?

36.—¿Qué tenéis para juzgar así?

37.—¿Tenéis alguna pieza escrita, o leéis

38.—Que obtendréis lo que queráis?

39.—¿Habéis recibido de nosotros un juramento que nos obligue para siempre y hasta el día de la resurrección a procuraros lo que juzguéis a propósito de tener?

40.—Pregúntales: ¿Quién de vosotros sale garante de ello?

41.—¿Tienen compañeros? Que los traigan, si dicen la verdad.

42.—El día que estén las piernas desnudas[1053] se les llamará adoración; pero no tendrán las fuerzas necesarias.

43.—Con la vista baja y las caras cubiertas de vergüenza, se les llamaba a la adoración en tanto que estaban sanos y salvos, *y ellos acudían.*

44.—No me hables, pues, ya a favor de los que acusan este libro de mentira. Los conduciremos por grados a su pérdida sin que sepan *por qué vías.*

45.—Les concederé un largo plazo, pues mi estrategia es sólida[1054].

46.—¿Les pedirás una recompensa por tu misión? ¡Pero si están agobiados de deudas!

47.—¿Tienen conocimiento de las cosas ocultas? ¿Las transcriben del libro de Dios?

48.—Espera, pues, con paciencia el juicio de tu Señor y no seas como el hombre del pescado[1055], que, sofocado *por la ira*, gritaba a Dios.

49.—Si el favor de tu Señor no le hubiese embarazado, habría sido arrojado a la costa árida, cubierto de vituperio.

1053 Es decir: el día en que se prepare para un asunto grave, que es el juicio final.

1054 No será menos eficaz después de un largo plazo.

1055 Se trata aquí del profeta Jonás, devorado por una ballena. Traducimos aquí la palabra *hut* del texto, por *pez*, nombre genérico de todo pez grande; los árabes no conocían la clasificación de los naturalistas que incluyen a la ballena entre los mamíferos cetáceos, etc. Por lo demás, es inútil discutir aquí la cuestión de saber si podía hallarse un cetáceo en las aguas del Tigris.

50.—Pero Dios lo había tomado por elegido y le ha hecho justo.

51.—Poco falta para que los infieles no te conmuevan con sus miradas, cuando oyen *recitar* el Corán, y que no digan: Es un poseído.

52.—No, esto (*el Corán*) no es más que una advertencia para el universo.

SURA LXIX
EL DÍA INEVITABLE

DADO EN LA MECA.—52 VERSÍCULOS
EN NOMBRE DEL DIOS CLEMENTE Y MISERICORDIOSO

1.—EL DÍA INEVITABLE.

2.—¿Qué es el día inevitable?

3.—¿Quién te hará comprender lo que es el día inevitable?

4.—Temud y Ad trataron de mentira el día de la decisión[1056].

5.—Temud ha sido destruido por un grito terrible *partido del cielo.*

6.—Ad ha sido destruido por un huracán furioso, impetuoso.

7.—Dios se ha servido de él contra ellos[1057] durante siete noches y ocho días consecutivos: habrías visto entonces a ese pueblo derribado como pedazos de palmera hueca.

8.—¿Has visto una sola alma escapar *de la destrucción?*

9.—Faraón, los pueblos que han vivido antes que él, y las villas destruidas[1058] habían cometido pecados,

10.—Habían desobedecido al enviado de Dios, y Dios les castigó con usura[1059].

11.—Cuando las aguas desbordaron (*durante el diluvio*) os llevamos en un buque,

12.—A fin de que este *acontecimiento*[1060] os sirviese de advertencia y que el oído atento guardase su recuerdo.

13.—Cuando se toque la trompeta por primera vez,

1056 *Elkari'at* quiere decir *suerte*, y se dice también de todo acontecimiento mayor y del día del juicio final.

1057 Literalmente: Dios se ha sometido el grito terrible del cielo y el huracán para emplearlo contra Ad y Temud.

1058 Las villas aniquiladas, *almotefikad*, son las cinco villas situadas en el mar Muerto: Sodoma, Gomorra, etc.

1059 Literalmente: con un castigo superabundante.

1060 Es decir, a fin de que la destrucción de los unos y la libertad de los otros sea una advertencia.

14.—Cuando la tierra y las montañas sean llevadas por los aires y las unas como las otras machacadas de un solo golpe,

15.—Ese día acaecerá el *acontecimiento*[1061].

16.—El cielo se hendirá ese día y caerá en pedazos,

17.—Y los ángeles se mantendrán a su lado (*al lado del cielo*); ese día ocho ángeles llevarán el trono de tu Señor[1062];

18.—Ese día seréis conducidos ante Dios, y ninguna de vuestras acciones secretas estará oculta.

19.—Aquel a quien se dé su libro en la mano diestra, dirá: Tened, leedme mi libro.

20.—Siempre pensaba que me sería preciso dar rienda cuenta algún día.

21.—Ese hombre gozará de una vida agradable

22.—En el jardín elevado,

23.—Cuyos frutos estarán junto al suelo y será fácil cogerlos.

24.—Comed y bebed, que os haga provecho, *se les dirá*, como premio de vuestras acciones en los días transcurridos.

25.—Aquel a quien se dé su libro en la mano izquierda, exclamará: ¡Ojalá no me hubiesen presentado mi libro

26.—Y que jamás hubiese conocido esta cuenta!

27.—¡Ojalá la muerte hubiese puesto fin a mi vida!

28.—¿De qué me sirven mis riquezas?

29.—Mi poder se ha evaporado.

30.—Dios dirá entonces a los guardianes del infierno: Cogedlo, leedlo,

31.—Luego calentad el fuego del infierno,

32.—Cargadlo después de cadenas de setenta codos,

33.—Pues no ha creído en Dios el Altísimo,

34.—No ha sido afanoso para alimentar al pobre,

35.—Así hoy no tiene aquí protector,

36.—Ni más alimento que el pus.

1061   El acontecimiento, *elwakia*, se dice del día del juicio final.
1062   Según la creencia de los mahometanos, el trono de Dios es llevado ordinariamente por cuatro ángeles.

37.—Los culpables solo se alimentarán con él.

38.—Yo no juraré por lo que veis[1063]

39.—Ni por lo que no veis,

40.—Que es la palabra del apóstol honrado,

41.—No es la palabra de un poeta. ¡Oh! Cuán poco creéis;

42.—No es la palabra de un adivino. ¡Oh! Cuán poco reflexionáis;

43.—Es la revelación del dueño del universo.

44.—Si *Muhammad* hubiese forjado algún discurso por cuenta nuestra

45.—Lo habríamos asido por la mano derecha

46.—Y le habríamos cortado la vena del corazón,

47.—Y no lo habríamos defendido contra ninguno de vosotros.

48.—Este libro es una amonestación para los que temen a Dios.

49.—Sabemos que hay entre vosotros quien lo trata de impostura.

50.—Este libro es la desesperación de los infieles.

51.—Pues el Corán es la verdad misma.

52.—Celebra el nombre de Dios el Altísimo.

1063   Sobre la expresión no juraré, véase *sura* LVI, 74, nota.

SURA LXX
LAS GRADAS[1064]

DADO EN LA MECA.—44 VERSÍCULOS
EN NOMBRE DEL DIOS CLEMENTE Y MISERICORDIOSO

1.—Hay quien pide[1065] un castigo sin dilación
2.—Para los infieles. Nadie es capaz de impedir
3.—Que Dios lo realice, Dios, dueño de las gradas.
4.—*Gradas* por las que los ángeles y el espíritu suben hacia él *en el espacio* de un día, cuyo espacio es de cincuenta mil años[1066].

1064   El título de este *sura* está tomado del versículo 3.

1065   Literalmente: Un demandante pide, lo cual es un idiotismo árabe empleado siempre que no se nombra a la persona.

1066   Este pasaje, traducido literalmente cual lo hemos hecho, quiere decir sencillamente que los ángeles necesitan un día que dure cincuenta mil años para subir al trono de Dios. Se ha visto, *sura* XXXII, 4, que todo remontaba hacia Dios en el espacio de un día de mil años. Para conciliar estos dos pasajes, el sabio traductor inglés, Sale, opina que en el *sura* XXXII se trata de la ascensión desde la tierra, mientras que en este puede tratarse de la ascensión a partir de la última escala de la creación. Esta explicación es arbitraria; en todo el Corán no hay nada que la autorice, y debe causar asombro que el traductor inglés quiera hallar aquí otra cosa que no sea una expresión hiperbólica. Muhammad lo mismo atribuía mil que cincuenta mil años a la duración de los días de Dios, y no es en contradicciones de este género donde debe basarse la crítica del Corán. Por otra parte, los comentadores creen que en el versículo que nos ocupa, el día de cincuenta mil años es el día del juicio final: nueva contradicción con los que dicen sobre la prontitud que Dios empleará en juzgar al género humano, o sea que la mitad de un día bastará a Dios para decidir la suerte de los hombres. En este caso, según unos, los cincuenta mil años son los días de espera; según otros, es el juicio de las naciones infieles el que absorberá todo este tiempo; hay cincuenta, y cada nación será juzgada durante mil años; los fieles serán siempre despachados en medio día. Por este ejemplo, escogido entre mil, se puede juzgar el valor de los comentarios, y es incontestable que para lo que no afecta a las prácticas religiosas, a las costumbres de los árabes antiguos y a algunos puntos de la historia de Muhammad, los comentadores solo sirven para embrollar el sentido del Corán y cargarlo de una multitud de absurdos.

5.—Espera, pues, con paciencia.

6.—Ellos (*los infieles*) consideran el día del juicio como lejano,

7.—Y nosotros lo vemos cerca.

8.—El día en que el cielo estará como bronce fundido,

9.—En que las montañas serán como copos de lana teñida de rojo,

10.—Y en que el amigo no interrogará al amigo,

11.—Aunque se les haga ver los unos a los otros; entonces el culpable deseará librarse del castigo a costa de sus hijos,

12.—De su compañera y de su hermano,

13.—A costa de los parientes que le dieron muestras de afecto,

14.—A costa de todos los que están en la tierra. *Deseará* ser salvo.

15.—Nada de esto; pues el fuego *del infierno,*

16.—Cogiendo por los cráneos,

17.—Reivindicará a todo hombre que volvía la espalda y se iba,

18.—Que atesoraba y se mostraba avaro.

19.—El hombre ha sido creado ávido,

20.—Abatido cuando le alcanza la desgracia,

21.—Insolente cuando le ocurre algún bien.

22.—No ocurrirá así con los hombres piadosos

23.—Que no cesan jamás de cumplir sus plegarias;

24.—En cuyos bienes hay siempre una parte

25.—Para el que pide y el pobre vergonzante[1067].

26.—Los que consideran verdad el día de la retribución,

27.—A quienes el pensamiento del castigo de Dios llena de espanto

28.—(Pues nadie está libre del castigo de Dios),

29.—Los que viven con continencia

30.—Y no tienen comercio más que con sus mujeres y los esclavos que han adquirido, pues entonces no incurren en vituperio,

31.—Y todo el que lleva más allá sus deseos, es trasgresor.

32.—Los que guardan fielmente los depósitos que les son confiados y cumplen sus compromisos,

---

1067   El que no vacila en pedir es un mendigo; pero otra cosa es un *mahrum,* que quiere decir propiamente frustrado en su esperanza, y que, según los comentadores, tiene aquí el sentido de pobre vergonzante.

33.—Que son inquebrantables en sus testimonios,

34.—Que observan exactamente las *horas* de la plegaria,

35.—Esos serán en los jardines del paraíso objeto de los honores.

36.—¿Qué tienen esos infieles que corren jadeantes ante ti,

37.—Divididos en tropas a derecha e izquierda?

38.—¿No será porque cada uno de ellos querrían entrar en el jardín de las delicias?

39.—De ningún modo. Les hemos creado y ellos saben de qué[1068].

40.—Yo no juro por el soberano de Oriente y de Occidente que nosotros podemos

41.—Reemplazarlos por un pueblo que valdrá más que ellos, y no somos nosotros los que dejaremos que se nos anticipen *en el cumplimiento* de nuestras sentencias.

42.—Déjales obrar y divertirse hasta que se hallen enfrente de su día, de ese día que les ha sido prometido;

43.—Ese día en que saldrán de sus tumbas a toda prisa, cual si se alistasen bajo las banderas,

44.—Con la vista baja, cubiertos de ignominia. Tal es el día que se les promete.

1068 Han sido creados con defectos y pecados que los excluyen del paraíso.

SURA LXXI
NOÉ

DADO EN LA MECA.—29 VERSÍCULOS
EN NOMBRE DEL DIOS CLEMENTE Y MISERICORDIOSO

1.—Enviamos a Noé hacia su pueblo y le dijimos: Ve a advertir a tu pueblo antes de que caiga sobre él el castigo doloroso.

2.—Noé dijo: ¡Oh, pueblo mío! Vengo a advertiros abiertamente.

3.—Adorad al Dios único, temedle y obedecedme.

4.—Borrará vuestros pecados y os dejará subsistir hasta el término fijado; porque cuando llegue el término fijado por Dios, nadie podrá retrasarlo. ¡Ojalá lo comprendieseis!

5.—*Noé gritó a Dios*, y dijo: Señor, he llamado a mi pueblo hacia ti, noche y día, pero mi llamada no hace más que aumentar su alejamiento.

6.—Siempre que les llamaba a arrepentirse, a fin de que tú pudieses perdonarles, se tapaban los oídos con los dedos y se envolvían con sus ropas; perseveraron *en el error* y se llenaron de orgullo.

7.—Luego les he llamado. Y luego, todavía abiertamente a tu culto,

8.—Les he predicado en público y en secreto.

9.—Les decía: Implorad el perdón del Señor; está decidido a perdonar;

10.—Hará llover del cielo abundantes lluvias;

11.—Aumentará vuestras riquezas y el número de vuestros hijos; os dará jardines, os dará corrientes de agua.

12.—¿Qué tenéis para no creer en la bondad de Dios?

13.—Y sin embargo, os ha creado en diferentes formas[1069].

14.—¿No veis cómo ha creado Dios los siete cielos, colocados por capas que se envuelven unas a otras?

1069   Es decir, como lo que explican los comentadores: os ha creado primero de arcilla, luego, por generación, os forma de una gota de esperma que cambia en un coágulo de sangre y luego en carne, etc.

15.—Estableció la luna para servir de luz, y colocó el sol a guisa de antorcha.

16.—Os ha hecho surgir de la tierra como una planta.

17.—Os hará volver a ella y os hará salir de nuevo.

18.—Os ha dado la tierra por tapiz,

19.—A fin de que caminéis por caminos espaciosos.

20.—Noé le dijo a su Señor: Señor, vedles que son rebeldes a mi voz y siguen a esos cuyas riquezas e hijos no hacen más que agravar su ruina.

21.—Han imaginado *contra Noé* un artificio insigne.

22.—*Sus jefes les gritaban*: No abandonéis a vuestras divinidades, no abandonéis a Wedd y a Sowa,

23.—Ni a Iaguth, ni a Iauk, ni a Nesr[1070].

24.—Esos ídolos han extraviado a muchos y no hacen más que aumentar el extravío de los malvados.

25.—En castigo de sus pecados, han sido ahogados y luego precipitados en el infierno.

26.—No pudieron hallar protectores contra Dios.

27.—Noé *clamó a Dios*, y dijo: Señor, no dejes subsistir ni a un solo infiel;

28.—Porque, si los dejases, seducirían a tus servidores y no engendrarían más que impíos e incrédulos.

29.—Señor, perdóname, así como a mis hijos, a los fieles que entren en mi casa, a los hombres, a las mujeres que creen, y exterminan a los malvados.

1070 Algunos leen *Wodd*. Según los comentadores, son nombres de algunos hombres virtuosos que vivieron entre Adán y Noé; el respeto que se había testimoniado a su memoria degeneró luego en torpe idolatría.

SURA LXXII
LOS GENIOS

DADO EN LA MECA.—28 VERSÍCULOS
EN NOMBRE DEL DIOS CLEMENTE Y MISERICORDIOSO

1.—Me ha sido revelado que algunos Genios que se pusieron a escuchar *la lectura del Corán*, exclamaron: Hemos oído una lectura extraordinaria[1071].

2.—Que conduce a la verdad; creemos en ella y no asociaremos ya ningún ser a nuestro Señor.

3.—Nuestro Señor (que su majestad sea elevada) no tiene compañero ni hijo.

4.—Uno de nosotros, insensato como era, profirió extravagancias respecto de Dios.

5.—Pensábamos que ni los hombres ni los genios habrían proferido jamás una mentira sobre Dios.

6.—Algunos individuos de entre los humanos han buscado su refugio cerca de algunos genios; pero esto no hizo más que aumentar su demencia.

7.—Estos hombres creían como vosotros, ¡oh, *genios!*[1072], que Dios no resucitaría a nadie.

1071 Poco tiempo antes de su huida de la Meca, desesperando Muhammad de convertir a los de esta ciudad, se trasladó a Taief para predicar allí el nuevo culto; los habitantes de Taief lo recibieron muy mal; pero en cambio dicen los historiadores musulmanes que una tropa de genios que se hallaba allí y que oyeron las enseñanzas del Corán, creyeron y propagaron su doctrina entre otros genios. Ya hemos dicho que, según la creencia de los árabes, los genios son una raza intermedia entre los hombres y los ángeles. Los comentadores de este pasaje, apoyándose en la circunstancia de que Muhammad no vio a estos genios, sino que le fue revelada por Dios su presencia, creían que los genios son las almas de los hombres, lo cual haría la voz *genio*, sinónima de *espíritu*. Esta interpretación no estaría de acuerdo con otros pasajes del Corán que dicen claramente que los genios se reproducen como los demás seres creados.

1072 Son los genios convertidos por el Corán, que hablan así a su raza.

8.—Hemos tocado el cielo en nuestro *vuelo*, pero lo hemos hallado lleno de guardianes fuertes y de dardos ardientes.

9.—Hemos estado sentados en asientos para escuchar *lo que pasaba*; pero todo el que quiera escuchar en lo sucesivo, hallará el dardo ardiente que le acechará para herirle.

10.—No sabemos si era una desgracia que se destinaba a los habitantes de la tierra, o bien si el Señor quería así dirigirlos por la senda recta.

11.—Entre nosotros hay genios virtuosos y que no lo son, y estamos divididos en diversas especies.

12.—Hemos reconocido que no podríamos debilitar el poder de Dios en la tierra, que no podríamos debilitarlo con nuestra huida[1073].

13.—Tan pronto como hemos oído el libro de la dirección (*el Corán*), hemos creído en él, y todo el que crea en Dios no debe temer daño ni afrenta.

14.—Hay entre nosotros quienes se abandonan a Dios (que son *muslimin*, musulmanes) y los hay que se vuelven; todo el que se abandona a Dios prosigue la ruta verdadera.

15.—Los que se alejan servirán de alimento al fuego de la gehena.

16.—¿Por qué no se mantienen en la senda recta? Les daremos agua abundante;

17.—Les probaríamos así[1074]; todo el que se aparta del recuerdo de Dios, Dios le hará sufrir un castigo riguroso.

18.—Los templos están *consagrados* a Dios; no invoquéis a nadie al lado de Dios.

19.—Cuando el servidor de Dios[1075] se levantó para adorarlo, poco faltó para que[1076] lo ahogasen, *de tal modo se apiñaban en torno de él.*

20.—Diles: Invoco al Señor *y no le asocio en la adoración a nadie.*

21.—Diles: No dispongo respecto de vosotros de ningún mal ni de ningún bien.

1073   Es decir, hasta huyendo del cielo sentíamos todo el poder de Dios.
1074   El versículo 16 y parte del 17 deben referirse a los infieles, a los de la Meca.
1075   Se trata aquí de Muhammad.
1076   Según los comentadores, son genios que se agolpan en tropel para oír orar a Muhammad.

22.—Diles: Nadie podrá protegerme contra Dios.

23.—Fuera de Dios no hallaré ningún refugio.

24.—No tengo más poder que el de predicaros lo que proviene de Dios y traeros mensajes. Todo el que es rebelde a Dios y a su enviado, tendrá el fuego de la gehena por recompensa y permanecerá allí eternamente.

25.—Serán perversos hasta que hayan visto con sus ojos lo que les amenazaba. Entonces aprenderán quién de nosotros es más débil en apoyo y más pequeño en número.

26.—Diles: Ignoro si las penas que les amenazan están cercanas, o si Dios les ha asignado un término remoto. Solo Dios conoce las cosas ocultas y no las revela a nadie,

27.—Excepto al enviado en quien ha descansado[1077]; camina ante él y detrás de él espiando sus pasos,

28.—A fin de que sepa si sus enviados han cumplido la misión de su Señor.

1077   Por estas palabras se quiere entender Muhammad, lo cual estaría en contradicción con otros muchos pasajes del Corán en los que el profeta árabe confiesa humildemente que ignora las cosas ocultas. El sentido más razonable de estos dos versículos (27 y 28) es que Dios no revela sus secretos a nadie, y cuando da órdenes al ministro que ha tenido a bien escoger (ángel o profeta), le sigue para ver si las cumple.

SURA LXXIII
EL ENVUELTO[1078]

DADO EN LA MECA.—20 VERSÍCULOS
EN NOMBRE DEL DIOS CLEMENTE Y MISERICORDIOSO

1.—*¡Oh, profeta,* ENVUELTO en tu manto!

2.—Estate de pie orando toda la noche o un poco menos

3.—De la mitad, o quita algo,

4.—O añade un poco[1079], y salmodia el Corán salmodiando.

5.—Vamos a revelarte palabras de un gran peso.

6.—La *devoción*[1080] a la entrada de la noche tiene más vigor y tiene la palabra más firme;

7.—Porque, durante el día, tienes un largo trabajo.

8.—Repite el nombre de tu Señor y conságrate a él con entera abnegación;

9.—A Dios, dueño del levante y del Poniente. No hay más Dios que él; tómale pues, por tu patrono.

10.—Soporta con paciencia las palabras de los infieles y sepárate de ellos de una manera conveniente.

11.—Déjame solo *luchando* con los incrédulos que gozan de los bienes de este mundo. Concédeles un poco de tregua.

12.—Tenemos para ellos pesadas cadenas y un brasero ardiente,

13.—Una comida que los sofocará[1081] y un suplicio doloroso.

1078   Según los comentadores, este *sura* es uno de los primeros de la revelación; sigue inmediatamente al *sura* la sangre coagulada (XCVI).

1079   En estos primeros versículos, Muhammad, envuelto en su manto y casi dormido, recibe la revelación de que es preciso dedicar a la oración ya toda la noche o ya más o menos de la mitad de la noche.

1080   El texto no lleva la palabra *devoción*; de modo que también se aplica al alma del hombre que se halla a la entrada de la noche y tiene entonces más vigor. Para traducir literalmente hay que decir: *más vigorosa de huella y más firme en palabra.*

1081   Literalmente: Un alimento suficiente, como el fruto del árbol del Zakum y el pus.

14.—El día que la tierra sea conmovida y las montañas también, las montañas se convertirán en montones de arena dispersa.

15.—Hemos enviado un apóstol encargado de testimoniar contra vosotros, como habíamos enviado uno cerca de Faraón.

16.—Faraón ha sido rebelde a la voz del apóstol y le hemos castigado con un castigo terrible.

17.—Si permanecéis infieles ¿cómo os libraréis del día que de los niños hará ancianos de cabellos blancos?[1082]

18.—El cielo se hendirá de espanto; las promesas de Dios se cumplirán.

19.—He aquí la advertencia: que el que quiera se encamine hacia el Señor.

20.—Tu Señor sabe bien, ¡oh, *Muhammad!*, que tú permaneces orando, ora los dos tercios de la noche, ora hasta la mitad, y ora hasta un tercio de la noche; una gran parte de los que te siguen lo hacen también. Dios es el que sabe partir el día y la noche; sabe que no lo contáis con *exactitud* y os lo perdona. Leed, pues en el Corán todo lo que os sea fácil leer. Dios sabe que hay entre vosotros enfermos, que hay otros que viajan por el país para procurarse bienes por el favor de Dios; sabe que otros combaten en el sendero de Dios. Leed, pues, del Corán lo que os sea menos penoso. Observad la plegaria, haced limosnas y otorgad un generoso préstamo a Dios. Todo bien (*o buenas obras*) que anticipéis por vosotros mismos (*en vuestro interés*), lo hallaréis cerca de Dios. Esto os valdrá más, os valdrá una recompensa mayor. Implorad el perdón de Dios, pues es indulgente y misericordioso.

1082   Es una expresión bastante frecuente en árabe la de que el espanto hace encanecer; *la que hace encanecer* sirve también de epíteto a la guerra.

SURA LXXIV
CUBIERTO CON SU MANTO[1083]

DADO EN LA MECA.—55 VERSÍCULOS
EN NOMBRE DEL DIOS CLEMENTE Y MISERICORDIOSO

1.—¡Oh, tú que estás CUBIERTO CON UN MANTO!

2.—Levántate y advierte a los hombres.

3.—A tu Señor, glorifícalo.

4.—Mantén tus ropas limpias.

5.—Y huye de la abominación[1084].

6.—No te dé por amontonar[1085].

7.—Espera con paciencia a tu Señor.

8.—Cuando un soplo hará sonar la trompeta,

9.—Ese día será un día difícil,

10.—Un día penoso para los infieles.

11.—Déjame solo con el hombre a quien he creado[1086].

12.—Le he concedido infinitas riquezas,

13.—E hijos que florecían ante sus ojos.

14.—Se lo he allanado todo,

15.—Y hele que desea que aumente todos estos bienes.

1083   La palabra *elmodethttir*, que sirve de título a este *sura*, significa aproximadamente lo mismo que *elmozamil* del *sura* anterior, *que se envuelve con su manto*. Estos dos *suras* son considerados como los primeros de la revelación. Según la tradición, Muhammad contaba lo siguiente: «cierto día que me hallaba en Hira y oí una voz que me llamaba, miré a derecha e izquierda y no vi a nadie; levanté los ojos hacia arriba y lo vi en el trono entre el cielo y la tierra (era el ángel Gabriel); tuve miedo, volví al lado de Kadija (mi mujer) y le dije: envolvedme con mi manto. Entonces fue cuando el ángel Gabriel descendió otra vez y me llamó: ¡Oh, tú que estás envuelto en tu manto!»

1084   Por la abominación se debe entender el culto de los ídolos.

1085   No hagas donativos, larguezas interesadas o actos de devoción, con intención de ser pagado por Dios con usura.

1086   Se cree que Muhammad habla aquí de *Walid ben Moghaira*, persona de viso entre los idólatras.

16.—Nada de esto, pues se ha empedernido en presencia de nuestros milagros.

17.—Le obligaré a subir una penosa montaña.

18.—Lo ha meditado y dispuesto todo *para combatir el Corán*.

19.—Que sea muerto cuando lo haya dispuesto todo.

20.—Una vez más que sea muerto cuando lo haya dispuesto todo[1087].

21.—Ha fijado sus miradas en torno de él.

22.—Luego ha fruncido las cejas y tomado un aire sombrío.

23.—Se ha apartado de la verdad y se ha henchido de orgullo,

24.—Y ha dicho: El Corán no es más que una brujería copiada.

25.—No es más que la palabra de un hombre.

26.—Le haremos quemar en el fuego del sakar.

27.—¿Quién te hará conocer el sakar (*el fuego del infierno*)?

28.—No deja nada que no consuma y no deja nada intacto, nada que se escape.

29.—Quema la carne del hombre.

30.—Encima se mantienen diez y nueve *ángeles*.

31.—No hemos establecido por guardianes del fuego más que a los ángeles[1088]; no hemos enunciado su número más que para convertirlo en motivo de adoración (*de prueba*) para los infieles[1089]; un motivo de tentación (*para ponerlos a prueba*) para que los hombres de las escrituras crean en la verdad del Corán y que aumente la fe de los creyentes,

32.—Y que los hombres de las escrituras y los creyentes no duden.

33.—A fin de que aquellos cuyo corazón está atacado de una enfermedad, y los infieles digan: ¿Qué quiere decir Dios con esta parábola?

34.—Así es. Dios extravía a los que quiere y dirige a los que quiere. Ningún otro más que él conoce el número de sus ejércitos. No es más que una advertencia para los hombres.

1087 Estas palabras son aquí exclamaciones.

1088 Pues siendo los ángeles de naturaleza distinta de los hombres, son inaccesibles a todo sentimiento de piedad.

1089 Este versículo y los siguientes significan: Dios tiene servidores, ángeles innumerables; pero este número de diez y nueve solo ha sido enunciado para provocar la risa de los incrédulos.

35.—Sí, y lo juro por la luna,

36.—Y por la noche cuando se retira,

37.—Y por la mañana cuando se colorea,

38.—Que el infierno es una de las cosas más graves,

39.—Que es una advertencia para los hombres,

40.—Para aquellos de vosotros que siguen adelante lo mismo que para los que quedan atrás[1090].

41.—Toda alma responde de sus obras[1091]; pero los hombres de la derecha

42.—Entrarán en los jardines y se interrogarán respecto de los culpables. *Les interrogarán también a ellos mismos, diciendo:*

43.—¿Quién os ha conducido al sakar (*el infierno*)?

44.—Ellos responderán: Jamás hemos orado,

45.—Jamás hemos dado alimento al pobre.

46.—Pasábamos el tiempo en palabras frívolas con los que las dicen.

47.—Considerábamos el día de la retribución como una mentira,

48.—Hasta el momento en que adquirimos la certeza de ello.

49.—La intercesión de los intercesores no les servirá de nada.

50.—¿Por qué evitaban la advertencia.

51.—Como asnos asustados que huyen ante un león?

52.—Cada uno de ellos quisiera que llegase de Dios un edicto especial.

53.—No será así; pero no temen la vida futura.

54.—No será así. El Corán es una advertencia; todo el que quiere está advertido.

55.—Lo que Dios quiera, escucharán sus advertencias. Dios merece que se le tema. Le gusta perdonar.

1090   Es decir, los que creen y los que no creen.
1091   Literalmente: es un rehén de sus obras.

SURA LXXV
LA RESURRECCIÓN

DADO EN LA MECA.—40 VERSÍCULOS
EN NOMBRE DEL DIOS CLEMENTE Y MISERICORDIOSO

1.—No juraré por el día de la resurrección[1092].

2.—No juraré por el alma que hace reproches[1093].

3.—¿Cree el hombre que no reuniremos sus huesos?

4.—Es más, podemos volver a colocar exactamente las extremidades de los dedos.

5.—Pero el hombre quiere negar lo que hay ante él.

6.—Pregunta: ¿Cuándo vendrá, pues, el día de la resurrección?

7.—Cuando el ojo sea deslumbrado,

8.—Cuando la luna se eclipse,

9.—Cuando el sol y la luna estén reunidos.

10.—El hombre gritará entonces: ¿Dónde hallar un refugio?

11.—No, no hay refugio.

12.—Ese día, el último retiro será cerca de tu Señor.

13.—Entonces se le harán conocer al hombre las obras que ha cometido y las que ha omitido[1094].

14.—El hombre será un testigo ocular *que declarará* contra sí mismo.

15.—Por más excusas que presente,

16.—No agites tu lengua, ¡oh, *Muhammad!*, repitiendo la revelación, apresurándote demasiado, *por temor a que no se escape lo que te está revelado.*

1092   *No juraré.* Esta expresión, que se repite varias veces en los últimos *suras* del Corán, quiere decir: Lo que yo digo es tan cierto que podría abstenerme de afirmarlo por medio de un juramento.

1093   La voz *lawwam* quiere decir *que vitupera mucho y a menudo.* Esto puede entenderse de toda alma en general que hallará en el día de la resurrección motivo para hacerse a sí propia reproches.

1094   Literalmente: lo que ha puesto delante y lo que ha dejado atrás.

17.—No nos toca a nosotros reunir sus partes y recitarla cual conviene.

18.—Cuando te leemos *el libro, por boca de Gabriel*, sigue la lectura con nosotros.

19.—A nosotros nos toca también darte luego la explicación.

20.—No lo hagáis en lo sucesivo. Pero vosotros, hombres, todos gustáis de la pronta actualidad (*el mundo de aquí abajo*)

21.—Y dejáis aquí el porvenir (*la vida futura*).

22.—Ese día habrá rostros que brillarán con vivo brillo

23.—Y que vuelvan sus miradas hacia su Señor.

24.—Ese día habrá rostros empañados,

25.—Que sospecharán que va a caer sobre ellos una gran calamidad.

26.—Sí, sin duda. Cuando el alma les suba hasta la garganta,

27.—Cuando *todo en torno* se exclame: ¿Quién es el que puede poner remedio?

28.—Cuando el hombre comprenda que ha llegado el momento de la partida,

29.—Cuando el muslo se enlace con el muslo[1095];

30.—En ese momento se le hará caminar hacia tu Señor.

31.—No creía y no oraba.

32.—Trataba *el libro* de mentira, y se volvía.

33.—Luego, uniéndose a los suyos, caminaba con orgullo.

34.—Sin embargo, la hora llega, está próxima,

35.—Está cada vez más próxima y más próxima.

36.—¿Cree el hombre que se le dejará libre?

37.—¿No era al principio una gota de esperma que se extiende fácilmente?

38.—¿No era luego un coágulo de sangre de que Dios lo formó?

39.—Ha formado una pareja: el hombre y la mujer.

40.—¿No es este Dios bastante poderoso para hacer revivir a los muertos?

1095   A causa del espanto que sobrecogerá al hombre cuando se acerque el juicio final.

SURA LXXVI
EL HOMBRE

DADO EN LA MECA.—31 VERSÍCULOS
EN NOMBRE DEL DIOS CLEMENTE Y MISERICORDIOSO

1.—¿Ha transcurrido mucho tiempo *sobre la cabeza* del HOMBRE sin que se haya acordado de él?[1096]

2.—Hemos creado al hombre de esperma que contiene la mezcla *de ambos sexos*: era para probarlo. Lo hemos dotado de vista y de oído.

3.—Le hemos dirigido por la senda recta, aunque hubiese de ser agradecido o ingrato.

4.—Hemos preparado cadenas a los infieles, collares y un brasero ardiente.

5.—Los justos beberán copas llenas de una mezcla de Cafur[1097].

6.—Es una fuente en la que beberán los servidores de Dios (la conducirán por regueros *adonde quieran*),

7.—Los justos que cumplen sus votos[1098] y temen el día cuyas calamidades se extenderán a lo lejos,

1096 Los comentadores explican este pasaje de este modo: Dios había formado al hombre de arcilla y lo ha dejado en este estado, durante cuarenta años, antes de infundirle su espíritu.

1097 *Cafur*, en árabe quiere decir *alcanfor*. Se echa en las bebidas para refrescarlas. Aquí *cafur* es el nombre de una fuente del paraíso. La construcción de este pasaje hace suponer que hay en el paraíso manantiales de alcanfor, de los cuales se tomará este para mezclarlo con el vino. Este sentido está apoyado por los versículos 17 y 18.

1098 Según los comentadores, los dos versículos, 7 y 8, se aplican a Alí y a su familia. Habiendo caídos enfermos Hasán y Huseín, hijos de Alí, este y su mujer Fátima hicieron voto de ayunar tres días si los hijos sanaban. El primer día (el ayuno entre los musulmanes consiste en no comer hasta después de la puesta de sol), no teniendo Alí con qué hacer pan, le pide harina prestada a un judío, y Fátima cuece cinco panes en el horno. Acto continuo se presenta un pobre pidiendo de comer y le da los cinco panes, pasando la familia la noche sin comer nada; al día siguiente, el pan preparado es dado a un huérfano, y el tercer día a un cautivo. El ángel Gabriel fue con la revelación de este pasaje a felicitar a Muhammad por esta buena obra de su familia. Por esta razón hemos traducido: *aunque suspiraban ellos mismos por la comida, a pesar del deseo que tienen de comer.*

8.—Que, aunque ellos mismos suspiren por la comida, dan de comer al pobre, al huérfano y al cautivo,

9.—Diciendo: Hemos dado este alimento para ser agradables a Dios y no os pediremos recompensa ni acción de gracias.

10.—Tememos de parte de Dios un día terrible y calamitoso.

11.—También Dios les ha preservado de la desgracia de este día; ha dado brillo a sus frentes y les ha colmado de goce.

12.—Como premio a su constancia les ha dado el paraíso y trajes de seda;

13.—O apoyados en asientos no sentirán ni *el calor* del sol, ni el frío glacial.

14.—Árboles inmediatos les cubrirán con su sombra, y sus frutos se bajarán para ser cogidos sin pena.

15.—Para ellos se hará circular en redondo vasos de plata y cubiletes como cántaros.

16.—Cántaros de plata que llenarán en cierta medida.

17.—Serán saciados con copas llenas de una mezcla de zendjebil[1099],

18.—De una fuente que se halla allí, llamada Selsebil.

19.—Serán servidos en ronda por niños de una juventud eterna; viéndoles, los tomaría por perlas.

20.—Si vieses esto, verías una mansión de delicias que es un vasto reino.

21.—Serán vestidos con trajes de satén verde y de brocado, y adornados con brazaletes de plata. Su Señor les hará beber una bebida pura.

22.—Todo eso os será dado a título de recompensa. Vuestros esfuerzos serán reconocidos.

23.—Te hemos enviado el Corán de lo alto.

24.—Espera, pues, con paciencia las sentencias de tu Señor y no obedezcas a los criminales y a los ingratos (*incrédulos*).

25.—Repite el nombre de Dios mañana y tarde

26.—Y durante la noche también; adora a Dios y celebra su nombre toda la noche.

1099 La palabra *zendjebil* quiere decir *jengibre*; en Oriente se acostumbra a mascarlo y mezclarlo con las bebidas y el alimento.

27.—Estos hombres aman el presente que transcurre pronto y olvidan el día difícil del *otro mundo.*

28.—Les hemos creado y les hemos dado fuerza; si quisiésemos, podríamos reemplazarlos por otros hombres.

29.—He aquí la advertencia; que el que quiera tome, pues, el camino que conduce hacia su Señor.

30.—Pero no pueden querer lo que Dios querrá, pues es sabio y prudente.

31.—Abrazará con su misericordia a los que quiera; ha preparado a los malvados un suplicio doloroso.

SURA LXXVII
LOS ENVIADOS

DADO EN LA MECA.—50 VERSÍCULOS
EN NOMBRE DEL DIOS CLEMENTE Y MISERICORDIOSO

1.—*Juro* por los que son ENVIADOS uno tras el otro[1100],

2.—Por los que se mueven con vehemencia,

3.—Por los que dispersan,

4.—Por los que establecen la distinción,

5.—Por los que lanzan la palabra

6.—De excusa o de advertencia,

7.—Lo que se os promete está a punto de llegar[1101].

8.—Cuando las estrellas hayan sido borradas,

9.—Cuando el cielo se hienda,

10.—Cuando las montañas sean diseminadas como el polvo,

11.—Cuando los apóstoles sean asignados en un término fijo.

12.—¿Hasta qué día se aplazará el término?

13.—Hasta el día de la decisión.

14.—¿Quién te hará conocer el día de la decisión?

15.—¡Desgraciados de los incrédulos en ese día!

16.—¿No hemos exterminado a pueblos de otro tiempo?

17.—¿No les hemos reemplazado por pueblos más recientes?

18.—Así es como tratamos a los culpables.

19.—¡Desgraciados, en ese día, de los incrédulos!

20.—¿No es de una gota de agua vil de lo que os hemos creado,

21.—Y establecido en un lugar seguro[1102].

22.—Hasta el término fijado de antemano?

1100   El texto dice: por los enviados (o enviadas). Esta palabra puede, pues, aplicarse a muchas cosas. Algunos entienden por esto los versículos del Corán enviados del cielo, sucediéndose continuamente y estableciendo la distinción entre la verdad y la mentira; estas palabras pueden también aplicarse a los ángeles portadores de las órdenes de Dios y de la revelación.

1101   Los castigos del día del juicio final.

1102   Es decir: en el vientre de vuestras madres.

23.—Hemos podido hacerlo. ¡Qué poderosos somos!

24.—¡Desgraciados, en ese día, de los incrédulos!

25.—¿No hemos constituido la tierra para encerrar

26.—A los vivos y a los muertos?

27.—Hemos establecido allí elevadas montañas y os hacemos beber agua dulce.

28.—¡Desgraciados, en ese día, de los incrédulos!

29.—Id al suplicio que habéis tratado de mentira,

30.—Id bajo la sombra que se bifurca en tres columnas[1103],

31.—Que no da sombra; no os servirá de ningún modo para libraros de las llamas;

32.—Lanzará chispas como torres,

33.—Semejantes a camellos rojos.

34.—¡Desgraciados, en ese día, de los incrédulos!

35.—Ese día los culpables serán mudos,

36.—No se les permitirá alegar excusas.

37.—¡Desgraciados, en ese día, de los incrédulos!

38.—Ese será el día en que os reuniremos a vosotros y a vuestros antepasados.

39.—Si disponéis de algún artificio, practicadlo.

40.—¡Desgraciados, en ese día, de los incrédulos!

41.—Los hombres piadosos estarán en medio de sobras y corrientes de agua.

42.—Tendrán frutos que les gustan.

43.—Se les dirá: comed y bebed; que os haga provecho, como premio a vuestras acciones.

44.—Así es como recompensamos a los han practicado el bien.

45.—¡Desgraciados, en ese día, de los incrédulos!

46.—Comed y gozad aquí abajo algún tiempo más. Sois criminales.

47.—¡Desgraciados, en ese día, de los incrédulos!

48.—Cuando se les dice: Hincad la rodilla, no la hincan[1104].

49.—¡Desgraciados, en ese día, de los incrédulos!

50.—¿En qué otro libro creerán luego?

1103   Esta sombra es el humo que dividirá en tres columnas.

1104   La genuflexión (*rik'a*) forma parte de la plegaria mahometana.

SURA LXXVIII
LA GRAN NUEVA

DADO EN LA MECA.—41 VERSÍCULOS
EN NOMBRE DEL DIOS CLEMENTE Y MISERICORDIOSO

1.—Ellos se interrogan

2.—Sobre la GRAN NUEVA (*de la resurrección*),

3.—Que es el objeto de sus controversias.

4.—La sabrán infaliblemente.

5.—Sí, la sabrán.

6.—¿No hemos establecido la tierra como un lecho,

7.—Y las montañas como columnas?

8.—Os hemos creado,

9.—Hemos establecido en vuestro sueño vuestro reposo,

10.—Os hemos dado la noche por manto,

11.—Hemos establecido el día como medio de vivir[1105],

12.—Hemos edificado encima de vuestras cabezas siete cielos sólidos,

13.—Hemos suspendido un foco luminoso,

14.—Hacemos descender en abundancia nubes de agua

15.—Para hacer germinar con ella el grano y las plantas,

16.—Y jardines plantados de árboles.

17.—El día de la decisión es un término fijado de antemano.

18.—Un día en que *sonará* la trompeta y vendréis en tropel,

19.—El cielo se abrirá y presentará numerosas puertas;

20.—Las montañas serán puestas en movimiento y parecerán como un espejo.

21.—La gehena estará toda llena de emboscadas,

22.—Retiro de los malvados,

23.—Para permanecer allí siglos.

1105 Es decir, que el día está consagrado a los negocios de la vida, a las ocupaciones y a los trabajos que procuran los hombres los medios de subsistencia.

24.—No probarán frescura ni ninguna bebida

25.—Más que el agua hirviendo y el pus,

26.—Como recompensa conforme a *sus obras*;

27.—Pues no han pensado jamás que habría que arreglar la cuenta,

28.—Y negaban nuestros signos, tratándolos de mentiras.

29.—Pero lo hemos contado e inscrito todo.

30.—Probad, pues, la recompensa; no aumentaremos más que vuestros suplicios.

31.—Una mansión de dicha está reservada a los que temen a *Dios;*

32.—Jardines y vides,

33.—Doncellas de redondos senos y de edad igual a la de ellos,

34.—Copas llenas.

35.—No oirán allí palabras frívolas ni mentiras.

36.—Es una recompensa de tu Señor (es suficiente),

37.—Del dueño de los cielos y de la tierra y de todo lo que hay entre ellos, del Clemente; pero no le dirigirán la palabra.

38.—El día en que el espíritu[1106] y los ángeles estén ordenados en filas, nadie hablará, a no ser aquel a quien lo permita el Misericordioso y que no diga más que lo que es justo.

39.—Ese día es un día infalible; todo el que quiere, toma el camino *que conduce* a su Señor.

40.—Te hemos advertido de la próxima venida del suplicio.

41.—El día en que el hombre vea las obras de sus manos y en que el infiel exclame: ¡Ojalá fuese polvo!

1106   Es decir, el ángel Gabriel.

SURA LXXIX
LOS ÁNGELES QUE ARRANCAN LAS ALMAS

DADO EN LA MECA.—46 VERSÍCULOS
EN NOMBRE DEL DIOS CLEMENTE Y MISERICORDIOSO

1.—*Juro* por los que ARRANCAN con violencia[1107],

2.—Por los que retiran suavemente,

3.—Por los que nadan *en los aires*,

4.—Por los que se anticipan en la carrera,

5.—Por los que conducen los negocios del universo,

6.—El día en que suene la trompeta con sonido tembloroso,

7.—Que siga un segundo toque,

8.—Ese día, con los corazones sobrecogidos de espanto,

9.—Con los ojos bajos,

10.—Los *incrédulos* dirán: ¿Seremos vueltos a la tierra?

11.—¿Nos convertiremos en huesos podridos?[1108]

12.—En este caso, dicen, sería un instante perdido[1109].

13.—Un solo sonido se oirá,

14.—Y ya estarán en el fondo del infierno.

15.—¿Conoces la historia de Moisés?

16.—Cuando Dios le gritó desde el interior del valle de Thuwa:

17.—Vete a ver a Faraón. Es impío;

18.—Y dile: ¿Quieres hacerte justo?

19.—Te guiaré hacia Dios; témelo.

1107   Esto debe entenderse de los ángeles que quitan la vida a los hombres, ora con violencia como a los malvados, ora con suavidad como a los virtuosos.

1108   La frase no está acabada. Los infieles que no creían en la resurrección acostumbraban responder a las predicaciones de Muhammad: «¿Es posible que volvamos a tomar nuestro cuerpo y nuestras formas después de convertirnos en huesos y polvo?» en el versículo 11 los infieles están representados en el día del juicio, y en medio de su turbación todavía pronuncian esta frase sin acabarla.

1109   Es decir: pasaremos a ser nada, volveremos a la nada; ese instante no nos conduciría a ningún estado deseable.

20.—Moisés hizo aparecer en su presencia un gran milagro.

21.—Faraón le trató de impostor y fue rebelde.

22.—Volvió la espalda y se puso a obrar.

23.—Reunió hombres e hizo proclamar sus órdenes,

24.—Diciendo: soy vuestro dueño supremo.

25.—Dios le hizo sufrir el suplicio de este mundo y del otro.

26.—Hay en esto una enseñanza para el que teme *a Dios.*

27.—¿Es más difícil crearos a vosotros, o a los cielos?

28.—Dios es quien los ha construido; elevó alta su cima y le dio forma perfecta.

29.—Dio las tinieblas a su noche e hizo lucir su día[1110],

30.—Y luego extendió la tierra.

31.—Hizo brotar sus aguas y germinar sus pastos.

32.—Ha sujetado las montañas.

33.—Todo para vuestro goce y el de vuestros rebaños.

34.—Y cuando ocurrirá el gran trastorno,

35.—Cuando el hombre haya reflexionado acerca de lo que ha hecho,

36.—Cuando el brasero del infierno se aparezca desnudo a todo el que vea,

37.—Entonces todo hombre rebelde

38.—Que ha preferido la vida de aquí abajo,

39.—Tendrá el infierno por morada.

40.—Pero el que temblaba ante la majestad del Señor y dominaba su alma en sus inclinaciones,

41.—Ese tendrá el paraíso por morada.

42.—Te interrogarán respecto de la hora: ¿Cuándo vendrá?

43.—¿Qué sabes tú de esto?

44.—Su término solo Dios lo conoce.

45.—Tú solo estás encargado de advertir a los que le temen.

46.—El día que la vean les parecerá que no han permanecido en las tumbas más que la mañana o la tarde de aquel día.

1110   El pronombre posesivo, que forma siempre en el texto árabe una rima, al final de cada uno de estos versículos se refiere al cielo, y en el versículo 31 se refiere a la tierra.

SURA LXXX
LA FRENTE SEVERA

DADO EN LA MECA.—42 VERSÍCULOS
EN NOMBRE DEL DIOS CLEMENTE Y MISERICORDIOSO

1.—Él (Muhammad) ha mostrado una FRENTE SEVERA y ha vuelto la espalda,

2.—Porque un ciego se ha presentado en su casa[1111].

3.—¿Y quién te ha dicho que no se volverá virtuoso,

4.—Que no reflexionará sobre las advertencias, de modo que le aproveche?

5.—Pero en *cuanto* al hombre rico *que pasa sin los demás,*

6.—Tú te ocupas de él,

7.—Y sin embargo, tú no sufrirás por él, si no se ha hecho más puro[1112].

8.—Pero el que viene a ti, animado del celo *por la fe,*

9.—Que teme a Dios,

10.—Lo descuidas.

11.—Guárdate de proceder así; el Corán es una advertencia.

12.—Todo el que quiere lo retendrá en su memoria.

13.—Está escrito en páginas honradas,

14.—Sublimes, puras;

15.—Trazado por manos de escribientes honrados y justos[1113].

16.—¡Ojalá perezca el hombre! ¡Qué ingrato es!

17.—¿De qué le ha creado Dios?

1111   Cierto día que Muhammad estaba conservando con unos koreichitas de viso, a quienes quería convertir, *Abdallah ben Om Maktun*, ciego, se presentó en su casa para interrogarle sobre un punto de religión. Muhammad, contrariado por aquella interrupción, le recibió fríamente y le volvió la espalda. De esto se censura en este *sura*. Después, Muhammad demostró siempre mucho respeto a *Ben Omm Maktun.*

1112   Tú solo estás encargado de predicar; y si ese hombre rico no se convierte, tú no serás de ello responsable.

1113   Por ángeles que lo copian en el cielo de la tabla del prototipo.

18.—De una gota de esperma.

19.—Le ha creado y le ha modelado según ciertas proporciones.

20.—Le ha facilitado la senda *para hacerle salir de las entrañas.*

21.—Le hace morir y le sepulta en la tumba.

22.—Luego resucitará cuando quiera.

23.—Seguramente el hombre no ha realizado todavía los mandatos de Dios.

24.—Que fije los ojos en su alimento.

25.—Derramamos agua en ondas,

26.—Hendimos la tierra en grietas,

27.—Y hacemos salir de ella el grano,

28.—La vid y el trébol,

29.—El olivo y la palmera,

30.—Los jardines de tupidos árboles,

31.—Los frutos y las hierbas

32.—Que os sirven a vosotros y a vuestros rebaños.

33.—Cuando suene el ruido atronador de la trompeta,

34.—El día en que el hombre huirá de su hermano,

35.—De su padre y de su madre,

36.—De su compañera y de sus hijos,

37.—Ese día todo hombre bastará a su propia ocupación[1114].

38.—Ese día habrá rostros radiantes,

39.—Risueños, alegres.

40.—Y ese día también habrá rostros polvorientos cubiertos de polvo,

41.—La oscuridad los empañará.

42.—Son los infieles, los libertinos.

1114   Estará tan preocupado de su propia suerte, que no pensará en su padre y en su madre, etc.

SURA LXXXI
EL SOL PLEGADO

DADO EN LA MECA.—29 VERSÍCULOS
EN NOMBRE DEL DIOS CLEMENTE Y MISERICORDIOSO

1.—Cuando el sol sea plegado[1115],

2.—Cuando las estrellas caigan,

3.—Cuando las montañas sean puestas en movimiento,

4.—Cuando las hembras de camello sean abandonadas,

5.—Cuando los animales salvajes estén reunidos en tropas,

6.—Cuando los mares hiervan,

7.—Cuando las almas estén aparejadas[1116],

8.—Cuando se pregunte a la hija enterrada viva[1117].

9.—Por qué crimen se le dio muerte,

10.—Cuando la hoja del libro sea desenrollada,

11.—Cuando los cielos sean puestos a un lado,

12.—Cuando los braseros del infierno ardan con ruido[1118],

13.—Cuando el paraíso se acerque,

14.—Toda alma reconocerá entonces la obra que ha hecho.

15.—No juraré por las *estrellas* retrógradas,

16.—Que corren rápidamente y se ocultan.

17.—Juro por la noche cuando aparece,

1115   La voz *kawwara* (ha plegado) se emplea hablando del turbante; entonces hay que figurarse al ser como un disco hecho de alguna materia dúctil; la palabra *kawwara* significa también desenganchar algún objeto y tirarlo; este sentido sería tal vez más natural.

1116   Unidas a los cuerpos, o bien las almas de los individuos justos unidas a las bellezas del paraíso, y las de los réprobos a los demonios. Estas diferentes interpretaciones dan los comentadores.

1117   Los árabes idólatras consideraban una desgracia el nacimiento de las hijas, y a veces se desembarazaban de ellas enterrándolas vivas.

1118   Literalmente: cuando el brasero del infierno sea removido con una horca para que arda mejor.

18.—Por la aurora cuando se desvanece,

19.—Que el Corán es la palabra del enviado ilustre[1119],

20.—Poderoso cerca del dueño del trono, firme,

21.—Obedecido[1120] y fiel.

22.—Vuestro conciudadano no es un poseído.

23.—Lo ha visto indistintamente en la cima del cielo,

24.—Y no sospecha los misterios que son revelados.

25.—No son las palabras del demonio el lapidado.

26.—¿Adónde vais, pues? (*¿A qué pensamiento os entregáis?*)

27.—El Corán es una advertencia para el universo,

28.—Para los que buscan la senda recta.

29.—Pero no podéis querer más que lo que quiere Dios, el soberano del universo.

1119   El ángel Gabriel.
1120   Obedecido por los ángeles colocados bajo sus órdenes.

SURA LXXXII
EL CIELO QUE SE HIENDE

DADO EN LA MECA.—19 VERSÍCULOS
EN NOMBRE DEL DIOS CLEMENTE Y MISERICORDIOSO

1.—Cuando el cielo se hienda,

2.—Cuando las estrellas se dispersen,

3.—Cuando los mares confundan sus aguas[1121],

4.—Cuando las tumbas estén trastornadas,

5.—El alma verá sus acciones antiguas y recientes.

6.—¡Oh, hombre! ¿Qué es lo que te ha cegado para no ver a tu generoso dueño,

7.—A tu dueño, que te ha creado, que te ha dado perfección y exactitud en tus formas,

8.—Que te ha modelado según la forma que ha querido?

9.—Pero vosotros tratabais su religión de mentira.

10.—En verdad, hay guardianes *que os vigilan,*

11.—*Guardianes* ilustres que escriben vuestras acciones.

12.—Saben lo que hacéis.

13.—En verdad, los justos estarán en la mansión de las delicias,

14.—Y en verdad, los libertinos estarán en el infierno.

15.—En el día de la retribución serán quemados en el fuego.

16.—No podrán librarse de él.

17.—¿Qué es lo que te hará conocer lo que es el día de la retribución?

18.—Una vez más, ¿quién te hará conocer lo que es el día de la retribución?

19.—Es el día en que una alma no podrá nada por una alma[1122]. Ese día todo volverá a Dios.

1121   Sin duda hay que entender por esta confusión de los mares, la mezcla de las aguas dulces con las aguas saladas, que están, según el Corán, separadas por una barrera.

1122   Es decir, que toda alma responderá de sus propias obras y no podrá interceder por otra.

SURA LXXXIII
Los Defraudadores

Dado en la Meca.—36 versículos
En nombre del Dios clemente y misericordioso

1.—Desgraciados de los que falsean la medida o el peso[1123],

2.—Que comprando exigen una medida llena,

3.—Y cuando miden o pesan para los demás los engañan.

4.—¿No saben que serán resucitados un día,

5.—El gran día (*de la resurrección*)?

6.—Ese día los hombres aparecerán ante el dueño del universo.

7.—Sí, la lista de los prevaricadores está en el Siddjin.

8.—¿Quién te hará conocer lo que es el Siddjin?

9.—Es un libro cubierto de caracteres.

10.—En ese día, desgraciados de los que traten *nuestros signos* de mentiras,

11.—Que miran el día de la retribución como una mentira.

12.—El trasgresor, el culpable, son los únicos que pueden tratarlo de mentira;

13.—Ellos, que cuando se recitan nuestros versículos dicen: son cuentos de los antiguos.

14.—No. Pero sus malas obras han echado un velo sobre sus corazones.

15.—Seguramente, ese día serán separados de la vista de su Señor por un velo;

16.—Luego serán precipitados en el infierno.

17.—Se les dirá: He aquí el castigo que tratabais de mentira.

18.—Seguramente, la lista de los justos está en el Iliun.

19.—¿Quién te hará conocer el Iliun?[1124]

1123   Se trata aquí de los que defraudan o engañan en la medida o en el peso.

1124   Según la explicación del Corán, *Iliun*, como *Siddjin*, es un libro en el que están inscritas las acciones de los hombres. Según algunos, Iliun sirve también para

20.—Es un libro cubierto de caracteres.

21.—Los que se acercan al eterno son testigos de lo que en él se traza.

22.—En verdad, los justos estarán en la mansión de las delicias.

23.—*Tendidos* en asientos, fijarán aquí y allá sus miradas.

24.—En sus frentes reconocerás el brillo de la felicidad.

25.—Se les presentará a beber vino exquisito, lacrado.

26.—El lacre será de almizcle. Que los que quieran luchar para conquistarlo, luchen.

27.—Este vino estará mezclado con agua de Tasnim,

28.—Que es una fuente donde se saciarán los que se acercan al eterno.

29.—Los criminales se burlaban de los creyentes.

30.—Cuando pasaban junto a ellos se hacían signos de inteligencia con los ojos.

31.—Y cuando volvían a en medio de sus familias se alegraban a expensas de ellos (*de los creyentes*).

32.—Cuando los veían, decían: son hombres extraviados,

33.—Y, sin embargo, no han sido enviados para velar por ellos.

34.—Hoy los creyentes se reirán de los infieles,

35.—Tendidos sobre asientos y fijando aquí y allá sus miradas.

36.—¿No serán recompensados los infieles según sus obras?

designar un lugar elevado cerca del trono de Dios, destinado a mansión de los bienaventurados.

SURA LXXXIV
La abertura o el cielo que se entreabre[1125]

Dado en la Meca.—25 versículos
En nombre del Dios clemente y misericordioso

1.—Cuando el cielo se hienda,

2.—Cuando haya obedecido al Señor y se encargue de ejecutar sus órdenes,

3.—Cuando la tierra sea extendida,

4.—Cuando haya rechazado *de su seno*[1126] todo lo que llevaba y quede desierta,

5.—Cuando haya obedecido al Señor y se encargue de ejecutar sus órdenes,

6.—Entonces, oh tú, hombre, tú que deseabas ver a tu Señor, lo verás.

7.—Aquel a quien se dé el libro de sus obras en la mano derecha,

8.—Será juzgado con suavidad,

9.—Volverá gozoso a su familia.

10.—Aquel a quien se dé el libro de sus obras detrás de la espalda[1127],

11.—Invocará la muerte,

12.—Mientras que arderá el fuego.

13.—En la tierra se regocijaba en el seno de su familia;

14.—Se imaginaba que no comparecería nunca ante Dios.

15.—Pero Dios lo veía todo.

16.—No juraré por el crepúsculo,

17.—Por la noche y por lo que reúne,

18.—Por la luna cuando se completa y está en su pleno.

1125   El título de este *sura*, como el del LXXXII, consiste en un nombre de acción formado de la palabra *hendirse, entreabrirse.*

1126   Es decir: los muertos de las tumbas y los tesoros que encierra.

1127   Es decir: en la mano izquierda, pues los infieles tendrán la derecha atada al cuello y la izquierda vuelta a la espalda.

19.—Pasaréis de grado en grado.

20.—¿Por qué, pues, no creen?

21.—¿Por qué, cuando se les recita el Corán, no se prosternan?

22.—Es más, los infieles lo tratan de impostura;

23.—Pero Dios conoce su odio secreto.

24.—Anuncia el castigo terrible.

25.—Exceptuados los que han creído y practican el bien, pues recibirán una perfecta recompensa[1128].

1128   Literalmente: una recompensa que irá acompañada de reproches, pues el valor de un benéfico es siempre aminorado cuando se echa en cara.

SURA LXXXV
LOS SIGNOS CELESTES[1129]

DADO EN LA MECA.—22 VERSÍCULOS
EN NOMBRE DEL DIOS CLEMENTE Y MISERICORDIOSO

1.—*Juro* por el cielo ornado de *doce signos del zodíaco*,

2.—Por el día prometido,

3.—Por el testigo y el testimonio[1130].

4.—Perezcan (*malditos sean*) los dueños del foso[1131]

5.—Lleno de un fuego mantenido sin cesar,

6.—Cuando estaban sentados alrededor,

7.—Para ser ellos mismos testigos de lo que hacían sufrir a los creyentes.

8.—No les han atormentado nada más que porque estos creían en Dios poderoso y glorioso,

9.—En Dios a quien pertenece el imperio de los cielos y de la tierra y que es testigo de todas las acciones.

10.—Los que hacían sufrir tormentos a los fieles de ambos sexos, que no han hecho penitencia, sufrirán los tormentos de la gehena, los tormentos del fuego.

11.—Los que hayan practicado el bien tendrán por recompensa los jardines bañados por corrientes de agua. Será una dicha inmensa.

12.—La venganza de tu Señor será terrible.

13.—Lo produce *todo* y hace volver *todo a él*.

1129   El título de este *sura* es propiamente los signos del zodíaco, *elburudj*, plural de *burdj*, del griego *pyrgos*, torre.

1130   Se difiere en el sentido de estas palabras; unos creen que por el testigo se debe entender Muhammad, y por el testimonio, la fe. Otros aplican estas palabras a otros guardianes, testigos de las acciones de los hombres, y a las acciones de los hombres que son vistas.

1131   La historia de los árabes antes de Muhammad habla de un rey del Yemen llamado *Dhu Nowas*, judío de religión, que hacía arrojar a los cristianos en un foso lleno de fuego para obligarles a renunciar a su fe.

14.—Es indulgente y lleno de amor.

15.—Es el dueño del trono glorioso.

16.—Hace lo que le place.

17.—¿No has oído nunca la historia de los ejércitos

18.—De Faraón y de los temuditas?

19.—Pero los infieles lo niegan todo.

20.—Dios está detrás de ellos; los cerca.

21.—Este Corán glorioso

22.—Está escrito en una tabla guardada *con cuidado.*

SURA LXXXVI
LA ESTRELLA NOCTURNA

DADO EN LA MECA.—17 VERSÍCULOS
EN NOMBRE DEL DIOS CLEMENTE Y MISERICORDIOSO

1.—*Juro* por el cielo y por la ESTRELLA NOCTURNA.

2.—¿Quién te hará conocer lo que es la estrella nocturna?

3.—Es la estrella que lanza dardos.

4.—Toda alma tiene un guardián que la vigila.

5.—Que el hombre considere que ha sido creado

6.—De una gota de agua extendida,

7.—Salida de los riñones y de los huesos del pecho[1132].

8.—Ciertamente, Dios puede resucitarlo.

9.—El día en que sea revelado todo lo que está oculto,

10.—Y en que no tenga ni poder ni apoyo, *excepto en Dios.*

11.—Lo juro por el cielo que realiza sus revoluciones,

12.—Por la tierra que se parte *para hacer germinar plantas.*

13.—En verdad, el Corán es una palabra que decide;

14.—No es un discurso frívolo.

15.—Ponen ellos en práctica sus estrategias

16.—Y yo pondré las mías.

17.—Concede un plazo a los infieles; déjales descansar algunos instantes.

1132   Los huesos del pecho de la mujer que recibe la fecundación.

SURA LXXXVII
EL ALTÍSIMO

DADO EN LA MECA.—19 VERSÍCULOS
EN NOMBRE DEL DIOS CLEMENTE Y MISERICORDIOSO

1.—Celebra el nombre de tu Señor el ALTÍSIMO,

2.—Que ha creado *todo* y ha establecido el equilibrio en *todo*,

3.—Que ha fijado los destinos de todo y que lo dirige todo hacia un objeto,

4.—Que hace germinar la hierba de los pastos

5.—Y la reduce a heno seco.

6.—Te enseñaremos a leer el Corán, y tú no olvidarás nada,

7.—Excepto lo que Dios quiera; pues conoce lo que se ve a la luz y lo que se oculta.

8.—Te haremos nuestras sendas fáciles.

9.—Advierte, pues tus advertencias son saludables.

10.—Todo el que teme a Dios reflexionará.

11.—Solo el réprobo se alejará.

12.—El que no sea expuesto al fuego terrible

13.—No morirá y no vivirá.

14.—Feliz el que se conserva puro,

15.—Que repite el nombre de Dios y ora.

16.—Pero vosotros preferís la vida de este mundo;

17.—Y, sin embargo, la vida futura vale más y es más duradera.

18.—Esto se halla en los libros antiguos,

19.—En los libros de Abrahán y de Moisés.

SURA LXXXVIII
EL DÍA QUE ENVUELVE[1133]

DADO EN LA MECA.—26 VERSÍCULOS
EN NOMBRE DEL DIOS CLEMENTE Y MISERICORDIOSO

1.—¿No has oído hablar nunca del día que lo envolverá todo,

2.—Del día en que las caras estarán bajas,

3.—Trabajando y agobiadas de fatiga,

4.—Quemadas con fuego ardiente,

5.—Saciándose en una fuente?

6.—No tendrán más alimento que el fruto de *dari*[1134];

7.—El cual no les engordará ni aplacará su hambre.

8.—Ese día, otras caras estarán gozosas,

9.—Satisfechas de sus labores anteriores.

10.—Permanecerán en un jardín sublime,

11.—Donde no se oirá palabra frívola.

12.—Se hallarán allí fuentes de aguas corrientes,

13.—Asientos elevados *por encima del suelo*,

14.—Copas preparadas,

15.—Cojines dispuestos en orden,

16.—Alfombras extendidas.

17.—¿No han fijado los ojos en el camello, como ha sido creado;

18.—En el cielo, como ha sido elevado;

19.—Y en las montañas, como han sido plantadas *en la tierra*,

20.—Y en la tierra, como ha sido descendida?

21.—Advierte a los hombres, pues tú solo eres un amonestador;

22.—Tú no tienes el poder absoluto sobre ellos;

1133   El título de este *sura* es *Elgachiid*. Esta palabra se dice como participio de todo lo que cubre o envuelve; se dice de la manta de los caballos. Aquí se dice del día de la resurrección que envolverá a todo el género humano.

1134   *Dari* es un arbusto espinoso que da un fruto de un gusto muy agrio. Esta palabra quiere decir también, en general, los cardos y los espinos.

23.—Pero el que vuelve la espalda y no cree,

24.—Dios le hará sufrir el gran castigo.

25.—A mí es a quien volverán,

26.—Y luego yo me encargo de su cuenta.

SURA LXXXIX
EL RAYAR DEL ALBA

DADO EN LA MECA.—30 VERSÍCULOS
EN NOMBRE DEL DIOS CLEMENTE Y MISERICORDIOSO

1.—Juro por el RAYAR DEL ALBA y las diez noches[1135],

2.—Por lo que es doble y simple,

3.—Por la noche cuando prosigue su carrera.

4.—¿No es un juramento que sienta a un hombre sensato?

5.—¿No ves a qué ha reducido Dios al pueblo de Ad,

6.—Que habitaba Irem la de las grandes columnas[1136],

7.—*Ciudad* que no tenía igual en ningún país?

8.—¿A qué ha reducido a los temuditas que tallaban sus casas en roca en el valle[1137],

9.—Y a Faraón, inventor del suplicio de los piadosos?[1138]

10.—Todos oprimían la tierra,

11.—Y propagaban en ella el mal.

12.—Dios les aplicará a todos el látigo del castigo;

13.—Pues tu Señor está siempre en observación.

14.—Cuando, para probar al hombre, Dios le colma de beneficios,

15.—El hombre dice: El Señor me ha tenido consideraciones.

1135   Se trata aquí de las diez noches sagradas del mes de *Dhul-hidjdjhe.*

1136   Uno de los reyes de este pueblo, llamado *Chedad,* oyó hablar del paraíso y de sus delicias e imaginó construir en sus estados palacios y hacer jardines que por su magnificencia y belleza diesen una idea del paraíso. Los escritores orientales, especialmente los poetas, comparan a veces parajes encantadores y hermosos palacios con los jardines de Irem. Estos jardines y estos edificios fueron destruidos por un grito salido del cielo, en castigo de los crímenes de los pueblos de aquel país.

1137   Es el valle llamado *Wadilkora,* situado a una jornada de distancia de *Elaedjr.*

1138   El texto dice: Y a Faraón, dueño de las estacas; lo cual, al decir de los comentadores, puede significar que hacía aplicar a los creyentes de su tiempo el suplicio de las estacas, es decir, el empalamiento; o bien, dueño de una numerosa comitiva y que por lo tanto necesitaba muchas estacas para armar las tiendas.

16.—Pero que Dios, para probarlo, le mida los dones,

17.—Y el hombre exclama: El Señor me ha hecho una afrenta.

18.—De ningún modo; pero ¿no tenéis ninguna consideración al huérfano?

19.—No os excitáis mutuamente al alimentar al pobre;

20.—Devoráis la herencia *de los demás* con una avidez ciega[1139]

21.—Y amáis las riquezas con un amor sin límites.

22.—Sí; cuando la tierra esté reducida a partículas;

23.—Cuando tu Señor venga y los ángeles formen las filas;

24.—Cuando avance la gehena que debe tragar a los *criminales*[1140], ¡oh! entonces el hombre reflexionará; pero ¿de qué le servirá entonces reflexionar?

25.—*Exclamará:* Ojalá hubiese hecho el bien durante mi vida. Ese día nadie sabrá castigar como Dios;

26.—Nadie sabrá cargar de cadenas como Dios.

27.—Y en cuanto a ti, oh alma *del fiel*, tranquila sobre tu suerte,

28.—Vuelve al lado de Dios, satisfecha de *tu recompensa* y agradable a Dios;

29.—Entra en el número de sus servidores;

30.—Entra en mi paraíso.

1139   Es decir: sin preocuparos de saber si la adquisición es lícita o ilícita.

1140   La traducción reproduce imperfectísimamente la terrible imagen que encierra la concisa expresión del texto; para hacerla más sensible nos permitiremos comparar la gehena, que aparece en medio del espantoso cataclismo del universo, con una inmensa locomotora que avanza con estrépito por los rieles y que abre sus flancos vomitando fuego.

SURA XC
EL PAÍS

DADO EN LA MECA.—20 VERSÍCULOS
EN NOMBRE DEL DIOS CLEMENTE Y MISERICORDIOSO

1.—No juraré por este país,

2.—El territorio que tú has venido a habitar;

3.—Ni por el padre, ni por el hijo.

4.—Hemos creado al hombre en la miseria.

5.—¿Se imagina que nadie puede más que él?[1141]

6.—Exclama: He gastado enormes sumas.

7.—¿Piensa que nadie le ve?

8.—¿No le hemos dado dos ojos,

9.—Una lengua y dos labios?

10.—¿No le hemos conducido por los grandes caminos (*del bien y del mal*)?

11.—Y, sin embargo, aún no ha descendido la pendiente[1142].

12.—¿Qué es lo que puede enseñarte lo que es la pendiente?

13.—Es rescatar cautivos,

14.—Mantener en los días de penuria

15.—Al huérfano, que es nuestro semejante,

16.—O al pobre sumido en la desnudez,

17.—Y que además es del número de los que creen y se recomiendan mutuamente la paciencia y la compasión.

18.—Todos estos serán los hombres de la derecha *el día del juicio final.*

19.—Los que no crean en nuestros signos serán los hombres de la izquierda;

20.—Encima de ellos se extenderá el fuego.

1141 Unos creen que en este pasaje se alude a *Walid ben Moghaira*, uno de los adversarios más terribles de Muhammad; otros, que este pasaje concierne a un tal *Abul Achad ebn el Kalda*, dotado de una fuerza hercúlea.

1142 La palabra árabe es *akaba*, colina, cuesta que se sube o se baja.

SURA XCI
EL SOL

DADO EN LA MECA.—15 VERSÍCULOS
EN NOMBRE DEL DIOS CLEMENTE Y MISERICORDIOSO

1.—*Juro* por el SOL y su claridad,

2.—Por la luna, cuando le sigue de cerca,

3.—Por el día, cuando lo deja ver en todo su brillo,

4.—Por la noche, cuando lo vela,

5.—Por el cielo y por el que lo ha edificado,

6.—Por la tierra y por el que la ha extendido *como un tapiz,*

7.—Por el alma y por el que la ha formado,

8.—Y que ha inspirado su maldad y su piedad.

9.—El que la conserve pura será feliz;

10.—El que la corrompa será perdido.

11.—Temud, extraviado por su espíritu de rebelión, ha tratado de mentira la *misión de Saleh.*

12.—Cuando los más facciosos acudieron para *matar la camella,*

13.—El apóstol de Dios, *Saleh,* les dijo: es la camella de Dios; dejadla beber.

14.—Le trataron de impostor y mataron la camella. El Señor les castigó por su crimen y extendió su castigo a todos[1143],

15.—Y no teme las consecuencias.

1143   Nadie se libró del castigo.

SURA XCII
La Noche

DADO EN LA MECA.—21 VERSÍCULOS
EN NOMBRE DEL DIOS CLEMENTE Y MISERICORDIOSO

1.—*Juro* por la NOCHE, cuando extiende su velo,

2.—Por el día, cuando reluce con todo su brillo,

3.—Por el que ha creado el macho y la hembra;

4.—Vuestros esfuerzos tienen fines diferentes;

5.—Pero el que da y el que teme,

6.—Que presta fe a la hermosa *palabra de la revelación,*

7.—A ese le hacemos fácil el camino de la dicha.

8.—Pero el que es avaro de sus bienes y desdeña *todo lo demás,*

9.—Que considera una mentira la hermosa *palabra de la revelación,*

10.—A ese le hacemos penoso el camino que conduce a la adversidad.

11.—Sus riquezas no le servirán de nada, cuando perezca miserablemente *en el foso* del infierno.

12.—Nosotros nos encargamos de dirigir *a los hombres.*

13.—A nosotros pertenecen la vida futura y la vida de aquí abajo.

14.—Ya os he advertido del fuego que flamea.

15.—Solo será arrojado a él el miserable

16.—Que trata de mentira la revelación y vuelve la espalda.

17.—El hombre piadoso se librará.

18.—El que gasta sus riquezas para hacerse más puro

19.—Y no para que sus beneficios le sean remunerados,

20.—Sino por el solo deseo de obtener miradas del Dios sublime.

21.—Y seguramente quedará satisfecho.

SURA XCIII
LA MAÑANA

DADO EN LA MECA.—11 VERSÍCULOS
EN NOMBRE DEL DIOS CLEMENTE Y MISERICORDIOSO

1.—Juro por la mañana[1144],
2.—Por la noche, cuando las tinieblas espesan;
3.—Tu Señor no te ha olvidado, no te ha tomado odio[1145].
4.—La vida futura vale más para ti que la vida presente.
5.—Dios te concederá bienes y quedarás satisfecho.
6.—¿No eras huérfano y no te ha acogido?
7.—Te ha hallado extraviado y te ha guiado.
8.—Te ha hallado pobre y te ha enriquecido.
9.—No emplees la violencia con el huérfano.
10.—Guárdate de rechazar al mendigo.
11.—Cuenta más bien los beneficios de tu Señor.

1144 La palabra del texto significa, ora el día en general, ora esa hora de la mañana en que el sol está bastante elevado.
1145 Se dice que este versículo fue revelado a Muhammad cuando se quejó a Dios de una larga interrupción en las revelaciones celestes, mientras que los idólatras le agobiaban con preguntas e interpretaban mal su silencio.

SURA XCIV
¿NO HEMOS ABIERTO?

DADO EN LA MECA.—8 VERSÍCULOS
EN NOMBRE DEL DIOS CLEMENTE Y MISERICORDIOSO

1.—¿NO HEMOS ABIERTO tu corazón[1146],

2.—Y quitado el fardo

3.—Que agobiaba tus hombros?

4.—¿No hemos levantado muy alto tu nombre?

5.—Pero al lado de la adversidad está la dicha.

6.—En verdad, al lado de la adversidad está la dicha.

7.—Cuando hayas acabado la obra, tómate la pena[1147]

8.—Y búscala con fervor.

1146   Los versículos 1-3 encierran una alusión a una leyenda sobre la vida de Mu-hammad, si es que no dieron origen a ella. Según la tal leyenda, cuando Muhammad estaba aún con la nodriza, fue abordado por dos desconocidos que, acostándolo en tierra, le abrieron el corazón, lo lavaron y le quitaron una mancha negra que tenía. Aquellos dos desconocidos eran dos ángeles, y la mancha negra el pecado original, del que libraron a Muhammad.

1147   Cuando hayas acabado de llamar a los otros a la oración, ponte tú también a orar a Dios.

SURA XCV
LA HIGUERA

DADO EN LA MECA.—8 VERSÍCULOS
EN NOMBRE DEL DIOS CLEMENTE Y MISERICORDIOSO

1.—*Juro* por la HIGUERA y por el olivo,

2.—Por el monte Sinaí,

3.—Por ese territorio sagrado *de la Meca.*

4.—Hemos creado al hombre de la manera más hermosa[1148].

5.—Luego lo precipitaremos hacia el grado más bajo de la escala,

6.—Excepto a los que hayan creído y hecho el bien; pues estos tendrán una perfecta recompensa.

7.—¿Qué es lo que puede hacerte en lo sucesivo tratar de mentira la religión verdadera?

8.—¿No es Dios el mejor juez?

1148   Es decir, de talle recto, hermoso rostro y reuniendo las ventajas de todos los seres creados; es un microcosmos.

SURA XCVI
LA SANGRE COAGULADA[1149]

DADO EN LA MECA.—19 VERSÍCULOS
EN NOMBRE DEL DIOS CLEMENTE Y MISERICORDIOSO

1.—Lee, en nombre de tu Señor que lo ha creado *todo*,

2.—Que ha creado al hombre de SANGRE COAGULADA[1150];

3.—Lee, pues tu Señor es el más generoso.

4.—Él es el que ha enseñado (al hombre) a servirse de la pluma (*del kalen*);

5.—Ha enseñado al hombre lo que el hombre no sabía.

6.—Sí. Pero el hombre se vuelve rebelde

7.—Tan pronto como se ve rico[1151].

8.—Todo debe volver a Dios.

9.—¿Qué piensas del que impide

10.—Al servidor que ruegue a Dios?

11.—¿Qué te parece si siguiese más bien la senda recta

12.—Y recomendase la piedad?

13.—¿Qué te parece, si el hombre trata la verdad de mentira y vuelve la espalda?

14.—¿Ignora que Dios le ve?

15.—Sí, y si no cesa, le asiremos por los cabellos de la frente,

16.—De su frente engañosa y culpable.

17.—Que él convoque su consejo,

18.—Y nosotros convocaremos a nuestros guardianes.

19.—No le obedezcas; pero adora a Dios y procura acercarte a él.

1149   Se cree que este *sura* fue el primero revelado a Muhammad, cuando se hallaba en la montaña de Hira, solitario y sumido en la meditación.

1150   Véase *sura* XXII, 5.

1151   Los versículos 6 y 7, que pueden aplicarse, en el primer *sura* revelado, al hombre en general, son referidos por los comentadores a un tal *Abu-Djahl*, encarnizado enemigo de Muhammad, que había dicho que si veía a Muhammad orar y prosternarse, le pondría el pie sobre la nuca.

SURA XCVII
AL-KADR[1152]

DADO EN LA MECA.—5 VERSÍCULOS
EN NOMBRE DEL DIOS CLEMENTE Y MISERICORDIOSO

1.—¿Nosotros hemos hecho descender el Corán en la noche de AL-KADR?[1153]

2.—¿Quién te hará conocer lo que es la noche de al-Kadr?

3.—La noche de al-Kadr vale más que mil meses.

4.—En esa noche los ángeles y el espíritu descienden al mundo con permiso de Dios para vigilar todas las cosas[1154].

5.—La paz acompaña a esa noche hasta el nacer de la aurora.

1152   Es decir: Las sentencias inmutables.

1153   *Kadr* significa sentencias inmutables. Se puede comparar este pasaje con los versículos 2 y 3 Del *sura* XLIV. En la noche de *al-Kadr*, que se cree sea la del 23 al 24 del mes de Ramadán, es cuando el Corán fue revelado por entero a Muhammad. En aquella noche los negocios del universo quedan fijados y resueltos para todo el año.

1154   Véase *sura* LXX, 4, nota.

SURA XCVIII
EL SIGNO EVIDENTE[1155]

DADO EN LA MECA.—8 VERSÍCULOS
EN NOMBRE DEL DIOS CLEMENTE Y MISERICORDIOSO

1.—Los infieles entre los que han recibido las escrituras, así como los idólatras, no han hecho escisión[1156] hasta que hubo aparecido el SIGNO EVIDENTE *de la bondad de Dios;*

2.—Un enviado llegado de parte de Dios y que les lee páginas que encierran las verdaderas escrituras.

3.—Los que han recibido las escrituras no se han dividido en sectas hasta que les fue ofrecido el signo evidente.

4.—¿Qué les manda más que adorar a Dios con un culto sincero, ser adictos a Dios, observar la plegaria y hacer limosna? Esta es la religión verdadera.

5.—Los infieles entre los que han recibido las escrituras, y los idólatras, permanecerán eternamente en el fuego de la gehena. Son los peores de todos los seres creados.

6.—Los que creen y practican el bien son los mejores seres creados.

7.—Su recompensa cerca de Dios son los jardines del Edén, bañados por corrientes de agua, y permanecerán allí eternamente.

8.—Dios estará satisfecho de ellos y ellos estarán satisfechos de él. He aquí lo que está reservado al que teme al Señor.

1155   Este *sura* lleva también en árabe el título *Lam yakun,* de las primeras palabras del primer versículo de este *sura.*

1156   Porque —dicen los comentadores— antes de la venida de Muhammad, todos esperan un profeta y se prometían creer en su misión.

SURA XCIX
EL TEMBLOR DE TIERRA

DADO EN LA MECA.—8 VERSÍCULOS
EN NOMBRE DEL DIOS CLEMENTE Y MISERICORDIOSO

1.—Cuando la tierra tiemble con ese TEMBLOR que le está reservado[1157];

2.—Cuando sacuda su carga[1158],

3.—El hombre preguntará: ¿Qué tiene?

4.—Entonces contará su suerte[1159]

5.—Según lo que tu Señor le revele.

6.—En ese día, los hombres avanzarán por tropas para ver sus obras.

7.—El que haya hecho el bien del peso de un átomo, lo verá.

8.—Y el que haya cometido el mal del peso de un átomo lo verá también.

1157   Al primero o segundo toque de trompeta.

1158   Cuando haya vomitado los muertos que reposan en sus entrañas, es decir, en las tumbas.

1159   Contará toda su historia y por qué tiembla.

SURA C
Los Corceles

Dado en la Meca.—11 versículos
En nombre del Dios clemente y misericordioso

1.—*Juro* por los CORCELES jadeantes,

2.—Por los corceles que hacen salir el fuego bajo sus *herraduras*,

3.—Por los que atacan a los enemigos por la mañana;

4.—Que levantan polvo a su paso,

5.—Que se abren camino a través de las columnas enemigas.

6.—En verdad, el hombre es ingrato con su Señor,

7.—Y en verdad, lo ve él mismo.

8.—Es ardiente en su amor por los bienes de este mundo.

9.—Ignora cuándo será trastornado[1160] lo que hay en las tumbas;

10.—Cuándo los secretos del corazón aparecerán a la luz del día.

11.—Que Dios conocerá entonces sus acciones.

1160   Es decir, cuando, al acercarse el juicio final, los muertos sean sacudidos y salgan de sus tumbas.

SURA CI
EL GOLPE

DADO EN LA MECA.—8 VERSÍCULOS
EN NOMBRE DEL DIOS CLEMENTE Y MISERICORDIOSO

1.—EL GOLPE. ¿Qué es el golpe?[1161]

2.—¿Quién te enseñará lo que es golpe?

3.—El día en que los hombres estén dispersos como mariposas,

4.—En que las montañas vuelen como mechones de lana teñida;

5.—Aquel cuyas obras pesen mucho en la balanza, tendrán una vida agradable,

6.—Aquel cuyas obras sean ligeras, tendrá por morada la fosa (*el hawiye*).

7.—¿Quién es el que puede enseñarte lo que es esta fosa?

8.—Es el fuego ardiente.

1161   El golpe, el gran golpe, será el día del juicio final.

SURA CII
El Deseo De Enriquecerse

DADO EN LA MECA.—8 VERSÍCULOS
EN NOMBRE DEL DIOS CLEMENTE Y MISERICORDIOSO

1.—El deseo de aumentar vuestras riquezas os preocupa,

2.—Hasta el momento en que descendéis a la tumba.

3.—En verdad, sabréis:

4.—Una vez más sabréis *lo que es.*

5.—¡Ah! ¡Si lo supieseis de ciencia cierta!

6.—Veréis *entonces* el infierno;

7.—Lo veréis con la más perfecta certidumbre.

8.—Entonces seréis interrogados respecto de los placeres de *este mundo.*

SURA CIII
LA HORA DE LA TARDE

DADO EN LA MECA.—3 VERSÍCULOS
EN NOMBRE DEL DIOS CLEMENTE Y MISERICORDIOSO

1.—*Lo juro* por LA HORA DE LA TARDE,

2.—Que el hombre trabaja para su perdición.

3.—Exceptuarás a los que creen y practican las buenas obras y que se recomiendan mutuamente la verdad y la paciencia.

SURA CIV
EL DIFAMADOR

DADO EN LA MECA.—9 VERSÍCULOS
EN NOMBRE DEL DIOS CLEMENTE Y MISERICORDIOSO

1.—Desgraciado de todo DIFAMADOR maldiciente,

2.—Que amontona riquezas y las guarda para el porvenir.

3.—Se imagina que sus tesoros le harán vivir eternamente.

4.—De seguro será precipitado en *al-hotama*[1162].

5.—¿Quién te enseñará lo que es *al-hotama*?

6.—Es el fuego de Dios, el fuego encendido

7.—Que invadirá los corazones de los *réprobos*.

8.—Los rodeará como una bóveda

9.—*Que descansa* sobre columnas.

1162 *Al-hotama* es uno de los nombres del infierno y especialmente de uno de los lugares en donde todo lo que se eche será hecho pedazos.

SURA CV
EL ELEFANTE

DADO EN LA MECA.—5 VERSÍCULOS
EN NOMBRE DEL DIOS CLEMENTE Y MISERICORDIOSO

1.—¿Has visto como el Señor ha tratado a los hombres del ELE-
FANTE?[1163]

2.—¿No ha derrotado sus estratagemas?

3.—¿No ha enviado contra ellos los pájaros ababils,

4.—Que les lanzaban piedras con marcas impresas en el cielo?

5.—Hizo como con la pelota cuyo grano fue comido.

1163   En el mismo año del nacimiento de Muhammad, Abrahá, príncipe de raza
etíope, que reinaba en Arabia, hizo una expedición contra la Meca, con objeto de
demoler el famoso templo de la Caaba y de hacer refluir los pueblos que allí acudían
hacia Sanaá, capital de su reino. Según las tradiciones del país, conservadas religio-
samente por los árabes y sancionadas por este *sura*, Abrahá perdió todo su ejército
atacado por pájaros *ababils* que lanzaban dardos mortales contra los invasores. El
elefante blanco que montaba Abrahá se arrodilló en señal de adoración cuando llegó
a la vista de la Meca. Abrahá recibió el nombre de dueño del Elefante, o de hombre
del Elefante, su ejército el de hombres del Elefante, y el año de la expedición, el del
año del Elefante. *Sprengel* ha conjeturado (*Hist. de la Medicina*) que los pájaros ababils, tan funestos para el ejército de Abrahá, no eran más que las pústulas y la sífilis.
M. de Ammer (*Gemaldesal*, 1, 24) cita en apoyo a esta conjetura a un biógrafo de
Muhammad que dice que la sífilis se presentó por primera vez en Arabia el mismo
año del elefante.

SURA CVI
LOS KOREICHITAS

DADO EN LA MECA.—4 VERSÍCULOS
EN NOMBRE DEL DIOS CLEMENTE Y MISERICORDIOSO

1.—A la unión de los KOREICHITAS;

2.—En su unión para enviar caravanas durante el invierno y el verano.

3.—Que sirvan al Dios de este templo, al Dios que les ha alimentado y preservado del hambre,

4.—Y que les ha librado de las alarmas.

SURA CVII
LA LIMOSNA[1164]

DADO EN LA MECA.—7 VERSÍCULOS
EN NOMBRE DEL DIOS CLEMENTE Y MISERICORDIOSO

1.—¿Qué piensas del que trata esta religión de mentira?

2.—Él es el que rechaza al huérfano,

3.—El que no estimula a los demás a alimentar al pobre.

4.—¡Desgraciados de los que oran

5.—Y lo hacen negligentemente;

6.—Que lo hacen por ostentación,

7.—Y se niegan a hacer LA LIMOSNA *necesaria a los que la necesitan!*

1164   Algunos traducen la palabra *ma'un* del texto, por utensilios, cosas necesarias; los comentadores la traducen por *zekat*, diezmo, limosna legal. Este *sura* se titula también *El din*, la religión.

SURA CVIII
EL KAUTHER

DADO EN LA MECA.—3 VERSÍCULOS
EN NOMBRE DEL DIOS CLEMENTE Y MISERICORDIOSO

1.—Te hemos dado el KAUTHER[1165].
2.—Dirige tu plegaria al Señor e inmólale víctimas.
3.—El que te odie perecerá sin dejar huella de sí[1166].

1165   *Kauther* es el nombre de un río o de un lago del paraíso.
1166   La palabra del texto significa un animal que tiene cortada la cola o un hombre que no deja hijos, ni siquiera el recuerdo de su nombre.

SURA CIX
LOS INFIELES

DADO EN LA MECA.—6 VERSÍCULOS
EN NOMBRE DEL DIOS CLEMENTE Y MISERICORDIOSO

1.—Di: ¡Oh, INFIELES!
2.—No adoraré lo que vosotros adoráis.
3.—Vosotros no adoráis lo que yo adoro.
4.—Yo no adoro lo que vosotros adoráis.
5.—Vosotros no adoráis lo que yo adoro.
6.—Vosotros tenéis vuestra religión y yo tengo la mía.

SURA CX
LA ASISTENCIA

DADO EN LA MECA.—3 VERSÍCULOS
EN NOMBRE DEL DIOS CLEMENTE Y MISERICORDIOSO

1.—Cuando la ASISTENCIA de Dios y la victoria os lleguen,

2.—Y veas hombres entrar por legiones en el seno de la religión de Dios,

3.—Canta las alabanzas de tu Señor e implora su perdón, y en verdad a él le gusta perdonar.

SURA CXI
ABU-LAHAB[1167]

DADO EN LA MECA.—5 VERSÍCULOS
EN NOMBRE DEL DIOS CLEMENTE Y MISERICORDIOSO

1.—Que las dos manos de ABU-LAHAB perezcan y que perezca él mismo[1168].

2.—Sus riquezas, sus obras, no les servirán de nada.

3.—Será quemado en el fuego flameante.

4.—Así como su mujer, portadora de leña[1169].

5.—A su cuello irá atada una cuerda de filamentos de palmera.

1167   Este *sura* se titula propiamente *Tabbat* (perezca), de las palabras del primer versículo.

1168   *Abu-Lahab* era tío de Muhammad y al mismo tiempo uno de sus más encarnizados enemigos. Los comentadores advierten que por las palabras: las dos manos, debe entenderse: los bienes, la fortuna.

1169   La mujer de *Abu-Lahab*, llamada *Omm Djemil*, excitaba a su marido contra Muhammad; se dice que hasta echaba espinas en el camino que tenía que recorrer Muhammad, por lo cual la llamaba él *la portadora de leña*. Descenderá al infierno cargada con una rama.

SURA CXII
LA UNIDAD DE DIOS[1170]

DADO EN LA MECA.—4 VERSÍCULOS
EN NOMBRE DEL DIOS CLEMENTE Y MISERICORDIOSO

1.—Di: Dios es uno.
2.—Es el Dios a quien todos los seres se dirigen en sus necesidades.
3.—No ha engendrado y no ha sido engendrado.
4.—No tiene igual en nadie.

1170   O más exactamente: el reconocimiento del dogma de la unidad de Dios.

SURA CXIII1171
EL ALBA DEL DÍA

DADO EN LA MECA.—5 VERSÍCULOS
EN NOMBRE DEL DIOS CLEMENTE Y MISERICORDIOSO

1.—Di: Busco un refugio cerca del Señor del ALBA DEL DÍA,
2.—Contra la maldad de los seres que ha creado[1172],
3.—Contra la maldad de la noche sombría cuando nos sorprende[1173],
4.—Contra la maldad de los que soplan en los nudos[1174],
5.—Contra el mal de un envidioso que nos tiene envidia[1175].

1171   Este *sura* y el que sigue son llamados *elmuawidhetani*, es decir, los dos *suras* preservativos, porque comienzan con las palabras: *Busco un preservativo, un refugio*, y porque a causa de esto los llevan consigo a guisa de amuletos. El *sura* CXIII está destinado a prevenir contra las desgracias que puedan alcanzar al cuerpo; el *sura* CXIV contra los peligros del alma.

1172   Contra toda clase de seres que Dios ha creado y que pueden hacer daño al hombre.

1173   Una noche muy sombría está generalmente llena de desgracias, de crímenes, de incursiones.

1174   Algunos comentadores creen que por lo *que soplan en los nudos* debe entenderse las mujeres en general, que con sus astucias desconciertan los planes y las resoluciones de los hombres, como el que desenreda un hilo soplando. Otros pretenden que se trata aquí de aquellas hechiceras judías que hacían nudos y soplaban sobre ellos para embrujar a alguien. Se dice que Muhammad fue embrujado de este modo por un judío que había hecho once nudos en un hilo que suspendió en un pozo; el ángel Gabriel reveló entonces a Muhammad el secreto del embrujamiento, y los dos *suras* CXIII y CXIV. A cada lectura de estos *suras* se deshacía un nudo, y Muhammad sanó.

1175   El mal de una noche oscura, el mal de un envidioso, son las consecuencias funestas, las desgracias que hace nacer una noche oscura, que produce la envidia.

SURA CXIV
LOS HOMBRES

DADO EN LA MECA.—6 VERSÍCULOS
EN NOMBRE DEL DIOS CLEMENTE Y MISERICORDIOSO

1.—Di: Busco un refugio cerca del Señor de los Hombres,

2.—Rey de los hombres,

3.—Dios de los hombres;

4.—Contra la maldad del que sugiere malos pensamientos y se oculta,

5.—Que infunde el mal en los corazones de los hombres,

6.—Contra los genios y contra los hombres[1176].

1176 Es decir: Busco cerca de Dios un refugio para librarme lo mismo de los hombres malos que de los genios maléficos.

ÍNDICE ALFABÉTICO DE LAS MATERIAS QUE CONTIENE EL CORÁN[1]

A

Aarón, hermano de Moisés, II, 249; IV, 161; VI, 84; VII, 119, 138; X, 76; XIX, 29; XX, 31, 73, 92; XXI, 12; XXVIII, 34; XXXVII, 114.

Ababils, pájaros que destruyen el ejército de Abrahá, CV, 3.

Abeja (la). Lo que Dios le ha revelado, XVI, 70.

Abel y Caín, V, 30.

Abluciones, V, 8, 9. Véase Purificaciones.

Abubilla (la), XXVII, 20.

Abu-Djahl, enemigo de Muhammad, 7, nota.

Abu-Lahab, enemigo de Muhammad, es maldecido, CXI.

Abrahá, príncipe etíope; su expedición contra la Meca, CV, 1, nota.

Abrahán, II, 120, 127, 134; III, 30; IV, 57, 161; VI, 162; IX, 71; XI, 72; XV, 51; XVI, 121; XXIX, 15, 23 y siguientes; XXXVIII, 45; XLIII, 25; LIII, 28; LVII, 26; LX, 4; LXXXVII, 19.

—Es establecido imán o pontífice de los pueblos, II, 118, 119.

—Lo que le ocurrió con Nemrod, 11, 260, 262.

—Su estación en la Meca, III, 89, 91.

—Profesa el culto unitario; es muslim (musulmán), III, 58, 60.

—Es el amigo de Dios, IV, 125.

—Llega a adorar a un solo Dios, VI, 74-84.

—Procura convertir a su padre, IX, 115; XIX, 42, 43.

—Ruega por su raza, XIV, 38, 40, 41.

—Destruye los ídolos de su familia, VI, 76, 83; XXI, 52, 59; XXXVII, 81 y siguientes.

—Combate la idolatría de su familia, XXVI, 69 y siguientes.

—Es condenado a la hoguera, XXI, 68.

—Edifica la casa santa en la Meca, XXII, 27, 43.

—Está dispuesto a inmolar a su hijo, XXXVII, 101 y siguientes.

—Recibe la visita de los ángeles, XI, 72-74.

Abrogación de versículos del Corán, II, 100; XVI, 103.

Acciones (las) de los hombres están todas inscritas en Dios, IX, 122.

---

1 Los números romanos indican los suras, y los números arábigos los versículos.

Ad o *aditas* (los), tribu de la Arabia aniquilada por la ira de Dios, VII, 63; IX, 71; X, 52; XIV, 9; XXII, 43; XXV, 40; XXVI, 123-140; XXIX, 37; XXXVIII, 11; XL, 32; XLI, 12, 14; XLIV, 20, 24; L, 1; LI, 41; LIII, 51; LIV, 18; LXIX, 46; LXXXIX, 5.

Adán, padre del género humano, II; 28-35; III, 30-52; XVII, 63, 72; XIX, 59; XX, 114-120.

—Su pecado, VII, 18.

—Recibe las adoraciones de los ángeles, XVIII, 48.

Adoptivos (hijos), XXXIII, 4, 5, 37.

Adulterio (el), IV, 19, 30; XVII, 34; XXIV, 2-10 XXXIII, 30.

Ahmed, LXI, 6.

Aicba o *Aiescha*, mujer de Muhammad, calumniada, XXIV, 10, 11, nota.

Alah e *Ilah*. diferencia entre estas palabras, XIX, 66, nota.

Alejandro Magno. Véase Dhul Karnein.

Al-forkan, XXV, 1.

Alianzas con los infieles, LX, 1, 9.

Alimentos permitidos y prohibidos, II, 168; V, 1, 4; VI, 118.

Alimentos prohibidos, VI, 146; XVI, 116.

Alma. ¿Qué sentido debe darse a la voz alma, cuando se traduce por tal la voz nafs?, XII, 53, nota; XCI, 7.

Amén (amin), I, 7, nota.

Amuletos, capítulos del Corán llevados a modo de amuletos, CXIII, nota.

Ángeles (los), II, 28, 92, 156, 172, 206, 249; XXI, 26, 27; XXII, 74.

—Son los mensajeros de Dios y tienen varios pares de alas, XXXV, 1.

—Llevan el trono de Dios, LXIX, 17.

—Interceden por los hombres, XL, 7; XLII, 3,

—Morirán también antes del día del juicio final, XXXIX, 68, nota; XXXIX, 75.

—Son enviados a veces en auxilio de los creyentes, III, 120; VIII, 9, 12.

—Se prosternan ante Adán, VII, 10; XVIII, 48; XX, 115; XXXVIII, 71.

—No deben ser adorados, III, 74.

—Desaprobarán a los idólatras, XXXIV, 40.

—Son considerados por los idólatras como hijas de Dios, XVI, 59; XVII, 42; XXXVII, 15º; XLIII, 13; LIII, 28.

—Guardianes del infierno, y hay diez y nueve, LXXIV, 30.

—Todo hombre los tiene por guardianes, VI, 61; XIII, 12.

—De la muerte, VI, 61; VII, 35; VIII, 52; XVI, 30, 34, 35; XXXII, 11; XLVII, 29; L, 16.

—Del suplicio. Véase Malek.

—Rebeldes, XV, 28; XVII, 63. Ángeles. (los dos) de Babel, II, 96.

Ansares (los), IX, 101.

Apodos. está prohibido ponerlos, XLIX, 12.

Apostasía XVI, 108.

Apóstol. Véase Profeta, enviado.

Árabes (los) son una nación intermedia en el género humano, II, 137.

—Su dirección, IX, 121.

—Jamás habían tenido apóstol antes de Muhammad, XXVIII, 46.

—No van a la guerra, IX, 82; XLVIII, 11; XLIX, 14.

—Son los más empedernidos del desierto, IX, 98-100.

—Idólatras, XLIII, 30.

Araf (el) o purgatorio, VII, 44, 46.

Arafat (montaña), II, 194.

Araña (la), XXIX, 40.

Arca (el) de la alianza, II, 249, 250.

Arrepentimiento (el), IV, 21, 22.

Asesinato, IV, 95; V, 35-37.

Asia, mujer de Faraón, LXVI, 1l.

Asilo, IX, 6.

Astros. La adoración de los astros está prohibida, XLI, 37.

Avaricia (la) condenada, XLVII, 40; LIX, 9.

Avaros (los); su suplicio en los infiernos, IX, 34, 35; LVII, 24.

—Dios no los quiere, IV, 40, 41.

Ayuno (el), II, 179-183.

Azar, padre de Abrahán, VI, 74; LX, 4, nota.

B

Babel (los dos ángeles de), II, 96.

Balanza (la), XXI, 48; LVII, 25.

Bautismo (el verdadero), II,132.

Becca. Véase Meca.

Becerro de oro (el), II, 48, 51, 86, 87; IV, 152; VII, 146; XX, 90.

Bedr (batalla de), II, 11, 118, 119, 120; VIII, 5 y siguientes, 42, 43.

Bestia de la Apocalipsis, XXVII, 84, nota.

Bienaventurados (los), III, 102, 103; VII, 40, 41, 42; X, 26, 29; XI, 109; XV, 45; XVIII, 107; XXI, 101; XXII, 23; XXV, 26; XXXI, 7; XXXII, 15, 16; XXXV, 30; XXXVI, 38, 54 y siguientes; XXXIX, 71, 72, 73; XLIV, 51; XLVII, 16; LII, 17; LV, 46-78; LXIX, 19; LXXVI, 11-23; LXXVII, 41; LXXVIII, 31; LXXXIII, 21-35; LXXXVIII, 8.

Borrachera (la), IV, 46.

Botín, VIII, 1, 42; XLVIII, 18, 19; LIX, 7.

Buques, XVII, 68-71; XXXI, 30.

Burlas condenadas, XLIX, 11.

C

Caaba. Véase Kaaba.

Caín, V, 30-34.

Calumnia contra las mujeres virtuosas, XXIV, 23.

Camella (la) sagrada de los temuditas, VII, 71; XI, 67; XXVI, 155 y siguientes; LIV, 27.

Camellos, XXII, 37.

Casa santa. Véase Kaaba.

Castidad (la) recomendada, XXIV, 30.

Caverna (la) de los siete durmientes, XVIII, 8.

Caza (la), V, 95, 96.

Cielos. Hay siete, LXVII, 3; LXXVIII, 22.

Circuncisión (la). no se habla de ella en el Corán.

Cólera (la), III, 129.

Comercio (el), II, 194.

Continencia (la), LXX, 29.

Corán (el). Véase Koráa.

Creación (la) del mundo, XVI, 67, 68, 69; L, 37.

—(Variedad de la), XIII, 3, 4; XXXV, 25.

—De los cielos y de la tierra, XLI, 8-11.

—Lo que Dios ha creado para el hombre, XVI, 4-14, 81, 82, 83.

—Del hombre, XX, 5; XCVI, 2. Véase Hombre.

Créditos y deudas, II, 282.

Creyentes (los), IX, 72; XXV, 64 y siguientes; XXXII, 15-17; XXXIII, 21, 36; XLIX, 14.

Cristianos (los), II, 59, 107, 129; IX, 30, 31; LVII, 27.

—Son menos hostiles a los musulmanes que los judíos y los idólatras, V, 85.

—También han falsificado las escrituras, V, 18.

Choaib, profeta de los madianitas y suegro de Moisés, VIII, 83; XI, 85-98; XXVI, 177; XXIX, 35.

D

David, II, 252; IV, 161; V, 82; VI, 84; XVII, 57; XXI, 78; XXVII, 15.

—Hace cotas de mallas, XXI, 78; XXXIV, 11.

—Canta alabanzas en honor de Dios, XXXIV, 10; XXXVIII, 16, 17.

—Su juicio, XXXVIII, 20.

Débiles (los) serán perdonados, IV, 99, 100.

Decencia, XXIV, 57-59; XXV, 72. Véase Urbanidad.

Defraudadores que engañan en el peso y medida, LXXXIII, 1-3.

Demonios (los) escuchan lo que se dice en el cielo, XV, 17; XVII, 7; XVIII, 48; XIX, 69, 86; LXXII. Véase Genios.

Depósitos (los), IV, 61; LXX, 32.

Desigualdad entre los hombres, XLIII, 31.

Destino. Todo hombre tiene su destino. Véase Pájaro.

Deudores. Cómo deben ser tratados, II, 280.

Dhul Karnein, XVIII, 82.

Dhulkefl, profeta, XXI, 85; XXXVIII,

Dhulnoun, XXI, 87. Véase Jonás.

Difamación (la) condenada, XLIX, 11.

Diluvio (el), LIV, 9; LXIX, 11. Véase Noé.

Dios único, Alah, XX, 7, 14.

—Los nombres que tiene, VII, 179.

—Le pertenecen los nombres más hermosos, XVII, 110; XX, 7.

—Algunos de sus nombres, LIX, 23, 24.

—Omnisciente, VI, 59; LVIII.

—Creador, VI, 95, 96, 97.

—Lo ha creado todo sin sentir el menor cansancio, L, 37.

—Su poder, II, 111, 159; VI, 99, 103; XVI, 43; XXII, 62-65; XXIV, 43, 44; XXV, 47-53; XXVII, 61-66, XXVIII, 70-74; XXX, 17-45; XXXI, 9; XXXV, 11-13; XXXVI, 33-44; XXXIX, 22; L, 6, 7; LI, 47-60; LIII, 43 y siguientes; LIV, 50; LVI, 60; LVII, 1-6; LVIII, 8; LIX, 21; LXVII, 26; LXXIX, 27; LXXXV, 12 y siguientes; LXXXVI, 1 y siguientes.

—Es la luz, XXIV, 35.

—Todo viene a glorificarlo, XIII, 14-16; XVII, 46; XVIV, 41.

—Es perfecto en sus obras, LXVII, 3.

—Cuida de todos, XXIX, 60 y siguientes.

—Distribuye sus dones como quiere, XVII, 21-32.

—Sus palabras son innumerables, XVIII, 109.

—Sus obras no pueden ser contadas, XXXI, 29.

—Es vengativo, III, 3; V, 96; X, 99, 400; XIV, 48.

—No tienes hijos, y es una blasfemia creer esto, II, 110; VI, 100, 101; XIX, 36, 91-93; XXI, 26; XXXVII, 149; XXXIX, 6; LXXII, 3.

—Invariable en su manera de obrar, XLVIII, 23.

—Ha creado todos los seres para que le adoren, LI, 56.

—No se deja ver de nadie, VII, 139.

—Cómo habla al hombre y cómo se le manifiesta, XLII, 50, 51.

—Extravía y dirige a quien quiere, XXXV, 9.

—Extravía a los malvados, XIII, 30; LXI, 5.

—Quiere que los hombres se maten unos a otros, II, 254.

—Sus sentencias, XIV, 4, 32.

—Habría podido crear a los hombres profesando la misma religión, V, 35; XVI, 95.

—Sufre la infidelidad y a los infieles, VI, 35.

—Ha creado a los réprobos para la gehena, VII, 178.

—Él mismo hace que los grandes sean los mayores criminales, VI, 122.

—Él mismo ha establecido la desigualdad y la esclavitud entre los hombres, XLIII, 31.

—El bien proviene de él, y el mal del hombre, IV, 81.

—Es el autor de las acciones buenas y de las malas, XCI, 3.

—Contiene a los pueblos unos por otros, II, 252, XXII, 41. Véase Hombre, Teodicea.

Dirección que se debe observar en la plegaria. Véase Kebla.

Discípulos (los) de Jesucristo, LVII, 27.

Disputas, controversias, XXIX, 45.

Divinidades de los idólatras. no conviene injuriarlas, VI, 108.

—Ellas mismas desaprobarán a los idólatras, XXV, 18, 20. Véase Ídolos, idolatría.

Divorcio, IV, 24; XXXIII, 48; LXV, 1, 2, 6. Véase Repudiación.

Djalut (Goliat), III, 250-252.

Djessaca, o la bestia de la Apocalipsis, XXVII, 84, nota.

Djibt, nombre de un ídolo o de un templo de los idólatra, IV, 54.

E

Eblís o Satanás, II, 32; VII, 10; XV, 31, 33; XVII, 63, 65; XVIII, 48; XX, 115; XXVI, 95; XXXIV, 19; XXXVIII, 74.

Edén, IX, 73; XIII, 23; XVIII, 30, XXXV, 30; LXI, 12. Véase Paraíso.

Edrís, profeta, XIX, 57; XXI, 85.

Egipto. Véase Faraón, Moisés, Magos.

Elefante (el), CV.

Elías, profeta, VI, 85; XXXVII, 123.

Eliseo, profeta, VI, 86; XXXVIII, 48.

Emancipación de los esclavos, XXIV, 32, 33.

Embriaguez, IV, 46.

Enemigos. cómo conviene proceder respecto de ellos, XLI, 34.

Enoch. Véase Edrís.

Enviado, Apóstol. Véase Profeta.

Esclavos. Véase emancipación.

Escrituras (las sagradas), falsificadas por los judíos y por los cristianos, II, 39, 73.

—Los hombres de las escrituras son los cristianos y los judíos, XXIX, 45. No son todos iguales perversos, III, 109, 110.

Esdras. Véase Ozair.

Espíritu (el), es creado por Dios, XVII, 87.

—De Dios infundido en la Virgen María, IV, 169.

—De la santidad o el espíritu santo, II, 81.

—Lo que es según el Corán, II, 254; XVI, 104.

Esposas y madres, XXXIII, 4.

Estatuas y otras representaciones de seres vivos, V, 92.

Estrellas errantes. Lo que son, XV, 16, 17; XXXVII, 10, nota; LXVII, 5; LXXII, 8.

Evangelio (el), III, 2, 43, 58; V, 50, 70, 110; VII, 156; IX, 112; XL-VIII, 29; LVIII, 27.

F

Falsa imputación, IV, 112, 113.

Faraón, II, 46; III, 9; VIII, 54; X, 56, 92; XI, 99; XIV, 6; XVII, ¡=; XX, 25; XXVI, 9; XXVII, 12; XXVIII, 2; XXIX, 38; XXXVIII, 12; XL, 25-48; XLIII, 45-55; XLIV, 16; L, 13; LI, 36; LIV, 41; LXIX, 9; LXXIII, 15; LXXIX, 17; LXXXV, 18.

—Quiere escalar el cielo, XL, 38.

—Epíteto que se le da en el Corán, XXXVIII, 11; LXXXIX, 9.

—En su familia hay un creyente, XL, 29.

Fatalismo, III, 139; VIII, 17; XIII, 30; XIV, 4; XLII, 6. Véase Predestinación y sura XVIII.

Fatiha, o primer sura del Corán, I, nota.

Fe y buenas obras, XVI, 99; LXII, 4.

Fidelidad a los tratados, IX, 5.

Fornicación, IV, 19.

Foso (los dueños del), LXXXV, 4.

Fuego, obtenido por frotamiento, XXXVI, 80; LVI, 70, 71.

Fuertes (los), y los débiles en el día del juicio, XXXIV, 30, 36.

G

Gabriel (el ángel), XVI, 104; LXVI, 4; LXXXI, 22.

—Es el enemigo de los judíos, II, 91, 92.

—Es el portador de la rebelión, LIII, 5, 6.

Gehena (la), el infierno, III, 10; IX, 35; XIII, 18; XV, 43; XVIII, 100; XXXV, 33; XXXIX, 71; XL, 52, 76; XLV, 9; LV, 43; LXVII, 8; LXXVIII, 21; LXXXIX, 24.

—Tiene siete puertas, XV, 43, 44.

—(Guardianes de la), XL, 52, 53. Véase infierno.

Género humano (el), aprendió antes de la creación a obedecer a Dios, VII, 171. Véase Hombre, Hombres.

Generosidad (la), recomendada, II, 271.

Genios (los), VI, 100, 128; XXXVIII, 157; XLI, 24, 29.

—Son creados con fuego, XV, 27; LV, 14.

—Los hay buenos y malos, XI, 120.

—Están a las órdenes de Salomón, XXVII, 39; XXXVIII, 36.

—Escuchan el Corán y lo admiran, XLVI, 28.

—Escuchan lo que pasa en el cielo, XXVI, 212. Véase demonios.

Gog y ***Magog***. Véase Yadjudj y Madjudj.

Goliat. Véase Djalut.

Griegos (los), XXX, 1.

Guerra (la), IV, 103; VIII, 47, 59, 60; IX, 123; XLVII, 4, 5, 37; XLVIII, 16, 17; LX, 6.

—Los que están exentos de ella, IX, 82-92; XLVIII, 17.

—Entre dos pueblos musulmanes, XLIX, 9.

Guerra santa (la), II, 186, 187, 212-215; IV, 76; IX, 36, 38, 40-52; XLVII, 5, 37, 39, 40; XLVIII, 25.

H

Habil (Abel), V, 30.

Hamán, ministro de Faraón, según el Corán, XXVIII, 5; XXIX, 38; XL, 25, 38.

Harut y ***Marut***, ángeles de Babel, II, 96.

Hedjr, país, XV, 80.

Hija, el nacimiento de una hija considerado como una desgracia, XVI, 59-64; XLIII, 16.

—Les enterraba vivas, LXXXI, 8.

Hijos (los), XXXI, 13.

—Muhammad prohíbe matarlos, XVII, 33.

—De Dios, XLIII, 14.

Hipócritas (los), II, 9-19; IV, 137-142; V, 57; IX, 65-74; LIX, 11; LXIII, 1 y siguientes.

—Sin conducta en medicina, XXXIII, 9-15.

—Cómo hay que tratarlos, XXXIII, 47.

—Su muerte en el otro mondo, LVII, 13.

Hombre (el); su creación, II, 28; IV, 98; XXII, 5; XXIII, 13, 14; XXXII, 6 y siguientes; XXXVI, 77, 78; XL, 69; LXXX, 18; LXXXVI, 5.

—Su naturaleza, XXI, 38; LXX, 19.

—Fue creado débil, IV, 32.

—Creado con arcilla, XV, 26.

—Es inconstante, XXII, 11.

—Es ingrato, XVII, 69, 85; XXIX, 65; XXX, 35; LVI, 61 y siguientes; LXXX, 17.

—Es impetuoso por naturaleza, LVII, 12.

Hombres (los), descienden todos de un solo individuo, IV, 1.

—Se encargan del depósito de la fe, XXXIII, 72.

—En un principio solo adoraban a un Dios, X, 20.

—No formaban más que un pueblo, II, 209.

Homicidio (el), IV, 94.

Honeín (batalla de), IX, 25.

Hora (la) o día del juicio final, XVIII, 20; XXIV, 3; XLIII, 66.

Hormiga (la), XXVII, 17.

Hotama, parte del infierno, CIV, 4, 5.

Hud, profeta, VII, 63; XI, 52; XXVI, 39.

Huérfanos, II, 218; IV, 2-6, 126; VI, 153; XVII, 36.

Humo (el), XLIV, 9.

I

Idólatras (los), aquellos que asocian otros individuos a Dios, II, 107, 112; XIX, 66; XXV, 2, 13, 15; XXVIII, 62-74; LII, 34-49.

—Son inmundos, IX, 28.

—Ciertas costumbres de los idólatras condenadas, VI, 137, 138, 139.

—No se implorará a Dios en su favor, IX, 114, 115.

—Hay que combatirlos a todos, IX, 36.

Idolatría (la), II, 187, 214, 220; VII, 193, 194; X, 19.

—No será nunca perdonada, IV, 51, 116.

Ídolos adorados por los árabes, IV, 54.

Ifrit, genio, XXVII, 39.

Ilium, LXXXIII, 18, 19.

Imán, jefe espiritual, guía, modelo, prototipo, II, 118; XI, 20; XXV, 74; XLVI;,11; X, 12.

Imrán, III, 30, 31; LXVI, 12.

Incrédulos (los), LXXIII, 11-13. Véase infieles.

Infieles (los), II, 165; VI, 19; LXXIV, 40. Véase idólatras.

—Niegan la vida futura, VI, 29; XIX, 67.

—Su suerte, III, 8, 112.

—Su endurecimiento, VI, 109-111; XIII, 30.

—Sus sentimientos respecto de los creyentes, III, 114, 115.

—No tiene más que opiniones, LIII, 29.

—Cómo hay que obrar respecto de ellos, III, 187, VIII, 40; IX, 5, 6; XLVII, 4.

—Los que mueren infieles, III, 85.

—Los que merecen este nombre, V, 77.

—No les resta más que colgarse, XXI, 15.

Infierno (el) y sus suplicios, IV, 59; VII, 36; XI, 120; XIV, 19, 50; XXXVII, 56-60; XXXVIII, 57; XXXIX, 48; XLI, 24; XLVII, 17; LXVII, 8; LXXIV, 26, 38.

—Está destinado a lo mismo por los hombres que por los genios, VII, 36; XI, 120.

—Dios le pregunta si está lleno, L, 27.

—Dios puede sacar de allí a los réprobos, VI, 128.

—Las penas del infierno lo mismo que las delicias del paraíso, pueden no ser eternas, XI, 109, 111.

Ingratitud del hombre, LXI, 49-51.

Inmunidad, IX, 1.

Intercalación, IX, 36, 37.

Interrogatorio de los muertos en la tumba, VII, 35.

Irem, ciudad de los aditas, LXXIX, 6.

Isaac (ishak), II, 127, 130, 134; VI, 84; XI, 74; XIX, 50; XXI, 72; XXXV, 11, 112.

Islam o *islamismo* (el), lo que es, II, 122, 127, 134; III, 78; XII, 78; XLIX, 14.

—La fe (imán) y el islamismo son dos cosas, XLIX, 14.

Ismael, II, 119, 121, 123, 127; VI, 86; XIX, 55; XXXVII, 107, nota; XXXVII, 48.

Israel, XIX, 59.

—Las doce tribus de Israel, II, 130.

Israelitas, II, 38-85, 86, 87, 244; V, 74, 82; XVII, 102 y siguientes; XX, 81, 82; XXXII, 27; XLIV, 29; XLV, 15.

—Han sido elevados por encima de los demás hombres, II, 116.

—Cómo los castiga Dios, XVII, 4-7.

—Piden rey, II, 247-253.

—Pasan el mar Rojo, XXVI, 63.

—Sus jefes, V, 15.

—Su modo de ser empedernido, V, 16, 24-27.

—No quieren combatir contra sus enemigos, V, 24-27.

—Su conducta respecto de Moisés, VII, 170.

—En Egipto, XXVIII, 2, 3.

—Véase Judíos.

J

Jacob, II, 126, 127, 139, 134; III, 87; VI, 84; XI, 74; XII, 6, 11, 18, 63, 66, 73, 83, 94-100; XIX, 50; XXXVIII, 45.

Jardín (el) o el Paraíso. estas palabras se emplean indistintamente.

Jesús, hijo de María, II, 81, 254; V, 50; VI, 85; XXIII, 52; LVII, 27; LXI, 6, 14.

—Su historia, II, 40-52.

—No es Dios, III, 73.

—No fue condenado a muerte, IV, 156.

—No es más que un servidor de Dios, V, 109, 110, 116 y siguientes; XLIII, 50, 63.

—Su nacimiento, XIX, 23, 24.

—Su profesión de fe, XIX, 31. Véase Mesías.

Job (Aiiub), VI, 84; XXI, 83; XXXVIII, 40.

Jonás (Junis), VI, 86; X, 98; XXXVII, 139; LXVIII, 48.

José, VI, 84; XII, 1-111; XL, 36.

Josué, XVIII, 59.

Juan (san), VI, 85. Véase Yahía.

Juegos de azar, II, 216; V, 92, 93.

Judíos (los) o israelitas contemporáneos de Muhammad, II, 59-70,

88; III, 61; IX, 30; LVIII, 15.

—Castigos que les están reservados, IV, 50; V, 69.

—Su conducta, III, 184, 185.

—Sus preguntas insidiosas, III, 117-179.

—Falsifican las escrituras, II, 98; IV, 48.

—Su egoísmo, IV, 56.

—Tienen más apego a la vida que todos los demás hombres, II, 90.

—Se odian mutuamente, V, 69.

—Son muy hostiles a los musulmanes, V, 85.

—Ley de talión entre ellos, V, 48, 49, 69.

—Han calumniado a la Virgen María, IV, 155.

—Su conducta, VII, 168.

—Se dicen aliados y amigos de Dios, LXII, 6.

—Cómo debe proceder Muhammad respecto de ellos, V, 45, 46, 47.

Judíos y cristianos, II, 107, 129.

Juicio, IV, 63; VI, 153.

—Se dicta según los libros sagrados de cada pueblo, V, 49-52.

—Final. signos que lo precederán, y lo que ocurrirá, XXII, 2; XXIII, 103-105; XXVIII, 84-90; XXXIV, 20; XXXVII, 19 y siguientes; XXXIX, 67-69; XLIV, 9-10; L, 19; LIV, 6; LV, 41 y siguientes; LXVIII, 42; LXIX, 14 y siguientes; LXX, 8; LXXI, 8 y siguientes; LXXVII, 7 y siguientes; LXXX, 33; LXXXI, 1-14; LXXXII, 1; LXXXIV, 1-6; LXXXVIII, XCIX, c, 9; ci, 3.

Juramentos, V, 91; LXVIII, 17, 18.

K

Kaaba, Caaba o casa santa de la Meca; su construcción, II, 119-121.

Kabil (Caín), V, 30.

Kadr (noche de Al-), XLIV, 2, 3; XCVII, 1-5.

Karun, XXVIII, 76; XXIX, 38; XL, 25.

Kauther, río del paraíso, CVIII, 1.

Kebla o dirección en que hay que hacer la oración, II, 109, 136.

—Definitivamente establecida, II, 138-145.

Khedr, XVIII, 62 y siguientes, nota.

Korán (el), VI, 92; XI, 16; XVII, 48-49; XIX, 97; XX, 112, 113; XXV, 32, 34; XXVII, 78; XXVIII, 48, 84; XXIX, 46- 50; XXXVI, 69; XLV, 19; LXIX, 50; LXXXI, 19, 27; LXXXIV, 21; LXXXVI, 13; LXXXVII, 6.

—Es realmente una obra divina, IV, 84; XLVI, 2-7; LIII, 4.
—Está conservado con cuidado en el cielo, XIII, 39; LXXXV, 21.
—No es obra de los demonios, XXVI, 210.
—Está revelado por porciones, XVII, 107.
—Nadie podría producir nada semejante, II, 21, 22; X, 39; LII, 33, 34.
—Es la palabra más hermosa que ha habido, XXXIX, 24, 28, 29.
—Admirado por los genios, XLVI, 28.
—Lo que dicen de él los infieles, XXV, 5, 6.
—No es más que una confirmación de las escrituras, X, 38.
—Ciertos versículos están derogados, II, 100; XVI, 103.
Koreichitas (los), CVI, 1.

L

Letras que encabezan muchos suras y cuyos significado es desconocido, II, III, VII, X, XI, XII, XIII, XIV, XV, XVIII, XIX, XXVI, XXVII, XXIX, XXX, XXXI, XXXII, XXXVI, XXXVIII, XL, XLI, XLII, XLIII, XLIV, XLV, XLVI, L, LXVIII.

Libre albedrío, XXXIII, 72. Véase Fatalismo, Predestinación, Dios, Teodicea.

Libro evidente, III, 139; X, 72; XI, 8; XXXIV, 3.

—En el cual están inscritas las acciones de cada cual, XVII, 73; XVIII, 217; LXXXIII, 9-19; LXXXIV, 7-10.

Libros sagrados, XIII, 38. Véase escrituras.

Limosna (la) II, 211, 255, 265, 266, 268, 269-275; III, 86, 128; IX, 60, 68, 99, 100; XXX, 38; LVII, 7, 10; LVIII, 13, 14; LXIII, 10; LXIV, 16, 17.

Lokman, XXXI, 11, 12.

Loth, profeta, VI, 86; VII, 78; XI, 73, 79-84; XV, 58, 59; XXI, 71-74; XXII, 43; XXVI, 160 y siguientes; XXVII, 55; XXIX, 24 y siguientes; XXXVII, 133; XXXVIII, 13; L, 13; LIV, 33.

Loto del límite, LIII, 14.

Lluvia (la), XXX, 47.

M

Madera que produce fuego mediante el frotamiento, XXXVI, 80; LVI, 71.

Madián o *madianitas* (los), VII, 83; IX, 71; XI, 85, 98; XV, 78; XXII, 43; XXVI, 176; XXVIII, 24; XXIX, 35; XXXIII, 12; L, 13.

Magnos de Egipto, X, 78-81; XX, 60-75; XXVI, 37.

Magos (los), XXII, 17.

Muhammad o Mohamed, XXXII, 2; XLVIII, 29.

—Profeta iletrado, VII, 156, 158; LXII, 2.

—Está predicho por las escrituras, VII, 106; XLVI, 9; LXI, 6.

—Es el sello de los profetas, XXXIII, 40.

—Recibe la revelación por mediación del ángel Gabriel, LIII, 9-11.

—Vio claramente al ángel Gabriel, LXVIII, 22.

—Comienza su apostolado cuando no es ya joven, X, 17.

—Es objeto de maledicencia y de burlas, IX, 61; XVI, 105; XXI, 27; XXV, 5.

—No es poeta, ni demoníaco, ni adivino, VII, 183-188; XXI, 27; XXII, 3, 5; LXVIII, 2; LXIX, 40, 42; LXXXI, 22.

—No tiene conocimiento alguno del porvenir, CLVI, 8.

—Está sujeto a alucinaciones, XVI, 100.

—Es reprendido, LXXX, 1-11.

—Su devoción, LXXIII, 20.

—Revelaciones personales, XXIV, nota; XXXIII, 37; LXVI, 1, nota.

—Algunos acontecimientos de su apostolado, XLVIII, 24-27. Véase Bedr, Honeín, Tabuk, Aicha.

—Su viaje nocturno, XVII, 1.

—Consideraciones que se le deben, XXIV, 68; XLIX, 2-7; LVIII, 9-13.

Mahometanos dudosos, IX, 43-58.

Maledicencia (la) condenada, XLIX, 11.

Malek, ángel que preside los suplicios, XLIII, 77.

Maná (el) y las *Codornices*, II, 54; VII, 160; XX, 82.

Mandamientos (los) de Dios, VI, 152. Véase Moral, VII, 31; LX, 12; LXXIV, 3, 4, 5.

Mares (los dos), XXV, 55; XXVIII, 62; LV, 19; LXXXII, 3.

María o *Mariam*, madre de Jesús, III, 31, 37-42; IV, 169; V, 79; XIX, 16; XXI, 91; LXVI, 12.

Montañas. Lo que pasarán a ser el día del juicio final, XX, 105. Véase Juicio Final.

Moral (preceptos de), II, 77, 147-150, 263-267; XXIII, 98; XXXI, 13, 14; XLI, 34; XLII, 37; XLVI, 14-16; XLIX, 10-13; LVIII, 10.

Muerte (la) alcanzará al hombre en todas partes, IV, 80.

—(El alma en el artículo de la), L, 18, 19.

Mujeres (las), IV, 1 y siguientes; XXIV, 2, 6, 10, 26, 31, 59; LXV, 1-6; LXVI, 1-5.

—Fueron creadas por los hombres, XXX, 20.

—(Preceptos relativos a las), II, 226, 242.

—Son inferiores a los hombres, II, 228; IV, 38. seres imperfectos, XLIII, 17.

—Delante de quien pueden descubrirse, XXXIII, 55.

—Inconvenientes a que están sujetas, II, 222.

—Sus astucias son grandes, XII, 28.

—Las de la corte de Egipto, XII, 31.

—Cómo deben ser tratadas, IV, 23.

—Las que no son amadas, IV, 23.

—Puede pegárseles, IV, 38.

—Culpables de adulterio, IV, 19.

—Creyentes e infieles, LX, 10.

—Con quienes puede casarse el profeta, XXXIII, 49-51.

—Del profeta, XXXIII, 59. sus exigencias, XXXIII, 28, 29, 32.

—Infieles o incrédulas, LXVI, 11, 12.

Musulmanes (los). elogio de este pueblo, III, 106; XLVIII, 29.

Mutefikat. Véase Pentápolis.

N

Noé, profeta, III, 30; IV, 161; VI, 84; VII, 57; IX, 71; X, 72; XI, 27; XIV, 9; XVII, 3, 18; XXI, 76; XXII, 43; XXIII, 23-31; XXV, 39; XXVI, 105; XXIX, 13; XXXVII, 73; XXXVIII, 11; XL, 32; XLII, 11; L, 12; LI, 46; LIII, 53; LIV, 9; LVII, 26; LXXI, 1-29.

Nodriza, II, 233.

Noticias. está prohibido difundir noticias falsas, IV, 85.

O

Ofrendas, V, 2.

Orgullo, XVII, 39.

Ornamentos, adorno, VII, 29, 30.

Ozair o *Esdras*, IX, 30.

P

Padres (los). Deberes para con ellos, XVII, 24, 25; XXIX, 7; XXXI, 13; XLVI, 14-16.

Pájaro. Todo hombre tiene su pájaro atado a su cuello; es decir, todo hombre tiene su destino, VII, 128; XVII, 14; XXVII, 48; XXXVI, 18.

Pájaros ababils, CV, 3.

Parábolas, comparaciones, símiles que se hallan en el Corán, II, 16, 18, 24, 166, 169, 263, 266-268; III, 113; VII, 18, 56; X, 25; XI, 26; XIII, 18; XIV, 21, 29; XVI, 77, 78, 94; XVIII (la de los dos jardines), 32-42; XXII, 72; XXIV (la de la luz de Dios), 35, 39; XXX, 27; XXXIX, 30; XLI (la de la resurrección), 39; XLV, 22; LVI, 63; LVII, 19; LXI, 21; LXIII, 4; LXVII, 22; LXVIII, 17-32.

Paracleto, LXI, 6, nota.

Paraíso (Ferdus) o jardín (djennat), mansión de los aventurados y sus delicias, II, 23; III, 13; IV, 60; X, 9; XIII, 22-34; XIX, 61-63; XXXV, 30; XXXVI, 54 y siguientes, XXXVII, 38 y siguientes; XXXVIII, 50; XXXIX, 21; XLI, 33; XLIII, 70; XLVII, 16; LV, 46-78; LVI, 14-39; LVII, 21; LXXVI, 11-23.

Paraíso terrenal, II, 33.

Parientes; deberes entre sí, XVIII, 28.

Pecados capitales y veniales, LIII, 33.

Pentápolis (la) o las ciudades destruidas (el Mutefikat), IX, 71; LXIII, 54, LXIX, 9.

Pentateuco (el), III, 2, 46, 58, 87; V, 47, 48, 70, 72, 110; VII, 156; IX, 112; XXVIII, 43, 48; LXVIII, 29; LXI, 6; LXII, 5.

Pesca (la), V, 97.

Piedad, temor de Dios; en qué consiste, II, 172.

—Recomendada, XXX, 29.

Plegaria (la), II, 109, 136-140, 239; IV, 46; V, 8; VII, 204; XI, 116; XVII, 80, 81, 100; XXIX, 44; L, 39.

—En la guerra, IV, 102-104.

—Versículos que pueden servir de plegaria, II, 286; III, 191, 192; XII, fin.

Pobres (los), II, 274; XVII, 28; XXIV, 32.

Poetas (los). Quién los inspira, XXVI, 224, nota.

Predestinación. Pasajes que autorizan a creer en ella, III, 148; VI, 35; XVI, 38, 39; XXXII, 13; XXXIII, 38; XXXIV, 19; XXXV, 9; XXXVI, 6 y siguientes; LIII, 33 y siguientes; LVII, 22.

Prestad a Dios, LVII, 11.

Prisioneros de guerra, VIII, 68-72.

Pródigos (los), XVII, 29-31.

Profeta (el) Muhammad. Véase Muhammad.

—Sus prerrogativas y deberes de los creyentes para con él, XXIV, 63; XXXIII, 49-52 y siguientes; XLVIII, 8, 9, 10.

Profetas y enviados o Apóstoles. Distinción entre estos nombres, XIX, 42, nota.

—Lo que son XXI, 7, 8.

—Todos han recibido la revelación de un Dios único, XXI, 25.

—Los hay de diferentes grados, II, 254; XVIII, 57.

—Los creyentes no deben establecer diferencias entre sí, II, 285.

—No se debe adorarlos, III, 74.

—(Los antiguos), XXXIII, 93.

—(Los falsos), VI, 93.

Purgatorio (el), VII, 44.

Purificaciones, abluciones, II, 209; IV, 46; V, 9.

Putifar, XII, 21, nota.

Q

Querubines (los), XL, 7, nota.

R

Rakin (Al-), XVIII, 8.

Ramadán (el), II, 181.

Rapiñas, V, 37.

Rass, XXV, 40; L, 12.

Recompensas (las) de los justos superan a los castigos de los réprobos, VI, 161; X, 28.

—De los justos, LVIII, 12. Véase Bienaventurados, Paraíso.

Religión (la) unitaria data de Abrahán, II, 124-134; XLII, 11. Véase *Monoteísmo,* islamismo.

Religión (la) no usa la fuerza, II, 257.

Represalias. Véase Talión.

Réprobos (los), III, 80-82, 102; VI, 69; VII, 42-48; XI, 109; XVIII, 28, 100; XXI, 45 y siguientes; XXII, 20 y siguientes; XXV, 26; XXXI, 5, 6; XXXIX, 18,61; XLIV, 43-48; LIV, 43 y siguientes; LVI, 40-57; LXI, 19, 20; LXIX, 25; LXXVII, 7-40; LXXXVIII, 1-7; LXXXIX, 22 y siguientes; XCVIII, 5 y siguientes; CIV, 4.

Repudiación (la), II, 226-233; VI, 24. Véase divorcio.

Resurrección (la) de los muertos inculcada en el Corán, II, 261-263; III, 102; VII, 55; XIII, 5; XVI, 40; XVII, 52; XVIII, 100, 101; XIX, 69; XXII, 5; XXIII, 37, 82; XXVII, 67, 84; XXX, 49; XXXII, 9; XXXIV, 7, 8; XXXV, 10; XXXVI y siguientes; XXXVII, 16; XLIII, 10; XLV, 23-27; L, 2, II, 14; LVI, 52; LXIV, 7; LXXV, 3, 4; LXXV, 37-40; XCIX, 2.

Revelación (la), VI, 91.

Robo, V, 42.

Romanos. Véase Griegos.

Rostros blancos y rostros negros, III, 102.

S

Saba, país, XXVII, 22-24.

—La reina de este país, XXXIV, 14.

Sábado (violación del), II, 61; VII, 163.

Sabeos, II, 59; V, 73; XXII, 31-38. Véase ofrendas.

Safa, II, 152.

Sakar, infierno, LXXIV, 26, 27.

Saleh, profeta, VII, 71; XI, 64; XXVI, 142 y siguientes; XXVII, 46; LIV, 27.

Verbo (el) de Dios, IV, 169.
Viajeros (los), XVII, 28.
Vida de este mundo, LVII, 19.
Vida futura, VI, 32; XLII, 19. Véase Resurrección.
Vientos (los) están sometidos a Salomón, XXXVIII, 33.
Villas aniquiladas. Véase Pentápolis.
Vino (el), II, 216; V, 92, 93.
—(Ríos de), XLVII, 16.
Visita de los lugares santos, IV, 18.

Y

Yadjudj y *Madjudj,* pueblos bárbaros, XVIII, 93; XXI, 96.
Yahía (san Juan), XIX, 7; XXI, 90.
Yatreb. Véase Medina.
Yunis, Junis. Véase Jonás.
Yusuf, Véase José.

Z

Zacarías, III, 32; VI, 85; XIX, 1; XXI, 65.
Zakum (el), XXXVII, 60, 65; XLIX, 43; LVI, 52.
Zeid, hijo adoptivo de Muhammad, XXXIII, 37 y nota.
Zendjebil, LXXVI, 17.

ÍNDICE